湖北省公益学术著作出版专项资金
Hubei Special Funds for Academic and Public-Interest Publications

『湖北近代文学研究』丛书·第一辑

樊增祥年谱

◎程翔章　程祖灏/编著

華中師範大學出版社

新出图证(鄂)字 10 号

图书在版编目(CIP)数据

樊增祥年谱/程翔章，程祖灏编著.—武汉：华中师范大学出版社，2023.12
(“湖北近代文学研究”丛书.第一辑)
ISBN 978-7-5769-0428-4

Ⅰ.①樊… Ⅱ.①程… ②程… Ⅲ.①樊增祥(1846-1931)—年谱
Ⅳ.①K825.6

中国国家版本馆 CIP 数据核字(2023)第 247341 号

樊增祥年谱

责任编辑：熊　然　　**责任校对**：骆　宏　　**封面设计**：罗明波
编辑室：学术出版分社　　**电话**：027-67863280
出版发行：华中师范大学出版社有限责任公司
社址：湖北省武汉市珞喻路 152 号　　**电话**：027-67863426(发行部)
网址：http://press.ccnu.edu.cn　　**电子信箱**：press@ccnu.edu.cn
印刷：湖北新华印务有限公司　　**督印**：刘　敏
开本：710mm×1000mm　1/16　　**印张**：32.75
字数：575 千字
版次：2025 年 1 月第 1 版　　**印次**：2025 年 1 月第 1 次印刷
定价：128.00 元

欢迎上网查询、购书

前　　言

湖北位于中国大陆的中部、长江的中游，汉江的大部分流域在湖北境内。境内周边为山地丘陵，中部为辽阔富饶的江汉平原，不仅土地肥沃，物产丰富，乃全国有名的鱼米之乡；而且交通便利，四通八达，有“九省通衢”之誉，地理位置十分优越。自先秦至清代中叶，湖北都是各个朝代文学的重镇，有着优良的文学传统，为中国文学的发展作出过重要贡献。进入近代后，文学创作的成就虽然没有广东、福建、湖南、江浙等省份突出，但湖北作家继承前辈的优良传统，紧跟时代步伐，勇于探索，积极实践，也取得了可喜的成就，为中国文学的近代化与现代化，奉献了自己的智慧和力量。

这里所说的“近代”，通常是指自鸦片战争开始至五四运动为止、即1840年至1919年的这一历史时期。这一历史时期是中国历史上一个非常特殊的历史阶段：由于帝国主义列强侵略的日益加深，中国的社会发生了数千年未有之大变局，原有的封建君主专制制度的封建社会逐渐转变为半封建和半殖民地的社会，故史学界将这一特殊历史阶段的历史称之为“中国近代史”；而发生、发展于这一特殊历史阶段的中国文学，无论是文学观念、文学思想、文学理论，还是文学体裁、文学方法、文学创作，随着社会大动荡、大分化、大变革的历史进程，亦发生了前所未有的变化，故文学界将这一特殊历史阶段产生的文学称为“中国近代文学”。

改革开放以来，中国迎来了学术研究的春天，尤其是对中国近代文学的研究，可谓兴盛繁荣，一日千里，硕果累累。但与全国其他省市相比，尤其是与福建、广东、湖南、安徽、山东、江苏、上海、北京等省市相比，湖北近代文学的研究相对比较薄弱、落后：不仅研究的学人少，而且研究的成果亦少。

笔者从事中国近代文学的研究，最初接触湖北近代作家的文学创作，始自20世纪80年代的中期。那时刚大学毕业不久，留在学校从事管理工作，应师友之邀，在工作之余，跟随林非先生一起编撰《中国散文大辞典》，并被安排负责整个近代部分。从那时起，笔者就发现湖北近代文学是一座富矿，值得花力气去挖掘、开采，并有心在这方面做些努力。随着辞典编撰的深入展开，笔者开始有意收集湖北近代作家的相关资料，并断断续续写过一些有关湖北作家的研究文章。只是由于各种任务繁重，难以集中精力在这方面下功夫。

进入 20 世纪 90 年代后，除管理工作比较繁重之外，笔者承担的教学任务亦很重。因教学工作的需要，笔者将有限的业余时间几乎都用在了对中国近代文学作整体、全面、深入的探讨和思考上，为撰写既能够反映中国近代文学发展整体面貌、又适合教学实际的文学史做准备。

20 世纪末与 21 世纪初，我们编撰的《中国近代文学作品选》《中国近代文学》相继出版面世，并受到社会和学生的普遍欢迎与肯定，年年加印；后又应出版社之邀，曾多次对这套教材进行修订再版和改版，花费了笔者不少时间和精力。直到 2015 年前后，笔者才从繁重的事务中脱身出来，开始对湖北近代作家作整体、全面、深入的研究。尤其是退休后，笔者谢绝了多所学校的聘请，一心一意在家进行湖北近代作家的研究，并在学校出版基金的资助下，相继出版了《湖北近代作家研究》《樊增祥年谱》《王柏心年谱》等著作，受到朋友和学术界同人的肯定。

尽管如此，笔者总觉得出版周期过长，过于零散，研究成果不能及时面世，故难以产生较大的影响。因此，笔者产生了组织人力编撰一套“‘湖北近代文学研究’丛书”的想法。诸如作家的年谱、评传、佚文，和作家的诗文选、湖北近代文学史等等，均可纳入其中。丛书不求一次整体推出，可以分辑推出，每辑 6—8 本，完成一辑，推出一辑；这样日积月累，十几年下来，也会形成一定规模，产生一定影响。

笔者将此想法汇报、告知校出版社的领导，立即得到他们的肯定和大力支持。适值湖北省启动了 2020 年度学术著作专项资金项目的申报工作，出版社领导遂积极支持和推荐笔者申报了“‘湖北近代文学研究’丛书（第一辑）”（8 本）这个项目。感谢各位专家的支持和信任，这个项目最终获得批准。

笔者真诚地希望，“‘湖北近代文学研究’丛书”（第一辑）和以后将陆续出版的各辑，能够引起学人们的关注，都来重视湖北近代文学的研究，促进湖北近代文学的研究更加全面、深入地开展，出现更多、更好的研究成果，共同为繁荣湖北的文化建设做出我们的贡献。

程翔章

例　　言

一、本谱是根据樊增祥的各种传记资料与《樊山集》《樊山续集》《樊山集外》《樊山批判》《樊山政书》《樊山诗文集》等著作编成。

二、本谱为记述方便起见，正文中对谱主直呼其名（称“樊增祥”，或称“樊山”，或“樊山老人”），对谱主的先辈则称“某某公”，对谱中所涉及的其他人物，亦皆直称其名。

三、本谱纪日期，例以农历，其后用括号，在括号内标注公历（1900年之前不标注公历），以资参照。

四、谱中清代各年，首列清帝纪年，次列干支，再列公元，最后列谱主年岁。中华民国各年，首列民国纪年，他与清代同。

五、本谱各年之下，按时间顺序详列谱主的行止交游与著述情况；谱文之下，择要引述相关诗文或文献，既可明谱主事迹之所本，又能就迄今为止诗文作品或文献资料中涉及谱主之记载有讹误或歧义者，采用“案语”形式进行说明、辨正与考异。

六、谱中所征引之诗文作品与文献资料，择要注明出处，以便读者检核。

七、谱中涉及的与谱主关系重要或密切的人物，生平事迹不易查阅者，一般在首次出现时略注其生平事迹。

八、为更加准确地把握谱主的思想发展脉络，在谱主生活、活动时间内所发生的重大历史事件以及出现的重要历史人物，亦择要列出；而对于文化、文学界出现的重要事件或重要人物，还将作出简要介绍。

九、已收入谱主各集的主要诗（词）文作品，大多按年编入谱中（少数写作时间不能确定的暂未编入）。凡编入谱中的诗（词）文作品，只列题目，不录内容；对部分不见于集中而保存于他人文集中、论著中的诗（词）文作品，则全文照录。

十、友朋与谱主的唱和酬赠之作，亦适当征录一些，系于各年之内。这些作品大多只列题目，部分作品则根据情况全文录入。

十一、凡作品中或征引资料中缺失的字或辨认不清的字，均以“○”表示；对那些极为明显的错字，则在其后的“（　）”中标出。

十二、谱主著述丰富，著作等身，作品繁多，编入谱中的诗（词）文作品，择要标明出处，如集名、卷数、页码，以方便读者查检阅读。

目　录

谱　前

樊增祥，原名樊嘉，又名樊增、樊僧，字嘉父，一字云山；号云门，亦号樊山，又号天琴、茗楼、姜畦；别署武威樊嘉、东溪居士、天琴居士、百壶居士、身云居士、樊山居士、无病居士、晚晴居士等；晚号鲽翁、蝶霜，自署漱云生、东园公、天琴老人、天庵老人、天墨老人、天隐老人、天銮老人、天琴道人、今是先生、鹅溪老渔、寒溪老渔、鹅溪老人、茗花春雨词人、茗花春雨楼主、玉烟阁主、湘烟阁主、牟珠簃主、东湖寄公、茶仙亭长等。室名则有茗花春雨楼、紫兰堂、东溪草堂、香溪草堂、镜烟堂、身云阁、晚晴轩、鲽舫、樊园、东园、青山居、两艖符斋、萝溪书屋、双红豆馆、天香庭院、琴天阁、天琴楼、画妃亭、微云榭、五十麝斋、绿伽楠馆、侨鶂鶃巢、牟珠簃①等。湖北省恩施市六角亭西正街梓潼巷人。

樊增祥出身行伍家庭，少时因家中遭遇变故，乃转而专攻举业，于同治六年（1867年）中举人，光绪三年（1877年）取为进士，选庶吉士，入翰林院。散馆后历任陕西宜川、咸宁（今西安）、富平、长安、渭南等县知县。二十五年（1899年），以道府衔参荣禄武卫军事；次年，因功擢升安徽凤颍六泗道（简称“皖北道”），留行在效力；二十七年（1901年），再迁为陕西按察使，仍留行在效力。后累官至浙江按察使（未到职）、陕西布政使、江宁布政使、署理两江总督。辛亥革命后，寓居上海，以清遗老自居。民国初年，曾出任总统府顾问、参政院参政，并兼任清史馆总纂。晚年定居北京，与政府高官、社会贤达、缙绅遗老、书画大家、梨园名伶、文学名流往还赠答、宴集唱和以终老。

樊氏一族源出四川三台县（今绵阳市三台县），后迁至甘肃武威（别称雍州、凉州、侠州、雍都）。先祖勇毅公樊廷，原名王刚，早年从军，因军

---

① 参见杨廷福、杨同甫编《清人室名别称字号索引（增补本）》（下册），上海古籍出版社2004年版，第860页。

功累官至哈密总兵、肃州（今甘肃省酒泉市）总兵、陕甘固原（今宁夏回族自治区固原市）提督，赠都督同知，世袭一等轻车都尉，并获赐“铁券一方，子孙世守”①。

高祖樊尚彬公，三等侍卫，累官至广西右江镇总兵、广东右翼镇总兵。

曾祖东麓公樊继祖，清军副将。嘉庆元年（1796年）奉调至鄂西镇压白莲教起义军。事平，调任施南协副将。他见恩施山清水秀，而居民淳朴，决意落籍恩施。嘉庆三年（1798年），樊继祖擢升浙江镇总兵，后病逝于任上，灵柩葬于恩施；自此，子孙遂入恩施县籍。继祖没有儿子，只有女儿，遂以二弟之子樊从典承嗣；招南昌彭邦鼎入赘，先为施南府佟知府幕僚，后官山东巡检；侄樊从銮，恩施秀才。

祖父慎五公樊从典，承袭一等轻车都尉，官至宜昌镇中营游击。娶妻褚氏，系恩施北乡杉木坝拔贡褚上林（春农）之胞姊。

父樊燮公（1813—1881），字子重，号鉴亭。年十八，承袭一等轻车都尉，历任郧阳及宜昌中营游击、荆州营参将、广西宾州营参将、广西新泰协副将，署理左江镇总兵、常德提督，累官至湖南永州镇总兵。生平雅好坟籍，略通词赋。著有《绿静轩诗集》二卷，文若干。原配王夫人，继配徐夫人（？—1887）。子二人：长增掏，字讱斋，号福门；次即增祥。女三人②。

樊增祥自幼聪慧刻苦，博学强识，擅长诗、词、古文、骈体；犹工诗，其师张之洞就说过：樊山的文学创作，“诗第一，文次之，词又次之”③。其诗早年与李慈铭、陶子珍齐名，时称“李樊”“陶樊”；中年又与袁爽秋齐名，时称“袁樊”。在清末民初的诗坛上，樊增祥与易顺鼎并角两雄，时称“樊易”，为中晚唐诗派的代表诗人。王森然在《樊增祥先生评传》中说：“其诗清妙宛达，无不尽之怀；骈文足窥四杰，散文才气充沛。文采风流，照耀天下，为近代最富盛名之文人。”④其创作数量之巨，今已难确定，大

---

① 樊增祥:《家大人六十生日征诗文启》,《樊山诗文集·樊山文钞》卷三,玲碧书屋民国元年刊本(广益书局代印)。这里所说的“丹书铁券”,并不是“免死金牌”,而是“忠孝带”。樊增祥曾在《辛丑元旦早朝》诗后自注云:“‘忠孝带’为先子旧物,咸丰八年入觐即佩此。”见《樊山续集》卷十三,《樊樊山诗集》,上海古籍出版社2004年版,第944页。

② 樊增祥曾写有《家大人六十生日征诗文启》《先考墓碑》两篇文章,对其世系来源有过简略的描述。

③ 钱海岳:《樊樊山方伯事状》,《樊樊山诗集》附录二《序跋传记资料选辑》,第2053页。

④ 王森然:《近代名家评传》,三联书店1998年版,第2页。

约骈体、古文在百万字以上，诗词则在二万首以上，生前即有诗豪之誉。去世后，好友欲整理其遗著，不禁感叹：“（其诗）多至二万首，无法整理，可为太息。”①

樊山亦擅书法，且造诣颇深；其书学欧（阳洵）、颜（真卿），以北魏碑意入帖学，重拙峻厚，方挺劲拔，行止自如，自成一家——学人谓为“体貌嶙峋的‘古柴书’”②。其“书法黄山谷，复以碑意入行书，用笔方峻挺劲，仿佛樊老其人，颀长俊挺，有如山涧老松，雄秀独出”③；而以楷书和行书最为人称道：“楷书笔道丰实，用笔沉稳，结字颀长妍美，其表现风格可归于道美一类。”④

① 张寅彭等：《民国诗话丛编》（第 2 册），上海书店 2002 年版，268 页。

② 薛翔：《先有樊增祥 后有齐白石 另有梵高》，《收藏与投资》2014 年第 7 期。

③ 许宏泉：《千古合成一诗翁——樊增祥》，《书法》2011 年第 12 期。

④ 王新迎：《浅析民国时期晚清遗民在京社交活动——从樊增祥晚年的一件书法作品说起》，《博物院》2019 年第 2 期；又见章用秀《民国书法鉴藏录》，上海远东出版社 2013 年版，第 86 页。

正　谱

道光二十六年丙午(1846)　一岁

父樊燮公，年 34 岁，官湖北宜昌府中营游击。

正月二十九日，张人骏（1846—1927）出生于直隶丰润大齐坨村（今河北省唐山市丰润区）一个书香官宦之家。

二月初三日，曹鸿勋（1846—1910）出生于山东潍县一个贫寒家庭。

闰五月，广州市民爆发反英斗争，抗议英人无理殴打中国商人。

八月初八日，袁昶（1846—1900）出生于浙江桐庐一个世代书香的家庭。

八月间，湖南宁远（今永州市宁远县）胡有禄率天地会会众发动反清起义。

九月间，湖南东安（今永州市东安县）王宗献率民众发动反清起义。

冬月朔日（农历十一月初一，即夏历 11 月 29 日），樊增祥出生于湖北宜昌父亲任职的官舍。樊山弟子余诚格在《樊樊山集叙》中说：“昔岁丙午，太翁官宜昌游击，先生生于官舍。儿时不好弄，恒于室中独步，且行且语。或窥之，即止。”①

樊山《生日子珍遣五宝来祝兼惠台香湘茗》中亦云：“我生仲冬朔，性与冰雪亲。”（见《樊山集》卷七，《樊樊山诗集》第 28 页）

是年，褚成亮（1846—1878）出生于浙江余杭一个书香之家。

---

① 余诚格:《樊樊山集叙》，见《樊樊山诗集》附录二，上海古籍出版社 2004 年版，第 2027 页。

是年，朱一新[①]（1846—1894）出生于浙江义乌毛店镇一个书香之家。

是年，黄嗣东（1846—1910）出生于湖北汉口一个书香之家。

是年，张汝梅（1846—1912）出生于河南密县一个书香之家。

是年，段友兰（1846—？）出生于江西永新一个书香之家。

是年，左绍佐[②]（1846—1927）出生于湖北应山（今随州市广水市）左家河一个书香之家。

道光二十七年丁未(1847)　二岁

正月十八日，张百熙（1847—1907）出生于湖南长沙一个书香之家。

二月十八至二十一日（4月3日—6日），广州人民取得反英入城斗争的第二次胜利[③]。

三月初九日，谭鑫培（1847—1917年）出生于湖北江夏（今武汉市江夏区）一个梨园之家。

七月二十七日，沙皇任命穆拉维约夫为东西伯利亚代总督，加紧侵占我国黑龙江流域。

九月初八日，湖南新宁雷再浩率天地会举行反清起义。

九月十五日，叶昌炽（1849—1917）出生于江苏长洲（今苏州市）一个书香之家。

是年，王瓘（1847—？）出生于四川铜梁(今重庆市铜梁县)。

是年，袁树勋（1847—1915）出生于湖南湘潭一个贫寒农家。

是年，姜筠（1847—1919）出生于安徽怀宁一个书香家庭。

---

① 朱一新(1846—1894),字鼎甫,号蓉生。浙江义乌人。先后就读于金华丽正书院、杭州诂经精舍。同治九年(1870年)举人,官内阁中书。光绪二年(1876年)进士。散馆授翰林院编修,累官至陕西道监察御史。因弹劾李莲英被降职。后辞官归里,被张之洞聘主肇庆端溪书院和广州广雅书院。精通经史,工诗古文辞。著有《无邪堂答问》五卷、《奏疏》一卷、《诗古文辞杂著》八卷、《京师坊巷志稿》四卷、《汉书管见》四卷等;遗著合编成《拙庵丛稿》(16册)。另康有为编有《朱一新论学文存》行世。

② 左绍佐(1846—1927),字季云,一字竹笏,号笏卿,别号竹笏生。湖北应山人。光绪二年(1876年)举人,六年(1880年)进士,授刑部主事,与袁昶、沈曾植友善。先后官刑部三十年。庚子事变,两宫西狩,随扈。后累官至福建监察道、广东南绍廉道。民国后,亦曾出仕。晚年居上海、北京,常与樊山、少朴、实甫、石遗、絅斋等人诗酒唱和。工诗善词。著有《竹笏斋词抄》《蕴真堂集》《竹笏日记》等。

③ 广州人民取得反英入城斗争的第一次胜利在一八四五年十二月(1846年1月)。

道光二十八年戊申(1848)　三岁

二月十八日，文翰代德庇时出任英国驻华公使兼香港总督。

八月十九日，孙诒让（1848—1908）出生于浙江温州瑞安一个书香之家。

九月二十三日，陈宝琛（1848—1935）出生于福建闽县螺洲镇（今福州市仓山区）一个世代书香家庭。

十月二十九日，张佩纶（1848—1903）出生于直隶丰润齐家坨（今河北省唐山市丰润区）一个书香官宦之家。

本年，广东钦州横山等地爆发天地会领导的反清起义。

是年，王颂蔚[①]（1848—1895）出生于江苏长洲（今苏州市）一个书香之家。

是年，濮子潼[②]（1848—1909）出生于浙江杭县（今杭州市）。

是年，吴庆坻（1848—1924）出生于浙江钱塘（今杭州市）。

道光二十九年己酉(1849)　四岁

三月，广州社学群众十万人守卫珠江两岸，取得反英入城斗争的第三次胜利。

七月二十日，黄国瑾（1849—1890）出生于贵州贵筑（今贵阳市）一个书香官宦之家。

九月十三日，林绍年（1849—1916）出生于福建闽县（今福州市）。

十月，李元发组织湖南新宁天地会再次起义。

---

① 王颂蔚(1848—1895)，初名叔炳，字芾卿，一字黻卿，号蒿隐。江苏长洲(苏州)人。早年入苏州正谊书院，师从冯桂芬，与叶昌炽、袁宝璜称为苏州三才子。光绪六年(1880年)进士，选庶吉士，散馆授户部主事。后官至三品衔军机处行走户部郎中。工诗文词，富藏书。著有《周礼义疏》《明史考证捃逸》《古书经眼录》《马礼庼杂著》《马礼庼遗著》《马礼庼遗词》《马礼庼文集》等；另参与编撰《苏州府志》。

② 濮子潼(1848—1909)，字紫铨，一作梓泉、梓良；号止潜、紫潜，亦号霞孙。浙江钱塘(今杭州市)人。同治九年(1870年)举人，光绪三年(1877年)进士，选庶吉士。散馆后历官兵部主事、会典馆协修、方略馆协修、兵部员外郎。曾入值军机处。二十四年(1898年)出任松江府知府。二十七年(1901年)始历任湖北荆宜施道、安徽按察使、广东按察使、江苏布政使、护理江苏巡抚。三十二年(1906年)罢职归乡。与许景澄私交甚笃。工诗文，擅书画。

本年，广西灾荒，天地会会众与灾民纷纷举行反清起义。

是年，樊增祥开始由母亲徐氏自课启蒙。

是年，王仁堪（1849—1893），出生于福建闽县（今福州市）一个书香官宦家庭。

是年，陶濬宣（1849—1915）出生于浙江绍兴一个书香之家。

是年，徐琪（1849—1918）出生于浙江仁和一个书香家庭。

是年，李绍棻（1849—1924）出生于湖北安陆一个贫寒家庭。

道光三十年庚戌(1850)　五岁

正月十四日，道光皇帝（爱新觉罗・旻宁）驾崩。

正月二十六日，咸丰皇帝（爱新觉罗・奕詝）即位。

二月二十九日，沈曾植（1850—1922）出生于北京兵马司中街寓所一个书香官宦家庭。

同日，爱新觉罗・盛昱①（1850—1899）出生于京城皇族一个显赫的家庭。

五月间，洪秀全发布“团营”令，命各地拜上帝会员向金田集中。

七月初六日，沙俄强占中国黑龙江口的庙街，改名为“尼古拉耶夫斯克”。

是年秋，广西李文彩率永淳农民举行反清起义。

十月初一日，拜上帝会众在平南县思旺击溃清军。

十一月二十九日，拜上帝会众与清军在金田附近的蔡村江展开战斗，大败清军。

十二月初十日，洪秀全在广西桂平金田发动反清起义，建号“太平天国”，称“天王”。

是年，樊增祥继续由母亲徐氏课读。

是年，瞿鸿机（1850—1918）出生于湖南善化（今长沙市）一个书香

---

① 盛昱(1850—1899年)，清宗室，爱新觉罗氏，字伯希，亦作伯熙、伯兮、伯羲，号意园、韵莳，室名郁华阁，满洲镶白旗人，肃武亲王豪格七世孙。光绪三年(1877年)进士，由翰林院编修累官至国子监祭酒。十四年(1888年)任山东乡试主考官。十五年(1889年)八月以病辞职，在家休养著述。为人简贵清谧，崇尚风雅，文章誉满海内。学问渊博，广闻强识。精鉴赏，考订经史及中外舆地，皆精细过人，尤熟习清代掌故。著有《八旗文经》(与其表弟合编)、《郁华阁遗集》、《郁华阁词》(一卷)、《雪屐寻碑录》、《郁华阁文集》等。

之家。

是年，柯劭忞①（1850—1933）出生于山东潍县一个书香之家。

咸丰元年辛亥(1851)　六岁

闰八月初一日，太平天国起义军攻克广西永安州（今梧州市蒙山县）。

十月二十五日，太平天国天王洪秀全在永安封王。

十二月初三日，释敬安（1852—1912）出生于湖南湘潭石潭一黄姓农家。

是年，父樊燮公擢广西宾州营参将②。

是年，陶在宽（1851—1919年）出生于浙江会稽陶堰（今绍兴市）一个书香家庭。

咸丰二年壬子(1852)　七岁

二月十六日，太平天国起义军从广西永安突围，北上桂林。

二月二十五日，朱铭盘（1852—1893）出生于江苏泰兴。

四月初一日，太平天国起义军攻打桂林不克，遂撤围北上。

四月十六日，太平军攻克全州（今桂林市全州县），南王冯云山负伤。

四月十八日，太平军在蓑衣渡与清军激战，南王冯云山因伤重牺牲。

四月二十五日，太平天国起义军攻克湖南道州（今道县），全军整顿，确定进取南京的战略方针。

---

① 柯劭忞(1850—1933年)，字凤荪，一作凤孙，号蓼园。山东胶州(今胶县)人。同治六年(1867)举人，光绪十二年(1886)进士。历任翰林院编修、侍读、侍讲、湖北提学使、京师大学堂经科总监督、山东巡抚等。辛亥革命后，以遗老自居。被推为参政院参政、约法会议议员，皆不就。少受庭训，博学强识，对国学、经学、词章、小学、金石、天文、目录、历算等均有研究。民国三年(1914)设清史馆，柯氏任总纂兼代馆长，撰《清史稿》的《天文志》和部分列传；总阅本纪、整理儒林、文苑、畴人等传。对蒙古史、元史用力颇深，根据清代学者的研究成果和《经世大典》残本、《元典章》等新史料以及洪钧《元史译文证补》，撰成《新元史》二百五十七卷。日本东京帝国大学授予名誉博士。1921年，北洋军阀政府将《新元史》列为正史之一，与二十四史合称二十五史。曾出任东方文化事业委员会委员长。晚年退隐，专心著述。另著有《译史补》《新元史考异》《春秋穀梁传注》《文献通考注》《蓼园诗钞》《蓼园诗续钞》等。

② 樊增祥：《先考墓碑》，见《湖北文征》第十一卷，湖北人民出版社2000年版，第564页；另见《樊山诗文集·樊山文钞》卷四，玲碧书屋民国元年刊本(广益书局代印)。

七月初三日，太平天国起义军攻占湖南郴州。

七月二十九日，太平天国起义军在进攻湖南长沙时，西王萧朝贵中炮牺牲。

九月二十七日，林纾（1852—1924）出生于福建闽县（今属福州市）一个小商人家庭。

十一月初三日，太平天国起义军攻占湖南岳州，获得大批船只。

十一月十三日，太平天国起义军攻克湖北汉阳，围攻武昌（即夏口）。

十一月十九日，太平天国起义军攻克长江重镇汉口。

十一月二十九日，在家丁忧的原礼部右侍郎曾国藩奉命在湖南帮办团练，后扩编为湘军。

十二月初四日，太平天国起义军攻克武昌（即夏口）。

是年，樊山开始诵读唐诗，已能属对，显露出文学天赋。一日，先公问增祥道："汝能对'开帘见月'否？"增祥应声对曰：'闭户读书。'先公心里甚是高兴，又担心儿子骄傲自满，便假装责备地说："'书'可对'月'耶？"①

是年，朱延熙（1852—？）出生于安徽太湖一个书香之家。

是年，王仁东②（1852—1918）出生于福建闽县（今福州市）一个书香官宦之家。

咸丰三年癸丑(1853)　八岁

正月初二日，太平天国起义军放弃武昌，顺江东下。

正月十一日，太平天国起义军攻克江西九江。

正月十七日，太平天国起义军攻克安徽安庆。

正月二十九日，太平天国起义军兵临南京城下。

二月初十日，太平天国起义军攻占江苏南京。

---

① 樊增祥：《樊山续集自叙》，见《樊樊山诗集》第 653 页；此文又称《樊山诗钞自序》，见《湖北文征》第十一卷，湖北人民出版社 2000 年版，第 572 页。

② 王仁东（1852—1918），字旭庄、刚侯，又字勖专，别署完巢。福建闽县（今福州市）人。王仁堪之弟。光绪二年（1876 年）举人。初任内阁中书，与其兄王仁堪同在京朝，时人谓之"二俊"。兄殁后出京，历官南通知州、江安督粮道、苏州粮道兼苏州关监督、江宁道台、江苏提学使等职。辛亥革命后，举家迁居沪上，郁郁不自得，与同光体诗人往来密切。工诗，著有《完巢剩稿》。

二月二十日，太平天国定都南京，将原清两江总督府衙门改作天王府，并将南京改名为天京。

二月二十二日，太平天国起义军攻克江苏镇江。清朝政府钦差大臣向荣在天京孝陵卫建立江南大营。

二月二十三日，太平军林凤祥、李开芳等将领率军攻占江苏扬州。

三月初一日，上海英、美领事商定成立上海义勇队，对抗太平军。

三月初九日，清朝政府钦差大臣琦善、胜保抵达扬州，建立江北大营。

三月十六日，沙皇尼古拉一世下令，沙俄军队侵占中国库页岛。

四月初一日，太平军派天官副丞相林凤祥等率军自扬州出师北伐。

四月十二日，太平军将领胡以晃、赖汉英率军攻克和州（今安徽省马鞍山市和县），开始西征。

五月二十五日，张謇（1853—1926）出生于江苏海门（今南通市海门市）常乐镇一个殷实之家。

八月二十七日，太平军西征军撤南昌之围，攻下九江；北伐军则攻占直隶临洺关（今河北省邯郸市永年区）。

九月初九日，清政府以惠亲王绵愉为大将军、科尔沁郡王僧格林沁为参赞大臣，守卫京畿。

九月二十一日，陈三立（1853—1937）出生于江西义宁（今九江市修水）一个书香官宦家庭。

九月间，太平军北伐军不仅攻占直隶深州，迫近北京；而且攻占静海（今天津静海）、独流（今天津静海独流），逼近天津。西征军则攻下汉阳、汉口，不久退守安徽、黄州待援。

同月里，沈曾桐（1853—1921）出生于北京兵马司中街寓所一个书香官宦家庭。

十月二十九日，太平军攻克舒州（今安徽省六安市舒城县），向安徽庐州（今合肥市）进军。

十一月十一日，俄国东西伯利亚总督穆拉维约夫向沙皇政府提出开辟黑龙江航线以控制中国东北的秘密报告。

十二月初十日，严复（1854—1921）出生于福建省侯官县盖山镇阳岐村（今属福州市台江区）一个中医世家。

十二月十六日，太平军西征军攻占安徽庐州（今合肥市），安徽巡抚江忠源投水死。

同日，太平天国在天京开科取士，以选拔人才；同时开考女科，允许妇女应试。

十二月二十五日，沙皇尼古拉一世批准东西伯利亚总督穆拉维约夫提出的“武装航行黑龙江”计划，悍然决定：不管清政府同不同意，都要沿黑龙江航行。

是年，父樊燮公因镇压太平军有功，迁新泰协副将，尚未到任，朝命署理广西左江镇总兵（见樊增祥《先考墓碑》，《湖北文征》第十一卷，第565页）。

樊山在母亲教读之余，喜阅杂书。余诚格《樊樊山集叙》中记载：“咸丰初，太翁官广西道，为贼梗，眷属留长沙，久之，乃达。故九岁始入塾，然未受读以前，已能辨四声，窃观诸小说，与兄姊讲说不倦，人称奇童。”

是年，杨士燮（1853—1913）出生于安徽泗州一个书香官宦之家。

是年，于式枚（1853—1915）出生于四川营山（今南充市营山县）一个书香官宦家庭。

是年，吴学廉（1853—1931）出生于安徽庐江（今合肥市庐江县）一个淮军军官家庭。

咸丰四年甲寅（1854） 九岁

正月初七日，太平军北伐援军曾立昌、陈仕保等部从安徽安庆出发。

正月十五日，太平军西征军在黄州大败清军，湖广总督吴文镕投水死。

正月十九日，太平军西征军三占湖北汉阳、汉口。

正月二十八日，湘军练成水、陆两军，出湖南衡州（今衡阳市）与太平军作战。

二月十一日，太平军北伐军南撤至直隶阜城（今河北衡水市阜城县），平胡侯吉文元战死。

三月十五日，太平军北伐援军攻占山东临清（今聊城市临清市），旋因部众不愿北上，全军南下。

四月初二日，太平军西征军在靖港（今长沙市望城区靖港镇）大败湘军；湘军则水陆进攻湖南湘潭。

四月初五日，湖南湘潭为湘军攻陷，太平军突围走靖港。

四月初九日，太平军北伐军从阜城突围，退守直隶东光县连镇。

四月三十日，沙俄总督穆拉维约夫率军闯入我国黑龙江，建立村屯、炮台、兵站。

五月初四日，李开芳率领北伐军占领山东高唐州（今聊城市高唐县）。

五月十七日，父樊燮公因功擢升湖南永州镇总兵。

六月初二日，太平军西征军再次攻克湖北武昌。

六月十一日，英、法、美三国驻上海领事公布《上海英法美租地章程》，规定在租界内设巡捕、征税。

同日，广东天地会首领陈开率众在佛山发动反清起义。

六月十七日，上海租界成立工部局（即市政厅）。

六月十八日，上海新海关正式建立，由美国、英国、法国人士担任海关管理委员会委员，中国海关落入外国列强手中。

六月二十六日，广东天地会起义军十余万人围攻广州。

七月初一日，湘军攻陷湖南岳州（今岳阳市）。

八月二十三日，湘军及清军反攻武汉，武昌、汉阳相继失守。

十月二十五日，张勋（1854—1923）出生于江西奉新南乡之赤田村。

十二月十二日，太平军在翼王石达开的指挥下，大败湘军水师，取得湖口大捷。曾国藩投水自杀，幸被部下救起。

是年，樊山正式入塾，延师教读。入塾前已能诵古诗、词千余首。

是年，黄绍箕（1854—1908）出生于浙江瑞安一个书香官宦之家。

是年，张仲炘（1854—1919）出生于湖北江夏一个书香官宦之家。

是年，安维峻（1854—1925）出生于甘肃秦安一个耕读之家。

是年，裴景福（1854—1926）出生于安徽霍邱新店埠一个书香官宦家庭。

咸丰五年乙卯(1855)　十岁

正月上旬，太平军西征军在九江大败湘军，随即攻占湖北汉阳。

正月中旬，樊增祥父亲樊燮公由广西左江前往湖南永州镇就任。尚未到任，朝命又下，署理常德提督。时太平军进攻甚急，遂移节沅陵，后太平军败退洞庭。

正月十九日，太平天国北伐军主将林凤祥被俘就义。

正月二十九日，太平军北伐军李开芳率军自高唐州突围，进驻山东茌平县冯官屯。

二月十七日，太平军第三次攻克湖北武昌。

三月十五日，贵州东部苗民受太平天国影响，推张秀眉为首领，起义抗清。

四月十六日，清兵引运河水灌冯官屯，太平军北伐军的营垒被攻破，太平军北伐失败，李开芳被俘。

四月二十七日，太平天国地官正丞相李开芳在北京遇害。

七月，捻军首领张乐行招集各地捻党首领在雉河集会盟，建黄、白、蓝、黑、红五旗军制。

八月，太平军西征军在湖北汉口、汉阳大败清军。

十二月二十五日，江苏镇江被清军围困，太平天国燕王秦日纲奉命赴援，连破清营，逼近镇江。

是年，陈邦瑞（1855—1927）出生于浙江慈溪。

是年，郭曾炘（1855—1928）出生于福建侯官（今福州市）一个书香官宦家庭。

是年，金蓉镜（1855—1929）出生于浙江嘉兴。

是年，陈伯陶（1855—1930）出生于广东东莞一个书香之家。

是年，仇继恒（1855—1935）出生于江苏上元（今南京市）。

是年，徐世昌（1855—1939 年）出生于河南卫辉府(今新乡市卫辉)府城曹营街寓所一个书香官宦家庭。

咸丰六年丙辰(1856)　十一岁

三月，太平天国燕王秦日纲与江苏镇江守将吴如孝大败清军，解镇江之围，并渡江克扬州、浦口，第一次大破江北大营。

四月初二日，樊山的继室祝敏贞（1856—1929?）出生于京兆一个书香之家。

四月二十二日，陈衍（1856—1937）出生于福建侯官一个书香之家。

四月二十九日，太平军在镇江高资（今江苏丹徒）大破江苏巡抚吉尔杭阿所部，吉尔杭阿战败自杀。

五月十八日，太平军第一次大破江南大营，钦差大臣向荣逃至丹阳（于七月初九日病死）。

樊山已通声律，能填词，亦会作诗，并十分喜爱明初诗人高启的诗。樊山在《前调（江城子）·满衣风露两眉秋》的序言中就说过：“忆年十一、二时，初得《青丘集》，朝夕吟玩，至‘芙蓉裙衩最宜秋’一词，爱不忍释。”（见《樊山续集》卷二十八，《樊樊山诗集》第1549页）

七月，父樊燮公自湖南常德还永州镇总兵任。

八月初四日，太平天国发生内讧，北王韦昌辉杀死东王杨秀清，随后又诱骗杨秀清部属，大肆进行屠杀。

八月中旬，太平天国翼王石达开赶回天京，谴责北王韦昌辉；韦昌辉蓄意杀害石达开，石达开连夜缒城逃走，全家被杀。

九月初十日，英国侵略者挑起了“亚罗号事件”。

九月十九日，云南大理回民起义军在大理成立“大元帅府”，并推举杜文秀为“总统兵马大元帅”。

九月二十五日，英国侵略军突然向广州进犯，占领猎德炮台，挑起第二次鸦片战争。

十月初一日，英国侵略军攻入广州城，抢掠两广总督衙门；当晚，因遭军民奋勇阻击，被迫退出。

十月十一日，太平天国翼王石达开自安徽安庆出师，东进讨伐韦昌辉。旋天王洪秀全诛杀韦昌辉、秦日纲，迎翼王石达开回京辅政。

十一月初六日，英国侵略军再次进攻广州城，被清军击退。

十一月十八日，广州民众烧毁十三行洋楼及英、法、美商行。

十一月二十二日，湘军攻陷湖北武昌、汉阳。

十二月，余诚格（1856—1926）出生于安庆府望江县桃花岭（今属太慈镇）。

十二月二十五日，英国侵略军陆续从珠江内河撤走，等待援军。

是年，何乃莹（1856—1912）出生于山西灵石两渡镇一个书香之家。

是年，郑文焯[①]（1856—1918）出生于奉天铁岭（今辽宁省铁岭市）正黄旗汉军一个书香官宦之家。

是年，屠寄（1856—1921）出生于江苏武进一个书香之家。

---

① 郑文焯(1856—1918)，字俊臣，号小坡，又号叔问，晚号鹤、鹤公、鹤翁、鹤道人，别署冷红词客，尝梦游石芝崦，见素鹤翔于云间，因自号石芝崦主及大鹤山人。奉天铁岭(今属辽宁)人，隶正黄旗汉军籍，而托为郑康成裔，自称高密郑氏。光绪元年(1875年)举人，曾任内阁中书。后累试不第，遂绝意仕进，弃官南游，旅居苏州，为江苏巡抚幕僚四十余年。辛亥革命后，曾至上海行医兼鬻书画。工诗词，通音律，擅书画，懂医道，长于金石古器之鉴，而以词人著称于世。著有《大鹤山房全集》。

是年，贻谷（1856—1926）出生于满洲镶黄旗一个官宦家庭。

是年，常立教（1856—1929）出生于山西榆次一个富商家庭。

是年，凌福彭（1856—1930）出生于广东番禺金鼎（今广州市黄埔区深井村）一个巨富之家。

咸丰七年丁巳(1857)　十二岁

年初，法国政府以马神甫事件为借口，与英国组成侵华联军。

四月二十二日，夏荪桐（1857—1942）出生于江苏江阴一个书香之家。

五月十五日，蒯光典（1857—1910）出生于安徽合肥一个书香官宦之家。

五月二十五日，陈夔龙（1857—1948）出生于贵州贵筑（今贵阳市）一个书香之家。

七月二十一日，朱祖谋①（1857—1931）出生于浙江吴兴一个书香之家。

八月二十七日，曹福元（1857—1920）出生于江苏吴县一个书香之家。

十月三十日，英、法军队侵占广州河南，要求入城、赔款。

十一月初九日，英、法联军向两广总督叶名琛发出最后通牒。

十一月十二日，清军和春、张国樑部攻陷江苏镇江，围困天京。

十一月十三日，英、法联军开炮轰击广州，次日广州沦陷。

十一月二十一日，两广总督叶名琛被英、法联军俘虏。

十一月二十五日，以英国驻广州领事巴夏礼为首的“广州外人委员会”开始统治广州。

是年，樊山开始存诗；其诗由最初仿效明初诗人高启，逐步转向仿效乾

① 朱祖谋(1857—1931)，原名孝臧，字藿生，一字古微，一作古薇，号沤尹，又号彊村。浙江归安(今湖州市)人。光绪八年(1882年)举人，次年中二甲一名进士，曾官翰林院编修、国史馆协修、会典馆总纂、侍讲学士、内阁学士，累官至礼部右侍郎兼吏部侍郎。光绪三十年(1904年)出为广东学政，因与总督不合，遂称疾辞归，寓苏州，任教于江苏法政学堂。宣统间授弼德院顾问大臣，不赴。辛亥革命后，寓居上海，以遗老终。祖谋早岁工诗，后专门学词，尤精于校勘，曾校刊唐、宋、金、元人词百六十余家为《彊村丛书》，精审卓特，学者奉为宝典。著有《彊村语业》三卷、《彊村词剩》二卷等；又辑有《湖州词征》三十卷、《国朝湖州词录》六卷，皆收入《彊村遗书》。

隆时期的袁枚和赵翼。樊山自述："自丁巳迄己巳，积诗千数百首，大半小仓、瓯北体。自余则香奁诗也。"（见《樊山诗钞自序》，《湖北文征》第十一卷，第572页）

是年，吴树棻（1857—？）出生于山东历城。

是年，黄以霖（1857—1932）出生于江苏宿迁一个书香之家。

是年，江瀚（1857—1935）出生于福建长汀一个书香官宦家庭。

咸丰八年戊午(1858)　十三岁

二月初五日，康有为（1858—1927）出生于广东南海一个官僚地主家庭。

三月上旬，广州罢市，佛山团练局发动香港罢工。英、法、俄、美驻华公使率军舰陆续抵达天津白河口。

三月初二日，清政府派直隶总督谭廷襄为钦差大臣，负责谈判。

三月十一日，四国驻华公使发出照会，提出侵略条款。

四月初七日，湘军攻陷江西九江，太平军守将林启容战死。

四月初八日，英、法联军攻陷天津大沽炮台。

四月初十日，沙俄东西伯利亚总督穆拉维约夫率俄军到达瑷珲，次日向黑龙江将军奕山提出无理的领土要求。

四月十四日，英、法联军侵入直隶天津郊外。

四月十六日，黑龙江将军奕山被迫与沙俄东西伯利亚总督穆拉维约夫签订《瑷珲条约》。

同日，咸丰皇帝派大学士桂良、吏部尚书花沙纳赴直隶天津与各国公使议和。

四月二十一日，朝命僧格林沁为钦差大臣，督办京津军务。

五月初二日，沙俄霸占乌苏里江口伯力，并改名为哈巴罗夫卡（1893年又改名哈巴罗夫斯克）。

五月初三日，中俄签订《天津条约》。

五月初八日，中美签订《天津条约》。

五月十六日，中英签订《天津条约》。

五月十七日，中法签订《天津条约》。

五月二十八日，英、法联军陆续撤离天津。

五月间，樊燮公在永州镇总兵任职四年期满，循例上书奏请入京觐见。

六月十一日，广州民众七千余人夜袭广州。

樊增祥勤奋好学，精思博览，“明经义，熟数坟籍，如泄瓶水，称奇童”。（钱海岳《樊樊山方伯事状》，《樊樊山诗集》附录二，第2051页）

八月二十日，太平军发动浦口战役，第二次击破江北大营。

同日，樊燮公交卸湖南永州镇总兵篆务，准备入朝。

此前，湖南巡抚骆秉章已访知樊燮有嗜酒贪财、违例乘舆、影响公务等事实，准备弹劾他。樊燮闻知消息，遂借此次进京之机，先到武昌面见湖广总督官文。一方面向官文辞行，表示亲近、忠诚；另一方面则托其出面向朝廷保荐。

九月初五日，易顺鼎（1858—1920）出生于常德府龙阳县（今湖南省常德市汉寿县）一个书香官宦家庭。

十月初三日，钦差大臣桂良、花沙纳在上海与英国全权代表额尔金签订中英《通商章程善后条约》。

十月初十日，太平军陈玉成、李秀成部大破湘军，取得“三河大捷”，歼灭湘军精锐六千余人，安庆之围不战自解。

十月二十九日，沈瑜庆（1858—1918）出生福建侯官（今福州市）一个书香官宦家庭。

十一月初二日，湖广总督官文上《奏请樊燮署理湖南提督栗襄署理永州镇篆务事》专折，保荐樊燮署理湖南提督，并保荐以云南临元镇总兵栗襄署理永州镇总兵。

十一月上旬，樊燮公既入觐，亦颇得圣上欢心。谕言：待卿还湘后，将授其提督职（见樊增祥《先考墓碑》，《湖北文征》第十一卷，第566页）。

十一月十三日，咸丰皇帝阅览官文奏折后，遂在奏折上朱批谕旨：“湖南提督印务着樊燮署理，仍来京陛见；其湖南永州镇篆务著栗襄署理，毋庸来京陛见。”①。

十一月下旬，父樊燮公自京城回到湖南。经过长沙时，特地去拜见湖南巡抚骆秉章：一方面向骆巡抚请示行止，另一方面亦希望缓和一下紧张的

① 《军机处上谕档》，转引自刘江华《从清宫档案看左宗棠樊燮案真相》，《紫禁城》2012年第7期。

关系。在参见抚台时，骆巡抚让樊燮有什么事情去跟左师爷（左宗棠）说。樊燮读书不多，是一介武夫，不太了解官场的深浅；又仗着自己是朝廷任命的正二品的武将，还与湖广总督官文有点亲戚关系，因此，并没有把那位左师爷放在眼里。樊燮公见到左宗棠后，没有向他行礼。这左宗棠虽是一位师爷，在巡抚衙门可是能当巡抚的家、说一不二的人物。一见此状，很不高兴地说："武官见我，无论大小，皆要请安，汝何不然，快请安！"樊燮也不示弱，说："我虽是武官，却也是朝廷的二品官员，按朝廷制度，没有跪师爷一说。"左宗棠听樊燮如此一说，马上火了，上前去踢了樊燮一脚，又拍着书案骂道："王八蛋，滚出去！"接下来，左宗棠立刻以骆巡抚的名义向朝廷上奏章，对樊燮公提起弹劾。著名民主革命家、文学家刘成禺在其《左宗棠与樊增祥》一文中，记载此事较详细①。

案：尽管左宗棠平时自恃其才，眼界甚高，不把一般人放在眼里；尽管清代有着"重文轻武"的传统，而左又倚仗巡抚对他的宠信，在府中越俎代庖，专横跋扈。但他毕竟是一位饱读诗书、胸怀大志的读书人，对为人、为学、为事和为官之道还是很了解的，断不至于如此愚蠢、利令智昏：一位举人出身的巡抚衙门的幕僚，竟然会对一位已拜朝廷正二品官阶的总兵开口就骂，抬腿就踢。这也许是小说家言，不足为信。

十一月二十九日，左宗棠代湖南巡抚骆秉章作《参劾永州镇樊燮违例乘舆、私役弁兵折》，弹劾樊燮。

十二月初一日，英国侵略军进犯广州三元里牛栏冈，被乡民击退。

十二月十一日，咸丰皇帝面对湘人的指控，很快作出了反应：他不仅收回了之前所批示准奏的官文保举樊燮的奏折，下旨将樊燮即行开缺，交部严加议处，而且将官文同折保荐的栗襄也一并否决。

樊山的弟子余诚格曾在《樊樊山集叙》中亦说过：先师"十三岁学经义。太翁即于是岁罢官，待勘者又二年，贫不能延师。先生与兄讱斋自相师友。"（见《樊樊山诗集》附录二，第 2027 页）

是年，升允（1858—1931）出生于蒙古镶黄旗一个书香官僚家庭。

咸丰九年己未(1859)　十四岁

二月十六日（3 月 20 日），太平军将领陈玉成联合捻军在安徽庐州城外

① 刘成禺：《左宗棠与樊增祥》，《世载堂杂忆》，中华书局 1960 年版，第 45 页。

击溃清军，擒斩安徽署理巡抚李孟群。

同月，湖南巡抚骆秉章又上《已革樊总兵劣迹有据请提省究办折》，将樊左案的事态进一步扩大。

三月十三日，咸丰帝批准了骆秉章的上奏。

三月二十日，洪仁玕由香港辗转抵达天京。

四月初二日，李详（1859—1931）出生于江苏兴化一个贫寒之家。

四月初九日，洪仁玕被封为干王，总理朝政。不久，洪仁玕提出革新建议，颁布《资政新篇》。

五月上旬，天王洪秀全封又正掌率、前军主将陈玉成为英王。

五月十七日，借口交换《天津条约》批准书，英国海军上将何伯率舰队抵达大沽口外。

五月二十五日，英、法、美舰队轰击大沽炮台，被守军击退，直隶提督史荣椿等三十余名官兵战死，英军司令何伯重伤。

五月二十七日，沙俄新任驻华公使伊格那提也夫到达北京。

湖南湘军集团的迅速崛起引起了不少满洲官僚的不满与担忧。湖广总督官文、湖南布政使文恪等就对湖南湘军集团颇有微词，只是近几年湘人得宠，奈何不得。但私下里，对辖地的那些非湘系的官员，也尽量地笼络。

六月初六日，梁鼎芬（1859—1920）出生于广东番禺（今属广州市）一个书香之家。

六月中旬，因湘人的步步紧逼，欲置其于死地，樊燮公遂从家乡来到湖广总督官文处躲避，并与官文密议、多方联络，向朝廷呈递了《已革永州镇总兵樊燮为参案情节重大首府饬令改换亲供实保员弃串通文员挟嫌陷害事抄呈状》。一方面进行自我辩护，另一方面则进行反击，指控左宗棠勾结地方官员，操纵幕府，蓄意构陷；而骆秉章则有疏于察验之咎，直接将矛头指向了湖南巡抚骆秉章及其幕后的左宗棠。

六月二十七日，紧随樊氏之后，湖广总督官文也向朝廷递交了《奏为已革永州总兵樊燮呈诉首府饬换亲供文武串通挟嫌陷害一案事》专折，不仅附议樊燮的说法，而且恳请朝廷派大员彻查此事。

六至七月，上海市民散发揭帖，捣毁天主教堂，反对外国侵略者掠卖华工。

七月十五日，面对满、汉地方大吏尖锐的对立，咸丰皇帝也不得不慎重对待。随后下旨：委派湖广总督官文和出任湖北乡试主考官的都察院左副都御史钱宝青待乡试结束后将左宗棠逮捕至省城武昌审判。

七月十八日，美国驻华公使华若翰与清政府代表在北塘互换《中美天津条约》批准书。

八月二十日，袁世凯（1859—1916）出生于河南项城一个官僚地主家庭。

八月二十五日，湖南巡抚骆秉章再上《将樊燮妄控奏明》《将所查处的樊燮贪污证据樊燮本人的口供送军机处备查》等奏折，指控樊燮贪污银四千两等情形。

双方的对立愈来愈尖锐，且发展趋势对左宗棠也极为不利。因此，湘军集团领袖曾国藩不得不出面，致函门生钱宝青（亦称“钱宝琛”），希望他从中折冲。湖北巡抚胡林翼亦致函湖广总督官文，为左说情。在京师的王闿运、高心夔等名流则秘密策划，求助于户部尚书肃顺。与潘祖荫同值南书房的郭嵩焘，则请潘祖荫上书向咸丰帝说情。

潘祖荫在向咸丰皇帝所上保荐左宗棠的密折中指出：湘军立功本省，援救江西、湖北、广西、贵州，“所向克捷”；尽管这与巡抚骆秉章调度有方不无关系，但其大政方略“实由左宗棠运筹决胜”，功劳不可磨灭；甚至说出“国家不可一日无湖南，而湖南不可一日无宗棠”之语；最后强调：“宗棠一在籍举人，去留无足轻重。而楚南事势关系尤大，不得不为国家惜此才。”①

紧随潘祖荫之后，湖北巡抚胡林翼亦特上《敬举贤才》奏折，说左宗棠“名满天下，谤亦随之”（《庸庵笔记》卷一，第 10 页），向朝廷保举左宗棠。

与此同时，户部尚书肃顺亦在咸丰皇帝面前极力称赞左宗棠“赞画军谋，迭著成效”，“人才难得，自当爱惜”②。

正是由于这些朝野大臣的相继奏请，咸丰皇帝不得不重新全面考虑，并改变了主意，谕令曾国藩等据实奏报。官文见咸丰皇帝有意起用左宗棠，亦见风使舵，乃“与僚属别商具奏结案”③，这才使得左宗棠避免了一场人

---

① 罗正钧：《左宗棠年谱》，岳麓书社 1987 年版，第 70—71 页。

② 薛福成：《薛福成选集》，上海人民出版社 1987 年版，第 562 页。

③ 薛福成：《薛福成选集》，上海人民出版社 1987 年版，第 562 页。

为之祸。

九月二十三日，太平天国在天京举行科试，天王洪秀全任命干王洪仁玕为文衡正总裁。

十月二十二至二十七日，太平天国后军主将副掌率李秀成攻破浦口清军大营，击毙湖北提督周天培。

十一月下旬，太平天国天王洪秀全封太平天国后军主将副掌率李秀成为忠王。

十二月初一日，太平军将领杨辅清、黄文金等从叛将韦志俊手中夺回贵池（今安徽省池州市）。

十二月初八日，荣庆（1859—1917）出生于四川重庆一个蒙古族正黄旗官僚家庭。

十二月二十二日，英王陈玉成联合北征军主将张乐行所部在安徽潜山（今安庆市潜山）大败湘军。

十二月二十五日，对左宗棠与樊燮互参案的查勘工作基本结束，官文和钱宝青联名向朝廷上《湖广总督官文、都察院左副都御钱宝青奏为会审湖南永州总兵樊燮呈讦湖南文武串通陷害一事》专折，报告查勘结果。

同日，官文向咸丰皇帝上《奏为密陈遵旨查办湖南巡抚骆秉章奏折及亲供账簿及情形事》密折，奏明查勘湖南巡抚骆秉章的情况。

十二月底，官文又上《湖广总督官文等奏为提讯候补千总贺炳翊等员诿饰支用银钱供词请行斥革严讯事》专折。

是年，周銮诒（1859—1885）出生于湖南永明（今永州市江永县）一个书香之家。

是年，陈锐（1859—1922）出生于湖南武陵（今常德市鼎城区）一个书香之家。

咸丰十年庚申(1860)　十五岁

自是年始，樊增祥拜江夏彭崧毓为师，“专攻举业，而不废歌咏”。（见《樊山诗集自序》，《湖北文征》第十一卷，第 572 页）

正月初五日，咸丰皇帝下谕旨：“贺炳翊即行斥革，侯光裕着即行革职严讯。”（见《军机处上谕档》，转引自刘江华《从清宫档案看左宗棠樊燮案真相》，《紫禁城》2012 年第 7 期）

正月间，太平天国天王洪秀全封左军主将李世贤为侍王，封中军主将杨辅清为辅王。英、法政府再次派遣额尔金、葛罗为驻华特使，率军侵华。

二月初二日，官文和钱宝青联名上《湖广总督官文、都察院左副都御钱宝青奏为审明永州镇总兵樊燮呈控文武陷害一案按律定拟事》专折，向皇上报告“左樊互参案”的整体调查结果，并提出拟处理的建议。

二月初十日，咸丰皇帝朱批官文、钱宝青奏折：“王葆生、黄文琛均着交部严加议处，专折具奏，其余着刑部议奏。”（见《军机处上谕档》，转引自刘江华《从清宫档案看左宗棠樊燮案真相》，《紫禁城》2012 年第 7 期）

二月间，经过多方的反复磋商、妥协，左宗棠与樊燮的互参案终于结案：樊燮以贪腐之罪被判处发配军台效力赎罪一年，刑满后返回故里，督课两子，以期雪耻。左宗棠则化险为夷，不仅没有追究其罪责，两个月后，竟奉旨以四品京堂候补，随两江总督曾国藩襄办军务，不久，因军功擢升浙江巡抚，再迁闽浙总督。而官文，仍任湖广总督，直到同治五年（1866年），因作战失利，被曾国荃、左宗棠参劾调回京都任职。至于钱宝青，办理完此案后即回京，且于当年闰三月二十六日（5 月 16 日）在京病逝。

案：樊燮与左宗棠互参案的发生，有其深层的政治原因。杨东梁在《左宗棠评传》中就指出：“实质上它反映了清朝统治阶级内部的满、汉官僚的矛盾。一方面，左宗棠专权独断，不知顾忌，引起了官文等高级满族官员的不满；另一方面，湘军的兴起和汉族地主的得势，也使得一些满洲贵族深感不安。他们抓住一个仅具幕僚身份的左宗棠大做文章，实际是要给掌握两湖军政大权的湖南巡抚骆秉章、湖北巡抚胡林翼、湘军统帅兵部侍郎曾国藩等汉族官僚一点颜色看（这些人都与左宗棠有密切关系）。”①

樊燮与左宗棠的互参案，不仅对樊燮的个人仕途与家庭生活及其后人发展的影响极大，而且对左宗棠的个人前途亦影响极大，是当时震动朝野的一件大事。罗正钧所编《左文襄公年谱》一书中就记载有此事：“咸丰九年十二月……公（指左）既久专军事，忌者尤众，永州镇总兵樊燮以贪纵为骆公（秉章）劾罢，因构于总督，首指目公（指左宗棠），总督疏闻，命考官钱宝青即讯，召公（指左）对薄。武昌胡公林翼力解之，得不逮公，是年十二月，遂辞骆公，荐刘蓉自代，请咨赴京会试。”只是其中所记较简略，有些语焉不详；因写作此书时，左宗棠已名崇位尊，不能不有所掩饰。

① 杨东梁：《左宗棠评传》，湖南人民出版社 1985 年版，第 55—56 页。

相比较而言，巡抚骆秉章《自订年谱》的记载就要详细得多："永州镇总兵樊燮声名恶劣，同城员弁兵丁无不恣怨，八年赴京陛见，先参其私役兵弁乘坐肩舆，并声名访闻各款劣迹俟查实参奏，嗣据委员赴永查该镇署中零用，皆取之营中，提用银九百余两，公项钱三千三百余串，又动用米折银两，即据实参奏，奉上谕：'樊燮着即行拿问，交骆秉章提同人证，严行审办，钦此。'嗣有人唆怂樊燮在湖广递禀，又在都察院呈控永州府黄文琛商同侯光裕通知在院襄办军务绅士左某（宗棠），以图陷害。后奉旨交湖广总督官文、湖北正考官钱宝青审办，旋于八月廿五日将樊燮妄控奏明，将查明账簿公禀、樊燮亲供等咨送军机处，左君（宗棠）因此忧谗畏讥，遂定意于十年正月出署，请咨送赴京会试。"

樊燮与左宗棠的互参案，明显具有汉族士大夫官僚的代表——湘军集团与满族权贵集团相互倾轧、相互争斗的性质。两派斗争的结果，使咸丰皇帝从当时严峻的内忧外患政局中看清了要镇压太平天国农民起义，保证清王朝封建政权的稳定，就必须依靠汉族官员，尤其是湘军集团的支持，因而，才使左宗棠转危为安，从此飞黄腾达；亦使汉族士大夫官僚的代表——湘军集团在与满族权贵集团的争权博弈中，取得了最终的胜利。

二月二十七日，太平军攻占浙江杭州，迫使江南大营分兵往援。

闰三月初二日，英、法联军占领浙江舟山。

闰三月十二日，郑孝胥（1860—1938）出生于苏州胥门（亦称老胥门、姑胥门）寓庐一个书香官宦之家。

闰三月十六日，太平军第二次攻破江南大营。

闰三月二十一日，太平天国举行天京军事会议，决定先攻克江苏苏州、常州，然后回师进行第二次西征。

闰三月二十九日，英王陈玉成率军追击清总兵、江南大营帮办军务张国樑至丹阳，张国樑逃至丹阳南门河下，落水死亡。

四月初七日，英国侵略军攻占大连湾（位于辽东半岛最南端的海湾，隶属于大连市甘井子区）。

四月十二日，钦差大臣、江宁将军和春逃至浒墅关（今苏州市高新区）自杀。太平军乘势攻占江苏丹阳、常州、无锡等地。

四月十三日，太平军攻克江苏苏州，建立苏福省，以苏州为省会。美国军事流氓华尔在上海组成洋枪队。

四月中旬，英、法联军封锁渤海湾。

四月十九日，法国侵略军攻占山东烟台。

五月二十八日，华尔率洋枪队袭取松江。

六月十一日，英、法联军抵达大沽口（位于今天津市东南 50 公里海河入海口处）外。

六月十五日，英、法联军占领北塘（今天津市滨海区北塘镇）。

六月二十四日，清政府任命曾国藩为两江总督兼钦差大臣，督办江南军务，大江南北水陆各军均归其节制。

六月二十八日，英、法联军攻占天津塘沽。

七月初四日，周树模（1860—1925）出生于湖北天门干驿镇一个贫寒之家。

七月初五日，英、法联军再陷天津大沽。

七月初八日，英、法联军占领直隶天津。

七月间，洋枪队两次进犯青浦（今上海市青浦区），被击退；太平军乘胜收复松江。

八月初四日，英、法联军攻陷通州（今北京市通州区）。

八月初七日，英、法联军进攻八里桥（又名永通桥，在通州城西）；次日，咸丰皇帝逃往热河。

八月中旬，太平军进行第二次西征，分兵两路拟合取湖北武昌。

八月二十二日至九月初五日，英、法联军进抵京郊，大败僧格林沁、瑞麟军，劫掠圆明园，并放火焚烧。

九月十一至十二日，英、法联军控制北京，钦差大臣奕䜣与英国全权代表额尔金和法国全权代表葛罗签订中英、中法《北京条约》。

十月初二日，钦差大臣奕䜣与俄国驻华公使伊格那提也夫签订《中俄北京条约》。

十月间，英、法联军根据条约规定退出北京。

十二月十四日，清政府任命英国人李泰国为中国海关总税务司。

是年，俞明震（1860—1918）出生于湖南善化（今长沙市）寓所。

是年，翁斌孙（1860—1922）出生于江苏常熟一个世代书香官宦家庭。

是年，张元奇（1860—1922）出生于福建侯官一个书香之家。

是年，杨增荦（1860—1933）出生于江西新建一个耕读之家。

是年，周铁珊（1860—1936）出生于直隶天津一个书香之家。

咸丰十一年辛酉(1861) 十六岁

年初，樊燮公仍在军台效力赎罪。

二月初一日，清政府总理各国事务衙门正式成立，启用关防，并知照吏部等各衙门及通商各省督抚臣、天津通商大臣、上海钦差大臣，同时照会英、法各国公使。

二月初八日，英王陈玉成率太平军西征北路军攻占湖北黄州等城。

二月十五日，外国驻华公使开始驻节北京。

三月二十三日，岑春煊（1861—1933年）出生于广西西林一个世代官僚家庭。

五月初八日，太平天国忠王李秀成部将占领武昌县（今鄂州市）。

五月二十三日，徐绍桢（1861—1936）出生于广东番禺（今广州市）一个书香之家。

同日，英国人赫德代办总税务司，开始把持中国海关。

五月二十四日，朱益藩（1861—1937）出生于江西萍乡莲花县琴亭镇一个书香官宦家庭。

六月初二日，太平天国忠王李秀成统率太平军西征南路军自湖北咸宁向浙江退军。

七月十六日，清军攻陷浔州（今广西贵港市桂平市），大成国的首领陈开牺牲。

七月十七日，咸丰皇帝驾崩于热河避暑山庄行宫，皇子载淳（同治皇帝）继位。

七月二十日，朝命授骆秉章为四川总督。

七月间，樊燮公刑满返回湖南永州，与家人团聚。

不久，全家人随樊燮公迁往宜昌东郭门居住。樊燮公督促增祥与其兄增禑读书于萝溪老屋，甚严。偶有闲暇之时，樊增祥亦与其兄游于绿萝溪上。樊山多年后写有《东溪诗（并序）》和《萝溪老屋图记》文纪其事。

余诚格在《樊樊山集叙》中说：“年十六，太翁尽室还宜昌，先生兄弟仍键户读，太翁日坐斋中督课。属文每数行必取阅，阅必数数诃骂，盖望子过深也。而文亦因是益进，试辄冠其曹，先后典郡者皆为延誉。”（见《樊樊山诗集》附录二，第2027页）

八月初一日，太平军安庆保卫战失败，安徽安庆失守，守将叶芸来、吴定彩等二万余人英勇战死。

八月初十日，清廷御史董元醇上疏提出“暂请皇太后垂帘听决”，叶赫那拉氏要辅政大臣照办。肃顺以“本朝无太后垂帘故事，令军机处拟旨驳还”。

九月初一日，清廷上东、西两太后徽号为“慈安皇太后”“慈禧皇太后”。

九月初四日，慈禧太后解除载垣等人掌握的禁卫军兵权，同时争取到掌握京畿和直、鲁重兵的兵部侍郎胜保和僧格林沁的支持，准备发动政变。

九月二十三日，慈禧太后由承德起行，携幼帝载淳回銮北京。

九月二十九日，慈禧太后回京，次日与恭亲王奕䜣发动祺祥政变（亦称辛酉政变），免除肃顺等八人赞襄政务王大臣的职务。

十月初五日，朝廷发布诏令，改祺祥年号为同治，两宫皇太后垂帘听政，以明年为同治元年。

十月初六日，朝廷诏令杀肃顺，赐载垣、端华自尽。

十月十八日，清政府旨令钦差大臣、两江总督曾国藩统辖江苏、安徽、江西、浙江四省军务。

十一月初八日，太平天国侍王李世贤率部攻占浙江宁波。

十一月二十八日，太平天国忠王李秀成攻占浙江杭州。

十一月间，钦差大臣、两江总督曾国藩在怀宁黄石矶、安庆大观亭创设内军械所（又称安庆军械所），制造子弹、火药、枪炮，官办新式军事工业以此为始。著名科学家华蘅芳在此主持制造了中国第一艘轮船。

英国商人奚安门在上海创办第一家中文日报《上海新报》。

十二月初八日，太平天国忠王李秀成兵分五路，开始第二次进军上海。

十二月二十四日，因曾国藩的荐举，左宗棠擢升为浙江巡抚。

是年，樊山正式学习填词。樊山在《五十麝香词赓叙》中说：“余年十二学诗，十六学为词。”（见《樊樊山诗集》，第 1629 页）

樊山因能诗擅文，名满乡里，被乡人称为神童。

是年，端方（1861—1911）出生于满洲正白旗一个官宦家庭。

是年，蔡乃煌（1861—1916）出生于广东番禺一个书香之家。

是年，绍英（1861—1925）出生于满洲镶黄旗一个世代官僚家庭。

是年，秦树声（1861—1926）出生于河南固始乐道冲一个耕读之家。

是年，贺良朴（1861—1937）出生于湖北蒲圻（今赤壁市）一个书香之家。

同治元年壬戌(1862)　十七岁

年初，樊增祥全家仍居宜昌，因无经济来源，生活较清苦。樊山在《西屏画茗花春雨填词图并贶佳什抚今追昔次韵答谢》(四首之一)“只余一树茶花白，湘艑峨峨百丈牵”诗句下注云：“辛酉、壬戌间始还宜昌，贫悴特甚。茶花数本，乃自湘中载归。”

正月初十日，清政府批准上海成立中外会防局(即中外会防公所)。

正月十四日，英王陈玉成派扶王陈得才、遵王赖文光等会同捻军西进河南。

正月二十四日，道员李鸿章奉两江总督曾国藩之命，在安徽安庆募集地主武装组成一支新的武装“淮军”。

三月初十日，李鸿章所部淮军七千余人，自安徽安庆乘英轮抵达上海。

四月十二日，英、法侵略军及清军联合攻占浙江宁波。

四月十五日，安徽庐州(今合肥市)失守，太平天国英王陈玉成赴寿州(今安徽淮南市寿县)，两天后被团练首领苗沛霖诱执。

四月十九日，英、法联军进犯奉贤(今上海市奉贤区)南桥镇，法军水师提督卜罗德被击毙。

四月二十八日，太平天国忠王李秀成率军击败英、法联军、“常胜军”，攻克嘉定(今上海市嘉定区)，第三次进军上海。

四月二十九日，西北太平军扶王陈得才、遵王赖文光部占领陕西渭南。洪兴、任武率领西北回民，在渭南、大荔举行反清起义。

五月初三日，江苏布政使曾国荃率湘军进逼天京，扎营雨花台。

五月初八日，太平天国英王陈玉成在河南延津(今新乡市延津县)就义。

五月十三日，太平天国慕王谭绍光部攻克青浦(今上海市青浦区)，并猛击“常胜军”，擒其副领队法尔思德。

七月初八日，中、俄双方在新疆塔尔巴哈台举行勘分西北边界的谈判。

八月二十九日，太平军在浙江慈溪击毙“常胜军”领队华尔。

闰八月十九日，浙江巡抚左宗棠与法国侵略军组成“常捷军”，由法军水师副将勒伯勒东统领。

闰八月二十日，太平天国忠王李秀成率部驰援天京，与湘军在雨花台展开激战。

九月初五日，陈德霖（1862—1930）出生于山东黄县一个贫穷家庭。

十月初五日，天京解围战失利，忠王李秀成率部撤离雨花台。

十一月二十八日，太平军在绍兴击毙“常捷军”统领勒伯勒东。

十二月十二日，太平天国翼王石达开率军自四川叙州（今宜宾市）进入云南境内。

年底，因家贫无钱置办年货，樊燮公将家藏三十多年的元代著名画家赵孟頫所画之《马》图卖给彝陵的有钱人，以解决一家人春节期间的温饱问题。樊山在《赵子昂画马》一诗的序中说：“马凡七匹，圉人一，绢已黯坏，而生气涌出。家藏余三十年，壬戌岁除，以画乞彝陵富人，得钱万二千。”（见《樊山集》卷一，《樊樊山诗集》第 8 页）

是年，胡延（1862—1904）出生于四川成都一个书香之家。

是年，杨士琦（1862—1918）出生于安徽泗州招贤乡（今江苏省淮安市盱眙县鲍集乡梁集村）一个世代书香官僚家庭。

是年，李岳瑞（1862—1927）出生于陕西咸阳一个世代书香官宦家庭。

是年，甘鹏云（1862—1941）出生于湖北潜江城关一个书香之家。

是年，沈卫（1862—1945）出生于浙江嘉兴一个书香之家。

同治二年癸亥（1863）　十八岁

正月二十二日，署理江苏巡抚李鸿章奏设广方言馆于上海。

二月初一日，钦差大臣僧格林沁攻陷捻军根据地——雉河集。

二月初五日，捻军首领、太平天国沃王张乐行在雉河集战败被俘。

三月十五日，清军攻克江苏太仓（今苏州市太仓市）。

四月二十四日，同治登基恩科殿试毕，张之洞进士及第，钦点探花。

四月二十五日，太平天国翼王石达开在四川大渡河紫打地全军覆灭。

五月初十日，太平天国翼王石达开在成都被四川总督骆秉章杀害。

五月二十六日，天王洪秀全在上海《北华捷报》英文周刊刊登号召太平军将士战斗到底的诏旨。

八月初九日，上海英、美租界合并为公共租界。

八月二十日，太平天国西北远征军攻克陕西汉中。

十月初五日，清政府正式任命赫德为中国海关总税务司，从此控制中国的财政收入达 48 年之久。

十月二十四日，太平天国慕王谭绍光被叛徒郜永宽杀害，次日苏州失守。

十一月初二日，清军攻陷江苏无锡，太平天国潮王黄子隆殉难。

十一月二十二日，齐白石（1864—1957）出生于长沙府湘潭白石铺杏子坞星斗塘一个贫寒家庭。

十二月初八日，成多禄（1864—1928）出生于吉林其塔木镇（今隶长春市九台区）一个旗人军官家庭。

是年，樊增祥取得荫监（由于先代为国殉职而取得的入国子监资格）资格。

是年，陈庆年（1863—1929）出生于福建长乐一个书香官宦家庭。

是年，林开謩（1863—1937）出生于福建长乐一个书香官宦家庭。

是年，铁良（1863—1938）出生于满洲镶白旗一个贫寒家庭。

同治三年甲子(1864)　十九岁

正月初三日，太平天国西北远征军自陕西南部由扶王陈得才、祜王蓝成春、遵王赖文光分三路东援天京。

正月十七日，徐坊（1864—1916）出生于山东临清一个书香官宦家庭。

正月二十一日，清军攻陷南京钟山要塞天堡城（位于南京太平门外紫金山西峰山顶）。

正月二十四日，浙江巡抚曾国荃率湘军合围天京。

二月二十四日，闽浙总督左宗棠联合法军洋枪队攻克浙江杭州。

四月初六日，戈登率“常胜军”和淮军攻陷江苏常州，护王陈坤书殉难。

四月十二日，太平天国扶王陈得才、遵王赖文光、梁王张宗禹围攻河南信阳州。

四月二十六日，“常胜军”在江苏昆山解散。

四月二十七日，太平天国天王洪秀全病逝于天京。

五月初三日，太平天国幼天王洪天贵福在天京即位。

六月十六日，浙江巡抚曾国荃督师攻占太平天国都城天京，纵兵劫掠。

六月二十六日，幼天王洪天贵福流亡至浙江湖州，旋由干王洪仁玕、堵王黄文金等拥戴，继续斗争。

七月初六日，太平天国忠王李秀成在南京被两江总督曾国藩杀害。

八月，樊山首次以监生资格赴省城武昌参加乡试。樊山《中秋夜忆中儿北闱乡试》诗后注曰："余甲子就试，丁卯领解，今三十一年矣。"（见《樊山集》卷二十五，《樊樊山诗集》第537页）

九月初七日，沙俄强迫清政府签订《中俄勘分西北界约记》。

九月初九日，幼天王、洪仁玕等部太平军在江西石城杨家牌军溃。干王洪仁玕等被俘执。

九月十九日，黎元洪（1864—1928）出生于湖北汉阳府黄陂县木兰乡一个贫寒家庭。

九月二十五日，太平天国幼天王洪天贵福在江西石城被俘执。

十月初九日，西北太平军在安徽霍山黑石渡兵败，扶王陈得才自杀殉国。

十月二十日，太平天国幼天王洪天贵福在南昌被处死，太平天国政权覆亡。

十月二十五日，太平天国干王洪仁玕在江西南昌遇害。

十一月间，捻军和西北太平军联合，推太平天国遵王赖文光为领袖，继续战斗。

十二月，中亚浩罕汗国军事头目阿古柏在英、俄帝国主义的支持下侵入新疆。

是年，樊增祥奉父母之命完婚，娶老师彭崧毓之女彭倩卿为妻。因家贫，不得不用妻子娘家的陪嫁来补贴家用。樊山在《西屏画茗花春雨填词图并贶佳什抚今追昔次韵答谢》（四首之二）"爱好萧郎持粉帛，含愁新妇鬻脂田"诗句下自注云："甲子岁，彭恭人来归，以奁资为养。"（见《樊山集》卷二十五，《樊樊山诗集》第543页）

是年，易顺鼎的后妻何玉颀（1864—？）出生。

是年，李希圣[①]（1864—1905）出生于湖南湘乡一个书香家庭。

是年，叶德辉（1864—1927）出生于湖南湘潭一个富裕家庭。

是年，程崇信（1864—1928）出生于湖南衡阳一个书香官宦家庭。

---

① 李希圣（1864—1905年），字亦元，又作亦园；号小峰，又号卧公；室名雁影斋。湖南湘乡人。光绪十八年（1892年）进士。官刑部主事。曾被荐举经济特科。二十八年（1902年），任京师大学堂提调兼编译书局总纂。通古今治法，撰有《光绪会计录》；富藏书，多精品；工诗，多七律，以玉溪生（李商隐）自诩。著有《雁影斋诗存》《雁影斋题跋》《律例损益议》《经史文新编》《庚子国变记》等。今人编有《李希圣集》。

是年，王式通（1864—1931）出生于山西汾阳。

是年，吴敬修（1864—1936）出生于河南光州（今信阳市潢川县）。

是年，曹秉章（1864—1937）出生于浙江嘉善（今嘉兴市嘉善县）。

是年，江孔殷（1864—1952）出生于广东南海一个富商家庭。

同治四年乙丑(1865)　二十岁

正月初三日，太平天国遵王赖文光、梁王张宗禹在鲁山（今河南省平顶山市鲁山县）击败钦差大臣僧格林沁部。

二月二十一日，太平军余部戴王黄呈忠率部攻占福建漳浦。

三月初七日，太平天国遵王赖文光、梁王张宗禹率部进军山东曹县。

四月二十一日，清军攻陷漳州，侍王李世贤突围败走，后撤至广东镇平部将汪海洋军营。

四月二十四日，捻军首领、太平天国遵王赖文光、梁王张宗禹等在山东曹州高楼寨大败清军，杀死钦差大臣僧格林沁。

七月初三日，侍王李世贤被康王汪海洋的部下杀害。

七月十一日，杨钟羲（1865—1940）出生于辽宁辽阳一个汉军正黄旗家庭。

八月初一日，曾国藩、李鸿章在上海创建江南机器制造总局。

九月十五日，龚心铭（1865—1938）出生于安徽庐州（今合肥市）一个世代书香官宦家庭。

十月二十一日，太平天国康王王海洋率所部太平军攻占广东嘉应州（今梅州市）。

十二月十二日，太平天国康王汪海洋所统率之太平军余部在嘉应州溃败。

十二月二十四日，康王王海洋在黄沙嶂迷路坠崖，被执殉难。南部太平军的斗争结束。

是年，樊山一边继续温习举业，一边开始研习词律。樊山在《五十麝斋词赓叙》中曾说："二十以后始读红友《词律》。"（见《樊樊山诗集》，第1629页）

是年，吴璆（1865—1936）出生于江西新建（今南昌市新建区）。

是年，萧俊贤（1865—1949）出生于湖南衡阳一个书香之家。

同治五年丙寅(1866)　二十一岁

二月二十三日，太平天国梁王张宗禹率所部太平军自河南攻入山东定陶。

四月初一日，东北马傻子起义失败，马傻子战败牺牲。

五月十三日，闽浙总督左宗棠奏设船政学堂于福州，为清末最早的海军学校。

七月初十日，闽浙总督左宗棠在福建设立福州船政局，是专门制造轮船的近代造船工业。

八月初十日，曾广钧（1866—1929）在武昌其叔祖、湖北巡抚曾国荃的抚署出生。

八月十七日，朝命调闽浙总督左宗棠为陕甘总督。

八月二十八日，恭亲王奕䜣等奏请在天津设立军火制造局，清廷命三口通商大臣、署理直隶总督崇厚筹办。

九月十二日，鉴于形势的严峻，新捻军分为东、西两支，由遵王赖文光等率领东捻军，梁王张宗禹等率领西捻军。

十月初六日，孙中山（1866—1925）出生于广东香山县（今中山市）翠亨村一个农民家庭。

十月十三日，钦差大臣曾国藩以进攻捻军无效，奏请朝廷另派钦差大臣接办军务。

十一月初一日，朝廷任命江苏巡抚李鸿章为钦差大臣，进剿捻军。

十一月初八日，梁王张宗禹率西捻军进逼陕西西安。

十一月十六日，遵王赖文光率东捻军攻克湖北麻城。

十二月初六日，东捻军在湖北安陆府（今荆门市钟祥市）罗家集击败清军提督郭松林。

十二月十八日，西捻军在西安城东灞桥十里坡歼灭陕西巡抚刘蓉部湘军，进围西安。

十二月二十一日，东捻军在湖北德安府（今孝感市安陆市）新家闸歼灭张树珊部淮军。

是年，樊山在家一边攻研举业，一边侍奉双亲。

是年，丁宝铨（1866—1919）出生于江苏淮安一个行伍世家。

同治六年丁卯(1867) 二十二岁

正月十一日，清政府任命钦差大臣李鸿章为湖广总督，仍督办“剿捻”事宜。

正月十五日，东捻军在湖北安陆取得尹隆河大捷，旋被湘军的鲍超部击败。

正月十八日，朝廷授陕甘总督左宗棠为钦差大臣，督办陕甘军务。

二月十八日，东捻军在湖北蕲水（今浠水县）六神港大破湘军，斩记名布政使彭毓橘。

四月二十四日，太平天国梁王张宗禹率西捻军再攻陕西西安失利。

五月十二日，美国派军舰入侵我国台湾，被台湾军民击退。

同日，东捻军在山东梁山（今济宁市梁山县）突破清军运河防线，攻入山东，进逼济南。

五月十三日，钦差大臣、陕甘总督左宗棠军分三路入陕。

五月二十九日，太平天国遵王赖文光率东捻军进逼山东烟台，为英、法侵略军击退。

六月十二日，翰林院编修张之洞奉旨充浙江乡试副主考。

六月十六日，樊山的妻子彭倩卿病逝。十三年后，樊山专门填了一首《凤凰台上忆吹箫》的词来缅怀妻子，其小序说：“六月既望，为亡妇忌日。自丁卯及今，周十三寒暑矣。是月方移居横街圆通道院，窗外修柏一树，月明风细，如闻秋声。永夕彷徨，写以商调。”（见《樊山集》卷二十一，《樊樊山诗集》第497—498页）。

三十九年后，樊山又写了《六月既望作·倩卿逝世三十九年矣》一诗，来纪念爱妻。

七月初九日，李瑞清（1867—1920）出生于江西临川一个世代书香之家。

七月二十日，遵王赖文光率东捻军突破胶莱防线，西走潍县（今山东潍坊市）。

八月初一日，朝命翰林院编修张之洞出任湖北学政。

八月间，樊增祥赴武昌参加乡试。功夫不负有心人，此次乡试，樊增祥顺利考取举人。樊山《中秋夜忆中儿北闱乡试》诗后注曰：“余甲子就试，丁卯领解，今三十一年矣。”

樊山在《二家词赓序》中亦云："余与会稽陶君子珍同丁卯乡举。"

九月十三日，赵熙（1867—1948）出生于四川荣县一个耕读之家。

九月二十八日，张元济（1867—1959）出生于浙江海盐一个世代书香之家。

九月间，梁王张宗禹率西捻军进入陕北。

十月二十四日，东捻军在江苏赣榆战败，鲁王任柱牺牲。

十一月十三日，浙江乡试结束后，张之洞离杭州，过苏州，风尘仆仆赶到湖北武昌学政衙门就任。

十一月十七日，协办大学士、四川总督骆秉章卒于任上。

同月中下旬，李慈铭应张之洞之邀，至武昌学政使署襄校文事，寓桐荫书屋①。

十一月二十二日，西捻军张宗禹部由陕西宜川渡黄河进入山西。

十二月初九日，西捻军自山西垣曲进入河南济源县。

十二月十一日，东捻军在江苏扬州瓦窑堡战败，遵王赖文光被俘，五天后就义。

是年，陈蕃浩（1867—？）出生于杭州一个书香官宦家庭。

是年，黄维翰（1867—1930）出生于江西崇仁县一个书香人家。

是年，周贞亮（1867—1933）出生于湖北汉阳蔡甸一个书香之家。

是年，郭葆昌（1867—1942）出生于河北定兴县城内三街一个平民家庭。

是年，董康（1867—1947）出生于江苏武进（今常州市）一个书香之家。

同治七年戊辰(1868)　二十三岁

樊增祥虽中举，家境却愈来愈贫困。弟子余诚格在《樊樊山集叙》中说："先是，太翁归，有衣裘数笥，斥卖略尽，并太夫人钗珥缺焉。先生既乡举，即为人司书记，博菽水资"（见《樊樊山诗集》附录二，第2027—2028页）。

年初，在亲朋戚友的帮助下，樊增祥首次告别家人，北上赴京参加三年

① 刘再华：《李慈铭年谱简编》，载李慈铭《越缦堂诗文集》（上、中、下）之《附录四》，上海古籍出版社2012年版。

举行一次的会试。

正月十二日，西捻军张宗禹部逼近直隶易州（今河北保定市易县），京师大震。

三月十三日，廉泉（1868—1931）出生于江苏无锡一个书香之家。

四月中旬，是科会试发榜，樊增祥不中。樊山在《旅怀》诗后注云："余戊辰计偕，年二十有二，今三十年矣。"（见《樊山续集》卷三，《樊樊山诗集》第691页）

四月二十五日，此科殿试毕，宝廷、陈宝琛、张人骏、陶模、许景澄等人中进士，后都与樊山关系密切。

闰四月十七日，清政府任都兴阿为钦差大臣赴直隶天津，会同钦差大臣左宗棠、湖广总督李鸿章进剿捻军。

会试结束回到宜昌后，樊山与浙江会稽陶在铭结识，自此两人相交半个多世纪，成为情义笃深的挚友。陶氏曾在《樊山续集序》中说："余戊辰岁识君于夷陵，朝夕过从，行役必偕者凡十二年。尔时少年气盛，讥讪流俗，凌侮贵游，谤者蜂起，两家大人交相谴斥，或至禁断往来。而吾两人交益密，名亦日盛。"

五月二十五日，杨逢辰（1868—1930）出生于湖南长沙一个书香官宦家庭。

六月初九日，清政府出使美、英、法、普、俄等国大臣蒲安臣在华盛顿代表清政府与美国签订《中美续增条约》，即《蒲安臣条约》。

六月二十八日，西捻军在山东茌平徒骇河战败，张宗禹牺牲（一说不知所终），捻军起义至此失败。

是年秋，樊增祥通过陶仲彝，与其来宜昌寓居的族弟陶方琦①兄弟订交。樊山曾在《二家词赓序》中回忆说："余与会稽陶君子珍同丁卯乡举。初未相识，戊辰秋与哲兄仲彝订交，乃读君诗词，自是书问无虚月。

① 陶方琦（1845—1884），原名在一，字子缜，一作子珍、紫珍，号湘湄（眉），一号兰当，又号㠇庐、湘溦、香溦、湘辅、湘麋；室名湘麋阁、汉孽室、玲青馆、甄奥阁等。浙江会稽（今绍兴市）人。李慈铭的高足。光绪二年（1876年）进士，选庶吉士，散馆授翰林院编修。光绪五年（1879年），擢升湖南学政，号称得士。工诗、古文词，喜书画。其学以汉儒为归，博综群籍，覃精著述。著有《郑易京氏学》《郑易马氏学》《郑易小学》《尔雅古注校补》《字林补逸》《淮南许注异同诂》《许君年表考·年表》《韩诗遗诗补》《汉孽室文抄》《㠇庐诗稿》《㠇庐骈文选》《湘麋阁遗诗》《兰当馆词》等。

辛未试南宫，君方居忧。至甲戌始相见于都门，稠人中直前握手曰：‘此奎哥也。’众皆惊笑。由其秉姿秀异，夙已饫闻，故望而知之。奎者，君小名，余与陶氏为昆弟交，于其群从皆呼小字故也。”（见《樊山续集》卷二十七，《樊樊山诗集》第 1494 页）

樊山在《得仲彝徐州书怅然有寄》（二首之二）“十二年中少别离”句下曾注云：“君戊辰至宜昌，余与订交，己卯还浙。”

樊山在《陶仲彝七十寿序》中亦云：“余二十三岁，与仲彝四兄缔交，君长余二年，介弟子珍，同丁卯乡举，皆于同治戊辰，定金兰之好。”（见《樊山集外》卷七，《樊樊山诗集》第 1969 页）

八月十三日，江南制造总局第一号轮船竣工，名为“恬吉”，后改为“惠吉”，是中国自行设计制造的第一艘轮船。

八月十九日，钦差大臣、陕甘总督左宗棠出京西征。

十一月十四日，由赫德制定的《中国引水总章》正式公布在全国各港施行，它是一个在旧中国实行了 80 年之久的殖民主义性质的引水章程。

十一月二十日，四川酉阳发生反洋教斗争。

十一月三十日，章太炎（1869—1936）出生于浙江余杭一个地主家庭。

十二月十一日，徐乃昌（1869—1943 年）出生于安徽南陵一个书香官宦家庭。

是年底，樊增祥在宜昌老家陪父母度岁。

是年，顾颐（1868—1930）出生于江苏苏州一个书香之家。

是年，吴士鉴（1868—1933）出生于浙江钱塘（今杭州市）一个书香官宦家庭。

是年，杨寿枏（1868—1948）出生于江苏无锡一个书香官宦家庭。

同治八年己巳(1869)　二十四岁

是年，樊增祥仍居宜昌，时“为人司书记，博菽水资”（见《樊樊山诗集》附录二，第 2028 页），以供家用。

二月十八日，西北回民起义军会师于萧金镇（今甘肃省庆阳市西峰区），并十八营为四大营。

三月十六日，中、俄签订《陆路通商章程》。

三月二十一日，尹昌龄[①]（1869—1942）出生于四川华阳一个商人家庭。

四月间，贵州遵义因法国天主教徒擅自毁坏庙宇引起中外冲突，史称遵义教案。

五月初一日，福州船政局建造成第一艘轮船——“万年清”号；至1880年的12年间，该局共建造成23艘轮船。

是年夏，樊增祥受知于时任湖北学政的张之洞。自此，樊增祥与张之洞交往四十余年，张之洞也成为对樊增祥人生影响最大的人。樊山《茉莉用渔洋秋柳韵》诗前小序云：“同治己巳夏，孝达师以此题试宜昌古学，余与仲彝各拟四首。郡守聂公携呈学使，深蒙赏异，是为登龙之始。”

余诚格在《樊樊山集叙》中亦云：“先生虽天资高异，而己巳岁以前，无书可读，见南皮后，始知学问门径。南皮亦奇其敏慧，尽以所学授之。”

八月十九日，英、俄、德、美、法五国驻华公使在北京订立《上海公共租界土地章程》《法租界市政组织法》。

十月二十三日，美国传教士丁韪良出任京师同文馆总教习。

十二月初七日，清政府命湖广总督李鸿章驰赴贵州督办军务。

樊山至今已存诗千余首。樊山曾自言：“自丁巳迄己巳，积诗千数百首，大半小仓、瓯北体。自余则香奁诗也。”

本年写有《李母李太夫人八十寿序》（代）文（见《樊山集》卷二十三，光绪甲午渭南县署刻本）。

是年底，樊增祥在宜昌老家陪父母度岁。

是年，胡璧城（1869—1925）出生于安徽泾县一个书香之家。

是年，徐珂（1869—1928）出生于浙江杭县（今杭州市）。

同治九年庚午(1870)　二十五岁

年初，樊山陪父母过完年，仍“为人司书记，博菽水资”（见《樊樊山诗集》附录二，第2028页），以供家用。

---

① 尹昌龄(1869—1942)，字仲锡，晚号约堪。四川华阳(今成都双流)人。光绪十四年(1888年)举人，十八年(1892年)进士，选庶吉士。后历任陕西白河、长安、渭南、咸宁知县、邠州、商州、凤翔、西安知府。宣统二年(1910年)，丁忧回籍。入民国，历任四川军政府审计院长、内务司长、黔中道尹、政务厅长、慈惠堂总办、四川赈务委员会主席等职。著有《益州书画录续编》、《离燕哀》(川剧)等。

二月初，湖北学政张之洞再次视学宜昌，遂将樊山招致幕府办理文案，并授以为诗之道。樊增祥遂从南皮游，受南皮之教，并尽焚此前之诗文。樊山自述："庚午岁，从南皮师游，始有捐弃故技，更受要道之叹。举前所作悉火之，故存稿断自庚午。"余诚格《樊樊山集叙》中亦云："故先生存稿，断自庚午，犹宋人以'见黄'名集云。"

晚辈学者亦认为："然诗境并不与同。遂涉温庭筠、李商隐以溯刘禹锡、白居易，于此事颇具甘苦。今观所作，隶事稳称，风华掩映，而骨力未遒，意境欠深，媚而不遒，与文同蹊。性情所关，非可勉强；然而竖意常丰，涉情必显，圆若流珠，熟于美酝；尤雅负其艳体之作，谓可方驾冬郎，《疑雨集》不足道也。"①

随张学政视学宜昌期间，樊增祥曾专门到绿萝溪游览，并勾起他少时的许多回忆，遂作组诗《东溪诗（并序）》（二十首），以缅怀那段美好的记忆，而樊氏诗集亦以此组诗为开篇。

三月间，张之洞赴荆州科试，樊增祥随行。樊山在《尚书师巡视荆州万城大堤增祥随节西上赋呈一首》诗后注云："公以庚午三月科试荆州，增祥亦与分校。"

荆州科试结束后，樊增祥跟随孝达师来到省城武昌。樊山在《二家咏古诗》序言中说："同治庚午，从孝达师于武昌试院，纵言至于诗，师曰：'诗非有事勿作，吾少时流连光景，雕绘风霞之什，大半轶去，独通籍后与同年数人作《咏古诗》，既熟史事，且觇学识。每一篇中，必取材于本传之外，以为旁搜博识之验。凡数十首，今亦不存矣。'"

樊山在《紫牡丹》（十首）诗的小序中亦云："同治庚午，孝达师视学湖北，以此题试士，都无佳作。王百谷《南有堂集》中有此题，最佳者为'色借相公袍上紫，气含天子殿中烟'，然紫字犯题，已乖诗律，其他更乏警句。昼长无事，聊复赋之。"

五月初八日，清政府允准英国驻华公使威妥玛的要求，在中国沿海铺设海底电线。

五月二十三日，因法国天主教堂拐卖并残害中国幼童而引起中外冲突，史称天津教案。

五月二十五日，清政府命直隶总督曾国藩查办天津教案，严重损害了中

---

① 钱基博：《现代中国文学史》，岳麓书社 1986 年版，第 208 页。

国人民的尊严和情感。

在南皮师幕府，樊增祥结识南皮弟子诸可宝并与其订交。樊山在《五十麝香词赓叙》中就说过："岁庚午，与诸迟菊同年，迟菊精音律，相与往复讨论，乃知词学阃城。"

又与张之洞弟子、浙江仁和词人、时在武昌经心书院担任教职的谭献①结识，并成为数十年的好友。

公务之余，樊增祥常与师友诗酒唱和。其间，樊山写有《奉和张孝达师官署草木诗十二首》《白燕二首赠诸可宝迟菊同年》《感怀呈陶在铭仲彝四兄》《仲彝见示令弟子珍同年金縻词题后》等诗作。

六月二十五日，熊希龄（1870—1937）出生于湖南凤凰一个世代行伍家庭。

八月初三日，清政府调曾国藩为两江总督，以湖广总督李鸿章为直隶总督。

九月十五日，浙江乡试揭晓，李慈铭考中第 24 名举人。

十月十二日，直隶总督李鸿章接办天津军火机器总局，改称天津机器制造局。

十月间，湖北学政张之洞任满，离鄂回京复命；樊增祥则仍回宜昌家中，作参加明年会试的准备。

十一月十六日，陕甘回民起义的重要据点金积堡（今宁夏吴忠市利通区金积镇）被清军攻破，回民起义首领马化龙降清。

十二月初五日，龚心钊（1871—1949）出生于安徽庐州（今合肥市）一个世代书香官宦家庭。

是年，樊增祥的兄长增禴（字讱斋）病逝。余诚格在《樊樊山集叙》中说："是岁，兄讱斋卒，徐太夫人恸甚，恒不许先生出，而不出又无以为养，故岁尝数出数归。"（见《樊樊山诗集》附录二，第 2028 页）

樊增祥在《禹鸿胪为刘西谷先生画风雨联床卷子有陈午亭徐亮直查初白

---

① 谭献(1832—1901)，原名廷献，一作献纶，字仲修，号复堂。浙江仁和(今杭州市)人。同治六年(1867 年)举人，选秀水县教谕，后纳赀为县令，历官安徽歙县、全椒、合肥、宿松等县知县。晚年辞官归隐，锐意著述。其间，曾应湖广总督张之洞之聘，主讲经心书院，年余辞归。工诗文骈体，尤工词。著有《复堂类稿》(亦作《复堂类集》)21 卷、《复堂词》3 卷、《复堂词录》10 卷、《复堂文集》、《复堂文续集》、《复堂诗续》、《复堂日记》、《复堂日记补录》等。另选辑有清人词为《箧中词》6 卷、《箧中词续集》4 卷等。

王楼村诸老辈题咏癸巳小除日得于渭南因次徐韵二首》诗后注云："先兄殁于庚午。"

樊增祥在离开武昌回宜昌的途中，曾写有《舟次汉上寄家兄福门》一诗缅怀、哀悼其兄。

刘成禺在《左宗棠与樊云门》中说："增禑学问切实，高于樊山。张之洞督学湖北，刻《江汉炳灵集》，载增禑文多篇。樊山得庶吉士后，增禑不久病死，士林惜之。"

案：刘成禺在《左宗棠与樊云门》一文中将樊增禑的去世时间推迟了近七年，明显有误。

是年，樊增祥尚写有《上妻大父彭崧毓于蕃师》《长春观题壁》《鹤楼题壁》《赵子昂画马》《新制布衣》等诗作。

是年，丁传靖（1870—1930）出生于江苏丹徒一个书香之家。

是年，夏寿田（1870—1935）出生于湖南桂阳一个书香官宦家庭。

是年，褚德彝[①]（1870—1942）出生于浙江余杭一个书香人家。

是年，朱汝珍（1870—1943）出生于广东清远一个书香官宦家庭。

同治十年辛未(1871)　二十六岁

年初，樊增祥陪父母刚过完年，便再次北上进京会试，就借住在已回翰林院任职的恩师张之洞的府中。樊增祥在《少保师别示短诗八篇敬和》之《此日足可惜》诗后曾注曰："忆辛未会试假榻师宅，如昨日事。"

此外，樊山《曩与仲彝辛未下第丙子计偕两宿泥沟驿》、《仿苏以齐河晚济图乞题同治辛未会试假榻南皮师宅张子虞同年》（三首）等诗皆记录了辛未岁参加会试事。

二月初一日，山东农民起义首领宋景诗在安徽亳州（今亳州市）被俘。

二月二十九日，上海至香港之间的海底电缆铺设完成。

三月初八日，樊增祥、李慈铭等人入闱参加会试。

三月二十日，樊增祥前往拜访李慈铭，二人交往从此始，亦师亦友，交

① 褚德彝(1870—1942)，原名德义，字松窗、守隅，号礼堂、里堂，别号汉威、舟枕山民等。浙江余姚人。光绪十七年(1891年)举人。能文章，喜考古，富收藏，工书画，尤精篆刻。著述丰富，有《金石学续录》《竹人续录》《松窗遗印》《壬寅消夏记》《角茶仙金石谈》《弄玉丛话》《松斋书画编年录》《审定故宫金石书画日记》《石师录》《续古玉图考》等。

谊甚厚。李慈铭当天的日记记有其事："湖北樊云门孝廉名增祥来。"

樊山曾在《二家词钞·序》中说："余少先生十六岁，辛未春为登龙之始，一见若平生欢。"

樊氏弟子余诚格也说过："辛未，见会稽李先生（慈铭），深相慕结。"

四月初七日，张之洞的公子张苏卿[①]出生。樊山曾亲手"与汤饼焉"。樊增祥在《张苏卿公子二十生日索诗赋赠二首》（二首之二）"玉树谢庭俱秀发，香花佛日盛威仪"诗句下注云："君以辛未浴佛前一日生，余适假榻师门，与汤饼焉。"

四月下旬，会试结束，樊山与李慈铭均名落孙山。

借住张府期间，樊增祥于张之洞座中结识黄体芳[②]前辈，从此交往二十多年。樊山的《漱丈赠诗谓识余于南皮师许距今逾二十年感呈二律并寄南皮师武昌》诗就记有其事。

黄氏对樊山亦颇为关照。余诚格在《樊樊山集叙》中就说："瑞安黄先生，清声义问，举朝敬惮，独折辈行与交。官副都时，以先生不乐衣冠之会，特屏驺从至酒肆祖饯焉。"后来，樊增祥又与其子黄绍箕成为好友。

五月初一日，张之洞联合时任大理寺少卿的潘祖荫主盟，在龙树寺举行觞咏大会，汇聚京师的各地社会或文学名流秦炳文、桂文灿、陈倬、胡树、赵之谦、李慈铭、吴赓飏、王闿运、陈乔森、王咏霓、张预、阎迺兟、谭宗浚、王懿荣、孙诒让、董文焕皆与会。会后，由秦炳文绘图，王闿运题诗，桂文灿作记，记录下此次觞咏大会的盛况。

李慈铭在日记中载："诣龙树寺赴伯寅、孝达之招，至者二十余人，名士群集，而吾乡之妄人天水生（赵之谦）亦与焉。诸君多不欲，均茵伏。伯寅赋纸，属分纪以言，且请秦宜亭作《雅集图》。"

---

① 张苏卿即张仁颋，苏卿乃其字，张之洞次子；前年（1869年），张之洞之兄仲穆去世，膝下无子，遂将苏卿过继其兄为嗣。

② 黄体芳（1832—1899），字漱兰，号憨山、莼隐，别署瘦楠，晚号憨山老人，亦署东瓯憨山老人；人称"瑞安先生"。室名参绥堂、崇素堂。浙江瑞安人。同治二年（1863）进士，授翰林院编修，累迁内阁学士、督江苏学政、兵部左侍郎。创办江阴南菁书院。为人峭直刚正，与宝廷、张之洞、张佩纶有"翰林四谏"之称。曾劾驻俄使臣崇厚误国，劾李鸿章治兵无能，挟以自重，降任通政使。后曾署左副都御史。光绪十七年（1891），因病乞休。晚年主讲金陵文正书院，又列名强学会。工诗文，善楷书。著有《江南征书文版》《司铎箴言》《漱兰诗葺》等。

《张文襄公年谱》载："与潘文勤觞客于龙树寺，到者十六人。无锡秦谊亭作《雅集图》，谊亭题：'时雨乍晴，青芦瑟瑟，纵论今古，竟日流连，归作此图，以纪鸿爪。'叶鞠裳太史即席赋诗有'绝似东坡毳字谜，清谈梏腹生槐龙。'自注：未携行厨，客至无馔，召庆余堂，咄嗟立办。"①

樊增祥等后辈亦有幸参与了此次盛会。因主持人之一的张之洞是樊增祥的恩师，樊增祥此时又住在其府宅，故樊增祥遂承担了一些大会的具体工作。

湖北近现代著名史学家刘成禺曾写有《龙树寺觞咏大会》一文，对此次盛会的情况记载颇为详细②。

五月十七日，沙俄派军队占据我国新疆伊犁九城。

五月二十二日，三多（1871—1941）出生于浙江杭州一个蒙古驻防旗营（正白旗）的旗人家庭。

会试落第后，樊增祥仍回宜昌。不久，因张之洞的举荐，出任潜江传经书院山长。生活十分清苦、节俭。据其弟子余诚格《樊樊山集叙》中说："每日薪蔬不过三十钱，性不食肉，食或不托数枚，或汤饼一器，取诸市肆，并爨火省焉，而尽以所获奉亲舍。"

案：山长，古代对书院院长的称呼。潜江传经书院院址在县城的后西街。清康熙十年（1671年），由知县王又旦捐俸创建。王又旦（1636—1687），字幼华，号黄湄，陕西合阳人。顺治十五年（1658年）进士。康熙七年（1668年）出任湖广潜江知县。有政绩。二十三年（1684年）擢升吏部给事中、户部都给事等职。与王士禛交谊深厚，时称"二王"。工诗文。著有《河渠》、《黄湄诗选》、《黄湄集》（十卷）等。

樊增祥出任潜江传经书院山长后，与曾任安陆教谕的郭美彦一见如故，成为好友。

六月二十七日，福建古田民众拆毁英国教堂，史称古田教案。

七月十九日，两江总督曾国藩、直隶总督李鸿章奏请派陈兰彬、容闳带领幼童出国，学习军政、船政、步算、制造等先进科学技术。

八月间，曾任安陆教谕的郭美彦突然病逝，樊增祥颇为悲痛，专门为其

---

① 许同莘编：《张文襄公年谱》，北京图书馆藏珍本年谱丛刊影印，民国二十八年（1939年）铅印本，北京图书馆出版社1999年版。

② 刘成禺：《龙树寺觞咏大会》，《世载堂杂忆》，中华书局1960年版，第87—90页。

写了挽诗，称赞其学问和品行[1]。

年底，樊山仍回宜昌陪父母度岁，并写有五言歌行《抵家》纪其行（见《樊山集》卷一，《樊樊山诗集》第 12 页）。

是年，樊增祥代朱监利师[2]作《合汎尚书五十晋七寿叙》一文（见《樊山集》卷二十三，光绪甲午渭南县署刻本）。

是年，宝熙（1871—1942）出生于京城皇室一个世代书香官宦家庭。

是年，应直隶总督李鸿章之聘，黄彭年[3]赴直隶保定主持《畿辅通志》的修纂。

同治十一年壬申(1872)　二十七岁

是年，樊增祥仍主潜江传经书院。樊山爱书成癖，但又无钱购买，便经常去城里万家（曹禺的叔高祖万芾）借书看。城西还有一处私人的读书之所，是道光十九年（1839 年）举人吴述洵所建的“丛桂山房”，樊山则是这里的常客。教学、读书之余，樊山亦时常游览境内及周边的风景名胜，对潜江一带的地域历史、民俗风情、饮食文化、水患灾情等情况十分谙熟，留下不少诗作，如《潜江讲舍题壁》《枝江》《由沙头至丫角庙即事二首》《宿鱼网洪》《晚步堤上》《潜江杂诗十六首》《湖上一首》等。

有时，樊山也与学生对弈、品茶、相互唱和，诗集中尚保留有《秋夜同索生煮茶》一诗纪其事。

据其弟子余诚格说：“徐太夫人知先生好书，每持馆金归，必检数金畀之曰：‘尔且可买书’如是者十年。”

二月初四日，武英殿大学士、两江总督曾国藩卒于金陵，朝廷追赠太

---

① 此诗不见于《樊山集》中，详见甘鹏云《潜江旧闻录》卷四之《郭梦莲学博》。

② 朱监利师即朱宗涛，生卒年不详，字荻舫，湖北监利人。同治三年（1864 年）举人。同治六年（1867 年）、十二年（1873 年）湖北乡试同考官。官至湖北补用知府。

③ 黄彭年（1823—1891），谱名邦贵，字子寿，号陶楼，晚号更生，贵州贵筑（今贵阳市）人。道光二十七年（1847）进士，选翰林院庶吉士，散馆授编修。咸丰初年，随父黄辅辰回籍办团练，后入四川总督骆秉章、陕西巡抚刘蓉幕，参加镇压苗民起义和太平军。曾先后主讲关中书院和保定莲池书院。李鸿章曾聘为续修《畿辅通志》总纂，历十年，成书 300 卷。光绪八年（1882）擢升湖北安襄郧荆道，不久迁按察使；后历任陕西按察使、江苏布政使、湖北布政使等职。生平极重文教，学识广博，工诗文，擅花卉。著有《陶楼集》《陶楼诗文集》《陶搂文钞》《东三省边防考略》《金沙江考略》等。

傅，谥“文正”，祀京师昭忠、贤良祠。

三月初六日，苗民起义首领张秀眉被俘，旋苗民起义失败。

三月二十三日，英国人美查在上海创办《申报》。

是年，为樊燮公的60大寿，樊山特地写了《家大人六十生日征诗文启》一文。

仲夏，樊山填有《浪淘沙·夏序过半，独居悢然。适有双燕来睇，倚此留之》词。

七月初九日，陈兰彬、容闳等率第一批留美幼童三十人赴美留学。

七月下旬，应德安知府陈建侯之邀，樊山前往德安参加府试的阅卷工作。樊山曾写有七言长篇歌行《德安试院听陈太守建侯谈风穴之胜有怀孙彦清德祖同年汝州》纪其与陈知府的交往。

在德安试院期间，樊山与陈翥结识并成为数十年的挚友。其间，樊增祥应陈翥之请，为其作水墨纸本行书诗八首镜片（38×94.5cm）。其诗（略）及题识云：“旧作八首，录应汝翼仁兄我师大人雅命，即请两正。壬申七月下旬，恩施小弟樊增祥云门，甫书于德安试院。”钤印“樊增祥印（白）”“云门（朱）”。

秋天，樊增祥有鄂州之行，与外舅彭汝琮①相聚。樊山写有《至鄂州呈外舅彭汝琮器之观察二首》纪其事。

其间，亲朋戚友宴集唱和颇多，樊山应邀作《兰台夜宴图叙》一文。

九月二十一日，朱素云（1872—1930）出生于北京一个梨园之家。

十月初九日，傅增湘（1872—1949）出生于四川泸州江安县（今属宜宾市）一个书香官宦世家。

十一月二十三日，直隶总督李鸿章奏请在上海试办轮船招商局，官督商办，定名为轮船招商公局，是中国第一家近代轮船航运公司。

十一月间，樊山曾至周边山中游览，并作有《冬日山行绝句》（八首）纪其行踪。

年底，樊山仍回宜昌陪父母家人度岁，作五言歌行《除夜与姊妹侍家母

---

① 彭汝琮(1826—?)，字器之。湖北江夏人。咸丰九年(1859年)，官湖南常德知府。同治间官至四川候补道。光绪初年被罢官，曾倡议兴办上海机器织布局，李鸿章、沈葆桢奏准设立，并出任总办，由郑观应襄办。后彭因故辞职，由郑观应任总办。著有《赐龙堂集》。

作寒具作》纪其行踪。

在宜昌老家度岁期间，樊山与好友陶在铭之弟陶在宽（时陶在宽正在其叔父陶渔轩——宜昌直隶州知州处读书）交往较多，应邀为其作七言长篇歌行《陶七在宽隶书歌》相赠。

是年，罗惇曧（1872—1924）出生于广东顺德一个书香之家。

是年，张瑞玑（1872—1928）出生于山西赵城（今洪洞县赵城镇）一个书香之家。

是年，邓镕（1872—1932）出生于四川成都一个书香家庭。

是年，唐尔炽①（1872—1950）出生于安徽桐邑一个贫寒之家。

同治十二年癸酉(1873)　二十八岁

是年，樊增祥仍主潜江传经书院。

陶在铭曾说："君以贫故，负米养亲，主讲于荆郢间。尊人永州公性方严，宜之人无敢近者。余时时起居，撰杖进屦，欢然无闲，蔬饭茗果，悉从内出。君居外，岁必再三归觐，归必增诗文数帙，异书数种或十数种。叩其所得，日新月异，往往莫测其所从来。比再归再见，则新作益夥，旧所见者十不存一二，其精进如此。君在外则以家事委余。"

正月二十六日，慈禧太后归政，同治皇帝亲政。

同日，梁启超（1873—1929）出生于广东省新会县茶坑村一个书香之家。

三月十五日，冒广生②（1873—1959）出生于广州一个世代书香之家。

樊山常与李慈铭书函往来。李氏五月一日的日记记载："得樊云门增祥

---

① 唐尔炽(1872—1950)，字汝梅，亦字庚梅。安徽桐邑人。少随叔父苦读，后入莲池书院随吴汝纶读，学业大进。先后任安徽公学、桐城中学、北京民国大学、奉天同泽女中教员。抗战爆发，回乡设馆授徒。抗战胜利，再入桐城中学任教。工诗文。著有《澹乐新稿》七卷、《文稿》三卷、《诗文稿》若干卷等。

② 冒广生(1873—1959)，字鹤亭，一字瓯隐，号疚斋、钝宧，别号小三吾亭长。江苏如皋人。光绪二十年(1894 年)举人。历官刑部、农工商部郎中。入民国，先后任温州海关监督、财政部顾问、镇江海关监督、南京政府考试院考试委员等职。民国二十四年(1935 年)起，先后在广东省立文理学院、中山大学等校任教。晚年定居上海。中华人民共和国成立后，被聘为上海市文物保管会顾问。工诗词、古文，精戏曲。著有《如皋冒氏丛书》《小三吾亭诗集》《词集》《文集》《小三吾亭词话》以及《疚斋杂剧》(包括《午梦堂叶女归魂》《马湘兰生寿百谷》《下玉京死忆梅村》等八种)等。

书，云门笔札雅令，极似北江。”（见李慈铭《越缦堂日记》）

五月二十一日，金松岑（1873—1947）出生于江苏吴江一个书香家庭。

五月间，樊山应邀至安陆试院协助评卷，并作《安陆试院有怀孝达师都门》（二首）纪之。

六月底，闻南皮师受命典试蜀中（副主考），樊山乃作七言长篇歌行《寄献孝达夫子典试蜀中》寄赠。

闰六月二十六日，樊山作《寄子廉儿中儿书》。

七月间，法国传教士在四川黔江县（今重庆市黔江区）强行建立教堂，又强迫民众信教，劫掠财物，奸淫妇女，激起民愤。民众将不法传教士殴毙。清政府在法国驻华公使的威胁下，以处分知县，判处民众四人死刑，二人徒刑，赔款四万银两结案，史称“黔江教案”。

同月里，樊增祥至江陵访友，写有《将至郢上先以一诗投施大望云》《舟次郢上寄别施大望云谢五朝征偶樵》等诗纪其行。

随后，樊增祥游览了宜昌的梅子溪，并填词《新雁过妆楼·一角青旗》。樊山在《新雁过妆楼·一角青旗》词前小序中说：“癸酉七月泊舟梅子溪，疏柳残蝉，江天如画，青廉照水，远山媚人，以樊南诗意写之，益觉销魂无限矣。”

案：今宜昌市有两个梅子溪：一为宜昌市点军区点军街道梅子溪村，一为宜昌市枝江市白洋镇梅子溪村。樊山与友朋所游梅子溪应为枝江市白洋镇的梅子溪。

九月上中旬，樊山因事有四川之行，并作《风城遇雪宿许旌阳庙》《重阳后一日过万年寺》等诗纪其事。

九月十五日，清军攻克肃州（今甘肃省酒泉市肃州区）。

九月中旬，乡试刚刚结束，朝廷任命张之洞为四川学政。

九月下旬，友人吴秀才参加乡试落第，樊山作《送吴秀才落解还山》赠之。

十月初一日，法国海军军官、探险家安邺奉命率法军占领越南河内。

十一月初五日，刘永福率黑旗军与法军战于河内，毙杀安邺。

十二月十六日，英国侵略者背着中国政府与阿古柏缔结《通商条约》十二条。

年底，樊增祥辞潜江传经书院聘，并作五言歌行《别甘生索生》四首。

案：甘生和索生是樊增祥在潜江传经书院的两位得意弟子，两人经常至书院东边的说诗台苦读诗书。甘生为甘树椿，字雨亭，号灵庵，晚号花隐老人，潜江城关人，贡生，甘鹏云之父。其时，甘树椿长樊山五岁，每天带着年已十多岁的甘鹏云来书院学习，异常刻苦。工诗文，著有《家训》、《灵庵集》（二卷）、《三余笔记》（二卷）、《花隐老人遗著》（四卷）等。其子后来光宗耀祖，中举人，成进士，且公派赴日留学，成为清末民国时期的著名学者。索生为索云舫，生平事迹不详。

潜江的父老乡亲听说樊山长辞职归乡，纷纷出门相送。樊山颇为感动，乃作《将之鄂垣留别潜江诸同人》四首以纪之（见《光绪潜江县志续》）①。

年底，樊增祥辞去传经书院山长之职，回到家中陪父母度岁，并作入京会试准备。

是年，樊山尚作有《送人赴襄阳》、《寄谭仲修廷献同年杭州》、《戏题近人诗集示及门诸子》、《寺中见琴道人画辄题殿壁》（二首）等诗作。

是年，直隶总督李鸿章改轮船招商公局为轮船招商局，派唐廷枢为总办，徐润、朱其昂、盛宣怀为会办，先后在汉口、九江、镇江设立栈房、码头，在天津、牛庄、烟台、福州、厦门、广州、香港、汕头、宁波、镇江、九江、汉口和长崎、横滨、神户、吕宋、安南、新加坡、槟榔屿设立分局，开辟沿江、沿海及国外航线。至1876年有轮船十一艘；1877年，又以二百二十二万两银子买进美商“旗昌洋行”的十六艘旧轮及码头、仓库等财产，招商局初具规模。

是年，耶稣会在上海徐家汇建造天文台，设有气象和地震两部，与世界各地天文台站保持联系。1900年又在上海近郊的佘山顶上建造天文台，专司天文观测，并在上海外滩建立了一座报风塔。

是年，黄徵（1873—1931）出生于湖南浏阳一个书香家庭。

同治十三年甲戌(1874)　二十九岁

年初，樊增祥告别家人，进京参加今年的会试，一路写有《公车一首赠

① 樊增祥《将之鄂垣留别潜江诸同人》四首，今不见于《樊山集》中，载于史致谟修、刘恭冕等纂之《（光绪）潜江县志续》（二十一卷，首一卷），光绪五年（1879年）传经书院刻本。

陈陶二子·时在大梁旅次》《西平道中》《郾城怀古》《方顺桥题壁》《月夜》等诗；并填有《浪淘沙·旅中寒食》词纪其行。

樊山《蝶恋花·小巷梨花风色暝》词前的小序也说："甲戌会试，场前寓长巷宝胜西栈。一夕，与汝翼、仲彝、子珍联句作《蝶恋花》词，既成，匿其名，使彦清辨之。读至收句云：'墙外柝声如雨迸，天涯剩个愁人听。'彦清曰：'此必子珍作也。'相与大笑。此词不入《东溪乐府》，今撷《兰当词》亦亡之，补成此解，以助词话。相距三十三年，曩同舍七人，秋伊、子珍、伯循、汝翼皆早逝，独余与仲彝、麓玖在耳，言之恨然。"（见《樊山续集》卷二十八，《樊樊山诗集》第1553页）

樊山《买陂塘·记西风画船归去》词前小序又云："王子常同年以甲戌之夏画《芙蓉秋水图》索题，因循未报。庚辰春试，子常以第三人获隽，再征俚词，赋此调之。"

樊山《高阳台·渍酒陶巾》词前小序亦曰："甲戌京邸，子珍以所作《高阳台》词为人书扇。其过变云：'相似不在天涯远，在兜鞋花底，烧烛苔阴。'汝翼诵之，几欲俯首至地。"

入都后，樊山即前往拜访李慈铭，并作有《入都呈李慈铭爱伯先生》一诗赠李慈铭。

二月下旬至三月中旬，日本政府成立"台湾事务局"，任命大隈重信为长官，在长崎设立侵台军基地；又以陆军中将西乡从道为台湾事务都督，发兵四五千人（号称一万五千人），企图从台湾南端入侵台湾。

三月初八日，樊增祥与李慈铭、陶在铭、陶方琦等好友入闱参加会试。

参加会试期间，樊增祥与陶方琦往来密切，唱和颇多，写有《奉赠陶方琦子珍六兄》《法源寺看花和子珍韵》《陶鹾尹席上留别子珍》等诗作。

三月十八日，上海人民发动了反对法国侵略军侵占四明公所的斗争。

三月二十一日，日本政府借口台湾杀死琉球船民事，企图侵占我国台湾。

三月二十九日，清政府派福建船政大臣沈葆桢以巡阅为名，率兵轮前往台湾察看海防。

四月初三日，李慈铭邀诸友弟小饮，并赠以《越三子集》。陶方琦、樊增祥亦各以词集见质。越缦谓：陶词密丽，樊词疏秀，各极其长。其当天日记载："夜偕晓湖、梅卿、仲彝、子缜、云门、少筼小饮，以《越三子集》分赠诸君。子缜以所著《兰当词》见质，云门以所著《茗花春雨词》见质，一密丽，一疏秀，各极其长。”

四月初八日，沙俄拒不交还新疆伊犁，清政府命左宗棠所部迅速西进。

四月十一日，陶方琦、樊增祥为李慈铭《沅江秋思图》题词，孙祖德则为李慈铭《桃花圣解庵填词图》题词。李慈铭当天日记载：“子缜、云门各以见题《沅江秋思图》词出示，孙彦清以见题《桃花圣解庵填词图》词出示，俱极精妙，而子缜尤工。云门并赋七律一章为赠。”

李慈铭在日记中提到的樊山“赋七律一章”乃即樊山之《入都呈李慈铭爱伯先生》一诗，被收入《樊山集》中。

四月十八日，日本军队分三路进攻我国台湾。

四月中下旬，会试结束，樊增祥和李慈铭、陶在铭、陶方琦诸友均落第。

在京期间，樊增祥还曾随李慈铭去观过剧。樊山在《碧云辞和石甫》七古长诗中曾注云：“爱伯师有《菊部三珠赞》”，“甲戌会试，景和堂五云最知名，仲修收入《群芳小集》。”

其间，李慈铭应邀为樊山的《茗花春雨楼词》题有《摸鱼儿·最消魂、绮丛兰芷》一词，并送其还夷陵。

六月十二日，樊山同陶在铭、陶方琦一起去向李慈铭辞行，李慈铭留他们在家小饮。樊山作七言长篇歌行《同仲彝、子珍昆季过越缦堂饮紫藤花下作歌呈李爱伯丈》纪其事。

会试结束后，樊增祥出都由水路回湖北。途中写有《出都》《天津》《同仲彝陈汝翼伯双昆季饮沪上酒楼有怀秦勉鉏丈》《金陵五首》等诗作。

在南京时，樊增祥结识张荫桓、倪文蔚等名流，并写有《偶樵为张樵野观察作郎官春泛图属题》《奉赠倪文蔚豹岑太守》等诗作纪其事。

是年秋，樊增祥应前辈好友、荆州知府倪文蔚之邀，出任荆南书院讲席。写有《江陵感秋寄迟菊仲彝》《同郭大秀才谢五少尉等荆州城楼遂至城西萧寺晚就谢五小饮分韵得间字》《发丫角驿望荆州作》《泊枝江》《暮抵江陵城扉阖矣书此遗冰涵望云》《雨后晓行入荆州城作》等诗作。

教学之余，樊增祥颇思念好友陶方琦，乃作《寄子珍京师十首》寄赠。

外舅彭器之赠樊增祥所著之《赐龙堂集》。樊山乃作长篇七言歌行《奉赠彭方伯丈即题其所著赐龙堂集》相谢（见《樊山集》卷二，《樊樊山诗集》第34—35页）。

在荆南书院任教期间，樊山“日夕肆力于古，所为诗文稿草，岁尝逾寸”，而“自汉及今名篇俊句，手所甄录者，不下数十卷。”“故其所作称心而出，如人人意中所欲言，而实人人所不能言。”

九月二十二日，清政府总理衙门与日本内务卿、全权大使大久保利通在北京签订中日《台事专约》三款及凭单，日本侵略者从清廷方面讨得“保民义举”的称誉，并索得五十万银两的补偿。

十月初二日，爱新觉罗·溥伦（1874—1927）出生于京城一个皇室府邸。

十月初九日，中国第三批官费留学生唐绍仪等三十人启程赴美留学。

十二月初五日（1875 年 1 月 12 日），同治皇帝驾崩。两宫太后宣醇亲王奕譞之子载湉入继大统，嗣皇帝位，以明年为光绪元年。两宫皇太后再次垂帘听政。

年底，樊增祥仍自江陵回宜昌家中陪父母度岁。

是年，樊增祥写有《次韵答彦清见寄》《次韵和荫田江楼晚眺》《斋居即事》《奉答张预子虞同年见寄二首》等诗作，填有《高阳台·筝语悽红》《长亭怨慢·听江笛、烟中悽语》《望海潮·次韵和子珍》等词作。

是年，刘世珩（1874—1926）出生于安徽贵池一个书香官宦家庭。

是年，李焜瀛（1874—1938）出生于直隶高阳（今属河北）一个书香官宦家庭。

是年，王葆清（1874—1940）出生于湖北江夏（今属武汉市）一个书香之家。

是年，金松岑（1874—1947）出生于江苏吴江（今苏州市吴江区）同里镇一个书香之家。

光绪元年乙亥（1875）　三十岁

年初，樊增祥告别家人，自宜昌赴江陵荆南书院讲席。

正月十六日，云南民众在永昌（今保山市）打死非法进入云南并肆意行凶的英国使馆翻译马嘉理，史称马嘉理事件。

正月二十日，光绪皇帝爱新觉罗·载湉即位，慈禧太后掌握实权。

二月初，英国驻华公使威妥玛正式向总理衙门提出六项要求，就马嘉理事件与清政府进行交涉。

二月间，四川学政张之洞任满回京，仍在翰林院任职。

三月二十八日，清廷任命左宗棠为钦差大臣，督办新疆军务。

初夏，天一直下雨，适好友陶子珍有《雨中感怀》寄赠。樊增祥遂作《初夏苦雨适子珍以雨中感怀诗见寄因次其韵》奉赠（见《樊山集》卷二，《樊樊山诗集》第 43 页）。

四月二十六日，清政府派李鸿章督办北洋海防，沈葆桢督办南洋海防。

五月初十日，夏敬观（1875—1953）出生于江西新建一个书香官宦家庭（时其父在湖南长沙为官）。

在教书、学习之余，樊山经常与友朋往还酬唱。其间写有《为蒯明府题墨梅帐额》《谢五少尉所画山水障歌》《题戴文节公岭南贡果品物图》《送程岩伯游蜀》《寄杜仲丹明经》《倪荆州新画山水行障为施大赋》《寄彦清子珍书题后》《寄仲彝》《别望云》等诗作。

其间，樊山与好友陶在宽多有往来，写有《陶七弟居室雅洁赋赠一首》《同陶七骑尉过天皇寺观飞来佛像》等诗作纪其事。

得知恩师朱宗涛先生已回到老家监利，樊山遂作《寄怀房师朱荻舫先生监利》寄赠（见《樊山集》卷二,《樊樊山诗集》第 41—42 页）。

八月初一日，清政府任命郭嵩焘为出使英国钦差大臣，为中国政府正式派遣常驻各国公使的开始。

八月二十一日，日本蓄意制造了江华岛事件（又称云扬号事件），出兵侵略朝鲜，迫使朝鲜与日本签订《江华条约》。

九月初五日，刘世珩（1874—1927）出生于安徽贵池（今池州市贵池区）一个书香官宦家庭（时其父刘瑞芬在上海督办淞沪厘捐）。

九月初七夜，大风通宵不止，樊增祥不能入睡，乃作《九月初七夜大风达曙不寐寄汝翼伯双昆季》纪之。

九月十六日，中国第四批官费留学生四十人启程赴美留学。

十月初四日，清政府批准山东巡抚丁宝桢在烟台、威海卫、登州府修筑炮台，在济南建立山东机器局。

十月间，樊增祥闻缅甸国为祝贺大清国新皇登基，进贡大象，乃作长篇七言歌行《缅甸贡象歌》纪其事。

十一月初，樊山拜见前辈好友、荆州知府倪文蔚，辞去荆南书院讲席，并与其告别。临别之时，作《留别豹岑太守》一诗相赠。

是年冬，为准备明年的会试，樊山与友朋集于武昌。写有《和王司马病起一首》《汉上录别追和陈二荫田》《题程生所藏徐天池画册》《府河阻风作歌寄陈太守》《登宝通寺塔》《雪中登明远楼》《赠别内弟念棨》《汉上阻雪》《舟次晚望》等诗作。

其间，樊山与浙江会稽（今绍兴市）人施山①结识。

内弟彭仁怀由蜀中改任浙西，会于武昌，樊山作有七言长篇歌行《仁怀内弟自蜀中归省改官浙西赋诗奉赠》相赠（见《樊山集》卷二，《樊樊山诗集》第 51 页）。

十一月十四日，清政府任命陈兰彬、容闳分别为出使美国和秘鲁的钦差大臣。

十一月二十三，许宝衡（1875—1961）出生于浙江杭州一个寓居湖北汉口郭家巷的书香家庭。

十二月十九日，樊增祥为外舅彭器之贺五十岁生日，写有《外舅彭器之观察五十初度叙》（见《樊山集》卷二十三，光绪甲午渭南县署刻本）；另写有《乙亥冬寓养园次韵器之外舅见赠》（二首）。（见《樊山集》卷二，《樊樊山诗集》第 49 页）

年底，樊增祥将庚午至今的诗作删削为《云门初集》二卷。樊山自言："时迭主潜江、江陵讲席，稍稍以余金买书，或从人借读，且读且抄且作。夙夕下笔千言，至是七言八句，或终夕不成，或脱稿斤斤自喜，阅时又焚弃之。自庚午至乙亥，所作又千余首，痛自芟薙，存其十之一，厘为上下二卷，曰《云门初集》。"（见《樊山诗钞自序》，《湖北文征》第十一卷，第 572 页）

是年，沙俄在黑龙江进行第四次"武装航行"，并在其中、上游地区建立了二十个哥萨克村屯。

是年，赵录绩（1875—1939）出生于山东安丘景芝镇一个书香之家。

是年，谢天锡②（1875—1960）出生于浙江镇海一个贫寒之家。

---

① 施山（同光间在世），初名学宜，字子山，一字寿伯，会稽（今浙江绍兴市）人。少敏悟过人，18 岁时曾拟作昌黎《南山诗》，吴敏树见之赞叹曰："是又一韩矣！"稍长，博览群书，力不能致者则假钞之，手抄之典籍多达 300 余册。后游幕鄂中，与张荫桓、樊增祥等人往来论学。著有《通雅堂诗抄》、《薑露庵诗集》、《杂记》（四卷）等。

② 谢天锡（1875—1960），又名德丰，字蘅窗，浙江镇海（今宁波市镇海区）人。早年在上海做煤炭生意，后业务日益扩展，终于成为煤炭大王。抗战爆发，为上海市抗日后援会主持人之一。抗战胜利后，出任上海市煤炭公会理事长。中华人民共和国成立后，蝉联煤业公会主任委员。热心教育事业，曾捐巨资创办多所学校。

光绪二年丙子(1876)　三十一岁

年初，樊山与陶仲彝等友朋相约由省城武昌出发赴京，与李慈铭等人一起参加为光绪皇帝登极举行的恩科会试，途中写有《襄阳黄司马席上留别一首》《铜爵台怀古》《仲春彰德道中计越中朋友当已渡海遂有是作》《磁州》《宿宜沟驿用辛未出都韵赠仲彝》等诗作。

其友陶在铭曾说："余与君三赴礼闱，舟车往复，率尝共载，驿墙寺壁，题咏殆遍。每酒酣兴发，狂呼绝叫，庄言谑语，大书小草，必使壁无隙地而止。逆旅主人憎之，或加垩焉，亦弗顾也。"（陶在铭《樊山续集序》，《樊樊山诗集》附录二，第 2034 页）

正月初七日，湖北孝感乡民与前往传教的英国传教士发生冲突，引起两国争端，史称孝感教案。

二月十七日，陈师曾（1876—1923）出生于湖南凤凰一个书香官宦家庭。

三月初八日，樊山、子珍、爽秋等友朋一起入闱应当年的礼部试。

三月十三日，四川江北厅（今重庆市江北区）因反对传教士强行传教，陈子千率数千民众捣毁教堂，在冲突中民众被打死五十余人，史称江北教案。

三月二十二日，樊山偕李慈铭及越中诸好友同游慈仁寺。李慈铭当天日记载："牧庄来，仲彝来，子缜来，云门、秋伊、彦清来。……午偕诸子及梅卿同游慈仁寺。杂花半落，丁香盛开，同坐花下，啜茗清谈。好风徐来，香雪如海，绿阴渐布，鸟声无人。复至后院，海棠正浓，梨花已将落矣。偕登昆庐阁，裴回小立，因觉腹馁，不及游长春、法源诸寺而回。"

四月初四日，樊山偕李慈铭及越中诸友朋宴集陶然亭，分韵赋诗。

张预《崇兰堂诗初存》丁集下《四月四日同人集陶然同分韵得诗字》诗注云："会者会稽李爱伯、孙子宜、孙彦清，海宁羊辛眉，嘉兴许竹篔，黄岩王子裳、杨定夫、王弢甫，山阴潘伯驯、陶仲彝、子缜、心云昆弟，仁和潘仪父，恩施樊云门，桐庐袁爽秋，山阴胡梅卿，钱塘诸迟鞠及余，共十八人。"①

宴集前，樊山起草了《四月四日宴客龙树寺启》（见《樊山集》卷二十四

① 转引自张桂丽：《李慈铭年谱》，上海古籍出版社 2016 年版，第 192 页。

文乙，光绪甲午渭南县署刻本）。

陶在铭在《樊山续集序》中云："所与交皆浙人，自吾家子珍外，连镳竞爽者以百数。"

四月十二日，会试榜发，除陶方琦和袁昶取中外，其他友朋均不中。

落第后，樊山曾作有《下第答友人书》一文纪其事（见《樊山集》卷二十四，光绪甲午渭南县署刻本）。

四月二十一日，陈半丁（1876—1970）出生于浙江山阴一个贫寒家庭。

五月初五日，樊山与众好友偕李慈铭游龙树寺。李慈铭作《重五日游龙树寺记》纪其事（见李慈铭《骈体文》卷四）。

李慈铭作有《重五日偕梅卿仲彝子缜云门弢夫游龙树寺》《题子缜为云门画兰绝句二首》等诗并填《渡江云·云容天澹澹》等词赠樊山（见李慈铭《霞川花隐词》卷二,《越缦堂诗文集》，第694页）。

同日，樊山与胡寿谦、陶在铭、陶子珍、王彦威[1]陪慈铭师游龙树寺，并次慈铭师韵填《渡江云·古槐青似盖》、《渡江云·遥山青似黛》词纪其行（见樊增祥《樊山集》卷二十一,《樊樊山诗集》第476页；李慈铭《霞川花隐词》卷二,《越缦堂诗文集》，第695页）。

樊山《午日对酒叠前韵寄爽翁》诗注云："丙子端午与爱伯师、子珍昆季游龙树寺，各赋诗词纪游。"

五月初十日，樊增祥与陶在铭同搬至李慈铭府宅居住。李慈铭在日记中载："仲彝、云门移具来同居。"（见《越缦堂日记》）李慈铭作《仲彝云门携具来同居喜赋一诗并柬肯夫子缜》诗纪其事（见李慈铭《杏花香雪斋诗》甲集）。樊山亦作《移居爱伯师宅赋呈一首》纪其事。

移居李府后，樊山与诸好友正式拜李慈铭为师，日与李慈铭诗酒唱和。樊增祥在《二家词钞·序》中记载："及丙子报罢，居先生宅过夏，遂与汝冀、弢夫、仲彝、子珍同受业焉，先生尤重余。"后来樊山又在《五十麝香词赓叙》中回忆："自后从爱师、子珍游，而所学益进，始学苏、辛、龙洲，继乃专意南唐二主及清真、白石。居京师日，每一篇出，子珍必于桐花下

---

[1] 王彦威（1842—1904），原名禹堂，字弢夫，一字弢甫、弢父，号藜庵。浙江黄岩人。同治九年（1870年）举人，历官工部主事、员外郎、军机章京、江南道监察御史、太常少卿。光绪十二年（1886年），为军机处汉官领班章京，卒于任。工诗文，尤精清朝掌故。集十余年之力，编辑《筹办洋务始末记》一百八十二卷；著有《西巡大事记》十二卷以及《清朝掌故》《清朝大典》《枢垣笔记》《史汉校勘记》《秋灯课诗屋图》《藜庵丛稿》等。

置酒相属，命小伶弹金缕琵琶和之，团扇屏风，留题殆遍，即前所刻者是也。五十以后，不名一家，多师为师，取屈曲尽意而止。”（见《樊樊山诗集》第1628—1630页）

在其诗集自叙中，樊山记载：“丙子报罢，居李爱伯师宅过夏，与师及子珍、彦清迭相唱酬。”（见《樊山诗钞自序》，《湖北文征》第十一卷，第572页）

其弟子余诚格在《樊樊山集叙》中记载：“及丙子夏课，遂与陶子珍仲彝昆季俱受业焉。”（见《樊樊山诗集》附录二，第2028页）

李慈铭在五月二十二日日记中记载：“云门同居，偕谈说部，遂及村书市剧，鼓板弹词，曼衍恣肆，以遣酷暑。”

五月十九日，四川涪陵（今重庆市涪陵区）民众因不满传教士的胡作非为，焚毁教堂多处。

闰五月初七日，李宣龚（1876—1953）出生于福建闽县一个盐商家庭。

闰五月初九日，英国商人在上海擅自修筑的淞沪铁路通车，以九吨重的机车牵引一列客车，每天往来上海吴淞间六次。这是外国人在中国修筑和经营的第一条铁路。

闰五月上旬，樊山与陈翥、王彦威、胡寿谦、陶在铭、陶方琦等好友共结盍簪社，并邀请越缦师来主持诗社。樊山曾作《请李爱伯先生主盍簪社启》一文纪其事（见《樊山集》卷二十四，光绪甲午渭南县署刻本）。

闰五月十一日，李慈铭与樊增祥、陶方琦、陶仲彝、胡寿谦、鲍临[①]等约为夏课。

樊山在《题子珍画兰遗墨为弢甫水部属赋》（十首）前的序言中说：“昔岁丙子，结夏都门，会稽先生为之盟主，屡开社会，闲涉清游。”（见《樊山续集》卷四，《樊樊山诗集》第698页）

李慈铭在日记中亦记载：“为云门、仲彝、梅卿、弢夫评点制艺诗赋，予与诸君约今年为夏课，此其第一会也。文为《浴乎沂三句》，赋为《钱勃遗朱买臣纨扇赋》，诗题《团扇风前众绿香得前字》。”

闰五月十四日，陆宗舆（1876—1941）出生于浙江海盐一个商人家庭。

闰五月十六日，张国淦（1876—1959）出生于湖北蒲圻（今咸宁市赤壁

---

① 鲍临（1835—?），字仲怡、敦夫，又字镜予。浙江山阴（今绍兴市）人。同治十三年（1874年）进士，选庶吉士。散馆授翰林院编修，官至国子监司业。

市）一个书香官宦家庭。

闰五月中旬，传来友人、慈铭师同年、滇南人李叔宝庶常馆选假归，抵黔而殁的消息，樊山乃填《蕙兰芳引·红泪一襟》词以哀之并见示慈铭师。慈铭师见之，颇有感触，亦次其韵填有《长亭怨·恁弹出夜弦清怨》词（见李慈铭《霞川花隐词》卷二，《越缦堂诗文集》，第 695 页）。

闰五月中旬至六月上旬，安徽建平县因传教士强行传教、打死民众二人，引起纠纷；清政府反而判处民众三人死刑，徒刑二人，赔款三万三千三百五十六两银子结案，史称建平教案。

闰五月二十九日，钦差大臣左宗棠指挥的清军刘锦堂部击败阿古柏叛军，克服新疆乌鲁木齐，平定天山北路。

六月初八日，清政府派直隶总督李鸿章为全权大臣赴山东烟台与英国驻华公使威妥玛谈判马嘉理案。

六月十二日，值黄庭坚生日，樊山与孙祖德、王彦威、陶仲彝、陶方琦等友朋同来越缦师宅，一起以瓜果梅糕祀之。李慈铭作《丙子六月十二日寓斋作山谷生日祀以瓜果梅糕同彦清弢夫仲彝子缜云门诸君作》纪其事（见李慈铭《杏花香雪斋诗》续甲集）。

留居京师期间，樊增祥不仅写有《移寓爱伯师宅赋呈》《次韵答爱伯师雨中见寄》《夏夜客散呈爱伯师》《次韵爱伯师拟唐人诗》《子珍将出都小伶桐仙弹琵琶为别怅然赋此》《奉赠黄彭年子寿翰林丈即送之襄阳》《题爱伯师秋林著书图》等诗作，还填有《满庭芳·灯院云娇》《二郎神·半钩淡月》《临江仙·江亭和子珍韵》《清平乐·柳花无力》《琵琶仙·微月黄昏》《河传·花屿，烟浦》《满庭芳·团扇风香》、《江城子·藕花深处晚凉多》《买陂塘·倚高楼、万重烟水》《高阳台·暗草栖萤》《侍香金童·细雨墙东》《传言玉女·醉尉销金》《浣溪沙·新竹娟娟映旧苔》《渡江云·水边风日美》《金明池·花髻吹笙》《月下笛·水软新罗》《金缕曲·户外青青柳》《浪淘沙·落叶下银床》《越溪春·暗雨敲窗银烛背》等词作。

其间，与前辈、好友秦树敏在京师相遇，樊山作《和勉锄丈法源寺看花赠汝翼二首》《送勉锄丈迟菊出都并寄子虞天津》等诗纪其交往（见《樊山集》卷三，《樊樊山诗集》第 54—55 页 ）。

樊增祥在寓居李慈铭府第期间，李慈铭不仅写有《夏初偕子缜云门王子裳王弢甫工部彦威杨定敷舍人晨羊敦叔刑部复礼小集陶然亭》《归自城南晚坐花下子缜云门见过欣然有作》《次日牧庄子缜紫泉见过夜偕仲彝云门匡伯小饮客散后作》《雨后喜弢夫子缜偕陈汝翼庶常翥见过同云门仲彝匡伯夜话》《夏日偕汝翼匡伯彦清弢夫仲彝子缜云门饮满洲某氏且园复从弢夫饮对门朱郎家夜归即事呈诸君》等诗作（见李慈铭《杏花香雪斋诗》①甲集），还填有《买陂塘·展帘前翠云千顷》《高阳台·榴火添旬》《前调·快雨新收》《满庭芳·新月当帘》《渡江云·宫墙斜抱处》《金缕曲·庭院深深处》《前调·家在巫云曲》等词作（见李慈铭《霞川花隐词》卷二，《越缦堂诗文集》。

六月下旬，应好友陶方琦和郑香之邀，樊山曾为陶氏所绘之《幽兰册》题跋。其先后题跋：

啼损香罗泪未干，潇湘花色不胜寒。榛兰共产寻常事，只怪旁人一例看。用兰当看字叶为郑郎一笑。茗楼题。钤印茗楼（朱）。

芝房五色，有馘其姿；兰有国香，人服媚之。郑香赏。茗楼系赞。钤印茗花春雨词人（朱）。

澹墨幽香满绢头，风宜清夏雨宜秋。此身愿作清罗带，长抟郎车傍画楼。玉烟阁主为郑香题。钤印茗花春雨词人（朱）。

郑香清玩。檐前一点月黄昏，露叶霜花各自香。一种孤山好风格，夜寒扶梦过潇湘。茗楼。钤印茗花春雨词人（朱）。

小屏深护鸳鸯锦，枝枝画出离人影。照影总双成，花心点点凉。秋阶点点石，移近珍从立；并逸玉阑干，罗衣生暮寒。调寄菩萨蛮。郑香属题。鹅溪。钤印茗楼（朱）。

残月滇池梦已遥，垂帘愁绝雨潇潇。故山更在汾河外，岁晚秋风长桂条。祺郎吟赏。茗花春雨楼主。钤印茗楼（朱）。

玉树凋零久，愁多不自持。寸心与明月，长照竹王祠。郑香属，茗楼赋。钤印茗楼（朱）。

促漏遥钟不忍闻，病来知是厌离群。金杯席上能分我，玉箸灯前每为君。秋士佩纕怜楚畹，美人衣褶是秦云。春明门外依依柳，送尽人间几夕曛。丙子秋孟，将之保阳，乔郎惜别情见乎词，为赋此诗以志离绪，即题兰当画册。焚香啜茗，时一诵之，比子野之清歌，秩秦青之妍唱，莲池不远，倘得闻乎？六月下旬，茗花春雨词人题句并识。

① 李慈铭著，刘再华点校：《越缦堂文集》（上、中、下），上海古籍出版社 2012 年版，第269—270、272—274 页。

钤印茗花春雨词人（朱）。”

案：陶方琦《幽兰册》为设色纸本册页。同时为此画册题识和题跋的尚有陶方琦和李慈铭（题跋略）。1960年5月5日，陈叔通（1876—1966）先生曾应章士钊（1881—1973）先生之请，为其所持之陶方琦《幽兰册》题四绝句并题识（题跋亦略）；钤印生于丙子（白）、陈叔通八十以后之印（朱）。

七月二十四日，应爱伯师之请，与子珍再为《秋林著书图》各题词一首。

李慈铭当天日记记载：“仲彝赠雪绢帐额一幅，并属仁和冯子因绘《秋林著书图》于上，今日再乞云门、子缜两君各题一词。”

七月二十六日，英国政府借口马嘉理事件，强行与清政府签订《烟台条约》。

夏末秋初，李慈铭与弟子唱和颇多，相继写有《病中书感兼示仲彝子缜云门三君四首》《戏书云门江城子菱词后》《雨中示仲彝云门末韵兼怀子缜》《夏夜静坐和云门》《云门送络纬两笼媵以小文情辞清丽作一诗报之并系小引》《仲彝招集天宁寺塔射山房是日秋阴眺望甚闲感而成咏》等诗作。

八月初二日，因陈翥、陶方琦将赴天津，而樊山亦将赴保阳，陶在铭遂招师友至天王寺宴集，樊增祥作《八月二日仲彝招集天王寺和爱伯师韵时汝翼子珍将赴津门予亦有保阳之役》纪其事。

八月十五日夜晚，收到陶方琦自天津寄来的信，樊增祥甚是高兴，立即写了《中秋夜得子珍天津书却寄》一诗纪其事（见《樊山集》卷三，《樊樊山诗集》第58页）。

八月下旬，樊增祥应邀离京入保阳书局，住在莲池书院，为黄彭年师校书，并作《丙子八月下旬始至莲池》诗纪其事（见《樊山集》卷三，《樊樊山诗集》第58页）。

案：其时，其师黄彭年仍应直隶总督李鸿章之聘，在保定主持《畿辅通志》的编纂工作。

樊山曾回忆：“丙子报罢，居李爱伯师宅过夏，与师及子珍、彦清迭相唱酬。既而就榻莲池，黄子寿师实为盟主。褚叔寅、方子谨并同砚席，赓和愈多。”

樊山在《鄂中呈黄廉访丈即用留别》（二首）诗后亦自注云：“丙子秋，先生命祥入莲池校书，是为登龙之始。丁丑通籍，实以莲池为初地焉。”

（见《樊山集》卷七，《樊樊山诗集》第 133 页）

在保定莲池书院校书期间，樊增祥常与同年好友褚成亮[①]相唱和，相继写有《赠褚叔寅同年》《莲池月夜柬叔寅再同》《池上对月次叔寅韵》等诗作。

一起在莲池书院校书的好友尚有方恮[②]，樊山曾作有《赠方子谨上舍》纪其交往。

因牙痛未愈，樊山曾写有《雨夜有作》一诗书写其旅中孤寂（见《樊山集》卷三，《樊樊山诗集》第 60 页）。

其间，樊山因久未得好友张荫桓消息，乃作《与张野桥观察书》寄赠问讯（见《樊山集》卷二十四，光绪甲午渭南县署刻本）。

九月初八日，清政府收买淞沪铁路，随后全部拆毁。

九月中旬，李慈铭作《复樊云门书》寄赠樊山，述数近世冤狱，望樊山多留意刑狱，认为其“于学问非无益者”[③]。

九月二十一日，钦差大臣左宗棠率军平定北疆。

十月初八日，《上海新报》馆设立。

十月十五日夜晚，樊增祥和黄再同昆季、招同叔寅、方子谨至市中宴集，随后又至临猗亭赏月，并作长篇七言歌行《十月十五日夜再同昆季招同叔寅方子谨上舍市肆小集归坐临猗亭对月作》诗纪其事（见《樊山集》卷三，《樊樊山诗集》第 64—65 页）。

十月十七日，出使大臣郭嵩焘及其随员登上英国塔拉万阔号轮船，自上海吴淞口启航，前往英国。

十月二十日，天开始下雪，樊增祥作《十月二十日雪》《对雪怀仲彝》等诗纪其事。

---

① 褚成亮(1846—1878)，字叔寅，一作叔云，又字孝谌。同治六年(1867 年)举人。十三年(1874 年)考取内阁中书。曾受聘参与纂修《畿辅通志》。光绪三年(1877 年)取为贡士，因病未参加殿试，请假回里养疾。次年病逝家中。工诗文。著有《南溪诗集》十卷、《校经室遗集》；另与其弟成博纂辑有《余杭县志补遗》《余杭县志稿》等。

② 方恮，生卒年不详，字子谨，一字退斋。江苏阳湖人。监生。少即博览群籍，工诗文及书画金石，受到黄彭年赏识，言于李鸿章，聘其参修《畿辅通志》。因病早逝，年仅三十。著有诗文四卷和《历代建置表》。

③ 李慈铭：《越缦堂文集》卷五，文长不录；详见李慈铭《越缦堂诗文集》第 854—857 页，上海古籍出版社 2012 年版。

居保定莲池书院期间，樊增祥曾与褚成亮、黄再同赴河北省定兴县高里乡北章村，游览战国时燕昭王为招聘天下贤士而筑的“黄金台”（亦称招贤台），并作有七言歌行《黄金台怀古同叔寅再同赋》以纪其事。

十月下旬，樊山致函爱伯师，随书函寄去的尚有应邀为爱伯师《秋林著书图》所题之七古一章——《题爱伯师〈秋林著书图〉》。

李慈铭十一月初三日日记记载：“得云门书，并惠题《秋林著书图》七古一章，诗甚秀健。”

十一月间，樊增祥得知好友朱逌然①将出都视学湖南，遂作《送朱逌然肯夫侍读视学湖南》诗为之赠行。

十一月间，沙俄特使库洛巴金与阿古柏背着中国政府签订《俄阿边界条约》。

十二月初二日，清政府派福建船政学堂学生严复、萨镇冰等三十人赴英、法学习航海、造船技术。

十二月上、中旬，曹汝霖（1877—1966）出生于上海一个职员家庭。

十二月二十七日，是李慈铭的生日，杨晨、王彦威、殷萼庭、陶在铭、胡寿谦等弟子前往为其贺寿。樊增祥亦自保定寄书为师祝寿。慈铭师甚是高兴，作《生日方饮间适云门书来为寿且寄新什赋此答之》诗寄示（见李慈铭《杏花香雪斋诗》续甲集，《越缦堂诗文集》，第296页）。

收到慈铭师的诗作后，樊山当即写了七律《爱伯师以生日即席示越中诸子诗见示奉答一首》寄赠。

年底，樊增祥仍留在保定过年，寓居保阳书局，写有《岁暮侍寿丈坐水东楼作》《除夕写怀八首》等诗作纪其行踪。

是年，樊山尚写有《奉怀李爱伯师二首》《寄彦清辛楣仲彝书题后》《寄赠潘伯循同年》《题花菡庵一首赠黄二吉士国谨》《寄子珍越中》《寄赠彦清》等诗作。

是年，基督教青年会传入中国，并在上海设立了第一个青年会。

---

① 朱逌然（1836—1882），字肯夫，亦字肯甫，号味莲；室名孱守斋。浙江余姚人（一作义乌人）。同治元年（1862年）进士，历官翰林院编修、侍读、湖南学政、四川学政，所至皆有政绩。在湖南学政任内时，曾将湘水校经堂改为书经书院，又倡创船山书院。通六书，博综名物，治毛诗周礼。撰有《朱逌然日记》，另有《朱肯夫先生日记摘录》传世。

光绪三年丁丑(1877)　三十二岁

新年初，樊增祥仍居保阳书局，写有《莲池春日》《正月四日得爱伯夫子岁除前日书却寄》等诗作（见《樊山集》卷三,《樊樊山诗集》第 67—68 页）。

正月十四日，接到友人潘风洲的问候书函，樊山乃作《答潘风洲孝廉书》寄赠。

是年为朝廷的大考之年，樊增祥在离开保阳书局之前，乃作《将入都门留别黄子寿丈》(二首)以赠别。

新年后，樊增祥与陶祖培①、陶濬宣、孙子宜等好友相约进京，并一起赁居萧寺，准备参加当年的会试。樊山填有《高阳台·薄暝欺花》一词纪其事。

樊山在《酬陶八孝廉见赠即用志别》“前年萧寺月，重为故人圆”诗句下亦自注云：“丁丑会试，与君同寓大宏禅院。”

其间，李慈铭填有《南浦》一词寄赠诸友弟（见李慈铭《霞川花隐词》卷二,《越缦堂诗文集》，第 706 页）。

二月十八日，湖北宜昌、安徽芜湖、浙江温州正式对外开埠。

三月初三日，钦差大臣左宗棠指挥清军越过天山向南疆进攻，克复达坂城。

三月初八日，樊增祥与好友们再一次入闱应试。

四月初四日，樊山偕诸友陪爱伯师游龙树寺。李慈铭当天日记：“午偕仲彝同车诣龙树寺，赴子缜、子宜、紫泉、云门、伯循、少笈之招，坐有秋伊、定敷、弢夫、敦夫、汝翼、心云、王舍人朝瀚、孙仲容兄弟。列饮蒹葭簃，新绿满畦，湿云罨树，郊居风景，不辨京华。固由结境之偏，亦借素心之乐。”(见《越缦堂日记》)

四月十二日，会试发榜，樊增祥终于鱼跃龙门，被取为贡士。

四月二十一日，众贡士赴紫禁城保和殿参加由皇帝主持的殿试。

---

① 陶祖培(生卒年不详),字少笈。会稽(今浙江省绍兴市)人。陶方琦的族兄。樊增祥称为“五兄”。同治九年(1870 年)举人。光绪三年(1877 年),少笈曾与陶在铭、陶方琦、陶濬宣、樊增祥等一起参加会试。曾在广东顺德等地担任过知县等低级官员。

四月二十五日，殿试传胪，王仁堪、余联沅、朱赓飏取为一甲，赐进士及第，分获状元、榜眼、探花。樊增祥取中二甲第四十四名进士，赐进士出身。

同榜录取的新科进士尚有孙宗锡、杨晨、盛昱、潘遹、吕凤歧[1]、濮子潼、周銮诒、何福堃、胡孚宸、张仲炘、翁斌孙、蒋式芬、何焕章、陈璧、刘秉哲、陈润璨、谢章铤、林步青、张继良、贺靖南等325人（是科共取329人）。

四月间，钦差大臣左宗棠率领清军相继克复达坂城、鲁克沁、吐鲁番，新疆叛乱首领阿古柏败逃，随后自杀身亡。

会试结束后，樊山亦时与李慈铭师往还唱和，写有《酬爱伯师夏晚见寄》《月夜同爱伯师过梁家园赋》等诗作。

五月初十日，樊增祥、杨晨、盛昱、潘遹、濮子潼、何福堃、胡孚宸、张仲炘、翁斌孙、蒋式芬等七十八人被考选为庶吉士，入翰林院。樊山《高阳台·薄暝欺花》词前小序说："丁丑三月，与陶少篔、子珍、心耘昆季、孙紫霓孝廉，赁居萧寺。婪春多雨，短烛亲人，永夕谈谐，不复知其是客也。首赋此词索诸君和，并柬彦清、仲彝。"

五月十七日（6月27日），李慈铭以《秋江菱榜晚霞图》团扇嘱陶方琦、樊增祥、孙咏裳[2]题词。李氏日记载："作书致子缜，以《秋江菱榜晚霞图》团扇属与云门、子宜共题一词。"（见《越缦堂日记》）樊山作有《金缕曲·为爱伯师题〈秋江菱榜晚霞图〉》纪其事。

在京参加会试期间，李慈铭师写有《暮春秦勉锄招同汝翼子缜两庶常弢夫仲彝云门文冲集天宁寺塔射山房忆去年春亦与勉锄因此会者八人以良辰美景赏心乐事分韵余得良字久而未作今为补之》《夏晚读书简弢夫云门》《偕

① 吕凤歧(1837—1895)，字瑞田，别号石柱山农，安徽旌德县人。同治九年(1870年)举人，光绪三年(1877年)进士，选庶吉士。历任国史馆协修、玉牒馆纂修。光绪八年(1882年)，出任山西学政。光绪十一年(1885年)卸任后，乃辞官归里闲居，并于第二年(1886年)举家迁居六安(今安徽省六安市)。工诗文，善书法，喜收藏。著有《静然斋杂谈》《石柱山农行年录》等。

② 孙咏裳，生卒年不限，本名星华，字子宜，又字紫霓，号意荪。浙江会稽人。光绪二年(1876年)举人。孙廷璋之子。李慈铭于咸丰六年(1856年)馆于其家，教授子宜等人。辑有《浮溪集拾遗》三卷、《意林》。曾刻王禹偁《小蓄集》行世。

云门夜过梁家园》等诗作赠樊山。

会试结束后，樊山在京师结识同乡、前辈诗人邓琛[①]，并作《赠邓献之比部》一诗纪其事（《樊樊山诗集》第70页）。

七月二十九日，李慈铭以《王荆公诗集》《秋锦山房诗集》赠樊山。李慈铭当天日记记载："作书致云门，赠以李雁湖注《王荆公诗集》及《秋锦山房诗集》。"（见《越缦堂日记》）

八月初四日，李慈铭又赠樊山《毛诗传疏》《定讹杂录》。李慈铭当天日记记载："作书致云门，赠以陈硕甫《毛诗传疏》、胡廷佩《定讹杂录》，以二书皆初印本。《杂录》中又余有附注二十余条也。"

八月上中旬，樊增祥应好友闻新之请，为其所得贺良朴绘制之设色纸本《四季山水》四条屏题跋。其跋语云："四幅笔出入耕烟墨井，极变化之能事。闻新仁兄其宝藏之，樊山。"钤印"增祥"。

案：贺良朴是樊增祥数十年的同乡好友，所绘之画常请樊山题跋。贺氏所绘《四季山水》四条屏的题识：1."春阴淡荡归帆急，叠幛层峦凝空碧。知是夜来风雨深，村外野桥仰二尺。南荃居士。"2."云作断续峰，山为浓淡树。借问此中人，宁知此中趣。"3."鹤韵清扬梧竹疏，幽栖不减辋川渔。林泉也爱能诗者，不是王维不敢居。偶写元人唐肃诗。"4."古木寒鸦。丁丑秋八月作于梅雨唫馆，闻新吾兄雅之，履之贺良朴。"钤印白文印："贺良朴印""良朴"。钤印朱文印"履之""贺""良朴""青民"。

其时，张之洞师已于四川学政任满回京任职，得知樊山近几年耽于风雅之事，颇为不满，并力劝其易弦更张，回归正途。

樊山弟子余诚格曾在《樊樊山集叙》中说："丁丑通籍，南皮自蜀还京，与先生别且久，相见叹曰：'子其终为文人乎？事有其大且远者，而日以风雅自命，孤吾望矣。'先生皇然请业，尽屏所为词章之学，非有用之书不观。南皮与先生故皆好谈，至是谈益剧，达昼夜不止，相与上下千古，举凡时政得失之由、中外强弱之形、人才消长之数，每举一事，必往复再三，穷其原始，究其终极，所著《广雅堂问答》一卷，即当日疏记者也。"

樊山亦写有《呈孝达师二首》《中秋雨集孝达师宅》等诗作，不时请教张之洞。

---

① 邓琛（1820—?），字献之，黄冈人。道光二十三年（1843年）举人。曾官山西蒲县（今临汾市蒲县）知县，后累官至刑部郎中。著有《荻训堂诗钞》十卷、《黄州金石志》等。

八月中旬，樊山集丙子春至是年秋所为之诗为《北游集》一卷。樊山曾自言：“丁丑通籍，侍南皮师于京邸，教以经世之学，书非有用无读，卒亦未废吟啸。起丙子春迄丁丑秋，得诗一卷，曰《北游集》。”(《樊山诗钞自序》,《湖北文征》第十一卷，第572页)

八月二十日，樊增祥乞假回鄂省亲。慈铭师作《送樊云门庶常乞假还夷陵省亲》一诗相赠。其当天日记记载：“为云门书折扇，并制长歌写一团扇赠之。”

樊山出都，一路写有《晚济滹沱》《海上》《丁丑八月乞假出都爱伯师以诗赠行久未奉报归途无事怀旧抒情用志一时人文之盛兼寓身世之感云尔》等诗作。

途经南京时，樊增祥结识时任凤池书院山长的安徽全椒名流、前辈诗人薛时雨，并作《赠薛慰农院长（二首）》诗纪其事。

八月，直隶总督李鸿章派唐廷枢等在滦州设立开平矿务局，官督商办。开平镇煤矿是我国最早使用机器开采的一个大型煤矿。

九月间，樊增祥抵达汉上，写有《奉怀黄子寿丈》《寄怀张野桥荫桓观察烟台》《雨宿偶樵寓斋赋赠一首》等诗作。

十月初八、初九日，好友陈荫田员外招樊增祥等友朋至晴川阁、琴台、江楼等处宴集，樊山作《十月八日雨中荫田员外招同仲丹孝廉偶樵少尉登晴川阁补作重阳酒次各记以诗》《明日复泛舟至湖楼诣伯牙台小憩已复由汉入江与荫田别归武昌得诗四首》《江楼酬荫田》等诗纪其事。

十月上中旬，李慈铭师作《立冬日再集同人饮寓斋对菊然灯有怀仲彝子缜少筼心云子宜云门诸子》《小雪夜菊花犹盛邀牧庄禔庵彦清弢夫小饮寓斋即送弢夫还台州兼怀子宜越中云门楚北》等诗寄怀樊山。

十月十九日，四川涪州（今属重庆市）、内江、南充、巴州（今巴中市巴州区）等地民众为反对西方传教士的非法传教而拆毁教堂。

十月中旬，樊山告别汉上友朋，回到宜昌家中陪侍父母。

十一月十七日，左宗棠西征军刘锦棠部收复叶尔羌城（今新疆叶尔羌市）。

十一月二十九日，左宗棠西征军董福祥部收复和阗，南疆平定。至此，除伊犁地区外的新疆领土全部克复。

年底，樊山应邀作《方太守八十寿叙》一文（见《樊山集》卷二十三，光绪甲午渭南县署刻本）。

又感同年、好友周銮诒之叔父周大龄的至孝之情（周大龄死后，周銮诒便过继给他承嗣），樊山作《周孝子诔》一文寄赠好友。

是年，樊增祥另写有《和子珍病起一首》《又答见怀一首并忆汝翼都门》《寄调周銮贻慧生同年》《冬夜喜栗园见过因留共榻论养生之术》《岁暮自葺小轩》等诗作，并填有《雨霖铃·玉箫凄咽》《夜飞鹊·香消未成寝》《扬州慢·垂柳江干》《满庭芳·青杏生仁》《湘初夜月·午日次子珍韵》《金缕曲·照影情波里》《瑶台第一层·晓起绿窗匀面了》《珍珠帘·小花私贮罗囊底》《寿楼春·怜芳时开樽》等词作。

是年，曾道（1877—1948）出生于四川金堂（今成都市青白江区）姚渡乡光明村一个书香之家。

光绪四年戊寅(1878)　三十三岁

年初，李慈铭作《又戏为人日雪仿唐人艳体诗将寄子宜云门彦清子缜和之》寄赠樊增祥（见李慈铭《杏花香雪斋诗》乙集，《越缦堂诗文集》，第313页）。

是年春，樊增祥在家侍奉双亲及陶在铭之父。据陶氏回忆说："戊寅岁，余以写官得知县，赴都引觐。先君子养疴东湖，君日至卧榻省视，清言竟晷，先子赖以解忧。偶不至，则曰：'云门胡不见？'此可见两家交谊矣。"（见陶在铭《樊山续集序》，《樊樊山诗集》）

寒食日，樊山填有《鹧鸪天·灵鹊枝头久不闻》词。

居家期间，樊山尚写有《春明杂事诗十首》《雨中》《春日同栗园桐侯郊外行散》《春日有怀月湖之游寄荫田汉上》《得爱伯师京邸书却寄》《采茶词二首》等诗作，又填有《一萼红·粉墙遮》《大酺·正晚寒轻》等词作。

居家侍奉双亲期间，樊山多暇，遂选辑唐代至元代的词家一百四十二人、词四百二十九首，成《东溪草堂词选》。

四月下旬，樊山收到爱伯师来自京城的书函，欲求蜀中尊经书院掌教一职。

四月二十五日，樊山致书（即《樊增祥致缪荃孙》）[1]好友缪荃孙，请其

① 钱伯城、郭群一整理：《艺风堂友朋书札》（上册）"樊增祥致缪荃孙"第一函，上海人民出版社2018年版，第132—133页。

在蜀鼎力相助，以玉成其事。

小山前辈大人阁下：

敬启者，去冬归棹过宜，获亲言笑，惜尊酒未寒，船鼓已动，别后劳结不能自已。前闻瞿赓翁述及，风帆迅利，安抵锦城。伏承上侍康娱，潭祈萃吉，宫衣戏彩，乐且无央，羡甚，颂甚。比日未稔文旌所向，近在何方，入都之资，筹画就绪否？祥则返宜以后，家事牵掣，至今不能出门。近一月来，以家慈婴恙，日在忧煎祈祷之中。生事日迫，无论学问。

兹有启者，昨接莼客先生京邸书，述及近况，殆岌岌不可终日。盖自入春以来，仅得印结廿余金，此外则以典鬻自给，旧交、邑子一无存问，言之可为痛心。伏念莼翁之在今日，论其所学，可云卓绝。徒以生不偶俗，嫉之者众，又孤介性成，罕通竿牍，以至五穷缠骨，百忧煎心。然犹杜门穷经，不废铅椠，可谓能自竖立者矣。今之公卿大夫，罕能汲引。朝中惟一潘侍郎是解事人，然亦竭忠尽欢（去岁除夕以七十余金见馈）。外任如朱学使之款密，至于音书断绝，其他更可无论。大抵得意之士，绝不留意冷局，相倚未名者，独我辈同气数人，而又皆处极穷之遇。但分润虽则无力，而游扬或尚能为。湖北局面狭小，不足回翔。因念蜀中尊经书院，自孝达师创建以来，未有掌教。名山讲席，诚难其人，若以处莼师，则为两有裨益。前辈曩在都中，亦尝劝驾，此次莼师书来，颇复注意于此。盖阨穷之极，不惮险远，其志尤可悲矣。敢求执事鼎力玉成，切为推荐，大要以必成为主。夙知前辈玉堂清望，见重当途，又性情敦笃，接引气类，不遗余力，此事自能力任，无待祥之谆谆也。

祥于午节后，当赴荆州。比知张太和已升副都，《顺天志》当议举行，我辈入都，不无事矣。柚农何时回蜀？甚念。肃请开安，并敬叩年伯大人矍福。四月廿五日，年侍樊增祥顿首。

罗纹笺顷已告罄，幸谅之。

四月间，樊山得知爱伯师又纳一妾消息，遂填《贺新郎·贺爱伯师纳姬》一词寄贺（见《樊山集》卷二十一，《樊樊山诗集》第 492 页）。

五月初九日（6 月 9 日），樊山又撰《东溪草堂词选自叙》，阐述其词学主张（见《樊山集》卷二十三，光绪甲午渭南县署刻本）。

五月上中旬，樊山应前辈好友、荆州知府倪文蔚之邀，来到荆州，参加

《荆州府志》的编纂。

案：是年秋，李慈铭作《寄怀云门修志荆州》（见《杏花香雪斋诗》乙集）一诗寄赠樊山，可见此年秋樊增祥还在荆州修志。樊山在前不久致缪荃孙的书函中亦云："祥于午节后当赴荆州，比知张太和已升副都，《顺天志》当议举行，我辈入都，不无事矣。"

五月二十二日（6 月 22 日），清政府派崇厚为出使俄国大臣，前往谈判索还伊犁事宜。

七月，樊山将上年秋出都至此年七月所作之诗结为《东归集》。樊山曾自言："丁丑秋仲出都，冬仲归觐，承色笑、居里门者凡九阅月，涉历江海，偃息家林，命其所作曰《东归集》。"（见《樊山诗钞自序》，《湖北文征》第十一卷，第 572 页）

八月十一日，陈曾寿[①]（1878—1949 年）出生于一个寓京的书香官宦之家。

八月二十六日，范熙壬（1878—1938）出生于湖北黄陂天河一个书香之家。

是年秋，樊增祥应邀入前辈好友、荆州知府倪文蔚幕府。樊山在《樊山诗钞自序》中说："戊寅秋，入倪荆州幕；是冬入方武昌幕，岁尽始归。"（见《樊山诗钞自序》，《湖北文征》）

在荆州幕府期间，樊山写有《重过龙山书院感赋》《呈豹岑前辈二首》《赠范芝函丈》《观龙湫》等诗作，并填有《绮罗香·擘麝添香》《霓裳中序第一·江头黯送别》《虞美人·年年来去明湖路》等词。

其间，樊山尚写有《荆州城西晓行诗叙》一文（见《樊山集》卷二十三，光绪甲午渭南县署刻本）。

樊山在荆州期间，爱伯师作《寄怀云门修志荆州》诗寄赠（见李慈铭《杏花香雪斋诗》乙集，《越缦堂诗文集》）。

---

① 陈曾寿(1878—1949)，字仁先，又字耐寂、复志、焦庵，号苍虬。湖北蕲水(今浠水县)人。陈沆曾孙。光绪二十九年(1903 年)进士，官刑部主事。次年，应经济特科试，列高等。张之洞聘为幕僚，襄赞新政。后由学部主事累迁员外郎、郎中。宣统三年(1911 年)升广东监察御史。辛亥革命后，筑室杭州南湖，奉母以居。民国十九年(1930 年)应溥仪聘赴天津，任婉容师。二十一年(1932 年)赴东北出任溥仪"内廷局长""近侍处长"等职。晚年迁居北京、上海。工诗，与陈三立、陈衍齐名，称"海内三陈"。著有《苍虬阁诗》《苍虬阁集》等。2009 年 1 月，上海古籍出版社出版《苍虬阁诗集》。

九月初九日重阳节，樊山陪同倪知府至龙山寺登高，并作七言长篇歌行《戊寅九日陪豹岑前辈龙山寺游宴》纪其事。

十月，樊山应邀入武昌知府方大湜前辈幕府。其间写有《赠张子丹上舍》《赠方子和秀才》《答舒明经见赠即题其集》《谢余诚格寿平大弟惠茶纸》《寄偶樵下巴河榷所》等诗作。

在武昌府幕府期间，樊增祥曾与在湖北任知县的挚友陈豪会于汉上，并写有《洪北江词云燕子》、《题蓝洲所画梅花燕子小幅》（二首）等诗作纪其交往。

十一月十二日，樊增祥在渡江时望见江楼，自然想起去年十月好友陈荫田招友朋宴集江楼的情形；而眼下，好友却远在广州，遂作《十一月十二日渡江望荫田江楼寄怀一首》以表达其思念之情。

年底，樊增祥仍回到宜昌老家侍奉父母过年。

是年，金城（1878—1926）出生于北京一个书香之家。

是年，许幻园（1878—1929）出生于江苏华亭（今上海市松江区）一个富有家庭。

是年，汤涤（1878—1948）出生于江苏武进一个贫寒之家。

是年，吴待秋（1878—1949）出生于浙江崇德一个书香之家。

是年，傅岳棻（1878—1951）出生于湖北江夏（今武汉市江夏区）。

是年，樊山的同年好友褚成亮在余杭老家病逝。

光绪五年己卯(1879)　三十四岁

正月初九日，湖南学者王闿运开始关注樊增祥。其在当天的日记中写道："耀庭来谈，言樊镇子名增祥，已选庶吉士，字云门，颇能骈文及词调。此湖北新有闻者，亦不满于黄莘渔，云孝达过誉反害之。凡诱进后学最难，抑之使自肥，推之使自满，古人所以贵育才。"①

春初，樊增祥仍居宜昌老家。其间写有《雨中有怀陶骑尉江上》《春夕置酒》《庭际海棠山茶各试一花》《寄怀汝翼都门》等诗作。

二月上旬，天还在下雪，樊山作《二月初九日雪》《雪晴作》等诗纪之。

二月十二日，乃传统的花朝节，然天却甚寒冷，樊山颇想念在荆州的朋友，故作有《花朝寒甚书寄荆州故人》以纪之。

---

① 王闿运：《湘绮楼日记》，岳麓书社 1997 年版，124 页。

三月十三日，日本宣布兼并琉球国，废琉球国王，改为冲绳县。

三月二十日，于右任（1879—1964）出生于陕西三原一个贫寒家庭。

闰三月间，樊增祥有沪上之游。樊山曾在《高阳台·粉絮轻吹》词前小序中云：“己卯闰春客沪上，悽寂之况有甚往年，适兰当远惠新词，即次其韵。”

在沪期间，樊山作有《自题小影（时客沪上）》《再题三解》《袁观察索诗因赠》等诗（见《樊山集》卷五，《樊樊山诗集》第93—94页），又填《齐天乐·雕轮试碾瀛洲路》《高阳台·粉絮轻吹》《忆秦娥·沪上遇京师故人》《醉春风·粉蝶花间醉》等词。

此期间，爱伯师曾写有《答云门》一诗寄赠问讯（见李慈铭《杏花香雪斋诗》丙集，《越缦堂诗文集》，第347页）。

夏初，樊增祥自沪上归汉上与友朋相聚，写有《初夏江楼即事呈荫田员外》纪其事（见《樊山集》卷五，《樊樊山诗集》第94页）。

仲夏，樊增祥陪友朋游宜昌，诗酒唱和，作《夏夜同人至绿萝溪上》、《雨夜作》、《仲彝奉其尊人安轩先生遗柩还浙诗以送之》（二首）等诗纪其事。

游览宜昌期间，樊山结识了荆州将军希元，并作《赠荆州将军通侯希公》一诗纪其事。

在宜昌期间，樊山尚填有《春云怨·湘屏几叠》《倦寻芳·紫桐细乳》《八六子·黯青山数声啼宇》《踏莎行·暗减幺红》《前调·斗笠云轻》等词作。

四月间，是年为爱伯师的五十寿诞，樊山担心到时赶不上，遂早早写了七律《寄寿爱伯师五十》二首寄赠贺寿（见《樊山集》卷五，《樊樊山诗集》第92页）。李慈铭在其《杏花香雪斋诗》附卷中记有樊增祥本年四月的来书和贺寿诗。

五月十五日，樊山致书爱伯师，并赠以湖北新刊之书多种。李慈铭八月初九日（9月24日）日记记载：“得云门五月十五日武昌书，并寄赠湖北近刻《周易姚氏学》等九种。”。

六月二十一日，值欧阳修诞生日，爱伯师招诸友弟小集。陶方琦作《越师约同人作欧文忠公生日集者王子蕖城潘子伯循濮子紫泉羊子禔庵陈子汝翼孙子寄龛樊子云门胡子匡伯及仲彝与余凡十人》一诗纪其事（见《湘麋阁遗集》，光绪十六年刊本）。

案：陶方琦此诗中宴集列有樊增祥的名字，应是其记忆之误。此时樊增祥并不在京城，而是在宜昌或武昌。樊增祥回到京城的时间是当年的十一月上中旬。因此，他不可能参加此次的宴集活动。另一种情况则是以庆贺欧阳修冥寿名义向樊山征和。

八月十七日，崇厚在俄谈判，擅自与俄方订立《里瓦基亚条约》（《交收伊犁条约》）。

八月间，党积龄（1879—1967）出生于陕西留坝县城关镇。

九月中旬，好友望云前来拜访，并出示其近作请题。樊山遂作《望云出示近作即题其后并用录别》诗纪其事。

九月二十七日，上海英商祥生船厂工人举行罢工。

十月上旬，樊山告别家人及友朋，离鄂赴京。

十一月上中旬，樊增祥回到京师，等待翰林院的散馆[1]考试。余诚格在《樊樊山集叙》中说："己卯冬，以散馆入都，时俄事方棘，言者蜂起，先生亦有所论列，当轴弗善也。"（见《樊樊山诗集》附录二，第2029页）

其时，贵州黄彭年师亦来到京城，樊山作有《子寿丈来部流连旬日敬呈二首》诗纪其事。

十一月间，樊山裒其上年八月至今所作之诗为《涉江集》。樊山曾自言："己卯春游沪上，其夏归汉口，憩陈氏江楼，沿溯风潮，流连朋酒，裒其诗曰《涉江集》。"（见《樊山诗钞自序》，《湖北文征》第十一卷，第572页）

十二月上中旬，慈铭师作《冬日坐弢夫斋头偕汝翼云门茗话》《弢夫云门冬日馈海棠》等诗作相赠（见李慈铭《杏花香雪斋诗》丙集，《越缦堂诗文集》，第358页）。

十二月十四日，谭延闿（1880—1930）出生于浙江巡抚谭钟麟的巡抚府署。

十二月十四日，袁思亮（1880—1939）出生于湖南长沙府湘潭县一个官宦家庭。

十二月十五日，系鲍临的寿诞，李慈铭邀陈彝、鲍临、羊复礼、王彦威、许景澄、樊增祥等友弟至府中宴集，为鲍老祝寿，并作有《十二月十五

---

① 散馆：庶吉士入翰林院庶常馆肄业三年期满，再经考试，成绩优良者分别授予翰林院编修、检讨等职；其余则分发各部任主事等职，或以知县优先委任，称为散馆。

日邀汝翼敦夫禔庵弢夫竹篔云门夜饮草堂是日敦夫生日前三日为弢夫生日汝翼禔庵云门生日亦相先后因用东坡集中子由生日诗韵柬诸君》一诗纪其事（见李慈铭《杏花香雪斋诗》丙集，《越缦堂诗文集》）。

十二月十九日，友朋聚集李慈铭宅纪念东坡生日。樊山《东坡生日作》（二首）诗前小序云："十余年来，每过兹日，率邀客赋诗。今年伯熙同年饰巾待尽，中情惨慄，寝馈都废，因忆光绪己卯、癸未、庚寅，均以是日集爱伯师宅；前年则念初席上，去年则午桥署斋，俱作诗歌以志嘉会。"

十二月二十七日，是爱伯师五十寿诞之日，樊山未回京师前已作有《寄寿爱伯师五十》（二首）诗寄赠（见《樊山集》卷五，《樊樊山诗集》第 92 页）。当日，又偕陈翥、羊复礼、王彦威等好友携酒一同前往祝寿。爱伯师则写有《己卯生日敦夫汝翼禔庵弢夫云门诸同人携酒枉过醉后放歌》诗纪其事（见李慈铭《杏花香雪斋诗》丙集，《越缦堂诗文集》，第 356—357 页）。

年底，因朝廷特使崇厚在交涉中俄边界及伊犁归属事宜上，刚愎自用，以致丧权辱国，一时朝野舆论哗然；那些被称作"清流"的翰詹科道，亦纷纷上书弹劾。

是年，樊增祥尚写有《题朱生甫子彦年丈昆季邗江分櫂图为干云同年索赋》（二首）、《次韵答爱伯师见寄一首》、《题画二解》、《倪三司马刻鹊图》等诗作，填有《菩萨蛮·藏香》《锦缠道·傜布》《点绛唇·倭㚞》《清平乐·高丽扇》《氐州第一·天际芝云》《换巢鸾凤·微雨黄昏》等词。

是年，李鸿章之母李太夫人八十寿诞，樊山应友人之请，代作《李母李太夫人八十寿叙》一文（见《樊山集》卷二十三，光绪甲午渭南县署刻本）。

是年，胡朝梁（1879—1921）出生于江西铅山（今上饶市铅山县）。

是年，张悦龄（1879—1962）出生于辽宁复州（今大连市瓦房店市）。

光绪六年庚辰(1880)　三十五岁

正月初一日，友朋至慈铭师府中欢聚，慈铭师写有《庚辰元夜汝翼竹篔弢夫云门禔庵敦夫诸同人集寓斋》《谢云门惠怡邸旧造角花素笺用山谷次韵王炳之惠玉版纸韵》《再题怡邸所造角花大笺》等诗纪其事（见李慈铭《杏花香雪斋诗》丙集，《越缦堂诗文集》，第 360—361 页）。

正月初三日，清政府任命曾纪泽为出使俄国钦差大臣，取代崇厚继续对俄谈判。

正月初十日，清政府正式照会沙俄政府，不承认《里瓦基亚条约》。

正月中下旬，樊增祥见当时朝野形势，亦不得不出面作《奏崇厚使俄违训越权请亟正典刑折》，表达自己的态度。

正月二十六日，吴禄贞（1880—1911）出生于湖北云梦县城西郊吴家台一个书香之家。

二月十二日（即传统的花朝日①），樊增祥陪同李慈铭、鲍临两位前辈“寻歌贳酒流连竟日”。樊山作《庚辰花朝同李爱伯师鲍敦夫临前辈寻歌贳酒流连竟日即席次爱师韵》诗纪其事。

李慈铭师亦作有《庚辰花朝日作》《是日偕敦夫云门两太史寻歌贳酒逮夜而归复用前韵》等诗纪其事（见李慈铭《杏花香雪斋诗》丙集，《越缦堂诗文集》，第 364 页）。

同日，樊增祥读好友朱祖谋《彊邨词》（三卷），欣然为其题识曰：“光绪间有此词手，足见声音之道不绝于天地间。”（此题识见韦力《樊增祥：生平恩怨两文襄》，《收藏》2011 年第 10 期）

三月初八日，樊山送越缦师入闱。李慈铭当天日记载：“巳刻入闱，蓴庭、云门来送，坐东露字第十八舍，弢夫来视。晚早睡，寒甚，需重裘。”（见《越缦堂日记》）

三月中下旬，樊山于李府座中结识王懿荣和许景澄，并自此交往二十余年，成为挚友。

三月二十八日，许景澄邀请李慈铭、钱振常、王懿荣、刘恭冕②、樊增祥至花之寺宴集并赏海棠。樊山作《三月廿八日竹筼前辈招同李爱伯师钱篪仙振常礼部王廉生刘叔俛两孝廉花之寺看海棠即席有作》诗纪其事。

三月期间，樊增祥一直随侍在李越缦师左右。慈铭师写有《竹筼邀同云门饮花之寺晚游白纸坊崇效寺观智朴青松红杏卷二首》《偕禔庵云门心云坐藤花下作》等诗作相赠（见李慈铭《杏花香雪斋诗》丙集，《越缦堂诗文

① 李慈铭《越缦堂日记》中云：“花朝本在二月十二日，出陶朱公书，然唐人无称之者。至洛阳以二月二日为花朝，浙湖以二月十五为花朝，盖皆兴于宋世。今俗以初二为小花朝，十二为正花朝，十五为大花朝。”转引自钱仲联《沈曾植集校注》（下），中华书局 2001 年版，第 872 页。

② 刘恭冕（1824—1884），字公俛、叔俛，号勉斋。江苏宝应人。经学家刘宝楠次子。幼承家学，少即随父游宦。光绪五年（1879 年）举人。父逝后曾应聘入金陵书局、武昌经心书院。卒于乡。博学通经，工书法。著有《论语正义补》《何休论语注训述》等。

集》，第 366—367 页）。

其间，樊增祥与赴京参加今年会试（未考取）、亦拜张之洞为师的湖南才子易顺鼎初识。

易顺鼎在光绪二十六年（1900 年）春所作之《樊山赠诗，和韵答赠一首》中曾云："廿年得遂题襟雅，已觉平生乐胜悲。"（见《燕榻集》）记其与樊山的唱和之始，逆推二十年，正好是光绪六年（1880 年），时樊山正在京城准备散馆考试。

四月十二日，会试发榜，慈铭师终于考取第 100 名贡士。此外，黄绍箕、于式枚、徐琪、丁立钧、沈曾植、朱福诜、梁鼎芬、陈夔麟、安维峻、左绍佐等人亦都录取为贡士；这些人此后都成为樊山的好友。

四月二十四日，殿试榜发，慈铭师被取为二甲第八十六名进士，樊山写有《敦夫汝翼分校礼闱奉赠二首》纪其事。

慈铭师亦作《答云门见赠之作》致谢（见李慈铭《杏花香雪斋诗》丙集,《越缦堂诗文集》，第 369 页）；并特地刻了一枚履历闲章以自嘲："道光庚戌茂才，咸丰庚申明经，同治庚午举人，光绪庚辰进士。"

湖北同乡左绍佐与李慈铭同科中进士，并因李慈铭而结识同乡樊增祥。樊山在《金缕曲·槛外榴巾蹙》词前小序中说："笏卿于师为庚辰同年。"（见《五十麝香词赓》下,《樊樊山诗集》第 1695 页）

好友王咏霓是年亦进士及第，取为探花，樊山填《买陂塘·记西风、画船归去》词贺之。词前小序云："庚辰春试，子常以第三人获隽。"

五月初一日，樊增祥与友朋至夕照寺茶话，樊山作有《五月朔日同匡伯过夕照寺遇云上人茶话移时》（二首）纪其事。

五月初九日，爱伯师奉旨以户部郎中原资叙用，樊山写有《爱伯师中隽后仍以户部郎候铨奉贺二首》呈示。

五月十二日，钱篪仙礼部招同樊增祥等友朋至天宁寺素食，樊山写有《五月十二日篪仙礼部招同竹贫小山雪澄厚甫素食天宁寺》诗纪其事。

五月中下旬，庶吉士的散馆考试结果公布，樊增祥竟外放以知县用。

得知这一结果，李慈铭等师友颇为惊异，纷纷安慰樊山。樊山亦作有《散馆得知县酬爱伯师见慰一首》纪其事。

樊山弟子余诚格曾在《樊樊山集叙》中透漏过其中的隐情："时俄事方棘，言者蜂起，先生亦有所论列，当轴弗善也。试列二等，名与湖南孙宗锡相次，孙在湘序第四，先生在鄂第三。已而孙得馆职，先生竟改外。时清流方盛，南皮为之盟主，广雅堂中户屦恒满。先生雅不欲附和，南皮疑其稍持异同，故荐剡不及，先生无闷也。”

光绪十六年（1890年），朝廷重臣潘祖荫去世，樊山甚为悲痛，作《挽潘伯寅尚书》（四首），并在诗后自注云：“庚辰散馆，祥卷为锡（珍）尚书所摒，以公与读卷之列，不一援手，意不能无望。十余年来曾未通谒，及闻李越缦师、沈子培比部言，乃知公力争不得，至今愤惋，状易箦前五日，犹与子培道及。今锡君已矣，公又告逝，悼念平生，恩怨都尽，赋此以志都门之痛云。”

案：樊增祥外放的根本原因，不是潘祖荫等人不为其尽力帮忙，而是他既不附和以张之洞、宝廷、陈宝琛、张佩纶为首的清流党，未得到张之洞等清流党的援手；又曾书生意气，言辞剀切，上奏折触怒朝中权贵所致。

所谓清流党，又称清流派，是晚清统治阶级内部的一个政治派别。当时，有一批京官以清望自重，敢于上书言事论政，弹劾大臣，指斥积弊。他们对外反对列强蚕食，对内主张整饬纪纲，鹰击毛挚，煊赫一时，时人目为清流党。中法战争前后，清流派繁衍为北清流与南清流（或前清流与后清流）。北清流多北人，号北派，以协办大学士、军机大臣、高阳人李鸿藻为魁首，主要成员有张佩纶、宝廷、陈宝琛、张之洞、黄体芳、邓承修、王懿荣等；南清流多南人，号南派，以户部尚书、军机大臣、常熟人翁同龢与协办大学士、军机大臣、吴江人沈桂芬为领袖，主要成员有盛昱、王仁堪及稍后的文廷式、志锐、黄绍箕、张謇、丁立钧等。北清流较早产生影响，南清流多为“帝党”人物，在光绪的中、后期十分活跃。虽然南、北清流派在拥戴光绪帝、敢于直言、爱国抗战、改革弊政等方面是一致的，但在一些具体问题上，亦时常意见不一致，甚至互相攻击。樊增祥既未得到清流党的支持，又得罪了朝中权贵，其外放便是意料之中的事情了。

五月间，应凤笙先生之请，樊山为其书水墨纸本行楷七言诗扇面（18×52cm）。其诗及题识云：“鹤岭平添玉○桠，○头春影太横斜。诗编汉上题襟集，画是江城掌故花。○岫美于兵火日，园林清似野人家。使君判牍酬宾了，满袖○香散吏衙。庚辰五月，凤生先生雅正。兰沅。”（见蓝天国际拍卖行有限责任公司“2005迎春艺术品拍卖会”——“中国书画”专场拍卖品，编号：0058）

六月十四日，樊山移寓横街圆通道院，静候吏部的派遣，作《六月十四日移寓横街圆通道院简伯循再同惠生可庄诸君》纪其事。

六月既望（十六日），是樊山妻子的忌日，自丁卯至今已十三年。是日遂填《凤凰台上忆吹箫·粉镜全抛》词来缅怀妻子。

同日，樊山托人给爱伯师送去一封书函和一部《书谱》。李慈铭当天日记记载："得云门书，送来《书谱》一部。"①

六月二十八日，樊增祥与好友黄再同至钓鱼台观荷，作有五言长篇歌行《六月二十八日同再同骑驴出西便门至钓鱼台观荷》纪其事。

候选期间，樊增祥还结识了清后期四大藏书家之一的钱塘（今杭州市）诗人丁丙。樊山在《丁修府诗序》中说："余庚辰岁居京师，修府始与计偕相见于止潜濮君座中，止潜曰：'此吾乡劬学好古之士也。'"

其时，恩师张之洞已任翰林院侍读之职。在出入其师张之洞的府第中，樊增祥还结识了归安（今浙江吴兴）的钱振常，并与之订交。樊山在《苏门游记》中曾记载说："昔岁庚辰，与同门归安钱篪仙礼部，侍广雅师坐。试问天下山水孰为第一，篪仙以苏门对，余自是心识百泉矣。"

七月初六日，清政府调钦差大臣左宗棠来京，对俄妥协。

七月间，樊山选授四川梓潼县知县；因系原籍，樊山呈请回避，继续在京待选。

在京待选其间，师友秦勉锄过访，并赠山水图。樊山仔细观之，"有似故山，因名之曰《萝溪老屋图》"。由此又忆及少年时与兄长在家乡萝溪老屋读书的情景，触发情思，乃作骈体文《萝溪老屋图记》②。

文既成，樊山将文章呈慈铭师批评。慈铭师感其对故乡、对兄长深深的眷念之情，乃应邀为其作《樊云门庶常萝溪老屋图序》③一文（亦为骈体）相赠。

八月初一日，诸好友集天宁寺饯别邓琛。袁昶《毗邪台山散人日记》载："光绪六年八月丁酉朔，刑部检校郎中前介休令黄冈邓琛献之将南归，史馆编修奉新许振祎仙屏、户部检校主事文昌潘存孺初、户部检校郎中会稽李慈铭、监察御史归善邓承修铁香、监察御史黄冈洪良品右丞、刑部检校员外郎罗田陈锦芸舫、前庶吉士梓潼令恩施樊增祥云门、户部检校主事云骑尉

① 张桂丽:《李慈铭年谱》,上海古籍出版社2016年版,第226页。

② 樊增祥:《樊山集》卷二十三,光绪十九年(1893年)渭南县署刻本。

③ 李慈铭:《越缦堂骈体文》卷三,文长不录;详见李慈铭《越缦堂诗文集》(上、中、下),上海古籍出版社2012年版,第1168—1170页。

桐庐袁昶重黎同集天宁寺为邓君饯行。会食讫，泛舟于南池，观翠微石、经潭柘诸山，抵暮乃归，昶题。”①

樊山则写有《赠邓比部丈即送归黄冈》《八月朔日送客天宁寺晚归有作》等诗纪其事。

八月初三日，诸好友再集天宁寺之塔射山房饯别羊复礼。樊山作有《辛楣改官江南书扇为赠》(二首)、《初三日公饯辛楣于塔射山房同爱伯师敦夫汝翼蘖城子常》等诗纪其事。

八月上旬，樊山同年好友王仁堪之弟王仁东，今年会试不第，将南归。樊山乃作《赠王旭庄舍人》诗相赠。

慈铭师此期间亦写有《八月朔日偕潘孺初袁爽秋两户部邓铁香洪右臣陈云舫三御史许仙坪樊云门两翰林集天宁寺饯邓献之还黄冈》《后一日再偕云门及敦夫汝翼弢夫集寺之塔射山房饯敦叔》《病中云门及朱桂卿同年福诜见过》《秋阴偕敦夫云门泛舟钓鱼台下循堤至行宫而回》《次日用前韵寄竹篔云门》等诗作。

八月十四日，直隶总督李鸿章在天津设立电报总局。

好友羊复礼将至吴中任职，临行前，出其诗词集二卷，请樊山评点。樊山乃作《读羊辛眉诗词书后》相赠。

九月间，樊增祥继续在京候选。其间写有《秋夜作》、《奉答爱伯师约游西山三解即书辛楣所画便面》、《秋愁》、《都门杂感》(八首)等诗作。

同月里，关赓麟(1880—1962)出生于广东南海南庄镇(今佛山市禅城区南庄镇)吉利村一个书香家庭。

十月十八日，沈曾植和朱福诜得第归里，李慈铭招樊增祥、许景澄、邓承修、鲍临、翁同龢等友朋至府中宴集，为沈、朱二人送行，并写有《十月十八日夜招邓铁香许竹篔及敦夫云门饮寓斋送朱桂卿庶常福诜沈子培比部曾植两同年还秀州》诗纪其事(见李慈铭《杏花香雪斋诗》丁集,《越缦堂诗文集》,第 383 页)。

《越缦堂日记》当天的记载云:“子培来，铁香来，云门来。竹篔送赵桐孙十一日天津复书，亦留之饮。霞芬来，月秋来。酒初行，桂卿来。夜更鼓动时方饭，叔平来。二更客散，月仍皎甚，以诗纪之。”

① 李德龙等编:《历代日记丛钞·毗邪台山散人日记》,学苑出版社 2006 年版。

案：霞芬和月秋都是戏曲演员，是应邀前来唱曲助兴的。此次宴集，是樊山与沈曾植的结识之始。

十月间，樊增祥将上年秋至今年所作之诗结为《金台集》。樊山曾回忆说："庚辰散馆，改知县，选司注牒，燕市行歌。是时言路方开，清流奋起，余坐听批鳞之论，间同歌酒之筵，讥之者曰遨游陇蜀之间，誉之者曰趋步申屠之后，皆弗恤也。庚辰、辛巳周一岁，得诗若干篇，曰《金台集》。"

十一月二十九日，爱新觉罗·溥伟（1880—1936）出生于京城皇族恭王府。

十二月二十五日，樊增祥见候选还难有结果，遂离京赴保定好友杜贵墀处度岁。时杜贵墀正在前辈好友、直隶按察使方大湜幕府为幕僚。其间写有《十二月廿五日发都门途次酬爱伯师见赠》《由涿州至保阳途次有述》《保定臬署酬仲丹见赠》等诗作纪之。

上一年，挚友陶方琦已被朝廷擢升为湖南学政，最近有书寄来问候，樊山甚是高兴，乃作《得子珍湖南书却寄》（二首）寄赠。

年底，慈铭师填有《临江仙·五十二人霜在鬓》词寄樊山（见李慈铭《霞川花隐词》卷二，《越缦堂诗文集》，第718页）。

十二月三十日，收到慈铭师赠词之后，樊山遂填《临江仙·除夕和爱伯师》词寄谢。

是年，樊山尚写有《酬陶八孝廉见赠即用志别》、《对雨柬周銮诒惠生同年》、《月下闻邻人歌曲》、《题卢太淑人焦尾阁遗诗为令嗣蕖城孝廉属赋》、《白羊山人折枝画卷为李新吾公子属题》（二首）、《又题元院本花丛戏蝶图》、《题范观察丈士隐图》、《和韵答爱伯师感事之作》、《瓶荷戏题》等诗作，填有《月华清·轻粉钩花》《金菊对芙蓉·青子含酸》《前调·镜背花寒》等词作。

光绪七年辛巳（1881）　三十六岁

正月上旬，樊山与好友杜贵墀在保定臬署过年。

正月中旬，樊增祥告别好友杜贵墀返回京城，其间写有《辛巳正月十一日发保定车中酬仲丹赠别》、《过涿州通济桥作》、《长辛店题壁》、《残腊如保定开岁还都往返余二十日杂记以诗》（二十六首）、《春夕偕方同仲诣酒楼听小史吹笛》等诗作。

正月二十六日，中、俄签订《伊犁条约》和《陆路通商章程》。

正月二十九日，朝廷命大学士左宗棠管理兵部事务，在军机大臣上行走，又在总理各国事务衙门行走。

二月十九日，父樊燮公在宜昌家中去世，终年六十九岁。李慈铭在其三月十一日的日记中亦说："云门尊人卒于里，云门闻讣，告哀于直隶方按察使大湜，余为致书杜仲丹，属其婉言乞赙，闻已送二百金，云门可即奔丧矣。"（见李慈铭《越缦堂日记》）

季春，按照朝廷规定，樊增祥归家丁忧。樊增祥在《樊山诗钞自序》中说："辛巳春，以外忧归，伏处垩庐，青琴绝响，大祥将届，觚翰始亲。"（见《湖北文征》第十一卷，第 573 页）

三月初十日，慈安皇太后薨于紫禁城钟粹宫。

夏秋之际，樊增祥与挚友陶子珍会于汉上，时常谈诗论词，相处甚洽。据樊山《二家词赓（上）序》中说："迨光绪辛巳，君视湘学，以忧归，见于汉皋。联榻而眠，剪灯星语，出其《湘韶集》，一再诵之，于是吾两人之论文，乃如珀芥针磁，欣合无间。既又同居鄂中书局，君谓余作靓深淡雅，而亦自变其秾丽之习。康乐芙蓉，尽谢雕饰。尝手定《兰当词》三十余阕，皆清真、白石佳境，无复绮缛之旧。余篇篇评点，心形俱服。逾年入都，语爱伯师曰：'子珍近词足传矣。'"

六月初一日，朝廷擢升翰林院侍讲学士张之洞为内阁学士兼礼部侍郎衔。

八月初三日，鲁迅（原名周樟寿，后改名周树人）出生于浙江绍兴一个书香之家。

八月初七日，王瑶卿（1881—1954）出生于北京一个梨园世家。

九月初六日，朝廷准彭玉麟恳辞，开去两江总督署缺，仍巡阅江海；左宗棠补授两江总督兼办理通商事务大臣。

九月间，英国商人创办上海自来水公司。

十月初十日，中国第一条电报线（上海至天津）铺成并投入使用。

十一月十四日，朝命张之洞以内阁学士兼礼部侍郎衔出任山西巡抚。

是年，王廉堂太守与其夫人六十华诞，樊山应友人之请，代作《王廉堂太守六十双寿叙》一文（见《樊山集》卷二十三，光绪甲午渭南县署刻本）。

又代南皮师作《桑大司寇八十寿序》一文（见《樊山集》卷二十三，光绪甲午渭南县署刻本）。

是年，梅光远（1881—1940）出生于江西南昌一个世代书香官宦家庭。

光绪八年壬午(1882)　三十七岁

是年，樊增祥仍在宜昌家中丁忧。

夏，樊增祥应前辈好友、湖北按察使黄彭年之邀，入其幕府。

五月初五日，樊山应邀为好友施山作《楷书自作诗》（诗略）镜心水墨绢本。其题识云："庚辰腊月，如保定开发还都，往返余二十日。杂记以诗凡二十六解。壬午端午日写奉迟鞠十一哥同年清谋。如弟增祥呈稿。"钤印"祥""云门"。

六月十一日，为黄彭年师寿辰，樊山陪同先生游览武昌城东诸寺，并作《夏日游城东诸寺为黄子寿先生作生日叙》一文纪其事（见《樊山集》卷二十三，光绪二十年渭南县署刻本）。

八月中，朝廷举行乡试。考试结束后，樊增祥代黄彭年作有《湖北武乡试录后叙》一文（见《樊山集》卷二十三，光绪二十年渭南县署刻本）。

八月二十八日，郭则沄（1882—1947）出生于福建闽侯一个世代书香的官宦家庭。

九月十八日，中、俄签订《伊犁界约》。

九月下旬，湖广总督李瀚章、湖北巡抚彭祖贤[①]驰书山西，聘请张之洞兼作湖北通志局总纂。张之洞坚辞，转而推荐门生樊增祥担任。于是，樊增祥乃得入湖北通志局。此前，樊增祥的好友陈豪、诸可宝已在志局。适好友陶子珍去年因丁母忧归里，此时亦因受湖北巡抚彭祖贤之聘，总修湖北省通志来汉。于是，几位好友得以在通志局共事、相聚。

《张文襄公年谱》中亦记载说："湖广总督李瀚章、湖北巡抚彭祖贤同驰书请公（张之洞）为湖北通志局总纂，（公）以七不可辞，转荐门人樊庶常增祥自代。樊，楚人，时忧归家居也。"[②]

---

① 彭祖贤(1819—1885)，字兰耆，号芍庭，一作芍亭。江苏长洲(今苏州市)人。彭蕴章第四子。以荫生授主事。咸丰五年(1855年)举人。历官至顺天府尹。光绪四年(1878年)，迁江西布政使；六年(1880年)，擢升湖北巡抚，一度兼署湖广总督。所至有政绩。修《湖北通志》(一百七十二卷)，又辑刻《长洲彭氏家集》九种一百六十三卷。

② 见《张之洞诗文集》(增订本)附录五，上海世纪出版股份有限公司/上海古籍出版社2015年，第704页。

樊山《拟桃花源诗三首》诗前序中说："曩孙渊如先生主诂经讲席，以桃花源事命题，查君揆诗最工。壬午冬，在鄂中志局得诂经初集，读之，每至查诗讽不去口，以眎子珍六兄，同为击节。"

十月上旬，樊山因应聘入湖北通志馆主持修志，遂辞去臬署幕职。临别之时，黄彭年师作有《送樊云门庶常序》一文相赠。

十月十一日，李鸿章与法国驻华公使签订备忘录，初步确定中国撤退驻越武装，法国保证不侵占越南土地和不贬削越南国王的权力，开放保胜为商埠。

十月中下旬，樊山因主持修志工作，乃发表个人看法，作《与分修诸子论志书事》《重修湖北通志商例》等文。

其间，樊山曾与内弟彭端怀知府相聚，作《与内弟端怀太守别十余年顷来鄂中频与游处临别以诗见示赋此贻之》诗纪其事。

十一月初一日，为樊增祥的生日，外姑蒋夫人、好友陶子珍皆为其祝贺生日。樊山作《旅中生日外姑蒋夫人治具见要感赋一首》《生日子珍遣五宝来祝兼惠台香湘茶》等诗纪其事。

十一月十九日，樊增祥将回宜昌安葬父亲灵柩。陶子珍遂招樊山、迟菊酒楼小集，为其送行。樊山遂作长篇七言歌行《子珍送余渡江遂招同迟菊同年酒楼小集即席赋此并寄瞿赓甫延韶观察》诗纪其事。

十二月十四日，在好友、道员瞿延韶的帮助下，樊增祥顺利地将父亲的灵柩葬于东湖（今湖北宜昌市）五陇铺周家棚之原，又亲自写了《先考墓碑》一文（见《樊山集》卷二十四，光绪二十年渭南县署刻本；又见《樊山诗文集·樊山文钞》卷四，民国元年（1912 年）刊本）。

年底，樊增祥处理完父亲灵柩的安葬事宜，便留在宜昌陪伴母亲度岁。

是年，樊增祥尚写有《顾观察吉林公牍叙》《朱母高太淑人寿叙》等文（见《樊山集》卷二十三，光绪二十年渭南县署刻本）。

是年，樊山的前辈好友朱逌然在四川学政任上病逝。

是年，梁鸿志（1882—1946）出生于福建长乐一个书香官宦之家。

是年，王正廷①（1882—1961）出生于浙江奉化一个教民家庭。

---

① 王正廷(1882—1961)，原名正庭，字儒堂，号子白，浙江奉化人。自少年起接受西式教育。1901 年进海关任职。1907 年赴美留学。入民国，历任工商部次长兼代总长、参议院副议长、广州军政府外交总长、中国大学校长、中俄交涉督办、财政总长、陇海铁路督办、南京国民政府外交部部长、驻美公使、全国体育协进会理事长、中国红十字会会长、太平洋保险公司董事长等职。卒于香港。著有《王正廷博士演讲集》。

光绪九年癸未(1883)　三十八岁

正月，樊增祥仍在宜昌陪伴母亲过年。当收到好友陶方琦寄赠的诗篇后，遂作有《和韵答子珍人日寄怀一首》寄赠。

二月中下旬，樊增祥陪陶子珍等友朋游宜昌，写有《清明日同陶生过东城僧寺看桃花四首》《春日自石板铺雨归》《城东》(二首)等诗纪其事。

三月中旬，樊增祥一行离开宜昌，仍回武昌鄂中书局。其间写有《舟行杂诗》《寄怀李爱伯师都门》《同铁笙阅城东花市·时客武昌臬署》等诗作。

三月下旬，樊山计划赴江浙游历，临行前作有《上彭中丞书》，阐明自己对修志的总体看法和建议(见《樊山集》卷二十四，光绪甲午渭南县署刻本)；同时向彭巡抚请假，作出游准备。

四月十三日，黑旗军大败法军，取得纸桥大捷。

春夏之际，樊增祥和陶方琦一道有杭州、嘉兴、苏州、上海、芜湖、南京之游，与子珍昆季等友朋聚于吴中。据樊山在《二家词赓(上)序》中回忆：他与子珍“自癸未冬别于吴中，遂成千古”(见《樊山续集》卷二十七，《樊樊山诗集》第1495页)；而“君癸未与余分手，又逾年而后没，竟无一篇一咏，则知雷电下取将者，不独余所点定已也。呜呼！是可惜也，是可悲已！”(见《二家词赓(上)跋》，《樊樊山诗集》第1529页)

此次苏杭之游，樊山相继写有《江宁道中呈黄子寿丈》《舟中望江岸人家》《赠仲彝·时以县令需次吴门，领谳局事》《杭州晤子珍喜赠》《初至湖上》《雨中泛湖同子珍鹤士》《赠栗园》《阮公祠坐雨同栗园昆季钱叔文茂才》《湖上杂诗》《子珍挈姬人游木渎有诗见示寄和二解》《子珍将东归要余同行适余将往芜湖期后君三日会于上海赋诗为券》《过江宁寄别三妹并讯似儿》《子珍将如吴已具舟矣适余至沪上又留三日赠之以诗》《子珍以笋脯丝衣见惠各志以诗衣盖其姬人手制》《居停主人招同子珍前辈过申园茶话得人字》《与子珍夜坐》《酬子珍赠别即送还姑苏》《次韵答子珍夜渡黄浦雨中有怀》等诗作。

在游览嘉兴时，与时正在家丁忧的许景澄欢聚，樊山作《五月一日同子珍竹筼两前辈登烟雨楼茶话》《是日竹筼复招同子珍昆季集落帆亭抵夜始散》等诗纪其事。

在游览芜湖时，与时任安徽按察使的张荫桓往来酬唱，樊山作有《至芜湖呈张樵野观察》纪其行。

结束苏杭之游，樊山仍回鄂中书局，相继写有《鄂中赠杜仲丹院长兼呈方菊人诗》、《往与仲丹望云荫田偶樵以文字相往复》、《赠何彦宣院长》、《赠钱副将》（并序）、《拟两头纤纤歌》（二首）、《拟鱼玄机八至诗二首》等诗作。

五月初二日，法国驻日本公使来中国重开谈判，企图强迫清政府承认法国在北越的侵略地位。

六月初九日，王凤卿（1883—1956）出生于京城一个梨园世家。

六月间，樊山同年吕凤歧之第三女吕碧城（1883—1943）在山西太原的学政府邸出生。

七月间，同门好友陈翥病逝在翰林院编修任上。

八月间，樊山回了一趟宜昌，妥善安排母亲的生活起居，并与母亲告别。在宜昌期间，樊增祥与好友陶在宽相聚，写有《戏题陶七精舍》《秋日至先茔上作》《与栗园溪上濯足》等诗作纪其行。

是年秋，樊山将上年冬至今所作之诗裒为一集，名《淡吟集》。樊山曾说："自壬午冬迄癸未，凡十阅月，与子珍同在鄂中书局，子珍叹余诗益高澹，因忆'宋人诗须放淡吟'之句，命之曰《淡吟集》。"（见《樊山诗钞自序》，《湖北文征》第十一卷，第573页）

九月二十三日，中、法谈判中止。

十月上旬，樊增祥服丧期满，自武昌出发入京谒选。临行前写有《变前韵再呈仲丹时余将赴都谒选》、《鄂中呈黄廉访丈即用留别》（二首）等诗作纪其事。

十月下旬，樊山抵达天津，暂作停留，与慈铭师相聚。时慈铭师受直隶总督李鸿章之聘，出任天津问津书院北海学堂主讲。樊山写有《十月二十二日抵天津题家书寄女兄弟》《赋呈李爱伯师一首时合肥相公延主天津讲席》等诗作纪其事。

慈铭师阅后，乃作《和云门见赠诗韵》一首回赠（见李慈铭《杏花香雪斋诗》戊集，《越缦堂诗文集》，第438页）。

十一月间，樊增祥陪同李慈铭师由天津回到京师。樊增祥回到京师后，与弟子余诚格赁居万明寺。

是年冬，樊山在京师与李慈铭、鲍临、羊复礼、袁昶、会生、盛昱等师友昕夕过从，飞笺赌韵。

樊山在其《樊山诗集自叙》中云："癸未冬……与爱师、敦夫、辛楣、爽秋、会生、伯熙昕夕过从，飞笺赌韵。"（见《樊樊山诗集》第 654 页）

十二月初八日，好友张南湖舍人过访，出示所撰之《芙蓉碣传奇》求叙。樊山阅后欣然作《张南湖舍人芙蓉碣传奇叙》相赠（见《樊山集》卷二十三，光绪甲午渭南县署刻本）。

在京候选期间，樊增祥与时任都察院左副都御史的张佩纶结识。适张佩纶将启程赴天津佐李鸿章，樊山乃作《送张幼樵前辈奉使天津与合肥公计事》一诗为其送行。

十二月十九日乃苏东坡生日，友朋再集李慈铭师宅。樊山作《东坡生日同竹笕集越缦堂爱师赐叠前韵奉同一首》诗纪其事。

慈铭师亦作《癸未东坡生日竹笕云门见过夜留小饮再次云门韵》纪其事（见李慈铭《杏花香雪斋诗》戊集，《越缦堂诗文集》，第 438 页）。

樊山《东坡生日作》（二首）诗前小序曾云："十余年来，每过兹日，率邀客赋诗。今年伯熙同年饰巾待尽，中情惨慄，寝馈都废，因忆光绪己卯、癸未、庚寅，均以是日集爱伯师宅；前年则念初席上，去年则午桥署斋，俱作诗歌以志嘉会。"

适此期间张之洞自晋入觐，樊增祥时侍其侧，有所作辄呈恩师斧正。并裒其近作为《水浙集》。樊山曾回忆说："癸未冬谒选入都，偕寿平居万明寺。寺在前明曰'水浙'，与爱师、敦夫、辛楣、爽秋、会生、伯熙昕夕过从，飞笺赌韵。南皮师自晋入觐，又日与再同侍侧，朋簪之乐，于斯为盛，命其所作曰《水浙集》。"

十二月二十七日，樊增祥和许景澄、陈梦麟[①]、吴讲[②]、胡仁耀、任塍[③]

① 陈梦麟，生卒年不详，字书玉、书誉。浙江上虞人。同治十年（1871 年）进士，选庶吉士。散馆授翰林院编修，官至国子监祭酒。

② 吴讲（1841—?），字介唐，号省斋。同治六年（1867 年）举人，十年（1871 年）考取景山官学教习，十三年（1874 年）进士，选庶吉士。官至司经局洗马、侍读学士。

③ 任塍，生卒年不详，字秋田，别号似庄。浙江会稽人。光绪五年（1879 年）举人，次年成进士。签分户部河南司主事，转安平、贵筑、遵义等县知县、下江厅通判。有政绩。归秀后曾掌教龙山书院多年。曾与秦秋渔等结皋社。工诗文，善书。著有《倚陀吟遗稿》《闻妙香室删余文钞》等。

等师友为李慈铭师祝贺生日，并写有长篇七言歌行《爱伯师生日同竹篔书玉介唐三前辈光甫舍人秋田户部醵金为寿爱师有诗即次元韵》纪其事。

慈铭师亦作有《癸未生日竹篔书玉介唐光甫秋田云门醵筵为寿赋诗志怀》诗纪其事（见李慈铭《杏花香雪斋诗》戊集，《越缦堂诗文集》，第438页）。

十二月二十八日，樊山得越缦师所赠楹联。《越缦堂日记》载："得子培书，并和前病中待雪诗韵，即复。……为云门、子培书楹联各一。"

除夕日，樊增祥与弟子余诚格在万明寺守岁。樊山写有《癸丑除夕同寿平万明寺守岁八首》纪其事（见《樊山集》卷八，《樊樊山诗集》第142页）。

十二月间，山西巡抚张之洞在太原创办令德书院。

是年，樊增祥尚写有《寄怀张中丞师太原》《冬夜过竹篔侍讲论诗有述》《题南屏僧主云画赠邓铁香给谏》等诗作，填有《浣溪沙·题会生〈忏梦庵填词图〉》《清平乐·潭柘寺木笔花下》等词（见《樊山集》卷八，《樊樊山诗集》第138—140页；《樊山集》卷二十一，《樊樊山诗集》第500—501页）；又作有《上南皮夫子第二书》，与其师讨论选拔人才的途径和方法以及如何用人的问题（见《樊山集》卷二十四，光绪二十年渭南县署刻本）。

是年，广西巡抚倪文蔚在桂林衙署刊刻《两强勉斋古今体诗存》二卷、《两强勉斋课诗赋存》。樊增祥应邀为其作《两强勉斋馆课诗赋叙》（见《樊山集》卷二十三，光绪二十年渭南县署刻本），盛赞豹岑前辈的雄才高蹈。

是年，萧愻（1883—1944）出生于安徽怀宁一个书香之家。

是年，陈毓华（1883—1945）出生于湖南桂阳的一个望族名门。

是年，邓振瀛（1883—1958）出生于湖北江陵县沙市镇一个书香之家。

光绪十年甲申(1884)　三十九岁

年初，樊增祥仍在京候选，并时与师友宴集唱和，作有《甲申元旦试笔》《开岁三日同再同斜街看花》、《春兴一首示寿平弟》、《题家书后二解》、《次韵答袁爽秋户部见赠》、《余居万明寺爽秋戏改为樊名一再赋诗见贻戏为俳体答之》等诗。

正月二十二日，缪荃孙招友朋宴饮晴漪阁。越缦师当天日记载："赴缪筱珊之饮，坐晴漪阁，朱菽堂侍郎所题也。哺设饮，肴核颇精。坐有竹

赁、云门、仲弢、王廉生、梁星海。”（见《越缦堂日记》）

正月间，樊增祥改选得陕西宜川知县。樊山在《拟桃花源诗三首》前的序言中说：“既谒选，得秦之宜川令，以甲申七月出都，暑雨间关，久乃得达。属以鲸鲵未戮，海国驿骚，既蹀躞于风尘，更屏营于嫠纬。嗟乎！隙驹百年，单门八口，何虑不给而就微官。昔人不能降志于督邮，而顾手版倒持，为兹仆仆哉！苟有一廛，如渊明所记，稻田鳞比，花竹蝉嫣，所不即归，有如江水。因拟是题，寓息壤之意，并寄子珍都中。若以吾意在避秦，则失之远矣。”

二月十一日，慈铭师包书所用之布，还是就学时竹村公所赠，迄今五十年未易，睹物思人，感之以铭。樊山应邀乃题《爱伯师书布一方云是就傅时先人所贻今五十年矣敝裂既甚乃以缣副之命题长句于上》（二首）纪其事。

慈铭师当天的日记载：“余所用包书布是道光乙未春，余时七岁，始就外傅，先君子所赐也。仅方尺余，叠之为复。至丁酉受《诗经》，书册稍宽，先君子欲为易之，先妣不可，曰：‘童子书包不宜数易也。’至今五十年，竟不敢易。朝夕对之，幅敝缝裂，色暗如漆。昨日始以缣为之裹，今日为之铭，以八分书之。”（见《越缦堂日记》）

二月二十三日，法国侵略军攻陷越南太原。

二月二十九日，李慈铭为爱徒樊山作《〈樊山集〉题辞》：“自有高歌动鬼神，樊英才调信无伦。谁言北地多浮音，未许东川说替人。一入蓬莱依日月，七传弓剑照麒麟。如今小试神明宰，种稻公田为养亲。”他在诗后面还特地作注说：“《题云门吾弟〈十鞬斋诗集〉时将出宰宜川》。甲申二月晦，慈铭。云门诗得力于信阳，而兼取北地，其七律足追踪唐之东川、义山，而古体胜之。”

三月上旬，樊增祥与爱伯师往来唱和颇多，相继写有《清明后一日同紫泉过越缦堂呈爱伯师》《次日再过越缦堂清话竟日》等诗纪其事。

三月十三日，中法关系越来越紧张，双方的谈判已经中止，法国侵略军又开始攻占越南领土。樊山忧心忡忡，作有《三月十三日纪事》（二首）纪其事。

同日，爱伯师离京赴天津问津书院讲学。樊山乃作《奉怀爱伯师主讲天津》（二首）为之赠行。

由当前紧张的局势，樊山不禁思念起远在台湾、肩负海防重任的好友邵友濂①，乃作《与邵小村观察书》寄赠（见《樊山集》卷二十四，光绪二十年渭南县署刻本）。

三月二十日，越南兴化失守，法国侵略军占领红河三角洲。

同日，得越缦师书札。《越缦堂日记》载："作致书玉书、云门书、沈子培书。"

三月间，樊增祥曾偕朱舍人往游西山，题诗灵光塔寺之巅。樊山回忆说："忆甲申三月曾偕朱舍人往游，题诗灵光寺塔之巅。内子时犹未聘，随母烧香见之。内兄谓之曰：'汝履危即怯，彼题诗者当何如？'内子微哂曰：'岳正胆大时亦不知谁何也。'比五月即来归，偶话其事，余曰：'胆大者，老奴也。'相与大笑。及庚寅偕往，则粉垩诗壁矣。爰合两游西山诗为一卷，曰《西山集》，附《题襟集》后。"（见《樊山诗钞自序》，《湖北文征》第十一卷，第574页）

在西山，樊山写有《答朱二舍人约为西山之游》《三月十七日入翠微山遍历诸寺》《灵光寺二解》《夜宿撷秀山房》《龙泉庵》《三山庵》《登长安寺平台试茶》《茶罢过南院看花》《由林庄换肩舆入山》《潭柘寺》《山中与朱舍人夜话》《戒台寺赠宝上人》《题观音洞石壁二绝》《戒台五松咏》《戒台题壁》等诗作。樊山此行尚填有《清平乐·潭柘寺木笔花下》一词纪之。

四月十一日，清政府命李鸿章办理中、法和议事宜。

四月十七日，中、法签订《会议简明条款》，清政府承认法国对越南的保护权。

四月二十八日，朝廷准张树声开两广总督缺，令其率部办理广东防务；而调山西巡抚张之洞署理两广总督，而以奎斌署理山西巡抚。

四月三十日，听说李慈铭又自天津回到家中，樊山遂偕吴讲、陈梦麟、沈曾植等人前往看望、问候。

---

① 邵友濂(1841—1901)，原名维埏，字筱春，亦字小村。浙江余姚人。早年由监生捐资员外郎，后任职工部。同治四年(1865年)补行乡试举人。光绪四年(1878年)冬，以道员充头等参赞，随崇厚赴俄，次年署理驻俄钦差大臣。回国后，官总理各国事务衙门章京，旋补授苏松太道。中法战争爆发，奉命襄办台湾防务。十二年(1886年)擢升河南按察使，次年迁台湾布政使。十五年(1889年)又晋湖南巡抚。十七年(1891年)调任台湾巡抚。甲午战争期间，曾布置台湾防务。后曾同张荫桓赴日谈判被拒。不久，因病免职。主纂有《余姚县志》。

李慈铭《日记》中记载："暮抵家。……介唐来，云门来，玉书来，子培来。"

四、五月间，樊增祥与师友往来酬唱颇多，写有《姚梅伯天女骑龙行雨图为黄仲弢编修赋》（三首）、《南湖舍人为述济南之游赋赠一首即题所著芙蓉碣传奇》、《为丁秀才昆季题书库抱残文澜归书二图》（六首）、《题鹤岭种梅图寄怀黄廉访丈图记皆子珍所作故第三首及之》（四首）、《赠印人尹少年时馆福山王氏》、《慧生见示用伯熙均自题蛸蠨斋诗次答一首》等诗作。

其间，朝廷命好友张佩纶以三品卿衔会办福建海疆事宜，兼署船政大臣。樊山遂作《送幼樵学士驻防闽海》一诗为其送行（见《樊山集》卷八，《樊樊山诗集》第149页）。

五月中旬，南皮师已由山西巡抚升任两广总督，并来书邀樊山入幕。樊山在征求爱伯师意见后，婉言谢绝。

五月二十三日晚，樊山前往爱伯师府宅长谈。

李慈铭《日记》中记载云："云门来夜谈。近日南皮、丰润两竖，以朋党要结，报复恩怨，恶余之力持清议，深折奸萌，二憾相寻，欲致死力于我。遂广引纤子，诱以美官。南皮俭腹高谈，怪文丑札，冀以炫惑一时聋髭。尤恶余之烛其隐也，故日寻干戈，以云门盛气负才，益笼络之，诱以随往粤东为掌书记。甘言重币，煽惑百端，许以捐升同知，或登之荐牍，擢以不次，幸其叛我，多树敌仇。……云门即恶所选宜川荒瘠，闻言不能无动，遂欲从之过岭。"（见李慈铭《越缦堂日记》）

其间，樊山曾与同年、好友王仁堪相聚，并写有《约王殿撰看花启》纪其事（见《樊山集》卷二十四，光绪二十年渭南县署刻本）。

闰五月初一日，法国侵略军挑起谅山事变，被中国守军击退。

闰五月初二日，爱伯师送《郡斋读书志》和一些结婚用品贺樊山娶妇。爱伯师当天日记载："以酒两坛、描金腊笺楹帖一幅、金面牙柄团扇一柄、《郡斋读书志》一帙、炮仗四千枚、烛十斤贺云门。作书致之。"（见《越缦堂日记》）

闰五月初四日，在李慈铭等师友的一再关心、敦促下，樊增祥娶京兆人祝敏贞为继室。樊山曾在《五十自述》（十八首）的第九首诗后自注云："甲申服阕，谒选得宜川令，是岁始胶续，余年已三十九矣。"

李慈铭在同日的日记中亦记有其事："为云门议婚祝氏，今日迎娶，往贺。……云门新夫人来见，娟洁如玉茗楼诗格，足称佳偶矣。"（见李慈铭

《越缦堂日记》)

另据史籍记载说："樊增祥游宦关中时，同官涂少卿，江西宿士，为其弟子田生曰：'子之师，奇男子也。自弱冠至四十，不御内者十七年，此岂易到也？'盖增祥二十余岁丧妻，至三十九岁乃续娶也。"[①]樊山亦填有《角招·玉波暖》词以志其事。

南皮师得知樊山续娶，自广州慨然寄赠婚费。樊山乃作《谢南皮师赠婚费启》致谢。

樊山在京准备赴陕任期间，通过好友张佩纶、黄再同、王懿荣结识前辈学者、画家张度[②]和后辈藏书家朱溍[③]，写有《二月十七日张幼樵副都朱子涵舍人招同张叔宪太守黄再同王廉生两编修集槐荫精舍叔度绘夜话图以贻子涵》纪其事（见《樊山集》卷八，《樊樊山诗集》第150页）。

闰五月二十日，法国驻北京代理公使谢满禄，向清政府提出最后通牒。

六月初七日，爱伯师同吴讲、陈梦麟、胡仁耀一起为樊山饯行。樊山作有《六月七日爱伯师同介唐书玉光甫公宴余于南花泡子即席有作》一诗纪其事。

六月十四日，法国海军少将利士比率三艘军舰进犯台湾基隆，向守军投递劝降书，遭严正拒绝。

六月十五日，法国军舰炮轰基隆炮台。

六月十七日，胡仁耀招师友们集陶然亭为樊增祥饯行，傍晚席散后又陪爱伯师泛舟。樊山写有《后十日光甫复觞爱伯师及余于陶然亭更志一律》《薄暮客散与爱伯师荷塘泛舟》等诗纪其事。

其间，慈铭师亦写有《六月七日同人出城至南荷花汫饯云门遂泛舟花中至日暮而归》《后十日光甫招集陶然亭饯云门》《再后十日斋中坐雨适云门诗

---

① 钱基博:《现代中国文学史》,岳麓书社1986年版,第211—212页。

② 张度(1830—1904),字吉人,号叔宪,又号辟非,晚号辟非老人、抱蜀老人、松隐先生,自署无意识界老衲。浙江长兴(今湖州)人。历官兵部主事、河南候补知府、刑部郎中。家富藏书,与潘祖荫、陈介祺研究金石之学;又喜治小学,工诗文,精鉴别,善篆隶,又擅书画。著有《泉园随笔》《韬养斋笔记》《长兴诗存》《海上墨林》《清画家诗史》《寒松阁谈艺琐录》《箬溪艺人征略》等。

③ 朱溍(1859—?),字子涵,浙江仁和人。著名藏书家朱学勤(1823—1875)次子。常与潘祖荫、李文田、张之洞、陆润庠、王仁堪、樊增祥、梁鼎芬、柯逢时等名流往还。光绪十六年(1890年),被派办理筹抚局事务。后官至江苏候补道。

来即用其韵》等诗作纪其事（见李慈铭《杏花香雪斋诗》戊集，《越缦堂诗文集》，第445—446页）。

六月二十九日，法国驻华代理公使谢满禄借口基隆事件，再次提出最后通牒，中法外交关系正式破裂。

七月初三日，马尾海战爆发，福建水师船舰大部被毁。

七月初四日，法国军舰开炮摧毁福建马尾造船厂。

七月初六日，光绪帝被迫下诏对法宣战，中法战争开始。

七月上旬，鉴于眼下严峻的形势，朝廷命兵部尚书彭玉麟立即南下，主持广东的防务。在前辈好友临行之际，樊山撰写了“加官不拜，久骑湖上之驴；奉诏即行，誓剪海中之鳄”一幅十言对联为之赠行。

案：彭玉麟在协助曾国藩镇压太平天国中战功卓著，到咸丰三年（1853年），已被朝廷任命为安徽巡抚，光绪八年（1882年）被任命为兵部尚书；然自咸丰三年起，至光绪八年，彭玉麟曾六次辞去高官不做，只愿仍做他的水师统领或回乡做一个普通百姓。当中法战争爆发，朝廷再次任命他为兵部尚书、赴广东主持防务时，彭玉麟二话没说，立即启程，奔赴前线，主持抗战大计。他的这种以国事为重的精神，感动了不少爱国人士，故樊山以极其简括的语言将其融入这副对联中。

七月十五日，乃慈铭师先父的去世祭祀之日，樊山因即将与老师分别，不知何日才能相聚，不能陪老师一起尽孝，遂赠送给老师一笔祭祀费用。慈铭师颇为感动，乃作《谢樊云门庶常惠先君子生日祭银启》①一文相谢。

七月二十八日，朝廷补授杨昌濬为闽浙总督。

七月下旬，樊增祥出都赴任，于重九后至秦。樊山曾在《次碧岑中秋对月韵》诗后自注说：“余甲申九月入关。”

出都时，爱伯师曾对樊山云：“子之诗信美矣，而气骨少弱。关中汉唐故都，山川雄奥，感时怀古，当益廓其襟灵，助其奇气。老夫让子出一头矣。”真诚地希望樊增祥能够努力开拓诗歌的境界（见《樊山诗钞自序》，《湖北文征》第十一卷，第573页），故集其行旅之作曰《西征集》。

樊山一路兴致甚高，诗情勃发，写有《将之秦中留别同人》（二首）、《雨后发新店赋示内子》（二首）、《野塘荷花尚开水鸟翔泳感赋二绝》、《晚渡

① 详见李慈铭《越缦堂诗文集》（上、中、下），上海古籍出版社2012年版，第1153—1154页。

清水河望定州作》、《井陉》(二首)、《辛兴滩》、《旧关道中》(四首)、《白面将军祠》、《圣水寺》、《过黄门至太安驿歇马》、《平遥城中见菊》、《八月十三夜张兰镇见月》、《过灵石有怀何寿萱同年》、《度岭竹枝词五首》、《霍州道中感怀》、《平阳》、《行次汾上有怀张尚书师粤中》、《襄陵太平间沮洳特甚漫赋》、《豫让桥》、《红鹤楼》、《樊桥》、《即事》、《出蒲州城三四十里皆柿林也赋诗张之》、《潼关》、《华山》、《宿冷口驿赠内》、《拟桃花源诗》(并序)等诗作,并填有《浪淘沙·板桥题壁》《鹧鸪天·似此中秋未算贫》等词作。

八月初五日,朝廷以李鸿章为大学士,实授直隶总督兼通商事务大臣。

八月十三日,孤拔率领法国侵华主力舰队再次进犯台湾,进攻基隆。

八月十四日,孤拔率领法国侵略军占领基隆。

八月十七日,香港工人举行反英、法罢工。

八月二十日,法国军舰炮轰淡水炮台,被守军击退。登陆的法军亦遭溃败。

九月初五日,孤拔宣布封锁台湾海面。

九月初七日,樊山风尘仆仆来到灞桥,见“秋柳数株,摇落可念,怅触既久”,有感而填《双调望江南·当年柳》(并序)一词(见《樊山集》卷二十一,《樊樊山诗集》第503页)。

樊山抵达宜川任所后,一切都与想象中的情况相差甚远,乃作《至宜川与友人书》,向各位友朋介绍来后的情况(见《樊山集》卷二十四,光绪二十年渭南县署刻本)。

九月十一日,清廷以刘铭传为福建巡抚,仍驻扎台湾,督办防务。

九月三十日,清政府在新疆建立行省,设置州县,任命刘锦堂为甘肃、新疆巡抚,仍督办新疆军务;以甘肃布政使魏光焘为甘肃、新疆布政使。

十月既望,樊山往游杜子祠,归后填《春从天上来·郭外山斜》以纪其行(见《樊山集》卷二十一,《樊樊山诗集》第503—504页)。

十月二十八日,西线滇军和黑旗军包围法国侵略军占据的越南宣光城。

十二月初二日夜,樊山梦见自己在京都与爱伯师唱和;醒后乃作《十二月初二日夜梦在都下与爱伯师赋示甚乐醒后仅忆早有春风上鬓丝之句因足成一律寄爱师都门》纪其事。

十二月二十四日,挚友陶方琦在京城的寓所去世。噩耗传来,樊增祥十分悲痛,作《挽陶子珍六兄》(二首)(见《樊山集》卷十,《樊樊山诗集》

第170页)；又填有《高阳台·渍酒陶巾》以表达其哀思。

越缦师当天的日记载："上午子缜家人来告，以巳刻化去矣。不及握手一诀，哀哉！子缜今年四十，有七子，长者十九矣。"(见《越缦堂日记》)

十二月三十日，法国侵略军攻陷越南谅山。

同日，慈铭师收到樊山的赠诗，亦作有《甲申除夕怀云门宜川却寄》诗寄赠(见李慈铭《杏花香雪斋诗》己集,《越缦堂诗文集》，第453页)。

是年，樊山尚写有《城南访梅》(二首)、《咏史四首》、《为人题冰天跃马图》(四首)等诗作。

是年，钱灏(1884—1963)出生于江苏南通一个书香之家。

是年，谷岱峰(1884—1970)出生于山东淄博市淄川区查王乡将军头村。

是年，樊山的前辈友人周星誉①病逝广东按察使任上。

是年，樊山的前辈友人刘恭冕在家乡病逝。

是年，樊山的前辈友人彭祖贤病逝湖北巡抚任上。

光绪十一年乙酉(1885) 四十岁

年初，樊增祥仍在宜川知县任上。

正月初一日，越缦师作有《乙酉元日走笔调同年翰林诸公》诗寄赠樊山(见李慈铭《杏花香雪斋诗》戊集)。樊山收到越缦师诗作后作《和爱伯师乙酉元日感怀》诗回赠。

正月上旬，樊增祥结识张育生县令并与其同游延安、清凉山寺等地。樊增祥作《正月初八日雪中同张大令游清凉山寺》(二首)、《月印泉》、《对酒赠张育生大令》等诗作，并填《菩萨蛮·正月六日至延安作》(二首)词纪其事。

正月初九日，法国侵略军占领广西镇南关(今友谊关)。

正月十五日，法国侵略军进犯镇海海口，被清军击退。

正月间，樊山的同年好友、翰林院编修、湖南永明(今江永)人周銮诒

① 周星誉(1826—1884),初名誉芬,字畇叔,又字叔芸,号鸥公,又号芝芗,晚号东鸥主人。河南祥符(今开封)人,籍浙江山阴。道光三十(1850年)年进士,选庶吉士。散馆后历官翰林院编修、江南道监察御史、礼部给事中、广西右江道,官至两广盐运使兼署广东按察使。工诗词文,亦善戏曲。著有《沤堂诗词日记》《传忠堂古文》《东鸥草堂词》等。

在京城病逝。樊山先后作《挽周荟生同年》《伯熙赠诗有榜中落落三才子海内铮铮七品官之句感赋二律呈伯熙兼悼慧生》怀念他。

樊山在《得旭庄观察书却寄》之“雁行自逐三才子”诗句下自注曰：“丁丑同年，目余与伯兮、荟生为三才子，君与吾三人叙弟昆之谊。”

二月初六日，清政府派李鸿章为全权代表，与法国公使议和。

二月初八日，清将冯子材等大败法国侵略军，取得镇南关大捷。

二月十三日，冯子材率黑旗军攻克越南谅山。

二月十五日，法国茹费理内阁倒台，新内阁成立，建议速办和议。

二月十九日，法国强迫清政府在巴黎签订《中法议和草约》。

二月二十二日，清政府诏令前线停战。

三月初四日，中、日签订《天津会议专条》。

二、三月间，政务之余，樊增祥亦时与友朋往来唱和，写有《读史四解》、《饮圣泉示客》(二首)、《春暮携客访圣惠泉试茶》、《春夜署斋观出》、《春暮至近郊劝农三首》、《晓起即事》等诗作，并填有《双调望江南·戏讯镜渔》《红情·谁家烟玉》《高阳台·洗砚池荒》《河传·春日偶忆江南风景，寄东湖故人》等词。

其间，樊山与同乡前辈李士垲结识，作《得李爽阶大令怀远书却寄》一诗纪其交往(见《樊山集》卷十,《樊樊山诗集》第169页)。

四月初二日，为妻子祝氏的生日，樊增祥作《四月初二内子生日用李郢寄内诗韵为赠》(见《樊山集》卷十,《樊樊山诗集》第171页)。

四月二十七日，李鸿章与法国驻华公使巴德诺在天津签订《中法会定安南条约》(即《中法新约》)，中法战争结束。

夏天，樊增祥深入民间了解民情，写有《夏日早起行县》《秋林寺》《夏夜对月》等诗纪其事。

案：樊增祥为政颇为勤廉。“每行县，一马一仆，裹粮往反，不费民间一钱。其治盗，皆身自捕逐，立就擒缚。常谓人曰：‘作吏最苦，临事贵速，若昼寝夜宴，寄权于人，其所亡失不知凡几矣！’”(余诚格《樊樊山集叙》)其“听讼明决，片言折狱，闻者悦服。所为判辞，庄谐并茂，敏妙中窍，远近争传诵，脍炙人口。其公牍尤有名，法家咸奉为圭臬。”①

① 王森然：《樊增祥先生评传》，《近代名家评传》二集，生活·读书·新知三联书店1998年11月版，第1页。

其间，结识龚刺史、赵大令等人并陪他们往游清凉寺，樊山作有《肤施杨大令席上赠龚刺史时龚以勘荒至郡》《偕龚刺史赵大令游清凉寺》等诗纪其事。

也在此期间，樊山与李嘉绩订交，并成为数十年的挚友。一日，知县李嘉绩过访，出示《江上草堂图》请题，樊山遂作七言歌行《题李云生嘉绩大令江上草堂图》相赠。

闲暇之时，樊增祥亦练习书画，作《入夏以来吏事稍简甫能洁治一室排比书画系之以诗》纪其事。

七月中旬，樊增祥调补醴泉县知县，作《七月既望早发宜川即事》诗纪其事。

七月二十七日，钦差大臣左宗棠卒于福州任上。

八月间，樊增祥赴西安充任乙酉科乡试同考官。其间，写有《试院中秋公宴》、《感事》（二首）等诗作纪其事（见《樊山集》卷十，《樊樊山诗集》第174—175页）。

樊山曾在《秋闱杂咏十五首同寿丈赋》之《考廉次韵》诗后自注云："增祥乙酉分校秦闱，今五年矣。"

九月初五日，清政府改台湾府为行省，任命刘铭传为台湾首任巡抚。

九月初六日，清政府设立海军衙门，以光绪帝生父奕譞总理海军事务。

十月下旬，樊增祥调省府，署理咸宁（西安）知县①。樊山作有《韩城道中四十初度示内》（二首）纪其行纪其事。

十一月二十九日，朝廷调工部尚书翁同龢为户部尚书，而以兵部尚书潘祖荫为工部尚书。

同日，朝命川督丁宝桢密筹四川防务，以应付英国灭亡缅甸之变。

十二月十九日，同人集代耕草堂庆祝苏东坡生日，樊山作《东坡生日同人集代耕堂》（二首）纪其事。

是年，寿石工（1885—1950）出生于浙江绍兴一个书香之家。

是年，侯疑始（1885—1951）出生于江苏无锡一个书香家庭。

是年，樊山的前辈诗人、好友薛时雨在南京寓所去世。

---

① 光绪年间，今天的西安市尚未单立，西安城区分属两个县，西城属长安县，东城属咸宁县。

光绪十二年丙戌(1886)　四十一岁

正月初一日，同乡友人、时任署理陕西盐法道黄嗣东冒雪往访，樊山乃作《元旦昼睡黄观察冒雪过访辱和前韵见嘲再叠奉寄》一诗纪其事。

春，樊增祥仍在咸宁县令任上。其间写有《丙戌元日立春》《元旦喜雪次云生韵》《雪后登明远楼》《春日忆东湖故居》《感事》《春兴八首》《晓至江柳村》等诗作。

二月二十九日，黄侃（1886—1935）出生于四川成都金玉街三道会馆一个书香官宦之家。

二、三月间，同乡友人、署理陕西盐法道黄嗣东，经与樊山多次商定，捐廉集资在原长乐坊春明学社旧址创办鲁斋书院，聘请三原著名学者贺瑞麟来此讲学。

四月下旬，朝廷的会试结束，樊增祥的好友冯煦①中式第三名进士，俗称探花。樊山在《梦华老友赴蜀臬任假道秦中留饮剧谈赋诗赠别并示同座葆生观察碧岑戟传两太守》（四首之二）“惠文冠底谁称首，进士科中爱第三”诗句下注云：“君丙戌探花。‘屈指皇朝进士科，第三人最得才多。’近人句也。”

五月初八日，朝廷调卫荣光为浙江巡抚，以松骏为江苏巡抚，易佩绅为江苏布政使，尚贤为驻藏帮办大臣。

五月上旬，樊山因公务繁忙，受累病倒。

五月下旬，樊增祥生病初愈，好友李嘉绩前来看望，樊山遂作《病起喜云生见过・五月廿九日》纪其事。

六月下旬，樊山的同年、好友胡寿谦在京城寓所病逝。

六月间，樊增祥应铭初先生之请，为其作水墨纸本行书七言诗扇面。

---

① 冯煦(1843—1927)，原名熙，后改名煦，字梦华，号蒿庵、蒿史，晚号蒿叟，辛亥后自称蒿隐公。江苏金坛人。少好词赋，有江南才子之称。光绪十二年(1886年)探花，授翰林院编修，历官会典馆、国史馆纂修、安徽凤阳知府、山西河东道、四川按察使、署理布政使、安徽布政使、安徽巡抚。后卜居江苏宝应。宣统二年(1910年)，苏豫皖发生大水，起用为赈灾大臣，五次出入灾区了解灾情，尽力赈灾。民国后侨居沪上，创办义赈协会，以赈济灾民。工诗词骈文，尤擅词，亦工书法。著有《蒿庵类稿》32卷、《蒿庵类稿续编》3卷、《蒿庵词话》、《蒙香室词》(一名《蒿庵词》)2卷、《蒿庵随笔》4卷、《蒿庵日记》等。另辑有《宋六十一家词选》12卷；撰修有《江苏通志稿》《金坛县志》《宝应县志》等。

其诗及题识云："皂〇村南三四里，春江不隔一程遥。双堤斗起如牛角，知是隋家万里桥。曾作东南汗漫游，〇〇〇〇〇征裘。芰荷声里〇舟雨，卧入江南第一洲。丙戌六月写，为铭初先生雅属，弟樊增祥。"钤印"樊嘉五十万"。（见郑州拍卖总行"2012 秋季中国书画精品拍卖会"——"中国书画（二）"专场拍卖品，编号：0395）

七月间，樊增祥卸咸宁知县任，调署富平知县。樊山作《卸咸宁县事》纪其事（见《樊山集》卷十，《樊樊山诗集》第 180 页）。

八月上中旬，樊增祥前往富平履任，写有《八月六日过灞桥口占》《八月十一日自省还县马上望月有述》等诗纪之。

其间，樊山作有《与前任某君启》（见《樊山集》卷二十四，光绪二十年渭南县署刻本）。

八月中旬，前辈、好友黄彭年由湖北按察使调任陕西按察使，樊增祥赶至驿站拜见，并写有《黄廉访丈将入关奉迎一首》《十二日月下自渭南赴泠口马上再述》《十三日谒寿丈于泠口驿遂偕至临潼止于骊山行馆夜坐露台看月赋呈长句》等诗纪其事。

九月间，樊山的好友胡仁耀在京中寓所病逝。

政务之余，樊增祥时与友朋往还唱和，写有《送王大令还秦州》《寄怀李云生大令》《寄赠谭西屏刺史》《沈石田山水画障》等诗作（见《樊山集》卷十，《樊樊山诗集》第 181、183—184 页）。又填有《高阳台·栏楯栖香》《双调望江南·关中柳》词。

十一月初六日，朱德（1886—1976）出生于四川仪陇县一个佃农家庭。

时近年关，樊增祥不能前往看望前辈好友、按察使黄彭年，乃作《岁暮寄怀黄廉访丈》一诗寄赠问候。

年底，樊增祥结识湘人赵元臣。据史书记载："湘人赵元臣者，善相人。增祥诣之，一见叹曰：'终身不得志也！'增祥漫曰：'吾宁穷饿死耶？'元臣曰：'非也！他人求之不得者，子得之皆若不足，是宁有满志时耶？'增祥笑抚元臣肩曰：'然，子知我！'有日者，谓增祥权极重。漫应曰：'宰相乎？督抚乎？'则曰：'非也！阶不过四品。所谓权重者，譬如数人共事，必公一人尸之，人常逸而公独劳，公常发谋而人皆退听，此为权重耳。'增祥亦以为知我。"[1]

---

[1] 钱基博：《现代中国文学史》，岳麓书社 1986 年版，第 205 页。

是年，樊增祥的前辈、好友方大湜在家乡巴陵病逝。

光绪十三年丁亥(1887)　四十二岁

正月十五日，朝廷在太和殿举行光绪皇帝亲政礼。

年初，樊增祥仍在富平知县任上。此期间写有不少诗作，如《丁亥元旦》《春日赠内二首》《署斋早春即事》《春兴示刘孝廉》《琴台春望》《咏草》《富平试院五首》《次韵和西屏刺史登富平城楼一首》《变前韵再赠西屏》《富平官舍漫兴》《送秦锡之大令乞假还里》《雨后呈西屏》《得伯循京邸书却寄》《送西安太守入觐》《送宜川熊大令还楚》等。

其间，樊山尚填有《河传·春思》、《调笑令·莲叶》、《望江南·金翡翠》、《菩萨蛮·朱楼桂馆参差起》(四首)等词作。

四月间，樊增祥接爱伯师来信，不仅告知他好友胡寿谦去世的消息，而且告知他自己的弟弟也去世了，故心情甚为悲伤。樊山闻知消息亦颇为伤感，乃作《丙子丁丑间祥与陶子珍陈汝翼胡匡伯从爱伯师于京邸朝夕谈宴乐》纪其事。

闰四月里，两广总督张之洞在广州创办广雅书院。

五月初一日，朝廷准河南巡抚边宝泉开缺调理，而以倪文蔚继任。

五月初三日，好友谭西屏将赴西安，樊山作有《五月三日送西屏暂归青门》诗，填《离别难·绣户乳燕依依》词纪其事。

五月初八日，樊山因思念远在京城和自己一样有才却不得志的爱伯师，缅怀挚友陶方琦的英才早逝，填特长调《莺啼序·春明梦痕渐远》词纪之。

五月中下旬，樊增祥调任长安知县。在离开富平前，樊山作有《与后任富平令启》(见《樊山集》卷二十四，光绪二十年渭南县署刻本)。

八月十三日，黄河南岸郑州之下汛十堡处决口三百余丈，黄河断流，下游则大水成灾；朝廷允豫省截留应解饷银三十万两、加从宫中拨银十万两，以充赈需。

八月间，樊山的友人、前荆宜施兵备道陈建侯在河南河堤去世。

九月十一日，朝命部库拨银二百万两，用于修复郑州河堤。

九月二十四日，朝命礼部尚书李鸿藻驰赴河南，会同薛允升查明郑州河工办理情形。

九月二十八日，朝廷准户部奏，开郑州河工捐例；又以李鹤年署理东河道总督，会同倪文蔚筹办河工。

九月间，樊山为其子成婚作《为中儿聘妇作》一诗纪其事（见《樊山集》卷十，《樊樊山诗集》第192页）。

十月上中旬，樊增祥与时任陕西按察使的黄彭年师往来颇多。樊山作有《改七芗梅花长卷寿丈画莲于后戏书一绝》《十月十八日过黄观察寓庐时观察再请休沐赋此慰谢》等诗纪其交往。

案：前辈黄彭年的得意弟子王树枏在本年的十月间，在前往四川青神县赴任途中，特至西安与恩师相聚十余日，王树枏不仅当时写有《过西安，黄子寿师出〈瓦桥饯别图〉命补题》一诗纪其事（见王树枏《陶庐文集》卷五），后来还在《黄子寿师陶楼文集序》中提过此事："光绪丁亥之冬，树枏以部曹改官之蜀，道出西安。吾师贵筑先生时以湖北按察使调署秦中。朝夕过从，既得备闻入官行政之方，又以其间请录示生平著述刊行，以公诸世"（见于《王树枏诗集》，北京燕山出版社2019年，第34页）。樊增祥与王树枏的结识，亦应在此时。

在长安任职期间，樊山在政务之余尚写有《晓起雪中望南山作》、《寄怀鲍镜渔前辈都门》、《晚次高桥望南山积雪寄柏子俊山长》、《寄邓铁香鸿胪都门》、《寄云生汧阳》、《奉怀望江中丞豫州》（二首）等诗作，填有《寿楼春·寄镜渔都门》词。

十月下旬，樊山汇甲申十月至本年十月所作之诗为《关中集》。樊山曾回忆说："自甲申冬讫丁亥，星纪再周，余自宜川而咸宁，而富平，而长安，易地者四，劳形案牍，掌笺幕府，身先群吏，并用五官，犹以余闲结兴篇章，怡情书画。尝以《春兴八首》寄爱伯师，报书曰：'子诗日益遒上，曩所许不虚矣。'宰长安六阅月，以礼去官，在官所作曰《关中集》。"

十一月十四日，朝廷准易佩绅以病辞江苏布政使职，而以陕西按察使黄彭年继其任。

十一月中旬，樊增祥宰长安县仅六个月，就"以礼去官"（《樊山诗钞自序》，《湖北文征》第十一卷，第573页）。

十一月中旬，樊增祥母亲徐太夫人去世。樊增祥开缺回原籍丁忧由于伤心过度，不久即病倒，得了咯血疾（《樊山诗钞自序》，《湖北文征》第十一卷，第573页），不得不回长安养病。

是年，樊山应关中同乡会主事人之邀，作有《关中湖广会馆纪略叙》一文（见《樊山集》卷二十三，光绪二十年渭南县署刻本）。

是年，樊山的好友秦树敏在家乡绍兴病逝。

光绪十四年戊子(1888)　四十三岁

正月间，因病未愈，樊山仍在长安养病。

正月卅日，慈铭师在日记中记载："得云门书及其母夫人讣状。书辞激楚，言遭惨后止余宦囊二千金，拟暂寄孥秦中，过百日后复须橐笔依人矣。鹿传霖，高'滋轩'也。"(见李慈铭《越缦堂日记》)

收到弟子樊山的书函后，爱伯师作有《复樊云门书·自闻衔恤》一书寄赠①。

二月初七日，英国侵略军悍然向我国西藏的隆吐山进攻，英国的第一次侵藏战争开始。

二月二十五日，朝廷允谭钟麟回籍调理，调杨昌濬为陕甘总督，以卞宝第为闽浙总督，王文韶为湖南巡抚。

春，樊增祥病渐愈，侨居无事，遂与谭麐②、顾曾烜、李嘉绩等友朋重新组织青门萍社，诗酒唱和，并集所作之诗为《关中后集》。樊山自言："余以积瘁之身，洊丁大故，遂得咯血疾。寅僚慰解，方药将获。至戊子春，杖而能起，侨居三辅，自比桐乡，将及小祥，瑟居无俚，乃结青门萍社。同志十许人，更唱迭和，裒其所作曰《关中后集》。"(见《樊山诗钞自序》,《湖北文征》第十一卷，第573页)。

樊增祥在《禹鸿胪为刘西谷先生画风雨联床卷子有陈午亭徐亮直查初白王楼村诸老辈题咏癸巳小除日得于渭南因次徐韵二首》之一"当时黄叶庵中雨，今日青门社里萍"句下自注云："余尝与西屏、晴谷诸君为诗会，号曰青门萍社。"

案：以上樊增祥的提法不够准确。《陕西省志·文化艺术志》(2005年版)对青门萍社的介绍说："青门萍社，近代诗社。清光绪十四年(1888年)由樊增祥在西安发起组织，主要成员有谭西屏、万伯舒、方黝石、彭洵、顾耳山、李嘉绩、李勤伯等10多人。"此说亦不准确。事实上，早在九年前青门萍社就成立了。民国版《续修陕西通志稿》卷八十五《谭麟传》

---

① 张桂丽:《李慈铭年谱》,上海古籍出版社2016年版,第291页。

② 谭麐(?—1900),字西屏,安徽旌德人。早年游陕居戎幕多年,后因功奖叙知县,并累官至西安知府。青门萍社发起人之一。工诗文。著有《励志轩文钞》二卷、《励志轩诗钞》二卷等。

中说："光绪初年，李慎、善联先后任督粮道，俸入较优，招延才俊，为提倡风雅之举。麟时居关中，遂倡立青门萍社。以麟为之首，和之者万伯舒方煦、毛子林凤枝、子静凤清、谢宝林威凤、秦子衡毓麒、刘梦惺开第、王心如权、彭古愈洵、席星府裕驷、赵乾生元中、李云生嘉绩，及其后樊樊山增祥、方友石玉润、刘春谷晖辈俱入焉。"李嘉绩《代耕堂中稿》卷三之《青门草》前有小序云："己卯（光绪五年，即1879年）秋，曾聚五大令，招游凤翔，安研一月，复返青门。流连于勤伯、星源两观察幕中。复与万伯舒、毛子林、子静、谢宝林、谭西屏、秦子衡、刘梦惺、王心如、彭伯岩、席星府、赵乾生诸君订交文酒之会。"《续修陕西通志稿》卷七十之《刘开第传》中亦云："青门萍社，旌德谭麟倡之，一时才俊咸集，开第名最著。"由此可见，青门萍社既非成立于光绪十四年（1888年），亦非由樊增祥组织发起，而是由谭麟、万方煦、刘开第、李嘉绩、王权等人在光绪五年（1879年）秋所组织发起。

樊山因身体不好，又被解职，心情颇差，乃填《最高楼・晚至玉带桥行散，倚栏照水，怅然有怀》《临江仙・玉柄霜缨尘尾》《买马索・长夏苦雨西屏再谱此调征予继声》《浣溪沙・墙上花冠唤午晴》等词寄其慨。

七月初十日（8月17日），朝廷以郑州河工用人十余万，耗银九百万两，久未合龙，命将河道总督李鹤年及成孚发往军台效力赎罪；礼部尚书李鸿藻、河南巡抚倪文蔚革职留任，降为三品顶戴；以吴大澂署理河东河道总督，张之洞兼署广东巡抚。

七月间，好友李嘉绩自汧阳归西安，不时过访，樊山作《云生归自汧阳时时过谈因用旧韵为赠》纪其事。

因为无实职，时间颇多，樊山除在家课孙外，常与友朋往来唱和，写有《题屈悔翁弱水集》、《听两孙读书作》、《题蓝田叔程穆倩画册》（十二首）、《寿文山冢宰崇绮六十（代）》（二首）、《新得端砚形制如莲叶温润可爱张之以诗》、《题陈曼生画册》（十二首）等诗作。

八月下旬，乡试结束，朋友中多人得中举人。好友杨彦修的孙子杨懋源于是年参加乡试，考中第一名（解元），樊增祥乃作《杨子经中翰与其子炳皆以第二人中壬子己未乡试今年榜发其孙懋源名在第一赋此贺之》。

案：杨彦修为咸丰壬子科（1852年）第二名举人。六年后，其子杨炳亦中己未科（1859年）第二名举人。二十九年后，其孙杨懋源又中光绪戊子科（1888年）第一名举人（解元），可谓家学渊源，足为士林佳话。

在当年的乡试中，挚友顾曾烜之父顾金楠亦考中举人，樊山遂写《顾晴谷大令与其三郎同为癸未进士顷长君又捷秋闱赋诗奉贺》一诗祝贺。

案：光绪九年（1883年），顾曾烜与其第三子顾儒基同登进士第，其堂弟顾曾燦亦中了丙戌科（1886年）进士，其父又中了戊子科（1888年）举人，可谓满门科第，捷报频传。难怪时人要四处传扬南通顾家"父子、叔侄、兄弟同科"的佳话了。

九月初一日，樊山作有《祭曾母那拉太夫人文》（见《樊山集》卷二十四，光绪二十年渭南县署刻本）。

十月中下旬，樊增祥与谭麐、李嘉绩等友朋频繁往来唱和，并有西安周边名胜之游，相继写有《十月十一日同石生前辈云生大令宿牛头寺夜话有赠》《两君见和前韵再叠一首》《十二日登杜陵原望终南诸山仍用前韵》《登慈恩寺塔》《云生偕西屏见过便共晚饭因叠前韵索和并订消寒之局》《云生江上草堂图册子余既有诗矣顷复以西屏所画图障索题再叠前韵》《云生以随园诗文集见惠三叠前韵奉谢》《早起对雪柬石生西屏云生四叠前韵》《旧家有鬻书者余购得数十种皆佳品也五叠前韵》《云生见和题画诗有招隐之约六叠前韵报之》《黄大令归自汉中枉过剧谈即事有赠》《题蒋春农画梅》等诗作纪其活动。

十一月初一日，夫人祝氏购得《松壶辋川图》为樊山生日贺礼。樊山甚为高兴，遂作《前年内子三十初度适得钱松壶画册因以为寿顷有人以松壶辋川图卷求售诘朝即余生日内子市之还以寿余亦有因缘也纪之以诗》赠谢。

十一月上旬，樊增祥结识新到任的前辈诗人、陕西布政使、署理陕西巡抚陶模，并成为好友。樊山写有《奉赠陶子方方伯》（二首）诗纪其事。

十一月十五日，清政府北洋海军正式组建，任命原天津镇总兵丁汝昌为海军提督。

自十一月中旬起，至十二月底，樊增祥同谭麐、彭洵、席裕驷、顾騄[①]、赵九、顾曾烜等友朋作消寒诗会，写有《消寒第一集谭西屏宅观无可上人山水》《消寒第二集同人夜饮彭大令洵宅酒阑适得微雪乃复围炉沦茗夜分始罢》《消寒第三集赵九寓斋观恽南田晴川揽胜图》《消寒第四集题万诚斋秋江归擢图》《东坡生日早起喜雪用欧苏禁体诗韵成长句二首索同社诸君和

① 顾騄，生卒年不详，字耳山。江苏兴化人。以举人大挑一等官陕西白河知县。光绪十九年（1893年），加从六品同知衔调任凤翔知县。青门萍社重要成员。工诗文。著有《顾凤翔遗集》二卷。另编修有《白河县志》十三卷。

是日为消寒第五集晴谷顾君治具》《雪后用宛陵韵简诸同社》《自题斋壁》《赵九用东坡江上值雪韵赋诗索和于是雪晴久矣仆适新葺舫斋排比书画因次其韵时岁除前三日》《席星府大令用聚星堂韵见赠叠韵报之》《消寒第六集顾耳山大令邀集寓斋仿东坡馈岁别岁守岁三首》《星府谓此题宜作近体戏成三律索诸君和》等诗作。

在长安闲居期间，樊增祥相继填有《浣溪沙・对镜窥红敛翠眉》、《临江仙・对镜窥红眉翠薄》、《虞美人・回文》（四首）、《重叠金・下楼珠络金鞍马》（十二首）、《转应曲・花径》（四首）、《鹧鸪天・徐俟斋画山水屏题词》（八首）、《东风齐着力・馈岁》、《长亭怨慢・别岁》、《玉漏迟・守岁》、《金缕曲・戏题石笙刺史小像》等词作。

十二月十九日，河南郑州下汛十堡处之黄河决口终于合龙。

十二月二十八日，朝廷以郑州河工快速竣工，赏吴大澂头品顶戴，实授河东河道总督；李鸿藻、倪文蔚开复处分，赏还顶戴；成孚、李鹤年加恩释回。

是年底，樊增祥仍在长安度岁。

是年，闽浙总督兼福建巡抚杨昌濬调任陕甘总督，樊山受陕西巡抚张煦的委托，作《代张中丞贺陕甘制府杨到任并加宫衔启》一文表示祝贺和欢迎（见《樊山集》卷二十四，光绪二十年渭南县署刻本）。

光绪十五年己丑(1889)　四十四岁

正月十三日，好友袁昶得一女。樊山得知消息，作《贺爽翁生女》（四首）寄赠。

正月二十七日，光绪皇帝大婚礼成，册封慈禧太后弟弟、副都统桂祥之女叶赫那拉氏为皇后。

正月间，樊增祥与友朋唱和往来颇多，写有《己丑元日次云生韵》《春初简星府大令》《新岁喜雪再用聚星堂韵》《正月四日立春星府大令招集寓斋以暗水流花径春星带草堂分韵得花字是为消寒第七集》《石笙刺史聚雪为蟾既而添足为蛙又改为狮有诗索和因各赋一首》《再赋雪麟雪豸雪犀三首索石笙和》《十一日云生大令招集代耕草堂以云无心以出岫鸟倦飞而知还分韵得云子是为消寒第八集》《祉庭观察属题富贵寿考图》等诗作。

其间，前辈友人杨彦修恰逢花烛重周，前来索诗，樊山遂作《杨子经中翰花烛重周索诗志喜》（四首）相赠。

二月初三日，慈禧太后归政，光绪皇帝亲政。是日，光绪帝御太和殿，接受群臣朝贺，并宣诏颁行天下。

在长安闲居期间，樊增祥相继填有《前调·春午花枝亚》《江城子·午晴楼上弄妆迟》《高阳台·集号联珠》等词作。

应陕西布政使、署理陕西巡抚陶模之邀，樊增祥为其先祖、明代登莱巡抚陶朗先（字元晖）的遗集题诗，作《题陶元晖中丞遗集为方之方伯属赋》四首。题诗前尚有一篇小序，叙述陶朗先的生平事迹，可谓短小精悍[①]："公讳朗先，字元晖，秀水人。万历丁未进士，出熊公廷弼之门。由主事守登州，以政最擢按察副使。廷弼再为经略，建三方进取议，创设登莱巡抚，即以公为之。及广宁陷，廷弼逮狱，公亦为阉党崔呈秀等所劾，逮系追赃死。故《明史》遗之，其名仅见于廷弼及沈自容二传。而沈传所云拔辽东难民事，又与方震孺所撰《陶大中丞传》不合，窃谓修史在数十年后，而方则身亲东事者，所言自较可信。公名又见于《盗柄东林夥》，与周宗建相次。文集为国初沈墨庵起所辑，久而散佚。方伯与族人玉珂毕力搜罗，凡得奏议、书牍、诗歌若干首，都为一帙。公生平大节，封疆奇祸略具于此。此集行世，当与《熊襄愍集》并传。然则方伯表章先烈之盛心，又岂东园后人所及耶？敬赋四律，以志景慕。"

二月间，樊山尚写有《赵九招同子衡西屏石笙云生子经星府诚斋耳山小集玉兰花下作歌》《昨见樵也近诗中有见怀之什极言富平荷花之盛而终以太华莲花峰相轧君宰韩城华固非君有也戏答》《题傅青主芦雁》《送人宰渭南》等诗作。

三月初三日，两广总督张之洞上奏请建造芦汉铁路。

三月间，好友李嘉绩将其在汧阳作县令期间所作之诗裒为一集，名《汧阳录》（又作《汧上录》），呈请樊山评点。樊山遂为其作《汧阳录跋》（见《樊山集》卷二十四，光绪二十年渭南县署刻本）。

四月上旬，樊增祥自长安出发，归营墓穴。同在陕西为官的妹婿李紫岩和妹妹自同州（今渭南市大荔县）赶到蓝田（今西安市蓝田县）来为哥哥送行。樊山写有《紫岩妹聟自同州来送追及于蓝田遂偕至坡底镇宿》、《初九日雨中发坡底镇与紫岩别上山五里所犹见紫岩繖蓋》（二首）、《是夕仍雨

---

① 樊增祥：《题陶元晖中丞遗集诗序》，见《陶元晖中丞遗集》；又选入《湖北文征》第十一卷，文字稍有不同，湖北人民出版社 2000 年版，第 579 页。

再寄紫岩》等诗纪其事。

樊山一路东下，作有《己丑四月七日发长安留别关中同好》(二首)、《雨中度棋盘岭》、《商州逆旅中有楼五楹风景如画家人辈以为官署中无此萧旷也为赋一诗》、《夜村食核桃》、《登舟》、《舟中杂诗》(七首)、《雨后书见》、《读邸报恭纪》(三首)、《后春兴五首》等诗作。

四月十一日，奉朝命赏二品顶戴、三品候补京堂、前湖南按察使薛福成接替前任使臣、新授广东巡抚刘瑞芬为出使英、法、义、比四国公使，黄遵宪为参赞。

四月二十五日，殿试结束，周树模、叶昌炽、陈三立等人中进士，后来都与樊增祥关系密切。

五月间，樊增祥回到宜昌为徐太夫人营葬。其间曾与外舅彭器之相见，并写有《养园端午呈器之外舅》诗纪其事。

在宜昌营葬徐太夫人期间，樊山与宜昌镇总兵罗缙绅[①]结识，并写有《奉赠罗镇军一首》纪其事。

樊山曾自言此次归营徐太夫人墓穴，“由丹江沿汉而下，至于彝陵。途次所作，曰《还山集》。是时南皮师督粤，子寿师抚苏，皆飞电见招。”

六月初三日，朝廷以岑毓英卒于任，擢升王文韶为云贵总督，而以邵友濂为湖南巡抚。

六月间，樊增祥离开宜昌赴苏沪，寄家沪上，作《伏日过申园纳凉》《诸十一兄招同叶林公大令泛舟至留园四首》《沪上楼居一首》等诗作纪其行。

其间，写有《谢友人惠冰启·时在上海》一文(见《樊山集》卷二十四，光绪二十年渭南县署刻本)。

七月初九日，徐枕亚(1889—1937)出生于江苏常熟一个书香之家。

七月十二日，朝命张之洞调任湖广总督，以李瀚章为两广总督。南皮师电召樊山速赴粤入其幕府。

七月间，樊山有苏州之游，与赵九秀才等友朋相聚，并应好友秦生之

---

① 罗缙绅，生卒年月不详，初名贺缙绅，后归宗罗姓，字笏臣，湖南平江人。同治七年(1868年)至宜昌，任湖广督标水师副中营总兵。光绪八年(1882年)秋，兼管峡江救生总局局务。十年(1884年)，擢升宜昌镇总兵。十六年(1890年)，经湖广总督张之洞举荐，与候补道吴延华为宜昌土药局督办，督征宜昌、施南境内的土药税务。在宜昌20余年，清正廉明，颇有政绩。编撰有《峡江救生船志》《峡江图志》《行川必要》《平江贺氏汇刻医书五种》等。

请，为其作水墨纸本行书“寄白阁默然”团扇（直径 25cm）。钤印“樊嘉五十万”。（见福建瀚成拍卖有限公司“2017 年春季艺术品拍卖会”——“中国书画”专场拍卖品，编号：0333）

七月底八月初，樊增祥从江苏布政使兼署江苏巡抚的子寿师（贵阳黄彭年）赴金陵，助其监临江南乡试。

八月初二日，芦汉铁路获准修建，开始筹备。

在金陵期间，樊山与黄彭年等师弟友朋宴集唱和颇多，相继写有《寿丈于藩署西偏饰馆待余颜曰待云已丑秋日来处其中戏题一首》《黄中丞丈监临江南乡试取道上海见示新作次韵二首》《莫愁湖怀古和寿丈》《秋闱杂咏十五首同寿丈赋》《四所诗中丞丈命作》《咏五色笔同寿丈作》《次韵监临院桂》《次韵监临院竹》《试院中秋看月华同作》《再咏月华》《八月十八日夜明远楼看月》《试院喜雨次韵》《补题秋堂读书图》《再题青门送别图》《法黄石山水画卷》《罗两峰画张荆圃登岱图》《赵文度为吴徹如画南岳山房图》《王石谷画庐山看云图》《沈石田细笔山水》《清湘老人著色山水》《查梅壑山水册四首》《宋芝山葆淳山水册四首》《奉和中丞丈晓发石城赠别二首》等诗作。

在金陵，樊山曾与挚友、正在江苏徐州为官的陶在铭相聚。陶在铭《樊山续集序》云：“余自己卯秋与别，越十年，乃再见于金陵，览其文笔，望洋而叹。及纵言吏治，品第人才，析理谭玄，英特亮拔，又居然王景略、谢文靖一辈人，益叹贤者之不可测也。”

其间，值两江总督兼南洋通商大臣曾国荃的六十六岁寿诞，樊山受子寿师之托，作有《代寿两江制府曾元圃太保》（四首）为之贺寿。

江南乡试结束后，樊山将此期间所写之诗结集为《紫泥酬唱集》。樊山自述：“在金陵时，与子寿师摭闱中杂事咏之，以备掌故，别为《紫泥酬唱集》一卷，附《转蓬集》后。”

案：三年一次的乡试、会试，是朝廷选才的最重要途径，有着完善和严密的组织系统与防范措施。而以诙谐之诗语，叙写神秘而严肃的科举考试及其阅卷的各个环节，首见于清代中叶赵翼的《秋闱分校即事》和《分校杂咏》。至晚清的诗词大家樊增祥又“摭外帘日行事宜咏之，以补赵之阙也”（见《秋闱杂咏十五首同寿丈赋》前小序，《樊樊山诗集》第 261 页）；真可谓承其余绪，相映成趣。《紫泥酬唱集》分题设咏，全方位地展示了清代规模最大的考场——江南贡院内的乡试场景，将文学与制度有机结合，具有极高的史料价值。

九月中旬，樊增祥结束金陵的监临事宜，又返回沪上，写有《挽周荟生同年》《佳人》《秋晚作》等诗作。

在回上海的途中，樊增祥应约与同年好友、时任镇江知府的王仁堪相聚。樊山作有《同王可庄殿撰荔支湾泛舟奉赠一首》诗纪其行。

在沪期间，樊增祥于湖南巡抚邵友濂座中结识沈卫，后交往数十年，成为同僚、诗友。樊山写有《己丑客沪上识淇泉于小村中丞座中时君初登贤书一弹指十五年矣三叠前韵志感》《再叠鲈字韵赠淇泉》等诗作记其事。

其间，樊山曾作有《上张尚书师启》寄赠（见《樊山集》卷二十四，光绪二十年渭南县署刻本），答应即将南下入其幕府。

九月下旬，樊增祥由沪南下，应召赴广州入恩师、两广总督张之洞幕府。抵达广州后，樊山就住在广雅书局（此事见癸卯年十二月朔日樊山应缪荃孙之属题《广雅书局图》）。

在广州时，樊增祥与时任顺德令的陶子珍之五兄陶祖培会面，并写有《余与陶少篔五兄别十许年，顷至广州，少篔摄顺德令，以事至会城得一执手，曩与少篔、仲彝、子珍同试礼部，寝馈与俱殆非一日。今子珍墓草已宿，余三人亦将老矣，念之凄然，遂有斯赠并示八弟心耘》（五首）诗纪其事。

在广州期间，樊山尚写有《过广雅书局一首》《登广州五层楼》《题顾观察风木图·图为国初王副使瑛旧本观察重摹属题》等诗作。

十月二十二日，张之洞交卸两广总督篆务，由漕运总督李瀚章接任两广总督。

十月二十七日，樊山随同张之洞师起程，由虎门海口乘船，经香港至上海，再由上海乘江轮西上武昌。弟子余诚格在《樊樊山集叙》中曾说："己丑秋，径吴如广，寻复从南皮还鄂。南皮高掌远蹠，举措非常。初，以先生弗娴西学，清谈而已，久之，稍与谋议，乃大叹挹，谓族子枢曰：'云门智数过人，真幕府才，惜吾不能留耳。'"

樊山曾在《二家咏古诗序》中也说："光绪己丑，师由广州移节两湖，余在幕府，与苏卿公子检视书簏，得师手稿一册，起辛酉，讫丁卯，都七十余首，而《咏古诗》在焉。"

十一月初二日，李慈铭入宫考御史，次日旨下，取中第二名。

十一月十六日，在随南皮师前往武昌途中，樊山一行曾在杭州暂作停留，游览了西溪等风景名胜，并作《西溪泛舟记》《蚌湖探梅记》等文纪其行

（见《樊山集》卷二十三，光绪二十年渭南县署刻本）。

十一月中下旬，樊山接慈铭师《复樊云门书》[1]，述及家庭变故及身体近况。

十一月二十五日，樊增祥随张之洞师一行抵达省城武昌。

十一月二十六日，张之洞正式接受篆务，就任湖广总督。

在总督府，樊山相继作有《代南皮师致彭宫保启》《代南皮师与前制府张公启》《代南皮师致两广李督部启》《代南皮师复曾宫保贺任启》等文（见《樊山集》卷二十四，光绪二十年渭南县署刻本），并作《腊月二日挈眷还鄂赋示闺人一首》《孝达夫子为葺精舍元冬晴暖花树嫣然赋呈一首》等诗作。

十二月，在家养病的前陕西巡抚鹿传霖被朝廷再次任命为陕西巡抚[2]。

年底，樊山在省城武昌度岁，并作有《己丑除夕寓庐守岁》一诗纪其行。

同月，湖广总督张之洞十分重视地方文化建设，得知自光绪十一年（1885 年）原湖北巡抚彭祖贤去世后《湖北通志》便停修了，于是张之洞物色聘请各地名流，重新编纂《湖北通志》。

是年，樊山的好友叶槐生[3]在杭州老家去世。樊山闻讯，甚是悲痛，乃作《挽叶槐生进士》（二首）以悼之。

光绪十六年庚寅（1890） 四十五岁

正月初八日，樊山的前辈友人杨彦修在临潼老家去世。

正月间，樊增祥在武昌总督府过年，作有《新岁节署书怀》（二首）、《赠张布衣》、《布衣和余前作再赠一首》、《登武昌城楼书感》、《寄迟菊同年苏州》、《奉怀黄方伯丈》、《效剑南》、《送杨三舍人赴礼部试》（二首）、《春晚城西独游》等诗纪其交往。

二月初九日，朝廷以吴大澂因母病请假回籍，命以许振祎为河东河道

① 李慈铭：《越缦堂骈体文》卷二，文长不录；详见《越缦堂诗文集》第 1139—1141 页，上海古籍出版社 2012 年版。

② 见《光绪朝上谕档》（十五），广西师范大学出版社 2008 年，第 438 页。

③ 叶槐生（？—1889），名维干，仁和（今杭州市）人。光绪六年（1880 年）中式贡士，随即丁忧，未及殿试。后曾主讲沪上敬业书院十余年，同时游于著名学者俞樾门下。十二年（1886 年），曾为重刊宋代李易安《打马图经》作序。

总督。

二月中旬，服阕，起复，樊增祥请咨赴部。

二月二十七日，中、英签订《藏印条约》，英国向西藏地区伸展侵略势力。

闰二月十五日，应湖广总督张之洞之聘，好友缪荃孙辞南菁书院教职，赴鄂参编《湖北通志》，“申刻抵汉口”①。

三月初四日，樊增祥和谭献、凌福彭、陈豪等好友与缪荃孙宴集畅谈。

缪荃孙在其当天的日记中记载道：“松兄延谭仲修、樊云门、凌仲桓、陈幼莲、陈蓝洲豪小酌长谈。”②

三月初六日，樊山的前辈友人彭玉麟在衡阳老家去世。

三月初十日，应张子密之招，樊山和谭献、凌福彭、缪荃孙等好友至八旗会馆相聚。

缪荃孙在其当天的日记中记载道：“张子密招至八旗会馆，谭仲修、凌仲桓、樊云门先后至。”③

三月二十三日，浙江杭县（今杭州市）举人徐珂正式拜越缦为师。

四月上旬，樊增祥在武昌与受聘入张之洞幕府的好友谭献相聚，唱和颇多，作有《雨夜柬谭仲修同年》《效昆体二首》《次韵和仲修武昌春望》《仲修同年以长歌赠行次韵报之》《和仲修月夜独步至明月桥一首》《留别仲修》等诗（见《樊山集》卷十三，《樊樊山诗集》第246—252页），又作有《谭仲修填词图叙》。

其间，谭献作有《和樊山雨夜作》《和樊山效昆体二首》《长歌赠樊山》等诗作。

四月初七日，是张之洞的公子张苏卿二十岁生日，张公子向樊增祥索诗。樊山遂作《张苏卿公子二十生日索诗赋赠二首》相赠。

四月间，张之洞筹资在武昌营坊口都司湖畔创办两湖书院。

五月初二日，李慈铭补授山西道监察御史。李慈铭当天日记载：“前日

① 缪荃孙著，张廷银主编：《缪荃孙全集·日记》第一册，凤凰出版社2014年版，第113页。

② 缪荃孙著，张廷银主编：《缪荃孙全集·日记》第一册，凤凰出版社2014年版，第115页。

③ 缪荃孙著，张廷银主编：《缪荃孙全集·日记》第一册，凤凰出版社2014年版，第116页。

吏部知会，明日引见山西道御史一缺。”（见《越缦堂日记》）

五月初五日，应姻亲友朋宝臣之请，樊山为其《霭园图》题跋。所题为二绝句（略），其题识云：“宝臣姻兄雅属，庚寅端午樊增祥题。”

案：宝臣的设色纸本《霭园图》画轴（画：45×160cm，引首：35×111cm，题跋45×296cm），是其好友维善于光绪十一年（1885年）九月所绘。随后，不断请人题跋。次年秋，又请杨守敬为之引首：“霭园图，丙戌九秋，守敬。”至光绪十九年（1893年），已有王万芳、陈曾望、樊增祥、周锡恩、邓琛、杨承禧、刘心源、汝琮、洪德㛹等名流为之题跋（详见北京保利国际拍卖有限公司“北京保利2018秋季拍卖会”——“古籍文献、唐宋遗书、翰墨菁萃、西文经典”专场拍卖品，编号：0691）。

五月，樊增祥随南皮师视察荆州，其间写有《江通舟次书见》《尚书师巡视荆州万城大堤增祥随节西上赋呈一首》《尚书师既阅江堤遵陆入郢沿汉而归再呈一首》等诗纪其行。

其间，樊山尚作有《代南皮师复赵提学贺任启》《代南皮师复六部六堂公启》等文章（见《樊山集》卷二十四，光绪二十年渭南县署刻本）。

好友许增自家乡寄赠所辑刻之《榆园丛刻十种》，樊山遂作《许益斋寄惠榆园丛刻十种奉题三律》致谢（见《樊山集》卷十三，《樊樊山诗集》第251页）。

六月十九日，为外姑蒋夫人寿辰，樊山作《外姑蒋夫人寿诗》（并序）相赠。

六月二十三日，四川大足县爆发余栋臣领导的反洋教起义。

同日，樊山的前辈诗人、好友倪文蔚在河南阅兵大臣任上去世。

七月上旬，樊增祥与同年王咏麑仍在南皮师幕府，师友集于武昌，时有唱和。其间写有《赠王子常同年》《为诸肖菊大令题李杜两先生画像》《七月五日薄暮同子常登武昌城楼》等诗作。

闻知樊增祥即将入京候选，外舅彭器之作诗为樊增祥赠行，樊山乃作《奉酬器之外舅赠别四首》诗致谢。

即将出发赴京之时，樊山偶遇多年不见的陶方琦之弟陶在宽，遂结伴同船赴沪上，在沪上稍作停留后，才依依不舍地分手。樊山相继作有《薄暮同栗园过沪上旧居》《栗园不远二千里送余沪上赋此志别》《潞河夜泊寄栗园峡州》等诗纪其行。

七月十六日，袁克文（1890—1931）在朝鲜的汉城（今首尔）出生，时其父袁世凯为清廷驻朝鲜的商务代表。

七月中旬，樊增祥自武昌（即夏口）启程，沿水路经上海、天津，北上进京，沿途作有《沪上寄怀黄子寿师》《舟夜》《天津晤幼樵前辈奉赠二首》《天津舟中示内》《杨村道中》等诗纪其行。

七月二十九日，海军衙门批准湖广总督张之洞筹办汉阳铁厂。

八月上中旬，樊增祥到达京城。樊山对这一段经历记载："明年庚辰二月释服，八月入都。两岁之中，经行万里，命其诗曰《转蓬集》。在金陵时，与子寿师摭闱中杂事咏之，以备掌故，别为《紫泥酬唱集》一卷，附《转蓬集》后。"（《樊山诗钞自序》，《湖北文征》第十一卷，第573页）

八月十六日，沈曾植、袁昶等友朋在全浙馆宴集，为黄体芳预祝五十九岁寿诞，樊增祥因事未至。

袁昶在其《袁昶日记》中记载："诣蒪老。晚偕徐、殷、杨三君集紫藤精舍，会者蒪老、子培、弢夫、苗生，为漱丈预祝生日，丈今年五十九。定更始散，惟云门不至。"①

八月十九日，越缦师为黄体芳作寿筵，兼为许景澄饯行，为缪荃孙、樊增祥接风，邀袁昶、徐定超、杨晨、王彦威等作陪。李慈铭当天日记载："夜治具为漱兰通政作寿筵，并饯许竹筼出使俄美奥诸国，为筱珊、云门接风，邀爽秋、莩庭、班侯、弢夫、定敷作陪。傍晚客悉集，张灯饮于缘香精舍，二更后始散。"（见《越缦堂日记》）

缪荃孙在当天的日记中亦有记载："李莼客招饮藤花榭，许竹筼、黄漱兰、樊云门、殷〇〇谦、徐班侯定超、杨定甫、王弢甫同席，三鼓方归。"（见《艺风老人日记》）

进京后，樊增祥与爱伯、敦夫、漱丈、渔笙、可庄、伯熙、伯循、弢甫、爽秋、子培等师友多年不见，分外高兴，宴酒酬唱无虚日。在京期间写有《入都呈爱伯师，时新入谏院》、《题杨大瓢九秋图为可庄同年属赋》、《钱箨石先生梅花卷子系以长律》（三首）、《京寓写怀》、《黄银台丈招同爽秋止潜可庄集全浙馆即席赋呈》、《次韵酬爱伯师二首》、《黄银台丈新署副都奉赠一首》、《喜晤爽秋同年因赠》、《赠沈曾植子培比部》、《简爽秋子培》、《敦夫前辈见余近诗因和春秋两韵见赠次答二首》、《陆渔笙延黻前辈枉诗见赠赋此奉酬即题其所著镇亭诗集》（四首）、《同渔笙敦夫观西伶度曲》、《两

① 许全胜：《沈曾植年谱长编》，中华书局2007年版，第125页。

君次韵书感再和一首》、《紫潜同年见和茵椽二韵再次奉酬》、《用茵字韵赠伯循同年》、《倪中丞丈所画珠江话别图为张太仆属赋》、《答爱伯师病起三首》、《爱伯师答诗颇寓归兴再和一首》、《次韵答爱伯师雪中见寄》、《赠张子虞同年》、《紫潜和诗期许过厚再答一首》、《雪后望西山寄灵光寺僧》、《赁庑与吴子修庆坻翰编比邻奉简一首》、《再同病后蓄一黑牛饮乳日以一瓶乞爱伯师师以诗谢奉和一首》、《答爱伯师相戒断诗》、《再答爱伯师断诗》、《寒夜同渔笙敦夫介唐三前辈酒肆小饮》、《越日渔笙复招集酒肆叠韵见示再答一首》、《酒罢复偕渔笙介唐过敦夫寓斋》、《王水部生日同爱伯师赋》、《感怀呈爱师漱丈》等诗作。

陶在铭在《樊山续集序》中云："君非友朋不乐，时或广座宴集，非得君亦不欢也。"（见《樊樊山诗集》附录二，第 2034 页）

樊山曾自言："入都与爱伯师相见，别七年矣。执手悲喜，文宴无虚日，时则漱兰丈乔梓、子培昆季、敦夫、渔笙、弢甫、紫潜、伯循、再同伯熙、廉生，结驷连镳，朋簪云合。自秋徂春，唱和至数百首，分为二卷，曰《京辇题襟集》。"（《樊山诗钞自序》，《湖北文征》第十一卷，第 573 页）

其间，慈铭师亦作有《云门以长安令服阕入都有诗见赠赋此奉答二首》《病起柬敦夫弢夫云门子培仲弢五君子三首》等诗相赠（见李慈铭《杏花香雪斋诗》庚集，《越缦堂诗文集》第 519—520 页）。

沈曾植则作有《答和樊山见赠之作》《和答樊山》等诗[①]相赠。

好友盛昱因身体有病，好多燕集活动未能参加，樊山相继写有《慰伯希同年病起》《伯希病愈久不出再以诗问》《喜伯希病愈出游》等诗相赠。

在与师友的宴集唱和期间，樊山从盛昱的口中听说了一位后辈才子易顺鼎的事情，异常高兴，并通过盛昱与易顺鼎结识，从此相交数十年，成为挚友。

樊山在《石甫属题张梦晋山茶梅花卷子卷为伯熙所赠以石甫为梦晋后身也》（四首之四）诗后自注云："余庚寅入都，伯希为余言赠画事。"

其间，樊山尚填有《满庭芳·九月初三夜写香山诗意》《踏莎行·漏水声沉》、《卜算子·火里种青莲》（四首）等词作。

九月十八日，与友朋应邀参加濮子潼、沈曾植、沈曾桐昆仲的招饮。缪荃孙在当天的日记中记载："晴。……濮子潸、沈子培昆仲招饮，许竹篔、樊

① 钱仲联：《沈曾植集校注》（上），中华书局 2001 年版，第 114—115 页。

云门、张子萸、袁爽秋、王弢夫同席。”（见《艺风老人日记》，第 305 页）

九月间，樊山与陆廷黻、鲍临、吴讲等前辈好友往来唱和颇多，相继写有《次韵酬敦夫见赠并简渔笙介唐》《次韵和渔笙岁暮即事效放翁体》《渔笙用前韵催敦夫纳姬戏叠一首》《渔笙以诗调敦夫戏叠前韵二首》《敦夫得诗久不报再讯一首邀渔老和》等诗作纪其交往。

其间，陆廷黻写有七言律诗三首、鲍临写有七言律诗一首和《渔笙云门屡以诗劝余纳姬次答二首》、吴讲写有七言律诗一首赠樊山。

十月初二日，与友朋应邀参加缪荃孙的招饮。缪荃孙在当天的日记中记载："约樊云门、张子萸、袁爽秋、黄仲弢、沈子培、叶鞠裳、王苇卿小饮，李蓴客、濮子潜不至。"（见《艺风老人日记》，第 309 页）

十月初二日，湘军名将曾国荃病逝于金陵两江总督任上。

十月上旬，樊山携夫人和外姑蒋夫人游西山，得诗甚多，写有《病中代内劝为西山之游》、《答内一首》、《十月六日内人辈奉外姑入翠微山》、《灵光寺》、《塔院即事用前韵》、《同闺人过龙王堂饮泉》、《入山后宿疾良愈》、《夜宿挹翠山房读爽秋诗集》（二首）、《题天游阁二首》、《登虎头山极顶》、《过三山庵赠理上人》（二首）、《由翠微山至戒台口号五首》、《恭邸重修戒坛敬志一首》、《戒台北宫即事》（八首）、《重游观音洞》、《潭柘寺二首》、《黄龙洞》、《戒坛夜坐看阿云阿瑞煮茶》（二首）、《别戒台二首》等诗作。

慈铭师阅樊山游翠微山诸诗后，作有《读云门冬初翠微山诸诗有怀丙戌初夏灵光寺卧病之作》诗相赠（见李慈铭《杏花香雪斋诗》辛集，《越缦堂诗文集》，第 521 页）。

游西山后，樊山便将此次所为之诗同甲申三月游西山所作之诗合在一起，结为《西山集》，附在《题襟集》之后。樊山曾说过："是岁十月，尝与内子奉外姑游西山，得诗若干首。……及庚寅偕往，则粉垩诗壁矣。爰合两游（案：甲申、庚寅）西山诗为一卷，曰《西山集》，附《题襟集》后。"

十月十一日，朝廷命居乡已达九年的原两江总督刘坤一再任两江总督兼南洋通商事务大臣。

十月十八日，引见，奉旨不必坐补原缺，呈请分发陕西原省，以知县归候补班用。

十月中旬，好友、直隶丰润（今属河北）张佩纶为樊增祥作《樊山诗集叙》成。

其间，樊增祥妹婿李紫岩县令亦奉旨入京觐见，惜尚未及入觐而殁。

樊山作《挽妹婿李紫岩大令》(四首)以悼之。

十月二十九日，朝廷考选总理各国事务衙门章京，好友沈曾植中选。樊山乃作《子培考充译署章京有诗志感奉和一篇》相赠，以示祝贺。

十月三十日，军机大臣、工部尚书潘祖荫在京城府邸去世，樊增祥作《挽潘伯寅尚书》诗四首以悼之。

十一月初一日，为樊增祥生日，夫人祝氏与外姑蒋夫人等皆来为他祝寿。樊山乃作《旅中生日内人治具为寿爱伯师叠韵见调再次二首》纪之。

此期间，慈铭师亦作有《云门生日作家宴至夜以诗调之二首》《云门和予病起诗有促归之语作此答之》等诗相赠(见李慈铭《杏花香雪斋诗》辛集,《越缦堂诗文集》第523页)。

十一月初八日，袁昶以诗集请越缦师品评①，适樊山亦有诗集请爱伯师品评。李慈铭作有《爽秋云门各以诗集见视欲余定其优劣爰赋长歌贻两君》纪其事(见李慈铭《杏花香雪斋诗》辛集,《越缦堂诗文集》，第528页)。

案：是年夏，袁昶在京城自刻有《渐西村人诗初集》十三卷；樊山此时亦编定有《樊山诗集》(又名《茗花楼诗》)十余集。

樊山作有《偶从爱师许见爽秋诗有云先生试评之当复减云门否戏书二绝句贻之》《爱伯师评骘袁樊两家诗格以山水花木茗果为喻敬答一首柬爽秋兼柬子培》等诗纪其事。

十一月初十日，樊增祥过越缦师府探视其疾。《越缦堂日记》记载："气喘不止，勺饮不进，身热作痛，咳不绝声，胃肾两穷，肺气上逆，盖将不治矣。遣人走告弢夫、云门、敦夫、子培。……敦夫来，云门来，子培来，弢夫来。"

李慈铭写有《病甚三首》纪其事(见李慈铭《杏花香雪斋诗》辛集,《越缦堂诗文集》，第524页)。

十一月十一日，樊增祥过越缦师府视疾。《越缦堂日记》记载："病甚，竟日喘嗽，喉舌枯竭，惟时以龙井茗润之，而胸鬲咳逆，不能受水，殆不济矣。子培来，云门来，弢夫来，仲弢来。"

十一月十三日，樊山同王彦威、沈曾植、黄绍箕一道过越缦师府视疾。《越缦堂日记》记载："子培来，弢夫来，仲弢来，云门来。……是日气喘略

① 光绪十六年(1890年)夏，袁昶自刻《渐西村人诗初集》十二卷。

平，能强倚床小坐对客，而嗽如故，且痰逆不思食，肺胃之气上攻，口中若恶，时时以茗嗽之。弢夫、子培、云门、仲弢皆留，至夜初更始去。”

十一月十九日，过越缦师府访谈。沈曾植《恪守庐日录》载：“……至莼老处，鹤亭、稼堂、云门在座。莼老今日神明殊王，可庆也。”①

十一月中下旬，慈铭师相继写有《雪中柬云门》《和云门雪后望西山寄灵光寺僧之作》等诗作相赠（见李慈铭《杏花香雪斋诗》辛集，《越缦堂诗文集》第525页）。

十一月二十二日，沈曾植前往樊山寓所拜访，观其所藏书画。《恪守庐日录》载：“早，雪霁，美晴，竟日甚暖。早过樊云门斋中，见其书画佳迹甚夥。……云门以黄（石斋）倪（鸿宜）卷属题，谢之。”②

十一月二十六日，樊增祥过越缦师府访谈。《恪守庐日录》载：“……偕子封同到馆，遇幼衡。申初至总署对履历。归省莼老，遇云门，言再同病不佳。”③

同日，李慈铭精神状态甚好，写有《病起柬漱兰丈敦夫介唐弢夫子培云门仲弢诸君子三首》赠樊山等友朋（见李慈铭《杏花香雪斋诗》辛集）。《越缦堂日记》载：“写诗分贻子培、云门、弢夫。”樊山写有《答爱伯师病起三首》纪其事。

案：京城近期疫疾大行。李慈铭在《病中闻伯羲祭酒同年亦病甚，近日皆起，以诗柬之》中自注云：“比来京师大疫，始怡亲王载敦、潘伯寅尚书、孙子授侍郎、宝侍郎廷、冯大理尔昌及翰林台谏郎署诸君病殁者数十人。”（见张桂丽《李慈铭年谱》，第212—314页）

十一月二十七日晚，樊增祥至义胜居，赴袁昶招饮，坐有沈曾植、陆廷黻、蒋其章④、吴讲、吴品珩等。

《恪守庐日录》载：“晚爽秋招饮义胜居，坐有云门、陆渔笙、蒋子香、

---

① 许全胜：《沈曾植年谱长编》，中华书局2007年版，第128—129页；《恪守庐日录》为稿本，今藏上海图书馆（编号861147）。

② 许全胜：《沈曾植年谱长编》，中华书局2007年版，第130页。

③ 许全胜：《沈曾植年谱长编》，中华书局2007年版，第131页。

④ 蒋其章（1842—1892），又名芷湘，字子香，一作子相，号公质，又号质庵，浙江钱塘人。同治九年（1870年）举人。十一年（1872年）出任《申报》首任主编。光绪三年（1877年）进士。曾任甘肃敦煌知县，后入山东巡抚幕府多年。曾翻译《昕夕闲谈》。工诗文。

介唐、佩葱、张碧岑。”①

十一月二十八日，沈曾植来访观画，时袁昶在座；随后樊山与两人一起前往广和居赴张预招饮。

《恪守庐日录》载：“至云门处观王叔明卷子，同至广和居，赴子虞之招。”②

《袁昶日记抄》（第十七册）亦云：“至云门处，共观黄鹤山樵王叔明《松窗读易图》，沉郁一似老杜天宝至德间诗，奇绝奇绝。……又观梅耦长、杭大宗画。”③

十一月间，同年好友王仁堪奉朝命出守润州（今镇江市润州区），樊增祥作七言排律《送同年王可庄殿撰出守润州》赠别。

王仁堪读完樊增祥所赠排律后，遂作七言排律《云门同年以排律赠行倒叠来韵奉答》赠谢。

十二月初一日，湖广总督张之洞得知李慈铭病重，致函问候，并馈岁银百两。

李慈铭当天《日记》记载：“得湖北张芗涛制府武昌书，并馈岁银百两。”

黄濬《花随人圣庵摭忆·樊增祥致张之洞密劄》云：“李莼翁得御史后牢骚渐平（欲有所陈，尚未封上，但谈时政，不事搏击）。函丈之意，祥已转达，渠甚感幸也。”

案：黄濬谓此劄作于本年九月十三日，时李慈铭刚补御史不久，尚未给朝廷上折。樊山转达张之洞修好之意，未几李慈铭作《答张香涛制府书》寄赠，于是张、李关系渐好；次年张之洞之子张权抵京，曾代其父专程前往李府拜见越缦老人。

十二月初二日，樊增祥应慈铭师之招，前去看望恩师。

《越缦堂日记》中记载：“写诗致云门、子培，俱约过谈。”④

十二月初三日晚，樊山在广和居宴请众师友。《恪守庐日录》载：“晴，

① 许全胜：《沈曾植年谱长编》，中华书局2007年版，第131页。

② 许全胜：《沈曾植年谱长编》，中华书局2007年版，第131页。

③ 许全胜：《沈曾植年谱长编》，中华书局2007年版，第131页；《袁昶日记抄》为稿本，今藏上海图书馆。

④ 许全胜：《沈曾植年谱长编》，中华书局2007年版，第132页。

寒夜起风。……饭毕散，至文勤师处。晚，云门招饮广和居。”[①]

十二月初四日，樊山的前辈、好友黄彭年在湖北布政使任上病逝。

李慈铭《越缦堂日记》中载：“（二月五日）夜得云门书，告黄子寿布政之丧。”

十二月初六日，在京亲朋、师友、弟子二百余人送潘祖荫灵柩至龙泉寺安放（《恪守庐日录》《缘督庐日记》均有记载）。

《翁同龢日记》中亦记载：“出长安门，诣潘宅送殡。……诣龙泉寺，独坐一时许。……是日送者……俗民数百在天桥哭之，万民伞甚多，亦一时煊赫者矣。”[②]

十二月初七日，樊山闻好友黄国瑾[③]之丧，与友朋聚集叶昌炽府中商议吊唁之事。《缘督庐日记》载：“晴。晨起唁再同，相向哭。梦华、云门、子佩先后来，略坐。至孙子寿邸，己丑同年公祭。”[④]

十二月初八日，樊增祥应邀赴爱伯师宅喝腊八粥。慈铭师作有《腊八日柬云门》赠樊山（见李慈铭《杏花香雪斋诗》辛集，《越缦堂诗文集》第529页）。樊山写有《次韵酬爱伯师腊八日见赠》《腊八粥》等诗作答谢（见《樊山集》卷十五，《樊樊山诗集》第305页）。

十二月上中旬，慈铭师尚作有《告云门相戒断诗》《云门再答余断诗诗复戏酬一首》《云门以感怀长句见贻即步其韵酬之》等诗赠樊山（见李慈铭《杏花香雪斋诗》辛集，《越缦堂诗文集》第530、532、535页）。

其间，沈曾植写有《越老近日与樊袁酬唱往往齿及下走辄为两绝奉览效云门体》《答云门诗》等诗作（见钱仲联《沈曾植集校注》（上），第124—126页）。

十二月十九日，乃东坡生日，而天又下雪，樊山、陆廷黻、鲍临、吴

---

① 许全胜：《沈曾植年谱长编》，中华书局2007年版，第132页。

② 许全胜：《沈曾植年谱长编》，中华书局2007年版，第133页。

③ 黄国瑾(1849—1890年)，字再同，号公瑕，室名训真书屋。黄彭年之子。光绪二年(1876)进士，入翰林院，历官国史馆纂修、会典馆总纂，并兼任绘图总纂官。后主讲天津问津书院，造就人才颇众。喜收书，精鉴别，藏精品书籍甚多。父病逝，悲痛呕血，恸哭六天后身亡。工诗文，博览群籍，称誉一时。著有《训真书屋诗存》《训真书屋文存》《离骚草木疏纂》《训真书屋集》等。

④ 叶昌炽：《缘督庐日记》，广陵书社1990年版，转引自许全胜《沈曾植年谱长编》，中华书局2007年版，第133页。

讲、沈曾植、沈曾桐等友朋再集李慈铭宅，庆贺坡翁冥寿。

《越缦堂日记》中记载："……作简邀渔笙、敦夫、介唐、弢夫、子培、云门入晚小集。以今日东坡生日，余病新起，……晚，弢夫、云门、渔笙、子培来，敦夫、介唐以事不至。夜设饮杏花香雪斋（本卧室也，以有红杏丁香，题此名），清谈甚畅，病后第一次也。二更客散后，答和云门炊字韵感怀见贻诗一首，即写致之。"①

樊山作有《东坡生日喜雪爱伯师招同渔笙敦夫介唐子培子封集越缦堂用东坡立春日病中邀安国禹功韵各赋二诗时师病新愈》（二首）、《用前韵写未尽之意呈爱伯师》（二首）纪之（见《樊山集》卷十五，《樊樊山诗集》第312—313页）。

樊山《东坡生日》（二首）诗前小序云："十余年来，每过兹日，率邀客赋诗。今年伯熙同年饰巾待尽，中情惨慄，寝馈都废，因忆光绪己卯、癸未、庚寅，均以是日集爱伯师宅；前年则念初席上，去年则午桥署斋，俱作诗歌以志嘉会。"（见《樊山续集》卷十，《樊樊山诗集》第854页）

是日，慈铭师作有《庚寅东坡生日喜雪时余病起柬同人小饮用坡公在密州立春日病中邀客谓虽不能饮当仗策依几于其间观诸公醉笑以拨滞闷故事即用其韵》（二首）纪其事（见李慈铭《杏花香雪斋诗》辛集，《越缦堂诗文集》第536页）。

十二月二十一日，沈曾植作《读云门和诗妄语遂为明眼勘破再答一首》和赠樊山。

案：此前，沈曾植曾作《考充译署章京志感》一诗，樊山乃作《子培考充译署章京有诗志感奉和一篇》和之。此诗为沈曾植再和者。只是查《沈曾植集》，两诗均不见收载。

十二月二十二日，沈曾植、沈曾桐兄弟招友朋至全浙旧馆宴聚，作消寒第三集。《恪守庐日录》载："未正至全浙老馆，消寒第三集。余与五弟为主人，漱丈、云门、叔衡、弢甫、仲弢，酉末散。漱丈谈甚畅，不到者王氏昆仲、爽秋。散后，偕云门诸君同往观可庄。"②

案：此次宴集后，樊山作有《腊月廿三日子培昆季招同叔衡爽秋仲弢陪黄副都丈饮全浙旧馆即席赋呈》一诗纪其事（见《樊山集》卷十五，《樊

① 许全胜：《沈曾植年谱长编》，中华书局2007年版，第135页。

② 许全胜：《沈曾植年谱长编》，中华书局2007年版，第135页。

樊山诗集》第 314 页）。但诗中却将“廿二日”误作“廿三日”。而主人日记中说爽秋未到，樊诗却说到了，亦误。

十二月二十四日，为立春日（庚寅年立辛卯年春），李慈铭师有诗纪之；樊增祥乃作《庚寅腊月廿四日立辛卯春次爱伯师韵》《再答爱伯师叠韵见赠之作》诗和之（见《樊山集》卷十五，《樊樊山诗集》第 348、349 页）。

十二月二十七日，乃慈铭师的生日，樊山等师友过府祝贺。慈铭师作有七言长篇歌行《庚寅十二月二十七日余生日觞渔笙敦夫介唐弢夫云门子培子封仲弢于杏花香雪斋张烛至夜分始散作诗纪之》纪其事（见李慈铭《杏花香雪斋诗补》，《越缦堂诗文集》第 599—600 页）。

《越缦堂日记》载：“云门来，午后以所贻馔具邀渔笙、敦夫、介唐、子培、子封、仲弢、弢夫小饮。夜复治具，设于杏花香雪斋，饮八君并余为九老之会，谈宴甚畅，赋长歌纪之。二更入内小憩，命僧喜待客终宴，三更散去。”①

十二月二十八日，樊山受同年、湖北崇阳傅蕙友之托，为其兄傅久成的遗诗——《草窗诗存》（二卷）作叙，成《草窗诗叙》一文（见《樊山集》卷二十三，光绪二十年渭南县署刻本；又见《湖北文征》第十一卷，第 571—572 页）。

十二月间，樊山代陕西巡抚鹿传霖作有《重修定兴县志叙》一文（见《樊山集》卷二十三，光绪二十年渭南县署刻本）。

年底，樊增祥见吏部仍无消息，乃留京度岁，并写有《岁暮寄山中故人》《渔笙前辈拟东坡馈岁别岁守岁诗三首索和向在关中亦赋是题未用原韵今勉为之》《京邸除夕》（八首）等诗作。

陆廷黻和鲍临读到樊山的《京邸除夕》（八首）后，亦各作和诗八首相赠。

光绪十七年辛卯(1891)　四十六岁

正月初一日，新年无事，樊山乃作《辛卯元日仿唐人宫词二首》《可庄倒叠前韵见答元日无事亦如来韵报之》《渔笙元日用禅字叶试笔奉和一首》等诗以纪友朋之交往（见《樊山集》卷十五，《樊樊山诗集》第 325—326 页）。

---

① 许全胜：《沈曾植年谱长编》，中华书局 2007 年版，第 137 页。

同日，前辈好友陆廷黻写有《元日试笔柬敦夫云门》一首、鲍临则作有和诗一首赠樊山。

正月初三日，樊山偕李慈铭、袁昶、沈曾植、沈曾桐、黄绍箕、王彦威、徐定超、王仁东、朱怀新、吴品珩等师友赴黄体芳招饮，并作有《正月三日黄副都丈招同爽秋子培旭庄班侯诸君小集六叠前韵》(二首)纪其事。

《越缦堂日记》载："下午出门，答客三十余家。……诣漱翁，并晤仲弢及云门、弢夫、子培、子封、爽秋、班侯、旭庄、朱苗生、吴佩葱，以漱翁今日设客也，谈至晚归。"①

正月初七日，樊山偕鲍临、吴讲、王彦威、沈曾植、沈曾桐、黄绍箕等赴陆廷黻处饮，为越缦师补作生日。《越缦堂日记》载："渔笙移厨传来，为余补作生日，邀敦夫、介唐、弢夫、云门、子培、子封、仲弢同饮绿香馆，子培最后至，席已散矣。云门以所作《和子培祭金危危日用盐字韵》见示，其诗隽绝，畅谈至晚而散。"②

正月初八日，是日值金危危，一时同人咏金危危诗甚踊跃，樊山相继写有《世俗遇危星乘危日》《爱伯师叠韵祷金危危再和一首》《越日爱师复出一诗语亦奇丽三叠前韵奉粲》《四叠韵祷金危危》《五叠韵祷金危危》《六叠韵祷金危危》《余尝以鸡汁沦龙井茶饷客子培宠以佳什七叠前韵》《旬月以来金危危诗和者益众子培仲弢各叠至十余首可谓盛矣八叠韵祷之》《九叠韵祷金危危》《十叠韵祷金危危》《金危危诗盛传都下有笑其贪者十一叠韵解嘲》等诗作。

正月十二日，樊山应邀与鲍临赴同年好友潘遹招饮，并作有《开岁十二日伯循招同敦夫饮酒顾曲九叠茵字韵赠两君》纪其事。

当日夜晚，虽月明如昼，却甚寒冷。樊山夜过爱伯师府拜访。樊山走后，李慈铭作有《正月十二日云门过谈月下寒甚归后十五叠前韵柬之》一诗纪其事(见李慈铭《杏花香雪斋诗补》,《越缦堂诗文集》，第605页)。

正月十三日，樊山与沈曾植同过越缦师府，为"选官图"之戏。《越缦堂日记》载："偕子培、云门及僧喜戏掷"采选图"，留两君夜饭，畅谈至二更后去。"③并作《正月十二日夜过越缦堂月下寒甚明日爱师见示一诗十二叠

① 许全胜:《沈曾植年谱长编》,中华书局2007年版,第138页。

② 许全胜:《沈曾植年谱长编》,中华书局2007年版,第138页。

③ 许全胜:《沈曾植年谱长编》,中华书局2007年版,第139页。

韵奉报》。

年初，樊增祥与陆廷黻、鲍临、潘遹、瞿鸿禨、黄体芳、李慈铭、沈曾植、黄绍箕、王仁堪等师友宴集酬唱颇多，相继还写有《春初简渔笙前辈》《微雨用前韵呈渔老》《和韵答渔笙赠别》《黄副都丈赐答前韵再呈二首》《再叠前韵赠仲弢编修》《漱丈见示元日早朝感事述怀叠韵诗四首再次奉答》《漱丈赠诗谓识余于南皮师许距今逾二十年感呈二律并寄南皮师武昌》《漱兰丈七叠前韵赠别敬和二首》《试灯日杏花香雪斋中为选官图戏叠前韵》《填仓日可庄见示一诗十二叠韵酬之》《十三叠韵呈爱伯师》《再答爱师叠韵见赠之作》《新岁三日可庄见示和爱伯师立春日诗再叠前韵》《初六日与爱师共饭三叠前韵》《爱伯师赠诗媵以小札云并示瑶眷四五叠韵示内二首》《六七叠韵呈爱伯师》《八叠韵调敦夫》《春夜渔笙枉招观剧九叠前韵》《得渔笙和章十叠前韵》《十一叠韵赠爱伯师》《十三叠韵赠可庄即送之江南》《十四叠韵衍为长句再赠可庄》《爱师以诗赠阿频亦赋一首二十三叠韵》《仲春七日雪中得爱师寄诗二十四叠韵留别》等诗作。

慈铭师此期间亦作有《云门再用前韵和可庄元旦诗六叠韵诒两君即以志别》《云门再叠前韵见诒八叠韵酬之》《敦夫欲聘小星渔笙云门各以诗促之且为代制赠姬人及姬人答诗九叠前韵申两君之意》《俗以日直危宿又直建除之危其德在金谓之金危危日祭之获福去年九月中直此日子培可庄皆祭之各赋诗相嘲今年谷日又直之云门和两君韵亦戏效其祭余亦继作》《云门再叠春字韵二首见诒十二十三叠韵酬之两首》《云门谈初八日游白云观之胜十四叠韵》《云门六叠盐字韵祭金危危日诗愈出愈奇三叠前韵答之》等诗赠樊山（见李慈铭《杏花香雪斋诗补》，《越缦堂诗文集》第602—606页）。

陆廷黻作有《和云门金危危诗韵》（五首）、《云门子培赋金危危诗瑰奇竞巧余亦继作》（二首）等诗（见《镇亭山房诗集》；亦见《樊樊山诗集》所附，第343—344页）。

黄绍箕作有《今年正月八日值金危危戏效俗例设祭并纪以诗用去年可庄赠子培诗韵七首》《越缦丈有祭金危危诗八叠前韵》《云门前辈有祭金危危诗九叠前韵》《去年九月七日子培祭金危危神未几而其弟子林盐大使在粤有摄事之信可庄戏以诗和之今读越缦丈及云门前辈诗余又似未详其缘起因十叠前韵聊证明之他日采本事诗者或有取焉》《今年五月初二日又直金危》《历书于日直金危危多注云宜祭祀》等诗（见《二黄先生诗葺》；亦见《樊樊山诗集》所附，第345—348页）。

沈曾植作有《正月初八日直金危危云门用去年可庄诗韵作诗植和之》、《云门和越老金危危诗云至六叠越老复出两章渔笙编修亦叠五首植辄复效作》(六首)、《金危危诗盛传都下有笑其贪者樊山叠韵解嘲余再和之》等诗见赠(见钱仲联《沈曾植集校注》(上)。

其间，因前辈好友陆廷黻的关系，樊增祥结识时任河南学政、入京觐见的瞿鸿禨。樊增祥作有《赠瞿子玖学士·君尝督浙江河南学政》诗纪其交往。

收到樊山赠诗后，瞿鸿禨亦和七言律诗一首相赠(见《樊山集》卷十五附录,《樊樊山诗集》第329页)。

前辈好友陆廷黻则写有《送云门还秦即用其赠子玖同年韵》相赠。

瞿鸿禨见诸友唱和甚欢，亦加入到金危危诗的唱和队伍中，写有《危星与危日相值纳音又属金为金危危俗以是日为祈财之祭莼客渔笙云门诸君皆有诗用盐字韵七叠予亦继声》诗(见《超览楼诗稿》，长沙瞿氏丛刊本)。

樊增祥结识陆廷黻师的少子、张子腾侍郎之婿陆瑸秀才，樊增祥作有《赠陆秀才瑸》诗纪其交往。

新年期间，樊增祥与家人、亲友亦有颇多活动。樊山写有《谷日内兄招同闺人奉外姑至白云观遂过天宁寺素食十五叠韵》《阅白云观香市感赋十六叠韵》《上元携阿频阿瑞阿云阅厂甸十七叠韵》《是夕复携家人过大栅栏看灯十八叠韵》等诗作纪之。

正月十四日，樊增祥致书越缦师，以《六叠祭金危危日诗韵》呈示。《越缦堂日记》中记载:“……得云门书，以《六叠祭金危危日诗韵》见示。”①

正月十八日，樊山偕越缦师、陆廷黻、鲍临、吴讲应邀赴全浙馆张预、沈子培、沈子封招饮。《越缦堂日记》载:“下午诣全浙馆，赴子虞、子培、子封三君招饮，坐有云门、渔笙、敦夫、介唐，畅谈入夜始归。”②

正月二十三日，樊山招李慈铭、黄体芳、沈曾植、沈曾桐、濮子潼、张预、王彦威、黄绍箕等师友至寓斋雅集，酒后纵观书画。樊山作有《正月廿三日李爱伯师黄漱兰丈子培子封止潜子虞韬父仲弢小集》诗纪其事。

是日，慈铭师亦作有《正月二十三日饮云门寓斋读画至晚而归纪以长句

① 许全胜:《沈曾植年谱长编》,中华书局2007年版,第139页。

② 许全胜:《沈曾植年谱长编》,中华书局2007年版,第139页。

十七叠春字韵》诗纪其事（见李慈铭《杏花香雪斋诗补》,《越缦堂诗文集》第 607 页）。

《越缦堂日记》载：“……午后答客一二家，赴云门之招，漱翁、子虞、弢夫已至矣。子封、仲弢继至，子培后来，紫泉到最后。肴馔精洁，谈谐畅洽。食单有龙井茗、瀹鸡丝，清隽有风味。傍晚席散后，复纵阅所得书画。……谈至夜一更后归。”①

正月二十四日，鲍临、吴讲在江苏馆招友朋宴集，李慈铭、陆廷黻、樊增祥、沈曾植、张预等应邀出席。

《越缦堂日记》载：“午诣江苏馆，赴敦夫、介唐之招，云门、渔笙、玉书已至，子培后来，子虞席散始至。”②

正月二十五日，濮子潼招请樊增祥、王仁堪、王仁东兄弟、黄绍箕、张预、沈曾植、沈曾桐兄弟陪同李慈铭、黄体芳师至全浙馆宴集。樊山写有《廿五日止潜招同可庄旭庄仲弢子虞子培子封陪爱师漱丈饮全浙馆二十叠韵》纪其事。

是日，李慈铭日记载：“诣全浙馆，赴紫泉之饮，坐有漱翁、仲弢、乔梓、可庄、旭庄昆季、云门、子虞、子培、子封，肴馔丰美。观壁门所悬乡先正书画。金冬心松树直幅，为卢雅雨画者，气力雄厚；梁文定公行书绝句直幅，笔势超秀。余真赝半，亦有佳者，皆紫泉经营得之，可谓勤矣。饮至夜，小设灯烛，回廊皆悬花卉画灯，映带朱阑，亦成佳观。谈至二更始归。”③（见《越缦堂日记》）并作有《后二日紫泉招饮槐市斜街浙江旧馆十八叠春字韵》诗纪其事（见李慈铭《杏花香雪斋诗补》,《越缦堂诗文集》，第 607 页）。

正月二十六日，张预、吴庆坻、濮子潼、沈曾植、沈曾桐、樊增祥等好友同邀李慈铭、黄体芳师至粤东馆观剧。樊山写有《廿六日子虞子修止潜子培子封招同爱师漱丈过粤东馆观剧廿一叠韵》诗纪其事。

是日，慈铭师亦作有《翼日紫泉子虞子培子封吴子修庆坻邀饮粤东新馆观演灯剧十九叠春字韵》诗纪其事（见李慈铭《杏花香雪斋诗补》,《越缦堂诗文集》，第 608 页）。

---

① 许全胜:《沈曾植年谱长编》,中华书局 2007 年版,第 139 页。

② 许全胜:《沈曾植年谱长编》,中华书局 2007 年版,第 140 页。

③ 许全胜:《沈曾植年谱长编》,中华书局 2007 年版,第 140 页。

正月二十七日，樊增祥携家人至枣花寺观赏《青松红杏图》。樊山写有《廿七日挈家人过枣花寺看青松红杏图卷二十二叠韵》诗纪其事。

是日，慈铭师亦写有《又次日云门偕其夫人过枣花寺阅青松红杏卷赋诗见诒二十叠春字韵》诗纪其事（见李慈铭《杏花香雪斋诗补》，《越缦堂诗文集》，第608页）。

正月间，越缦师应邀为樊山《西山集》题诗——《读云门西山集题后》："昔年三宿灵光寺，永昼松涛一枕知。身绕幡风孤塔影，手分涧水万花枝（时寺中芍药甚盛，引涧水灌之）。楼台势俯层楼迥，钟鼓声传别院迟。绝羡翠微红叶好，诗中画到九秋时。"

案：越缦此诗，未见收入其集中。今日所见在《樊山集》卷十七《西山集》后所附（见《樊樊山诗集》第377页）。

二月初一日，越缦师为樊山题画。李慈铭当天日记载："为云门题金寿门红白梅花长卷得五古二十韵，不存稿。又为跋揖石图卷一通。"（见《越缦堂日记》）

案：李慈铭为樊山所题金寿门红白梅花长卷五古二十韵诗，今不见其诗集，亦不见樊山存其诗。其所题《揖石图》跋文，今亦不见传世。

二月初七日，樊增祥接越缦师来函并寄诗《仲春七日雪后寒甚拥炉柬云门子培渔笙诸君廿三叠春字韵》。

二月初八日，袁昶设宴全浙馆紫藤精舍，为樊增祥、王仁堪等人饯行，并请李慈铭、蔡右年、濮子潼、吴庆坻、黄绍箕、王仁东等师友作陪。

《袁昶日记抄》载："晡后饯云门、可庄、千禾于紫藤精舍，坐有莼老、子培、止潜、子修、仲弢、旭庄，月上时始散归。"①

二月初九日晚，赴越缦师招饮，坐有鲍临、吴讲、王彦威、余诚格、郭赓平、徐琪、朱文炳、汪文枢等师友。

《越缦堂日记》中记载："云门来，弢夫来，介唐来，余寿平来，郭子钧来，花农来，敦夫来，朱虎臣来，汪幹庭来，子培来。晡设饮于杏花香雪斋，至夜一更后始散。子培至酒阑始至。"②

二月初十日，王彦威、袁昶、沈曾植、沈曾桐设宴为樊增祥、王仁堪饯行。《越缦堂日记》载："晡后云门来，傍晚偕诣渔笙小坐，遂同过弢夫，以

① 许全胜：《沈曾植年谱长编》，中华书局2007年版，第141页。

② 许全胜：《沈曾植年谱长编》，中华书局2007年版，第141页。

今夕弢夫偕爽秋、子培、子封同饯云门及可庄也。夜饮至一更散场，畅谈至二更后归。”①

二月十二花朝日，李慈铭招集门下弟子和黄体芳、陈彝在全浙馆紫藤精舍宴集，兼为樊增祥、王仁堪饯行。与宴者有陈彝、黄体芳、陆廷黻、冯煦、王颂蔚、杨崇伊、吴庆坻等二十人。樊山写有《辛卯花朝日适值春分》纪其事。

《越缦堂日记》载：“上午诣下斜街浙馆，于紫藤精舍设席侍客。东席陈六舟宗丞、黄漱翁通政、冯梦花、王芾卿、杨莘伯、吴子修、爽秋、子培、子封；西席可庄、旭庄、云门、渔笙、子虞、班侯、弢夫、紫泉、仲弢。余主东席，命僧喜主西席，主宾共二十人。是日本以春序正中，百花生日，故遍邀同志，共写嘉辰，就槐市之花街，聚月园之精舍。既多吴越知名之彦，兼作樊、王饯别之筵。”②

二月十五日，樊增祥赴越缦师广和居招饮。《越缦堂日记》载：“作书致敦夫、子培，皆以云门将行，今日春序方半，风日暄丽，夜必有佳月，商一佳叙也。……夜，偕渔笙、云门、子封、敦夫饮广和居，忽疾作。”③

二月二十日，因即将启程赴陕西，樊山特地过越缦师府中道别。《越缦堂日记》载：“云门昨约今夕来话别，作书约渔笙、敦夫、弢夫、子培夜过斋中便饭。”④

陆廷黻曾作《云门以二月廿一日出都先一夕聚越缦堂见示和莼老槐市宴集诗再次奉别》诗纪其事（见《樊山集》卷十六附录，《樊樊山诗集》第362页）。

二月中旬，慈铭师尚写有《仲春七日雪后寒甚拥炉柬云门子培渔笙诸君廿三叠春字韵》《赠云门小女阿频二十四叠春字韵》《题钱松壶仿唐六如本辋川图卷是云门令长安时其配祝宜人购以寿云门生日者云门属题》《辛卯春分适值花朝置酒槐市斜街浙馆紫藤精舍邀陈六舟中丞黄漱兰侍郎》《二月二十夜渔笙敦夫同过杏花香雪斋邀云门话别至四更始散三十叠春字韵纪之》《次日紫泉携酒榼邀余偕渔笙敦夫挈僧喜至城外天宁寺留云门小饯集于塔射山

① 许全胜:《沈曾植年谱长编》,中华书局2007年版,第141页。
② 许全胜:《沈曾植年谱长编》,中华书局2007年版,第141页。
③ 许全胜:《沈曾植年谱长编》,中华书局2007年版,第142页。
④ 许全胜:《沈曾植年谱长编》,中华书局2007年版,第142页。

房日盱而别赋诗》等诗作赠樊山（见李慈铭《杏花香雪斋诗补》，《越缦堂诗文集》，第609—613页）。

二月二十一日，樊山出京赴秦。好友吴庆坻曾作《次韵送云门前辈还秦》为其赠行。

樊增祥辞别众师友出都，由晋入秦，一路写有《将出都门爽秋以诗赠行车中次韵报之》《北河题壁》《晚渡沙河》《过辛兴滩数十里夹路皆出桃花孝达师抚晋时所种也感赋二诗》《徐沟道中遇雨》《雨后作》《自清平以西山水夷旷土田膏沃以诗美之》《旅中上巳》《贾令镇雨中午憩》《榆次道中用旧韵寄爱伯师》《车行平介间即事成咏得十二叶》《韩侯岭以西多蚜蚄庙戏为俳体咏之》《临汾以北水田茆舍花树明密辄有故山之思》《过史村见店壁赠妓诗为咸丰二年作因次其韵》《河东旅次书见》《涑水感怀寄广雅师鄂州》《樊桥午憩》《大风渡河》《过华阴庙作》《敷水驿食冷淘》等诗作，并填有《踏莎行·雁不堪闻》《浪淘沙·车中折桃花一枝》《双调望江南·关中柳》《鹧鸪天·催画双蛾午尚慵》《浣溪沙·宫样梳鬟一段云》等词作纪其行。

樊山曾说，因自“辛卯二月出都，历晋入秦，凡所经由，皆甲申故道也，命其诗曰《后西征集》”。（见《樊山诗钞自序》，《湖北文征》第十一卷，第574页）

樊山在《戟传和答前什叠韵自述》（二首）诗后自注亦云：“余官陕西，来去二十年。甲申始至，辛卯再至，庚子三至。”

樊山在《前调（江城子）》词前的小序中也说：“余自庚寅去吴，辛卯再入关，遂无复东游之望。”

四月初六日，安徽芜湖民众反对英国教会迷拐幼童，焚毁教堂，包围领事馆，史称芜湖教案。

四月中旬，樊增祥到达陕西西安。其时老上司、好友鹿传霖担任陕西巡抚，遂邀请樊增祥入抚署掌笺奏。樊山自记云：“时定兴公再抚关中，命掌笺奏，所作曰《渌水集》。”（见《樊山诗钞自序》，《湖北文征》第十一卷，第574页）

其间，好友沈曾植作有《怀云门秦中》一诗寄赠（见钱仲联《沈曾植集校注》（上），第146—147页）。

四月二十九日，湖北广济县武穴镇民众反对英国传教士贩卖婴儿，焚毁教堂，杀死一名传教士，史称武穴教案。

在抚署，公务之余，樊山亦时常与友朋酬唱往还，相继写有《题孔少瑛夫人摩隶图》(四首)、《伏日过借园》、《家人游借园归为赋其事》、《长安七夕》、《七月八日节署写怀赠鹿六公子》、《拟明季三案诗》、《樵也吟三案诗甚苦再赋三首（梃击、红丸、移宫）广之》、《纍渭南令赵君得孤云处士所画十贤后妃图》、《寄云生盭屋》等作品。

其间，好友谭麐将赴富平修志，且有诗赠樊山（见《樊山集》卷十八附录,《樊樊山诗集》第385—386页），樊山乃作《酬西屏见赠三首即送之富平修志》相赠。

好友宫尔铎[①]招饮牛头寺，樊山因事不能前往，乃作《宫太守召客牛头寺仆以事羁不果往因检己丑旧韵奉寄并悼杜石笙前辈二首》致谢。

七月二十九日，湖北宜昌民众反对法国传教士拐卖儿童和美国传教士开枪伤人，焚毁英、美、法教堂，史称宜昌教案。

七月间，康有为在广州长兴里创设万木草堂，讲学著书。

八月间，樊增祥充辛卯科陕西乡试同考官，并作有《陕西辛卯科武乡录叙》(代)、《陕西辛卯科武乡试录后叙》(代）二文（见《樊山集》卷二十三，光绪二十年渭南县署刻本）。

其间，曾自制水墨纸本行书七言诗立轴。其诗（所书系诗人旧作，略）及题识云:“辛卯秋日书于秦闱，旧作以为，云门樊增祥。”钤印“樊樊山”。

十月初十日，热河朝阳金丹教首领李国珍发动反洋教起义。

仲冬，天甚寒冷，樊增祥忙于事务，作诗不多，仅写有《寒夜即事》、《雪中观剧》(二首)、《寄敦夫前辈都门》、《贺友人纳姬》等诗作。

十二月初八日，樊山回想起去年今日与爱伯师一起过节、赋诗的情景，乃作《腊八日寄怀爱伯师都门即用去年是日唱和韵》纪其思念爱伯师之情。

十二月二十六日，是日立春，慈铭师作有《立春日柬云门叠前韵》寄赠樊山（见李慈铭《杏花香雪斋诗补》,《越缦堂诗文集》第598—599页）。

是年底，樊山补授咸宁（西安）知县，作有《辛卯腊日台司檄署咸宁壬辰元日视事即事书怀二首》以纪其事。

---

① 宫尔铎(1838—?),字农山,号退园,别号抱璞山人,自署师吕居士、帅吕道人。安徽怀远(今蚌埠市怀远县)人。监生。早年游幕陕西,后历官乌延(今陕西横山)知事、延安、同州、渭南知府等职。喜收藏书画,精鉴赏,善书法,亦工诗文。著有《思无邪斋古文》八卷、《思无邪斋诗存》十二卷等。

十二月间，樊山将在抚署掌笺奏期间所为之诗裒为一集，名《渌水集》。樊山曾说："时定兴公再抚关中，命掌笺奏，所作曰《渌水集》。"

同月里，老友沈曾植作有七律《怀云门秦中》一首寄赠樊山①。

其间，樊山作有《陕西藩署增置颜柳碑记》(代)一文(见《樊山集》卷二十三，光绪二十年渭南县署刻本)。

是年，黄濬(1891—1937)出生于福建福州一个书香官宦世家。

是年，曹经沅(1891—1946)出生于四川绵竹一个书香之家。

光绪十八年壬辰(1892)　四十七岁

年初始，樊增祥再次履任咸宁(西安)知县。樊山曾自言："壬辰元日，再履咸宁任，咸宁在唐为万年县，所作曰《万年集》。"(见《樊山诗钞自序》，《湖北文征》第十一卷，第574页)

正月十五日，同年、好友蒋其章在钱塘老家病逝。

春间，政务之余，樊增祥亦时与师友唱和，写有《即物一首》、《华清》、《次韵答爽秋见寄》、《山家》、《雨中过韦曲》、《官舍十六韵》、《春日有怀吴越之游寄栗园杭州》、《题家书后寄廉儿》、《再寄栗园宜昌》、《漫兴二首》、《爽秋远寄安般簃续稿吟讽竟日辄书其后》、《寄怀爱伯师都门》(四首)、《用旧韵寄敦夫都门并忆渔笙东归》、《再用春字叶寄调敦夫》、《送李云白赴盩厔任》、《读西屏雪诗颇及当年兵事奉和一首》、《晚出诣客马上作》、《贺西屏生子》、《杨童子年才十一作雪柳诗解用白眉事惜其语未浑成赋此示之》等诗作。

其间，樊增祥与同治初陕西巡抚郑瑛棨的公子、词人、书画家郑文焯结识，并应郑文焯之邀，为其父所画蔬果遗墨题跋，作七言长篇歌行《题郑兰坡中丞英棨所画蔬果遗墨为小坡公子属题》相赠。

樊增祥收到好友袁昶寄自安徽(其时袁昶刚以员外郎出任徽宁池太广道道台不久)的诗作——《菊潭行》，读后颇有感慨，亦依其题作七言长篇歌行《菊潭行(并序)》寄赠。

三月初九日，为清明节，陕西巡抚鹿传霖带领各级官员入终南山祈雨。樊增祥作有《壬辰三月初九日祷雨入终南山夜宿演法堂平明偕秀上人登五台

① 许全胜:《沈曾植年谱长编》，中华书局2007年版，第149页。

绝顶祷于圆光寺下至五马石取泉而返》（三章）纪其事（见《樊山集》卷十八，《樊樊山诗集》第 396—397 页）；又作有《告南五台菩萨谢降文》（见《樊山集》卷二十四，光绪二十年渭南县署刻本）。

同日，樊山还作有《壬辰清明日寄爽秋同年都门》。

四月初三日，樊山与好友谭麐相约至杜子祠看牡丹，为雨所阻，遂作《四月三日约客杜子祠看牡丹半为雨阻余与西屏诚斋流连竟夕翌日乃返西屏赋诗四章即次其韵》纪其事。

当年为朝廷的会试之年，樊增祥得知好友、江苏泰兴文学家、史学家朱铭盘参加今年会试落第的消息，遂作《寄答朱曼君铭盘孝廉金州军次时下第东归》诗寄赠以安慰他。

闰六月十四日，樊山作《闰六月十四日阿闰生平之飞章见贺即次其韵》。

适好友王季远来秦中游览，得知樊山家添丁，特赠诗志贺。樊山乃作《王季远编修来游关辅枉诗见赠兼贺添丁即次来韵奉酬》（二首）志谢。

据其友人说："自君再入关，刑名钱谷、笺启会计之属，皆身自为之，而定兴密县诸公更以记室参军见委，他人十口不及详，十手不及书者，君独从容庀治，咄嗟立办。而酬对宾客，处分庶事，常沛然有余。"（见陶在铭《樊山续集序》，《樊樊山诗集》附录二，第 2035 页）

晚清政治黑暗，吏治腐败，樊山处官场日久，颇受影响。其弟子说："其再出也，名益高，才益练，世以方面期之，而先生殊无进取意。盖自其少时，已蓄远志、负干略，视碌碌者无足比数。中道舛迕，黜为外吏，而同时应举之士，置身清要，拥旄持节者殆非一人。自以门望才地，全不后人，而沉滞若此，意忽忽不乐。"

八月二十八日，樊山的好友邓承修在老家惠阳去世。

九月十三日，昨夜一夜雨声，今晨天晴，分外清爽，樊山乃作《晓起》一诗纪之。

是年冬，樊山写有《冬夜饮梅花下示内》、《感兴》（二首）等诗作。

十二月十七日，为立春日，樊山作有《壬辰嘉平十七日迎癸巳春用旧韵呈傅虁堂汝梅明府》一诗纪其事。

十二月间，由湖广总督张之洞四处筹资建造的湖北汉阳炼铁厂的机器厂、铸铁厂、打铁厂及大冶运矿铁路五十余华里先后竣工完成。

是年，樊山的好友羊复礼[①]去世。樊增祥在三年后还写有《挽同年羊辛眉太守》（二首）、《比年朋旧凋谢同辈中如羊辛楣朱鼎父叶槐生黄再同王可庄俱年不过五十朱曼君不盈四十邓铁香齿稍长亦不及六十而殁感赋》（二首）等诗缅怀他。

光绪十九年癸巳(1893)　四十八岁

正月，樊增祥仍在咸宁知县任上，写有《癸巳元日示赵宝衡及中儿》（二首）、《正月初三夜见月》、《严六溪院长玉森以岁除前一夕对雪诗见寄次答一首》、《春初简李鳌庢》等诗作。

二月中旬，因陕西巡抚鹿传霖的器重与提携，樊增祥由咸宁知县调任渭南知县。樊山写有《癸巳二月十八日到渭南任赋示僚友》诗纪其事。

王森然《樊增祥先生评传》说："受知鹿传霖，调补渭南，大邑也，历权诸烦剧，皆有能名，重儒劝学，嫉恶爱民，屡膺卓荐。"[②]

樊山曾自言："癸巳二月，到渭南任，邑为白太傅故里，所居曰紫兰村，余因以紫兰为堂。是岁裒录丛稿，付之剞劂，在渭所作曰《紫兰堂集》。"

三月初二日，樊增祥至渭南试院课士。樊山在《满庭芳》词前小序中说："渭南试院东偏有屋三楹，为退食之地，官师罕至，荒秽不治。余以三月二日课士，戾止危坐移日。阶前酴醾一树，垂垂欲发。相对无聊，写以长调"，遂填《满庭芳·燕试风襟》词。

樊山常下乡了解民情，"行县至施家镇，夜宿三郎庙中，冷雨空堂，黯然赋《买马索·剔红檠》"。

樊增祥初到渭南知县任，处理政务之余，亦时与友朋往来酬唱，写有《再寄六溪院长并讯凤翔令张育生同年》《云生枉顾署斋流连信宿纵笔十首》《题王翰编南泉图仍用见赠原韵四首》等诗作。

---

① 羊复礼(1840—1892)，字干生，一字敦复，又字敦叔，号辛楣(眉)、心梅，又号褆庵，室名传卷楼。海昌(今浙江海宁)人。羊咸熙之子。同治三年(1864)举人，官广西镇安府知府、泗城府知府。光绪四年(1878)官刑部。性喜刻书，重视乡邦文献的搜集整理。著有《辛楣诗钞诗余》《六唐人斋藏书录》《蚕桑摘要·图说》；辑有《海昌诸家诗文钞》《海昌丛载》《容庵遗人稿》《容庵存诗钞》《止溪文钞》；另撰有《续镇安府志》、《广西通志辑要》(与苏宗经合作)等。

② 王森然：《樊增祥先生评传》，《近代名家评传》二集，三联书店1998年11月版，第1页。

夏间，樊山颇怀念爱伯师，作《夏日寄题越缦堂二首》寄赠（见《樊山集》卷十九，《樊樊山诗集》第415页）。

四至六月，樊山与友朋唱和渐多，相继写有《消夏八韵》、《西屏倒叠消夏韵见示奉赠》、《界之两叠前韵奉同》（二首）、《仲修先生赠人诗有云故国山川寻越纽在官罪过写唐文语人曰此樊山体也感赋一诗》、《官舍即事》、《奉怀定兴中丞》（二首）、《寄仲彝江宁》（二首）、《夏日寄题越缦堂二首》、《寄怀王可庄同年镇江》（二首）等诗作。

其间，闻鲍临前辈擢升国子监司业，樊增祥甚为高兴，乃作《敦夫前辈晋国子监司业寄和一首》寄赠祝贺。

一日偶检好友秦树敏《勉鉏山馆遗集》，樊山甚是悲伤，乃作《秦秋伊丈殁已数年偶检勉鉏山馆遗集怆然赋此》以寄感慨。

好友李端矩[①]自调任凤县后，好久未得其消息，颇为挂念，樊山遂作《寄怀李少舟端矩大令长安》以问讯。

樊山除宰渭南外，尚兼任巡抚衙门的文案，顾时常须到省城办事。他曾作《六月朔日于役省门车中作》一诗纪其事。

在省城时，经巡抚鹿传霖的介绍，樊增祥与西安将军荣禄建立友谊，并颇得荣禄的器重。樊山作有《上荣将军》（四首），盛赞荣将军的功勋与威名。

樊增祥在京师时，因李慈铭、黄体芳师的关系，结识朝廷重臣翁同龢。樊山曾写有《上翁尚书八首》寄赠，高度赞扬翁尚书的人品、勋业和学问。

五月十八日，湖北麻城宋埠的民众因抗议新教瑞典行道会传教士随便捆殴当地民众，将教士梅宝善和乐传道殴毙，引起两国交涉。清政府以处死民众二人，徒刑7人，赔款四万二千银两结案，史称麻城宋埠教案。

六月初八日，樊山的前辈、友人潘存[②]在家乡文昌去世。

---

① 李端矩（生卒年不详），字子方，号少舟。贵州贵阳人。李端棻之弟。光绪十二年（1886年）进士，选庶吉士。散馆后历任陕西宝鸡、长安、凤县等县知县。

② 潘存（1817—1893），字仲模，别字存之，号孺初。海南文昌铺前镇港头村人。咸丰元年（1851年）举人。后屡试不第，援例授职，任户部员外郎、福建司主事。在京30年，与李慈铭、陈乔森齐名，并称三才子。晚年辞官归里，热心地方教育，曾在广东惠州丰湖书院、海南文昌蔚文书院、琼山苏泉书院任教。张树声、张之洞督粤，先后委其办团练，保卫乡梓，赏加四品衔。工诗文，善书法。著有《克己集》《论学十则》《楷法溯源》《赏花有感》等。后人编有《潘孺初先生遗集》。

七月至八月上旬，樊山写有《早秋池上》《秋夜雨中》《居室西偏别构一椽房栊新净自题》《得仲彝徐州书怅然有寄》《赠西屏属其迎瑶眷至渭》《奉怀爱伯师都门》《奉怀爽秋同年观察芜湖》等诗作。

八月初六日，越缦师被派充为顺天癸巳恩科乡试内帘监试。

八月十五中秋夜，慈铭师作有《癸巳中秋夜锁院怀云门秦中》诗寄赠樊山（见李慈铭《杏花香雪斋诗》癸集，《越缦堂诗文集》，第 568 页）。

次日夜，慈铭师又作《次日聚奎堂夜坐再寄云门》诗（见李慈铭《杏花香雪斋诗补》，《越缦堂诗文集》，第 625 页）。

八月间，樊山亦被派充为陕西癸巳恩科乡试同考官，写有《八月十六夜城上望月》、《喜雨》（二首）、《定兴公监临乡试时久旱得雨出闱答谢众情欣悦敬志一首》等诗作（见《樊山集》卷十九，《樊樊山诗集》第 421—423 页）和《陕西癸巳恩科武乡试录叙》一文（见《樊山集》卷二十三，光绪二十年渭南县署刻本）。

乡试结束后，樊增祥回到渭南县衙，于公务十分勤勉，经常深入民间了解民情，认真对待每一桩案件，其处理皆力求做到公正无误。樊山曾写有五言歌行《行县至阳郭宿同年贺主事别业》一诗纪之。

案：樊增祥深知吏治腐败，官场尔虞我诈，官员的精力不在问政治事，而在投机钻营，但自己仍然“为政尚严”，尤精于断案。这大概因“贫贱日久，阅历世故三十余年，其于物态诡随、情伪百变，无不揣摩已熟。又上自节镇，下至令长，出入宾幕，吏事最多，故尤达于吏治。”其“每听讼，千人聚观，遇朴讷者，代白其意，适得其所所欲言。其桀黠善辩以讼累人者，一经抉摘，洞中窾要，皆骇汗俯伏，不得尽其词。乃从容判决，使人人快意而止。故先生所至，良懦怀恩，豪强屏息，而于家庭衅嫌、乡邻争斗，及一切细故涉讼者，尤能指斥幽隐，反复详说，科其罪而又白其可原之情，直其事而又〇其自取之咎。听者骇服，以为诇察而得，实则熟于世情，长于钩较，因此识彼，闻一知十，故凡所侔揣，无不奇中。”（余诚格《樊樊山集叙》，《樊樊山诗集》附录二，第 2029—2030 页）而其“聪明天赋，五官并用，笔舌所至，颠倒英豪，雕绘万象，时人畏而恶之，而胜流凤士推襟送抱，莫不赏其奇逸，下至市估酒佣，奉君使令，奔走恐后。”（陶在铭《樊山续集序》，《樊樊山诗集》附录二，第 2034 页）

九月二十七日，好友顾曾烜应邀为樊增祥《樊山诗集》作叙成（即《樊樊山集叙》）[1]。

处理政务之余，樊增祥亦颇思念师友。其间，相继写有《用旧韵寄爱伯师》《爱伯师曩评袁樊两家诗集余既尝答和刻入题襟集矣顷居渭南岁晏稍暇视曩什殆难为怀因次其韵寄爱伯师都门》《寄怀黄漱兰丈·时致仕，居都下》《寄仲弢编修》《寄李洋县》《晴谷夫人至自吴下远以南物见贻奉讯二首·晴翁时宰醴泉，仍岁苦旱》等诗作。

闲暇之时，樊增祥亦抽空陪伴家人，写有《幽事》《赠妇》《暖阁》等诗作。

九月初九日，樊山颇怀念好友袁昶，乃作《奉和九月初重至皖僦一破屋而居》诗寄赠（见包琪《袁昶年谱》"光绪十九年九月"；又见《樊山诗钞》卷二）。

十月二十日，时任苏州知府的好友王仁堪病逝于任上。不久，镇江人在金山冷泉畔修建祠堂，春秋致祭，樊山应邀为王氏祠撰《故镇江府知府王公祠堂记》（见《王苏州遗书》），碑文则由陈宝琛书丹。

十月二十八日，中、英签订《藏印条款》。

十月间，湖广总督张之洞在武昌创设自强学堂。

十一月十八日，好友朱铭盘卒于金洲（今辽宁省大连金州）军中。

十一月十九日，毛泽东（1893—1976）诞生于湖南省湘潭县韶山冲一个富裕农民家庭。

十二月二十二日，朝廷批准湖广总督张之洞奏设湖北自强学堂。

十二月二十四日，樊增祥在渭南得到一帧禹鸿胪为刘西谷先生所绘之《风雨联床》画幅，十分高兴，遂作《禹鸿胪为刘西谷先生画风雨联床卷子》纪其事。

十二月二十七日，为李慈铭师的寿诞之日，樊山乃作《寄寿爱伯师二首》寄赠祝贺。

随寿诗寄赠的尚有一封书函，樊增祥邀请越缦师为自己即将刊刻的《樊山集》作序。樊山在《杏花香雪斋诗序》中亦说："光绪癸巳，余宰渭南，初刻《樊山集》，以书抵李会稽师求序，先生诺之，二年未下笔。"

案：不知是何原因，李越缦最终还是未曾序跋《樊山集》，只是为其诗集题过两次诗：一次见于其年谱光绪十年（1884年）二月二十八日（《樊山集

---

[1] 顾曾烜：《樊樊山集叙》，因文长不录，见《樊樊山诗集》附录二，第2031—2033页。

题辞》）；一次见于光绪十七年（1891年）正月（《读云门西山集题后》）。

十二月下旬，大多数官员和幕友都离开官衙回家度岁，樊增祥乃留好友谭麐在衙署度岁，并作有《岁晏幕友都去因留西屏度岁二首》《题西屏所绘洋川图为云生大令属赋》等诗纪其事。

其间，好友袁昶自安徽有近作寄示（袁昶所寄赠之诗，见《樊山集》卷十九附录，《樊樊山诗集》第429—434页），樊山乃作《答爽秋观察见寄》（二首）、《爽秋观察寄示近作适岁晏稍暇辄复次和凡两夕得诗七首》等诗回赠。

除夕的前一天，樊增祥购买到一幅前辈钱叔美所画、前辈张芥航河督所藏、有陶澍等十余前辈名流题诗的《蜀冈纪游图》。钱画被公认为"尤高秀丽密"，乃"真瑰宝也"。此前，樊山曾得到过一幅钱氏所画的《辋川图》。

除夕之夜，樊增祥为其所购得《蜀冈纪游图》而兴奋得不能入睡，遂作《岁除前一日有人持张芥航河督蜀冈纪游图求售》（五首）寄赠爱伯师和仲修、爽秋两同年求和。

光绪二十年甲午（1894）　四十九岁

年初，樊增祥与谭麐在衙署度新岁。樊山写有《元旦微雪次西屏韵》、《和西屏守岁之作》、《春夜坐雨》、《次韵酬六溪院长见寄》、《奉怀小村中丞台湾》（二首）、《寄余寿平编修都门》等诗作。

正月初三日，朝鲜全罗道古阜郡爆发东学党起义，起义军提出"逐灭夷倭""尽灭权贵"的口号。

二月十一日，清驻美公使杨儒与美国国务卿葛礼山签订《中美华工条约》。

三月间，朝廷举行翰詹大考，樊山依题作《赋得杨柳共春旗一色得林字·甲午三月大考翰詹题拟作》诗纪其事。

四月二十七日，朝鲜国王以朝鲜兵屡败于东学党，与袁世凯商求中国出兵助剿。

四月二十九日，日本参谋部作出出兵朝鲜决定。

四月三十日，朝鲜致函袁世凯，请电恳北洋大臣遣军速来，代为戡乱。

五月初一日，直隶总督李鸿章派太原镇总兵聂士成率兵九百由大沽前往牙山，援助朝鲜。

五月初五日，太原镇总兵聂士成率兵抵达朝鲜牙山（韩国西海岸城镇，属忠清南道，临牙山湾）。

五月初六日，直隶提督叶志超率兵七百由山海关赴朝鲜牙山。

五月初七日，日本驻朝鲜公使大鸟圭介率海军陆战队数百进入朝鲜汉城。

五月初九日，日军八百余名先头部队在朝鲜仁川登陆，次日开赴汉城。

五月十三日，日军约四千人在大岛义昌的率领下，抵达朝鲜仁川（为韩国西北部的一个广域市，是一座面向黄海的港湾都市）。

五月十七日，直隶总督李鸿章要求俄国驻华公使喀希尼出面调停朝鲜之事，中日撤兵。

五月十九日，日本外相陆奥宗光回复中国驻日公使汪凤藻，谓中日所见不同，日本不会撤走朝鲜之兵（第一次绝交书）。

五月二十四日，第二批日军到达朝鲜仁川，朝鲜日军已逾八千。

五月间，樊山在闲暇之时读陆游诗，作《暑窗读剑南诗因效其体》以书感（见《樊山集》卷十九，《樊樊山诗集》第 448 页）。

六月十二日，日本驻中国公使小村寿太郎照会清政府总理衙门，拒绝撤兵，两国如果发生不测之变，日本不负责任（第二次绝交书）。

六月十三日，诏令翁同龢、李鸿藻与军机大臣、总署大臣会筹韩事。

同日，直隶总督李鸿章电令叶志超自朝鲜牙山移军平壤。

六月十四日，以日、朝情事已将决裂，光绪皇帝严旨直隶总督李鸿章速筹进兵事宜，不得畏葸、延宕。

同日，直隶总督李鸿章派河南镇总兵卫汝贵部六千（时奉朝命驻扎天津），太原镇总兵马玉昆部两千（时奉朝命协助宋庆防卫旅顺口），由海道分进平壤、义州，广东高州镇总兵左宝贵部四千（时奉朝命驻扎奉天）由陆路进军平壤。

六月二十一日，日军包围朝鲜王宫，劫持国王，组织傀儡政府，并攻掠中国驻朝鲜总理公署。直隶总督李鸿章雇英国商船“高升”“爱仁”“飞鲸”运兵两千六百余名赴朝鲜牙山，援助叶志超军。

六月二十三日，中日战起，日本军舰击沉中国运兵船“高升”号于丰岛，又伤“济远”“广乙”舰，俘“操江”舰。

六月二十七日，太原镇总兵聂士成与日军在成欢驿（在朝鲜忠清南道牙山附近）交战，败走公州（韩国忠清南道公州市）。

六月间，樊增祥喜添一孙，而今年二月时已添一子，可谓双喜临门，故樊山作《今年二月举一子六月又添一孙老夫遂有三子五孙矣喜赋二诗》纪之。

七月初一日，清政府被迫对日宣战，中日甲午战争爆发，朝廷授原西安将军荣禄为步军统领，会办军务，特设巡防局督理五城团防以卫皇室。

在荣禄离秦前夕，樊山应邀代陕西巡抚鹿传霖作《代定兴公祝荣将军五旬晋九生日并送还朝祝暇叙》为荣禄送行（见《樊山集》卷二十三，光绪二十年渭南县署刻本）。

同时，樊山又应荣禄之邀作《代荣将军赠鹿中丞叙》向巡抚鹿传霖致谢（见《樊山集》卷二十三，光绪二十年渭南县署刻本）。

七月初二日，樊山的好友朱一新在浙江老家病逝。

七月初十日，湖广总督张之洞派湖北按察使陈宝箴赴江宁会商防务。

七月二十五日，朝命直隶提督叶志超总统驻扎平壤诸军。聂士成部亦退抵平壤。

七月间，弟子余诚格遵师命撰《樊樊山集叙》成。

同月里，为老上司、好友、陕西巡抚鹿传霖的六十华诞，适朝廷命其署理西安将军，而此时朝廷已对日宣战，樊山遂作《定兴中丞六十生日适奉恩命权西安将军事奉贺四首时又有征倭之诏故末章及之》（四首）表示祝贺并纪其事。

是月，樊山的好友、福州将军希元病逝任上。

八月初七日，日、中两国军队在朝鲜平壤接战。

八月十五日，日军进攻平壤，高州镇总兵左宝贵和补用知府盛星怀战死。

八月十七日，日军占领平壤。直隶提督叶志超、河南镇总兵卫汝贵败走，清军死伤两千余人。

八月十八日，中、日发生黄海海战，日本舰队司令伊东祐亨大败北洋水师提督丁汝昌于大东沟（今辽宁省东港市）海面。“致远”“经远”“超勇”“扬威”被击沉，“广甲”被击毁，余舰退走旅顺。管带邓世昌等战死。

八月间，《樊山集》初刻成。樊增祥曾经说：“余三十以前，颇嗜温、李，下逮西昆，即《疑雨集》《香草笺》亦所不薄。闲情绮语，传唱旗亭，化身亿千，寓言什九，别为一册，如古人外集之例，附于诸集之后，曰《染香集》殿焉。此《樊山诗集》初刻也。”（见《樊山诗钞自序》，《湖北文征》第十一卷，第 574 页）

樊增祥的《染香集》中收录的诗作主要有《舟夜有寄》、《月夜》、《赠兰卿为子珍六兄属赋》、《秋夜和爱伯师韵》、《箇人》（四首）、《江楼杂忆》（五首）、《莱山公子花烛词二十首》、《无题》（二首）、《西山道院有赠》、《将至沪上先以一诗调子珍》、《无题》、《修兰》、《有赠》、《秋夜置酒》、《无题》、《闲事六首效疑雨集》、《琴台》、《莫为二首》、《愿为二首》、《佳人》、《再赠一首·进退》、《题湘麝馆赠子珍二首》、《邵三兄纳姬以诗奉贺》（十二首）、《送仲弢归江阴续娶》、《仲弢公子花烛词四首》、《和子珍鸳湖道中同姬人望烟雨楼作》、《无题十二首为堇腴编修作》、《和子珍湘麝馆杂兴诗三首》、《沪上杂诗》（八首）、《酒罢携客听西伶度曲·是日演水漫金山事》、《书见赠陶七》（二首）、《代栗园有赠》（二首）、《代答二首》、《十一月二十日同人集宜春阁送竹篔前辈归嘉兴》、《过娱园作》（二首）、《春暮寄陶六兄并讯紫卿·紫卿尝选余诗入〈吹兰集〉》、《题紫卿所选吹兰集后寄子珍六兄》（二首）、《得吴中消息·九月初三夜》、《再赠栗园》、《梦游一首》等诗作。

《樊山集》（初刻）刻成之后，樊增祥的闲暇之时渐多，故时常与师友相唱和，写有《讯王大令》、《赵九经历演后村十老诗为上下平韵三十首》、《爽秋调子常诗有樊素贫求去》、《纳凉作》、《斋居》、《偶检敝箧得三十三岁小照感赋》（二首）、《冰叔于官署旁浚湖葺宇题一律》、《傅夔堂大令重修骊山行馆即华清旧址也奉题一首》、《怀灵光寺僧》（二首）、《送彭秀才还鄂》、《寄子培比部都门》、《濮紫潜同年入直军机奉寄一首》、《中秋夜忆中儿北闱乡试》（二首）、《东园》（二首）、《秋斋即事》、《偶见同治初元百叶感赋》、《江南乐四首》、《再寄冰叔》、《村寺小憩书见》、《李虎娃诗》、《界之将还商南以九月三日濒行阻雨诗见示漫和一首》、《晓行见红叶》（二首）、《雨中乘舆至临潼》、《苦雨》、《雨止作》、《叠韵酬李洋县》、《再题洋川亭子寄李明府》、《寒夜》、《冬初造诣河北即事成咏》、《有会而作》（十一月朔）、《斋居即事》（二首）、《潘莲巢画大士像》、《怀栗园》、《寄爽秋观察》（二首）、《得董文敏书王烈塞上曲二首辄次其韵》（二首）、《再和二解》（二首）等诗作。

其间，好友李嘉绩纳姬，樊增祥作有《云生纳姬苏氏旧家女也屈于妾媵意有未安以诗讽之》诗和《南歌子·春女淮南赋》词纪其事。

好友谭麐绘画《茗花春雨填词图》并赠送佳什，樊山感慨万千，乃作《西屏画茗花春雨填词图并贶佳什抚今追昔次韵答谢》（四首）纪其事。

好友屠寄散馆后仅得工部主事之职，樊山甚感不平，乃作《屠敬山庶常文章尔雅为壬辰一榜之俊散馆改部曹仆意殊不平》寄赠。

因思念爱伯师，樊增祥作有五律《秋夜和爱伯诗韵》一首寄赠、问候。

九月初一日，慈禧太后起用奕䜣主持总理衙门；奕䜣曾亲自出面请求英国联合美国和俄国，共同调停中日战争。

九月初二日，直隶提督叶志超等部清兵奉命全部退出朝鲜。

九月初三日，越缦师曾致书樊山。樊山《哭李爱伯夫子十首》的第十首就有“伤心九月初三字，即是鳣堂绝笔时”的诗句；又在其第五首诗后自注曰：“东事起而公已病，欲有所敷奏而稿不属。九月三日与祥书云：‘此当殁而犹视者也。’”

九月初五日，朝命谭钧培署理云贵总督。

九月初十日，朝命湖广总督张之洞速进京议事，而以湖北巡抚谭继洵署理湖广总督。

九月二十二日，日本侵略军占领朝鲜义州（今新义州特别行政区）。

九月二十四日，梅兰芳（1894—1961）出生于北京正阳门外李铁拐斜街一个京剧世家。

九月二十五日，日本侵略军渡过鸭绿江。

九月二十六日，日本侵略军第一军侵入中国边境；第二军则在辽东半岛花园口登陆，进犯旅顺、大连。

九月二十七日，日本侵略军大败驰援九连城的四川提督宋庆所部，占领九连城和安东。

十月初四日，俄国沙皇亚历山大三世病逝，由皇太子继位。清政府任命湖北布政使王之春为出使俄国大臣，赴俄参加老沙皇的悼念活动和出席新皇的庆典活动。

十月初五日，朝命两江总督刘坤一进京议事，而以张之洞署理两江总督。

十月二十二日，朝命谭钟麟为四川总督，边宝泉为闽浙总督。

十月二十四日，旅顺被日军攻占。

十月二十七日，孙中山在檀香山组织成立兴中会。

十一月上旬，樊增祥有下乡了解民情之行，写有《十一月初九日再宿贺氏别业用去年韵》《初十日冒雪回县再用前韵》《是日同年贺主事约共饭不赴三叠前韵·君居去别业十里所》等诗作纪其行。

自十月上旬起，到十一月中旬，日本侵略军相继攻陷凤凰城、宽甸、金州、大连湾、旅顺、奉天岫岩州、复州、海城等地。樊增祥闻讯，甚是忧虑，相继写有《有感》、《感事》（十一月望日）等诗作。

十一月二十日，同人至宜春阁宴集，为好友许景澄归里省亲送行。樊山写有《十一月二十日同人集宜春阁送竹筼前辈归嘉兴》诗纪其事（见《樊山集》卷二十，《樊樊山诗集》第466页）。

案：光绪十八年（1892年），沙俄出兵侵占帕米尔地区萨雷阔勒岭以西2万平方公里的中国领土，双方军队沿岭对峙。清政府任命许景澄为谈判代表，与沙俄交涉。作为中方谈判代表，许景澄据理驳斥沙俄的侵略行径。谈判相持了近三年。光绪二十年（1894年），许景澄代表清政府与俄国商定：在边界未划定之前，双方军队维持现状。任务完成后，许景澄在西安稍事休整，并已向朝廷请假，即日回乡省亲。于是，樊山就有了此次与好友的相聚并为之送行的机会。

十一月二十三日，恩师、好友、著名学者、文学家李慈铭在京城去世。

恩师去世，当时樊增祥并未得到消息。多日后才得到噩耗。樊山在《哭李爱伯夫子十首》第十首的“执绋那能千里送，招魂已觉五旬迟”诗句后，曾自注说：“公殁于十一月二十三日，今年正月十日始得讣书。”

当得知噩耗，樊山异常悲痛。每当捧读师尊的诗文，师尊的音容笑貌就浮现在眼前。他陆续填有《金缕曲·越岫烟眉蹙》《前调·重认斜阳迹》《一枝花·薄暝欺帘阁》《上江虹·探手香怀》《上江虹·小楷簪花》等词作；又写有《哭李爱伯夫子十首》《闻爱伯师窀穸有日感赋》《再悼爱师》等诗，以悼念、缅怀恩师。

案：《李慈铭年谱》中谓李慈铭逝于十一月二十四日，蔡元培在其《自写年谱》中亦谓逝于十一月二十四日；而蔡元培当时就在李慈铭家教授李承侯，应该准确。樊山诗中所注为十一月二十三日，应是其过于悲痛的记忆之误。

十一月二十四日，总署通知美国驻华公使田贝，清政府决定派户部侍郎张荫桓、署理湖南巡抚邵友濂为代表赴日本议和，并聘请前美国国务卿福世德（John W.Foster）为顾问。

十二月初二日，朝命两江总督刘坤一为钦差大臣，山海关内外防剿各军皆归其节制。

十二月初三日，好友袁昶在其《渐西村人日记》中对樊山之诗作了评价：“李慈铭《樊山集题词》：云门诗得力于信阳，而尽取北地。其七律足追踪唐之东川、义山，而古体胜之。阅《云门集》竟。唐人言：‘太白仙才绝，昌谷鬼才绝，香山人才绝。’云门颇出入于昌谷、香山、飞卿、玉溪间。”①

十二月初十日，清政府派张荫桓、邵友濂前往日本求和。

十二月十五日，日本侵略军攻陷盖平（今辽宁省盖州市）。

十二月二十五日，日本侵略军在荣成湾登陆，占领荣成（今山东省威海市荣成市）。

十二月二十七日，是李慈铭师六十晋六岁的生日，樊山早早就写了《寿爱伯师六十晋六生日》（四首）寄赠，时樊山尚不知恩师已归道山。

十二月二十八日，朝命云贵总督王文韶为帮办北洋事务大臣。

十二月间，福建道监察御史安晓峰，因上疏斥责直隶总督李鸿章的投降卖国罪行，并劝谏慈禧太后不应干政，立遭革职，谪戍张家口。樊增祥闻知消息，立即写了《闻安侍御谪戍军台》诗，以抒其愤。

是年底，好友严玉森有诗寄赠樊山（即《寄樊山》②）：“滑稽何敢学东方，寒拾天台话石樑。故旧凋零同一笑（近闻越缦消息），斯人憔悴本非狂。○来弟子芬芳久，忍听风尘罗纲伤。鸾凤应巢霄汉上，自知鸥鹭倦翱翔。”

是年，樊山尚填有《浪淘沙·新水养蒲茸》《苏幕遮·雨初晴》《书锦堂·寄栗园》《金缕曲·垂柳扬州驿》《浣溪沙·可是鲈香恼季鹰》等词作。

是年，邓芬（1894—1964）出生于广东南海一个富裕家庭。

是年，樊山的好友杨彦修在西安府宅去世。

是年，樊增祥的《樊山公牍三卷》刊行（今湖南图书馆有藏）。

光绪二十一年乙未(1895)　五十岁

是年，樊增祥仍在渭南任上。虽久困底层，然性情不改，鄙薄无才德者，敬慕有真才实学者。其弟子曾说：“又十余年，而向之享盛名、居迩列者，或仕路颠跻，或中年玉折，繁华如梦，转毂不恒，以先生视之，犹为身名俱泰，则又有齐彭觞、一贵贱之意。以故四十以后，滑稽玩世，忘情得失，然性韵刚疏，出言务尽，世亦以此忌之。居京师时，不诣人，客至不

① 袁昶：《渐西村人日记》“光绪二十年十二月初三日”，见《樊樊山诗集》附录三，上海古籍出版社2004年版，第2095页。

② 严玉森：《虚阁遗稿》卷三甲午末，民国八年(1919年)仪征严氏铅印本。

见，亦不答拜，人目为狂。然尝语诚格曰：‘李会稽、谭复堂，吾之师也。同辈中若孙仲容、王芾卿、沈子培，当在师友之间。’其虚心如此。”

正月初一日，议和代表张荫桓、邵友濂自上海东渡日本。

正月初二日，日本御前会议决定和议大纲。

正月初五日，日本侵略军占领威海卫南帮炮台。

正月初七日，张荫桓、邵友濂与伊藤博文、陆奥宗光会于广岛，商讨议和事宜，以无全权被拒。日本公开指名要直隶总督李鸿章为全权代表。

正月初十日，樊山始得到爱伯师去世讣告，十分悲痛，相继写了不少诗词悼念恩师（见前文）。

正月十一日，北洋舰队的定远舰在威海卫被日本军舰击沉。

正月十二日，日本侵略军攻陷山东文登（今威海市文登区），北洋舰队的“来远”“威远”等舰被日舰炸沉。

正月十三日，北洋舰队在威海卫被日本侵略军海陆包围，陷入绝境。

新年期间，樊增祥写有《新岁遣兴》、《人日》、《寄调爽翁》（二首）等诗作。

新年尚未过完，樊增祥便开始主持县试，并写有七言歌行《上元日渭南县试先一夕携中儿宝衡入宿试院》和七绝《阅卷戏书》等诗作纪其事（见《樊山集》卷二十五，《樊樊山诗集》第550页）。

正月十五日，日本侵略军攻入山东宁海州（今烟台市牟平区），北洋舰队的靖远舰被日军击沉。北洋海军右翼总兵、记名提督刘步蟾自尽殉国。

正月十七日，清政府召前谈判代表张荫桓、邵友濂回国。

正月十八日，海军提督丁汝昌、总兵张文宣自尽殉国。五日后，威海卫海军及刘公岛守军投降，北洋舰队全军覆没。

正月十九日，朝廷以直隶总督、北洋大臣李鸿章为头等全权大臣赴日商定和约，而以帮办北洋事务大臣王文韶署理直隶总督兼北洋大臣。

正月二十日，道员牛炳昶代表威海卫海军残部与日本舰队司令伊东祐亨议定投降条款十一条。

正月二十一日，日本侵略军攻陷刘公岛（在山东省威海市环翠区威海湾中）。

正月二十二日，日本军舰驰入威海卫（在山东半岛东北端的威海市）。

同日，出使俄国大臣王之春一行抵达俄国首都圣彼得堡。

正月二十四日，出使俄国大臣王之春前往拜见沙皇尼古拉二世并向其递交了国书。

正月三十日，直隶总督李鸿章与奕劻、孙毓汶、翁同龢等朝中大臣商议合约条款，争执不下。海城（今辽宁鞍山海城）日本侵略军乃进攻大平山（今营口市东南10公里处之二龙山），大败宋庆所部。

二月初八日，出使俄国大臣王之春和驻俄公使许景澄一起前往位于彼得罗巴甫夫斯克岛的皇家陵寝，向亚历山大三世陵吊唁。

二月初十日，日本侵略军攻陷营口（今辽宁省营口市）。

二月十三日，日本侵略军攻陷田庄台（今辽宁省盘锦市大洼区）。

二月十八日，赴日头等全权大臣李鸿章率其子经方和罗丰禄、伍廷芳、马建忠、徐寿朋、于式枚以及美国顾问福世德一行，离天津赴日本马关议和。

二月二十二日，日本侵略军攻陷山东长山岛（在今烟台市长岛县境内）。

二月二十四日，头等全权大臣李鸿章一行在日本马关与伊藤博文开始议和、谈判。

二月二十九日，日本侵略军攻占澎湖（今台湾省澎湖县）。

同日，朝命将宋庆、吴大澂革职留任。

二月（3月）间，樊山的好友、青门萍社重要成员毛凤枝在西安寓所病逝。

三月初五日，中、日双方达成停战条约。

三月初七日，日本侵略军攻占辽阳、鞍山。

中日甲午之战，中国惨败，樊增祥颇为痛心，十分关注战事的进展情况。政务之余，樊增祥相继写有《重有感》（四首）、《混俗一首和爽翁》、《比年朋旧凋谢同辈中如羊辛楣朱鼎父叶槐生黄再同王可庄俱年不过五十朱曼君不盈四十邓铁香齿稍长亦不及六十而殁感赋》（二首）、《爽翁重修滴翠轩奉和二首》、《青城诗一首寄爽翁》（并序）、《吴堡彭大令见过》、《二月初十日行县至小石村马上作》、《寄李鳌座用前年简云生韵》、《效杨仲宏二首》、《寄怀诸十一兄苏州并讯邓夫人二首》、《和东坡三适诗用元韵》、《庚寅岁居京师摘汪钝翁句为爽秋书楹帖》、《同僚书札多改云门为禹门又讹禹为雨近更有作荣门者感赋》、《书愤》、《陆沉》、《马关》（二首）、《春暮至孝义镇》、《深春》、《晓起中庭行散》、《消夏作》、《即事》（二首）、《番僧过渭贻藏香一束》、《挽朱曼君孝廉》、《挽叶槐生进士》（二首）、《挽朱蓉生侍御》、《挽同年羊辛楣太守》(二首)等诗作。

三月二十日，清政府电谕全权大臣李鸿章，如条件无可商议，即可订约。

三月二十一日，头等全权大臣李鸿章与伊藤博文第五次会谈，接受日本所提全部条件。

三月二十三日，《中日马关条约》签字。按条约规定：中国承认朝鲜独立；割让辽东、澎湖、台湾；赔款二万万两；日本商人可在中国口岸从事工艺制造。中日甲午战争宣告结束。

三月二十六日，署理两江总督张之洞致电总署，阻止和议，主张向英、俄求援。《马关条约》签订的消息传到国内，举国震惊，臣民纷纷上书请求罢除合约。

是日，头等全权大臣李鸿章自日本马关抵达天津。

三月二十九日，法、德、俄三国驻日公使照会日本外务省，要求日本放弃辽东半岛。

四月初七日(5月1日)，广东举人康有为、梁启超联合在京参加会试的十八省举人一千三百余人集会，号召拒约自强。

四月初八日，清政府批准《中日马关条约》。

同日，康有为等十八省举人上书清政府，请求拒和、迁都、练兵、变法，请都察院代奏，此即历史上著名的公车上书。

四月初十日，张之洞、边宝泉、谭继洵、李秉衡等疆吏致电总署，恳请各国会商日本，展期换约。

同日，日本政府向俄、德、法三国政府声明，愿意放弃辽东半岛。

四月十二日，钦差大臣刘坤一致电总署，请缓期换约。

四月十三日，日本向中国总署声明，愿意放弃辽东半岛。

四月二十四日，清政府派李经方前往台湾与日本派出大臣商办交割事宜。

四月二十七日，台湾绅民拒不接受《中日马关条约》，决定成立独立民主国，建元永清，即通告各国。

五月初二日，台湾民主国宣布成立。唐景崧为总统，刘永福为民主将军，丘逢甲为义勇统领，陈季同为外务大臣，俞明震为内务大臣，李秉瑞为军务大臣，林维源为议院议长。

五月初六日，日本陆军近卫师团开始在台湾澳底(在今台湾台北县东北）登陆，遭到台湾军民的猛烈抵抗。

五月初十日，李经方与日本台湾总督桦山资纪会于基隆口外，签订台湾交接文据。

五月十一日，日本侵略军攻占台湾基隆。

五月十六日，日本侵略军攻陷台湾台北。

得知日本侵略军进驻台北的消息，樊增祥十分悲痛，作《书台北事》一诗纪其事（见《樊山集》卷二十六，《樊樊山诗集》第 575 页）。

五月三十日，日本侵略军攻陷台湾新竹。

五月间，樊增祥集上年七月至当年四月所为之诗为一集，名《镜烟堂集》。

是月，朝廷擢升陕西巡抚兼西安将军鹿传霖为四川总督。鹿传霖很希望樊增祥随他入川，后因樊增祥祖籍系四川而未果。樊增祥作《送府主定兴公总制四川》（四首）表示祝贺并为其赠行（见《樊山集》卷二十六，《樊樊山诗集》第 566 页）。在第三首“未得长卿归旧里”诗句下，樊山自注云：“公欲祥偕行，碍于原籍而止。”

其时，《马关条约》已签订，张之洞师在江宁（时正署理两江总督）上疏反对签约，并积极推行新法，创设新式学堂、力除积弊，编练自强军，时刻准备雪耻。樊山遂作《奉怀张尚书师金陵》（四首）寄赠。

五月后，樊增祥积诗颇多，相继写有《得仲彝徐州书颇及时事赋此代柬》、《奉怀黄副都丈汴梁》（二首）、《得爽翁书却寄》、《寄孙彦清同年司铎长兴》（二首）、《读王壬秋采芬女子墓志题后》、《题吴僧寂住山水画》、《寿晴谷六十》（二首）、《鹿溪省觐同州假道渭南损诗见惠次答一首》、《又追和歧山冬夜》、《雨中》、《伏日凉甚偶书》、《寄王廉生祭酒》、《书刘聪传后》、《书王昭远传后》、《再讯彦清》、《怀归一首寄仲彝》、《题画二解》、《县斋偶题》、《鹿溪辞凤翔讲席寄讯一首》、《秋兴》、《秋夜读苍雪诗题后》、《贺人生子》、《摄生篇》、《坐衙偶述》、《新罗山人画马》、《李复堂草虫便面用原韵》（二首）、《九日寄仲彝徐州》、《偶过东园和去年壁间作》、《读道书》、《读佛书》、《午窗》、《肝疾久不愈感赋》、《戏效口吃诗四首》、《双声绝句》、《自嘲》、《得子培京邸书却寄》（二首）、《再寄子培》、《与西屏夜话》、《叠韵答西屏》、《阅曾文正家书》、《读邸钞书后》（二首）、《再阅邸钞》（四首）等诗作。

其间，樊增祥得知挚友陈豪以母老辞官将归消息，遂作《贺陈蓝洲大令罢官还浙》寄赠。

闰五月初五日，日本侵略军自台湾新竹南侵，为义军徐骧等所阻。

闰五月十四日，中俄签订《四厘借款合同》。

同日，出使俄国大臣王之春一行自法国巴黎回到上海。

闰五月十九日，徐骧率义军反攻台湾新竹。

六月十一日，福建古田斋教首领刘祥兴反对英、美教士勾结清朝官吏与民众为敌，率众愤怒焚毁教堂，史称古田教案。

六月二十五日，日本侵略军攻陷台湾苗栗。

七月初一日，樊山的好友王颂蔚在北京病逝。

七月初四日，日本侵略军攻陷台湾大甲溪。

七月初七日，日本侵略军攻陷台湾府（台中）。

七月初九日，光绪帝召见李鸿章，责以割地赔款失民心、伤国体，命其入阁办事，而以王文韶为直隶总督兼北洋大臣。

同日，日本侵略军攻陷台湾彰化，义军首领吴汤兴及刘永福部将吴彭年阵亡。

七月十一日，朝命以崧蕃为云贵总督，以魏光焘为云南巡抚。

八月初十日，樊山在陕西的老上司、前辈张煦病逝于山西巡抚任内。

八月上中旬，樊增祥至乡镇了解民情，写有《过崇凝镇》《偶见吏人坐松下因赠》《车中作》《偶憩一废寺僧指佛像曰此沈香也戏赋》等诗作纪其行。

八月十九日，朝命魏光焘为陕西巡抚，胡聘之为山西巡抚，黄槐森为云南巡抚。

八月二十一日，日本侵略军攻陷台湾嘉义，开始在南部登陆。

八月二十七日，日本侵略军攻陷台湾打狗（今高雄）。

八月二十八日，日本侵略军攻陷台湾凤山。

八月下旬，樊增祥因公务赴省城，写有《寓省门护国佛寺有怀少舟大令华州·寺屋为少舟所赁》《客去书寺壁·八月二十五日》等诗作纪其行。

其间，收到时正主讲鄂中的好友谭献寄来的《樊山集序》，樊增祥甚是高兴，乃作长篇七言歌行《同年谭复堂先生主讲鄂中惠寄樊山集序敬赋长句答谢且申卜邻之约》诗赠谢。

案：谭献应邀为同年好友樊增祥所写之《樊山集序》一文，今不见樊集及其附录。

九月初四日，日本侵略军攻陷台南府、安平，至此，日本侵略军已占领全台，台湾民主国灭亡。

樊山闻信，甚为悲痛，作长篇七言歌行《书台南事》纪其事（见《樊山集》卷二十七，《樊樊山诗集》第622页）。

九月初九日，孙中山领导的广州起义失败。

九月十五日，天突降大雪，给广大民众的生活带来极大不便。樊山写有七言长篇歌行《九月十五日大雪》纪其事。

九月二十二日，中日签订《交收辽南条约》。

九月间，康有为、陈炽、沈曾植、袁世凯、张孝谦、文廷式、杨锐、徐世昌、丁立钧、王鹏运等在北京发起成立强学会，梁启超任书记。

十月初三日，樊山的同年、好友吕凤岐在安徽六安寓所病逝。

在此期间，樊山闻知“淮南三吕”（即吕凤岐之女吕湘、吕美荪和吕碧城）之名。当他读到其三女吕碧城所作之诗词后，简直惊讶得不敢相信——这哪里是一个十二岁的少女能写得出的诗词呀！

十月上旬，樊增祥颇多感触，遂写有《十月初八日夜坐东厢看月偶成短章以后牖有朽柳偏眠船舷边为韵》（二首）、《初九夜月下用前韵》（二首）、《初十夜月下闻署外伶人演剧用九月望大雪韵作歌》等诗作以抒其慨。

十一月初一日，为樊增祥的寿诞之日。樊山曾作诗自寿，友朋亦赠诗祝贺。樊山写有《五十自述》（十八首）、《答晴谷同年以诗见祝》（二首）、《鹿溪院长寿余五十次答一首》等诗作纪其事。

十一月十七日，广东南澳总兵刘永福开缺。

十一月十八日，朝命钦差大臣刘坤一仍回两江总督本任，署理两江总督张之洞仍回湖广总督本任。

十一月间，天气不好，既雨又雪，樊增祥与友朋唱和颇多，相继写有《食冬笋》、《余作食冬笋诗末用与可得东坡书喷饭满案事》、《戏叠前韵忆华州笋寄李少舟》、《谢少舟惠笋四叠前韵》、《得彦清同年惠书及诗述旧抒情终以公侯干城相勖次答二首》、《周懋臣府公止宿县斋清言竟夕奉呈一首》、《入此月来积阴不开既雨复雪漫成长句》、《爽秋同年寄示无名氏和余马关之作再赋四首》、《次答爽秋》、《和诒晋斋隗嚣碗歌》（三首）、《出城送客迟久不至戏叠前韵》、《怀人诗四首》、《题复堂先生札尾》（二首）等诗作。

十一月二十八日，康有为在上海创办《强学报》。

十二月初六日，朝廷谕令封禁北京强学会。

十二月二十一日，清政府将强学会改为官书局，命孙家鼐主持，专司翻译书报，隶属总理衙门管理。

十二月间，樊增祥在政务之余，尚写有《彦清书来竟如荆公所云变秀才为学究矣见怀三绝有还把诗人待故人之句其安身立命可知也亦赋三绝调之》、《寄题彦清长兴学舍三首（梅花屋、望霞楼、味菜根宧）》、《伯乐相马图》、《余雅薄张船山诗独爱其依竹堂即事四律》（四首）、《答爽秋观察》、《叠韵调爽秋》、《岁暮偶述》（四首）、《岁除示客二首》等诗作。

是年，因捐助军饷成绩突出，地方大吏乃保荐其卓异，樊增祥获奖叙花翎。

光绪二十二年丙申（1896）　五十一岁

是年，樊增祥仍在渭南知县任上。

正月新年期间，樊山相继写有《元日闺词》（二首）、《入夜再赋》（二首）、《爽翁盼余除江南一州得共游宴赋此志感》（五首）、《竺生大令留饮因赠》、《新岁漫兴》（二首）、《熏修》、《春孟有怀爽秋同年》、《春城晚望》等诗作。

其间，樊山曾赴省城贺岁，与友朋相聚，并写有《贺岁至省门喜晤晴谷龚唐云白兰畹诸君》《云生枉过夜话即约为渭城之游》《月下群饮示兰畹云白》等诗纪其事。

正月中旬，樊山回到渭南并主持县试，其间相继写有《上元后一夕月食》《丙申正月十七日县试用去年韵示宝衡中儿》《放言六首》《寓言七首》《杂言四首》《戏效剑南》《试院杂诗》《试院喜雪》《雪花》《雪珠》《雪夜》《雪晴》《扫雪》《踏雪》《煮雪》《嚼雪》等诗作。

二月初十日，清政府在北京订立《英德借款详细章程》。

二月间，樊增祥在政务之余尚写有《得仲彝淮上寄书奉答一首》、《春兴》、《用前韵寄调冰叔》、《仲彝侍姬知书略变前韵调之》、《再用前韵寄爽翁》、《四叠春兴韵》、《雪夜一首改珩孙作》、《雪夜诗为珩孙作语特浅易再赋一首》、《雪花和中儿》、《雪珠和宝衡》、《答门人问效林艾轩体》（二首）、《漫兴》、《镜烟堂即事二首》、《忆故乡春事寄廉儿》、《示吏》、《花朝雨》、《春昼》（四首）、《用旧韵寄答彦清》、《次韵酬彦清见怀》（八首）、《寄仲彝》等诗作。

三月十八日，直隶总督李鸿章奉命出使俄国，参加尼古拉二世的加冕典礼，抵达彼得堡。

三月二十三日，是日立夏，终于听到雷声；樊山颇为高兴，特作《三月廿三日立夏始闻雷声》一诗纪之（见《樊山集》卷二十七，《樊樊山诗集》第628页）。

三月间，樊增祥在公务之余尚写有《清明前一日行县至河北书见》（二首）、《东园桃花盛开用东坡松风亭韵》、《再用前韵》、《夜过东园》、《初夏》等诗作。

四月二十二日，中、俄在莫斯科签订《御敌互相援助条约》，即《中俄密约》。

四月二十三日，诏命昆冈为大学士，荣禄为协办大学士。

四月下旬，友人孙印川过访，出示《万壑云兴图》请题。樊山乃作七言歌行《孙印川万壑云兴图》相赠。

四月间，樊增祥集其上年十一月至当年四月所作之诗为一集，名《东园后集》。

五月间，樊增祥在政务之余积诗甚多，相继写有《两月以来差科云扰午节将近稍就闲旷赋呈西屏》、《行县至高庙晤樊院长别后寄赠》、《端午》、《赋得学诗浑似学参禅和宋人九首》、《慰李盩厔解任还省》、《消夏三首》、《寄怀刘达五同年》、《变前韵再寄达五》、《遣兴》、《长夏戏为俳体》、《茉莉用渔洋秋柳韵》（四首）、《送李韩城之任》、《答晴谷同年论诗》等诗作。

其间，同年、好友顾曾烜作《小游仙诗》十三首相赠。樊山遂作《小游仙诗二十二首和答顾晴谷同年》。好友谭麐见之，亦和作二十四首。

樊山为挚友袁昶五十大寿补作寿诗《补寿袁爽秋观察五十（有序）》八章，又作《再寄爽翁》寄赠。

六月十一日，中、日签订《通商行船条约》。

六月间，樊山在政务之余，尚写有《暑夜热甚》、《答人有妾否》、《消暑十六韵》、《招凉篇》、《叠前韵示客》、《界之俊臣及珩孙各和招凉韵再赋一首》、《热甚两君倒叠韵见示仆亦继作》、《今年春孟南皮师帅过芜湖留饮爽秋署斋比爽秋以唱和诗见寄次韵一首》、《记客谈四首》、《爽翁再和桃花源诗语亦奇僑奉同三首》、《贺爽翁生女》（四首）、《雨夜作》（二首）、《枕上闻雨再赋》（四首）、《寄仲彝徐州》、《秋兴八首》等诗作。

其间，樊山终于得到自己一直想得到而久未得到的清道光年间陕西泾阳（今咸阳市泾阳县）张云浦先生的画册（共十页），甚是兴奋，乃作《题张云浦画册十首》(并序)纪其事(见《樊山集》卷二十八,《樊樊山诗集》第642—644页)。

七月初一日，黄遵宪、梁启超、汪康年等人在上海创刊《时务报》。

七月间，因护理陕西巡抚张汝梅以“学优才长，器识渊闳”的上奏保荐；奉上谕，朝廷传旨嘉奖樊增祥。

八月初二日，中、俄签订《合办东省铁路公司合同章程》。

八月间，樊增祥汇其今年五月至八月所作之诗为一集，名《身云阁集》。

九月初五日，孙中山被诱禁于英国伦敦中国使馆，十多天后，因康德黎等人的援救获释。

九月十八日，朝命直隶总督兼北洋大臣李鸿章在总理各国事务衙门行走。

九月十九日，中、法订立《滇越界约》。

十月二十三日，为陕西巡抚魏光焘的六十大寿，樊山应邀代陕甘总督陶模作《邵阳魏中丞六十寿序》一文，为魏中丞贺寿(见《樊山集》卷二十三，光绪二十三年渭南县署刻本)。

十月间，樊增祥又汇其上年五月至今年十月所作之诗为一集，名《东园集》。

同月里，挚友陶在铭应邀为樊山诗集作序，成《樊山续集序》。

同月里，湖北境内第一所近代军事学堂——湖北武备学堂，经过层层考选，在四千多报名学子中，定额选录了一百二十名学员，正式开学。

是年冬，樊增祥将近两年所作之诗裒为四卷付刊。樊山曾说：“自甲午刻集后逾二年，至丙申秋，又得诗若干首，分为四卷，曰《镜烟堂集》、曰《东园集》、曰《东园后集》、曰《身云阁集》，付诸椠人，此《樊山诗集》二刻也。”

樊山亦曾自言：“余宰渭南六年，邑大政烦。又遥领幕府事，岁尝六七诣省门，深形况瘁。居既久，吏民翕然，讼狱稀简，乃稍葺治官舍：其听讼之所曰‘镜烟堂’，用陆平原‘我静如镜，民动如烟’语也；治事之舍曰‘身云阁’，署东偏有隙地，缭墙葺宇以为东园；辟紫兰堂之东厢与园通，两面绮钱，夹莳花树，曰‘交花舫’；房之外曰‘画妃亭’，与舫相接者曰‘连心花簃’；其堂屋曰‘晚晴轩’，东曰‘夜话斋’；与轩相对者曰‘东风亭’。每以政暇殇咏其间。”

其挚友陶在铭曾说：樊山“居渭稍久，壉虣改行，风俗清美，他州之民，称渭南为仙界，时有越境控诉者。或疑君勤求民隐，综核精严，何能分题赌韵，如其在公车时。不知君之于诗，如陆羽之茶、刘伶之饮，义取自娱，事无妨废。居常服膺宋儒玩物之诫，公事未毕，不得读书观画。及退食萧然，绿茗一杯，石叶数片，清吟抱膝，入兴成章，圆若流珠，熟于美酝。盖自少至老，口诵之书殆逾万卷，手钞之牍不啻百本，腹笥充积，俯拾即是。每见人苦吟三日不成一字，或积学半生，著书不盈寸许者，辄目笑之以为钝士。”

十二月十五日，美国商人在上海开办的鸿源纱厂正式开工。

是年底，樊山还写有《偶得古陶器戏赋》、《再悼子珍》（二首）、《冬日即事》（八首）、《丙申腊日雪中叠韵四首》、《赋得鼠嫁》（四首）、《丙申除夕》（八首）等诗作。

光绪二十三年丁酉（1897） 五十二岁

年初，樊增祥仍在渭南知县任上。

正月初一日，立春，樊山作《丁酉元日迎春》（四首）纪其事。

正月二十一日，康有为、梁启超、何廷光、何穗田、康广仁等人在澳门创办《知新报》。

正月间，樊增祥命写官裒录历年批、判词，编辑成集，名《樊山批判》（其中《批》十四卷，《判》一卷），付工匠刊刻，并撰《樊山批判·自序》。

同月里，樊山的前辈、同乡友人、著名诗人洪良品在北京的寓所去世。

二月十三日，法国强迫清政府同意不将海南岛割让他国。

三月初七日，康有为与唐景崧、岑春煊、蔡希邠在广西桂林发起组织圣学会，出版《广仁报》。

同日，盛宣怀创设的上海南洋公学正式开学，为中国人自办大学之始。

三月二十一日，江标、唐才常等人在湖南创办《湘学新报》，后改为《湘学报》。

三月间，政务之余，樊山尚写有《三月三日清明示珩孙》、《彦清同年枉和奉怀之作叠韵报之》（二首）、《彦清订寻芳之约再叠前韵》（二首）、《答刘明府见寄即用留别》（二首）等诗作。

四月中，樊增祥因政绩卓异，请咨赴吏部。其间写有《将去渭南留别士民》（二首）、《赤水勘堤归有述》、《泠口闻蝉》等诗作。

三月二十六日，清政府督办铁路大臣盛宣怀与比利时银行团代表在武昌签订《芦汉铁路借款合同》。

四月二十六日，盛宣怀创建中国通商银行上海总行，它是中国自办的第一家商办银行；至年底，又在北京、天津、汉口、广州、汕头、烟台、镇江等地设立分行。

孟夏，樊增祥将去年秋至此时所作之诗结为《身云阁后集》。樊山曾说："自丙申秋至丁酉夏，有诗百许篇，居京师时，为爽翁持去，遂不复还。乱后毕力搜求，得四十余首，题曰《身云阁后集》。"

五月间，樊增祥遵命离渭至西安，等待进京入觐。其间写有《寄迟菊崑山》、《戏效吴体遣闲》、《暑夜》、《苦热》（四首）等诗作。

六月间，樊山仍在西安待命，其间相继写有《六月望夜再赋》、《简西屏》、《伏日题陈莲子白荷花画障》、《喜雨用前韵（六月十八）》（四首）、《昔王梅溪居武林作小诗十五首》、《客笑余不作饮酒诗书以自解》、《小诗窘于边幅更为七言广之》（十一首）、《或见余诗曰君诗人乃自居五等耶戏答》、《月夜简云白》、《感事简徐大令王孝廉》（二首）、《戏赠竹生》（四首）、《代竹生赠姬人》、《代诸姬答》、《代诸姬上袁夫人・时犹未嫁》、《代夫人答》、《辞咸宁得请赋示竹生心斋》、《得彦清书再寄》、《即事》、《消夏绝句》（十三首）、《长夏身云阁即事四首》、《静观》、《闲居》（二首）等诗作。

其间，适前辈好友周名旗赴凤翔知府任，樊山乃作《送周懋臣府公守凤翔》一诗相赠。

一日，有友人持其乡名宦韩克均（1766—1840，字德嶷，号芸舫，山西汾阳人；曾官贵州、云南、福建巡抚）龙湫宴坐遗照前来请题，樊山乃作《题韩芸舫中丞龙湫宴坐遗照》一诗相贻。

七月初五日，孙中山离开加拿大赴日本横滨。

七月中下旬，樊增祥汇其五月以来所作之诗为一集，名《青门消夏集》。樊山曾自言："丁酉计荐入觐，五月去渭，瓜畴避暑，篇咏遂多，两月之中，可盈一卷，曰《青门消夏集》。"

八月间，樊增祥奉命从西安出发，入京觐见。一路颇辛苦，相继写有《雨宿华清》（四首）、《挹翠亭晚坐》、《登万寿阁》、《赠湘勇被遣者》、《潼关》、《出关后宿雨都霁风物暄美喜赋》、《阌乡》、《灵宝》、《漫兴三解》、《过函关为薛君解嘲》、《硖石道中戏咏》（二首）、《过渑池见同年张景楼墓碑为诗吊之》、《余与景楼同散馆改官临别索余劾贵臣疏稿去追维往事再赋一绝》、《渡河》、《河上柳》、《郭村歇马》、《过武陟悼毛文达师》（二首）、《自宣阳驿至获嘉官路多植槐枣浓阴蔽亏枝拂行幰志之以诗》（四首）、《获嘉》、《谒比干庙戏题》、《比干墓》（二首）、《曩与仲彝辛未下第丙子计偕两宿泥沟驿皆有诗奉赠》、《汤阴谒岳庙》、《再题岳王庙壁》（二首）、《旅怀》、《彰德道中》、《邺城怀古》、《磁州》（三首）、《黄粱观》、《过沙河戏作》、《将抵都门先以一诗寄寿平》、《晓发三河店》、《过方顺桥用丙子题壁韵》、《重过莲池悼黄子寿师》、《过定兴有怀府主鹿滋轩督部》、《涿州谒张桓侯祠》、《良乡道中用泊鸥山庄韵》、《戏赠》、《九日宿新店征歌命酒赋示闺人》等诗作。

九月初九重阳日，樊增祥抵达京城。至京后，樊山与老友新朋朝夕往还，诗酒唱和，相继写有《银鱼·集贤书院课士题拟作》、《紫蟹》、《廉生祭酒属题施观察所赠刘平国碑卷中题者十一人大半皆古人矣》（二首）、《题子珍画兰遗墨为弢甫水部属赋（并序）》（十首）、《伯熙游小五台归以纪游诗见示感赋长句奉赠》、《题东坡仙游潭记拓本为王十三祭酒属赋》（二首）、《次韵酬伯熙见赠》（二首）、《用前韵再赠伯熙》（二首）、《倒叠前韵赠梧生昆季兼怀府主定兴督部》（二首）、《四叠前韵写怀呈伯熙》（二首）、《五叠前韵赠廉生祭酒》（二首）、《六叠前韵赠樵翁》（二首）等诗作。

九月间，湖南资产阶级维新派在长沙小东街设立时务学堂，梁启超、李维格分任中西文总教习。

其间，樊山偶然得到山东掖城（今莱州市）前辈著名学者、画家张士保（1805—1879）的《戏花骑象图》，甚是高兴，乃作《张菊如摩罗山人说文统系图》（二首）纪其事。

案：张士保曾临摹有罗山人的《说文统系》《戏花骑象》二图。后《统系图》为王菘畦所得，而《骑象图》则归入樊山的东溪草堂。

同月里，樊山还意外获得清初朝廷重臣、著名画家蒋廷锡（1669—1732）的水墨设色绢本《花鸟草虫册》（册页，1709 年作）非常高兴和珍爱。其题识云：“光绪丁酉冬得于京师。樊山樊增祥识。”（见香港苏富比拍卖有限公司“2004 秋季艺术品拍卖会”——“中国书画”专场拍卖品）

十月初一日，严复和王修植、夏曾佑等人在天津创办《国闻报》（日报）。

十月初七日，山东曹州巨野县德国传教士唆使教徒欺压民众，激起民众公愤，酿成巨野教案。济宁、寿张、单县、武城等县民众在大刀会的号召下，纷纷响应。

十月十七日，已擢升山东巡抚的张汝梅，在拜见协办大学士兼户部尚书翁同龢时，仍在极力推荐樊增祥等守令①。

十月十九日，樊增祥引见，奉旨准其卓异，加一级，仍注册回任，候升。

十月二十日，德国借口巨野教案，出兵强占胶州湾（位于中国黄海中部、胶东半岛南岸、山东省青岛市境内的半封闭海湾）。

十一月初一日，樊山五十二岁生日，遂作《京邸生日示内》纪其事（见《樊山续集》卷四,《樊樊山诗集》第704页）。

十一月十一日至十二日，德国侵略军相继强占胶州城、即墨城。

十一月中下旬，樊增祥与内兄携家人至翠微山灵光寺游览，作有《十一月十九日同内兄携阿频阿咸阿瑞及蕊练两女侄入翠微山假榻灵光寺七宿而返杂记以诗》（十六首）纪其行。

十一月二十二日，沙俄舰队侵入辽东旅顺湾，强占旅顺、大连。

十二月上中旬，樊增祥仍在京等候吏部派遣，常与端方、盛昱、王懿荣、张荫桓等好友往来唱和，写有《腊八日端午桥水部招同伯熙廉生两祭酒食粥余以事羁不赴七叠前韵奉柬》（二首）、《次韵酬樵翁见赠》（二首）、《午桥斋中夜话戏用伯熙语作诗奉赠》、《叠前韵再赠樵翁》（二首）、《伯熙惠银鱼紫蟹赋谢》、《感事呈伯熙》（二首）、《伯熙叠韵赠别语益苍凉八叠前韵慰赠》（二首）、《题午桥所藏宋拓化度寺碑九叠前韵》（二首）、《十叠前韵题明版寇莱公集为廉生祭酒属赋·集为弘治间平川王承裕刻》（二首）、《伯熙以往复诸作语多悲苦别赋乐诗二首见贻十一叠韵报之》、《十二叠韵题司马温公耆英会图为念初尚书属题》（二首）等诗作。

其间，樊增祥与翰林院侍讲柯劭忞订交，写有《柯龙岩先生镜景图为哲孙凤笙翰编属题》（二首）、《次韵酬柯凤孙见赠》（二首）、《叠前韵索凤孙和并柬伯熙廉生》（二首）等诗作纪其交往（见《樊山续集》卷四,《樊樊山诗集》第708—710页）。

在京候旨期间，樊山与翰林院编修杨钟羲结识。樊增祥作《钟子琴编修枉诗见赠三十六叠韵奉酬》（二首），申述乡谊并纪其事。

樊山在《杨子琴六十寿言》中说："余光绪丁酉荐入都，始相识于日下。"（见杨钟羲《雪桥自订年谱》）

---

① 翁同龢:《翁同龢日记》,中华书局2006年,第3057页。

杨钟羲则在其《雪桥自订年谱》中记载：光绪二十一年（1895）他充任顺天乡试同考官时，“荐卷樊庶仲明，为云门布政增祥嗣子”。丁酉（1897）冬，“云老由渭南令报最入都，寓海波图寺街竹诧故宅。以通家相过从”①。

樊山在京等候吏部派遣期间，曾与吴大澂、翁同龢等朝廷大臣有过往来酬赠。吴大澂、翁同龢等友朋曾携手为樊增祥制作设色水墨纸本书法《梅花竹石图》成扇。吴大澂绘画并题识云：“偕友人泛舟西湖，各携书画互相评骘。当日米家舫逸兴清标，亦不是过也。因见戴文节（戴熙）画册有此一帧，云门大兄大人鉴正之。吴大澂临。”钤印“吴大澂印”。

翁同龢在背面的题跋云：“公谨太尉，宋时侍从与殿帅谈，往往有之；唐彦猷兄弟为坡公所器，故看谟重之。云门大兄姻世大人正腕，叔平弟翁同龢。”钤印“翁同龢印”。

案：除吴大澂和翁同龢之外，为《梅花竹石图》成扇（背面）题跋的尚有李念诒（印“君梅”）、吴宝恕（印“子实”）、徐文泂（印“文泂”）等友朋（见上海崇源艺术品拍卖有限公司“2002首届大型艺术品拍卖会”——“成扇楹联”专场拍卖品，编号：0143）。

十二月十三日，康有为等人在北京成立粤学会。

十二月十九日，为东坡诞辰之日，好友张荫桓在铁画楼设宴为樊山饯行，樊山乃作《东坡生日张尚书招同伯熙廉生两祭酒午桥水部集铁画楼为余设饯即席赋诗赠别十三叠韵奉呈》（二首）纪其事。

年底，樊增祥见吏部尚无消息，乃留京，并赁屋在京中度岁。其间写有《赁屋为洪君亮吉旧宅树石幽胜》（二首）、《重有感十五叠韵呈伯熙》（二首）、《京邸除夕十六叠韵柬伯熙》（二首）、《次韵酬樵翁除夕见寄》（二首）等诗作。

其间，樊山在朋友处偶见已故同年吕凤歧三女儿吕碧城所作之诗词，甚是叹赏。

刘绍唐在《民国人物小传》中曾说：“（吕碧城）年十五六，偶有所作，为樊樊山、易实甫诸前辈所见，极称誉之。”②

十二月间，湖广总督张之洞奏请设立粤汉铁路总公司。

---

① 杨钟羲：《雪桥自订年谱》，《近代中国史料丛刊本》，台湾文海出版社1996年版。

② 李保民：《吕碧城集笺注》，上海古籍出版社2001年版，第517页。

是年，樊山的上司、原陕甘总督杨昌濬在湖南长沙去世。

光绪二十四年戊戌(1898) 五十三岁

正月初六日，上谕批准贵州学政严修的建议，计划设经济特科，分为内政、外交、理财、经武、格物、考工，由三品以上京官及督抚学政各举所知，咨送总理各国事务衙门，会同礼部奏请，试以策论。

正月上中旬，樊增祥在京中过新年，与盛昱、王懿荣、端方、张荫桓、柯劭忞等友朋宴集唱和颇多，其间相继写有《叠凤笙韵酬伯熙除夕见寄》（二首）、《梧生云伯熙将见过戏书》、《春初即事十八九叠韵邀伯熙凤笙同作》（四首）、《春兴二首四叠凤笙韵索伯熙和》、《饮酒二首二十叠韵索伯熙和》、《二十一叠韵赠伯熙》（二首）、《斋居效放翁》、《酬绣漪秋江两女侄赠别之作》（二首）、《次韵酬樵翁人日见寄》、《元旦日食二十二叠韵和伯熙》（二首）、《再答绣漪》、《月汀都转陈臬山西二十六叠韵奉寄》（二首）、《樵公叠伯熙韵纪立春之宴二十七叠韵奉酬》（二首）、《书愤呈伯熙凤孙二十八叠韵》（二首）、《用樵公韵作看灯说饼二诗呈廉生伯熙午桥》（二首）、《伯熙作俳体诗二十九叠韵奉和》（二首）、《再为俳体诗呈伯熙三十叠韵》（二首）、《两女侄不忍言别以诗慰之》、《临别再赠》等诗作（见《樊山续集》卷四，《樊樊山诗集》第716—729页）。

其间，樊山亦未忘去看望老上司荣禄，曾作有《二十四叠韵上仲华相国》（二首）纪其交往。

年前，好友张荫桓曾作有《腊月十三日得雪云门将返秦中赋诗留行并柬仲华相国伯熙廉生两祭酒》赠樊山（见《樊山续集》卷四附录，《樊樊山诗集》第723—724页）；年后，樊山遂作《次韵酬樵翁见赠》（四首）回赠张荫桓。

春节期间，樊增祥有时也与弟子余诚格一起去观剧。樊山写有《戊戌元旦同寿平观剧十七叠安扬韵》（二首），在第一首诗后自注云："甲申元日，与君观剧，今十五年矣。"

正月十四日，是日立春，好友张荫桓招饮，樊山作有《正月十四日立春樵翁尚书枉招说饼即席用人日见赠韵奉呈》纪其事。

正月十五日，老上司、好友端方、端锦昆季招饮，樊山作有《十五日午桥昆季招同廉生伯熙》（二首）纪其事。

正月二十日，好友王懿荣、盛昱招饮，樊山作有《正月二十日廉生伯熙招饮酒楼赋呈一首》纪其事。

正月二十一日，英国强迫清政府声明，不将长江流域各省割让或租借给其他国家。

正月二十三日，樊山得吏部通知，即将还秦；友朋于当日设宴为其饯行，乃作《廿三日再集叠人字韵》纪其事。

正月二十七日，好友端方、盛昱招饮同丰堂，为樊山饯行，樊山作《出都之前一夕偕午桥伯熙饮同丰堂夜分始别途次三十三叠韵奉寄》（二首）纪其事。

正月二十八日，樊增祥告别诸友出都返陕西，一路写有《正月二十八日出都三十二叠韵寄伯熙》（二首）、《正月晦豆店遇雪》、《过方顺桥再叠前韵》、《真定怀古》、《保阳道中三十五叠韵写怀》（二首）、《钟子琴编修枉诗见赠三十六叠韵奉酬》（二首）、《雪夜由定兴至北河》、《忆北江旧庐》、《阿咸念都中戏剧不置作观剧诗二首三十七叠安扬韵》（二首）、《车中杂忆都门近事记之以诗》（六首）、《蕊练二侄索书素册途次写寄》、《三十八叠韵寄伯熙》（二首）、《宿邯郸作》（四首）、《国士桥》、《前诗有为而发于国士桥本义未尽也再赋此篇以谢豫子》、《二月十一日新乡道中遇雪三十九叠前韵寄都门同好》（二首）、《四十叠安扬韵寄伯熙》（二首）、《途次见高丽人诗碣有感于三韩近事漫赋一诗》、《途次杂诗》（十二首）、《过招贤镇望孟县作》、《雪中效曹唐体》（十二首）、《河南道中》、《张茅道中》、《宿新安》、《十九日石壕遇雪》、《邯郸道中两见门人何生和余磁州之作辄书其后仍用前叶》（二首）、《渡河》、《二月二十日硖石道中遇会试者戏赠》、《潼关城楼春望》、《旅兴》、《伯熙临别和余人字韵诗益愤痛四五叠韵》（二首）、《西还》、《寄伯熙劝其著书》（二首）等诗作。

其间，在途经直隶定兴时，樊山曾特地前往拜访、看望被罢官居家的老上司、好友鹿传霖，并作有《正月晦过定兴谒滋轩督部于里第三十四叠韵奉呈》（二首）纪其事。

二月初一日，湖南维新志士创设南学会，谭嗣同、唐才常主其事。

二月初九日，清政府再次向英、德集团续借英德洋款。

二月十三日，周恩来（1898—1976）出生于江苏淮安城内驸马巷一个大户人家。

二月十四日，清政府与德国签订《胶澳租界条约》。

三月初，樊增祥抵达陕西，仍回渭南本任，樊山作有《到省之明日奉司牌回渭南任赋示内子》《初入县署作》等诗作纪其事。

樊山回到渭南本任后，即着手裒其上年八月至今年二月所作之诗，厘为三卷，名《朝天集》（上、中、下）。

樊山曾自言："八月发西安，重九抵都，故交则伯熙、廉生、午桥、寿屏，朝夕相见；长白相国、嘉定尚书、南海侍郎命酒赋诗，月尝数集，而妇家群从，并在门墙。竹延兄弟、绣漪姊妹，立雪受书而称弟子，典钗沽酒而奉先生。出则角逐云龙，归则满怀珠玉，流连半载，乃始西还。凡所赓酬，厘为三卷，曰《朝天集》。"（《樊山诗钞自序》，《湖北文征》第十一卷，第575页）

三月初六日，清政府与沙俄签订《旅大租地条约》。

三月二十日，法国强租广州湾，逼迫清政府宣布，两广、云南不让与他国。

三月二十二日，康有为在北京粤东会馆成立保国会，梁启超、林旭、宋伯鲁、杨锐、刘光第、徐仁录、陈虬、傅增湘等186人列名。

三月二十四日，清政府与华美合众公司签订《粤汉铁路借款合同》。

闰三月初二日，日本强迫清政府声明，不将福建割让给他国。

同日，严复的译著《天演论》出版发行。

闰三月十七日，沙俄与清政府订立《续订旅大租地条约》。

闰三月二十五日，陕西巡抚魏光焘以"学问淹通、办事精敏"[①]保举樊增祥，奉旨交军机处存记。

四月二十一日，清政府与英国签订《展拓香港界址专条》。

四月二十三日，光绪皇帝下"明定国是"诏书，宣布开始变法自强，先举办京师大学堂，又命督抚保举人才。百日维新（又称戊戌变法或戊戌维新）开始。

四月二十七日，朝廷任命荣禄为直隶总督兼北洋大臣。

公务之余，樊增祥亦时常与友朋宴集唱和，相继写有《葺治身云阁成移居其内》、《题堂下石榴》、《身云阁夜坐》（二首）、《东园》、《灯》、《镜》、《杯》、《香》、《灯》、《镜》、《杯》、《香》、《羹堂入都后两侍儿同时小极寄此调之》（四首）、《连心花簃即事》、《戏赠小儿女》、《阿咸上学》、《雨》、《种

---

① 茅海建:《戊戌变法史事考》(第二集),生活·读书·新知三联书店,2011年版,第191页。

树》、《锄菜》、《莳花》、《植果》、《白凤仙》（八首）、《东园即事（回文）》（二首）、《寄伯熙》（二首）、《无题》（四首）等诗作。

四月二十七日，慈禧太后逼迫光绪皇帝罢免翁同龢工部尚书、军机大臣等职务，逐回原籍。

四月二十八日，光绪皇帝召见康有为，命其在总理衙门章京上行走。

五月十三日，中英在北京签订《订租威海卫专条》。

同日，四川大足县的余栋臣再次发动反洋教起义。

五月十五日，傍晚大雨。是夜四更，月食。樊山异其事，乃作《五月十五夜四更月食》诗以纪之。

五月二十日，朝命陕西按察使（尚未到任）袁昶为江宁布政使。

五月二十二日，光绪皇帝命各省大小书院一律改为新式学堂，兼习中西之学，凡不在祀典之民间祀庙亦改为学堂，义学、社学亦习中西之学。

六月初二日，直隶总督荣禄以“学问优赡，志节清严”①，荐举樊增祥可充司道之选，由七品直升四品。

六月间，天气酷热，樊山写有《暑窗》《暑夜东园观剧》《东园纳凉》等诗作纪之。

七月初五日，清政府设立农工商总局。

七月初七日夜，天下雨，既不能出门，亦无所观，只能闲坐观雨。樊山作《七夕雨中》（四首）纪其事（见《樊山续集》卷六，《樊樊山诗集》，第754页）。

当年立秋较早（今年是六月二十日，即8月7日立的秋），天气渐渐转凉，樊山作有《秋兴》、《秋夜》（二首）、《遣兴》（二首）、《雨夜有寄》、《绮怀》（四首）等诗作。

七月十九日，光绪皇帝革去阻挠上书的礼部尚书怀塔布等六堂官职。

七月二十日，诏令谭嗣同、刘光第、杨锐、林旭等以四品卿衔为军机章京，参与新政事宜。

七月二十八日，农工商总局大臣端方以樊增祥“蔚然通儒，亦精吏事，

---

① 茅海建:《戊戌变法史事考》(第二集),生活·读书·新知三联书店,2011年版,第168页。

善持雅操，慈惠之师”①，作为通达时务者举荐，军机处当庭拟旨，预备召见。

同日，樊增祥和升允同时接到朝旨，准备进京觐见。樊山写有《七月廿八日奉电旨陕西候补道升允渭南县知县樊增祥迅即来京预备召见恭纪一诗》纪其事。

七月二十九日，光绪皇帝赐康有为、杨锐密诏，谕以政变危机，望他们速筹良策。

七月下旬，樊山写有《鸿侄作东园即事回文八韵小有意致更用原韵广之凡十二叶》（二章）、《夜话斋题壁》（二首）、《有感》（四首）、《雨中东堂听曲》、《感事》、《夜过连心花簃坐雨》等诗作。

八月初二日，光绪皇帝密命康有为迅速出京，赴上海督办官报局。

八月初三日，谭嗣同密访工部右侍郎袁世凯，企图借袁氏之力（此指小站所练新军）以胁迫慈禧太后。

八月初五日，工部侍郎袁世凯将帝党的计划向直隶总督荣禄告密。

八月初六日，慈禧太后发动政变，复出临朝训政，光绪皇帝被幽禁于中南海南海中的仙岛皇宫——瀛台。又以康有为“结党营私，莠言乱政”，下令通缉。

八月十三日，谭嗣同、刘光第、杨深秀、杨锐、林旭、康广仁在北京菜市口被杀，史称“戊戌六君子”。

八月中旬，樊增祥解渭南县令任，候旨入京，其间相继写有《中秋雨中用七夕韵四首》、《留别东园兼示吏民二首》、《将去渭南抒怀叙别》（四首）、《题交花舫》、《将入都门书怀示客》（二首）、《候代不至戏作》、《示鸿侄仲儿》、《读八月十三日邸钞恭纪》（二首）、《用前韵再示儿辈》、《次韵酬晴谷同年赠别并示令嗣未杭孝廉四首》、《赠尹大令即用留别》、《次念初来韵》（二首）、《秋暮》、《醉枣十二韵》等诗作。

其间，樊增祥得知好友张荫桓因支持变法、深得光绪皇帝信任，当变法失败后，便被朝廷抓捕，发往新疆交地方大吏严加管束，即将途经西安。樊山颇为好友惋惜，相继写有《樵翁将入关以诗奉迓》、《连得樵翁侯马闻喜两书再寄二首》、《樵翁灞桥道中阅樊山集见和茉莉四律寄乡国之思哀艳切

① 茅海建：《戊戌变法史事考》（第二集），生活·读书·新知三联书店，2011 年版，第 171 页。

情》(四首)等诗作寄赠。

八月二十一日，清政府查禁湖南南学会，将湖南巡抚陈宝箴及其子吏部主事陈三立、湖南学政江标、庶吉士熊希龄等革职交地方官管束。

八月二十二日，清政府命俞廉三为湖南巡抚，又将刑部主事张元济革职。

八月二十五日，清政府与英国中英公司订立《关内外铁路借款合同》。

九月间，樊增祥将今年二月以来所作之诗结为《晚晴轩集》。樊山自言："戊戌三月，回渭南任。七月内召，八月解任。在渭所作曰《晚晴轩集》。"(见《樊山诗钞自序》,《湖北文征》第十一卷，第575页)

十月中下旬，樊增祥由渭南来到省城西安，赁屋居于东柳巷，等候入京觐见。此期间无事在身，较闲适，相继写有《邵阳中丞见示政府字寄十月十五日奉上谕令臣樊增祥来京预备召见恭纪以诗》《移居》《定兴公起抚粤东慈圣垂询州县人才独以增祥应诏驰书劝驾期待甚殷感赋二律奉寄》《寄爽翁》《酬余秀才见赠》等诗作。

十月二十一日，朝命将前协办大学士、军机大臣翁同龢、湖南巡抚吴大澂革职，永不叙永。

十月二十二日，清政府悬赏购捕康有为、梁启超、王照。

十一月初一日，为樊山五十三岁寿诞，樊山特地携夫人去照相馆摄影纪念，相继写有《自题五十三岁照像》(四首)、《再题小影》(四首)、《自题雪中照像》(四首)、《题内子照像》等诗纪其事。

十一月十一日，梁启超在日本横滨创刊《清议报》。

十一月间，樊增祥仍在西安候旨，其间写有《十一月十五日夜月蚀》(二首)、《瓶斋即事》(十首)、《读放翁集题后》、《吾庐》、《漫兴》、《冬夜》、《伯平招集市楼即席有作》、《忆东园》、《岁暮有怀意园》、《再寄爽翁》等诗作(见《樊山续集》卷七,《樊樊山诗集》第775—784页)。

其间，老上司、好友端方因积极参与新政，被朝廷改任为陕西按察使。樊山居西安与其往还较多，相继写有《午桥廉宪入关以诗奉迓》《次韵酬午宪赠别之作》《再叠前韵呈午公》《三叠前韵呈午公》《四叠前韵言志》《五叠韵呈午公》《夜过午公共饭六叠前韵》《午公属题琅琊碑拓本敬赋长句奉呈·帖为潍县陈受卿太史命工王西泉用佳纸精拓，较旧拓为胜》等诗作相赠。

好友刘纶襄闻樊增祥即将入京觐见，乃赋诗赠别。樊山颇感其厚意，遂作五言长篇歌行《次韵酬刘蓉舫前辈赠别》致谢。

十二月初六日，李慈铭的灵柩下葬贺家湖。樊山作有《闻爱伯师窀穸有日感赋》《再悼爱师》等诗以悼之。

案：据《越缦堂日记》"光绪十四年三月初一日"载，李慈铭所选墓地应是兰渚桥外小山名殷家坞者，地近兰亭。贺家湖乃鉴湖之别称，兰渚桥近鉴湖。

十二月上中旬，樊增祥仍在西安继续候旨，其间写有《戊戌东坡生日午桥廉宪招同西屏刺史署斋小集八九叠韵留别》（二首）、《乙未之春鹿溪院长得樊山集惠题三律顷始见示依韵奉酬》（三首）、《小照得鹿翁题句次韵报谢》（二首）、《午宪以银碗漆器赠行十叠前韵奉谢》等诗作（见《樊山续集》卷七，《樊樊山诗集》第786—787页）。

十二月下旬，樊增祥裒居西安期间所作之诗为《柳下集》。樊山曾自言："是年十月还西安，倦马脱缰，徘徊不进，典屋于东柳巷，为寄孥计，而劳薪暂息，明诏连催，恋兹一亩之宫，藉卒三冬之业，命其所作曰《柳下集》。"（见《樊山诗钞自序》，《湖北文征》第十一卷，第575页）

樊增祥一生好学不倦，少时因家贫买不起书，"二十许时，即好聚书，侵寻三十年，所得二十余万卷。而书画碑帖之属，又十余巨簏，关内目为收藏家。先生尝曰：'意不能无所寄，声色服玩，非性所嗜，此事差以自娱。若值攻取之场，赴功名之会，视弃此物犹敝屣耳。吾宁作虎头痴哉？'"

十二月二十七日，樊增祥奉旨由省城西安出发进京入觐。启程之日，端方、谭麐等好友皆来为其送行。樊山则写有《戊戌十二月二十七日发西安午桥》《渭南行馆除夕八首》《潼关旅夜遇杨伯裕同年谈命》《风陵》等诗纪其行。

案：自樊增祥此次离开西安，原友朋所结之青门萍社遂解散。樊山曾在《秋景回文》（二首之二）"吟苦几多诗社复"诗句后自注云："自余戊戌入都，萍社遂散，迩来酬唱复盛。"（见《樊山续集》卷二十三，见《樊樊山诗集》第1341—1342页）

十二月，湖广总督张之洞奏请在汉口设置夏口厅治，改汉口同知为夏口厅抚民同知。

是年，王修（1898—1936）出生于浙江长兴一个书香之家。

是年，樊山的好友钱振常在老家苏州去世。

光绪二十五年己亥(1899)　五十四岁

正月，樊增祥在旅途度岁，至二月初抵京，一路写有《夜宿牛头镇·一作牛杜》、《蒲州道中阅题壁诗戏书其后》、《晓行》、《蒲东怀古》、《人日闻喜道中》、《信美八首》、《东去》、《山西道中寄赠张捷三军门·君先余十日入都》、《旅兴》、《宿灵石有怀同年何寿萱廉访·君亦将入觐》、《谒韩侯庙》（二首）、《再题韩侯庙壁》、《灵石之南三里许有一村危立山半》、《谒郭有道墓》、《介休道中》、《介休灯词》（八首）、《太平洪洞皆有豫让桥》、《榆次元夕》、《徐沟道中》、《正月十六日大风过太安驿遇雪》、《雪夜宿清平》、《雪中过土陉岭》、《雪后过辛兴滩》（二首）、《雪后过四天门》（六首）、《过平定州悼李兆勖汾生同年·君以病乞休，主平定讲席，寻卒》、《途中书见（台阁、火塔、十番鼓、九莲灯）》（四首）、《正月十九日板桥旅次示鸿侄》、《自井陉至获鹿所过青玉峡翠蛟潭皆险道也纪之以诗》、《旅中赠内》、《再用方顺桥旧韵写怀》、《将至都门先以一诗寄许景澄竹筼侍郎》、《叠前韵再寄竹筼前辈》、《过真定大佛寺戏题》、《赵顺平故里》、《叠前韵寄爽翁》、《伏城驿店壁见新疆故人题句感赋四律却寄》、《过明月店》、《望都道中咏新柳用渔洋秋柳韵》（四首）、《春柳用渔洋秋柳韵》（四首）等诗作。

正月十九日，意大利向清政府租借浙江三门湾，为清政府所拒。

二月初三日，清政府任命署理江宁将军毓贤为山东巡抚。

二月上旬，樊山抵京，随后，樊增祥便将进京入觐途次所作之诗结为《赴召集》。樊山曾自言：“小除日发西安，已亥二月至都，途次所作曰《赴召集》。”（见《樊山诗钞自序》，《湖北文征》第十一卷，第575页）

二月初八日，蒙圣上召见。奉旨：“本日召见之陕西渭南县知县樊增祥，著开缺，以道府存记，交荣禄差遣委用。”樊山曾作有《已亥二月初八日召对仪鸾殿奉旨开缺以道府存记次日入谢两宫垂询时政甚悉纪恩述事敬赋二诗》纪其事。

于是，自本年二月上旬始，樊增祥即以道员衔进入前辈好友、老上司、直隶总督荣禄幕府，参武卫军事。

案：武卫军是在中日甲午战败后组建的直接由朝廷掌握的拱卫京畿的一支新式军队。改聂士成部淮军武毅军为前军，驻芦台（今天津宁河区）；董福祥部甘军为后军，驻蓟州（今天津蓟州区）一带；宋庆部毅军为左军，驻山海关内外；袁世凯部新建陆军为右军，驻天津小站（今属天津津南区）；另募丁勇、抽调八旗兵组成中军，由荣禄亲自统领，驻南苑（今北京大兴区）。

王森然《樊增祥先生评传》云："戊戌，荣禄窃柄，大权独揽，置武卫军，以官西安将军时，夙器增祥才识，遂以道员充禄幕僚，运筹帷幄。"①

其间，樊增祥的好友袁爽秋、盛昱、王彦威、王懿荣、余诚格等亦齐集都下，文酒诗会不断。正如陶在铭所说："每入都，朋簪云合，兴会飚举，歌楼饮肆，游宴无虚日。"（陶在铭《樊山续集序》，《樊樊山诗集》附录二，第 2034 页）

其间，樊山写有《代仲华相公题恭忠亲王萃锦吟续集十二韵》、《玉河书见》（二首）、《题爽翁水明廔诗集·集中附文数篇》等诗作。

二月十四日，湖广总督张之洞奏呈举行保甲团练办法大要八条，以清"会匪"，弭教案。

二月间，山东义和团（亦称义和拳）朱红灯率团众在长清、茌平、平原一带举行起义，反对外国教会侵略势力。

三月中旬，樊山有事路过高庙，不禁回想起十五年前和好友黄再同陪同李慈铭师游览此地的情形，遂再次登上第一楼，凭吊师友，并作有《春暮过高庙登第一楼题壁》一诗纪其事。

三月二十八日，中、俄订立《勘分旅大租界专条》及《辽东半岛租地专条》。

四月初八日，樊增祥的二女儿做周岁，按习俗煮粥供佛，并赠送朋友。好友盛昱以诗报谢。樊山作有《己亥四月八日次女金粟周晬作粥供佛分贻朋友》、《赋得缘豆呈伯熙》等诗纪其事（见《樊山续集》卷九，《樊樊山诗集》第 810—811 页）。

案：缘豆亦称舍缘豆，乃是旧时北京的一种习俗，意谓施舍豆子结缘。清福察敦崇《燕京岁时记·结缘豆》云："四月八日，都人之好善者，取黄豆数升，宣佛号而拈之。拈毕煮熟，散之市人，谓之舍缘豆，预结来世缘也。"作粥供佛与舍缘豆习俗类似。

四月初九日，英国、德国与清政府签订《津镇铁路草合同》。

四月中下旬至五月上中旬，樊增祥与爽秋、伯熙、廉生等好友来往特

① 王森然：《樊增祥先生评传》，《近代名家评传》二集，生活·读书·新知三联书店 1998 年版，第 1 页。

密，相继写有《简爽翁》、《屋后新作小台全揽玉河之胜薄晚肃爽翁登眺盛荷诗章敬次来韵》、《午日对酒叠前韵寄爽翁》、《雨过》(二首)、《奉和伯熙涞水雨夜见寄元韵》、《又和伯熙病足一首》、《伯熙病足诗用韵较险更以七言报之》、《余既和伯熙病足诗适黄漱兰丈亦患此疾》、《次答爽翁来韵》、《五月十四日晓起登平台看雨用前韵简伯熙》、《雨后登北台观荷简爽翁》、《余和爽翁诗有何时听雨之句诘旦即得好雨戏拈二解》、《小台在吾庐之西北因名之曰北台并系以诗或为将来志坊巷者增一故事耳》、《再赠伯兮》、《雨中》(四首)、《题徐舍人词稿》(四首)、《遣怀》、《廉生再补祭酒伯熙以诗调之亦赋一首》、《题爽翁富春溪山卧游图》、《再题爽翁卧游图·黄漱丈桥梓并有题墨，中空一方，爽翁属补其缺》(四首)、《浴罢》、《廉翁三长国学出扇索诗再赠二首》、《爽翁以五言长篇见奖愧不敢荷敬次来韵》、《夏日过意园有作》、《再过意园三叠山字韵赠伯羲》、《伯羲晚过北台观荷四叠前韵》等诗作。

五月初二日，朝命各省必须举办团练。

五月初九日，樊山的前辈好友、诗人黄体芳在家乡瑞安府宅去世。

五月十五日，朝命刘坤一、张之洞、邓华熙等五省督抚，在长江沿岸严密设防。

五月中旬，樊山的同门师弟徐珂，应广西提督苏元春之邀，随其出京入幕办文案；樊山遂撰对联一副为之赠行："晨餐东海狞龙鲊，夜草南山猛虎行。"

五月间，樊增祥结识时任翰林院侍讲学士的著名词人朱祖谋，并成为好友。他们时常宴集唱和，切磋词艺。樊山写有《瑞鹤仙·暖风梅豆热》、《桂枝香·罗襟麝袭》、《金缕曲·感怀示寿平、古微》、《氐州第一·感旧，用清真韵酬古微》等词作纪其交往。

樊增祥有时还陪同朱祖谋、余诚格等友弟一同去观剧。樊山曾填有《桂枝香·罗襟麝袭》词，其序言就说："己亥五月初七夜，寿平招同古微、逊莽观名伶桂凤演《宛城》一剧，赋此赏之。"

六月十三日，康有为在加拿大千岛与侨商李福基、冯秀石等成立保救大清光绪皇帝会，简称"保皇会"(亦称"中国维新会")。康有为任会长，梁启超、徐勤任副会长。

六月间，天甚热，樊增祥出门较少。是时，赛金花(傅彩云)名噪京师，樊增祥偶尔从友人处听闻其传奇故事，诗兴大发，遂作七言古体长篇叙事诗《彩云曲》。其序云："傅彩云者，苏州名妓也。年十三，依姊居沪上，艳名噪一时。某学士衔恤归，一见悦之，以重金置为篷室，待年于外。祥琴始调，金屋斯启，携至都下，宠以专房。会学士持节使英，万里鲸天，鸳鸯并载。既至英，六珈象服，俨然敌体。英故女主年垂八十，雄长欧洲，尊无与并。彩出入椒庭，独与抗礼。尝偕英皇并坐照像，时论奇之。学士代归，从居京邸，与小奴阿福奸，生一女，学士逐福留彩，浸与疏隔。俄而文园消渴，竟夭天年。彩故与他仆私，至是遂为夫妇。居无何，私蓄略尽，所欢亦殂，仍返沪为卖笑计，改名曰'赛金花'。苏人公檄逐之，转至津门，虽年逾三十，而艳名不减畴昔。己亥长夏，与客谈此事，因记以诗。先是，学士未第时，为人司书记，居烟台，与妓爱珠有啮臂盟。比再至，已魁天下，遽与珠绝。珠冤痛累月，竟不知所终。今学士已矣，若敖鬼馁，燕子楼空。唱《金缕》者，出节度之家；过市门者，指状元之第。得非霍小玉冥报李十郎乎？余为此曲，亦如元相所云。甚愿知之者不为，而为之者不惑耳。"

据清末巡城御史陈恒庆《谏书稀庵笔记》中的记载说："（赛）辗转至京，寓西安门外砖塔胡同，地为乐部群妓之渊薮，于是声名藉甚，车马盈门矣。至吾家相府请安者数四，予因得而识面焉。初见时，目不敢逼视，以其光艳照人，恐乱吾怀也。"①

七月初三日，立秋。是夕，樊山得一曾孙，甚喜，乃为之取名曰"喜子"，并作《己亥七月三日立秋是夕得一曾孙命之曰喜子并系以诗》（二首）纪其事。

七月间，樊山尚写有《立秋过意园》、《闲居》（二首）、《北台早秋》、《爽翁新葺湛然精舍奉赠四首》、《爽翁赐叠前韵再呈四首时公方抱孙故末章及之》等诗作。

其间，樊增祥与外舅彭器之在京城相聚。适外舅将出京返鄂，樊山乃作《送器之外舅还鄂》一诗为之赠行。

八月初二日，美国国务卿海约翰（John Hay）提出对华"门户开放"政策。

八月初四日，樊山邀请竹篔、爽秋、廉生、伯熙、公度、次珊、寿平等好友到家宴集、赏玩书画，并作有《八月四日招同竹篔爽秋廉生伯熙公度次

① 刘半农等著：《赛金花本事》，岳麓书社1985年版，第126页。

珊寿平北台小集》纪其事。

八月十三日，山东平原义和拳首领朱红灯率团众抢劫教民。

八月中秋日，樊山请外姑、内兄全家到家中团聚赏月，并作有《中秋日与内兄内子携两家儿女奉外姑北台赏月即席有作》（二首）纪其事。

八月间，樊山的好友王懿荣首先发现河南安阳殷墟甲骨文，从而将中国的信史提前了1700多年。

八九月间，公务之余，樊山尚作有《偶阅南宋人集即效其体》、《绝句》、《漫兴》、《谢爽翁惠木瓜》（四首）、《北台晚眺五叠山字韵》、《盆桂盛开同绣漪赋之》、《赋得海棠木瓜·得棠字瓜字》（二首）、《再过湛然精舍》（四首）、《四忆诗》（有序）、《北台九日简伯熙》、《写怀》、《赋得孩儿菊》（八首）、《酬莲溪同年见赠》、《水晶糕》等诗作。

其间，遵前辈好友徐郙之嘱，为其所藏清乾隆年间名臣、名书画家钱沣所画之《瘠马图》题写长篇七言歌行《嘉定徐大司马属题钱南园所画瘠马图寓物抒情敬成长句》一篇。

九月十四日，工部右侍郎袁世凯率军击散山东平原义和拳朱红灯部众。

十月十一日，美国正式宣布对华“门户开放”政策。

十月十四日，清政府与法国订立《广州湾租界条约》。

十月十六日，樊山过盛昱府邸看望生病的好友，并作有《十月既望过意园记醉中语》（十一首）、《伯熙病中索诗因赠》（四首）等诗相赠。

十月下旬，苏元春因与法国订立《广州湾租界条约》之事遭国人斥责，亦遭到御史的弹劾去职，徐珂只得重返京城。

十月间，公务之余，樊山尚作有《书白香山下邽看桃花诗后》、《排闷》（七首）、《有赠》、《忆东溪》、《题何京兆听泉图》（四首）、《禁垣新葺有述》、《西窗》、《爽翁赠诗以留侯汲直见喻谢答一首》、《次韵和爽翁赐题新拓小阁子一首》、《再酬爽翁咏小阁子》等诗作。

十一月初四日，朝命撤换毓贤的山东巡抚职务，而以袁世凯署理山东巡抚，并率军大肆镇压义和团。

十一月十九日，山东义和团首领朱红灯被清军抓捕。

十一月二十一日，山东义和团首领心诚和尚（又号本明和尚）被清军抓捕，并同朱红灯一起被解送济南。

十一月二十二日，毓贤在离开山东济南前，将义和团首领朱红灯、心诚和尚、于清水等人杀害。

同日，两江总督刘坤一奉命进京陛见，而以江苏巡抚鹿传霖署理两江总督。

十一月二十五日，谕令军机大臣王文韶为协办大学士。

十一月间，樊山在公务之余尚作有《生日作》（二首）、《廉生祭酒惠笔管蛏赋谢十六韵》、《次伯兮韵》（二首）、《次爽翁北台雪霁元韵》（四首）、《谢爽翁惠新会橙》、《寿平侍御惠银鱼叠前韵志谢》、《连日读爽翁于湖文录思有所作以抒景仰会公以大篇见示敬次来韵奉答》、《爽翁属题明人吉庆图》、《爽翁惠佳酿一巨瓮并示松苓酒方赋谢》、《爽翁赠诗有松颠融雪青一滴之句辄题其后》等诗作。

十二月初七日，尚小云（1900—1976）出生于北京市安定门内法通寺草厂大院一个汉军镶蓝旗人家庭。

十二月初九日，直隶总督裕禄致电署理山东巡抚袁世凯，商请鲁直两省协力拿办义和拳民。

十二月十九日，为苏东坡的诞生之日。往昔此日，尤其是慈铭师在世之时，友朋皆聚于爱师斋中宴集唱和，何其欢乐！如今，爱师已逝多年，伯熙又身患重病，实在令人悲伤，樊山乃作《东坡生日作（有序）》（二首）以抒其慨。

十二月二十日，樊增祥的同年、挚友盛昱在京城府第病逝，樊山十分悲痛，写有《廉生见余东坡生日诗属题所藏坡怀子由诗帖以当引首时伯熙犹在病榻也未几而凶问至矣即用坡韵哭之》、《伯熙遂于是夜化去再赋》诗以悼之。

由盛昱的病逝，樊增祥不禁想起王懿荣之弟王信卿的病逝，甚是感慨，乃作《廉翁令弟信卿太守以甲午冬送女入关》《再作吉语呈廉翁》等诗以纪之。

十二月二十四日，慈禧太后懿旨，立端王载漪之子为大阿哥，准备废掉光绪皇帝。

同日，是南方传统的小年，樊山作《小除日简廉翁爽翁》赠王懿荣和袁爽秋。

十二月二十七日，英、美、法、德、意驻华公使一致要求清政府速下剿灭义和拳的上谕。

是年底，樊增祥在京师与小他十三岁的龙阳才子易顺鼎正式结识。二人于二十年初识，便相互倾慕，此次相会一见如故，并成为此后二十多年的至交。当时，易顺鼎作有《东坡生日后一日闻盛伯义祭酒之丧和樊樊山韵二首》纪其交往（见易顺鼎《燕榻集》，清光绪二十七年刻本）。

十二月三十日，收到好友袁昶的赠诗，乃作《除夕叠爽翁韵二首》赠谢。

除夕夜，乃万家团聚守岁之时，好友黄绍箕却在枢垣夜值，樊山乃作《除夕有怀弢父枢垣夜值》寄赠。

十二月间，樊山在公务之余尚作有《腊日爽翁留饮剧谈》、《次爽翁韵》、《呈竹翁》、《叠韵呈爽翁》、《再呈竹贺少宰爽秋太常》、《爽翁赠于谏议诗自言效樊山体亦继作吴体一篇殊不似浙西也》、《余题吉庆图爽翁答书用换羊故事戏作三解》、《爽翁出示自书日记》、《爽翁惠咖啡余误为鼻烟》、《爽翁箴余绮语》、《拟从爽翁讲宋学公微笑曰儒门淡泊收拾不住》、《春帖子词·代廉生》（三首）、《前题（代府主）》（三首）、《斋居》、《三叠韵呈爽翁》、《比与廉生谈多忧生叹老之意强为徘体以自壮腹联廉生当之无愧色也》、《水仙》等诗作。

是年，好友孙德祖刻印《寄龛诗质》（十二卷），樊增祥不仅给予资助，还亲自帮其修订。故孙氏在其《自叙》中对樊山甚是感谢："远自秦中置邮而资之，以梨枣佣剞劂者，恩施樊子也。樊子者，吾畏友也，定吾文章者也。"

是年，于莲客（1899—1980）出生于京城皇族远支一个书香之家。

是年，樊山的前辈、友人许振祎在江西老家去世。

是年，樊山的好友、藏书家、诗人丁丙在杭州家中去世。

光绪二十六年庚子(1900)　五十五岁

年初，樊增祥仍在直隶总督荣禄幕府，参武卫军事。

正月上中旬，军务之余，樊增祥与袁昶、易顺鼎、左绍佐、张仲炘等友朋时相宴集唱和，相继写有《庚子元旦宫词》（四首）、《北台早春》、《新岁病目戏书》、《病目久不出强起登北台有述》、《目疾新愈柬爽翁》（二首）、《五杂组诗》（二十四首）、《朱观察为廉生临黄筌杜鹃图此图先有顾祁二临本朱又临辋冈本也》（二首）、《题可青篴》、《新春》、《题爽翁札后》、《酬仲实观察见赠》、《和爽翁有事北坛》、《次韵和爽翁题所宿斋房》（二首）、《规鹿柴一首次爽翁韵·爽翁拟豢鹿，先之以诗》、《次韵春雪》（二首）、《简爽翁》、《余在渭南辟东园以居近爽翁亦有东园赋诗奉粲》、《玄文》、《遣闷》、

《爽翁赐和前韵奉酬二首》、《春兴》、《三叠王字韵呈爽翁》、《四叠前韵写怀》、《春日简左笏卿比部》、《爽秋太常祭摄政睿亲王庙有诗见示敬赋二十韵》、《仲硕和答前韵再柬一首》、《廉生答余书效东方生语戏赠》、《问绣漪病》、《春游》等诗作。

其间，好友、顺天府尹何乃莹曾前来拜访，并出示《三峰草堂情话图》请题，樊山作有七言长篇歌行《题何大京兆三峰草堂情话图》(并序)相赠。

正月二十日，朝命直隶、山东督抚出示晓谕，严行禁止义和拳会；若仍执迷不悟，即行从严惩办。

正月二十六日，樊增祥有失子之痛。同日，其弟子余诚格有出守思恩之命。樊增祥颇有感慨，遂作有《正月二十六日余有失子之戚是日寿平弟适拜出守思恩之命感赋一律》纪其事。

樊山在《二家试帖诗序》中曾说："光绪庚子孟春，余有西河之戚。"

同日，时任通政司参议兼军机行走的湖北同乡、同年张仲炘被解职。樊山作有《余失子日同年张次山银台亦于是日罢官感赋》诗纪其事。

除与师友宴集酬唱之外，樊增祥还经常与师友一起去观剧或与伶人交往。樊山曾填有《情长久·月明鹤背吹笙》词，其序言说："歌者朱生，旧为爱伯师及弢夫所眷，殁九年矣，有子能继其声。庚子花朝，弢夫邀饮其室。是夕，有小伶弹琵琶绝佳。余自甲申后无复绮情，十七年来，重寻歌馆，感今追昔，情见乎词，写似弢夫，当以一杯酹爱师也。"

樊山在《青门饮·呼酒金台》词的序言中亦云："朱郎素云，工书善歌，余甲申出都，犹未露头角也。及庚子在京，偶与歌筵，旧人都尽。子封曰：'盍招素云，此越缦老人所眷也。'余一再招之，西巡后不复见矣。"

二月十三日，天下雪，樊增祥作《二月十三日雪简弢夫寿平》诗问候好友弢夫和弟子寿平。

二月十四日，朝廷擢升袁世凯为山东巡抚，调毓贤为山西巡抚，邓华熙为贵州巡抚。

二月十八日，友朋至云山别墅宴集，樊山作有《二月十八日博泉前辈润夫京兆招同徐大司马》诗以纪其事。

二月下旬，樊山曾参与京师城南词社的活动。樊山在其《满庭芳》词前的小序说："今日城南词社竞填柳初新调，以宣宗御制词有'庭前垂柳，珍重待春风'九字，字皆九画。……余居近液池，宫柳依依，日在窗际，绮春多感，别赋此词。”①

三月初七日，英、美、德、法四国照会清政府总理衙门，请于两月“剿灭”义和团，否则将出兵“代剿”。

三月初九日，好友、太常寺卿袁昶招樊增祥等友朋宴集，樊增祥作有《三月九日爽翁招饮赋呈同席诸公第二首专简主人》（二首）纪其事（见《樊山续集》卷十，《樊樊山诗集》第874页）。

三月上旬，通过好友袁昶的介绍，樊山与自杭州来京城公干的三多结识，且自此三多以师尊樊山，一直保持着密切联系。

三月十三日，朝廷以山东部分义和团主力转入直隶境内，会威胁到朝廷安全，命直隶总督裕禄认真查禁。

同门好友易顺鼎在京期间，常与樊山唱和，相继写有《读渐西樊山两家诗，如游名山，如读异书，如闻钧天广乐之音，乐而忘死。虽有驷马高盖，不如坐进此道也。两家集中相唱和有此篇，暇日辄仿其体，用其韵，即题其集》《樊山赠诗，和韵答赠一首》《樊山写示春雪诗之次日即大雪时花朝前二日也即和原韵二首》《再赠樊山叠前韵，戏为创体》《再叠前韵奉答樊山》《留别樊山二首用前韵》等诗作（易顺鼎《燕榻集》，光绪二十七年刻本）。

樊山除前面提到的之外，还写有《叠韵酬石甫留别》（二首）、《题石甫诗集即送之江左》、《硕甫强以北江楹帖从宋芸子易樊山集去宋意殊怏怏赋此一笑》等诗作纪其事。

三月下旬，适好友易顺鼎有事离京南归，且与名妓赛金花同车，并有诗寄赠，樊山乃作七律《石甫南归与傅彩云同乘有诗见寄戏次其韵》（二首）和之寄赠。

三月间，弟子余诚格离京启程赴任，樊山作有七律《送寿平弟出守思恩》（二首）相赠。

其间，与时任翰林院检讨的四川富顺人宋育仁结识，樊山写有《硕甫强以北江楹帖从宋芸子易樊山集去宋意殊怏怏赋此一笑》、《叠韵赠宋芸子编修时瑶眷将至》（二首）、《芸子官检讨余误书编修书来辨证似以三甲为憾戏赋》等诗纪其交往。

三四月间，樊山公务之余尚写有《赠京尹》《感怀叠捶字韵》《硕敷属题画册戏书其后》《宿万泉庄夜起作偈》《晚憩柳下》等诗作。

---

① 樊增祥：《樊樊山诗集》，上海古籍出版社2004年版，第1654页。

四月二十二日，同年好友、时任吏科给事中的胡公度招樊增祥、高理臣、张仲炘等湖北同乡在松筠庵宴集，并为高理臣、张仲炘送行。樊山作有《四月廿二日胡公度给谏招集松筠庵即席送高理臣前辈张次珊同年出都》诗以纪其事。

四月二十四日，义和团在直隶涞水县大败清军，杀死副将杨福同，取得涞水大捷。

四月二十九日，英、俄驻华公使通知清政府总理各国事务衙门，拟派兵来京。义和团毁琉璃河、长辛店铁路；次日，又毁丰台铁路。

五月初四日，英、美、法、俄、日、意水兵三百余人进入京城使馆区。湖广总督张之洞致电总理衙门及军机大臣荣禄，请"速剿拳匪"，保护铁路。

五月十二日，两江总督刘坤一亦电请"剿灭"义和拳。

五月十三日，义和拳大规模蜂聚北京附近，捣毁京津铁路。

五月十四日，英、德、俄、法、美、日、意、奥等八国组成二千多人的联军，由英国海军中将西摩尔率领，从天津向北京进发，抵达杨村（位于天津市武清区境东南部，京、津、塘高速公路与京山铁路之间，夹河成镇）。

五月十五日，日本驻华使馆书记杉山彬在北京永定门外为董福祥的部下所杀。各国联军与义和拳在直隶廊坊（今河北省廊坊市）接战。

五月十六日，义和拳开始在北京焚烧外国教堂。总署大臣启秀传太后懿旨，慰问各国驻华使馆。

五月十九日，朝命京城步兵统领衙门、神机营、虎神营、武卫中军会同弹压"拳匪"；又命两广总督李鸿章迅速来京，而两广总督由广东巡抚德寿兼署。

同时，朝廷任命兵部侍郎李端遇、国子监祭酒王懿荣为京师团练大臣，办理京师团练事宜，督率兵勇，抗击联军，以保京师安定。

五月二十日，清廷召集大臣会议，商阻洋兵进京事宜。两江总督刘坤一、湖广总督张之洞均电军机大臣荣禄，请速"剿匪"。

五月二十一日，八国联军开始攻打天津大沽口炮台。义和团进攻天津紫竹林租界。慈禧太后召见大臣等议事。有人伪造了各国驻华公使要求太后归政的照会，太后见之大怒，声言要向联军宣战。

五月二十四日，德国驻华公使克林德在京城被杀。董福祥率甘军与义和拳开始围攻北京东交民巷使馆。

五月二十五日，太后下旨，与各国宣战，并明令嘉奖义和团为义民，要求各省督抚招集义民成团，借御外侮。

两江总督刘坤一、湖广总督张之洞、巡阅长江水师大臣李秉衡等疆吏仍致电总署，请“力剿邪匪”。

是日，董福祥的甘军攻占德、法、意、美四国驻华使馆，其他的中国军队亦向外国使馆发起攻击，樊山写有《五月廿五日夜董军攻德法意美四使馆克之》《是夕端邸率师攻西什库不克》等诗纪其事。

五月二十六日，甘军乘乱劫掠相府与王府，樊山写有《庚子五月都门纪事》(八首)、《五月二十六日甘军掠徐相国及肃亲王府》等诗纪其事。

五月二十七日，盛宣怀与沈瑜庆、汤寿潜、沈曾植、余联沅、蔡钧、何嗣、福开森、赵凤昌、汪康年等商议互保办法，议定后，即由盛宣怀分别电告刘坤一、张之洞。

五月二十八日，盛宣怀致电李鸿章、刘坤一、张之洞，提议在上海与各国领事订立合约。

五月二十九日，慈禧太后颁下懿旨，停攻外国驻华使馆并派兵保护。

五月三十日，上海道余联沅代表两江总督刘坤一、湖广总督张之洞与各国驻华领事议定了《东南保护约款》及《保护上海城厢内外章程》，史称“东南互保”。

案：刘坤一、张之洞等东南地方疆吏当时所倡导的“东南互保”活动，很明显是不合清廷意旨的。但事后朝廷不仅没有追究，相反还予以肯定。同年的七月二十六日（8月20日），慈禧太后在逃往西安的途中，发布了《罪己诏》，并称：“前据刘坤一、张之洞等奏，沿海沿江各口商务，照常如约保护。今仍照议施行，以昭大信”（见李文海《军机处寄各省督抚等上谕》，《义和团运动史事要录》，齐鲁书社1986年版，第485页）。《辛丑条约》签订后，朝廷对刘坤一、张之洞、袁世凯和盛宣怀等大臣保全东南疆土的做法，更是予以表彰，都赏赠太子太保衔。

五月中下旬，樊增祥将上年三月以来所作之诗，厘为二卷，名《北台集》和《北台后集》。樊山自言：“既入对，遂以道府参武卫军事。于时竹篔、爽秋、伯熙、廉生、弢甫、寿平并集辇下，文酒之宴，不减甲申、丁酉。时余卜居北池，屋后起台曰‘北台’。内苑垂杨，玉河红藕，倚栏斯见，觞客无休。起己亥三月，迄庚子五月，得诗二卷，曰《北台前、后集》。”(《樊山诗钞自序》，《湖北文征》第十一卷，第575页)

樊增祥见京师的形势越来越严峻，亦曾接受好友袁昶、许景澄的意见，建议老上司、文渊阁大学士、军机大臣荣禄速派兵镇压滋事的义和团，保护外国驻华使馆；而荣禄当时的态度暧昧，迟迟未见行动。樊山不得不寻求退路，“乃献书府主，潜备西巡，愿效前驱”（《樊山诗钞自序》，《湖北文征》第十一卷，第575页）；岂料立即得到荣禄的赞成，并命其速回陕西西安作准备。

案：此前，樊山的好友袁昶、许景澄等人先是在朝堂上力主剿灭义和团，反对擅启外衅，随后又致函樊山，望其劝荣禄“先清城匪，再图外匪，急救之法，不识能俛刍末否”（见中国史学会编《中国近代史资料丛刊·义和团（一）》，上海人民出版社1957年版，第338页）；还多次与樊山相聚面商，请樊山向荣禄进言，节制董福祥的甘军联洋灭拳（即“义和团”），并设法影响慈禧太后等人改变策略。从《留别府主》中可知，樊增祥当时应该有所进言，只是无济于事，这才萌生退意，向荣禄献策，而返回西安的。

樊增祥领命后，遂携家属日夜兼程返回西安，进入老上司、陕西布政使端方的幕府，协助其作迎銮准备。临行前，作有《留别府主》《前诗意有未尽再呈一首》《别北台》等诗作纪其行踪。

樊增祥此次再回西安，虽然路途劳顿，身心疲惫，但心情却颇为愉快，一路不废吟咏，写有《感事》、《旅怀》、《大同》、《重有感》、《入雁门》、《连衡》、《赠密丹阶大令·时宰徐沟》、《赵城观荷》、《平阳旅舍湫隘七月三日携家人过大云寺纳凉晚归遇雨有作》（三章）、《初五日过侯马访电局邓思亭少尉始知六月十七日析津失守状再叠前韵》、《七月七日晚行遇雨规宿樊桥不得漫赋》、《四友》、《一日》等诗作纪其行。

六月初三日，清政府命我驻外国公使向所在国政府解释清政府的宣战乃是出于被迫。

六月初五日，奉天义和团烧毁城内法、英教堂和东清铁路公司。

六月初七日，辽阳群众焚毁俄国人在茨儿山所开办的煤矿。

六月初十日，沙皇尼古拉二世乘机自任总司令，下动员令，先后调集近十八万军队，分六路入侵中国东北。

六月十二日，清政府任命原两广总督李鸿章为直隶总督兼北洋大臣，准备向八国联军乞和。

六月十三日，武卫前军总统、直隶提督聂士成在天津战死。

六月十八日，八国联军占领直隶天津，大肆劫掠。

同日，闽浙总督许应骙与俄、英、美等六国驻福州领事签订《福建互保协定》。

六月二十、六二十一日，沙俄侵略军在黑龙江先后制造了海兰泡惨案与江东六十四屯血案。

其间，自盛京（今沈阳市）北至开原（今铁岭市开原市），南至海城（今鞍山市海城市），俄国人所修建之铁路、桥梁均为当地群众拆毁。

樊山在自京城返回西安的途中，受到西安知府胡延的热情招待，相继写有《雨后发徐沟赠胡研荪太守》《太原感事和研荪》《七月三日宿平阳叠前韵谢研荪惠月饼》《研荪述平阳饼事戏志》等诗纪其事。

七月初三日，樊增祥的挚友太常寺卿袁昶、吏部左侍郎许景澄因反对围攻外国驻华使馆和对外宣战，得罪慈禧太后，同时被杀害；随后，徐用仪、立山、联元等又相继罹难。樊山闻讯后，颇为悲伤，曾写有《哭廉生十三兄》一诗，表示哀悼。两年后，樊山又写了《再哭许袁二公》一诗以缅怀挚友。

七月初五日，八国联军成立天津临时政府，即天津都统衙门。

七月初六日，樊山的好友张荫桓在新疆迪化（今乌鲁木齐市）被杀。

七月初九、十日，沙俄侵略军先后占领哈尔滨、瑷珲、营口；八国联军占领北仓（今天津市北辰区北仓镇）。

七月十一日，八国联军攻陷杨村（天津市武清区杨村镇），已革职留任的前直隶总督裕禄自杀殉国。

七月十三日，清廷授直隶总督李鸿章为全权大臣，即日电商各国停战。德皇宣布以瓦德西为联军统帅。

七月十八日，八国联军占领通州（今北京市通州区）。

七月十九日，俄国侵略军攻占北京东便门。董福祥率军与义和拳一起连日猛攻各国驻华使馆。

七月二十日，八国联军攻入北京城内，大肆掳掠；次日京城被攻陷。

七月中旬，樊增祥抵达西安后，遂将途中所作之诗结为《执殳集》。樊山曾自言：“既而都下奇变，构衅西邻，似典午之阽危，甚扬州之妖乱，乃献书府主，潜备西巡，愿效前驱。脱身虎口，径宣府，历大同，入雁门，涉代郡，崎岖两月，复归于秦。身非杜陵，沉吟天宝；才惭陆九，遭遇兴元。命其所作曰《执殳集》。”

七月二十一日早晨，慈禧太后挟持光绪皇帝仓惶离京西逃，刚毅、载漪、溥儁等随行。于是，“霸上迎銮，西京驻辇，万方珍贡，四海衣冠，鳞集青门，于斯为盛。”（《樊山诗钞自序》，《湖北文征》第十一卷，第575页）

同日，樊增祥的挚友、时任京师团练大臣的王懿荣为免遭外敌侮辱，与其妻、守寡的长媳同时投井殉国。

七月二十二日，清政府议和全权大臣李鸿章致电各国停战议和。

同日，甘肃布政使岑春煊迎护两宫于南口（今北京市昌平区南口镇）。

七月二十五日，诏命巡幸太原，命甘肃布政使岑春煊督理前路粮台，而以吴永、俞启元会办前路粮台。

七月二十六日，光绪皇帝于西逃途中发布《罪己诏》。

七月二十七日，由于参加起义士兵的“出首”，湖广总督张之洞勾结英国领事，在汉口破获自立军机关总部，唐才常、林圭、傅慈祥等二十余人被捕。次日，唐、林、傅等被杀害。

七月二十九日，朝命护理陕西巡抚端方在西安预备驻跸之所，准备迎驾。

七月三十日，朝旨准议和全权大臣李鸿章便宜行事，迅速处理善后事宜。李鸿章则电请派奕劻、荣禄、刘坤一、张之洞亦为全权大臣。

在庚子国变中，被世人奉为伶界大王的“小叫天”谭鑫培，曾一度下落不明，害得那些名流文士连篇累牍地作诗怀念。爱好戏剧（包括“京剧”）的樊增祥也写有《都下伶人小叫天或言兵解或言在汴感赋一首》纪其事。

此期间，樊山与前来陕西三原宏道书院担任主讲的同乡前辈、山西令德书院山长屠仁守①结识，并作有《赠屠梅君前辈即送之三原》（四首）、七言长篇歌行《余曩以鸡汁沦井茶爱伯师及子培张之以诗顷砚荪太守复继以词》等诗纪其交往。

政务之余，樊山与友朋酬唱颇多，自秋徂冬，尚写有《感怀》、《效唐人

① 屠仁守（1836—1904），字静夫，号梅君。湖北孝感西河镇（今孝感市孝南区西河镇）人。咸丰九年（1859年）举人，同治十三年（1874年）进士，选庶吉士。曾官翰林院编修，后考授都察院江南道监察御史，大胆敢言，时称铁面御史。光绪十五年（1889年）因上书反对建颐和园而被罢官。晚年曾任山西令德书院山长、陕西宏道书院主讲。二十六年（1900年）两宫西狩，起复五品京卿，授光禄寺少卿。三十年（1904年）初，任命为陕西大学堂总教习。卒于秦。工诗文，擅书法。著有《屠光禄疏稿》等。

西宫怨》、《秋夕书感》(四首)、《晋阳五首》、《再叠晋阳韵酬研荪见和》(五首)、《再咏孩儿菊索研荪和》(八首)、《秋夜过彦孙》(二首)、《叠韵柬仲纲弟》(二首)、《遣怀》(二首)、《夜话有赠》(二首)、《叠前韵遣兴》(二首)、《忆北台》(二首)、《忆歌者崔灵芝》(二首)、《杂兴》(二首)、《读松陵集有晓起回文二首》(四首)、《肝疾又作感赋》等诗作。

除与友朋往还唱和赠答之外，樊山亦时与亲戚家人相唱和，相继写有《秋夕示内》(二首)、《盆桂再荣晚坐花下试茶作》、《绣漪极爱余回文诗三四叠前韵》(四首)、《竹延尤爱余回文诗叠韵为赠》(二首)、《四叠韵示竹延》(二首)、《再赠竹延》(二首)、《次竹延遣怀韵》(二首)、《叠韵示竹延》(二首)、《府主将入关竹延有诗亦赋二首》等诗作。

听说自己会试的房师昆冈即将随两宫来西安，樊山乃作《寄怀座主崑筱峰相公》一诗寄赠。

八月初五日，沙俄侵略军占领黑龙江齐齐哈尔。

八月初七日，朝廷加派两江总督刘坤一、湖广总督张之洞会同全权大臣李鸿章商办和议。

八月十四日，清政府正式发布“剿团”谕旨。

八月十六日，朝廷授权奕劻、李鸿章、荣禄均为议和全权大臣；刘坤一、张之洞会办议和事宜，均准便宜行事。

八月十七日，两宫抵达山西太原，樊增祥作有《驾幸晋阳恭纪》(二首)、《晋阳五首》等诗纪其事。

随后，京中的消息不断传来，樊山乃作《闻都门消息》(五首)抒发其感慨(见《樊山续集》卷十二,《樊樊山诗集》第911—912页)。

八月中旬，好友李嘉绩的《江上草堂前稿》付刊，樊山应邀为其题识(见李嘉绩《代耕堂全集》)。

八月二十七日，清政府再次颁发“剿团”谕旨，严令惩办顺直各属之义和团。

八月二十九日，沙俄侵略军占领吉林(今吉林省)。

闰八月初二日，朝命惩处纵容包庇拳匪的诸王大臣。庄亲王载勋、怡亲王溥静、贝勒载濂、载滢皆革去爵职，端亲王载漪撤去一切差事，交宗人府严加议处。辅国公载澜、左都御史英年均交宗人府严加议处。协办大学士、吏部尚书刚毅、刑部尚书赵舒翘则交部议处。

闰八月初五日，沙俄派军队占领辽阳(今辽阳市)。

闰八月初八日，两宫离开山西太原前往陕西西安。

是日，议和全权大臣李鸿章接任直隶总督；沙俄派军队占领奉天（今沈阳市）。

闰八月二十四日，议和全权大臣奕劻、李鸿章照会各国使臣，和议开始。

闰八月二十六日，易顺鼎奉湖广总督张之洞、两江总督刘坤一之命，自南京出发，经湖北赴陕西，前往西安行在，督江楚转运。途中作有《登万寿阁和樊樊山韵》《华阴道中漫感》《渭南道中怀樊山作》等诗寄赠樊山（易顺鼎《魂西集》，光绪二十七年长安刻本）。

樊增祥收到好友的赠诗后，写有《次韵和石甫渭南道中见怀》《再次实甫华阴道中韵》《石甫登万寿阁和余丁酉旧作叠韵报之》等诗作回赠。

九月初四日，两宫抵达陕西西安，以原陕甘总督衙署为行宫。郭则沄《十朝诗乘》云："当两宫驻陕，以巡抚署为行宫，以贡院为枢部公廨，供张简率，略同草昧，然以视单车辞阙，荆棘载途，豆粥难求，素衣将敝，固已为小康矣。"①

樊山的同乡、好友左绍佐亦随扈来到西安。其间，樊山写有《用前韵赠笏卿》《笏卿见和前韵再叠一首》《三叠韵示笏卿》《笏卿和诗语益悲愤四叠韵奉简》等诗作纪其交往。

九月初五日，各国驻华公使一致通牒，要求惩处载漪、载勋、载澜、溥静、毓贤、李秉衡、董福祥、刚毅、赵舒翘等十一人。

九月初九日，沙俄派军队占领锦州（今辽宁省锦州市）。

同日，樊山作有《九日感怀》、《用去年北台九日韵柬仲纲》等诗抒发其感慨。

九月十七日，沙俄强迫盛京将军增祺的代表签订《奉天交地暂且章程》。

九月中旬，署理陕西巡抚端方因接驾有功，朝命调任河南布政使。樊山曾作《午桥中丞出关迎驾旋拜使豫之命再叠前韵奉寄》（二首）为其赠行。

九月二十二日，朝旨革去载漪爵职，与载勋同交宗人府圈禁；溥静、载滢一并交宗人府圈禁；载濂已革爵职，命其思过；载澜、英年则降调，赵舒翘革职留任，毓贤充边。

① 郭则沄：《十朝诗乘》，《民国诗话丛编》第 4 册，上海书店 2002 年版，第 788 页。

是日，八国联军攻陷直隶保定后，开始进攻直隶张家口。

九月二十九日，议和全权大臣奕劻、李鸿章致电军机大臣荣禄，各国驻华公使坚持惩办甘肃提督董福祥。

十月初二日，樊增祥招友朋至家中宴集，并作有《十月二日招同诒书绸斋两学使润夫副都容皆司业笏卿比部荒斋小集即席赋呈五叠前韵》纪其事（见《樊山续集》卷十二，《樊樊山诗集》第914页）。

十月十二日，朝命甘肃提督董福祥革职留任，即日带领所部回甘。

十月十九日，八国联军在京城设立管理北京委员会。

十月中、下旬，樊山裒其七月以来所作之诗为一卷，曰《西京酬唱集》。樊山曾自言："是年七月还秦，依午桥幕府。未几而京师瓦解，万乘西行，霸上迎銮，西京驻辇，万方珍贡，四海衣冠，鳞集青门，于斯为盛。虽复时丁板荡，运际颠冥，而旧雨纷来，阳春迭和，幽忧辊结，篇咏滋多，自秋徂冬，得诗一卷，曰《西京酬唱集》。"（见《樊山诗钞自序》，《湖北文征》第十一卷，第575页）

十月下旬，易顺鼎抵达陕西西安，与樊增祥、左绍佐、张祥龄、沈卫、甘大璋、曾光珉、胡延等好友相聚。挚友相逢分外高兴，经常宴集唱和。樊山相继写有《与石甫笏卿论诗六叠前韵》、《七叠韵赠石甫》、《八叠韵酬石甫见赠》、《九叠韵和石甫感事》、《十叠韵赠某提督》、《感旧十一叠韵调石甫》、《十二叠韵言怀柬笏卿》、《冬窗即事十三叠韵》、《十四叠韵示及门诸子》、《十五叠韵酬石甫论诗并索笏卿和》、《重有感十七叠韵》、《十八叠韵自嘲》、《再叠万寿阁韵柬石甫》、《三四叠韵代实甫寄内》（二首）、《石甫属题张梦晋山茶梅花卷子卷为伯熙所赠以石甫为梦晋后身也》（四首）、《十九叠韵答石甫》、《二十叠韵言怀柬笏卿石甫》、《二十一叠韵即事柬笏卿》、《二十二叠韵柬石甫彦孙》、《戏咏耳衣同研孙作》（四首）、《五叠韵和彦孙》、《石甫浴于华清适有所遇六叠韵调之》、《赋得暖芫十六韵》、《再咏耳衣》、《二十三叠韵调石甫》、《忆都门旧游七叠峰字韵》、《八叠韵和石甫忆内之作》、《九叠韵箴实甫》、《二十四叠韵酬彦孙并柬石甫》、《二十五叠韵遣闲》、《二十六叠韵自题斋壁》、《十叠韵和石甫送别之作》、《汤婆戏咏》（四首）、《冰花》、《冰箸》、《冰泉》、《冰核》、《四题以冰核为最难再赋四首索诸君和》、《咏竹火笼》（四首）、《丰桥》、《夜宿桱花馆示仲纲弟》、《石甫惠木瓜石榴》（二首）等诗作。

其间，挚友顾曾烜辞官将归南通，樊山乃作《送晴谷同年南归》（四首）

为之赠行（见《樊山续集》卷十二，《樊樊山诗集》第921页）。

老上司、恩主荣禄随两宫抵达西安，与樊山时有往还，并偶有赠与；樊山则写有《谢荣将军惠连环银药瓶启》一文（见《樊山集》卷二十四，光绪二十七年刻本）和《上府主》诗赠谢。

老上司、好友、江苏巡抚鹿传霖亦募兵护驾两宫抵达西安，樊山时与其往还，并写有《上定兴夫子》（四首）相赠问候。

十一月初一日，为樊增祥五十五岁的生日，友朋弟子为诗贺之。樊山亦相继写有《生日作》《及门诸子见和前韵赋答一首》《叠韵酬石甫》《题庐山诗录三叠韵柬石甫》《评石甫庐山诗四叠前韵》《评陈公子庐山诗五叠前韵》等诗作。

挚友易顺鼎则写有《和樊山生日韵》《再寿樊山叠前韵》《三寿樊山叠前韵》等诗为其祝寿（易顺鼎《魂西集》，光绪二十七年长安刻本）。

同日，由英、美、俄、法、德、意、日、奥、比、西、荷十一国公使组成公使团，共商议和大纲。

十一月初三日，各国驻华公使联合通牒，提出和约大纲十二条。

十一月初六日，清政府为保宗庙社稷，不得不照允十二条大纲。

十一月二十四日，樊增祥蒙恩简放安徽凤颍六泗道，并诏留行在行走。樊山写有《庚子十一月二十四日蒙恩简授皖北道次日入谢奉命暂留行在恭纪二首》以纪其事。

此时，西安行在组建督办政务处，由于樊增祥接驾有功，加之其精敏干练，被枢臣荐举入政务处，颇为诸位政务大臣所倚重。正如时人所说："时荣禄主军机，王文韶、鹿传霖掌枢要，每次召见，须请樊增祥传话，否则莫知底蕴也。"①

案：十一月间，西安行在根据当时的特殊情况，为恢复政权的运行，在军机处下专设督办政务处，有如唐之政事堂。由奕劻、李鸿章、荣禄、昆冈、王文韶、鹿传霖、瞿鸿禨等人担任督办政务大臣。而以樊增祥与工部右侍郎陈邦瑞充提调，带领若干章京，负责起草内外诏奏，处理往来公文，协调和议谈判事宜等。其间，"慈圣谕府主（荣禄）曰：'自今机要文字，可令樊增祥撰拟。仍当秘之，勿招人忌也。'闻命感泣，黾勉驰驱。"（《樊山诗钞自序》，《湖北文征》第十一卷，第575页）

① 中国历史研究社编:《庚子国变记》，上海书店1982年版，第187页。

当时的不少诏书，如《罪己》《变法》等，皆出自樊增祥之手。据钱海岳《樊樊山方伯事状》说："是时行在于军机内阁外特置政务处，如唐政事堂，总内外诏奏，管枢密大计，而以提调命公。帝在西安，夷兵窟京师，正议款，万目巑巑，鲑吸鳀潜之性，诪张恫喝，朝异而夕不同，操纵缓急可不之数，变且赜。羽檄如山，手批口校，十老吏张灯通曙，犹不给。公独裕如，霆摧的破，当机立断，斡旋补苴，枢臣以为左右手。而'罪己'一诏，剀切委婉，读者泣下，感激忠义，维系人心，世推如陆敬舆兴元诏书云。"

樊增祥初入政务处，虽然头绪繁多，事杂甚忙，却仍不忘吟咏，时与友朋宴集唱和。其间相继写有《实甫以三百金助赈得孔雀翎戏赠》、《石甫两和前韵赋答二首》、《再叠前韵赠石甫》(二首)、《雪中三叠前韵柬笏卿石甫》(二首)、《四叠韵促石甫和》(二首)、《五叠韵写怀》(二首)、《六叠韵和石甫》(二首)、《七叠韵感事》(二首)、《八叠韵即事书怀》(二首)、《午公和章久不至叠韵奉柬》、《再叠前韵索诸君和》、《岁暮即事三叠前韵》等诗作。

十二月初八日，樊山特别忙：当天的公务不能拖延，必须及时处理。易顺鼎请友朋至卧龙寺食粥，樊山因有小恙，不能赴约，向主人道歉请假；朝廷赐府主粥，荣禄转以见贻，要登门致谢。由这些事情回想到去年此日，挚友王懿荣亦像荣禄一样转赠朝廷赐粥之事。抚今忆昔，浮想联翩，乃作《腊八日石甫招集卧龙寺食粥以小极不赴九叠前韵奉柬》(二首)、《腊八日慈圣赐府主粥转以见贻敬赋志谢》、《去年腊八日王文敏公亦以雍和宫粥见惠感今追昔叠韵致哀》等诗作以抒发其感慨。

十二月初十日，朝廷正式下诏变法，令臣工参酌中西政要，举凡朝章国故、吏治民生、学校科举、军务财政之因革，各抒己见。此变法诏书即出自樊山之手。

十二月二十二日，樊增祥作东，邀请端方、何乃莹、易顺鼎、左绍佐、胡延、尹昌龄等友朋至府中宴集，并作有《十二月二十二日招同午桥中丞润夫副都实甫观察笏卿比部彦孙仲锡两太守小集身云阁即席有作》一诗以纪其事。

十二月二十五日，朝廷第三次下旨加重惩处祸首：载漪、载澜均发配新疆永远监禁，载勋赐自尽，毓贤正法，刚毅追夺原官，董福祥革职，英年、赵舒翘革职定斩监候，徐桐、李秉衡革职并撤销恤典；启秀、徐承煜先行革职，查明后从严惩办。开复徐用仪、立山、许景澄、联元、袁昶原官。

自十月下旬起，至十二月底，易顺鼎与樊增祥等友朋唱和甚多，相继写有《抵西安之明日张子馥大令招同樊樊山观察沈淇泉学使甘少南枢部曾叔章比部胡砚生太守宴集樊山和余渭南道中奉怀诗因叠其韵并呈诸君》《樊山有与左笏卿及余论诗之作和之》《和樊山见赠叠前韵》《赠樊山再叠韵》《和樊山感事三叠韵》《和樊山忆旧四叠韵》《和樊山冬窗即事五叠韵》《和樊山谢送井茶六叠韵》《独行长安坊肆间七叠韵》《八叠韵戏柬樊山砚生子馥》《和樊山叠万寿阁韵》《和樊山代余赠内二首三叠韵》《与子馥砚生夜谈九叠韵》《四叠韵赠樊山》《六叠韵和樊山见赠华清即事之作》《十叠韵和樊山前题》《樊山砚生叠韵相箴意殊可感七叠原韵报谢两君》《十叠韵赠樊山》《十一叠韵柬樊山》《和樊山四冰诗原韵》《和樊山汤婆四首原韵》《樊山斋中晏坐四叠韵》《雪中贺樊山授皖北道》《樊山以新除皖北道暂留行在纪恩诗二首见示即和其韵奉赠》《叠前韵再赠樊山》《樊山叠韵答余因再叠韵奉答》《樊山示雪中三叠前韵诗亦三叠韵答之》《答樊山四叠韵》《五叠韵写怀柬樊山》《六叠韵写怀再柬樊山》《七叠韵和樊山感事》《腊八日卧龙寺食粥樊山不至而有诗来九叠韵和之》《花翎十六韵依樊山韵同作》《樊山因食腊粥追感王文敏作诗余去年亦在王处食御赐腊粥兼感画卷旧题泫然和韵》《移居长安县署戏柬子馥并呈樊山》《腊月廿二日樊山招饮即席有作辄和其韵》《咏古诗六十首同樊山作》等和诗（易顺鼎《魂西集》，光绪二十七年长安刻本）。

年底，易顺鼎的《魂西集》刻成，樊山应邀作《题石甫魂西集》以致贺。

十二月二十九日，易顺鼎借樊增祥的身云阁宴请端方、何乃莹、左绍佐、樊增祥等友朋。实甫写有《岁不尽一日邀端午桥方伯何润夫副都左笏卿比部集樊山寓斋叠前韵》诗纪其事。樊山亦写有《岁除前一日实甫借身云阁治具招同午桥润夫笏卿小集四叠前韵》诗纪其事。

岁除日，尚未前往任所的河南布政使端方赠樊增祥一头鹿过年。樊山甚是高兴，乃作七言长篇歌行《得鹿吟》（即《岁除日午翁赠鹿一头作得鹿吟》）诗纪其事并致谢，又另写有七律《庚子除夕五叠前韵》一诗（见《樊山续集》卷十三，《樊樊山诗集》第944—943页）。

是年，樊山的挚友、青门萍社的发起人、谭麐在西安知府任上病逝。

光绪二十七年辛丑（1901）　五十六岁

是年，樊增祥仍在行在政务处担任提调。

正月初一日（2 月 19 日），樊山随众大臣入宫祝贺新岁，并相继写有《辛丑元旦早朝》《检视去年旧作用早朝韵题后》《新岁七叠前韵》等诗作以纪之（见《樊山续集》卷十三，《樊樊山诗集》第 944—945 页）。

正月初三日（2 月 21 日），朝廷再次下旨，加重惩处肇祸诸臣。载勋自尽，英年、赵舒翘自尽，毓贤正法；载漪、载澜斩监候，加恩发往新疆；照会各国交回启秀、徐承煜，即行正法；刚毅斩立决，徐桐、李秉衡斩监候，惟其已故，业经革职，撤销恤典，应免再议。

正月初四日（2 月 22 日），老上司、好友端方奉旨即将赴河南布政使任所，何乃莹副都御史借藩署设宴为其送行。樊山作有《新岁四日润夫副都就藩署为午翁设饯八叠前韵》《是夕午公留客剧谈归寓已加丑矣九叠前韵》等诗纪其事。

春节期间，樊山与友朋往还唱和甚多，相继写有《六叠韵答实甫时君奉檄督转运事》、《正月初六日纪事十叠前韵》、《仲纲馈冰糖葫芦十一叠韵》、《寄冯梦华观察兼怀子常太守时两君同官凤阳》（二首）、《人日与及门诸子照像自题一律》、《用前韵再题照像》等诗作。

正月十五日（3 月 5 日），友朋们在身云阁公宴樊山，樊山曾作《上元》《上元日仲纲叔絅善孙宝衡竹延公宴余于身云阁即席和善孙韵》《叠前韵示门人》等诗作纪其事。

正月二十三日（3 月 13 日），山西巡抚锡良开缺，而以甘肃布政使岑春煊补调。因迎銮护驾有功，朝命河南布政使端方不必赴豫，仍留西安护理陕西巡抚。

二月十二日（3 月 31 日），是传统的花朝日，好友、副都御史何乃莹独往城南萧寺游览，樊山乃作《何副都以花朝日独游城南萧寺奉寄一首》《叠韵柬何副都并寄石甫》《再叠韵柬何易两君》《奉和何副都花朝登小阁见怀元韵》等诗相赠。

二月二十九日（4 月 17 日），久旱适逢大雨，樊山极为高兴，相继写有七言长篇歌行《喜雨》和七律《喜雨次韵》等诗以纪之（见《樊山续集》卷十三，《樊樊山诗集》第 969—970 页）。好友易顺鼎、顾瑗亦各有诗志喜。

二月间，樊增祥在繁忙的政务之余，亦不废与友宾、亲朋往还唱和，相继写有《石甫以二月二日是义山江上闻吹笙日有诗见贻即次来韵》《寄女云和二月三日生即于是日受朱氏聘叠前韵示之》《三叠韵写怀》《四叠韵书感》《五叠韵书事》《六叠韵忆西山之游》《七叠韵忆西湖柬何副都》《八叠韵调石甫》《九叠韵书卧龙寺壁》《十叠韵题身云阁》《十一叠韵遣兴》《十三叠韵西京怀古》《十四叠韵即事》《十五叠韵春兴》《十六叠韵述事》《十七叠韵赠笏卿》《十八叠韵赠午桥中丞》《十九叠韵自嘲》《二十叠韵遣兴》《二十一叠韵解嘲》《戏叠副都来韵》《三叠韵酬副都》《四叠韵索何易两君和》《石甫过谈五叠韵索和》《六叠韵柬何易两君》《庭下紫丁香盛开七叠前韵》《八叠韵咏紫丁香》《九叠韵忆京邸白丁香》《十叠韵咏白丁香》《和后村十老诗》《广后村十老诗》《寄晦若侍御都门》《再寄晦若》《送绣漪从九姨如泾阳》《叠韵促绣漪归》《上巳日石甫问出游否赋答》《叠韵酬石甫》等诗作。

其间，听说八仙庵的玉兰花开得特别繁盛，樊山亦曾陪家人前往观看，并写有《十二叠韵述家人过八仙庵看花》一诗纪其事。

好友易顺鼎因骑马而摔伤了手臂，樊山甚是关心，相继写有《闻石甫坠马伤臂奉讯一首》《视石甫臂创再赠》《又绝句三解》《再箴石甫》《叠石甫病榻书事韵》等诗相赠问候。

正月、二月间，易顺鼎亦作有《上元后一日刘佛青户部邀同莫仲武陶榘林两观察游雁塔归而樊山见示上元诗遂和其韵》《和樊山见示姨侄女云和女士以二月三日许字朱氏诗叠前韵》《和樊山答赠何副都韵》《何副都诗呼余为锄雨湘农樊山叠韵赋诗相嘲亦叠原韵以答》《樊山以余过谈有诗再叠韵奉答》《和樊山斋中紫丁香盛开四叠韵》《和樊山忆京邸白丁香五叠韵》《樊山以诗讯余坠马伤臂和韵答谢》《樊山枉视赠诗即和其韵》《樊山广刘后村十老诗约同作》《和樊山喜雨诗韵》《和樊山韵寄晦若》《和樊山上巳韵》《樊山过访敝庐因两叠上巳韵奉柬》等唱和诗（易顺鼎《魂西集》，光绪二十七年长安刻本）。

是年春，闲暇之时，樊山亦常与易顺鼎、顾瑗相聚作诗钟之会。易顺鼎《诗钟说梦》中云：“自庚子三月出都后，时局天翻地覆，无暇更问及诗钟。然辛丑春在西安，与樊山、亚蘧拈题数次。”[①]

三月初一日（4 月 19 日），好友吴庆坻独游八仙庵看花，遇何乃莹，有诗见示；易顺鼎、何乃莹、樊增祥皆有诗和之[②]。

---

① 易顺鼎：《诗钟说梦》，转引自陈松青：《易佩坤易顺鼎父了年谱合编》（上），湖南师范大学出版社 2018 年版，第 544 页。

② 陈松青：《易佩坤易顺鼎父子年谱合编》（上），湖南师范大学出版社 2018 年版，第 546 页。

三月初二日（4 月 20 日），朝廷以湖南巡抚俞廉三、河南巡抚松寿办理教案不善，命革职留任。

三月初五日（4 月 23 日），德、法军队占领娘子关（位于山西平定县东北），侵入山西。

三月十一日（4 月 29 日），朝命惩办不尽力保护教士、教民的地方官五十六人。

三月中下旬，樊增祥见“城东道院绿牡丹作花，中使剪以进御。遂邀同志作牡丹诗。竟三月一月，得诗六十余首，命之曰《洛花集》。”（见《樊山诗钞自序》，《湖北文征》第十一卷，第 575 页）

《洛花集》总共 66 首，包括《牡丹八首》（并序）、《再咏牡丹》（八首）、《黄牡丹（有序）》（十首）、《紫牡丹（有序）》（十首）、《绿牡丹（有序）》（十首）、《白牡丹（有序）》（十首）、《红牡丹并序》（十首）（见《樊山续集》卷十四，《樊樊山诗集》第 972—984 页）。

其间，好友易顺鼎亦常去城东道院观赏牡丹，并作有《牡丹诗》（五十首）（包括《黄牡丹》（十首）、《红牡丹》（十首）、《紫牡丹》（十首）、《绿牡丹》（十首）、《白牡丹》（十首））①。

三月间，朝廷擢升护理陕西巡抚端方为湖北巡抚。

四月初三日（5 月 20 日），樊山在与好友左绍佐吟咏榴花词时，忆及八年前居爱伯师宅时亦曾有榴花词之咏，颇为感伤，乃填《金缕曲·槛外榴巾蹙》词以怀念恩师。

四月初八日（5 月 25 日），议和全权大臣奕劻、李鸿章联名上奏，请照和议总纲的要求，将总理各国事务衙门改为外务部，冠于六部之首，管部大臣以近支王公充之，设尚书二人，侍郎二人；尚书中须有一人兼军机大臣，侍郎中必须有一人通西文、西语。

四月十二日（5 月 29 日），给各国的赔款议定，以金价计算，共四亿五千万两，四十年偿清，年息四厘。

四月十九日（6 月 5 日），湖广总督张之洞上奏举荐编修梁鼎芬、徐世昌，主事劳乃宣，道员郑孝胥，知府吴永，知县汤寿潜等人可重用。

四月二十一日（6 月 7 日），梁启超在《清议报》刊发《立宪法议》一文，认为根据中国现状，应先行预备立宪。

---

① 易顺鼎:《魂西集》,光绪二十七年(1901 年)长安刻本。

四月二十三日（6 月 9 日），朝廷授醇亲王载沣为头等专使大臣，赴德国谢罪。

四五月间，樊增祥在政务之余，亦频繁与易顺鼎、顾五、顾瑗、宋育仁、易湘农等友朋唱和，写有《徐六携一僧游南五台戏赠》、《春暮即事用双声体索石甫诸君和》（二首）、《即事二首用叠韵体》、《和石甫感事原韵》、《次石甫韵奉慰一首》、《题顾五编修诗稿》、《闻石甫午日宴客并召歌者侑酒戏寄四绝句》、《夏日即事》、《调石甫》、《石甫用临川集中高斋韵见柬奉答一首》、《和亚蘧用荆公韵偶成二首时君小极初愈》、《又和雨过一首用荆公韵》、《晦之芸子各叠高斋韵见示再次奉答》、《四叠高斋韵柬弢父》、《倒叠高斋韵简执庵弢甫湘农》、《戏简石甫》、《闻石甫扶箕六叠韵嘲之》、《喜雨七叠韵》、《扇头诗墨是丁丑乞假出都时越缦老人书赠把诵恨然次韵悼之》、《叠前韵赠弢父》、《以渭桃分饷同人易五顾五有诗报谢戏答》、《顾五居南柳巷与夏编修邻并夏典粤试去顾即移居其宅戏赠》、《雨中答顾五》、《顾和诗用诗钟体戏答》、《叠前韵柬易顾两君》、《夜坐三叠韵遣兴》、《四叠韵调易五》、《拟陈后山小放歌行二首》、《以关中之胜夸示同社》、《五叠韵答芸子》、《六叠韵问晦之病》等诗作。

其间，樊增祥与年初前来西安的工部尚书、并入军机的湖南长沙瞿鸿禨结识、往还，曾写有《子玖前辈以大司空入参机务奉贺一首》相赠、纪其交往。

由于事多劳累过度，樊山的牙痛病又犯了，友朋们颇为关心，又是赠药、又是看望慰问，樊山遂相继写了《病齿累日谢子修翰编惠止痛药及杭州黄菊》（二首）、《顾五叠前韵问疾兼谢书扇次答》（二首）、《病齿不出三叠高斋韵遣闷》等诗致谢。

好友、前湖南提学使、杭州吴庆坻此时亦奉命进入政务处共事，赠送樊山蜀笺，樊山乃作有七言长篇歌行《谢子修惠蜀笺》致谢。

好友、陕西学政沈卫曾过府拜访，并出示其兄遗绘之《文官果图》请题。樊山乃欣然作七言长篇歌行《沈学使属题哲兄遗绘文官果图八叠高斋韵应徵》相赠（见《樊山续集》卷十五，《樊樊山诗集》第 997 页）。

好友易顺鼎亦常与樊增祥等友朋宴集唱和，相继写有《五日召歌者侑酒樊山有诗即和其韵》《戏和樊山韵》《用荆公高斋诗韵柬樊山止庵芸子亚蘧》《雨后六和高斋韵答樊山》《樊山嘲余扶乩叠韵答之》《十二和高斋韵为沈淇泉学使题其贤兄藻卿刺史遗绘文官果图同樊山亚蘧作》等诗作（易顺鼎《魂西集》，光绪二十七年长安刻本）。

五月上旬，樊增祥将自己近年来所作咏古诗 60 首和南皮师原先所作咏古诗 14 首合为一集，名《二家咏古诗》，交梓人刊印。樊山在《二家咏古诗序》①里交代说：“是年（案：此指 1900 年）冬，旅食行京，端忧多暇，与胡研荪、易湘农两观察篇翰往复，多至盈尺，相约作《咏古诗》，仿《西崑集》中秦皇、汉武诸什。研荪寻守西安，不果作。湘农旋作旋辍，余独得六十首，与师曩作合为一集，曰《二家咏古诗》，以授梓人。前人咏史多矣，最著者为鲍双梧、王楷堂，各二百四十余首。今视所作，殆犹披沙拣金，时时见宝。北齐孙搴曰：‘精骑三千，足当羸卒数万。’吾其畏前贤哉？师原稿时有阙文，未敢为广微之补，志慎也。光绪二十七年，岁在辛丑端午日，恩施樊增祥叙。”

樊山收入《二家咏古诗》中的 60 首“咏古诗”具体为《汉高帝》《张良》《项王》《虞姬》《汉文帝》《贾谊》《汉武帝》《东方朔》《汉光武》《严光》《汉昭烈帝》《诸葛亮》《吴桓王》《周瑜》《魏武帝》《蔡文姬》《魏文帝》《曹植》《晋怀帝》《刘聪》《晋元帝》《王敦》《宋武帝》《刘穆之》《齐东昏》《潘妃》《梁武帝》《沈约》《梁元帝》《庾信》《陈后主》《张丽华》《苻坚》《王猛》《北齐神武帝》《高敖曹》《北齐后主》《斛律光》《隋文帝》《杨素》《隋炀帝》《萧后》《唐太宗》《虬髯客》《唐玄宗》《梅妃》《南唐后主》《韩熙载》《吴越武肃王》《罗隐》《宋太祖》《陈抟》《宋仁宗》《王曾》《宋神宗》《苏轼》《明太祖》《姚广孝》《弘光》《史可法》等篇。

五月上中旬，樊山与易顺鼎、吕景端、宋育仁、顾瑗、汪诒书、郑沅、刘岳云等友朋曾以王安石《和王微之登高斋》韵相唱和，其诗结为《高斋集》。

五月中旬，樊增祥集暮春以来所为之诗为一卷，名《西京酬唱后集》。樊山曾自言：“是年夏，与顾五、易五、子修、笏卿唱和尤数，裒为一卷，曰《西京酬唱后集》。”（见《樊山诗钞自序》，《湖北文征》第十一卷，第 575 页）

五月中下旬，樊增祥利用闲暇之时，又将自己以前所为之 61 首试帖

① 此文今存于樊增祥《樊樊山诗集》（第三册），上海古籍出版社 2004 年版，第 1568—1569 页；又见于张之洞《张之洞诗文集》“附录二”《相国序跋资料辑录》，上海古籍出版社 2008 年版，第 427—428 页。

诗、1篇赋和南皮师的25首试帖诗结为一集，名《二家试帖诗》，交梓人刊印，并在《二家试帖诗序》①中交代过编刊此集的过程："光绪庚子孟春，余有西河之戚，王廉生祭酒过余，曰：'吾属皆老人，当善自排遣。吾久欲刻四家馆课，子盍助我？'四家者，张督部师、宗室伯熙祭酒、廉生与余也。督部师稿多散佚，惟己丑考差以前，与同人会课，作帖体诗二十余首，同门袁重黎时方授苏卿公子读，录以授余。又从刘博泉侍郎所搜得《孔子石砚赋》一篇。伯熙身后，遗文零落，而试律多至二百余首，余选得三之一，赋十许篇，选六首。廉生诗最少，裁十余首，律赋称是。余旧稿略尽，追录补撰，得诗六十一首，赋一篇。四月初，廉生以授梓人，督部师及余作皆锓版矣，而拳教之乱作，余怆惶出都，至七月下旬，廉生授命此刻，遂不可究诘。余还西安，师及余原稿仅存，而两祭酒阙焉。因先以二家付梓。近人议科场之弊，集矢时文，然八比之佳者，犹能发挥义理，包罗史籍。至试帖，则真无用矣。余在政务处倡议废八韵诗，而又有此刻，不无矛盾之疑。抑思古人有以图绘取士、棋弈待诏者，后并废之，而《画史》、《棋谱》自在也。是则余刻《二家试帖》之意也。两祭酒稿当在厂肆，冀搜求补锓，以成廉生之志云。辛丑仲夏，樊增祥叙。"

樊增祥收入《二家试帖诗》(案：樊增祥的试帖诗名《画妃亭试帖诗》，张之洞的试帖诗名《广雅堂试帖诗》)中的试帖诗主要有《赋得千林嫩叶始藏莺·藏》《赋得茶香有碧筋·筋》《赋得学经妻问生疏字·妻》《赋得露似珍珠月似弓·弓》《赋得贪看梅花过野桥·桥》《赋得一牛方病得妻医·医》《赋得欲买娉亭供煮茗·娗》《赋得鹤和雏养要笼宽·宽》《赋得次第看花直到秋·秋》《赋得海棠开后却春寒·寒》《赋得花梢已点猩猩血·梢》《赋得移花便得莺·移》《赋得霖雨思贤佐·贤》《赋得南山晓翠若浮来·来》《赋得团扇风前众绿香·前》《赋得性习相近远·移》《赋得暗掷金钱卜远人·钱》《赋得樵青竹里煎茶·煎》《赋得露苗烟蕊满山春·烟》《赋得雪白酴醿红宝相·薰》《赋得静听松声领鹤行·翁》《赋得君子不以贵雪贱·桃》《赋得雏凤清于老凤声·声》《赋得春水芦根看鹤立·看》《赋得东庵半掩西庵闭·庵》《赋得穿林自种茶·茶》《赋得红红白白花临水·临》《赋得碧碧黄黄麦

① 此文今存于樊增祥《樊樊山诗集》(第三册)，上海古籍出版社2004年版，第1593页；又见于张之洞《张之洞诗文集》"附录二"《相国序跋资料辑录》，上海世纪出版股份有限公司/上海古籍出版社2008年版，第428—429页。

际天·天》《赋得报雨早霞生·生》《赋得绿畦新溜引连筒·简》《赋得水面初平云脚低·湖》《赋得云现樊哙旗·云》《赋得公之斯文若元气·韩》《赋得性习相近远·初》《赋得读书有味似谏果·书》《赋得窗近花阴笔砚香·窗》《赋得篆刻郾曹沈·文》《赋得耽酒须微禄·耽》《赋得秋海棠·棠》《赋得人忽虎蹲兽人立·人》《赋得窗月伴秋吟·窗》《赋得茶瓯对说诗·茶》《赋得进贤兴功·官》《赋得笔健乍临新获帖·临》《赋得手生重理旧传琴·传》《赋得蚕如黑蚁桑生后·如》《赋得白樱桃熟每无赏·桃》《赋得红芍药开长有诗·开》《赋得翠窦新疏一脉泉·泉》《赋得高笋半成林·高》《赋得贪看新禽驻酒杯·禽》《赋得小诗细录兼行草·兼》《赋得绿润轩窗午饷余·余》《赋得闲分剂多还少·分》《赋得自记书签白间红·签》《赋得暖风迟日有诗无·无》《赋得绿树有阴休倦步·休》《赋得落花蝴蝶作团飞·团》《赋得十风五雨岁丰穰·丰》《赋得杨柳共春旗一色·林》和《先后笋争滕薛长赋·以题为韵》等作品。

五月中下旬（十七日、二十三日、二十四日），刘坤一、张之洞三次联衔上奏，要求“变通政治”，史称江楚会奏三折，为清末新政张本。

五月二十一日（7月6日），清政府发布上谕：“兹择于七月十九日由河南、直隶一带回京，着各衙门先期敬谨预备。”①

五月二十四日（7月9日），天突然起大风、下大雨，樊山颇觉奇异，乃作七言长篇歌行《五月二十四日夜大风雨九叠高斋韵纪之》纪其事。

六月初二日（7月17日），朝命下，擢升樊增祥为陕西按察使，仍留行在当差。樊山写有《六月初二日除陕西臬使仍兼政务处提调恭纪》（二首）诗以纪其事。

好友易顺鼎闻讯，立即作《樊山擢秦臬仍兼政局赋贺二首》祝贺（见易顺鼎《魂西集》，光绪二十七年长安刻本）。

同时，朝命张之洞遥领督办政务大臣一职。张之洞以弟子樊增祥为耳目，随时通报行在消息②。

六月初九日（7月24日），清政府正式改“总理各国事务衙门”为外务

① 吴永口述，刘治襄记，鄢琨标点：《庚子西狩丛谈》卷四，岳麓书社1985年版，第93页。

② 见张、樊二人此期间往来的信函。详见苑书义等编《张之洞全集》第十、十二册，河北人民出版社1998年版，第8519、8613、10275页。

部，派奕劻总理部务，王文韶为会办大臣，瞿鸿禨为会办大臣、尚书。

六月中下旬，樊增祥遂将“备兵以后，陈臬以前”所作之诗汇为一集，名之曰《掌纶集》。

其间，好友易顺鼎则写有《谢樊山送渭南桃》《戏和樊山韵》《和樊山韵》《再和》《樊山以关中景物之胜夸示同社即和其韵》等和诗（见易顺鼎《魂西集》，光绪二十七年长安刻本）。

七月初一日（8 月 14 日），朝廷再次下谕：改定两宫以八月二十四日回銮。

七月十六日（8 月 29 日），诏命自明年始，乡试、会试等皆不准用八股文程式，而改试策论；而自明年始，罢停武科考试。

七月二十五日（9 月 7 日），议和全权大臣奕劻、李鸿章与英、法、美、德、意、奥、比、西、荷、日、俄十一国代表签订和约（即《辛丑条约》），共十二款。

七月三十日（9 月 12 日），朝命各省裁汰旧军，编练新军，分为常备、续备、巡警等军，一律操习新式枪炮。

七月间，好友顾五告别友朋前往任所，樊山曾设宴为其饯行，并作有七言长篇歌行《易五用东坡送刘道原韵为顾五赠行辄踵其韵赠两君》相赠。

好友易顺鼎在读到樊山的和诗后，乃作《送顾五至临潼返樊山见和前韵赠余与顾五因再和答之》《再叠韵答樊山廉访招饮》等诗（见《魂西集》，光绪二十七年长安刻本）。

同月里，老友梁鼎芬奉旨前来西安陛见，与石甫就住在樊山的按察使衙署①；等候召见期间，时常与樊增祥、易顺鼎等好友畅谈，樊山曾作有七言长篇歌行《叠前韵简星海》一首纪其事。

八月初二日（9 月 14 日），朝命将各省所有书院改设成大学堂，各府及直隶州改设成中学堂，并多设蒙养学堂。

八月初五日（9 月 17 日），八国联军根据《辛丑条约》规定，开始退出京城。

八月初十日（9 月 22 日），慈禧太后在其动身返回北京之前，下旨，着

① 樊增祥：《寄石甫》诗中自注：“去年君与梁髯假榻署斋。”见《樊樊山诗集》（中）第 1028 页。

陕西按察使樊增祥署理陕西布政使①。王森然《樊增祥先生评传》记载说：樊山在政务处，"《罪己》《变法》诸诏皆出其手，剀切委婉，颇似陆敬舆。后擢至臬司，入觐，孝钦后垂询履历甚详，谓尔为张之洞弟子，之洞才备文武，尔必能肖尔师，再迁陕西藩司，荣位显达，盛极一时。"②

八月十二日（9 月 24 日），梁鼎芬奉特旨召见，着以知府发往湖北任用。

八月二十日（10 月 2 日），慈禧太后懿旨：刘坤一、张之洞可按会奏所陈，择要举办；并令各省督抚一律通筹，切实推行变革。

八月二十四日（10 月 6 日）上午，两宫一行自西安起驾回銮。

是日，樊增祥、易顺鼎、沈卫、李绍棻、吴树棻等友朋送两宫回銮至灞桥而返。易顺鼎作有《八月二十四日同李筱庭护抚沈淇泉学使樊云门方伯吴簃香廉访诸公至灞桥恭送回銮时余亦不日南归即事感赋成四律即以留别》纪其事（见《魂西集》，光绪二十七年长安刻本）。

老友梁鼎芬则一直送至临潼。吴天任《梁节庵先生年谱》中云："八月二十四日，太后挈帝自西安启銮回京，先生恭送至临潼。"③

对两宫离秦返京、百官送别的情况，吴永曾有详细记述："八月二十四日辰刻，两宫圣驾自西安行宫启跸。阖城文武官吏，均先于宫门外齐集，伺候升舆。行李车先发。辰初三刻，前导马队出城；太监次之；各亲贵王公大臣，或车或马，又次之。俄闻静鞭三响，即有黄轿数乘，自行宫出，士民皆伏地屏息。皇上、皇太后先后乘黄轿出宫；皇后随后；向有扈驾诸王、大臣，又在其后；最后为大阿哥。衔尾重车无数，均系各衙门档案。曲折穿行大街中，辰牌向尽，始出南门。沿途市肆，各设香花灯彩；长安父老，均于南门外祗候跪送，恭献黄缎万民伞九柄。出城后仍绕赴东关，诣八仙庵拈香进膳。本来直出东门，路线可省三分之二，谓因体制关系，且取'南方旺气向明而治'之义，所以辇路必出南门。先期奉升抚传谕：州县都守以上，均在灞桥恭送；佐杂千把，在十里铺恭送。并派员于各该处点验，查取职名。如有托故不到者，停委二年。所以冠裳跄济，异常热

① 两宫回銮，陕西省官员变动甚大：巡抚升允任为前路粮台，布政使李绍芬护理陕西巡抚，按察使樊增祥护理布政使，西安粮道吴树棻护理按察使，西安知府胡延升护理粮道，候补知府傅世炜护理西安知府。

② 王森然：《近代名家评传》，生活·读书·新知三联书店 1998 年版，第 1 页。

③ 吴天任：《梁节庵先生年谱》，台湾艺文印书馆股份有限公司 1979 年版，第 152 页。

闹。沿途千官车马，万乘旌旗，气象极为严肃，较来时光景，当然大不相同。……灞桥折柳，自昔为往来迎送之地，然千年以来，当无有今日之热闹者。”①

八月间，好友顾曾烜辞别诸友南归，易顺鼎送至临潼，并作有《用东坡送刘道原韵送顾五》为之送行（见《魂西集》，光绪二十七年长安刻本）；樊山见诗后，遂作《易五用东坡送刘道原韵为顾五赠行辄踵其韵赠两君》和之（见《樊山续集》卷十六，《樊樊山诗集》第1005页）。

同月里，定边县令禀报治沙，樊增祥予以批准，并戏作《拿沙赋》一篇：

定边县公，好勇过我；缉捕勤能，谁出其左。愤此黄沙，非拿不可；通禀拿沙，沙何处躲。嗟嗟此沙，忽东忽西；高齐城颈，下没城脐。不入城门，径可登陴；缒不必绳，登不必梯。县公曰咨，咨汝狂沙；汝平我城，能不汝拿。我爱此物，则曰拿来；我恶此物，则曰拿开。官绅谋定，乃派兵差。沙忽大呼，小的冤哉。我虽飘忽，未尝为虣；奈何拿我，如拿强盗。我本甚洁，人未受污；奈何拿我，如拿奸夫。大非孤丁，小非骰子；奈何拿我，如拿赌痞。不淆黑白，不管是非；奈何拿我，如拿讼师。今曰不然，拿者拉也；拉以牛车，置之旷野。我城则高，尔沙则下；所全者多，所伤者寡。沙曰可哉，奈名不美；无奈被擒，沙何有罪？风狂似虎，沙亘如龙；既曰拿沙，胡不捕风？下临边墙，上摩月阙；拿沙不已，势必捉月。今曰休矣，勿斗机锋；汝虽上控，亦不汝容。筑堤之法，翻沙取土；易翻为拿，聊固吾圉。濒河之民，淘沙取金；易淘为拿，手到成擒。盘古以来，谁曾拿尔；今讲西法，创造为美。拿沙之役，自定边始；一地胡拿，庶其有豸！以文牍言，词堪诮让；以政事言，心堪嘉尚。沙去城高，沙来城低；愚公移山，其心可师。不敬子路，手不断宜；莞尔而笑，前言戏之。

八月底、九月初，易顺鼎将其在西安期间与友朋酬唱所作收为一集，曰《魂西集》。樊增祥应好友之邀，为其作《魂西集题跋》：

行役怀古之作，最足觇人腹笥。行箧少书，独吟无侣，驿墙败粉，

① 吴永口述，刘治襄记，鄢琨标点：《庚子西狩丛谈》卷四，岳麓书社1985年版，第95—96页。

尘案昏灯，上马行吟，下车录稿，非真有功力者，不如藏刀为善矣。渔洋于役，每至一郡县，必索其志乘，供其摇襞。仆笑其无真本领。若毛西河、朱竹坨，宁有是耶？实甫行万里路，读万卷书，才与境皆足以相发明，当今之时，如此才，吾见亦罕矣！平生不愿读人诗，尤不愿作评跋，实甫必知此意嘉。①

九月初四日（10月15日），易顺鼎告别诸好友离陕东归，返汉口。樊山作有《石甫叠坡韵见贻再叠韵报之并谢惠纸》、《石甫见和前韵次答二首即送归庐山》（二首）等诗相赠。

易顺鼎在东归途中曾作有《蓝田县道中寄樊山按察》诗寄赠（见易顺鼎《东归集》，《琴志楼诗集》卷十二，第864页）。

九月二十七日（11月7日），和议全权大臣李鸿章卒于任上，年七十九岁，追赠太傅，晋封一等侯爵，谥“文忠”，入祀贤良祠。朝命王文韶署理全权大臣，袁世凯署理直隶总督兼北洋大臣，又以张人骏为山东巡抚。

闻李鸿章去世消息，樊山曾作有挽联一副②，以表达其对李公之评价（见胡君复编《古今联语汇选》哀挽上）：“能任天下伊尹似之，治亦进，乱亦进；不以兵车管仲之力，如其仁，如其道。”

九月下旬，樊增祥在政务之余，亦时与同僚、友朋唱和，写有《叠前韵简星海》《去年诸弟子都和圆字韵今皆不及门矣再赋》《与女弟子绣漪试茶叠前韵》《邠州刺史馈梨五十颗赋谢》《华州刺史馈笋》《彦清书来犹讯及阿咸挥泪答之》《吉甫中丞归自汴梁赋呈》《吴客鬻珍珠兰茶以雪水试之》等诗作。

其间，好友胡延擢升江安粮道，前来叙别并赠其新刻之诗词，樊山乃作《彦荪见示新刻诗词抒情叙别奉题四首即送之江安粮道任》（四首）以纪其事。

同乡前辈屠仁守结束在三原的讲学，明日将返回太原，樊山乃作《叠前韵赠梅君时至自三原明日行矣》为之送行（见《樊山续集》卷十六，《樊樊山诗集》第1010页）。

九月底，好友陶在宽结束在秦中的游览，将南归，樊山遂作《栗园来游

① 此文见易顺鼎《琴志楼诗集》（第四册）附录二·序跋题辞，上海古籍出版社2012年版。

② 胡君复编：《古今联语汇选》（哀挽上），商务印书馆民国元年（1912年）刊行。

关中流连逾月以八百字为赠》《与栗园夜话》等诗为之送行。

十月初二日（11 月 12 日），两宫抵达河南开封，暂作停留、休整。是日，两宫“申正抵开封省城驻跸。阖省文武，均于城外迎驾。行宫陈设极壮丽，入内瞻仰一周，俨然有内廷气象矣。”①

十月初四日（11 月 14 日），朝命以张百熙为刑部尚书，葛宝华为工部尚书，张德彝充出使英国兼意大利、比利时大臣。

十月十八日（11 月 28 日），朝廷命樊增祥代撰《政务处开办条议》②。

十月二十日（11 月 30 日），奉懿旨，撤去溥儁“大阿哥”名号，立即出宫。

十月二十八日（12 月 8 日），朝廷以议和与共保东南疆土有功，下旨赏赐奕劻双俸，荣禄、王文韶、张之洞、刘坤一、袁世凯等双眼花翎，宫衔有差。

十一月初一日（12 月 11 日），乃樊山五十六岁生日。樊山乃作《生日用去年韵》诗纪之。

十一月初四日（12 月 14 日），两宫圣驾自河南开封行宫启銮。

十一月十二日（12 月 22 日），樊山早起赴行宫听旨议事，并写有《长至日赴行宫早朝》一诗纪之（见《樊山续集》卷十六，《樊樊山诗集》第 1011 页）。

案：两宫起驾回銮后，西安行在尚留有大臣处理善后事宜，及时将两宫回銮途中的情况与谕旨传达给关中官吏。

十一月二十四日（1902 年 1 月 3 日），两宫圣驾抵达直隶保定府驻跸。

十一月二十七日（1902 年 1 月 6 日），刘次房前辈招友好至家中宴集消寒，樊山作有《十一月廿七日刘次房前辈斋中消寒小集》（二首）纪其事。

十一月二十八日（1902 年 1 月 7 日），两宫圣驾一行自直隶保定启銮还京。是日，“十点二十五分，（两宫）自保定行宫启銮。铁路局特备火车一列，共二十二辆（节）；计上等花车四辆（节），皇上、皇太后各用二辆（节）；又上等客车一辆（节），皇后御用；其余各宫嫔及亲王、大臣、福

① 吴永口述，刘治襄记，鄢琨标点：《庚子西狩丛谈》卷五，岳麓书社 1985 年版，第 118 页。

② 叶恭绰在《雁影斋诗存题识》中云：“辛丑枢府所定政务处章程，乃樊樊山稿。”见庞坚编校《李希圣集》，华东师范大学出版社 2011 年版，第 131 页。

晋、命妇、内监，分乘各车。花车中均以黄貂绒、黄缎铺饰，所有御用瓷器碗盏，均由盛宣怀预备呈贡，上皆有‘臣盛宣怀恭进’字样。车站两旁，扎有彩棚三十座，前两棚为直隶督宪、监司候送休息之处，余皆以印委官一人主之，备送迎官员憩候。开驶时，军队擎枪奏乐……火车抵马家堡，稍停；旋见军士擎枪奏乐。两宫先后下车。皇上御八抬黄缎轿，舁轿夫均穿紫红色缎绣花衣，四周由侍卫、内监拥护，轿前排列兵丁、乐工、大旗；次为御用之衣箱、马匹、驮轿；次为骑马从人；次弓箭手、长枪手、马步兵。皇太后黄轿仪仗，均与皇上相同。又次则为各亲王、宫嫔，由马军门玉昆拥护。殿以皇后，同御黄缎轿，仪仗随从，视两宫稍减。宫嫔则用绿轿一顶，马车六辆。末后车马甚多，大抵皆随扈官员……未初入乾清宫，即先诣关帝庙行礼。从官仪仗，始各以次散队。经年播越，劫后归来，城郭依然，人民如旧，两宫此际，不知作何感想耶？”①

十二月初一日（1902 年 1 月 10 日），湖广总督张之洞奏荐李盛铎、伍廷芳、汪凤藻、黄绍箕、王先谦、缪荃孙、沈曾植、陈宝琛等人。

十二月二十一日（1902 年 1 月 30 日），英、日缔结同盟条约。

十二月二十二日（1902 年 1 月 31 日），朝廷授孙家鼐为大学士，瞿鸿禨为军机大臣。

十二月二十三日（1902 年 2 月 1 日），朝命满汉可以通婚，并劝汉人妇女除缠足积习。

十二月二十四日（1902 年 2 月 2 日），朝廷授荣禄为文华殿大学士，王文韶为文渊阁大学士，孙家鼐为体仁阁大学士。

十二月下旬，樊山尚写有《署斋遣兴》《封印日偶书》等诗作。

除夕（1902 年 2 月 7 日）夜，樊山兴致颇高，遂作七言绝句《除夕》八首以表达其心境。

是年，朝廷在西安赐建的左宗棠专祠建成，全省官员前往致祭。巡抚岑春煊委托樊增祥致祭辞。樊山当即断然拒绝，说：“宁愿违命，不愿获罪先人。”刘成禺在《左宗棠与樊增祥》一文中记载有此事：“至若樊山作陕西藩司时，左宗棠赐建专祠于西安，巡抚委樊山致祭；樊山辞焉，曰：宁愿违

① 吴永口述，刘治襄记，鄢琨标点：《庚子西狩丛谈》卷四，岳麓书社 1985 年版，第 118 页。

命，不愿获罪先人；此又寻常尽知之事。”①

是年，张重威（1901—1975）出生于扬州仪征一个富裕家庭。

是年，樊山的表侄冯康侯（1901—1983）出生在广东番禺。

是年，樊山的同年、好友、著名词家、学者谭献在家乡杭州去世。

是年，樊山的好友、文学家严玉森在家乡仪征去世。

是年，樊山的好友、封疆大吏邵友濂在家乡余姚去世。

光绪二十八年壬寅(1902)　五十七岁

正月初一日（2月8日），梁启超在日本横滨创办保皇派机关报《新民丛报》。

同日，樊增祥早起赴行宫早朝，并作有《壬寅元旦行宫早朝》（二首）纪其事。

年初，朝廷调山西布政使升允任陕西布政使，署理陕西布政使樊增祥则仍回其陕西按察使本任。

正月十五日（2月22日），久不得石甫消息，樊山颇为挂念，乃作七律《久不得石甫消息以诗讯之》《用前韵再讯石甫》等诗寄赠闻讯。

新年期间，樊山相继写有《用元旦日早朝韵寄沈学使即送之汉南校试》（二首）、《灯夕》、《上元微雨》、《叠韵答淇泉学使上元日宝鸡道中见寄》（二首）、《三叠韵寄淇泉》（二首）、《即事四叠韵》（二首）、《新月》、《用前韵寄研荪兼讯石甫》、《叠前韵再寄研荪》、《自嘲》、《检庚子出都后所作诗词漫题一首》、《病起作》、《叠自嘲韵示客》、《春后屡感寒疾气体益衰矣感赋》等诗作。

其间，同乡好友、前陕西布政使李绍棻奉旨回籍休养，樊山乃作《赠别李馥庭方伯》一诗为之送行。

好久未得老上司、好友、湖北巡抚端方的消息，樊山很是想念，乃作《寄怀午桥中丞》（二首）寄赠、问讯。

正月二十四日（3月3日），梅花拳宗师、武举人景廷宾率领直隶广宗、巨鹿、威县一带义和团余众在直隶巨鹿（今邢台市巨鹿县）举行起义，提出“扫清灭洋”的口号。

正月二十七日（3月6日），樊山的前辈好友、文学家、学者、艺术家吴

① 刘成禺：《左宗棠与樊增祥》，《世载堂杂忆》，中华书局1960年版，第45—46页。

大澂在苏州老家病逝。

正月间，两江、湖广会设江楚编译局于江宁。

二月初，樊山的同乡前辈屠仁守受聘为陕西大学堂总教习，到堂执事。前一年，陕西官府已拨专款在原省城东考院和西安府崇化书院旧址兴建了陕西大学堂。樊山得以与同乡前辈相聚，曾作有《以栀子晚香玉赠梅君前辈媵以小诗》（二首）纪其事（见《樊山续集》卷十六，《樊樊山诗集》第1026页）。

三月初一日（4月8日），中、俄订立《交收东三省条约》，规定沙俄军队在十八个月内分三批撤出东北。

三月二十日（4月27日），蔡元培、蒋智由、黄炎培等在上海发起成立中国教育会，推蔡元培为事务长（即会长）。

三月间，朝廷任命兵部左侍郎、国史馆副总裁贻谷为督办蒙旗垦务大臣，赴绥远督办西蒙垦务。

四月初四日（5月11日），上海耶松船厂工人举行罢工，要求增加工资。

四月间，接朝命，陕西巡抚岑春煊调任山西巡抚，陕西布政使升允擢升陕西巡抚，而擢升樊山的好友、四川按察使夏旹①为陕西布政使。

同月里，湖广改两湖书院为两湖大学堂，自强学堂为文普通中学堂，经心书院为勤成学堂；又改武备学堂、防营将弁学堂为武高等学堂，又设武普通中学堂；又创建湖北师范学堂及高等小学堂五所；又将农务学堂移至武胜门外，于工艺学堂增设工厂，增设方言学堂、仕学院等；另设立学务处管理全省学务。

同月里，上海商人成立上海商业会议公所，后改称上海总商会。

五月初二日（6月7日），山西巡抚岑春煊在太原开办山西大学堂。

五月初四日（6月9日），朝廷实授袁世凯为直隶总督兼北洋大臣。

---

① 夏旹（1837—1906），字佑简，又字书命，号菽轩。湖南桂阳莲塘大湾人。咸丰十一年（1861年）举人。同治四年（1865年）调任知县，改主事签分工部缮清吏司，后以道员分发四川候补，委为机器总办。十二年（1873年），授五品衔工部营缮主事加三级，逾年加四级。光绪九年（1883年），任川滇黔边计盐务，统领安定水陆各军，特旨补授川东兵备道。后晋授四川按察使署理布政使、补授陕西布政使、江西巡抚、江西巡防统领、陕西巡抚、兵部侍郎、都察院右副都御史。不久，因遭弹劾去职。去世后御赐一品封典，诰授光禄大夫、建威将军。

五月初八日（6 月 13 日），樊山感慨颇多，乃作《五月初八夜作》（八首）以纪之（见《樊山续集》卷十六，《樊樊山诗集》第 1023—1024 页）。

五月初九日（6 月 14 日），内兄祝竹延离秦赴任所，樊山到八仙庵①为其饯行，并作《明日过八仙庵送内兄行并慰绣漪》（二首）相赠。

五月十七日（6 月 22 日），中、英订立《上海会审公廨合同》。

五月中、下旬，樊增祥收集整理自甲午（1894 年）以来所为之词，分为三卷，取名《五十麝香词赓》，交梓人刊刻。樊山在《五十麝香词赓叙》中曾说："自甲午迄庚子春，可盈一卷。是年都下奇变，执殳前驱，历晋入秦，浸疏声律，会与研荪观察比邻而居，皆侘傺无聊，端忧多暇，相约和古词以寓今事，自秋徂春，得百余解。迨辛丑夏，骤躐柏台，遂尘薇省，笏卿、亚蘧、石甫、淇泉诸君，前喁后于，更唱迭和，余以公暇周旋其间。捣麝拗莲，雕云镂月，味调鲭鲊，音合琴筝。长女阿频，女弟子祝蕊，并耽风雅，瞑写晨书，逸兴遄飞，老怀弥慰。检视所作，又百许篇。遂裒七年所得，厘为三卷，以授梓人，命之曰《五十麝斋词赓》。余性好焚香，迷迭都梁，氤氲房户，故取《逸周书》语以名吾斋，又以名吾词云。壬寅五月二十一日，樊山樊增祥自叙。"

收入《五十麝香词赓》上卷的词作主要有《西江月·题东溪草堂图》、《喝火令·蜡面深钤印》（四首）、《浣溪沙·倦绣重烧七宝炉》、《江城梅花引·雨夜宿故市闷书》、《昭君怨·戏讯西屏》、《高阳台·雀桁闲花》、《红窗睡·油碧窗扉纱似雾》、《金缕曲·始用眼镜》（二首）、《菩萨蛮·题马士英千峰夕照图》、《行香子·客过吾庐》、《钗头凤·诃梨领》（二首）、《兰陵王·寒夜有寄》、《前调·次均代答》、《浪淘沙·雨中闷书》、《唐多令·代人寄外》、《一剪梅·金鸭无烟香饼焦》、《减兰·月下闻雁》、《虞美人·花枝一束妆台镜》（二首）、《玉楼春·咏鞋》、《行香子·前题》、《江神子·有赠》、《江城梅花引·秋闺二解》、《金缕曲·孤负花朝矣》、《浣溪沙·小别东园近一年》、《鹧鸪天·露似珍珠月似弓》（三首）、《双调望江南·九日归自青

① 八仙庵：又名万寿八仙宫，简称八仙宫，是西安最大、最著名的道教观院，也是道教主流的全真派十方丛林，位于西安市东关长乐坊，系唐代兴庆宫局部故址。民间传说为唐代吕洞宾遇汉钟离，"一枕黄粱"点破千秋迷梦而感化成道之处。其始建年代不详。据乾隆《西安府志》和嘉庆《咸宁县志》称，宋时有郑生于长乐坊遇八仙显化，遂建庵祭祀。此后曾多次毁于战乱，又多次复建，或扩建。八国联军入侵京师，两宫西狩西安时，曾避难八仙庵，乃赠银修葺、扩建，并颁赐庙额"敕建万寿八仙宫"，始有万寿八仙宫之名。

门》、《浪淘沙·途次闷书》、《清平乐·平遥道中》、《玉楼春·元夜旅中》、《踏莎行·晓拂燕支》、《浪淘沙·烟雪晚萋迷》、《菩萨蛮·圆荷小叶青如镜》、《凤箫吟·贴桐花、么鸾最小》、《三姝媚·娇云含靓雨》、《思佳客·家世严州胜峡州》、《卜算子·生长绿杨城》（八首）、《彩云归·珠帘不散小春寒》、《飞雪满群山·绛鹤晨严》、《满庭芳·未密先疏》、《情久长·月明鹤背吹笙》、《沁园春·送次山之江南》、《更漏子·效温飞卿》（八首）、《转应曲·春早》（二十首）。

收入《五十麝香词赓》中卷的词作主要有《双双燕·谢家院落》、《前调·再和砚荪》、《念奴娇·用稼轩韵》、《归朝欢·缺月窥帘黄甚酒》、《绕佛阁·桂华夕敛》、《甘州·和耆卿韵》、《红林檎近·和美成韵》、《南浦·和鲁逸仲韵》、《洞仙歌·三间草屋》（二首）、《绕佛阁·慰研荪妇病》、《卓牌儿·垂杨恁萧疏》、《浣溪沙·老马心从战后摧》（四首）、《秋宵吟·睡凫温》、《凄凉犯·和白石韵》、《瑞龙吟·春明路》、《玉楼春·月下有忆》、《蝶恋花·月照燕山飞雪练》、《八声甘州·赋燕台八景：卢沟晓月第一》、《前调·金台夕照第二》、《前调·太液秋风第三》、《前调·西山晴雪第四》、《前调·琼岛春阴第五》、《前调·居庸叠翠第六》、《前调·蓟门烟树第七》、《前调·玉泉垂虹第八》、《重叠金·女床鸾睡春宵雨》（四首）、《虞美人·针娘玉引红酥手》（四首）、《重叠金·咏菊》、《虞美人·忆东华早朝》、《踏莎行·和白石韵》、《昭君怨·不为今年秋闰》、《沁园春·孩儿菊》（四首）、《前调·女儿酒》（四首）、《金缕曲·女儿茶》、《金缕曲·美人蛏》、《寿楼春·怜韩潭春深》、《八归·香丛桂白》、《眉妩·听单于三弄》、《六州歌头·和于湖韵》、《小梅花·太液柳》、《金盏子·和竹山韵》、《八声甘州·忆来时窗影》、《前调·忆去》、《前调·忆眠》、《前调·忆食》、《前调·忆坐》、《前调·忆立》、《满江红·金碗楼台》、《寿楼春·吹秦台红箫》、《水龙吟·汉家龙种何来》、《双调望江南·霜中柳》、《一剪梅·如今俊杰竞趋时》、《鱼游春水·妆台花枝靓》。

收入《五十麝香词赓》下卷的词作主要有《金缕曲·槛外榴巾蹙》、《清平乐·楝花风细》（四首）、《解语花·仙霞叠帔》、《绛都春·猩屏画了》、《前调·朝暮留香久》、《少年游·枇杷欲熟问园官》（四首）、《金缕曲·轩翠风流歇》、《前调·地势长沙小》、《前调·端午书感》、《喜迁莺·流莺声歇》、《沁园春·送顾五还豫州》、《洞仙歌·香薷饮子》、《前调·罗巾余麝》、《浣溪沙·闻唤云郎佐酒船》（四首）、《临江仙·除夕写怀》、《尉迟杯·灯珠转》、《三部乐·腰鼓轰雷》、《尉迟杯·春光转》、《念奴娇·绣罗襟底》、《一枝花·薄暝欺帘阁》、《前调·软霭笼朱阁》、《渡江云·五年前抱恨》、《高阳台·陇上轺轩》、《前调·东井移星》、《浣溪沙·咏牡丹》、《满江红·空谷幽兰》、《金缕曲·夺尽妖蟆气》、《八六子·绕芳丛》、《前调·夜坐闻雨》、《洞仙歌·茱萸绣幰》、《前调·银州北指》、《苏幕遮·松作公》、《江城子·风前双柳倭倭》、《破阵子·孔雀罗衫浅淡》、《浣溪沙·夜坐》(四首)、《烛影摇红·烛影摇红》、《高阳台·风叶欺蒲》、《东风第一枝·露引纤萝》、《临江仙·再咏铁线莲》、《霓裳中序第一·夏夜作》、《前调·闲行柳影下》、《虞美人·少年听雨湘东郡》、《梅花引·惜芳菲》、《爪茉莉·本意》、《塞垣春·净扫池边地》、《前调·细马轻车稳》、《黄莺儿·本意》、《送入我门来·杨柳轻韩》、《书锦堂·鹤顶争摩》(四首)、《送入我门来·剖竹称王》、《破阵子·欲买松风无价》、《前调·小院黄昏月上》、《西江月·长夏即事》、《前调·漫兴》、《破阵子·女诫数行亲写》、《浣溪沙·效花间集》(四首)、《望远行·池馆幽深带薜萝》、《临江仙·自题词卷》、《洞仙歌·咏栀子》、《骤雨打新荷·水绿平池》、《满庭芳·轻擘莲蓬》、《玉楼春·堕鬟不耐胶青刷》、《玉楼春·米家墨翠浓如刷》、《前调·秋闺再叠前韵》、《前调·三叠前韵有赠》、《前调·六叠前韵》、《虞美人·立秋日书感》(二首)、《前调·词人可是花中雨》(二首)、《前调·七夕》(四首)、《前调·雨夜》(二首)、《前调·诗家小样新花草》(四首)、《前调·回文锦织双鸾紫》(二首)。

五月二十七日(7月2日),樊增祥原来的上司、前辈诗人、人称“秀水尚书”的陶模在两广总督任上去世。

五月二十八日(7月3日),朝命以德寿署理两广总督,岑春煊调任广东巡抚,王之春为广西巡抚。

五月间,樊山在政务之余,亦常与友朋宴集唱和,相继写有《戊辰北上见粤中女士题壁诗绝佳三十年来犹能记忆偶复和之》(二首)、《再和前韵》(二首)、《研樵惠君山茶赋谢》(二首)、《老妓行》(有序)、《寄竹延》、《咏署东西二小山》、《夏日园居》、《斋居遣兴》、《寄石甫》、《次韵酬午桥中丞见寄》、《有感示仲锡太守》、《重有感》、《再寄石甫并讯仲纲弟》、《慰石甫》、《石甫登高庙第一楼和余己亥题壁韵见寄次答一首》等诗作。

其间,得知前辈好友杜贵墀在湖南校经书院去世,樊山颇为感伤,乃作《闻杜仲丹殁于校经堂年八十余矣》一诗以悼之。

同月，樊增祥又将自己所收集到的爱伯师的词作——《霞川花隐词》，和自己的《五十麝香词赓》合在一起，称之为《二家词钞》，交梓人刊印。

樊增祥曾在《二家词钞序》①中说过编刊此集的经过和缘由："（爱师）每有所作，必录以见诒。余所得先生诗词书牍，积一巨簏，毁于庚子之变，为可惜也。先生诗及骈体文，先有刻本，散文则甲申岁（1884年）属余、寿平钞得四十许篇，今已散佚。词则辛未（1871年）以前手钞成帙，自后所作，散见日记中。弢夫京卿录为一册，先生并手稿授之，曰：'吾词尽于是矣。'先生殁四年，余再入都，弢夫以词钞授余，俾付手民，迟至今日，始果此缘。因先生视余为黄梅之慧能、苏门之淮海，遂附拙词于后，题曰《二家词钞》。恨秦越间阻，求子珍词不可得。吾曩欲刻四家馆课，近欲刻三家词，皆仅得二家而止。若伯熙、廉生、子珍者，并人海虬鸾，神仙官府，遗麟坠羽，俱足千秋，终当搜求付梓，以竟吾志。不使幽冥之中，负此良友也。光绪壬寅五月，樊增祥叙。"

六月十八日（7月22日），樊山与升允见宋伯鲁携眷回陕，遂商议电奏朝廷，谓其"受业康门，甘为鹰犬，其罪在康有为之下、杨深秀之上"。朝廷乃下令将其囚禁，三年后始获释出狱（见《宋伯鲁年谱》同日之记载）。

军机大臣兼督办政务大臣鹿传霖在其当天日记中曾记载："陕抚电奏，拏获宋伯鲁，旨严加管束。"②

六月二十二日（7月26日），奉上谕："湖广总督张之洞着兼充督办商务大臣。"

七月初二日（8月5日），朝廷以四川反洋教斗争愈演愈烈，督臣溺弱，开缺奎俊，命以岑春煊署理四川总督。

七月十二日（8月15日），清政府颁行《京师大学堂章程》《高等学堂、中学堂、小学堂章程》《蒙学堂章程》及《考选入学章程》等，史称壬寅学制。

七月十三日（8月16日），各国会议议定中国关税税率。

七月间，樊增祥裒集上年六月以来所作之诗为一集，名《音声树集》。樊山曾自言："壬寅四月，复还柏台，藩署为唐中书省故址，音声树在焉。余往复薇柏之间，不少汀苹之兴，汇其所作曰《音声树集》。"（《樊山诗钞

① 李慈铭：《霞川花隐词》，光绪二十八年（1902年）西安臬署刻本。

② 许潞梅、王金科整理：《鹿传霖日记》（一），《文物春秋》1992年第2期。

自序》,《湖北文征》第十一卷，第 575—576 页）

同月，朝廷加授督办蒙旗垦务大臣贻谷理藩院尚书衔。

八月十二日（9 月 13 日），日本设立湖南汽船会社，行驶于汉口至长沙、常德间。

八月二十八日（9 月 29 日），英国商人成立英美烟公司，相继在中国的上海、汉口、沈阳、哈尔滨等地设立烟厂。

八月间，朝廷补行庚子、辛丑正、恩并科乡试。从是岁始，科举考试改八股文为策论。根据报考人员情况，秦、晋两省今年的乡试合在一处举行。陕西巡抚升允上奏委派樊增祥为秦、晋两省此次乡试的提调（所谓乡试提调就是乡试的后勤总负责人）。樊山曾作有《光绪壬寅秋补行庚子辛丑两科乡试秦晋合闱朱益斋段春岩两编修典秦试曹再韩编修杨味春侍御典晋试余为吉甫中丞奏派提调同日入闱奉呈四首》纪其事。

案：军机大臣兼督办政务大臣鹿传霖在其六月廿二日的日记中曾记载："江南考官戴鸿慈、黄均隆，山西考官曹福元、杨士燮，陕西朱延熙、段友兰。"（见许路梅，王金科整理：《鹿传霖日记（一）》，《文物春秋》1992 年第 2 期）

此次乡试，因秦、晋合闱，故樊山的同僚好友入闱监试者颇多。其间，闲暇之时亦多，同僚友朋常唱和赠答，樊山相继写有《八月六日入闱见新月》、《锁院次樾翁韵》、《次樾翁即事元韵》（二首）、《叠韵呈樾翁》（二首）、《三叠韵赠内帘诸君》（二首）、《四叠韵写怀》（二首）、《自嘲》、《同考索烧猪戏赠》、《内廉又索鼋再赋》、《即事五叠韵酬樾翁》（二首）、《雨中寄菽轩方伯·每点名辄见》、《入帘后同考诸君日索药裹戏赠》（二首）、《再寄同考诸君》、《叠脐字韵谢吉生大令馈蟹》、《三叠肝脐韵述事书怀呈樾翁》（二首）、《九月初三日夜雨》（四首）、《九月五日再见新月叠前韵》、《内帘吴镜之张子馥林孕熙姚敬侯诸大令皆见和前韵六叠奉酬》（二首）、《秋闱积雨四叠肝脐韵纪之·初八日雨，浃旬乃止》（二首）、《敬侯和肝脐韵剧佳五叠韵报之》（二首）、《六叠肝脐韵索诸君和》（二首）、《酬镜之见赠》、《叠入闱韵呈四星使》（四首）、《味春侍御见和听雨诗语特凄艳叠韵奉酬》（四首）、《再叠听雨韵酬子馥》（四首）、《感怀三叠前韵》（四首）、《漫兴倒叠韵》（四首）、《发榜有日三四叠韵索樾翁和并呈宝衡》（二首）、《登楼一首五叠韵》、《六叠韵呈樾翁》、《写榜前一夕试院对月八叠肝脐韵》（二首）、《叠韵索诸公和》（四首）等诗作。

其间，适逢前辈、好友周铭旗①七十五华诞，樊山作有《寿懋翁》一诗为其贺寿；周铭旗收到樊增祥的贺诗后，乃将自己所作之《自寿诗》呈示；樊山读完周铭旗的自寿诗，又作七言长篇歌行《懋翁以自寿诗见示再赋长句奉呈》相赠。

冒怀苏《冒鹤亭先生年谱》中云："是秋，先生在易实甫处，晤樊樊山，相谈甚欢。时易将之官右江，樊樊山作诗送之，先生即作《用樊山韵赠实甫即送之官右江》。"②

案：此记载与事实不符：本年秋，樊山未去京师与易、冒相聚，也不可能去京师与易、冒相聚，因此时樊山正担任着陕西乡试提调官，哪儿都不能去。另，易顺鼎授广西右江道时在本年的十二月二十二日，要晚好几个月。樊山奉命入京在第二年的闰五月，而易顺鼎已于四月下旬出京赴任去了，没法相聚。

九月初，王闿运的弟子齐白石听从同乡、好友郭人漳的劝告，接受同门、好友夏寿田的邀请，抱着开开眼、长长见识的目的，第一次告别父母妻儿走出湖南湘潭，前往陕西西安，去夏府教夏寿田的夫人姚无双学画。夏寿田乃樊山弟子，时为翰林院编修，不久前已请假回家探望父母，此时正在西安家中。

九月初五日（10 月 6 日），两江总督刘坤一卒于任上，年七十四岁，追封一等男爵，晋赠太傅，谥"忠诚"。清廷以张之洞署理两江总督，端方署理湖广总督。

军机大臣兼督办政务大臣鹿传霖在第二天（九月六日，即 10 月 7 日）的日记中记载："江督刘坤一因病出缺，晋男爵、太傅，饬终各优礼，张之洞署理，鄂督端方暂行兼署。"

九月初九日（10 月 10 日），陕西布政使夏旹带领按察使樊增祥、学政

---

① 周铭旗(1828—1913)，字懋臣，号海鹤。祖籍山东即墨(今青岛市即墨区)大留村，后迁至即墨鳌山卫(今鳌山街道)。道光二十九年(1849 年)贡生，咸丰九年(1859 年)举人，同治四年(1865 年)进士。四十三岁始出仕。曾任陕西大荔、醴泉等县知县，凤翔府、西安府知府等职。光绪三十三年(1907 年)辞官归里。工诗文，热心地方文化建设。著有《出山草》十二卷、《出山草续存》二卷、《同州筹赈事略》(二册)、《即墨乡土志》二卷、《遂闲居诗草》一卷、《易俗琐言》、《亦政堂家书》等；另主持编纂有《测绘乾州舆图》《大荔县志》《乾州县志》《同州县志》。

② 冒怀苏：《冒鹤亭先生年谱》，学林出版社 1998 年版，第 126 页。

沈卫在八仙庵宴请四位乡试主考官，樊山作有《展重阳日偕菽轩方伯公宴四星使于八仙庵座有淇泉学使碧岑观察即席次碧岑韵》一诗纪其事。酒宴后众人登明远楼望远，樊山兴致极高，作《九日登明远楼放歌》（二章）、《九日宴客懋翁叠前韵见示一再叠韵奉酬》（二首）等诗以抒其慨。

九月初十日（10 月 11 日），陕西布政使夏旹、按察使樊增祥偕四位乡试主考再至学台衙门宴集，樊山作有《明日复集淇泉学使行台再次碧岑韵二首》纪其事。

九月十八日（10 月 19 日），乡试圆满结束，监临乡试的陕西巡抚升允出面宴请主持此次乡试的四位主考官，参加者三十余人，“合乐行觞”，尽欢而散。樊山遂作《九月十八日公宴四星使于两湖会馆中丞以下与宴者三十余人合乐行觞阅四十刻始罢赋诗纪事》（四首）纪其事。

其间，湖北巡抚、署理湖广总督端方亦将其监临湖北乡试的三场程式及戒谕士子条规寄给樊增祥阅览。樊山遂作《午桥中丞监临湖北乡试远寄三场程式及戒谕士子条规再叠前韵奉寄》（四首）相赠。

乡试毕，樊增祥将入闱期间与师友、同僚所作之诗结为《煎茶集》。樊山曾自言：“是岁科举改章，秦晋合闱。故事：科场提调，以粮储道领之。吉甫中丞倚畀过深，奏派斯役。入闱伊始，昕夕不遑；既毕三场，咏觞间作。今之监试，昔之府公，首唱雅音，四星继和，周旋鞭弭，投报瑶琚。蚕叶有声，想见欧梅当日；骊珠在手，居然元白同时。已命其诗曰《煎茶集》。”

九月二十五日（10 月 26 日），朝命袁世凯为督办商务大臣，与张之洞会同办理；并以伍廷芳为会办大臣，会议各国商约事宜。

九月下旬，樊增祥裒辑近几年所作之诗为《樊山诗集》三刻。樊山曾自言：“自丙申（1896）迄今，为诗十七卷，尽付梓，此《樊山诗集》三刻也。”

其时，老上司、好友鹿传霖已迁军机大臣兼督办政务大臣，樊山与其诗函往来密切。王闿运曾在九月二十四日（10 月 25 日）的日记中记载说：“闻樊增祥在行在私事滋轩，同人呼为孟浩然，取夜归‘鹿门’谑之。易实甫乃又欲依樊，未之卜也。”（见王闿运《湘绮楼日记》）

九月底，已调任四川署理总督的老上司岑春煊尚未忘记精敏干练的樊增祥，曾上奏朝廷请赏加樊增祥二品卿衔①。

---

① 薛超睿:《清末在陕名宦樊增祥仕途履历考述》,《渭南师范学院学报》2017 年第 32 卷第 15 期。

十月初九日（11 月 8 日），南皮师抵达江宁，再次署理两江总督兼南洋通商大臣。樊山得知消息，乃作七言长篇歌行《抱冰师再督两江寄献二十八韵》寄赠。

自十月中旬始，至十一月下旬，樊增祥在政务之余，迎来送往、自吟自娱之诗甚多，相继写有《初寒》、《赠冬青》、《柳》、《镜》、《题红纸》、《再赠冬青》、《杨汉中令子得南元寄贺》、《月下忆京师旧游》、《叠前韵自述》（二首）、《宝衡捷北闱喜赠》、《题家塾》（二首）、《儿辈初学属对余出云墨竹换诗诗换蟹皆不能属戏赋一诗》、《再示儿辈》、《北山》（二首）、《赋得银烛》（二首）、《帘钩》（四首）、《再哭许袁二公》、《鲽舫寒事》、《再寄午公》、《寄讯女弟子》、《鲽舫花事颇盛诗以张之》等诗作。

其间，樊增祥与湘军将领郭松林之子、候补道员郭人漳结识，樊山写有《雨中宴客葆生观察出示一诗即次其韵》、《葆生赠诗以湘绮见况何敢当也次答》（二首）等诗作纪其交往。

一个偶然的机会，樊增祥得到了乾隆时江苏常熟大孝子杨岱（1737—1803，字元峰，号守默）的《采菊图》，他甚是高兴，乃作《题杨守默先生采菊图》（四首）以纪其事。

又得到乾嘉时期画家尤荫（1732—1812，字贡父，一作贡夫，号水村，江苏仪征人）所画之《东坡石铫图》，颇为兴奋，乃作《题尤水村所画东坡石铫图用自题韵》诗以纪之。

某日，樊增祥率属官勘察碌碡堰堤返回，在马上远望西安城，甚是壮观，乃作《碌碡堰勘堤归马上望西安城作》一诗以纪之。

一日与同乡前辈屠仁守相聚，前辈请樊山为其书扇，樊山当即作《赠梅君前辈·梅翁属书扇，因墨其上》七律一首书其上相赠。

樊山收到前辈好友王闿运寄赠的《湘绮楼诗集》后，立即拜读，感触颇多，相继写有《读湘绮楼诗奉题一首》《再题湘绮楼集》《三题湘绮楼集》《四题湘绮楼集》《五题湘绮楼集》《雪中读湘绮楼诗即用其丙子喜雪韵三首》等诗作纪其事。

案：此前，樊山曾将自己的《樊山集》寄赠给王闿运。他在《葆生赠诗以湘绮见况何敢当也次答》（二首）的第二首“圯上传书怜我晚，灯前拥髻笑人忙”诗句后就自注说：“君得《樊山集》，终夕吟诵，姬人曰：‘莫风狂否？’”

十一月初一日（11 月 30 日），乃樊山五十七岁生日，樊山不仅去照了像，还写了《自题照像》(四首)、《十一月朔》、《生日再赋》、《葆生以诗见祝赋答》(二首)等诗作以纪之。

十一月初七日(12月6日)，朝廷任命云贵总督魏光焘为两江总督兼南洋大臣，署理两江总督张之洞仍回湖广总督本任，以广西巡抚丁振铎为云贵总督。

十一月十八日(12月17日)，京师大学堂正式开学。

十一月中下旬至年底，樊山在政务之余，除作诗外，尚填有《石湖仙·玉人秋浦》《绮寮怨·淡月幽窗如画》《前调·好是昭州颜色》《玉女迎春慢·封印日偶书》《绮寮怨·旧历才余十日》等词作。

十二月中下旬，繁忙的政务之余，樊山尚相继写有《壬寅岁暮关中杂感九首》《岁暮过西园有怀内兄》《再过西园》等诗作。

十二月二十二日(1903年1月20日)，易顺鼎终于奉旨补授广西右江道，樊山得知消息，颇为好友高兴，遂作《阅电钞知石甫观察备兵右江喜赋》纪其事。

十二月二十四日(1903年1月22日)，朝命以诚勋为安徽巡抚，赵尔巽为湖南巡抚。

十二月二十六日(1903年1月24日)，朝廷遵从地方大吏荐举意见，命调樊增祥任浙江按察使，樊山写有《十二月二十六日得电钞调补浙江臬使敬赋》诗以纪其事。

十二月二十八日(1903年1月26日)，天仍在下雪，樊山写有长篇七言歌行《岁除前二日雪》纪其事。

十二月下旬，在弟子夏寿田的引荐下，齐白石至陕西按察使府衙拜见、结识了著名诗人樊增祥。樊、齐二人一见如故，从此成为挚友。齐白石赠送给樊增祥几枚自己篆刻的印章；樊增祥不仅赠送齐白石50两银子作为润金，还写了《戏简濒生》一诗相赠。

除夕日(1903年1月28日)，樊山在家中守岁，兴致颇高，乃作《壬寅除夕》(八首)以遣怀。

是年，樊山接已故同年吕凤岐之女吕湘和吕碧城的求救信，谓其母和小妹贤满(字坤秀，1888—1914)在六安老家被恶戚串通土匪绑架，危在旦夕，恳请帮助救援。樊山当即请在江浙为官的友朋帮忙，使吕氏之母和小妹安然脱险。此次事件，为樊山后来与吕氏姊妹的交往和友谊奠定了基础。

吕美荪在其《葂丽园随笔》中回忆说："时余女兄弟三人皆糊口于千里之外，母妹寄居外家，复为恶戚所厄，惨无生路，俱各饮鸩自尽，幸为邑令灌救得活；而伯姐复泣求于江宁藩司樊樊山年伯，乃荷樊公星夜飞檄邻省，隔江遣护勇来迎，此恩此德，没齿泣感不忘也"①。

案：樊增祥的同年吕凤岐（1837—1895）膝下无子，只有四女：长名吕湘（1875—1925），次名吕美荪（1881—1945），三名吕碧城（1883—1943），四名吕坤秀（1888—1914），皆聪慧有才；尤其是前面三位姐姐，清末时就以兴办女学和诗文名于世，号称"淮南三吕，天下知名"。清末民初时，吕湘任南京女子师范学校校长、吕美荪任奉天女子师范学校校长、吕碧城任天津女子师范学校校长、吕坤秀任厦门女子师范学校教师，姊妹四人皆从事女子教育，一时传为美谈（参见郑逸梅《艺林散叶》）。

吕美荪回忆中谓"泣求于江宁藩司樊樊山年伯"有误。此时樊增祥仍任陕西按察使；出任江宁布政使在光绪三十四年（1908年）的九月。

是年，王世鼐（1902—1943）出生于安徽贵池一个书香官宦之家。

是年，樊增祥的《樊山全集八十一卷》（24册）由陕西渭南县署刊刻行世（今天津图书馆有藏）。

是年，樊增祥所编之《二家词钞五卷》（二册），有身云阁刊本行世（今天津图书馆有藏）。

光绪二十九年癸卯（1903）　五十八岁

樊增祥仍在陕西按察使衙门度岁、过新年，因在任内完解甘、新协饷，赏加二品顶戴。

正月初一日（1月29日），樊山早起去行宫早朝，并作有《癸卯元旦行宫早朝》一诗纪其事。

正月初七日（2月4日），樊山的好友张佩纶在南京寓庐病逝。

正月初八日（2月5日）立春，樊山乃作七言长篇歌行《人日迎春（当年应是"谷日迎春"）效初唐体叙别》和七律《立春夜友松有诗五叠前韵》等诗以纪之。

正月十三日（2月10日），浙江同乡团拜，邀樊山参加并观剧、赏画，樊山作有七言长篇歌行《正月十三日浙馆团拜淇泉学使碧岑观察简招观剧酒

---

① 转引自王慧敏《南社女词人吕碧城与近代名流的交往》，《南京理工大学学报（社会科学版）》2012年第3期。

半淇泉肃入舫斋纵观书画作歌》纪其事。

正月十五日（2月12日）元宵节，西安城内连续举行三天赛灯会，樊山作有七言长篇歌行《上元赛灯三日例往鼓楼弹压叠前韵索诸公和》《元夜归自鼓楼闻淇泉过访失候灯下再叠前韵调之》等诗纪之。

新年期间，樊山相继写有《开岁五日小园余雪犹在》、《客和残雪之作叠前韵》、《再叠余雪韵示客》、《三叠韵咏余雪》、《赞臣领师范学堂事四叠前韵戏赠》、《赋得梅聘海棠斋头朱梅海棠同时著花光艳照人戏成四解》、《春寒六七叠韵》（二首）、《赋得咬春八叠前韵》、《同人见和梅聘海棠诗再赋四解》、《夜雪九叠韵》、《微雪即晴晓起坐南檐下曝背十叠前韵》、《赞臣移居关中书院十一叠韵》、《杂忆五首》、《坐雨闷书》（二首）、《西堂春兴》。

其间，同乡前辈屠仁守将赴太原，樊山遂作《癸卯同乡团拜张乐设饮梅老首点借云一出寓惜别之意致可感也赋此奉别》一诗为之送行。

好友、陕西学政沈卫作诗为樊山送别，樊山则作有《淇泉见和量移浙臬诗叠韵奉别》、《再叠鲈字韵赠淇泉》、《己丑客沪上识淇泉于小村中丞座中》、《四叠韵写怀》相赠。

好友易顺鼎得知樊山调任浙江按察使并见其纪恩诗，遂作诗寄赠祝贺。樊山乃作《石甫寄示纪恩诗赋答》、《曩石甫以诗见示自注云直钞公一句近赋纪恩诗亦然戏题其后》（二首）等诗寄赠。

正月中下旬，樊山与齐白石往还较多。齐白石以前辈、师长尊敬樊增祥，并在其教画之余，时常过臬台府衙来与樊增祥谈论诗画、篆刻；樊增祥亦像爱护弟子、后辈一样爱护齐白石。交往既多，樊增祥非常欣赏齐白石的朴实、谦逊、勤奋和聪慧，决定要支持和成全这位出身贫苦而甚有才华的年轻人。于是，他将自己所珍藏的、平时极为爱惜、秘不视人的名人字画，如八大山人、金农、罗聘等名家的书画拿出来请齐白石观赏。八大山人、金农、罗聘等名家的书画对齐白石影响很大，从此，他的花鸟画风为之一变，走上了写意画的路径。

齐白石还将自己写的诗歌呈给樊增祥指点批评，并请他为自己的《借山吟馆诗集》题诗。樊山很赞赏齐白石的质朴诗风，欣然为他写了七言长篇歌行《齐山人璜乞赋借山吟馆诗赠以长句》相赠。

其间，樊增祥还专门派人送齐白石等人去华清池游览。

正月间，齐白石在陕西西安做官或做生意的许多湖南老乡，纷纷前来看望、拜访他。他们见樊增祥如此器重、欣赏他，都为齐白石感到高兴。他们知道，樊增祥不仅是闻名全国的大诗人，而且深得慈禧太后的赏识。他们（包括夏寿田、张登寿在内）都劝齐白石不要错过机会，可走樊增祥的门路，求个一官半职，将来肯定会飞黄腾达。性情憨厚而又无心仕途的齐白石对好友们的好意一直默不作声、不闻不问。

邹禹在《齐白石的乡土与烂漫》中记载说："（樊增祥）从不轻易夸奖人。他的这一举动是对齐白石极大的赞赏和肯定，之后，樊樊山又专程派轿夫送他们前去华清池游玩。樊樊山如此厚待齐白石，在别人看来，是齐白石求之不得的大好事。而白石自己呢，却是淡淡的。他难道不知道樊樊山的身价？只要他开一下口，这臬台大人说句话就行了。"①

二月下旬，齐白石离家赴西安已经快半年时间了，父母盼望他早点回家，他也颇思念父母、妻子。而此时的夏寿田，已在翰林院任编修多年，打算回京谋求新的差使，调往江西，遂邀请齐白石随他全家一起去北京，以后可随他去江西谋个一官半职。见好友如此说，齐白石颇有些犹豫。

樊增祥早就知道齐白石的湖南同乡们的意思。他见齐白石依靠卖画、刻印为生，生活很不稳定，也产生了推荐他为朝廷命官的想法；但又怕做官影响他的艺术发展，必须想一个两全之策才行。经过一番慎重考虑，他委婉地告诉齐白石，慈禧太后很喜欢绘画，宫廷里有不少画家，时常给太后代笔。你先随夏编修进京，我可能五月中旬也会进京；等我到京后，在老佛爷面前推荐你，成为内廷的专业画家，弄个六品、七品的官衔应该不成问题——要知道，在封建社会里，这可是一般知识分子一生的梦想；对普通的老百姓来说，要想得到一个六品、七品的官职，那真是比登天还难啊！当然，如果你一定不愿为官，北京也值得一去，毕竟那里是六朝古都，历史文化名城，精英荟萃，极有利于开阔眼界和个人书画、篆刻艺术的发展！

齐白石是一个淡泊名利的人，见樊增祥和同乡们都劝他谋一个官职，便委婉地对大家说：自己只是一个粗人，而且没有见过世面，怎么能去宫里当差呢？我没有别的奢望，只想卖卖画，刻刻印章，凭借自己一双勤劳的手，积攒得二三千两银子，带回家去，够一生吃喝，也就心满意足了。

樊增祥和夏寿田见齐白石态度坚决，不好强求，便不再劝他谋官的事。只是劝他随夏编修一家先去京城，等自己到了京城，那时候再慢慢商量。经过认真考虑，齐白石终于答应先随夏寿田一家进京去看看。

---

① 邹禹：《齐白石的乡土与烂漫》，东方出版社2009年版，第142页。

二月间，樊山在按察使衙署等候交接多暇，亦时与友朋、同僚宴集唱和。樊山写有《友松赠诗书云门为雪门云生读而觉之十二叠韵一笑》、《与客话申江事》(二首)、《介眉将军自画东郡纪游图属题》等诗作。

三月初一日（3 月 29 日），湖广总督张之洞乘坐楚材轮船自江宁回到省城武昌履任。

同日，齐白石将自己以前和来西安途中以及来西安后精心创作的、描绘自己所经历之情境的《借山吟馆图》数十幅，拿出来请樊增祥前辈、师长鉴赏批评。樊增祥初览一遍，不觉眼前一亮，他从齐白石那些大青大绿、大红大紫的画面中，感受到一种触目惊心的愉悦和茅塞顿开的感悟，并预感到这位年轻人只要稍加点拨，假以时日，其必将有一番大作为，前程将不可限量，自己很愿意向艺术界、也向社会推介这位年轻人，为他的成长、发展尽一份力，于是主动挥毫，为齐白石撰写了《齐山人笔单》(并序)：

齐山人笔单，并序。湘潭齐山人，少贫，有奇慧，能雕绘万象，斤风镂冰。王湘绮先生见其印谱，奇赏之；招至门下，教之读书，学为诗。有国初六家风格；画山水、人物、禽虫、花果，入毫发粗，兼有“四王五恽”、朱耷、道济、金农、罗聘之长；尤工美人，轶余集、改琦而上之，近世顾洛、费丹旭，不中作仆也。山人性孤，冷湘抚；某公雅相知重，遣材官持百金往聘，至门，问齐先生，且道抚部意。有衣短布衣者应客曰：“山人出游未归，素不入官府，不敢受金。”材官怒驰去。短衣者即山人也。湘人求画、求篆刻皆弗应，独善湘潭郭葆荪、桂阳夏五彝；两君居关中，招山人来游关中。求画、求篆刻，此一不应如在湘中。时与余一见如旧，今当偕五彝入都，余谓都中求画求篆刻，此当十倍；秦楚深闭，固拒而不得，不若高其价以待之。唐解元卖青山之钱以办蔬饭，自有烟岚气息。持归章亲，香逾兰黍矣。今以愚意逐列价目如左：

白石草衣画，写意山水条幅，每幅二十金，工细此倍之。写意美人条幅，每幅二十金，工细此倍之。写意花鸟人物，每一幅十六金，工细此倍之。团扇折扇每柄四金，工细此八金。册页每部八开，此十六金；十二开，此二十四金。方广汉尺，一尺为本，加大此倍之，工细此倍之。手卷长至尺，此十二金，加长一尺则加四金，工细此倍之。逾丈此百金，三丈此三百金。凡卷逾二丈，皆先收笔资，十年后交画。传真无论直幅、横看，每幅百金。印章价，常用之印每字一金。印在方广逾寸，此每字二金，加大此照加。石径二分，字若黍粒，此每字十金。刻墓志表无价。细刻白竹扇骨无价。此其大略也。永兴残帖，一“鹤”字，易斗米；一“口”字，易数金；东坡“枯木竹石”，月须米五斛，酒数升，以十年计，即须六百石米，乃易一画。而皇甫持正之三千字，三千匹绢犹为廉矣。余为山人评定价目，皆从其至少此；世有解人，当不我讶！光绪癸卯三月朔，天琴居士手定。

齐白石后来曾在其《自述》中提到此事说：“樊樊山在西安给我定的刻印润格，我借重他的大名……生意居然很好。”（樊山《齐山人笔单》及此引文均见薛翔《先有樊增祥 后有齐白石 另有梵高》，《收藏与投资》2014 年第 7 期）

同日，日食，而天又下雨，樊山遂作《三月朔雨日食不见》诗纪其异。

三月初七日（4 月 4 日），朝廷以闽浙总督许应骙贪污遭劾免职，命以锡良为闽浙总督。

三月上旬，齐白石依依不舍地与樊增祥及其他湖南同乡告别，随夏寿田一家自西安启程，踏上了进京的旅途，樊山遂作《送夏五彝寿田编修入都》为其送行。

三月十一日（4 月 8 日），沙俄交还营口到期，却拒不履约撤兵。

三月十四日（4 月 11 日），樊增祥的恩主、文华殿大学士荣禄在北京府邸去世。

三月二十一日（4 月 18 日），朝廷调岑春煊署两广总督，以锡良署四川总督，李兴锐署闽浙总督，德寿为漕运总督。

同日，沙俄驻华公使普拉嵩向清政府外务部提出七项新的要求，妄图永远控制中国东北三省，建立所谓“黄色俄罗斯”。

三月二十八日（4 月 25 日），按照惯例，将所有囚犯重新登记造册的工作结束，樊山宴请所有参与的官员，并作有《三月二十八日大录狱囚毕宴客于默化堂循故事也即席索诸公和》诗纪其事。

三月下旬，齐白石抵达京城后，就住在宣武门外菜市口北半截胡同夏寿田的寓所里。他继续教姚无双习画，闲暇之时，则去参观一些名胜古迹，有时也去琉璃厂观赏名人的字画，有时还出去与新结识的友朋往还游宴。其间，齐白石新结识了同乡好友曾熙、杨度、张翊六和江西书画家李瑞荃等人。

没几天，在曾熙、杨度等人的帮助和操持下，借助樊增祥为他写的润格，齐白石也开始在京城的古玩、字画一条街——琉璃厂刻印、卖画。

三月三十日（4 月 27 日）那天，齐白石随夏寿田早早地就乘车去北京西南隅的陶然亭与曾熙、杨度、陈兆圭等同乡好友饯春赋诗。酒宴之后，大家一致邀请齐白石作画。齐白石今天的情绪振奋、兴致甚高，当即铺纸挥毫，不一会儿，一幅精妙传神的《陶然亭饯春图》就展现在好朋友们的面前，也受到好友们的一致称赞。

这一次的同乡宴集，给齐白石留下了深刻的印象。事后，齐白石还专门为此次聚会写了一首诗，寄给远在西安的好友樊增祥，以表达其喜悦的心情。其中有几句是这样写的："陶然亭上饯春早，晚钟初动夕阳收。挥毫无计留春住，落霞横抹胭脂愁。"①

三月间，樊山在政务之余，尚相继写有《关中春兴五六叠韵》（二首）、《西堂春兴》（四首）、《题绿珠画像》（二首）、《西堂春兴原韵》（四首）、《清明雨中》、《新霁》等诗作。

同月里，樊山的好友、同僚张祥龄在四川汉州（今广汉市）老家病逝。

四月初一日（4 月 27 日），上海市民在张园召开拒俄大会，通电反对沙俄新约。

四月初三日（4 月 29 日），日本东京的中国留学生五百余人集会，声讨沙俄侵占中国东北的罪行，并在会后组成拒俄义勇队。

四月初六日（5 月 2 日），拒俄义勇队改名为学生军，参加者二百多人，主持人为蓝天蔚、黄兴等，准备回国抗击沙俄。

四月十一日（5 月 7 日），樊山和吴树棻、郭人漳陪同夏旹至八仙庵赏牡丹，适巡抚升允亦至，遂汇聚一起，前往观赏兴庆池故址，尽兴方归。樊山作有七言长篇歌行《四月十一日同菽轩方伯移香葆生两观察过八仙庵看牡丹会吉甫中丞亦至遂同阅兴庆池故址归赋长句纪之》诗纪其事。

四月十五日（5 月 11 日），留日学生黄兴、陈天华、叶澜、秦毓鎏、蔡锷等人在日本东京成立军国民教育会。

四月二十日（5 月 16 日），湖广总督张之洞奉命自湖北武昌抵达京师，等候召见。

四月二十五日（5 月 21 日），樊增祥交卸陕西按察使印篆，在长安等待通知启程进京。

① 周迅：《齐白石全传》，长沙：湖南人民出版社 2010 年版，第 157 页。

四月间，樊山公务之余尚写有《幕僚王君新婚时方司榷凤翔》《行有日矣而妇病甚坐雨闷书》《排闷》《午日雨》《贺葆荪生日时方统四旂督修水利》《空上人以唐善业埿造像及宣德铜盘赠行赋谢》等诗作。

其间，樊山与前辈好友王闿运的弟子、弟子夏寿田的内弟、同在陕西为官的程崇信结识，樊山曾写有《赠程戟传太守并柬菽轩三兄弟葆荪五弟即以留别》（二首）、《戟传和答前什叠韵自述》（二首）、《次戟传韵二首》等诗作纪其交往。

五月上旬，樊增祥裒其上年十月至今所作之诗，结为《鲽舫集》。

五月十三日（6月8日）夜，雨后天晴，繁星满空，月华普照，喜鹊欢唱，樊山以其为好征兆，乃作五言歌行《五月十三夜闻鹊》以纪其事。

五月中旬，著名词人、好友冯煦前往蜀中赴臬台任，途经西安，特来拜访老友。樊山甚是高兴，设宴款待，并作有《梦华老友赴蜀臬任假道秦中留饮剧谈赋诗赠别并示同座葆生观察碧岑戟传两太守》（四首）纪其事。

五月二十四日（6月19日），樊增祥奉到朝旨，即从西安启程，赴京觐见，然后再南下去赴浙任。启程那天，陕西将军、巡抚以下三百多官员前来为他送行。樊山甚是感动，乃作《癸卯五月二十四日发西安止于华清行馆将军中丞以下送者余三百人感赋》《菽轩三兄葆生五弟皆临分泣下余亦泫然》一诗纪其事。

李嘉绩、郭人漳等挚友更是送至华州（今陕西渭南市华州区）和阌乡（今河南省灵宝市），樊山曾写有《华州行馆雨中与葆生云生夜坐》《葆生偕唐司马童大令送至阌乡同宿于河神庙质明而别》等诗作纪其事。

樊山自西安一路北上，虽旅途劳顿，诗兴却不减，相继写有《渭南感柳·丙申丁酉间所种》、《出华州屏去牌纛》、《舆中遣兴》、《渑池韶峰书院双桐歌》、《张茅硖石间风日凄冷重棉犹慄即事有作》、《闰午日宿新安县廨》、《新安署斋见爱伯师楹帖感赋》、《戏赠阿频》、《闰五月初六日中儿迎谒于洛阳城西十五里明日护眷如汴梁赋示》、《渡河·内子欲偕行，余止之》、《初七夜乾沟桥行馆见月》（四首）、《寄五彝》、《孟县以东林木茂密风物清美喜赋》、《再咏王岭梅事寄淇泉》（二首）、《获嘉令以散馆改官戏赠》、《寄绣漪兄妹》、《木兰店感旧》、《舆中闷坐戏作两头纤纤歌寄葆荪》（八首）、《宿宜沟驿再用辛未年题壁韵》、《三叠前韵再寄仲彝徐州》、《四叠前韵书感》、《过宜沟驿行宫有感于庚子年事五叠前韵》、《计日抵京六叠前韵寄都门亲旧》、《用方顺桥旧韵写磁州风景》、《出磁州北门候车未至小憩柳荫下书见》、《过汤阴谒岳王庙》、《再题岳王庙壁》（二首）、《余读北史最喜高神武过邺屡赋其事今再咏之》、《邺中》、《魏家营见马缨花盛开》、《高敖曹》、《绝句》、《河北行馆夜坐遣兴》、《韩魏公故里》（四首）、《忆阿璘》、《顺德行馆灯下自书日记闻邻店琵琶声有作》、《模斋京兆送铁牌如邯郸遇于顺德叠前韵为赠》、《夜半登火车即寝》、《至真定换车板屋新净喜赋》等诗作纪其行。

其间，在顺德（今河北邢台市）行馆时，与前往云南主持乡试的好友吴庆坻相逢，樊山分外高兴，相继作有《子修典试云南遇于顺德行馆喜赠》《叠韵酬子修》《子修来诗期待良厚再答》等诗纪其事。

闰五月初三日（6 月 27 日），朝命张之洞会同张百熙、荣庆，重新厘定学堂章程。

闰五月上旬，弟子夏寿田接到老师樊增祥自西安出发前寄来的信函，告诉他自己很快就会到达京师办理有关手续，然后去赴浙任；要他转告齐白石，一定要等他来京，商量、落实他进宫当差之事。

齐白石不愿为官，只想过平淡的日子。当他从夏寿田处得知樊增祥来信的消息，担心樊增祥到京后真将自己推荐进宫当差，那就麻烦了；于是，他立即跟夏寿田说，自己出来时间太长，很是想家，要马上离京回乡。夏寿田请他等樊增祥来京后再说，但无论怎样劝说，齐白石就是不松口，只得给了他一笔银子，让他出京回老家去。当樊增祥风尘仆仆地自西安赶到京城时，齐白石已离开京城十多天了。

齐白石在离京南归的前夕，专门为樊增祥画了一幅《兰花草虫》图，并亲手将它裱好，然后托夏寿田届时转交给樊增祥。

邹禹在其《齐白石的乡土与烂漫》中记载说："午诒从书柜里，取出一轴画，展现在樊樊山面前：'这是他（案：指齐白石）特意为你画的，也是他亲自动手，精心地裱的。'樊樊山站起来，只见画面的右角，几个峋嶙的山石上，长着几株兰草，构图简洁，笔力刚柔相济，生动地勾勒了石的坚实与兰的高洁。"①

闰五月十五日（7 月 9 日），钦派裕德、张英麟、徐会澧、张之洞、张仁黻、戴鸿慈、熙瑛、李昭炜为经济特科阅卷大臣。

闰五月十六日（7 月 10 日），经济特科初试在保和殿举行。

① 邹禹：《齐白石的乡土与烂漫》，东方出版社 2009 年版，第 146 页。

闰五月二十日（7 月 14 日），东清铁路全线通车，正式开始营业。

闰五月二十五日（7 月 19 日），樊增祥抵达京城暂居，等候召见。

闰五月二十七日（7 月 21 日），经济特科的复试在保和殿举行。

在京城等候召见期间，樊山日与张之洞、左绍佐、周树模、徐世昌、朱福诜、易顺鼎、孙彦清、李希圣、宝熙、沈曾桐、于式枚、何乃莹、顾五等师友宴集唱和，相继写有《湖上小极呈晦若》、《上张宫保师二首》、《笏卿侍御以诗见迎次答三首》、《自和高庙第一楼题壁韵》、《题菊人少司成江楼送别图·图作于丁酉》、《张少保师招同王弢父于晦若两京卿沈子封编修周少朴侍御过慈仁寺废址看松徵赋长句》、《五叠前韵索晦若润夫和》、《六叠前韵呈晦翁》、《七叠韵志感并怀易兵备》、《八叠韵简何副都》、《九叠韵咏荷花并赠主僧》、《石甫去年九月携妓登第一楼留诗壁间十叠前韵》、《十一叠韵嘲石甫》、《十二叠韵寄石甫右江时粤氛甚恶》、《竹延两和第一楼韵十三四叠韵酬之》（二首）、《寓斋听雨十五六叠韵》（二首）、《石甫自誉斐姬留诗寺壁人多笑之十七叠韵解嘲》、《同晦若登第一楼二十一叠韵奉呈》、《少保师见示慈仁寺双松歌敬次原韵》、《少保师欲画双松图而难其人》、《少保师游积水潭垂示二小诗谨次韵》、《伯良吏部用尖叉韵赋秋海棠戏和》（二首）、《仲午译部用越缦师旧韵见赠次答》、《叠韵咏秋海棠索笏卿伯良苏生仲午和》（二首）、《三叠韵咏秋海棠索诸君和》（二首）、《四叠韵咏秋海棠》（二首）、《次韵奉和少保师再游南河泊七言六韵》、《再次少保师九佳韵一首》、《叠韵书感呈少保师》、《三叠韵上少保师》、《同游诸公都无所作四叠韵奉嘲》、《五叠韵解嘲》、《再叠少保师六麻韵柬同游诸公》、《三叠前韵呈少保师》、《再题积水潭寺壁》（二首）、《重游陶然亭感旧》（二首）、《与绣漪兄妹夜话有赠》（二首）、《陪少保师晚登寄园西楼看西山用双声体》、《又赋得楼上晚霞双声体辘轳格》、《晓起坐绿胜庵呈少保师·回文》（二首）、《登吉士楼呈弢夫·浙馆为赵天羽寄园》（二首）、《少保师垂示近诗十二首因遍和之》、《少保师得前作再示小诗七篇敬和》、《江亭客散偕晦若符曾翰甫陪少保师坐后廊看山用双声体》、《少保师别示短诗八篇敬和》、《敬和少保师咸韵三首》、《槐》、《梨》、《桑》、《柏》、《听竹》、《赠别顾五》、《近与少保师多为七言绝句赋呈二首》、《南宋义试诗有夹竹桃杨妃袜二题戏和二首》、《原诗皆著题仆诗则寓意也再和二首》、《宋人又有上元及咏茶二绝并奇丽漫和二解》、《前题再和》（二首）、《试茶》、《炒栗》、《不朽堂看松月》、《斜阳》、《湖上二解》、《感怀呈弢夫晦若》、《送子封早朝·坊缺引觐，子封名在第五。今第四矣》等诗作。

其间，南皮师亦曾写有与樊山等人往还唱和的《慈仁寺双松犹存往观有作》《政务处诸公招同樊樊山廉访游积水潭示樊山》《携酒再游南河泊邀云门同赋》《和云门南河泊之作即同九佳韵》《王韬甫沈同叔新修葺寄园西楼成同人集于楼上看西山限双声格七律》和《白日一首示樊山》《不朽堂夜集送樊山按察分得咸韵》《用咸韵呈同坐诸君》《再赠樊山仍用咸韵》等诗作①。

一日，翁同书之孙（翁同龢侄孙）、同年好友翁斌孙前来拜访，并出示《传笏图》属题，樊山遂作七言长篇歌行《翁韬甫同年属题传笏图》（并序）相赠。

樊山进京后，与好友、朝廷重臣瞿鸿禨亦时有联系。一日，好友过访，并出示其祖父瞿岱博亲手所绘之《乘槎自济图》和《分灯课子图》请题，樊山乃欣然作《善化瞿鲁青先生为今枢密子玖尚书之大父》（四首），又另作有《上枢密瞿尚书》一诗相赠。

瞿鸿禨亦曾将此二图呈送给军机大臣鹿传霖题识，鹿传霖则将其事委托给樊增祥；樊山自不敢怠慢，立即写了《代定兴公题乘槎自济图》（二首）、《又代题分灯课子图》相赠。

由于南皮师的关系，樊山亦与朝廷重臣张百熙多有联系往还。樊山作有《上张大冢宰》一诗敬呈。

张百熙收到樊山赠诗后，则相继写有《次韵酬樊山廉访见赠二首》《叠前韵再赠樊山》《前诗词意未尽赓和一章》《五叠韵答见赠》《六叠韵答论学》《七叠韵答论学》《八叠韵答自述》等诗作相赠。

在京等候召见期间，樊增祥在友朋们的一再催促下，根据近几年关于傅彩云（赛金花）的各种传闻，又写了《后彩云曲》。其序言说："光绪已亥居京师，制《彩云曲》，为时传诵。癸卯入觐，适彩云虐一婢死，婢故秀才女也。事发到刑部，问官皆其相识，从轻递籍而已。同人多请补记以诗，余谓其前随使节，俨然敌体，鱼轩出入，参佐皆屏息鹄立。陆军大臣某，时为舌人，亦在行列。后乃沦为淫鸨，流配南归，何足更污笔墨。顷居沪上，有人于夷场见之，盖不知偃蹇几夫矣。因思庚子拳匪之乱，彩侍德帅瓦尔德西，居仪鸾殿。尔时联军驻京，惟德军最酷，留守王大臣，皆森目结舌。赖彩言于所欢，稍止淫掠。此一事足述也。仪鸾殿灾，瓦抱之穿

① 张之洞:《张之洞诗文集》卷四，上海古籍出版社 2008 年版，第 158、159、164 页。

窗而出。当其秽乱宫禁，招摇市廛，昼入歌楼，夜侍夷寝，视从某侍郎使英德时，尤极烜赫。今老矣，流落沪渎，仍与厕养同归。视师师白发青裙，就檐溜濯足，抑又不逮。而瓦酋归国，德皇察其秽行，卒被褫谴。此一泓祸水，害及中外文武大臣，究其实，一寻常荡妇而已。祸水何足溺人，人自溺之。出入青楼者可以鉴矣。此诗着意庚子之变，其他琐琐，概从略焉。”

樊增祥所写之前、后《彩云曲》系姊妹篇，它们不仅辞藻华美，音韵铿锵，哀感顽艳；而且工于设色，巧于隶对，文字畅达，雅俗争赏，故广为传颂，一时纸贵洛阳，时人比之为白居易的《长恨歌》和吴梅村的《圆圆曲》，以致“上自绂冕簪笏，下至闺秀村童、教坊女闾，皆知樊山先生，所作不翼不胫飞走，亦几户有其章。骚坛推为主盟，声誉出文襄、慈铭上矣”①。而且，此后敷演赛金花故事的小说、戏曲、诗歌作品，没有不受它影响的。汤炳正曾在《我写〈彩云曲〉的前后》一文中描述过“九一八”后北平纪念赛金花的盛况：“报刊上《赛金花访问记》之类的文字，连篇累牍，目不暇给。据好事者的统计，当时南北报刊，不到二十天，就会出现一篇有关的文章。至于戏剧界，则有陕西易俗社的《赛金花》，北京新艳秋的《状元夫人》，与熊佛西的《赛金花》等等，而影响最大的，则是夏衍的话剧《赛金花》。演出时，曾产生过轰动效应。”②

六月初五日（7月28日），朝廷举行的经济特科复试结束，取录一等袁家榖等九名，二等冯嘉徵等十八人。

六月初十日（8月2日），谕旨下：“予考取经济特科之一等袁家榖等九名、二等冯嘉徵等十八名升叙有差。”③

六月二十二日（8月14日），樊增祥获得清初著名画家王翚的代表作品、设色纸本《溪山深秀图》镜片（镜心：39.5×194cm；跋文：39.5×52.5cm），十分高兴，乃为其题识并藏入书斋。其题识云：“画家有王石谷，如诗有老杜、书有吴兴，所谓集大成者也。苍润高秀，是其本色。至于规仿古人，各各俏其笔意，如钱希白之拟唐诗，无弗似者，则工力胜也。

① 钱海岳：《樊樊山方伯事状》，《樊樊山诗集》附录二。

② 汤炳正：《我写〈彩云曲〉的前后》，《文史天地》2003年第12期。

③ 庞坚：《张文襄公年谱》，《张之洞诗文集》附录五，上海古籍出版社2015年版，第758—759页。

此卷仿欧波，精到细密，屋庐船舫，山光水色，草树人物，莫不神似，六法能手至斯而极。卷与《山堂文会图》大幅，皆以戊子夏作于平江，似是宋漫堂抚苏时，石谷依莲泛水，闲中命笔。今两作皆入五十麝斋，可胜欣赏。光绪癸卯六月立秋后五日，樊山樊增祥识于都门寓庐。”钤印“樊嘉五十万”“东风亭长”。

案：王翚（1632—1717）的《溪山深秀图》作于康熙四十七年（1708年），作者时年77岁，属于其晚年的青绿山水精品。该画上有王氏的题识曰：“赵吴兴（赵孟頫）有《水邨图》及《溪山深秀》《鹊华秋色》诸卷，用笔苍润，设染清华，皆传世墨宝。余尝得观于长安贵戚家，往来于怀，几二十年矣。此卷兼用其法为之，第未能得万一，只自愧耳。戊子长夏，耕烟散人王翚。”钤印“王翚之印（白）”、“石谷子（朱）”、“松溪半舫（朱）”。王翚的《溪山深秀图》曾为清代书画家刘恕（1759—1816）所收藏。从樊山的题识可知，王翚晚年的代表作《溪山深秀图》和《山堂文会图》，都曾被收藏于五十麝斋之中。（见西泠印社拍卖有限公司“2011春季拍卖会”——“中国书画—古代作品”专场拍卖品，编号：1281）

六月二十三日（8月15日），何乃莹、于式枚、陈夔龙、荣庆等好友在高庙宴请樊山并赏荷，樊山作有《博泉前辈润夫副都晦若京卿招同小石中丞华卿司寇小集高庙观荷即席三四叠前韵》（二首）诗纪其事。

六月二十四日（8月16日），樊山陪同南皮师至南泊观荷，并作有《少保师两至南泊观荷再用江咸韵纪游二首》、《叠前韵呈少保师并索诸公和》（四首）等诗纪其事。

六月二十九日（8月21日），原政务处同仁在第一楼公请张之洞。樊山作有《六月二十九日政务处同人公宴宫保师于第一楼是日晴雨相间即席叠前韵三首兹韵凡二十叠矣》诗纪其事。

六月间，张之洞奉朝命会同张百熙、荣庆将现办大学堂章程一切事宜再行商订，并议订约束游学生、鼓励毕业生章程。

同月里，樊山的好友瞿廷韶①在湖北布政使任上病逝。

---

① 瞿廷韶（？—1903），字赓甫，又字耕莆，号舜石。江苏武进人，宛平（今属北京市）籍。同治九年（1870年）举人。历官湖北同知、陨阳、黄州、宜昌知府。张之洞督湖广，极为倚重，委之办汉阳铁厂兼盐法道、汉黄德道，又兼署江海关，累官至湖北布政使。工书画，善篆刻。

同月里，朝廷又授督办蒙旗垦务大臣、藩理院尚书衔贻谷为绥远城将军。

七月初一日（8 月 23 日），众大臣上奏请上徽号，太后不许。樊山遂作《七月初一日请上徽号不许》（二首）纪其事。

七月初二日（8 月 24 日），同乡好友左绍佐在天宁寺宴请樊山和诸位友朋，樊山作有《七月初二日笏卿给谏招集天宁寺即席赋诗叠韵三首》纪其事。

七月初七日（8 月 29 日）清晨，樊山会同诸好友陪南皮师至南泊游览，并写有《七月七日平明陪宫保师游南泊》诗纪其事。

七月十六日（9 月 7 日），奉旨召见，请训，旨下：咨部后即可赴任所。

同日，清政府设立商部，以载振为尚书，伍廷芳、陈璧为左右侍郎。

此后，樊增祥一边在京等候到吏部办理有关手续，一边四出拜辞友朋，开始作赴任准备。其间，樊山曾携家人至西山游览，并写有《秋日同内兄携眷过龙树寺食蟹遂至陶然亭止宿》（四首）、《蒹葭簃晚坐》、《葡萄》等诗作纪其事。

八月初三日（9 月 23 日），是南皮师的六十七岁华诞，樊山甚感师恩，乃作《今年少保师入觐恩赐稠叠未辞阙》为师祝寿。

八月十八日（10 月 8 日），《中美续议通商行船条约》在上海签字。

八月间，樊山相继写有《秋夜待竹延不归与绣漪庭际看月》、《中秋》、《月食》、《复圆》、《咏庭际小松》、《少保师期待过厚赋诗自述》（二首）、《归自湖上小极偶书》、《记北人语·某都统语抱冰师》等诗作。

张之洞尚写有《不朽堂夜集送樊山按察分得咸韵》《用咸韵呈同座诸君》《再赠樊山仍用咸韵》等诗作（见《樊樊山诗集》第 1160—1161 页附录）。

九月初九日（10 月 28 日），南皮师、于式枚、沈曾桐、李希圣等至塔射山房宴请樊山，为其送别。樊山写有《癸卯九日少保师招集塔射山房即席有作》《九日慈圣赐少保师肴点十四盒师以分饷座客并纪以诗敬和》《展重阳日少保师晦若弢甫子封亦元公饯增祥于塔射山房即席志别》《白日一首答少保师赠别》以纪其事。

同日，张之洞亦作有《九日登天宁寺楼》《九日慈圣赐起酥花糕蒸食花糕北羊内馔腌菜水角共十四合携与同游诸客共之以广圣恩》《白日一首示樊山》等诗作。

九月十三日（11 月 1 日），张之洞再招朱福诜、沈曾桐、宝熙、于式枚、李希圣等人至不朽堂宴请樊山，为其送行。樊山写有《九月十三日少保师为增祥设饯招同朱桂卿沈子封两编修》（二首）诗作纪其事。

当夜宴集，朱福诜作有《广雅前辈席上送樊山前辈如浙分得江韵》、李希圣作有《广雅宫保席上送樊山廉访之浙分得佳韵》（二首）、宝熙作有《广雅先生席上送樊山年丈赴浙江任分得删韵第二首专上广雅先生》（二首）、沈曾桐作有《广雅前辈席上送樊山前辈如浙分得看韵》（二首）、于式枚作有《广雅太世丈席上送樊山前辈之浙江任分得盐韵》（二首）等诗。

九月十六日（11 月 4 日），吴禄贞、李书城、耿觐文会同黄兴、陈天华、宋教仁、刘揆一、章士钊、胡瑛、周震麟、张继、谭人凤等人在长沙保甲局巷举行秘密会议，商讨创建“华兴会”的相关事宜。

九月中、下旬，樊增祥出京经天津南下，去赴浙任，曾作有《出德胜门作》一诗纪其行。

九月二十三日（11 月 11 日），樊增祥在赴天津的途中接到朝旨，命其仍回陕西任按察使，并署理布政使，樊山遂作《九月二十三日天津旅次奉陈臬陕西之命恭纪》诗纪其事。

于是，樊增祥只好折身回京，办理相关手续，然后再赴陕就任。

九月二十五日（11 月 13 日），樊山自天津返抵京城，再与南皮师相聚，并作有《九月二十五日还京呈少保师》诗纪其事。

在从天津返回京师与在京师等候召见期间，樊山相继写有《到天津失诗稿一册》（二首）、《谢娘》、《晚诣湖上积雪满地》、《夜至大有庄》、《与子封阅市买二砂壶》等诗作。

等候召见期间，樊山又偶然得到乾隆年间著名画家、“扬州八怪”之一的罗聘的山水画册，十分兴奋，观赏之余，乃作《戏题罗两峰山水画册》（十一首）纪其事。

九月下旬至十月初，朝命好友、户部尚书荣庆至军机处行走；樊山闻讯，立即写了《华卿宗伯以户部尚书入参机务奉呈一首》相赠以贺之。

十月初三日（11 月 21 日），奉命入宫觐见，樊山作有《十月初三日入对恭纪》纪其事。

十月初十日（11 月 28 日），是慈禧太后的六十九岁寿诞，樊山随众大臣入宫朝贺，并写有《十月初十日慈圣万寿五鼓诣排云殿随班朝贺恭纪》诗纪其事。

十月十六日（12 月 4 日），清政府设立总理练兵处，任命庆亲王奕劻为总理大臣，袁世凯为会办大臣，铁良为帮办大臣。练兵处下设军政、军令、军学三司，负责考察、督练全国新军，统一制定有关规章法令。

案：军政司下辖考工、法律、医务、粮饷和器械等科，军令司下辖运筹、向导、测绘、储材等科，军学司下辖训练、教育、编译、水师等科。各省相应设置督练公所，督办一职多由各省督抚兼任。所属兵备处、参谋处、教练处各置总办一员，具体主持各项军务。

十月二十二日（12 月 10 日），英印政府派荣赫鹏和麦克唐纳率领三千侵略军进犯中国的西藏地区。

十月二十四日（12 月 12 日），奉旨召见，请训，并赏赐"福"字及各种肴点、食物三十余种，樊山甚感荣幸，遂写有《十月二十四日请训恭纪·自闰五月至今四次入对，历赏福字及食物三十余种。顷与湘臬同日请训，独赏臣肴点十盒》一诗纪其事。

十月二十七日（12 月 15 日），蔡元培等人在上海组织"对俄同志会"，发行《俄事警闻》报纸，后改名为《警钟日报》，揭露俄国军队在东北的暴行。

十一月上旬，樊山开始作出京赴任准备，并写有《还陕有日寄杭州故人》、《赠沈京尹》（二首）、《京尹次答前韵再和》（二首）、《叠前韵论诗呈涛园子封晦若亦元》（二首）、《爱苍答诗颇及西幸时事三叠韵奉呈》（二首）、《冬窗即事四叠前韵》（二首）、《五叠前韵赠亦元》（二首）、《六叠前韵赠晦若》（二首）、《七叠前韵呈埜翁》（二首）等诗作。

十一月中旬，处理完相关事务，樊增祥遂出都西进，赶赴陕任，一路写有《十一月十二日力疾出都以诗别宫保师》、《十一月十五日夜宿宜沟驿用辛未旧韵示竹延》、《汲县与竹延别》、《旅兴示竹延》、《河北道中》、《至卫辉中儿携午孙迎谒遂同至洛》、《余闰夏入都与灵宝令许君晤言甚恰》（三首）、《盘豆驿夜坐·连日齿痛益甚》、《沿途觅药不得吟啸亦废戏作》、《齿痛由夜谈失眠而起过卫辉》、《齿痛惟食白粥以诗戒州县不得供馈》、《华阴行馆壁间挂山谷老人云亭宴集诗墨四幅齿痛不得卧因和其韵》、《临潼县斋对雪赠云生》、《叠韵咏雪索云生和》、《余到京寓四牌楼十二巷内兄令竹延夫妇绣漪姊妹》等诗作。

十一月二十六日（1904 年 1 月 13 日），清政府颁布《钦定学堂章程》。该章程包括大、中、小各级各类学堂章程，并附有学堂管理通则、考试章程等，史称癸卯学制。

十一月二十七日（1904 年 1 月 14 日），朝命改管学大臣为学务大臣，以大学士孙家鼐充任。

十二月中旬，樊增祥抵达陕西西安，接任陕西按察使一职。

十二月十七日（1904 年 2 月 2 日），樊山正式接过陕西布政使篆务，并写有《腊月十七日移居藩署》一诗记其事。

稍事休整，樊增祥裒其今年五月迄十一月所作之诗为一集，名《近光集》。

十二月二十三日（1904 年 2 月 8 日），由于沙俄妄图独占中国东北的计划，与日、英、美等帝国主义国家的侵华利益，尤其是与日本称霸远东的野心尖锐对立，因此，日本在英、美等国的支持下，对驻扎在中国旅顺口的俄国海军舰队发动了突然袭击。

十二月二十四日（1904 年 2 月 9 日），樊山的同乡、前辈好友屠仁守在陕西大学堂总教习任上去世。

同日，日本侵略军开始进攻驻扎旅顺的俄国舰队，击毁俄舰三艘；樊山得知消息，当即写了《二十四日日本攻旅顺毁俄舰三》一诗："惊起骊龙卧榻眠，排云战舰出仁川。毡裘久僦弦歌地，炮火横飞雨雪天。铁鹿沉沙船带甲，金蛇绕屋药无烟。山东豪杰今何在？野哭千家过小年。"（见《樊樊山诗集》第 1193—1194 页）对两个帝国主义国家之间的战争给中国的老百姓带来的深重灾难表示出极大的愤慨。

十二月二十五日（1904 年 2 月 10 日），日、俄宣战。于是，两个帝国主义国家之间的战争，在中国的领土上爆发了，直到第二年的八月，战争才结束，史称日俄战争。

十二月二十七日（1904 年 2 月 12 日），清政府外务部宣布：日、俄开战期间，中国严守中立，并划出辽河以东地区为日俄战场。

案：日本和沙俄两个帝国主义国家为争夺中国的地盘、在中国的土地上爆发战争，而清政府却出来宣称自己保持中立，并划出地方为战场，可谓千古奇谈。由此亦可见出清政府的腐朽透顶。

十二月三十日（1904 年 2 月 15 日），樊山在陕西布政使衙署度岁，心情舒畅，并写有《癸卯除夕》（八首）抒发其感慨。

同日，华兴会在长沙明德学堂校董龙璋西园住宅举行成立大会，黄兴、陈天华、宋教仁、刘揆一、张继、章士钊、吴禄贞等一百余人出席，推举黄兴为会长。

是年，樊增祥除写了大量的诗作外，还填了《恋绣衾·新岁鲽舫即事有怀》(四首)、《临江仙·试酌凤酒》、《临江仙·巷陌太平鼓》(第二体)、《斗百草·早春即事》、《临江仙·立春前一日作》、《喜迁莺·新岁赠小女儿》、《尉迟杯·落灯风》、《忆瑶姬·荑柳缃桃》、《金盏倒垂莲·红杏开时》、《帝台春·清闷小幅》、《定风波·病酒伤离不奈春》、《前调·映水遮楼柳弄丝》、《前调·闺思》、《前调·花朝前一日作》、《定风波·记前年、雪打花朝》、《满江红·忆杭州》、《减字木兰花·城南试马作》、《前调·花前回首》、《前调·春夜雨中二解》、《前调·眉纤腰细》、《步蟾宫·林花著雨胭脂湿》、《红罗袄·梦是莺啼破》、《女冠子·天生福慧》、《前调·熏香傅粉》、《金蕉叶·鬟鬆黛蹙》、《忆秦娥·罗袖湿》、《前调·春闺》、《前调·题美人梳头画障》、《阮郎归·前题》、《高阳台·心比犀灵》、《金蕉叶·春夜有赠》、《上林春慢·宛转流苏》、《踏莎行·嫩柳金垂》、《蝴蝶儿·效张泌》、《女冠子·用梦窗韵》、《三台·正东风芳草尽绿》、《浣溪沙慢·对舒紫燕翼》、《霜天晓角·芳树谁家》、《卜算子慢·银堂侵月》、《河传·效孙光宪》、《前调·效阎选》、《前调·效少游》、《南歌子·裹鸭湔香水》、《木兰花·暖风销尽楼阴雪》、《阮郎归·露桃红白照烟沙》、《满江红·万柳成丝》、《双调望江南·过磁州作》、《前调·别磁州》、《买陂塘·挂春帆、清波门外》、《菩萨蛮·雨》、《望江南·心上事》(十首)、《双调望江南·戏寄葆生》、《前调·王家女》、《前调·斑竹子》等不少词作。

是年，樊山的好友、藏书家、学者许增在杭州老家去世。

是年，樊山的挚友诸可宝在老家钱塘去世。

光绪三十年甲辰(1904)　五十九岁

正月上中旬，樊增祥在陕西布政使衙署过年，并正式履其按察使并署理布政使职，写有《元日吉甫中丞见过》《新岁二日与家人登台望南山作》《题戴文节公画册即用自题原韵》《春事》《漫兴》《晓起坐东园寒甚》《旦出谒客遇卖竹者买种阶下》等诗作(见《樊山续集》卷二十，《樊樊山诗集》第1195—1200页)。

正月十九日(3月5日)，樊增祥不仅应邀为秦中官报局所办之《秦报》撰写了《甲辰年变通秦报章程》(十一条)，而且还甚有兴致地连续为《秦中官报》写了四篇序，分别强调了秦地办报的历史与办秦报的宗旨、办报的重要意义、办报应设计好栏目并具有自己的特色、要办好报就应去陈规而行新法等问题①。

自上年底日俄战争爆发，樊增祥就非常关心和关注战事的发展，每获一点消息，他都会通过诗歌表达自己的感受，相继写有《午帅电示正月二十四日（3 月 10 日）日本攻旅顺克之电寄一首》、《俄踞奉天金银火药二库》、《春兴一首呈吉帅》、《午帅电云好诗方到战耗不真盖旅顺未失也再赋》、《中立》、《日舰攻旅顺甚急》、《火器》、《营州》（二首）、《感事和文观察韵》等诗作。

二月十四日（3 月 30 日），张之洞从京城返回省城武昌任所视事。

二月二十五日（4 月 10 日），从早上开始便雨雪并下，樊山作有《二月二十五日晓起雨雪杂下》诗纪其事。

三月初二日（4 月 17 日），一般官员已进入课吏馆培训学习，樊山乃作五言长篇歌行《三月初二日送需次诸君入课吏馆》（三章）纪其事。

三月间，张之洞札令湖北学务处设立湖北师范传习所，以陈曾寿为监督，杜宗预、徐毓华为正、副提调。

春、夏间，樊山在政务之余，与同僚、友朋唱和颇多，相继写有《十一日海棠花下赋》、《雨后种竹都活喜叠前韵》、《清明》、《燕坐》、《效香山》（二首）、《望云山馆用双声体》、《题画》、《寄远》、《次韵代答》、《雨中》、《初夏》、《以官署夸示内兄》、《次韵答亦元比部见寄》（二首）、《消夏四首》、《叠消夏诗韵》（四首）、《东园晚坐》、《再叠消夏诗韵》（四首）、《三叠韵书感邀同人和》（四首）、《同人和消夏诗篇篇佳也四叠韵答谢》（四首）、《五叠韵感怀》（四首）、《西堂假山》、《寄葆生观察》、《寄慰石甫》、《暑夜露坐》、《午窗即事限灯字韵》、《再用灯字韵》、《三用灯字韵》、《瀣云凤池两观察先后惠川浙佳茗赋谢》、《题女障子》等诗作。

其间，樊山的老上司、好友端方已调任署理两江总督，即将赴任。原陕西布政使李绍棻归自滇南，相会于黄鹤楼，并绘图志别，来电索诗。樊山遂应请作《午帅移节吴中馥庭方伯归自滇南饯于鹤楼绘图志别电索拙诗寄题一首》寄赠。

同门好友、湖北两湖总师范学堂监督梁鼎芬自武昌寄惠佳茗、瓷杯，樊

① 《甲辰年变通秦报章程》（十一条）及四篇序，均见樊增祥《樊山政书》卷六，宣统庚戌（1910 年）金陵聚珍书局排印本。

山甚是感动，乃以“素磁传静夜芳气满闲轩”为韵，作《星海远寄佳茗二瓶》（十首）赠谢。

陕西大学堂日本教习早崎先生曾为樊山照相，樊山乃作《日本早崎教习为余照像时年五十有九矣》（四首）纪其事。

四月十一日（5月25日），朝命陆元鼎署理湖南巡抚，恩寿署理漕运总督，端方署理江苏巡抚，张之洞兼署湖北巡抚。

四月十六日（5月30日），朝廷调柯逢时为贵州巡抚，李经羲为广西巡抚。

五月初八日（6月21日），清政府特赦戊戌党籍，戊戌案内各员均宽免，革职者开复原衔，通缉、监禁及交地方官管束者一律开释；但康有为、梁启超、孙文不予赦免。

五月十八日（7月1日），湖南长沙正式对外开埠。

五月二十一日（7月4日），刘静庵、吕大森、曹亚伯、宋教仁、张难先等在武昌发起组织民主革命团体科学补习所。

同日，樊增祥的前辈诗人、书法家、好友、原朝廷重臣翁同龢在常熟老家去世。

五月二十三日（7月6日），英国侵略军攻陷西藏江孜（今日喀则市江孜县）。

五月间，樊山的好友、学者、掌故家王彦威病逝于京城军机处章京任上。

六月二十二日（8月3日），英国侵略军占领西藏拉萨，达赖十三世在俄国间谍德尔智的裹挟下，出走库伦（今蒙古都城乌兰巴托），意欲投奔沙俄，被清政府驻库伦大臣阻止。

六月下旬立秋（此年六月二十七日辰时，即8月8日立秋），但秋后的天气仍很燥热。其间，樊山写有《立秋作》《立秋夜大风》《新凉》《贺和甫同年抱孙》《秋热用新凉韵》《三叠前韵索同人和》《四叠韵遣闲》《即事五叠韵》《六叠韵忆东溪草堂》《前韵花字太宽加字乏味七叠韵简课吏馆诸君子》《园居八叠韵》《观物一首九叠韵》《秋热诗为韵所限不尽著题也别赋一篇》等诗作。

七月初三日（8月13日）夜，樊山细细琢磨：同光以来的馆阁诸公，以嵌字之法作试帖诗，致使诗格益密、益难；从而推广至作咏物诗——以细切为工，自然也不容易，乃作七言歌行《古人诗多浑写大意》赠诸友征和。

七月十八日（8 月 28 日），樊山招吴树棻、程崇信、李嘉绩等友朋至府宅宴集，并作有《七月十八日雨中招同懋臣移香友松海云戟传敬之和甫云生诸君集两艖符斋即席有作》一诗纪其事。

七月二十二日（9 月 1 日），朝廷调魏光焘为闽浙总督，以李兴锐署理两江总督。

七月二十八日（9 月 7 日），英国侵略军头目荣赫鹏在布达拉宫强迫西藏三大寺的代表签署《拉萨条约》（又称《英藏条约》）。

七月间，樊山在政务之余，相继写有《碧岑病中两和新凉之作十叠前韵奉寄》、《十一叠韵咏秋热》、《雨后骤凉十二叠韵》、《十三叠韵和戟传新秋感怀》、《早秋写怀七叠消夏韵》（四首）、《前诗灯丞两韵倒置别赋一首》、《示及门诸子》、《卜居》、《秋夜寄怀花间》、《秋莺》（四首）、《观棋戏用前韵》（四首）、《同人见和秋莺诗再赋四首》、《秋夜》、《酬云生》、《或见余照像以为四十许人戏赋》（二首）等诗作。

八月上中旬，樊山的好友、原陕西的同僚胡延在苏州督安徽宁池太庐凤淮扬十府粮道任上病逝。

八月十五日（9 月 24 日），应晋潘先生之请，樊山与阎培棠为其作水墨纸本行楷《秋山茅屋》扇片。阎氏的题识云："仿张南华楚山图，付晋帆仁兄知事先生正，甘园弟培棠。"钤印"甘园"。樊山的题诗及题识云："抱膝微吟钱岁篇，西园风物自萧然。横枝尚缀玲珑雪，新木才生淡沱烟。退食白鱼香晚甑，倚楼红鹤下遥天。故人不共桐阴话，石几生苔近一年（《岁暮过溪园有怀内兄》）。庾家袍袄思添紫，杜曲园林未见梅。世事从来有翻覆，红垆重暖来年灰（《初寒》）。露白霜红天气清，夕柯黄落满秋城。凭将绢系南山树，惟有冬青不世情（《赠冬青》）。壬寅旧作三首，写应晋潘仁兄雅属。甲辰中秋，樊山樊增祥。"钤印"樊"。（见上海嘉禾拍卖有限公司"2014 年秋季艺术品拍卖会"，"《翰墨陶情》藏家作品"专场拍卖品）

八月十六日（9 月 25 日）夜，樊增祥由今日之月忆及去年此日在京与内兄和弟子同观月食之事，更是思念祝竹延和祝蕊兄妹，乃作七言长篇歌行《八月既望微雨寻霁入夜月出忆去年今夕》（见《樊山续集》卷二十，《樊樊山诗集》第 1232 页）；又填有《望江南·忆都门夏景，寄竹延兄妹》（十六首）寄赠。

八月间，樊山在政务之余，相继写有《赋得同心兰酬葆衡见寄》（四首）、《再咏同心兰示葆衡》（四首）、《三咏同心兰》（四首）、《四咏同心兰》

（四首）、《次碧岑中秋对月韵》、《甲辰中秋夜内子偕诸女弟及儿女孙曾辈平台望月是夕月明如昼》、《夜坐》等诗作。

九月初九日（10 月 17 日），樊山与同僚、友朋宴集，并写有《九日阴曀入夜雨甚呈同席诸公》《即席再呈懋翁》《九日登台》等诗纪其事。

九月间，“因练兵处派饷无出”，朝廷遂遵陕西巡抚升允之意，裁撤陕西粮道一缺，并入藩署，由樊增祥筹办，很快扭亏为盈。

同月，樊山尚写有《赋得可怜九月初三夜得怜字》《已凉》《送和甫之咸阳任》《送戟传监税商州》《送敬之榷厘白河》《子播入幕喜赠》《宴坐》《喜晴》《寄亦元》《冬夜》等诗作。

十月初十日（11 月 16 日），引通济渠水入行宫工程竣工，樊山乃作《十月初十日引通济渠水入行宫池五首》纪其事。

十月十三日（11 月 19 日），爱国志士万福华在上海英租界四马路一枝春番菜馆枪击前广西巡抚王之春未遂而被捕，受牵连入狱者尚有黄兴、章士钊等十余人。

十月十四日（11 月 20 日），陶成章、龚宝铨、蔡元培等人在上海发起成立光复会。

十月间，樊山写有《阅新闻纸》（二首）、《题家书后示庶并寄照像》、《闻葆衡纳姬诗以调之》、《再调葆衡》等诗作。

其间，好友陈豪有诗自杭州寄赠，樊山乃作《蓝洲寄示湖上诸作不禁神往》《和蓝老游孤山用汤贞愍韵》《忆西湖》《前诗以金粉绮罗写西湖唐突西子矣别赋十二章寄蓝老》寄赠。

好友、时任陕西高等学堂监督的仇继恒打算辞职归乡。樊山颇不希望他离秦，极力劝说他留下，写有《涞之求归甚切赋诗留之》《涞之为余强留喜而有作》等诗纪其事。

十一月初一日（12 月 7 日），乃樊山的生日，樊山写有《生日示客》《答友松见祝用来韵》等诗作以纪之。

十一月初八日（12 月 14 日），朝廷实授樊增祥陕西布政使职。樊山写有《十一月初八日奉电钞真除陕藩恭纪》（二首）诗纪其事。

十一月初九日（12 月 15 日），沙俄军舰“阿斯科”号水兵持利斧在上海南京路劈死行人周生有。

十一月十七日（12 月 23 日），朝命端方为湖南巡抚。

十一月二十二日（12 月 28 日），户部侍郎铁良奉清廷之命假伪立宪名义至东南各地搜刮财富，抵汉口大智门，遭刘静庵、王汉、胡瑛截杀，未遂。

案：刘、王、胡三人计议在汉口大智门枪杀铁良，但他们到达时，铁良所乘之车已开出，故未遂。当得知“铁尚有事河南彰德”，王汉遂“跟踪追及。汉轰击，不中，杂人丛中逸。搜索急，汉以膏虏廷刃为羞，投井死”（见《湖北革命知之录·科学补习所始末》，《张难先集》，第52页）。

十一月二十七日（1905年1月2日），日本侵略军攻占旅顺，日俄旅顺战役结束，双方签订投降协议，俄军将领司都塞尔向日军投降。樊山闻知消息，甚是悲愤，乃作《旅顺坚守经年甲辰十一月二十七日俄将司都塞尔降于日本》（二首）纪其事。

十一月间，樊山尚写有《戏题东园假山用双声体》《十一月初四日与碧岑过课吏馆清言竟日因赠》《课吏馆晚归即事》。

十二月初九日（1905年1月14日），俄国共产党领袖列宁在《前进报》上发表《旅顺口的陷落》一文，揭露日俄侵略中国东北的暴行。

十二月十九日（1905年1月24日），奉上谕：“云南、湖北巡抚两缺即行裁撤，湖广总督、云贵总督均著兼管巡抚事”。（见《张之洞诗文集》第763页）

十二月二十二日（1905年1月27日），朝廷裁撤漕运总督，改设江淮巡抚，驻清江，治江淮徐扬四府及通海两直隶州，仍归两江总督兼辖。

十二月二十三日（1905年1月28日），朝廷调恩寿为江淮巡抚，以陆元鼎为江苏巡抚。

十二月二十五日（1905年1月30日），陕西巡抚升允赠樊增祥一头鹿及一头黄羊过年，樊山乃作长篇七言歌行《后得鹿吟》致谢并纪其事。

樊增祥曾在所作之《后得鹿吟》诗前小序中说：“庚子岁除日，午桥尚书赠鹿一头，余作《得鹿吟》报谢。甲辰腊月二十五日，吉甫尚书又赠鹿一头，黄羊副之。除夜守岁不眠，作《后得鹿吟》以志嘉贶。”

是年底，樊山在闲暇之时，尚写有《寒夜》《寄菊人》《辽东》《冬窗和云生韵》《冬夜用前韵》《冬晓再用前韵》《雪后早起喜晴》等诗作。

十二月间，樊增祥将自上年十二月至今年十一月所作之诗厘为一集，名《两艖衎斋集》。

是年，除大量的诗作外，樊山还填有《金缕曲·一岁端阳几》、《高阳台·都尉台边》、《望江南·忆都门夏景，寄竹延兄妹》（十六首）、《满江红·雨夜》、《前调·代和》、《前调·白荷花》、《洞仙歌·用坡公韵》、《寿楼春·如春莺娇啼》、《沁园春·寄研荪金陵》、《前调·得梦华成都书却寄》、《前调·石甫罢官归寄慰》、《前调·寄寿平左江》、《前调·寄午帅苏州》、《百字令·题和甫词卷》、《绮寮怨·秋夜》、《前调·十日南山如睡》、《前调·歌席》、《前调·不信青门寒早》、《前调·叩齿梳头才了》、《满江红·筋力风情》、《清平乐·桃开露井》、《前调·丁香乍结》、《前调·瑶阶春早》、《前调·玉情花性》、《前调·池塘烟锁》、《前调·绿毡铜斗》、《前调·上元闺戏》、《前调·绮春如画》、《八声甘州·翦生绡一段粉云垂》、《蝶恋花·和师愚韵》、《前调·夜雨酿泥车辙断》等词作。

是年，樊山尚作有《文庙祭器乐舞图谱叙》（代）一文。

是年，樊山的前辈学者、好友张度在京城寓所去世。

光绪三十一年乙巳(1905)　六十岁

是年，樊增祥仍在陕西布政使任上。

正月初一日（2 月 4 日），正好是立春之日，樊增祥作有《乙巳元日立春抒怀一首》纪其事；因是新年第一天，又作《新岁遣兴用前韵》一诗。

新年期间，樊增祥还写有《示客》、《初六夜对月示云生》、《赋得螃蟹水仙》（八首）、《再咏螃蟹水仙》（四首）、《三咏螃蟹水仙》（四首）、《四咏螃蟹水仙》（四首）、《五用咏蟹水仙》（四首）、《六咏螃蟹水仙》（四首）、《七咏螃蟹水仙》（四首）等诗作。

正月二十一日（2 月 24 日），陕西巡抚夏旹因病被朝廷解职，而擢升湖南布政使曹鸿勋为陕西巡抚；又以升允代魏光焘为闽浙总督（未到任前由福州将军崇善兼署）。

正月二十六日（3 月 1 日），王闿运作《欲和樊诗韵以“羁”字开首，遂踟躇不成句；俄而得焉，立成打油腔五首》①：

长安廿载骋金羁，亲为君王秣盗骊。久陟台司参八座，喜逢丰稔庆三时。文章声价儒为吏，张李渊源友共师。霜月夜吟谁与和？只应冲雪访微之。

中兴圣哲仰文皇，光辅论功配德苍。筹策定知胸有竹，鉴衡宁道

---

① 这一组诗见于《湘绮楼诗文集·诗》第十九卷，岳麓书社 1996 年 9 月版，第 1832—1833 页；亦见于《湘绮楼日记》光绪三十一年(1905)正月廿六日。

目迷糠。骑驴归去寻茅屋，雏凤喈鸣如玉堂。武达文通谁第一？南强北胜总非常。

馆阁从来雅颂音，声希味淡妙难寻。忽从鲸海开文派，如听龙门奏古琴。谪向梓潼山径曲，吟成葭沚水云深。惺惺自昔长相惜，愿煮青梅论夙心。

莲峰仙掌平生梦，为待春来陌草薰。漫拟到秦无孔辙，只疑回驾勒钟文。深山闭户千帷雪，军将传书五朵云。关尹定知贤主意，华山一席恐人分。

少陵笔阵扫千兵，肯拔王郎跋浪鲸。不信把诗能过日，自嫌垂老是虚生。康成行酒曹公恨，广武登台竖子名。独坐看山且西笑，遥知画戟晚香清。

正月三十日（3月5日），陇州涂县令赠送给樊山二鹿。适逢中儿来函报喜，谓其又添一子。樊增祥异常高兴，遂为孙子取名得鹿，并用去年除夕诗（即《后得鹿吟》）韵作七言长篇歌行《正月三十日涂大令自陇州槛致二鹿适中儿函报老夫得第二孙因名之曰得鹿用除夕韵志喜》纪其事。

正月间，沙俄侵占中国新疆巴尔鲁支山地区，并继续进兵喀什噶尔。

二月初六日（3月11日），天下雨，樊山连接电报，谓日本军队已将俄国军队驱逐出奉天城，乃作《雨中连得电音日本逐退俄军奉天无恙感赋》以抒其慨。

二月十二日（3月17日），乃传统的“花朝”日，且天下雪，樊山乃作《前押丸字韵凡一再叠迄未成篇》以纪之。

仲春始，在政务之余，樊增祥仍不废吟咏酬唱，相继写有《寄仲山大令司榷凤翔》、《夜坐闻雨》、《雪霁而春阴特甚再叠前韵》、《感兴三叠前韵》、《四叠韵示吏》、《春兴五六叠韵》、《七叠韵自述》、《园居述怀》、《夜兴》、《云生和闻雨韵再赋》、《喜晴叠前韵》、《云生又和差字韵即事再叠》、《三叠开字韵寄云生时方县试》、《雨中闷坐再用云生句作四律广之》、《寄怀午桥抚部长沙》、《春望》、《与翰臣论诗用差字韵》、《云生来诗引坡公煎水不煎茶》、《池上》、《戏叠前韵遣兴》、《再叠肝字韵》、《三叠前韵》、《四叠韵书事》、《五叠池上韵》、《东园晚眺》、《云生用差字韵寄凤翔太守同赋》、《叠前韵和道旁柳》、《前题用肝字韵》、《咏道旁柳押肝字韵固难……于是肝韵八叠差韵五叠矣》、《用前韵效疑雨集和云生》（二首）、《九叠肝字韵柬仲锡涞之师愚》、《一春多雨戏为俳体索懋翁涞之师愚和》、《柳絮十叠肝韵六叠茶韵二首》、《再咏柳絮》（四首）、《三咏柳絮》（四首）、《四咏柳絮仍叠前韵二首》、《五咏柳絮》（四首）、《六咏柳絮》（四首）、《七咏咏柳絮》（四首）、《讽柳絮》、《嘲柳絮》、《戒柳絮》、《勉柳絮》、《代柳絮答（答讽、答嘲、答戒、答勉）》（四章）、《续咏柳絮八首》、《再续咏柳絮八首》等诗作。

二月二十七日（4 月 1 日），芦汉铁路（又称京汉铁路）正式建成通车。

三月初三日（4 月 7 日），朝命贵州巡抚柯逢时管理鄂、湘、赣、皖、粤、桂、苏、闽八省土膏统捐事务，并设总局于宜昌。

三月初四日（4 月 8 日），朝命以升允为陕甘总督，崧蕃为闽浙总督。

四月初七日（5 月 10 日），上海民众发起抵制美货运动，反对美国迫害华工，全国各地纷纷响应。

四月二十四日（5 月 27 日），俄、日两国在朝鲜半岛和日本本州之间的对马海峡爆发对马海战。

四月间，樊山尚写有《初夏》《书窗》《记梦》《盆兰》《题麟凤笺二首》《赠灯》《书窗微暗尽以玻璃易之》《书堂》《消暑》等诗作。

其间，西安一所女学堂建成，请樊增祥题词，樊增祥便为其题写了《赋得女学堂十四韵》一诗。

五月初一日（6 月 3 日），广州士商集议，抵制美约。

五月十六日（6 月 18 日），天津、南京、汕头、潮州、杭州、福建以及新加坡等地绅商集议，抵制美约。

五月三十日（7 月 2 日），袁世凯、张之洞、周馥等大臣联衔奏请于十二年后实行立宪政体，并请简派亲贵大臣分赴各国考察政治。

五月间，樊增祥将上年十一月至今年四月所作之诗裒为一集，名《紫薇集》，又将自壬寅十一月至乙巳四月所填之词裒为一集，名《双红豆馆词赓》。

六月十一日（7 月 13 日），前辈好友、青门萍社重要成员王权在家乡甘肃去世。

六月十四日（7 月 16 日），清政府派载泽、戴鸿慈、徐世昌、端方出洋考察宪政。

六月十六日（7 月 18 日），是前妻的忌日，樊山作有《六月既望作・倩卿逝世三十九年矣》一诗缅怀前妻。

六月十八日（7 月 20 日），上海商董大会决议不订美货，商学会也召开抵制美约大会。

六月二十四日（7月26日），朝廷授孙家鼐为文渊阁大学士，裕德为东阁大学士，世续为体仁阁大学士。

六月间，樊山尚写有《月夜登平台舒眺》、《述怀》、《清昼》（二首）、《叠前韵》（二首）、《前题》（二首）、《叠前韵》（二首）、《暑夜池上》等诗作。

同月，樊山像去年一样，又去照了一张像，并作《六十照像自题》（四首）纪其事。

七月十四日（8月14日），朝廷又增派绍英出洋考察宪政。

七月二十日（8月20日），孙中山与黄兴、宋教仁等以兴中会和华兴会为基础，联络光复会成员在日本东京成立中国同盟会。

七月二十一日（8月21日），清政府发布谕旨，以禁用美货"有碍邦交"，命各省督抚"从严查究，以弭隐患"。

七月间，樊山相继写有《七夕》、《七月八日立秋喜雨》（二首）、《秋暑》、《新秋柬懋翁》、《戟传用消暑韵见寄次答》、《叠前韵酬午诒》、《早秋雨中》、《七月十八日喜雨》等诗作。

同月里，清政府赎回粤汉铁路，改由鄂、湘、粤三省筹款分段修建。

其间，好友尹昌龄新婚不逾月即将赴日本留学，樊山乃作《仲锡令弟新婚不逾月即赴日本留学赋赠一首》相赠。

八月初一日（8月30日），陕西省高等学堂赴日留学学生即将启程，樊增祥应邀为其作《送陕西高等学堂学生留学东洋序》①，洋洋1400余言，对青年学生寄予殷切希望，希望他们刻苦学习，早日学成归来，为国效力。

八月初二日（8月31日），樊山在牛头寺设宴，为徐子修、杨吟海赴日饯行，并作有《八月二日招同仲锡涞之子搢》一诗相赠。

八月初四日（9月2日），诏命自明年之"丙午科"始，停科举，推广学堂。

八月初七日（9月5日），日、俄签订《朴茨茅斯条约》，俄国承认日本在朝鲜的特殊权益，并将在中国辽东半岛的租借权转让给日本，割库页岛南部和千岛群岛与日本，日俄战争结束。

八月十五日（9月13日），本应是赏月之时，天空却无月，樊山闻知日、俄签订《朴茨茅斯条约》，极为愤慨，乃作《中秋夜无月》（四首）、《再

① 此文见樊增祥《樊山政书》卷十四，宣统庚戌（1910）金陵聚珍书局排印本。

赋》等诗以抒其慨。

八月二十六日（9月24日），革命党人吴樾在北京正阳门车站轰炸出洋考察的五大臣，失败，吴樾当场殒命。五大臣出洋考察改期。

八月间，樊山在政务之余，尚写有《东堂》、《秋兴叠前韵》（二首）、《用前韵书感》、《食料》、《仲秋·进退格》、《闲事一首》、《秋景回文》（二首）、《衙退》、《秋景再赋》（二首）、《俳体叠东堂韵》、《无题》（二首）、《团扇和午诒》、《再咏团扇效崑体》、《夜霁》（二首）、《效放翁》、《登台叠予来韵酬仁甫》（二首）、《初寒》（二首）、《秋窗》（二首）、《秋树》（二首）等诗作。

其间，同年好友何福堃解甘肃布政使任，回京途中在西安与樊山相聚；樊山分外高兴，相继写有《何寿萱同年解任归小住西安赋赠一首》、《寿萱枉过话旧》、《题寿萱诗集》、《次韵酬寿萱见赠》、《次寿萱柬宦陕诸同年韵·同年居陕者凡五人》（二首）、《用寿萱韵答仁甫同年见赠》（二首）、《受轩仁甫两同年并于余诗有过情之誉戏用仁甫韵奉柬》、《受轩和食料诗再赋》、《秋日雨中宴客次何方伯回文韵索同人和》（二首）、《夜雨次受轩韵》（二首）、《受轩索余全集枉诗褒美感赋一篇次元韵》、《答受轩论诗》等诗作。

高等学堂新修葺之小花园竣工，樊山在学堂监督仇继恒等人的陪同下，参观游览，然后至卷阿馆相聚，并作有《高等学堂新葺小园》（二首）纪其事。

九月初三日（10月1日），连日阴雨，当日始见月，樊山遂作《九月初三夜见月感赋》《代月姊答》等诗以抒其慨。

九月初九日（10月7日），樊山与吴树棻、尹昌龄、仇继恒等好友陪同陕西巡抚曹鸿勋集慈恩寺至雁塔登高，并作有《九日招同移香懋臣省三》一诗纪其事。

九月上旬，因上年筹办粮务事被刚由陕西巡抚擢升陕甘总督的升允弹劾，樊增祥作《奏督臣挟嫌诬陷奴视使司恳派大臣查办疏》以自辨[①]。

九月十七日（10月15日），王闿运为樊增祥所作之六十寿序成。王氏曾在当天的日记中记载："作樊云门寿序成，比吴文为自在，比鹿文则不可同年语矣。樊颇知六朝文故也。"（见王闿运《湘绮楼日记》）

案：今查马积高先生主编之《湘绮楼诗文集》（岳麓书社1996年9月

① 此文详见《湖北文征》第十一卷，湖北人民出版社2000年版，第559—563页。

版），不见收录此文。

九月二十一日（10 月 19 日），为好友夏旹生日，其却早早外出避客，樊山乃作七言长篇歌行《蕺帅生日先期往杜祠避客长句奉柬》相赠。

夏旹有和诗赠樊山，樊山遂作《蕺帅见和汉宫禹庙诸什再赋四首（汉宫虞美人、禹庙仪狄酒、魏营诸葛菜、唐代隋堤柳）》相赠。

九月二十八日（10 月 26 日），清政府改派载泽、戴鸿慈、端方、尚其亨、李盛铎出洋考察宪政。

九月间，樊山写有《无题叠前韵》（二首）、《无题三叠韵》（二首）、《无题四叠韵》（二首）、《白菊次韵》（二首）、《菊有名雪狮子者》、《玉笋长·菊名，花瓣纤细长白，故以女手为喻》、《白牡丹·菊名》、《白玉莲·菊名》、《成子蕃侍御屡和余高庙题壁诗》、《友松以重阳前一日还陕二十三叠韵奉赠》、《寄蓝洲书题后》、《塘报》、《白菊四咏》、《僧鞋菊》、《闺房僧鞋菊》、《禅院女儿茶》、《屠肆观音柳》、《蓬门富贵花》、《前题再赋（闺房僧鞋菊、禅院女儿茶、屠肆观音柳、蓬门富贵花）》（四首）、《前四题以闺房僧鞋菊为最难》、《前题三赋》（四首）、《前题四赋》（四首）、《前题五赋》（四首）、《前题六赋》（四首）、《汉宫虞美人》、《禹庙仪狄酒》、《魏营诸葛菜》、《唐代隋堤柳》、《前题再赋（汉宫虞美人、禹庙仪狄酒、魏营诸葛菜、唐代隋堤柳）》（四章）、《前题三赋（汉宫虞美人、禹庙仪狄酒、魏营诸葛菜、唐代隋堤柳）》（四章）、《前题四赋（汉宫虞美人、禹庙仪狄酒、魏营诸葛菜、唐代隋堤柳）》（四章）、《前题五赋（汉宫虞美人、禹庙仪狄酒、魏营诸葛菜、唐代隋堤柳）》（四首）等诗作。

其间，樊增祥与前辈好友周铭旗往还较多，并写有《雨中夜宴次懋翁来韵》（二首）、《再叠前韵赠懋翁》（二首）等诗纪其交往。

有花间女史者，得到一部四刻《樊山集》，吟诵达旦，爱不释手，并来书索诗；樊山颇感动，乃作《花间女史得四刻樊山集吟讽达旦书来索诗因寄》《再寄》等诗和《寿楼春·闻花间女史诵〈樊山集〉，戏寄》词寄赠。

十月初六日（11 月 2 日），日本政府文部省公布《取缔清韩留学生规则》。

十月上旬，樊增祥将本年四月以来所作之诗厘为一集，名《紫薇二集》。

十月十一日（11 月 7 日），乃是新任巡抚曹鸿勋的六十华诞，樊山遂作《寿竹铭中丞六十》（二首）为之贺寿。

案：曹鸿勋的生日应该是二月初三日（3月8日），也许是樊增祥搞错了，或许是曹氏本人未搞清楚。无论谁对、谁错，曹氏当年六十华诞则没错。

十月十七日（11月13日），张之洞出席芦汉铁路通车典礼；随又奏请将芦汉铁路改名为京汉铁路，旨下准行。

十月中下旬，樊山政务之余，尚写有《夜坐》、《寒夜俳谐体》、《冬日池上》、《宋人有贫乐图诗三首皆佳戏和其韵》、《再和前韵》（三首）、《三叠前韵》（三首）、《寒夜写怀》、《北台冬望》、《四叠韵书感》、《倒叠前韵》、《叠北台韵》、《东园五叠韵》、《昨押奴韵》、《晓起寒甚六叠韵》、《池上七叠韵》、《冬暄一首八叠韵》、《日来阴曀多风九叠前韵》等诗作。

其间，前辈好友周铭旗将赴凤翔司榷，樊山乃作《送懋翁司榷凤翔》（二首）相赠。

弟子夏寿田游览华山归，特来看望老师；樊山遂作《午诒游华山归同子復枉过夜话因赠》相赠。

弟子、好友程崇信、夏寿田曾向樊山叩问为诗之道，樊山作《余论诗专取清新》《寒夜叠韵简午诒》等诗回答。

十月二十一日（11月17日），韩国外务大臣朴齐茂与日本特命全权公使林权助在韩城签订《日韩保护条约》（亦称《乙巳条约》），韩国彻底丧失外交权。

十月二十九日（11月25日），朝廷设置考察政治馆，延揽通才，悉研各国政法。令各省督抚严禁革命排满之说，以杜乱萌而维大局。

十月三十日（11月26日），同盟会机关报《民报》在东京创刊，孙中山在《发刊辞》中首次论述了三民主义。

同日，湖南著名学者、文学家王闿运应邀莅临秦中游览，樊增祥异常高兴。王闿运刚抵达咸阳，樊增祥遂带领地方官员一齐出郊迎接，极尽地主之谊。

王闿运游秦期间，樊山相继写有《湘绮先生游秦喜赠》、《湘绮先生小住五日意将登华而归赋诗惜别》（二首）、《次韵和湘翁仲冬九日宿华阴岳祠》、《葳帅用前韵见赠并怀湘绮三叠韵奉答》、《再答湘绮》等诗作和填有《二郎神・湘绮先生谒行宫归，赋此志感，次韵奉和》、《沁园春・效稼轩体，留湘绮先生行》、《前调・湘绮先生得词后为留一日，再赋》、《金缕曲・咏八仙宫黄杨，邀湘绮同赋》等词作，以纪其事。

案：樊增祥与王闿运虽很早就有诗书往来，但一直未曾谋面。适逢上一年王闿运的好友夏旹调任陕西巡抚，而王闿运的弟子、时任翰林院侍读学士、樊增祥的弟子和好友夏寿田请假回秦探亲。于是，夏氏父子与樊山遂商定，一起邀请王闿运来秦中游览，故有王闿运此次的游秦之行。

王闿运对这次游览秦中与樊增祥交往亦有记载。他在日记中写道："（光绪三十一年乙巳十月）晦日，咸阳令易遣迎，云藩台自出郊迎。……午诒弟兄自出至东关，抚、藩、警员、易令均相待，入见少坐，入城至夏宅，与樊谈至二更。"

"（十一月）朔日，云门催客，云叔公已坐一日，不能再挨。驰往已初更，又畅谈，二更散。云当往贺樊生……樊果未兴，径入客座，久之乃便服出谈。要至书案边看字画。又久之乃吃面而出。"

"（十一月）三日，云门俄来，久坐，吃两点乃饭，去时过午矣。"

"（十一月）四日，还过云门，留晚饭。"

"（十一月）五日，云门送诗来，未遑属和。……夕复过云门饭，……二更散。复谈至子初。"

"（十一月）六日，将行，云门更留一日，约来谈，复不至，又送诗。并要午、戟同至藩署晚饭，至子正散。"

"（十一月）七日，云门来送，……樊、程、钟、易送至八仙庵。……樊仍前送至霸桥。"

"（十一月）十二日，二更后云门专马来送启并词，限一日到，果依期至。复书写成已三更，遂寝。"（以上均见王闿运《湘绮楼日记》，岳麓书社1997年版）

十一月初一日（11月27日），为樊增祥的六十寿诞日，樊山作有《六十自述》（十二首）、《九月廿一日为蕺帅生日越二十日而竹帅生又二十日而增祥生赋呈两帅一笑》等诗纪之。

十一月初六日（12月2日），戴鸿慈、端方一行离京启程，前往美国、德国、奥地利等国考察政治。

十一月初八日（12月4日），中国留日学生八千余人，为抗议日本政府取缔中、韩留学生实行罢课，二百余人愤而回国。

十一月十五日（12月11日），载泽、尚其亨、李盛铎一行离京启程，前往日本、英国、法国和比利时等国考察政治。

十一月二十一日（12 月 17 日），王闿运写有一首五言歌行诗（即《赠樊方伯》）寄赠樊增祥[①]：

昔年慕英彦，结交共屯艰。拨乱未反正，群公智已殚。徒遗凋瘵民，征缮岂能宽。闻有达政者，高才在卑官。听讼实知本，政平民气安。朱绂既就加，百吏皆改观。关陇今贫僻，不与治乱权。近欲崇节制，苟务兵食完。无信谁与立，奇谋空万端。荐贤非吾职，但念得见难。岁暮情有余，感慨回征鞍。

在同一天的日记里，还记载有王闿运赠给樊增祥的另外一首五言歌行——《霸上赠别樊山》（一作《霸上别樊山》）[②]：

征鸿久南飞，仲冬犹未霜。游心喜煊时，脂辖舍未遑。良友惜轻别，三宵进离觞。再送复远饯，帐饮清灞旁。居人有行色，徒御尽仿徨。余生固无羁，万里骛车杭。见此不忍去，新知乐无央。生离众所悲，寒树远苍苍。挥手亮超然，濡呴亦难忘。暮色忽凄寂，眷言愁路长。

十一月二十六日（12 月 22 日），为冬至日，樊山处理完公务，乃和弟子、好友程崇信等人相聚共话，并作《长至朝罢与戟传敬之共话十叠前韵》诗纪其事。

同日，《中日会议东三省事宜条约》签订，日本强迫清政府将沙俄侵占的中国东北南部的全部权益转让给日本。

十一月二十九日（12 月 25 日），为王闿运的寿诞之日，樊山作《十一月二十九日寄怀湘绮是日为先生生日》诗寄赠。

十二月初八日（1906 年 1 月 2 日），是传统的腊八节，适花匠进了螃蟹水仙数头；樊山见之，颇有感触，乃作《腊日花匠进螃蟹水仙数头忆正月作诗才一罗预耳感赋》（二首）纪其事。

十二月中旬，樊山曾赠给好友李嘉绩龙井茶，而李嘉绩则赠诗感谢；樊山遂作五言长篇歌行《以龙井叶馈云生有诗报谢次来韵》纪其事。

收到同年好友何福堃所作之《雪窗读樊山集作》诗，樊山乃作《雪中八

---

① 王闿运:《湘绮楼诗文集・诗》第十八卷，岳麓书社 1996 年版，第 1791 页；亦见《湘绮楼日记》光绪三十一年（1905）十一月廿一日。

② 王闿运:《湘绮楼诗文集・诗》第十四卷，岳麓书社 1996 年 9 月版，第 1621 页。

首和何方伯》相赠。

是年底，樊增祥将自甲辰（1904 年）以来奉和南皮师之诗汇为一集，名《沆瀣集》。

收录此集中的主要诗作有《奉和游苏门山四首》《次韵奉和王楼营见杏花新柳》《少保师远寄三游洞欧黄题名拓本敬次原韵》《奉和金陵游览诗十三首》《甲辰三月少保师以事至金陵》《奉和金陵杂诗十六首》《奉和过张绳庵宅》《奉和过芜湖吊袁沤簃》《奉和舟中望九华山》《奉和登临》《奉和少年》《奉和灶妪辞》《奉和食橄榄》《奉和兔丝》《奉和题周东邨画隐居图》《奉和读唐书》《奉和非荆公诗》《奉和江上观渔》《奉和读宋史》《奉和惜春》等诗作。

除日（1906 年 1 月 24 日）早起，弟子夏寿田就已遣人送来一诗，樊山遂作《除日早起午诒送一诗来即次其韵》一诗相赠。

樊增祥自初来秦中为官，迄今已有二十二年。只有三年的春节不在陕西度过，其余春节皆在陕西度过。除夕（1906 年 1 月 24 日）之夜，抚今追昔，感慨良多，乃作《乙巳除夕写怀》（八首）以纪之。

是年，樊增祥尚填有《金缕曲・一树梨花瞑》（三阕）、《前调・前题叠前韵三首》、《前调・前题用丙子韵》、《前调・前题用辛丑韵》等词作。

是年，樊山的好友李希圣病逝京师大学堂提调兼编译书局总纂任上。

光绪三十二年丙午(1906)　六十一岁

是年，樊增祥仍在陕西布政使任上，政务之余亦勤奋写作。

正月初一日（1 月 25 日），新年伊始，樊山亦希望今年有一个好的开端，乃作《丙午元旦》以纪之。

大年初一，弟子夏寿田前来拜年，并持除夕八诗去，不久即遣人送来和诗。樊山乃作《元日午诒见过持除夕八诗去寻即和示叠梅字韵奉答》相赠。

同日，好友刘纶襄有诗来感谢樊山年前赠药之事，樊山遂作《元日次房前辈谢余馈药次来韵・君患痒，得药后自言安睡竟夕》纪其事。

同年、好友何福堃作有和樊山元日诗韵，樊山遂作《受轩和元旦韵再赋》相赠。

正月初八日（2 月 1 日），同年、好友何福堃作有抒怀诗，樊山遂作《次受轩人日抒怀韵》（四首）相赠。

新年期间，樊山尚写有《斋头牡丹盛开戏叠前韵》《新岁示客》《示吏》《广示吏诗意》《高斋》《开岁五日东园舒眺》《马日晓起大雪次韵》《日暮又雪倒叠韵》等诗作。

正月十四日（2 月 7 日），醇亲王载沣的长子溥仪（1906—1967）出生于京城府邸。

正月二十三日（2 月 16 日），王闿运在日记中评价樊增祥的艳诗说："看樊山艳诗，大要为小旦作，故无深致。邪思亦有品限。"（见王闿运《湘绮楼日记》）

正月二十九日（2 月 22 日），江西南昌县知县江召棠被法国传教士王安之行凶刺死。

正月间，与樊山已分别四十年未通消息的同乡、同门周仲海，因忧归乡，特来信联络，樊山遂作《同门周仲海别四十年不得消息顷有书来》一诗寄赠。

二月初一日（2 月 23 日），陕西学政朱益藩[①]过府衙与樊增祥品茶、赏画、清言竟日，樊山乃作《二月朔艾卿学使枉过煮茶看画清言竟晷》一诗纪其事。

二月初三日（2 月 25 日），江西南昌民众捣毁外国教堂，击毙法国传教士王安之等六人、英国传教士三人，酿成南昌教案。教案发生后，英法两国军舰齐集鄱阳湖，两国驻华公使馆又出面要挟清政府，最后以将龚栋等六人正法，十三人监禁，十二人罚作苦工，赔款白银四十五万两而结案。

二月十一日（3 月 5 日），朝廷以各地教案迭出，严令各省督抚切实保护外国人生命财产及各地学堂。

二月十二日（3 月 6 日），连日阴雨，突然晴好，樊山乃作《花朝喜晴》以纪之。

二月二十九日（3 月 23 日），樊山邀请尹昌龄、程崇信等友朋至寓斋宴集，并作《二月廿九日柬招省之仲锡戟传俶南敬之裕堂雨涛过双红豆馆》诗

---

① 朱益藩（1861—1937），字艾卿，号定园。江西莲花县人。光绪十六年（1890 年）进士。历官翰林院编修、侍读、侍讲、日讲起居注官、詹事府詹事、南书房行走、湖北乡试副考官、陕西学政、山东提学使、京师大学堂总监督等职。宣统二年（1910 年），擢升左副都御史。辛亥革命后回籍。1916 年被聘为溥仪师傅。1924 年溥仪赴天津，其负责留京管理"清室北京办事处"。溥仪成立伪满洲国，累电召不赴。晚年以鬻书为生。卒于京。工诗文，擅书法。著有《南斋纪略》《宸垣纪要》等。

纪其事。

二月间，樊山尚写有《梅》《有感》《改岁》《署斋春兴》《出城》《斋居用前韵》《池南》《俳体酬午诒叠歌韵》《春日效俳谐体四首》等诗作。

其间，樊增祥偶然忆及二年前在京师与李希圣相聚的日子，如今已人天相隔，不胜悲伤，乃作《追悼李亦元比部》一诗以悼之。

陕西学政朱益藩赠送樊增祥梨花春二罂，樊山遂作七言长篇歌行《艾卿学使致梨花春二罂长句报谢》致谢。

同月，樊增祥政务之余多暇，遂将近几年所写之“十忆诗”200首，结为一集，名《十忆集》。樊山曾在《十忆集》后之识语中说：“右诗二百篇，非一岁所作，告成于今年小花朝日。适续刻《紫薇》《沆瀣》二集，遂附于后。子太叔之歌零露，赵孟无讥；宋大夫之赋朝云，楚王称善。观篇末‘愿度鸳鸯’一语，可以知吾之心矣。必求其实，毋乃凿乎？丙午春日天琴识。”

《十忆集》收入的有《戏和宋人李元膺十忆诗》（并序）、《前题再和》（10首）、《前题三和》（10首）、《前题四和》（10首）、《再和李元膺十忆诗并序》（《忆行》6首、《忆坐》6首、《忆饮》6首、《忆歌》6首、《忆书》6首、《忆博》6首、《忆鬟》6首、《忆笑》6首、《忆睡》6首、《忆妆》6首）、《广李元膺十忆诗并序》（《忆羞》10首、《忆倦》10首、《忆嗔》10首、《忆喜》10首、《忆浴》10首、《忆食》10首、《忆洁》10首、《忆香》10首、《忆学》10首、《忆绣》10首）等诗作。

同月，日本侵略头目伊藤博文抵达朝鲜，出任第一任统监，统管朝鲜外交，指挥在朝鲜的日本官吏活动，制定和颁布“统监府令”。伊藤博文成了朝鲜的太上皇，并开始密谋以朝鲜为跳板，侵占我东北。其统监府则成为策划、部署侵华活动的大本营。

三月初二日（3月26日），天严寒欲雪，樊山过课吏馆闭室考试一天，并作《三月初二日过课吏馆扃试竟日酽寒欲雪赋示馆员》《午后转晴盆中榆叶梅将开矣叠前韵》等诗赠各位馆员。

三月初八日（4月1日），连接北京与汉口的全长1214.49公里的芦汉铁路全线通车，在湖广总督张之洞和直隶总督袁世凯一起验收后，改名京汉铁路。

三月十二日（5日）为传统的寒食节，适陕西大学堂的东馆落成，刘纶襄等好友集于观海堂赋诗纪念。樊山乃作《丙午寒食次舫前辈仁甫同年以东馆落成招集于观海堂即席赋谢》诗纪其事。

三月期间，樊山在公务之余，尚写有《上巳日萩帅问有诗无仍叠前韵》《儿辈踏青归代书所见四叠茶韵》《马大令纳姬仁甫目为墨牡丹大令》《喜雨》《庭际紫牡丹一本花甚盛赏之以诗》等诗作。

四月初一日（4 月 24 日），樊山的好友、陕西大学堂总办吴树棻病逝任上，樊山颇为悲痛，乃作《吴移香观察挽词》（四首）以悼之。

四月初二日（4 月 25 日），朝廷裁撤各省学政，改设提学使司提学使，统辖全省学务。

四月初四日（4 月 27 日），《中英续订藏印条约》在北京签订。

四月十二日（5 月 5 日），樊山招夏寿田、程崇信、李嘉绩等友朋至府宅宴集，并写有《立夏前一日》（二首）纪其事。

四月二十日（5 月 13 日），朝廷派卢靖、沈曾植、刘廷琛、于式枚、黄绍箕等为直隶、安徽、陕西、广东、湖北等省提学使。

四月间，樊山在公务之余，尚写有《和雨涛江韵》《和敬之佳韵》《和午诒肴韵》《和戟传覃韵》《和云生盐韵》《论诗二首限讲绛二韵戏柬同座诸公》《蓉舫前辈以干萄贻仁甫》《偶然作》《偶步池上忆去年作阑干词岁一周矣》《池上叠前韵》《月夜池上叠前韵》《三叠前韵遣兴》《观物》《四叠韵和午诒感怀》《五叠韵和午诒》《即事六叠韵》《无题七八叠韵》《两艖符斋题词》《九叠韵书感》《馆中微雨示彤臣》《彤臣走笔见答叠前韵报之》《雨止柬彤臣》《雨后归自馆中》《池北亭子》《东堂书壁叠前韵》《寄湘绮》《寄仲锡京邸》等诗作。

今年闰四月，故夏天特别长，樊山颇想念好友陈豪和沈曾桐，遂作《长夏遣兴寄蓝洲杭州子封京邸》（二首）寄赠。

闰四月初一日（5 月 23 日），朝廷准学部奏，改各省贡院为学堂。

闰四月十六日（6 月 7 日），日本设立南满洲铁道株式会社。

闰四月二十二日（6 月 13 日），天津北洋女子师范学堂开学，任傅增湘为监督。

闰四月二十五日（6 月 16 日），樊山收到好友缪荃孙的书函，甚是高兴，阅后当即给他写了一封回函（即《樊增祥致缪荃孙》）[①]云：

---

① 钱伯城、郭群一整理，顾廷龙校阅：《艺风堂友朋书札》（上册）之第二函，上海人民出版社 2018 年 9 月版，第 133—134 页。

筱珊前辈同年大人道席：

久疏笺候，忽枉朵云，惊喜奉持，真不啻从天而降也。伏惟台候万福，著述益勤。自学堂改革，科学既繁，又限于钟点，将来经学、词章，恐无复专门名家者。惟公硕果不食，灵光岿然，中学一线之延，舍公奚属。来教以为于官于绅，议皆不合。然维新时代，正赖旧人维持其间，乃能融化党偏，保存国粹。吾属年辈，亦如贞元朝士绵力会昌，后生辈虽甚披猖，要不能撼我大树也。

弟在此为竹帅委重，力任繁难，筹款遴才，强为无面之炊，而益切披榛之采。陕士开通者少，一切新政，真如造草昧而破天荒。自顾衰庸，本无实用，特以迁官太骤，若竟恝然舍去，则谅我者或以为藏拙，詈我者且以为饱飏。用是裴回，且复黾勉从事，而终日鹿鹿，直不知生人之乐，殊自笑也。承示七古二章，当与复初斋抗行，冗次未能属和。缘此等题，须略带考据，而竟无翻贺之暇，故不敢卤莽操耳。张次珊同年亦久不通候，念之不置，晤时希道意。

弟精力尚能撑拄，虽已周甲，头须尚黑，据鞍睹跳，犹似曩年。比年新刻，又将盈尺，兹乘石逸赴东之便，寄上两部，一以呈教，一祈转致次珊。此亦樊山诗历，可以考见十年踪迹也。石逸在秦，亦班表中一二等人物，可纾廑念。冗次奉启，惟为道自卫，不宣，馆侍年愚弟增祥顿首。

闰四月廿五

五月十六日（7月7日），樊山见挚友陈豪屡屡来函叙及二十五年前好友们相聚鄂中书局之情，而好友陶方琦、诸可宝已去世多年，不胜悲伤，遂捡出今年新照的相片，和所作之《岁壬午居鄂中书局偶与子珍迟菊集蓝洲寓斋夜话》。

五月中下旬，又收到挚友陈豪寄来的诗篇，樊山乃作《次韵答蓝洲即事五首》、《早起次蓝翁韵》等诗寄赠。

五月间，樊山尚写有《晚步池上》（二首）、《纳凉》（二首）、《无题》（二首）、《得南中书》（二首）、《再寄湘绮》、《阅报纸戏书》（二首）、《寄懋翁东湖》（二首）、《寄题东湖亭子》（四首）、《题绣漪照像》等诗作。

其间，挚友陈豪有照片和游览富春江诗作寄赠，樊山遂作七言歌行《读蓝洲舟行富春江杂诗三十首题后》寄赠。

收到好友、苏州粮道王仁东的书函，樊山乃作《得旭庄观察书却寄》一诗寄赠。

是年夏，为缅怀挚友陶方琦，樊增祥选其词90余首，与自己近年所填之词60余首，结为一集，名《二家词赓》(上、下)。樊山在《二家词赓序》中说："常感爱伯师之言，欲刻三家（此指李慈铭、樊增祥和陶方琦）词钞，而秦越间阻，所忠之求，卒莫能副，仅以二家（编者按：此指李慈铭与樊增祥）付梓。间者，蓝洲老友以鄂刻《兰当词》见寄，且曰：'一簟之珠，数尺之锦，虽复光彩溢目，而不足远致贾人者，为其少也。盍附入樊山集以传乎？'余得词，悲喜交集，撅之则少作为多，迄于《湘轺集》而止，鄂游以后盖缺焉。夫以是编之绮情浓至，妍词環密，非不度越时贤，高视一代，特邓将军已受要道，而仍传其捐弃之故技，则吾意不能无憾也。原刻百二十余首，稍汰治其纤率僻涩者，都若干首，重锓之，而以余近作六十余阕附刻于后，颜曰《二家词赓》，以别于前者李、樊之刻，且竟余三家合撰之志。"

集中所收樊山词（名"弄珠词"）主要有《鹊桥仙·谢公娇女》、《前调·青梅竹马》、《念奴娇·闰夏有忆，用稼轩韵》、《前调·用前韵自题六十一岁小像二首》、《有·士当知足》、《洞仙歌·迟迟玉露》、《水调歌头·谁把玉台镜》(四阕)、《又·日暮倚修竹》、《又·酹汝一杯酒》、《又·碧海水皆立》、《买陂塘·赋得白荷花瓣四首》、《又·恁纤纤，两头兜起》、《又·是天生，银船一叶》、《又·障秋晖，亭亭青盖》、《百字令·冰沙三寸》(四阕)、《又·屈金粟后》、《又·长圆长好》、《又·花之君子》、《二郎神·不绯不紫》、《前调·百花落尽》、《玲珑四犯·榜眼莲花》、《前调·再和午诒一百年前白荷花瓣》、《菩萨蛮·池上》(四阕)、《南浦·夏夜骤雨》、《绕佛阁·长夏即事》、《前调·东堂月夜，叠前韵》、《齐天乐·灯花，和兰当韵》、《兰陵王·灞桥感柳，用清真韵》、《恋绣衾·十三筝柱金雁飞》、《前调·夏闰四解》、《又·织花湘簟青玉光》、《又·华清出浴云鬐偏》、《又·瑶华池上金鲫鱼》、《江城子·碧玲珑馆女儿居》、《前调·满衣风露两眉秋（并序）》(四首)、《角招·了无暑》、《湘春夜月·湘帘，和兰当词》、《前调·湘簟，和兰当词》、《瑶华·咏湘妃竹，次兰当韵》、《蝶恋花·小巷梨花风色暝》(并序)、《前调·京洛少年花比俊》、《高阳台·渍酒陶巾》(并序)、《浣溪沙·钿毂轻雷听未讹（并序）》(二首)、《前调·出浴仙娥画不成》、《鹧鸪天·东园》、《洞仙歌·书窗睡美（并序）》(四首)、《蝶恋花·立秋日雨》等篇目。

樊增祥因整理《二家词赓》(上、下)，勾起自己对往事的回忆，对旧友的思念，又成《再题照像寄蓝洲》《再书蓝洲严滩诗后》(二首)等诗作，连同自己的近照，一并寄给好友陈豪。

六月初三日(7月23日)夜，樊增祥因天热无法入睡，颇思念已去世的爱伯师，故翻阅其集，并写有五言歌行《六月初三夜热不能寐检越缦集有小暑闻蝉诗因次其韵》以纪其事。

六月间，樊山的好友、原湖南巡抚端方结束出洋的考察，回到国内。

同月里，樊山尚写有《宵热》《久雨酬何方伯》等诗作(见《樊山续集》卷二十四,《樊樊山诗集》第1423—1424页)。

其间，挚友陈豪在收到樊山的寄诗和照片后，亦有嘉章和照片寄赠；樊山乃作五言长篇歌行《蓝老得余照像远惠佳章次韵奉报时君亦以照像见寄》寄赠。

六七月间，袁世凯、端方、戴鸿慈、载泽先后上奏请行宪政，以保政权。

七月初三日(8月22日)，樊山的上司、好友夏峕在返乡途中病逝(时在四川境内)。

七月初七日(8月26日)，是传统的七夕节(又名乞巧节、七巧节、七姐诞)。樊山招友朋至府宅小聚，并写有《七月七日东园小集》纪其事。

七月十三日(9月1日)，朝廷颁布预备立宪，宣称仿行宪政的基本原则为“大权统于朝廷，庶政公诸舆论”，并声明俟数年后察看民智，再议立宪实行年限。

同日，雨后天晴，顷接电抄，得知慈禧太后下诏准备仿行宪政，清政府预备立宪正式开始。樊山乃作《喜晴·是日得电抄，有立宪之谕》一诗以纪其事。

七月十四日(9月2日)，朝命端方为两江总督兼南洋大臣，以周馥为闽浙总督，又以岑春煊为湖南巡抚。

七月十六日(9月4日)，雨后天晴，月明如昼，樊山乃作《七月既望雨后月明如昼》一诗纪之。

七月十七日(9月5日)，朝命于式枚总理广西铁路，以梁鼎芬为湖北按察使。

是月，樊山写有《雨中作》、《寄梦华》、《省三观察招饮赋谢时君有白河之役》、《雨夜作书寄北京》、《赋得扫晴娘·积雨闷甚，忆〈瓯北集〉有此题，戏作四首》、《前题叠前韵》（四首）、《前题再叠韵》（四首）、《卫生》、《衙退即事》、《题照像寄所亲》等诗作。

七月二十三日（9月11日），朝命以岑春煊为云贵总督（未赴任），周馥为两广总督，丁振铎为闽浙总督。

八月初三日（9月20日），为湖广总督张之洞的七十寿诞，清廷赏御笔“望重耆贤”（皇上）、“福绥南纪”（皇太后）匾额及诸多赏品。督署的门下士则撰有《抱冰堂弟子记》一册刊行。

樊增祥则作《寿抱冰师七十用香山九老诗格》寄赠，为恩师贺寿。

不仅如此，樊山更作洋洋二千言祝寿文，用电报分日拍发。邵镜人在《同光风云录》中记载说：“总督张之洞七十寿辰，樊山方布政陕西，乃以俪体文二千言为寿，用电报分日拍发，中有句云：‘不嘉其谋事之智，而责其成事之迟；不谅其生财之难，而责其用财之易。’盖之洞志大而谋远，任督抚四十年，每有兴作，耗费巨万，一时有国家败子之称。此文极尽斡旋之能事，故之洞大声朗诵，击案而呼曰：‘云门真可人哉！’”①

案：查《樊山集》和《樊山集外》，均不见收录有樊山的这篇祝寿文。

八月初十日（9月27日），老友沈曾植抵达安徽安庆，正式接受安徽提学使篆务。

八月十五日（10月2日），雨后天晴，尤其是夜晚，皓月当空，让人心旷神怡；樊山乃作七言长篇歌行《中秋喜晴入夜月色如洗长歌赏之》以纪之。

八月二十二日（10月9日），乃巡抚在贡院点名考职之日，樊增祥五鼓即赶到贡院。其时明月如昼，樊山遂作七言长篇歌行《八月二十二日夜起月明如昼是日中丞考职五鼓赴贡院点名叠中秋韵》以纪之。

八月间，樊山颇思念挚友孙德祖，作《题照寄彦清》《寄怀彦清君选右玉令不赴改淳安校官今归里逾年矣》等诗寄赠。

其间，陕西修筑西（安）潼（关）铁路事宜正式商定，樊增祥亲自拟定了《详议西潼铁路办法章程二十二条》②（其中包括“局章八条”“捐章六条”“路章八条”）。

九月初九（10月26日）重阳节，樊山招诸友朋至北台登高，晚上则在

① 邵镜人：《同光风云录》，见《樊樊山诗集》附录二，第2057页。

② 见樊增祥《樊山政书》卷十七，宣统庚戌（1910）金陵聚珍书局排印本。

晚晴轩宴集，并作有《九日招省三观察戟传敬之两太守裕堂刺史子撍吟海少兰三大令北台登高夜集晚晴轩即席有作》一诗纪其事。

九月十一日（10月28日），清政府下旨各省筹设谘议局，并预筹设立各府、州、县议事会。

九月二十一日（11月7日），朝廷正式公布《内阁官制及办事章程》，制定中央官制，并任命各部尚书。

九月二十三日（11月9日），清政府改督办政务处为会议政务处。

九月二十七日（11月13日），郭布罗・婉容（1906—1946）出生于满洲正白旗一个书香官僚家庭。

九月下旬，吴禄贞与好友周维桢结伴游历西北，抵达陕西西安，稍作停留并前往拜访了湖北同乡、前辈诗人、陕西布政使樊增祥。因张之洞的关系，两人一见如故，谈诗论文，甚是融洽；吴禄贞亦以师礼尊奉樊山。

九月二十九日（11月15日），吴禄贞和周维桢拜别同乡前辈樊增祥，自西安一路继续西行。但二人抵达甘肃兰州后，却被陕甘总督升允以“沿途滋扰”的罪名，将吴禄贞撤职查办，并于年底押解回京。

案：据《吴禄贞集》的记载[①]：是年11月，吴禄贞与好友周维桢到了甘肃，便前去“访晤巡抚樊增祥”。交谈之间，吴禄贞“陈词多主革新”。“樊系反对戊戌维新的守旧派”，听了吴的所说之话，“错疑他是康党”，且不见有军机处给各省藩库的行文，可能是“冒充钦差”，就禀明陕甘总督升允，请将吴禄贞就地正法。升允为慎重起见，曾电询军机处，军机处回复确有其事。升允遂加以“沿途滋扰”的罪名，将吴禄贞撤职查办，并于年底押解回京。

首先要指出的是，此时的樊增祥并不是巡抚，人也不在甘肃；他此时的任职为陕西布政使，人在西安。说樊增祥是“反对戊戌维新的守旧派”，过于武断，也与实际不符——樊增祥清末在陕西积极投身新政，为陕西的近代化贡献颇多，比如奏开铁路，开发延长油矿，自办工艺所、劝业场，筹建陕西大学堂、师范学堂及州县两级学堂，鼓励学生出国留学，筹练陕西常备新军及巡警等，并不守旧，只是他践行的是乃师张之洞“中学为体，西学为用”的主张罢了。

根据近些年新发现的史料来看[②]，吴禄贞和樊增祥之间的关系并不像

① 吴禄贞：《吴禄贞集》，华中师范大学出版社2011年版，第265页。

② 曾伟希：《清末吴禄贞致樊增祥信函》，《文献》（季刊），2011年7月第三期。

《吴禄贞集》中所说的那样，而是师生或朋友的关系（吴禄贞在本年底和次年上半年给樊增祥写的几封信，都是以弟子的身份写的）。而吴禄贞、周维桢至陕甘考察期间，陕西布政使樊增祥与陕甘总督升允之间正发生了一场互控的尖锐的矛盾冲突，他自然不会为此事主动去找升允。既然如此，就不存在他向升允报告而抓捕吴禄贞之事了；更不会在几个月后他自己已经被朝廷撤职，还委托吴禄贞在京城为他活动的事情了。

九月间，樊山写有《赋得满城风雨近重阳》《有感》《题小照》《初寒》等诗作。

十月上旬，樊山写有《十月初三日雨雪交下抵暮而止》《十月十日慈圣万寿喜雪》《雪后快晴》《题竹延夫妇照像》《次竹延自题照像韵》等诗作。

十月中旬，樊增祥将上年十月至本年十月所写之诗，结为一集，名《紫薇三集》。

十月十九日（12 月 4 日），同盟会发动萍浏醴起义，萍乡矿工数千人参加。

十月二十一日（12 月 6 日），因为陕甘总督升允的弹劾，樊增祥被朝廷免职。 樊山曾写有《十月二十一日解任示客》一诗纪其事。

十月二十八日（12 月 13 日），樊增祥的老上级、好友、时任吏部尚书的鹿传霖来信（即《鹿传霖致樊增祥信函》）①，告知其被撤职的原因及朝中官制改革的情况。

云门仁弟大人左右：

见出枢后，忽见升有电奏足下解任，甚疑之。往访善化，据云：升电谓“扣留其委员”，故有此旨。当即电告，计早达。究不知其电作何语。逾日，见华璧臣，询之，则云略记其电云：“樊某竟将其奏派往查之傅秉鉴看管，无复纲纪，请将其解任，听候查办，不胜激切云云。”是其节外生枝，此电亦未交查，究竟是何情形？前得来电谓其“行踪诡秘，曾电甘藩，疑其假冒”，必即因此，然何以云“看管”耶？今得望日手书，尚在事前，卸肩之后，是何情形？秦中诸要政，皆足下一人力任劳怨为之。竹帅忽失此臂助，独不设法挽回，听新政之中辍耶？铁路事拟分上诸公，并请院奏，想亦无及。天下事往往功败垂成，如鄙人督蜀收瞻对，为庸人败已成之局，致有上年英兵入藏，达

① 见曾伟希《鹿传霖致樊增祥信函二通》，《文物春秋》，2010 年第 4 期。

赖出奔，至今未了之事，亦运会使然耶？可叹！蜀派黄署臬查此案，黄亦世路人，无甚识见耽当，恐未必尽伸公道。纵使得直，大猷未必严处，足下未必能留陕。一切新政竹帅即奋发为之，而无熟习任事之帮手，亦恐难有成。兄窃为秦省惜，为大局惜。若足下一人之升沉得失，所谓心安理得，胜固欣然，败亦可喜，一听造化之位置而已。闻近履健胜于常，曷胜欣慰。

至立宪先从改官制入手，则袁、端之谋，而邸为所愚，袁又为端所怂恿，皆欲揽天下大权。两人合谋，内外一气，其本意端充副总理，佐邸总理（左右两副，其一为城北，袁党也），则玩邸于股掌之上，尽去各枢，因此犯众怒。二目、双火、大金旁相约密谒邸，痛陈利害，邸始悟而急出端于外为南洋。惟因注重责成不兼差，故四人全出。二目之免，以外务兼差出自庚子大条约所定而得留。愿意改军机之名为政务大臣，而上意绝不改。世入枢在意中，林则莫知其由，或云二目举于邸。

上陈者各部添改于是：陆军部属之铁，北洋兵权削矣；邮传部属之张，北洋利权灭矣。于是公路大悔恨。犹幸邮传为张、唐，一为亲家，一为私人，犹可暗中助力。于是端、袁初谋未遂，而徒使大局搅乱不堪。吏部初在议裁中，因裁不动而暂留耳。当出枢时，三人（荣、铁及兄，城北则与振请训另见）同谢，特召见，面谕：甚不愿尔等出枢，特既伊等云立宪宜专责成，故令专办邮务，值日仍必召对。盖此次为彼等所要挟而勉强从之也。此次附和者惟城北及善化，最反对者唯铁，余则心非而口不言耳。外官改制复电已到，多处大都不以为然，而以经费无出、程度不到请缓者居多。冰老甚不谓然，迟至于今未复，且其长电皆外自袁、端二人之意，并未上陈宸览，俟到齐后，由邸再议。现在“政务处”改为“会议政治处”，各部尚书皆参议，将来议外官制，不知尚容置喙否耳？

赴奉查办，系天水所请，谓日本派其总理大臣西园到东三省调查一切，我亦宜派王公大臣赴东详查，故有是举。天水之意，殆欲分过，特不知此两使作何查？复闻年内必赶回也。

兄自专办部务，逐月须到部整理一切，反增劳累，特不晨起待漏耳。顽躯尚如常，惟近来左膀酸痛，痰咳较甚，亦老境逼人也。拉杂书此，顺颂箸祺，并询潭福百益。

兄霖顿首　十月廿八日

案：在这封书函中，鹿传霖除告知好友樊增祥被朝廷免职的原因之外，尚向他透露了许多朝中因进行官制改革而导致的人事变动的内幕。其中的“升”指升允。“善化”指瞿鸿禨（1850—1918），字子玖，号止庵，晚号西岩老人，湖南善化人，时任军机大臣兼外务部尚书。“华壁臣”即华世奎（1863—1941），字启臣，号壁臣，直隶天津人，时任内阁阁丞。“樊某”指樊增祥。傅秉鉴，清平（今山东临清）人，光绪十二年（1886 年）进士，曾任代理兰州知府、新疆正监理官等职。“竹帅”指曹鸿勋（1846—1910），字仲铭，又字竹铭，号兰生，山东潍县（今潍坊市潍城区）人，光绪二年（1876 年）状元，时任陕西巡抚。“黄署臬”不知指谁，待考。“大猷”似指丁振铎（1842—1914），字声伯，号巡卿，河南罗山人，同治十年（1871 年）进士，时任闽浙总督。“袁”指袁世凯（1859—1916），字慰亭，号容庵，河南项城人，诸生，投笔从戎，时任北洋大臣、练兵大臣等职。“端”指端方（1861—1911），字午桥，满洲正白旗人，光绪八年（1882 年）举人，时任两江总督兼南洋大臣。“邸”指庆亲王奕劻（1838—1917），满族皇室，时任首席军机大臣兼管财政处、练兵处。“城北”不知是谁，待考。“二目”指瞿鸿禨。“双火”指荣庆（1859—1917），字华卿，号实夫，蒙古正黄旗人，光绪五年（1879 年）举人，时以军机大臣充修定官制大臣。“大金旁”指铁良（1863—1938），字宝臣，满洲镶白旗人，时任陆军部尚书。“四人”指鹿传霖、荣庆、徐世昌、铁良。“上”指慈禧太后。“世”指世续（1852—1921），字伯轩，满族人，光绪元年（1875 年）举人，时任军机大臣、文华殿大学士。“林”指林绍年（1845—1916），字赞虞，号健斋，福建闽县人，时以侍郎充军机大臣兼署邮传部尚书。“铁”指铁良。“张”指张百熙（1847—1907），字埜秋，一作冶秋，号潜斋，湖南长沙人，时任邮传部大臣，于本年二月十七日（3 月 30 日）病逝。“公路”不知为谁，待考。“唐”指唐绍仪（1862—1938），字少川，广东珠海人，毕业于美国哥伦比亚大学，时任全国铁路总公司督办、税务处会办大臣、邮传部左侍郎。“冰老”指张之洞。“天水”不知指谁，待考。“西园”指西园寺公望（1849—1940），号陶庵，日本明治、大正、昭和三朝元老；1906 年任日本内阁总理大臣，1911 年再度出任总理大臣，1912 年任最后一任元老。

十一月初一日（12 月 16 日），江浙绅商在上海组织预备立宪公会，举郑孝胥为会长，张謇、汤寿潜为副会长。

十一月中下旬，樊增祥刊印《樊山诗钞》六卷，起同治九年庚午（1870年），迄光绪三十二年丙午（1906年），前后三十七年。

十一月二十四日（1907年1月8日），王闿运也在日记中记载："闻樊山撤任，近今所罕有也。升允亦可人，惜两贤不宜相厄，使竹轩在，不至此。"（见王闿运《湘绮楼日记》）

案：升允与樊增祥自光绪二十七年（1901）起在陕西共事，多年来一直相处融洽；两人往来亦甚密，酬唱赠和颇多。而升允在离开陕西一年多时间再回来后，便与过去称兄道弟的"好友"反目，可见世态之炎凉，更可见出官场之险恶。王闿运认为："使竹轩在，不至此。"也许这只是王闿运的一种美好愿望，在封建社会的官场，即使夏旹在任，能够从中调停、斡旋，恐怕也不能保证两人不反目。

十一月间，樊山闲居无事，曾应西安鼓楼化觉巷清真寺主持之邀，为该寺撰写楹联一副："象显异星，大德神灵，知有西方至圣；恩施后世，脱离亿兆，赞从东土真人。"

十二月初一日（1907年1月14日），朝廷重申教育宗旨：以中学为主，西学为辅，培养通才，首重德育，并以忠君、尊孔、尚公、尚实诸端定其趋向。

十二月十六日（1907年1月29日），前辈好友王闿运作《感升樊互讦事，为赋一律》[①]，认为二人相互攻讦于国事不利，颇有同情樊增祥、责怪升允肚量狭小之意："可怪封疆第一人，荐贤无望厄贤真。也知白考难修怨，争奈红单又反唇。表奏纷纭似浮、宠，亲交凶隙惜张、陈。臣争直恐卑公室，西望秦云独怆神。"

十二月二十七日（1907年2月9日），中、日订立《扩展汉口租界专约》。

十二月下旬，樊增祥收到已回京城的湖北同乡、后辈好友吴禄贞寄来的、通报其为樊增祥谋起复在京城进行活动的信函（即《致樊增祥》）[②]：

夫子大人钧鉴：

今年两上书，想邀慈鉴。云舫寓京，朝与相聚，极快伊意。如吾

---

① 此诗见于《湘绮楼诗文集·诗》第十九卷，岳麓书社1996年9月版，第1844页；亦见于《湘绮楼日记》光绪三十二年(1906)十二月十六日。

② 曾伟希：《清末吴禄贞致樊增祥信函》，《文献》2011年第3期。

师不回任，不愿回陕，陆军部有意留，伊又不愿留京，究竟何往？现有二说：肃邸进军机，宝帅再进军机。此二说皆近似之间。庆意欲举肃，求护庇其后人也，此老痴极可笑。吾师大约无更动，四川持平，但升不去陕甘，即回任，亦难随心如意，不过与升结怨而已。现有一二大老极力帮助说项，将来有无变更，尚不可知。双目先生擅权，禄贞素轻视其人，归京后未尝往拜，不知其意如何？闻与吾师尚无隔阂也。肃此，吴雅顿首。

案：樊增祥已于本年十月二十一日（12月6日）因陕甘总督升允的弹劾而被朝廷免官。因双方身份特殊，且此事极为隐秘，故信函中所提到的人物大多用简称或化名、代称，这就给我们今天读起来颇费考究。其中的“云舫”不知指何人，待考。“肃邸”指肃亲王善耆（1866—1922），字艾堂，号偶遂亭主人，满洲镶白旗人，时任民政部尚书兼藩理院大臣。“宝帅”指铁良（1863—1938），字宝臣，满洲镶白旗人；时任陆军部尚书。“庆”指庆亲王奕劻（1838—1917），满族皇室，时任首席军机大臣兼管财政处、练兵处。“升”指升允（1858—1931），字吉甫，号素庵，蒙古镶蓝旗人，时任陕甘总督。“双目先生”指瞿鸿禨（1850—1918），时任军机大臣兼外务部尚书。“吴雅”为吴禄贞的化名。

年底，樊山再次接到老上级、好友、时任吏部尚书的鹿传霖来信（即《鹿传霖致樊增祥信函》）[①]，告知朝中对他审查的初步结论。

云门仁弟大人左右：

十三日折弁交到，手书诵悉一切，前电计早达。此次竹帅折仍交川督，并入前折查复。二目谓：“州县报效款以粮羡作抵，未经奏明，总是一错。”愚谓当时若奏，是有意翻升之案。彼时无嫌，自未便奏，且奏须由抚，他人无言，遂亦不便深辩。大猷初授闽督，因慈谕谓其脾气过倔强，恐交涉不宜，乃调甘者。此事惟视川督之如何复耳。目今时局断难十分公道，况忌执事者有人，而顾大局持公道者无人。又皆以愚偏厚于足下，愈说愈增痕迹，无益有损，成败只可听之于天。特台端之去留，于秦中之得失大有关系，非独一身之升沉已也。将来川中委员查时，尚须竹帅之设法周全，相机行事，成有益耳。俟升折

① 曾伟希：《鹿传霖致樊增祥信函二通》，《文物春秋》，2010年第4期。

到，如何说法，如何举动，再行奉告。

草此，复颂勋祺，并询潭弟均吉。

名心泐 十四日

案：此书函中的“竹帅”仍指曹鸿勋。“川督”指锡良（1853—1917），时任四川总督，负责查办樊案。“二目”仍指瞿鸿禨。“愚”乃鹿传霖自称。“升”仍指升允。“大猷”仍指丁振铎。“慈”指慈禧太后。“台端”指樊增祥。“名心”为鹿传霖所用之化名。

是年，樊山好友刘纶襄病逝于西安任所。

是年，中国第一所官办法律专门学校京师法律学堂正式开学。

光绪三十三年丁未(1907) 六十二岁

年初，樊山仍居陕西西安之柳巷。

正月初一日（2 月 13 日），康有为、梁启超改保皇会为国民宪政会。

正月上中旬，樊增祥收到湖北同乡、后辈好友吴禄贞在京城暗中为自己上诉鸣冤、弹劾陕甘总督升允之事寄来的书函（即《致樊增祥》）①：

差外接到廿日所发函件，惟致笏信并稿底为收到，疑甚。如师意办，去运动，因易将来之局面有碍，何也？此时劾升，即不是我辈运动，升亦疑之。升、锡一气，若劾锡，则更勿论矣。此次又交蜀查，善恶之权，蜀独操之。若于此时劾彼，必更触彼之怒，而肆其狠豹之毒手段，则复奏必更不堪设想，势必至画虎不成，反酿成不测之祸，而如师所虞矣。愚意先以平和手段乞怜于彼，而后用强硬手，不但目前容易奏效，且于将来图恢复、报复亦容易。其办法称此时先托权贵通情与彼，使复奏平和，得免于祸。奏既复，再觅言官参第一二两次复奏不公平，再请查办，此乃以守为攻之势。若于此时正在大败狼狈之际，再行进攻，则胜券难操矣。师以愚见为然乎？名心顿首。

再：致锡信已托人贿赂庆邸，大抵可成，亦不致误期。惟所需索甚奢，又以师莅藩多年，必大富人，要求更甚，事急亦不能十分计较。已托达意，先付二千金，再书票一纸，如事成，谢二三千金，不成则未付之金作罢，此一法也。再托肃函锡，其功力不大，若有庆信，再加肃函，则互相为用矣。徐尚书及诸大老前，再托二三人常为师作不

① 曾伟希：《清末吴禄贞致樊增祥信函》，《文献》2011 年第 3 期。

平鸣，以镇定都中之议论，内外相济，其庶几矣。

又言：用款数处，现虽不甚充足，尚可设法。昨已托人在源丰润号先行支用，尊处能稍接济亦妙。如寄款总要作得机密，若稍招声气，则两不利矣。

王奏容侦知再续，阅后火之，请勿令第二人知，至盼。

案：吴禄贞在此书函中就如何利用庆亲王、肃亲王、锡良、徐世昌等错综复杂的关系为樊增祥鸣冤、弹劾升允和锡良等事宜谈了自己的意见、建议与行动。函中提到的“锡”指锡良（1853—1917），字清弼，蒙古镶蓝旗人，时任四川总督，朝命负责核查升允弹劾樊增祥案。“徐尚书”指徐世昌（1854—1939），时任军机大臣兼署兵部尚书。“名心”为吴禄贞的化名。

正月十九日（3 月 3 日），清廷调云贵总督岑春煊为四川总督（未赴任），而以署理四川总督锡良为云贵总督。

正月二十日（3 月 4 日），朝命以松寿为闽浙总督。

正月二十八日（3 月 12 日），樊增祥自去年初冬解职后，遂移居柳巷，成天居于琴天阁或读书吟诗，或教授孙儿，或挥毫泼墨，真可谓“两耳不闻窗外事”，颇为清闲；并将其平日所作汇辑成帙，名之为《闲乐集》。

其《闲乐集》收录有《守岁作》（八首）、《丁未元旦喜雪》、《犬日弄雪》、《初四日再雪》、《书感》（二首）、《再答湘绮》、《漫兴》、《述怀》、《上元日与戟传师愚茶话》、《正月既望月下有怀》、《十七夜月色愈佳再赋》、《十九夜月》、《以元旦所储雪水试茶作歌》、《团拜》、《俳谐语》、《樾翁赠田横岛石砚歌》、《自述》、《老去》、《喜雨》等诗作。

樊增祥曾在《闲乐集》的后记中说：“丙午冬解任后，移居柳巷，日课一两诗，久之成帙，命之曰《闲乐集》。适珩孙以素册索书，每夕饭后篝灯，或数行，或十数行，皆近作也。余书本拙，尤畏作楷。会午诒以长沙小羊毫见寄，试为之，以验目力、手腕，生硬弥不如前，惟诗尚可诵，最后《喜雨》一篇，即今日作也。光绪丁未正月二十八日写讫因记。天琴居士书于天琴琴天阁。”

案：从表面上看，樊增祥远在西安，不动声色、悠闲自在；实际上早就致函京师，求助于张之洞、鹿传霖和端方等朝廷重臣和师友，请他们从中斡旋；又派弟子吴禄贞在京活动庆亲王奕劻和军机大臣徐世昌。

此外，樊增祥还向朝廷呈递了《奏督臣挟嫌诬陷奴视使司恳派大臣查办疏》，洋洋 3000 余言，用大量的事例指出升允的弹劾是“挟嫌诬陷奴视使司”，进行自辨，并恳请朝廷简派大员核查。

二月上中旬，“上谕”下，升允弹劾樊增祥案最终了结：“解任陕西布政使樊增祥，着即行革职。”①

据王森然在《樊增祥先生评传》中说：朝廷曾下旨令四川总督锡良核查“升允弹劾樊增祥案”后回复。锡良则檄道员周善培勘之，岂料“升、锡一气”②。最后的结论是：“樊增祥兼纳粮库羡余，中有含溷，其他文牍体制，亦多违法”，“竟以实复，褫职去。”③

案：升允参劾樊增祥案，对樊增祥的仕途发展、影响甚大。从樊增祥所写之《奏督臣挟嫌诬陷奴视使司恳派大臣查办疏》和其他相关资料细看，其中颇多隐情。升允与樊增祥之间的矛盾，既有樊增祥自身的问题，亦有升允挟私报复之迹。概括起来，二人的矛盾主要由三个方面的原因造成：

其一，樊增祥侍才凌人，好诙谐，而升允又颇倔强，性格不合。小横香室主人《记樊樊山查办贻谷案》中说：“樊增祥初为陕西知县，谄事鹿传霖，后又入荣禄幕，辛丑西安谕旨多其所拟，自是日益腾达，不一二年由县官躐升藩司。甲辰入京陛见，求顺天府尹不得，怏怏入关，气凌巡抚曹鸿勋，出其上。”（小横香室主人《清朝野史大观》卷四，上海文艺出版社1990年影印本）

李渔叔《鱼千里斋随笔》（上）中亦云：“樊山惊才逸气，起家县令，仕路腾骧，于文忠（升允）虽无失礼，然恃夙好，又以才气凌驾人，渐不相能。”（见《近代中国史料丛刊续编》第八十三辑，台湾文海出版社1974年版）

其二，违抗命令，拒绝调员。邵镜人《同光风云录》中说：“陕甘总督升允，满洲人也。谕调能文之县令到督署司文案，例由藩台指调，樊山乃复拒之略谓：‘诸令俱陕省干令，均在任所，倚畀方殷，不能更调。至若文章之事，则本司虽老，犹日试万言，倚马可待……。’升允阅及不悦，曰：‘吾令僚属，无梗命理，且云门于我，岂能称老？’自此即有芥蒂。”（见《樊樊山诗集》附录二，第2057页）

---

① 朱寿朋：《东华续录》光绪朝二〇五卷，《续修四库全书·史部》第385册，上海古籍出版社1995年版，第608页。

② 曾伟希：《清末吴禄贞至樊增祥信函》信函二，《文献》2011年第3期。

③ 王森然：《樊增祥先生评传》，《近代名家评传》第2页，生活·读书·新知三联书店1998年版。

李渔叔《鱼千里斋随笔》（上）中亦云："陕有牧令数人，均能文而有贤声，文忠饬令调往督幕，襄办章奏。樊山执不肯，上记乞寝命，大略言：诸令皆一时吏材，不宜使典簿书，失良牧。若文章之事，则本司虽老，犹能日试万言，倚马可待，如有所属，当不敢辞等语。文忠以其梗命，又词气简傲，失属僚礼，衔之。幕府中有恶樊山者，遂相构煽，猜衅渐深。"（见《近代中国史料丛刊续编》第八十三辑）

其三，因陕西督粮道裁汰之事。小横香室主人《记樊樊山查办贻谷案》中说："升允固与樊为香火兄弟，素相狎。升任粮道时，出赃十万报效清廷，故不一年升陕抚，旋调甘督。增祥以升庸庸，恒狎视之。"（小横香室主人《清朝野史大观》卷四）

樊山的朋友胡思敬在其笔记著作中亦说："陕西督粮道缺美腴天下，每岁陋规多至二十万，升允为藩司时详请裁汰，归其利于公，事未行而迁甘督。增祥继任，尽反前政而私与督粮道通，或以告升允，升允以公文诘责。数十年来，总督不问隔省事，升允强干有气力，尝纠弹奕劻，不为权贵所慑。增祥得檄不敢校，逊词谢之，有'庆邸能容公，公岂不能容增祥'语。"（见胡思敬《国闻备乘》卷三，中华书局 2007 年版）

二月十七日（3 月 30 日），樊山的好友、邮传部尚书张百熙在京城府邸去世。

二月三十日（4 月 12 日），朝旨川汉铁路改由商办。

二月间，樊增祥再次收到湖北同乡、后辈好友吴禄贞自京城寄来的、向他通报朝廷人事变化及相关情况的书函（即《致樊增祥》）①：

> ……无定向，踌躇燕市，专俟蜀件之发表也。前所设政府更人才之说，先以决定，今反游疑，孔方兄与有力矣。（岑十万谋南洋，升二万谋留任。）菊老东省之行几乎彼壤间。初三日军机会议始行决定，必去发表，尚不知何时也。徐东出，赵子〇巡抚奉天，杨五先生抚林吉黑省仍旧，赵次珊不民政部即陕甘，此问题尚未决定，二万金所阻挠也。长沙病极危，已派林绍年代办邮传。据洋医云：张公不过百日即为泉下客，可叹！可叹！庆邸患肝疾，去腊误服大参，几至不救。近日延书各国驻京之名医，略有转机，然病入膏肓，终不久于人世。据云少年人可延一年之久，如七十老翁，多则半年，少则三月。此老去，

① 曾伟希：《清末吴禄贞致樊增祥信函》，《文献》2011 年第 3 期。

政府必有更动。

案：吴禄贞在此函中向樊增祥通报了朝中最近的一些重要情况。“岑”指岑春煊（1861—1933），时由云贵总督调任四川总督，旋任为邮传部尚书。“菊老”即指徐世昌（号菊人）。“赵子〇”不知指谁，待考。“杨五先生”指杨士琦（1862—1918），字杏城，安徽泗州人，因家中兄弟排行第五，故人称“杨五爷”，时任上部左参议。“赵次珊”即赵尔巽（1844—1927），字公镶，号次珊，又号无补，祖籍奉天铁岭人，隶汉军正蓝旗，时由盛京将军调任四川总督。“二万金”代指升允。“长沙”“张公”指张百熙（1847—1907），字埜秋，一作冶秋，号潜斋，湖南长沙人，时任邮传部大臣，于本年二月十七日（3 月 30 日）病逝。林绍年（1845—1915），字赞虞，号健斋，福建闽县人，时以侍郎充军机大臣兼署邮传部尚书。

三月初四日（4 月 16 日），樊山在家闲居无事，遂为儿子阿瑞制作水墨纸本行楷十四言联（20×151.5cm×2）一副：“柳耆卿低唱浅斟，苏端明钢琶铁板；秦淮海刻就楮叶，陈后山养成内丹。”其题识云：“丁未上巳后一日，为阿瑞书，天琴。”钤印“祥”、“身云居士”。（见中国嘉德国际拍卖有限公司“中国嘉德 2016 秋季拍卖会”——“笔墨文章-信札写本”专场拍卖品，编号：2300）

三月初八日（4 月 20 日），清政府改盛京将军为东三省总督，并设奉天、吉林、黑龙江三省巡抚。

三月初九日（4 月 21 日），樊山闲居无事，遂捡出明代著名画家唐伯虎的《墨杏花》图细细欣赏；然后自制了一帧水墨纸本行楷条幅（80×43cm）。其书写内容为：“唐解元画墨杏花自题云：谷雨长洲苑，旗亭卖酒家。女郎全疋袖，杏子一林花。意趣殊胜。丁未谷雨，增祥书”（此条幅今藏陕西省岐山县博物馆）。

三月初十日（4 月 22 日），为樊增祥被朝廷革职一事，王闿运甚是不平，乃写信给端方求助，希望端方能出面解救樊增祥的困厄：“孟浩然以浅率去官，秦中遂无生趣，升公封疆第一，乃不能容一狂生。窃计两司并无其比，要当阔略小节，仍与周旋，解铃系铃，在乎反手，且胜之不武，人才实难。闿运妄欲上书，劝以弘恕，因未尝睹面，莫测可否。公既皆相交好，当与调停，察野人芹献之非私，知两贤相厄之无谓，十部从事，岂有意乎?”①

三月二十一日(5月3日),朝命以赵尔巽为四川总督,岑春煊为邮传部尚书。

四月十一日(5月22日),革命党人陈涌波等举行潮州黄冈起义,旋失败。

四月十七日(5月28日),周馥开缺,朝命岑春煊为两广总督(未赴任)。

四月二十二日(6月2日),革命党人邓子瑜等发动惠州七女湖起义,旋失败。

同日,朝命以张鸣岐为广西巡抚。

四至五月间,闲居多暇,遂为鹰儿作水墨纸本行书三十言联(二幅)立轴(165×35cm×2)。其联为:“经移何处竹,别种几株(梅)。渠当无绝水,石计总生苔。院果谁先熟,林花那后开(《王无功见乡人问》);竹从去年移,梅是今年荣。渠水经夏响,石苔终岁青。院果早晚熟,林花先后明(《朱仲晦代乡人答》)。”其题识云:“余取王朱一问一答诗写作楹帖,见者以为新异,人间已有数本矣。鹰儿复以捶笺索书,亦喜新言。吾上联第一行落梅字,尤对联中创见者。丁未夏,樊山美书。”钤印“不使人间造孽钱”。(见北京传是国际拍卖有限责任公司“十周年(2013)秋季拍卖会”——“数风流人物近现代文化名人墨迹”专场拍卖品,编号:1049)

五月初七日(6月17日),因协办大学士、外务部尚书、军机大臣瞿鸿禨与庆亲王奕劻矛盾激化,被参开缺,遣回原籍。

五月初九日(6月19日),朝命解庆亲王奕劻军机大臣差,命醇亲王载沣在军机大臣上学习行走,而以吏部尚书、协办大学士鹿传霖为军机大臣,以陆润庠为吏部尚书。

五月十一日(6月21日),武英殿大学士王文韶因病乞休,谕下,着张之洞以湖广总督为协办大学士。

五月二十六日(7月6日),革命党人徐锡麟枪杀安徽巡抚恩铭,在安庆起义。徐被捕牺牲,起义失败。

五月二十八日(7月8日),樊增祥应邀为好友许宝衡制作水墨纸本行楷杂言诗联立轴(168×35.5cm×2):“出郭看花归,时暖去,时寒预,备轻

① 王闿运:《湘绮楼日记》“光绪三十三年三月十日”,岳麓书社1997年版。

绵，双半臂；开轩把酒来，不迎○，不送祇，留熟客，从二人。”其题识云：“此联自写老夫巡来情，可为宝衡贤友一粲。丁未小暑日，樊山樊增祥书。”钤印“紫界堂”“晚殅”“天琴琴天阁”。（见保利香港拍卖有限公司“2017 年春季拍卖会”——“中国书画（二）”专场拍卖品，编号：0642）

五月间，张之洞将勤成学堂改成存古学堂，并手订章程。

同月里，闲居无事，曾自书纸本行书七言诗（87×38.5cm）：“藤叶青衰称体长，菊花新酒满飘香。时人若访庞居士，万树云萝护草堂。”其题识云：“宝幢居士诗，丁未长夏，天琴道人书。”（见中国嘉德国际拍卖有限公司“2017 秋季拍卖会”——“笔墨文章-信札写本”专场拍卖品，编号：2631）

六月初四日（7 月 13 日），女革命家秋瑾响应徐锡麟之谋，在浙江绍兴起义，事泄被捕，两天后在绍兴被杀害。

六月十四日（7 月 23 日），奉上谕：“张之洞着授为大学士，仍留湖广总督之任”（见《张文襄公年谱》）。

六月十八日（7 月 27 日），奉上谕：授孙家鼐为武英殿大学士，世续为文渊阁大学士，那桐为东阁大学士，“张之洞着充体仁阁大学士”（见《张文襄公年谱》）。

六月十九日（7 月 28 日），袁世凯奏请速行立宪，主张举人才、振国势、建政府、采内阁会议制度。

六月二十一日（7 月 30 日），日、俄两国在圣彼得堡签订分赃的第一次《日俄协定》和《日俄密约》，它成为日、俄两个帝国主义国家在中国东北平分势力的开始。

七月初二日（8 月 10 日），朝廷电召体仁阁大学士、湖广总督张之洞迅速入京陛见。

七月初四日（8 月 12 日），原两广总督岑春煊假期已满，尚未启程赴任，诏命开缺，而以广东巡抚张人骏升任两广总督。

七月二十四日（9 月 1 日），钦廉防起义爆发，历时半月后失败。

七月二十七日（9 月 4 日），朝廷以袁世凯为外务部尚书兼会办大臣，并授张之洞、袁世凯为军机大臣。

七月二十八日（9 月 5 日），朝命以杨士骧署理直隶总督兼北洋大臣，赵尔巽为湖广总督，陈夔龙为四川总督。

七月底至八月初，樊山应门人、内兄、荥阳县令祝竹延的多次邀请，南下至河南荥阳小住数月，并于十月成苏门之游。樊山在其日记体长篇游记《苏门游记》中说：“昔岁庚辰（1880年），与同门归安钱篪仙礼部，侍广雅师坐。师问天下山水孰为第一，篪仙以苏门对，余自是心识百泉矣。甲辰（1904年）夏，师以游百泉诗四首见寄，余敬和之。官身羁系，欲从末由，峦翠烟波，托之梦想。及今年罢官，门人祝竹延方令荥阳，屡书劝驾，且绳清化水竹之美，谓有别业待售。清化者，河北隩区，且通铁轨，亦中州輨轂地也。余居西安，颇嫌湫隘，思为菟裘之计，遂以秋孟命驾，八月朔至于荥阳。祝固密亲，竹延夫妇兄妹，皆以童年受业，栖迟官舍，无异家人，而清化买园，久无成议，乃改为苏门之游。”

在荥阳期间，樊山曾在祝竹延的陪同下，登城楼远眺，并写有《雪后同竹延登荥阳城楼用翰臣壁间韵》诗纪其事。

案：苏门，又名苏岭，百门山，在河南省辉县西北。晋时孙登曾隐居于此，后因用以借指孙登。唐杨炯《群言寻杨隐居诗序》：“阮籍之见苏门，止闻鸾啸。”唐庞德公《与鹿门少年马绍隆冥游》诗：“唯有岘亭清夜月，与君长啸学苏门。”又《晋书》卷四十九（阮籍列传）：“籍尝于苏门山遇孙登，与商略终古及栖神导气之术。登皆不应。籍因长啸而退。至半岭，闻有声若鸾凤之音，响乎岩谷，乃登之啸也。”后人便以“苏门啸”指啸咏，亦比喻高士的情趣。

八月初二日（9月9日），朝廷派外务部侍郎汪大燮、邮传部侍郎于式枚、学部侍郎达寿分充出使英、德、日本考察宪政大臣。

八月初五日（9月12日），军机大臣、体仁阁大学士张之洞奉旨抵达京城，暂时寓居畿辅先哲祠。

八月十三日（9月20日），清政府决定在中央设立资政院，派溥伦、孙家鼐为总裁。

八月十五日（9月22日），朝命张之洞以大学士兼管学部事务。

八月二十八日（10月5日），宪政讲习会会长熊范舆及沈钧儒、雷光宇等向清廷上要求速开国会请愿书。

九月初一日（10月7日），南洋华侨联名上书，吁请加速立宪。

九月十三日（10月19日），清政府下旨各省筹设谘议局，并预备设立各府、州、县议事会。

十月中下旬（从十四日至二十九日），樊山在祝竹延亲属康公望的陪同下，自荥阳出发，一路游览了苏门山，并逐日记录下所游景点、所观自然风光以及所写诗歌。

在游览苏门山的整个过程中，樊山老人计写有《至百泉寓吕仙祠》（三首）、《泉上晚归》、《孙登啸台》、《夜起看月池水空明如镜》、《邵康节祠》、《涌金亭》、《晚至闸上望太行积雪》、《步屧至前村见娶妇者》、《楼居即事简李辉县》、《夜雪偶成》、《苏门杂诗》（五首）、《晚坐清晖阁后檐望北岸作》、《行宫遗址》、《卜居》、《清晖阁诗二首敬次乾隆御制诗韵》、《逢人问梅溪不知其处》、《臼日》、《钓鱼》、《池上》、《读碑》、《拓碑》、《品泉二首》、《泉上老人乞联帖以芦菔及盐渍韭花见饷》、《泉上怀抱冰师相》、《谒孙夏峰先生祠》、《郭修钓鱼俄顷得十头吾意殊不乐》、《晓起开南窗看水》、《道院盆菊犹开戏撷一朵以盂养之》（四首）、《桥上晚望》、《泉上即事有述》、《池上绝句》（十二首）、《百泉留别》（二首）、《晴暖浃旬太行余雪犹在》、《辉县早发》、《居泉上逾旬意多未满补记以诗》（八首）、《火车去来经广武隧道戏咏》（二首）、《黄河铁桥》（辘轳格）等诗作和《在百泉楼上冰相笺》一篇纪其行。

苏门之旅结束，樊山又原路返回荥阳县城。祝竹延等弟子在拜读了师尊所写之《苏门游记》之后，甚是赞叹与神往，并一起议定，就将它定名为《苏门集》。

樊山在《苏门游记》的附记中说："日记写成，竹延拟付排印，绣漪曰：'不如题作《苏门集》，附于《闲乐》、《荥阳》两集之后，既便览观，且省印费。'竹延曰：'如无此体例何？'绣漪曰：'今之新法，不依旧例者何限，独日记不当入诗集耶？'倚竹曰：'妹言是也。'遂列入《樊山续集》第三十二卷。戊申荷花生日天琴记。"

十月二十七日（12月2日），同盟会员黄明堂等发动镇南关起义，孙中山亲临指挥，历时七日后失败。

十月间，东三省总督徐世昌创办奉天森林学堂，并调原长沙府中学堂监督郭宗熙为学堂监督。

十一月初四日（12月8日），邮传部奏设交通银行。

十一月间，离开荥阳后，樊增祥便来到京师，寓居承寿寺，暗中托师友张之洞、鹿传霖、端方等朝野重臣为自己寻求起复的机会。

十二月初十日（1908年1月13日），中、英、德签订《天津浦口铁路借款合同》。

十二月十四日（1908年1月17日），易顺鼎告别武昌诸友，北上抵达京城。

十二月二十三日（1908 年 1 月 26 日），樊增祥的好友黄绍箕在湖北提学使兼湖北存古学堂提调任上病逝。

十二月二十八日（1908 年 1 月 31 日），奉朝命，老友沈曾植兼署安徽布政使。

年底，樊增祥为寻找重新起复的机会，就在京城寓所度岁。

是年，樊山的座师、朝廷重臣昆冈在京城府邸去世。

是年，樊山的前辈好友、著名书画家徐郙在嘉定老家病逝。

是年，樊山的好友、藏书家李嘉绩在陕西华州知府任上病逝。

光绪三十四年戊申（1908）　六十三岁

正月初一日（2 月 2 日），朝廷授醇亲王载沣为军机大臣。

年初，樊增祥仍寓居京师承寿寺过年，并与师友相聚、宴集往还。

其时，好友易顺鼎亦于年前来到京城，两人亦往来密切。其间，易顺鼎相继写有《喜晤樊山即题其游苏门诗后》《次韵再简樊山》《樊山前诗中柔奴青裙句皆指琴姬而言又曩年寄诗云纵擒獬豸柔荑手抵制羊羔雪水茶亦谓姬也因戏代姬次韵答谢》《和樊山赠诗韵》《戏代琴姬补和樊山前年寄赠原韵》《代琴姬再答》《戏代琴姬再和答樊山韵》等诗作赠樊山（易顺鼎《宣南集》，光绪三十四年刻本）。

正月十七日（2 月 18 日），许宝衡、冒广生、沈曾桐、易顺鼎、顾瑗、徐琪等邀至畿辅先哲祠作诗会，未赴会①。

正月间，归化城（即呼和浩特市的旧城）副都统文哲珲上奏朝廷，参劾理藩院尚书衔、督办蒙旗垦务大臣兼绥远城将军贻谷“欺朦巧取，蒙民怨恨”的种种劣迹，“请旨查办，或一并解任，另简贤能接任”②。

案：据时人的文献资料记载，文哲辉原为绥远旗员，后累官至绥远协领。贻谷到任后，将其荐拔为镇守归化城等处地方副都统，故“于垦政进行久参机要，悉其底蕴。官位既显，觉副都统去将军一阶耳，而贻谷目使颐令，无殊畴曩，文哲辉意不能平，遂交恶，驯致互劾，贻谷罪状乃上闻”

① 许宝衡：《许宝衡日记》，中华书局 2010 年版，第 168-169 页。

② 许潞梅、王金科整理：《鹿传霖日记》（三）“光绪三十四年二月一日”，《文物春秋》1993 年第 1 期。

（见徐凌霄、徐一士《凌霄一士随笔·贻谷侵牟案》，山西古籍出版社 1997 年版，第 586 页）。

同月里，樊山闲暇之时亦时常与在京老友往来宴集，有时亦应邀参加友朋的诗钟之会。

许宝衡曾在《夬庐杂记·诗中》中述京师丁未、戊申间的诗中盛况云："光绪丁未、戊申间，时有诗钟之会，与会者郭春榆侍郎曾炘、徐花农长琪、沈子封长曾桐、成子蕃、叶颂南、陈松山、顾亚蘧、樊樊山、易实父、宋芸子、蔡伯浩、丁叔雅……冒鹤亭，每集多则二十余人，少亦十余人。争多斗捷，极一时之盛。"①

二月初一日（3 月 3 日），参案发生后，朝廷颇为重视，遂派军机大臣、协办大学士鹿传霖和度支部左侍郎绍英前往查办。

鹿传霖在其当天的日记中记载："当在值房商酌派人查办。某举景月汀，不合邸意，因谓某可否一行，答以如奉命，向不辞难。世相云：滋翁若往，可无须副手。乃入对请旨。邸奏有关款项，请派绍英副之。慈谕有'鹿某向来办事认真'之褒。"

二月初三日（3 月 5 日），上海公共租界有轨电车通车。

二月初四日（3 月 6 日），朝命赵尔巽为四川总督，陈夔龙为湖广总督，赵尔丰为驻藏办事大臣，仍兼川滇边务大臣。

二月上旬，张之洞的侄孙、朝廷新任命的山西巡抚张曾扬奉命入京陛见，前来拜访好友、奉旨即将前往查办贻谷案的军机大臣鹿传霖。因张曾扬此前曾担任过一任山西巡抚，故鹿传霖特向他咨询相关情况，并请其推荐合适随员。张曾扬自然想到了极善办狱案、而眼下正被罢官闲居的好友樊增祥。鹿传霖是樊增祥的老上司，一直很赏识樊增祥的才干，对其一向颇为关照，自然接受推荐。

据《记樊樊山查办贻谷案》笔记记载："鹿传霖既承旨查办贻案，则物色随员，开缺山西巡抚张曾扬者，故与贻谷有宿怨者也，为南皮侄孙，以鹿为南皮姊夫，故曾扬尝往来鹿家。是日鹿退朝，与曾扬言及查办事须物色随员，曾扬叟言：大人故吏樊增祥者，现闲居都门，此非一绝好随员耶？鹿大喜曰：'吾老悖，乃不忆及此，幸子语我。'乃专奏，调樊随行。鹿偕其副绍英至绥远，樊氏参谋帷幄，其一切查办状况具见奏折。然贻虽以

① 许宝衡著，刘诺点校：《夬庐杂记》（上），《历史档案》2005 年第 4 期，第 40 页。

张、鹿两汉相之迫压，独能再接再厉，终得脱身，金钱魔力能左右一切，可叹也。……樊遂落职。至查办贻案时，计已被放一年矣。”①

二月初十日（3 月 12 日），经老上司、好友鹿传霖的奏调，朝廷批准樊增祥等 8 人作为随员一同前往绥远查办贻谷案。

鹿传霖在当天的日记中记载：“偕绍月谦请训，并奏随带司员樊云门、赵心笙、刘竹生、魏梯云（震）、方剑华（铸）、刘莼生（蒙文）、联员外（绥）、王季斌（宪章）共八员，并请刊木质关防。”

好友易顺鼎得知消息，为挚友感到高兴，遂相继写了《樊山随节出关叠韵送之》《再送樊山》等诗为其送行。

二月十一日（3 月 13 日），张之洞、李焜瀛、吴敬修等师友设宴为鹿传霖、樊增祥等人饯行。

鹿传霖在当天的日记中记载：“符曾、菊农就余寓作饯，并约云门、梧生作陪。……上赏□菜茶点，庆亦送□菜申刻赴冰老处饮，同坐为小帆、云门，戌刻散归。”

案：此处所说之“符曾”即李焜瀛，“菊农”即吴敬修，“梧生”即徐坊，“庆”即首席军机大臣庆亲王奕劻，“冰老”即军机大臣张之洞，“小帆”即张曾扬。

二月十二日（3 月 14 日），弟子、内兄祝竹延准备将《苏门游记》付梓人刊印，樊山遂为其写了附记（见《樊山集外》卷八，《樊樊山诗集》第 2018 页）。

二月十五日（3 月 17 日），副使绍英带领樊增祥等一行随员先至直隶定兴（今河北省保定市定兴县）与奉旨先行回乡祭墓的鹿传霖会合，然后在定兴登车、经保定，并于傍晚抵达石家庄驻宿；而山西派来迎接的官员早已在石家庄等候。

鹿传霖在当天的日记中记载：“巳刻……绍副使及各随员等火车均到。接晤后，同开行。午至保定，统将段祺瑞与司道等迎候……寒暄数语，复登车。酉至获鹿之石家庄，严大令备行馆宿。山西派来委员四人……来迎。”

二月十六日（3 月 18 日），鹿传霖、绍英带领樊增祥等一行随员在石家庄等车，前往山西省城太原。

---

① 小横香室主人编：《清朝野史大观》卷四，上海文艺出版社 1990 年版。

鹿传霖在当天的日记中记载："卯登窄轨火车，辰开行。过井径、娘子关、入山西界，又经平定、孟县、寿阳、榆次等县，……申末抵太原，降车。时霏微雪，抚藩司道等迎于郊外……入城，宿于冀宁道署行馆。"

二月十八日（3月20日），鹿传霖、绍英带领樊增祥等一行随员在山西太原休整一天后继续北上。

二月二十三日（3月25日），鹿传霖、绍英带领樊增祥等一行随员抵达山阴县的岱岳镇驻宿。大同镇总兵王得胜、大同府知府翁斌孙（翁氏乃翁同书之孙、翁同龢侄孙、樊增祥的会试同年）、山阴县令周笃祜已在此迎候。

鹿传霖在当天的日记中记载："又三十里岱岳镇宿（属山阴）。大同镇王得胜、府翁斌孙、山阴令周笃祜均迎于此。距山阴县城廿五里，大同府城一百八十里。"

二月二十四日（3月26日），邮传部右侍郎盛宣怀合并汉阳铁厂、大冶铁山、萍乡煤矿组建成汉冶萍煤铁厂矿有限公司（简称"汉冶萍公司"），正式在农工商部注册改官督商办为完全商办。

二月二十五日（3月27日），革命党人黄兴发动钦廉上思起义，转战四十余日后，起义失败。

二月二十九日（3月31日），鹿传霖、绍英带领樊增祥等一行随员抵达绥远城，受到绥远将军兼署垦务大臣贻谷、归化副都统文哲辉、归绥道胡孚宸等地方官员的迎接。

案：绥远城在归化城东北，为绥远将军驻所。贻谷在案发前任职理藩院尚书衔兵部左侍郎、绥远城将军兼垦务大臣。

事有凑巧，归绥分巡兵备道胡孚宸乃是樊增祥的会试同年和同乡好友，闲时可时常走动，不担心寂寞。

同月里，好友易顺鼎根据恩师张之洞的建议，亦告别诸友出京赴粤拜见两广总督张人骏。

三月初一日（4月1日），鹿传霖、绍英带领樊增祥等一行随员自今日起便正式对贻谷案展开调查。

鹿传霖在当天的日记中记载："早起阅报道奏折。午刻偕绍发驿递，用陆军部火票，随发家信，附冰老信。晚发文调垦务卷宗。"

同日，朝廷调冯汝骙为江西巡抚，以柯逢时为浙江巡抚，仍兼督办土药税务事。

三月初七日（4月7日），迫于朝野的压力，清政府不得不重视禁烟问题，谕令“着派恭亲王溥伟、协办大学士鹿传霖、协理资政院事务景星、丁振铎充办理禁烟大臣”[①]；并成立专门的戒烟公所、任命专门人员办理禁烟事宜。

三月初十日（4月10日）鹿传霖、绍英翻阅贻谷送来的垦务租地帐簿，多与案不符；于是请胡公度来询问，得知交来的租地帐簿都是伪造的，且得知贻谷垦务的关键人物姚学镜已奉命到达归化城。鹿传霖、绍英遂吩咐手下将归绥道呈交的租地时的原始地价单找出，以供查核时使用。

鹿传霖在当天的日记中记载：“早起捡在枢抄件，拟携往绍处交阅，适绍来，面交，略谈。晚，贻送文及垦租簿数十本，送绍阅。绍云略检阅，多与案不符。随招胡公度来询，知姚学镜昨已到，闻交来垦租簿皆系伪造，饬供事将归绥道调呈地价各照录单备查。”

三月十三日（4月13日），樊山奉鹿传霖、绍英指令，会见同乡好友胡孚宸了解有关情况，又询问贻谷的得力干将姚学镜，核查垦务帐薄。

鹿传霖在当天的日记中记载：“未刻，贻（谷）送公司文卷，各件查多补造掩饰。云门会胡公度，又询姚学镜。”

三月十八日（4月18日），鹿传霖、绍英收到王季斌的信函，得知其从皂河赴准格尔，再赴包头，故至廿六、廿七日方可回来。两人经商议，遂请樊山给王季斌复函，告之派有专人至包头与其会合，随其速回。

鹿传霖在当天的日记中记载：“……王季斌自皂河专来信，约须廿六、七日始能到此，盖赴准格尔查明，始至包头再来，故迟。绍来商，请云门复函，专弁赴包头迎季斌，催其速来。”

三月十九日（4月19日），鹿传霖本来就有痔疮病，加之最近奔波劳顿，痔疮病又犯。樊增祥、刘竹生、赵心笙等僚属前去探视。

鹿传霖在当天的日记中记载：“早起即后坠，午出恭，强挣解一团，卧至申初起。云门、竹生、心笙来视。略食粥点，又胀甚，再解始出甚多。”

三月二十一日（4月21日），经过二十天的访谈提审，贻谷案的基本情况已经明了。樊增祥乃奉命草拟了上报朝廷的奏稿，并呈交鹿传霖、绍英阅改。

鹿传霖在当天的日记中记载：“早起赴绍处谈。午后阅云门拟复奏稿，

---

① 《清实录·德宗景皇帝实录》卷五百八十七，中华书局2008年版。

略商删改，尚不知绍阅如何。”

三月二十二日（4 月 22 日），王季斌赶回归化，向鹿传霖、绍英等禀报西路核查情况。

鹿传霖在当天的日记中记载：“午，绍来，并携查东路垦务报销单，略谈。申刻王季斌到，所查（西路）各节事略，清□再阅。”

三月二十三日（4 月 23 日），樊增祥将修改后的奏稿呈送鹿传霖、绍英审阅。当晚，鹿传霖遂将调查贻谷案的大致情况写信告诉了张之洞。

鹿传霖在当天的日记中记载：“早赴绍处谈，旋送奏稿请阅签，改数处，均不甚关紧要。晚写冰老信，由邮局寄京，云七日可到。”

三月二十六日（4 月 26 日），对贻谷案的核查结束，樊增祥草拟的奏折由驿站五百里驰递京城。贻谷在归化嘱俄国隆昌洋行商人方得臣托俄国官方设法予以保护。

鹿传霖在当天的日记中记载：“早起料理咨陆军部、军机处文信并家信，内有绍信。午刻拜发奏折，五百里驰递”，“闻贻嘱俄商隆昌洋行方得臣（孝公），托俄人为之设法保护云。”

三月二十七（4 月 27 日），鹿传霖、绍英率领樊增祥等一行随员自归化城启程南下，返回京师复命。

鹿传霖在当天的日记中记载：“早起收拾行装。云门、季斌、福孙同游青冢。绍来谈。候交辰刻，同行郊外，各官寄圣安。数里外过一大黑河，草桥两道，五十里杨盖板尖。少许福亦到。又二十里，未正至舍必崖（又名沙包脑）宿。与云、竹、负暄谈，季莼亦来。”

三月二十八日（4 月 28 日），鹿传霖、绍英率樊增祥等一行随员抵达宁远城住宿。

三月二十九日（4 月 29 日），革命党人黄明堂、王和顺等人在云南发动河口起义，历时一月失败。

四月初四日（5 月 3 日），南归途中，樊增祥奉鹿传霖、绍英之命，给山西布政使丁宝铨致函，拜托有关事情。

鹿传霖在当天的日记中记载：“云门致丁衡甫信，交阳曲探马。”

四月初五日（5 月 4 日），山西布政使丁宝铨转来关于查办贻谷案的上谕。鹿传霖、绍英阅后，请樊增祥抄寄归绥道。

鹿传霖在当天的日记中记载：“甫行，衡甫寄到查办上谕，云门后行，带至崞县始奉阅。……金山堡宿。晚嘱云门函寄上谕与归绥道，并检点卷宗、清折等件。”

四月初七日（5月6日），鹿传霖、绍英带领樊增祥等一行随员抵达山西省城太原。鹿传霖和绍英赴抚司道宴请，樊增祥则与多年未见的同年好友何福堃相聚。

鹿传霖在当天的日记中记载：“申正二刻至省北关，台司均出迎。入城仍寓道署，见客后出拜抚司道，回颇劳乏。晚与绍同享公宴……何福堃、方硕辅直督派查口外种地民人。”

四月初八日（5月7日），鹿传霖、绍英带领樊增祥等一行随员抵达直隶石家庄，京城已派花车至此迎候，并定好明早六时开车。

鹿传霖在当天的日记中记载：“申刻至石家庄。严大令迎候至店，京花车已来迎，定六钟开行。”

四月初九日（5月8日），鹿传霖、绍英带领樊增祥等一行随员于六时自石家庄出发北上，下午一点多钟抵达京城前门车站。绍英未回家，寓居贤良祠。鹿传霖事先未思及此，遂随樊增祥至承寿寺暂寓。铁良、袁世凯、景星、丁振铎均来拜见鹿传霖。禁烟三提调亦前来拜见鹿传霖。夜晚，张之洞亦来承寿寺看望鹿传霖和樊增祥。

鹿传霖在当天的日记中记载：“六钟至车站……未初到前门，来迎者纷纷……绍不回家，寓贤良祠。余罔，亦寓云门之承寿寺。铁、袁、景、丁均来，禁烟三提调亦见。冰老夜来。”

四月十一日（5月10日），经查案组核实并报朝廷批准，理藩院尚书衔、督办蒙旗垦务大臣兼绥远城将军贻谷被革职拿问，押解来京。

四月三十日（5月29日），徐坊在岳丈鹿传霖家宴请张之洞，并请好友樊增祥、李焜瀛、吴敬修作陪。

鹿传霖在当天的日记中记载：“照前入直。梧生借地请冰老，陪客云门、符曾、菊农巳刻到，午正后冰到，饮至申未始散。梧（生）、云（门）即宿此。”

五月初一日（5月30日），鹿传霖在恩师府邸住一宿，樊增祥、徐坊和福孙结伴回城。

鹿传霖在当天的日记中记载：“五钟半入直。云（门）、梧（生）及福孙均回城。”

五月初八日（6月6日），朝命授鹿传霖国史馆副总裁一职。

鹿传霖在当天的日记中记载：“照常入直，巳正散，授国史馆副总裁，谢恩。"

五月初九日（6 月 7 日），樊增祥赴鹿传霖寓所看望恩师并商谈相关事情。

鹿传霖在当天的日记中记载："早起卯初回城，卯正三刻到寓。竹生诊，拟方。云门来略谈，即赴戒烟公所，晤恭、景、丁（有饭），商定奏稿，发缮。"

五月十八日（6 月 16 日），樊山接到前辈好友王闿运来信（《与樊樊山》）①：

樊山仁兄先生道席：渭城答笺，至今未见。闻自宋入京，又随使节往返，友朋之乐可补勤劳。但空复故官，难夸醉尉，乘时奋翅，诚不可迟。隐既无资，便须干进，不足复言盘涧也。

公才自是救时之药，私欲使至吾湘，一振聋聩，抱冰乃同午桥，傲不可使，又为当代一笑耳。新诗又增几许？陕事遂不堪回首，始知七日之聚，盛极必衰。山泽徜徉，又是一番事业。公亦不能由博返约，则才名误之也。我则异于是，无可无不可，只是轻于鸿毛，乃得重于泰山，知此者鲜矣。不作泛语，且须讲学，君请择于斯二者。午□即当出山，暂时促令代馆，如坐针毡。然尚肯坐，亦难的也。因便辄问起居，千万珍重。

同日，王闿运在其日记中亦写道："与樊山书，叙友情。"

五月上中旬，归绥道奉旨派人押解原理藩院尚书衔、督办蒙旗垦务大臣兼绥远城将军贻谷抵达京城。

五月二十日（6 月 18 日），考察宪政大臣于式枚上奏，言宪法自在中国，无需求之外洋，定于一则无非分之想，散于众则有竞进之心。

五月二十二日（6 月 20 日），樊山的同年、好友孙诒让在温州老家病逝。

五月二十三日（6 月 21 日），因恩师鹿传霖痔疮一直未愈，樊增祥前往看望。

鹿传霖在当天的日记中记载："云门、竹生在寓谈数刻，吃点心，即赴

① 王闿运：《湘绮楼诗文集・笺启》，岳麓书社 1996 年版，第 1117-1118 页；亦见《湘绮楼日记》光绪三十四年（1908）五月十八日。

恭邸问病，顺回园”①。

六月初三日（7 月 1 日），清政府的户部银行改称大清银行。

六月初五日（7 月 3 日），因鹿传霖痔疮愈来愈严重，故“连日张中堂差人问病”。

六月初六日（7 月 4 日），樊增祥得知恩师病情加重，遂前去鹿府探视问疾。

鹿传霖在当天的日记中记载：“云门来，竹生诊，换方，泄渐少，老邓又来看。”

六月初七日（7 月 5 日），因查办贻谷案有功，又经鹿传霖、张之洞、端方等朝野重臣、疆吏的极力荐举，而慈禧太后对樊增祥还印象颇深，故樊增祥得以重新起用，开复江宁布政使。

鹿传霖在当天的日记中记载：“仍服竹生方，早泄一次，以后泄皆白水……云门放江宁藩司。”

钱海岳在《樊樊山方伯事状》中云：“甲辰，征陕西布政使，以事为长白升允弹挂吏议。越年，天子察其枉，终右之，起家拜江宁布政使。”②

王森然在《樊增祥先生评传》中记载：“逾年，鹿传霖以枢臣按事归化城，奏调之从，事蒇覆命。都统贻谷革职拿问，增祥简授江宁布政使。”③

葛虚存在《清代名人轶事·樊山感遇》中亦说：“樊山初意，未敢遽请开复，及进言，孝钦即曰：‘此人有才，为荣禄所荐，以无罪被革，今当如何？’则皆曰：‘谨候圣裁。’孝钦曰：‘可开复原官。’又江宁布政使缺出，枢臣进单请简，孝钦不视，直曰：‘与樊增祥。’其眷念如此。”④

案：樊增祥是此次“贻谷案”核查报告和上报朝廷奏稿及调查组最后调查意见书的主笔。正因如此，其时有人认为：贻谷虽然罪有应得，而樊增祥亦不免公报私仇：“或云增祥初与贻谷同在荣幕，一夕谈及旧事，极言官不可为。贻谷笑曰：‘君既不愿做官，何不学孟襄阳夜归鹿门。’盖讥其谄事传霖也。增祥引为大恨，至是遂借手报复，陷其罪致死。增祥人虽狡

① 许潞梅、王金科整理：《鹿传霖日记》（四），《文物春秋》1993 年第 3 期。

② 钱海岳：《樊樊山方伯事状》，《樊樊山诗集》附录二，上海古籍出版社 2004 年版，第 2053 页。

③ 王森然：《樊增祥先生评传》，《近代名家评传》，三联书店 1998 年版，第 2 页。

④ 葛虚存：《清代名人轶事·樊山感遇》，《民国笔记小说大观》第三辑，山西古籍出版社 1997 年版。

险，究不可因此遂宽贻谷之罪”①。其中的是非曲直，今人已颇难断定。

六月初九日（7月7日），樊增祥到恩师鹿传霖家探视病情，并感谢恩师的提拔。

鹿传霖在当天的日记中记载：“仍服竹生方，晚又泄一次……云门来谢。张润、唐瑞铜、王学曾均未见。”

六月初十日（7月8日），资政院奏拟院章，颁布谘议局及议员选举章程。

同日，樊增祥陪同恩师张之洞至鹿传霖府中探视病情。

鹿传霖在当天的日记中记载：“香老来视病，会稍坐，云门陪视草亭即去。”

六月十三日（7月11日），吴敬修、李焜瀛先后来探视鹿病情。樊增祥见恩师病情有所好转，遂告别回城。

鹿传霖在当天的日记中记载：“又出恭如昨，恃腹不痛”，“云门回城，吴菊农、李符曾先后来。”

六月十六日（7月14日），吉林公民保路会成立，拟筹款筹建吉长铁路。

六月二十日（7月18日），奉上谕：“着派大学士张之洞兼充督办（粤汉）铁路大臣。”

六月二十四日（7月22日），清政府颁行《各省谘议局章程》及《议员选举章程》，命各省督抚速办，实力奉行，限一年内办妥。

六月二十五日（7月23日），朝廷实授杨士骧为直隶总督兼北洋大臣，以袁树勋为山东巡抚，朱家宝为安徽巡抚，温宗尧为驻藏办事大臣。

六月二十八日（7月26日），革命党人任重远、杨王鹏等人在武昌成立湖北军队同盟会（后改组为群治学社），在新军中进行革命宣传和组织工作。

是年夏，樊增祥与刚从日本留学回国不久、在海军部任秘书的后辈侯疑始结识。侯氏爱好诗词，早闻樊氏之名，遂执贽称弟子，跟随樊山学习诗文。

七月初二日（7月29日），江苏、安徽两省向清政府呈递国会请愿书。

---

① 章伯峰、庄建平编：《国朝备乘》，《晚清民初政坛百态》，四川人民出版社1999年版，第107页。

七月初三日（7 月 30 日），樊增祥和吴敬修先后赴恩师鹿传霖家探视病情。

鹿传霖在当天的日记中记载："饭后出恭，一次不净，又出二次。云门来，正卧，后菊农亦来，皆延入卧谈。"

七月初六日（8 月 2 日），樊增祥见恩师近几天的病情较稳定，遂辞别回城。

鹿传霖在当天的日记中记载："五钟三刻入直。云门饭后回城。"

七月十五日（8 月 11 日），樊增祥和徐坊到恩师鹿传霖府中探视病情并商谈有关事宜。在鹿传霖府邸，樊增祥与时任大清红十字会会长的吕海寰结识。

鹿传霖在当天的日记中记载："吕镜宇会，云门、梧生来谈。"

七月十八日（8 月 14 日），为鹿传霖的七十三岁寿诞，樊增祥、吴敬修、徐坊、张之洞、李焜瀛等挚友亲朋先后来为其贺寿。

鹿传霖在当天的日记中记载："六妇、两孙夫妇等均来叩寿。申刻赴两邸、世相、袁、杨各处谢步。五钟三刻入直，巳回。云门、菊农、梧生先后来，亦早面后即回"，"冰老亦来，留面，未吃即行"，"符曾迟到"，"至晚席后始回城"。

七月二十二日（8 月 18 日），张之洞、樊增祥、李焜瀛、吴菊农、徐坊等人在正觉寺宴请鹿传霖。

鹿传霖在当天的日记中记载："五钟三刻入直，散即赴正觉寺，冰、云、符、菊、梧公宴毕，未初赴会议，申正回。云、梧在寓候，谈少许，始辞回城。"

七月二十三日（8 月 19 日），经两广总督批准立案，由梁培基、郑豪、陈子光等人创办的光华医社和光华赠医院正式对外招生和营业。

七月二十八日（8 月 24 日），鹿传霖招樊增祥来家商议关于贻谷押解至京、却迟迟不到法部办理报到手续、四出行贿活动的参劾奏章，再去恭亲王溥伟府中赴宴。

鹿传霖在当天的日记中记载："五钟二刻入直，巳回。……先到家与云门商奏稿。至恭邸，同坐景、丁二公，席散回园。"

案：贻谷虽被押解至京，却迟迟不到法部办理入监手续，而是在京中运用各种关系为自己开脱：一是给各省督抚寄送"辩白书"，以博取同情；二是运用金钱行贿，收买言官；三是运动朝中重臣如奕劻等为自己说情。

据《申报》声称：贻谷收买言官，运动大臣，所费不赀："第一次某御史之奏闻已费八千金，第二次之奏竟费万金以外，闻某学士已受运动将缮折代为申诉"，适值鹿传霖参劾贻谷有意逗留而作罢，而贻谷所费之金已达数万矣[①]。樊增祥作为查办"贻谷案"奏稿的主笔对贻谷的这些活动深表忧虑，只得通过特派全权大臣鹿传霖向法部施压，敦促法部抓紧办理[②]。

贻谷平时为人颇慷慨大方，不少官员都曾受其恩惠，故不仅对贻谷遭此"冤抑"表示同情，而且对鹿、绍查办贻谷案的坚决态度亦深感意外。叶昌炽曾有诗云："忽非依样画葫芦，水至清时鱼则无。尺寸华离登禹甸，机宜文字出樊湖"[③]，遂隐射樊增祥公报私仇。王德荣等垦务官员甚至于同年七月联名上书，恳请朝廷按款详查贻谷冤抑实情，力争公道[④]。

七月二十九日（8月25日），鹿传霖至张之洞家中商议有关参劾贻谷的奏稿。

鹿传霖在当天的日记中记载："晚赴冰老处商奏稿，夜半始回。"

八月初一日（8月27日），清政府颁布《钦定宪法大纲》《议院选举法要领》等，定预备立宪期限为九年。

同日，入朝议事时，鹿传霖呈递参劾贻谷迟迟不到法部投案的奏折。

鹿传霖在当天的日记中记载："五钟二刻入直，递劾贻谷逗留折。云门来，旋与五儿先后回城。"

八月初一日（8月27日），易顺鼎办完事情，游览了肇庆七星岩、西江鼎湖山、虎门、东江及宁波、天姥山、普陀山等地，又回到京城，与樊山相聚，同侍张之洞师。石甫写有《诸君皆有诗送樊山旬宣江南余亦作二首》《云门以朱宗丞韵见赠四首和韵答之》《中秋夜宿裕盛轩再和答云门韵四首》《云门赋诗枉和依韵和之》《再和云门韵即赠》《云门以车马送余归宿海淀风雨大作秋声如海拥被不眠再和其韵四首》《冰师招饮与云门同赋呈即次云门韵》《云门以车马迎余赴六郎庄五和前韵》等诗作赠樊山。

八月初二日（8月28日），鹿传霖招樊增祥到家商定上报法部参案的相

---

① 《贻谷参案最近要闻》，《申报》1908年9月7日。

② 《贻谷到京后运动续志》，《申报》1908年8月23日。

③ 叶昌炽：《奇觚庼诗集》，《续修四库全书·集部》第1775册，上海古籍出版社2002年版，第195页。

④ 赵全兵、朝克主编：《内蒙古中西部垦务志》，内蒙古大学出版社2008年版，第361页。

关材料。

鹿传霖在当天的日记中记载："五钟二刻入直，巳初二刻回。……云门来定抄送法部案件。"

同日，好友易顺鼎前来拜访，久谈。樊增祥随后去六郎庄预祝冰师寿诞①。

八月初三日（8 月 29 日），当天是军机大臣、体仁阁大学士张之洞的七十二岁寿诞，鹿传霖和樊增祥、李焜瀛、吴敬修等亲朋师弟冒雨前往张府贺寿。

鹿传霖在当天的日记中记载："大雷雨，申刻雨始止。……五钟三刻入直，巳正散。冒雨赴冰老处拜寿，同云门、符曾、菊农吃面，申回。"

八月初四日（8 月 30 日），樊增祥邀请易顺鼎至福全馆宴饮。易顺鼎《戊申日记》记载："云门邀饮福全馆，晤端仲纲、祝竹延。"②

八月初五日（8 月 31 日），樊山邀易顺鼎、郭曾炘、朱益藩、宋育仁、陈衍、顾瑗、吴士鉴、郑沅、袁励準、王式通、傅世炜等友朋至畿辅先哲祠作诗钟。

易顺鼎《戊申日记》："云门约集畿辅先哲祠作诗钟，同郭春翁、朱艾翁……傅彤臣共作八次。余得四元，郭得四元，宋、顾各二元，陈、吴、郑、王各一元。"③

同日，奉朝命，老友沈曾植署理安徽布政使又兼署安徽巡抚。

八月初六日（9 月 1 日），恩师鹿传霖招樊增祥至家中商议有关事宜。

鹿传霖在当天的日记中记载："六钟入直，巳初回。令李贵回城问醇邸病，送恭邸诗。……三钟云门来。"

八月初八日（9 月 3 日），天下大雨，恩师鹿传霖招樊增祥至家中商谈有关事情。

鹿传霖在当天的日记中记载："雨甚大，终日未止。……五钟三刻入直，巳初回。与云门同饭，先后回城。"

---

① 陈松青：《易佩绅易顺鼎父子年谱合编》（下），湖南师范大学出版社 2018 年版，第 622 页。

② 陈松青：《易佩绅易顺鼎父子年谱合编》（下），湖南师范大学出版社 2018 年版，第 622—623 页。

③ 陈松青：《易佩绅易顺鼎父子年谱合编》（下），湖南师范大学出版社 2018 年版，第 623 页。

八月初十日（9 月 5 日），鹿传霖在府中宴请樊增祥、李焜瀛、吴敬修、徐坊等弟子。

鹿传霖在当天的日记中记载："到寓请云门、符曾、菊农、梧生，散已五钟，回寓将七钟。赵心笙先见，言觅得抵瘾药。"

同日，易顺鼎"访云门谈，遇赵心笙（文粹）。晤（张）幼平"①。

八月十一日（9 月 6 日），樊增祥先拜谒恩师鹿传霖，然后拜谒恭亲王。

鹿传霖在当天的日记中记载："六钟入直，巳初回。云门来谒，世（续）、袁（世凯）均未见；同饭后，云门谒邸。"

八月十二日（9 月 7 日）雨，在京友朋公饯樊山，饭后同作诗钟。

易顺鼎《戊申日记》云："雨中赴永光中街全蜀馆公饯云门。余与春如、艾卿、芸子、叔伊、絅斋、叔进、珏生、书衡、彤臣同作主人，少一顾亚蘧（赴天津），添一陈松山。共作七次，顺鼎得三元，宋、王、郑各二元，樊、陈、郭、吴、傅各一元。诸君皆有诗送樊山旬宣江南，余亦作二首。"②

八月十四日（9 月 9 日），樊增祥至恩师鹿传霖府中拜见军机大臣、外务部尚书袁世凯；随后，前往看望冰师未见，又前往裕盛轩拜访易顺鼎。

鹿传霖在当天的日记中记载："六钟一刻入直，巳初二刻回。……云门来谒袁（世凯）。易实夫见，宋芸子见，荫桓见。"

易顺鼎《戊戌日记》云："早赴海淀，至挂甲屯，见定兴相国；遇云门，同至六郎庄，适冰师卧未起，遂还裕盛轩。云门、芸子先后来，同小酌去。"③

八月十六日（9 月 11 日），易实甫作有《中秋夜宿裕盛轩再和答云门韵四首》见示。

樊增祥在京城办理任职手续、等候赴任期间，与神交已久、时任农工商部郎中的冒广生正式结交。

冒广生前来拜访，并出示其先祖冒襄之《菊饮诗卷》请题。樊山欣然

① 陈松青：《易佩绅易顺鼎父子年谱合编》（下），湖南师范大学出版社 2018 年版，第 624 页。

② 陈松青：《易佩绅易顺鼎父子年谱合编》（下），湖南师范大学出版社 2018 年版，第 624 页。

③ 陈松青：《易佩绅易顺鼎父子年谱合编》（下），湖南师范大学出版社 2018 年版，第 624 页。

为其填《买陂塘·冒巢民〈菊饮诗卷〉，为先生裔孙鹤亭属题》一阕相赠。

八月十九日（9月14日）上午，樊增祥应邀至福全馆赴朱益藩之宴请，与友朋作诗钟。

易顺鼎《戊申日记》云："又至福全馆赴朱艾翁之招，云门、芸子、铜斋、叔进、珏生、彤臣皆集。余痔发兼便血，大病困卧，不能酒食，然作诗钟七次，得元甚多。"①

八月二十日（9月15日），樊增祥得知易顺鼎开复原官，曾作诗称贺。《戊申日记》云："云门赋诗枉贺，依韵和之二首。"②

八月中下旬，法部迫于各方压力，尤其是社会舆论，不得不反复敦促贻谷到案并将其收监。

案：贻谷的身份颇为特殊：作为绥远将军，其职品高于各总督；而其所兼衔之理藩院尚书，其职品则在六部尚书之上。而朝中大臣、重臣为贻谷说项者则颇多，更有首席军机大臣、庆亲王奕劻在背后为其撑腰。此次因贻谷案受到牵连的中、下层官员又有一大批。故此案受到朝野的广泛关注，影响甚大，在官本位的社会里，要处理此案实在不易。

八月二十一日（9月16日）夜晚，樊增祥先至鹿传霖府中，然后陪他一起去张之洞府中密谈，后石甫亦来。

鹿传霖在当天的日记中记载："云门来，夜谒冰老。"

易顺鼎《戊申日记》云："至六郎庄，已晡，偕云门见冰师，陪晚饮，即宿师宅。"③

八月二十二日（9月17日），樊增祥赴好友易顺鼎之约，晚上又一起前去六郎庄拜见恩师张之洞，陪其饮馔游艺。

鹿传霖在当天的日记中记载："云门赴易实夫约，晚谒冰相。"

易顺鼎《戊申日记》云："早回裕盛轩。云门来，同饭。午后，又同见冰师，仍留饮谈艺，作诗钟一次。"并作有《再和云门韵即赠》二首。④

---

① 陈松青：《易佩绅易顺鼎父子年谱合编》（下），湖南师范大学出版社2018年版，第626页。

② 陈松青：《易佩绅易顺鼎父子年谱合编》（下），湖南师范大学出版社2018年版，第627页。

③ 陈松青：《易佩绅易顺鼎父子年谱合编》（下），湖南师范大学出版社2018年版，第627页。

④ 陈松青：《易佩绅易顺鼎父子年谱合编》（下），湖南师范大学出版社2018年版，第627页。

八月二十三日（9 月 18 日），樊增祥宴请好友易顺鼎，然后一起去拜见恩师张之洞，恩师因事未出见。

鹿传霖在当天的日记中记载："云门晚回，请实夫；谒冰，因事未见。"

易顺鼎《戊申日记》云："谒世相国、鹿相国，均见。遇云门及施燮甫。云门邀饮万兴堂，两人对酌。渠宿定兴处。晚又过之，谈，夜分始归。云门以马车送余归海淀，而风雨大作，秋声如海，拥被不眠，再和其韵四首。"①

八月二十四日（9 月 19 日），张之洞的三姨太病逝，鹿传霖和樊增祥先后前往府中慰问。

鹿传霖在当天的日记中记载："大风。六钟入直，巳散。因张三太太殁，赴冰慰问，午回。……云（门）晚谒冰。"

八月二十五日（9 月 20 日），恩师张之洞设宴为樊增祥送行，并请易顺鼎等人作陪。

鹿传霖在当天的日记中记载："五钟二刻入直，俄和使臣觐见，辰正二刻回。云（门）赴冰招饮。"

易顺鼎《戊申日记》云："冰师招云门及余饮。云门以车马来迎，至六郎庄，侍师午餐，又陪晚饮。师极赞余《师田轩》五古之佳。同坐者尚有王司直一人。云门即席成一诗，余和之。司直诗成而未写出。夜深始散。司直邀余宿铁路公所，诸人皆久睡矣。"②

八月二十六日（9 月 21 日），樊增祥昨晚在恩师鹿传霖府中过夜，当天早饭后回城。

鹿传霖在当天的日记中记载："六钟入直，巳刻回。云门早饭后回城。"

八月二十七日（9 月 22 日），樊增祥之子樊庶和友朋一起前往拜见鹿传霖。

鹿传霖在当天的日记中记载："六钟入直，巳初散。……谭延闿、谭恩闿、樊庶（云门子）、刘鼎瑞（竹生弟）均见。"

---

① 陈松青：《易佩绅易顺鼎父子年谱合编》（下），湖南师范大学出版社 2018 年版，第 627 页。

② 陈松青：《易佩绅易顺鼎父子年谱合编》（下），湖南师范大学出版社 2018 年版，第 627—628 页。

八月二十九日（9 月 24 日），法部依据参劾条款和核实报告，开始逐条对贻谷进行审讯。

同日，鹿传霖的痔疮病又发。樊增祥要赴任所，前来辞行，恩师只能躺着与其交谈。

鹿传霖在当天的日记中记载：“六钟入直，巳回。饭后出恭，……腹甚不适。王饴山、田智枚送煤矿图，辞田，延王诊视。云门来辞，卧谈。”

九月初，樊增祥在京城办理完相关手续，因事曾南下回鄂一趟。

九月初二日（9 月 26 日），易顺鼎从好友何乃莹处得知樊山回鄂的消息。易顺鼎《戊申日记》中云：“何梅叟来，邀饮东华门外东兴楼，始知云门今早已乘火车赴鄂矣。”①

九月中旬，在鄂处理完相关事宜，樊增祥便直接从鄂赴江宁履任。政务之余，常与陈三立、沈瑜庆、缪荃孙、端方、梁鼎芬、夏敬观、杨钟羲等友朋诗酒唱和。其布政使官署瞻园亦成为南京诗人雅集唱和的重要场所。

樊山好友李瑞清在其《朱知县传》中亦云：“光绪三十有四年秋，恩施樊增祥始来为江宁布政使者。”②

九月二十日（10 月 14 日），十三世达赖喇嘛在仁寿殿陛见。

九月二十四日（10 月 18 日），梁鼎芬、陈三立③、夏敬观招樊增祥、陈伯陶、杨钟羲等同人至半山寺雅集。梁鼎芬曾写有《九月二十四日同伯严剑丞招樊山子砺小鲁横山留垞仲恂集半山寺》诗纪其事。

陈三立亦写有《依韵酬樊山布政见赠》《樊山叠韵论诗二律聊缀所触以报》等诗。

案：樊山与伯严的正式结交应在此时。樊山在民国二年（1913 年）九月为陈三立所写的《陈考功六十寿序》中就说过：“余与散原，闻声相思者

① 陈松青：《易佩绅易顺鼎父子年谱合编》（下），湖南师范大学出版社 2018 年版，第 629 页。

② 见《清道人遗集·清道人遗集佚稿》，黄山书社 2011 年，第 124 页。

③ 陈三立（1853—1937 年），字伯严，亦字百严、百年，号散原，自号散原老人。室名散原精舍。江西义宁（今修水）人。陈宝箴之子，陈寅恪、陈衡恪之父。光绪十二年（1886）进士。官吏部主事。不久即辞官，随侍其父。光绪二十一年至二十四年（1895—1898），协助其父湖南巡抚陈宝箴创行新政，推行新学。戊戌政变后，与其父一起被革职，回江西，居西山。三十年（1904），参与创办江西铁路公司，先后任经理、名誉经理等。辛亥革命后，避居上海。1933 年迁居北京。卢沟桥事变爆发，绝食而亡。工诗文。著有《散原精舍诗》二卷、《散原精舍诗续集》三卷、《散原精舍文集》十七卷等。

垂二十年，定交五年，同居海上又一年矣。”

九月二十五日（10 月 19 日），日本东京警视厅查封同盟会机关报《民报》。

九月二十八日（10 月 22 日），两江总督端方宴请陶在铭、樊增祥、梁鼎芬、沈瑜庆、陈三立、缪荃孙、王少延、陈庆年等人。缪荃孙《戊申日记》中曾记其事：“（光绪三十四年九月）廿八日庚戌，陶斋招饮，陶仲仪、樊云门、梁心海、沈霭苍、陈伯严、王少延、陈善余同席。”

案：端方曾任陕西按察使、布政使、护理陕西巡抚，是樊增祥的老上司，对樊山亦颇为器重、友好。此次来江宁，端方是两江总督，又是樊山的上司，可谓有缘。王森然《樊增祥先生评传》云：“时端方作督，二人稔交也，政余谐谑为乐，方移直隶，遂护理两江总督。”

十月初十日（11 月 3 日），清政府加封十三世达赖喇嘛为“诚顺赞化西天大善自在佛”。

十月十二日（11 月 5 日），华侨胡国廉、区绍仁在广州创办侨兴总公司。

十月十三日（11 月 6 日），鹿传霖收到弟子樊增祥自江宁寄来的信后，当天即写了回信。

鹿传霖在当天的日记中记载：“复樊云门书，梧生来。日本侯爵锅岛直大送绢画。”①

十月二十日（11 月 13 日），光绪皇帝病危，鹿传霖偕醇亲王谒见慈禧太后。谕旨：派醇亲王为摄政王，招醇王子溥仪“入宫教养”。

鹿传霖在当天的日记中记载：“午后上病危，报邸，申刻来，同赴仪鸾殿圣寝宫，请召见。派醇邸为摄政王，醇王子入宫教养，代批折件。”

十月二十一日（11 月 14 日），光绪皇帝崩于瀛台涵元殿，时年三十八岁，遗诏以摄政王载沣之子溥仪入承大统，为嗣皇帝，并承继穆宗为嗣，兼承大行皇帝之祧。以摄政王载沣为监国。

十月二十二日（11 月 15 日），孝钦皇后——慈禧太后亦薨，年七十三岁，尊为太皇太后，以皇后为兼祧皇太后。

同日，朝命派鹿传霖“充大行太皇太后总办丧礼大臣”。

十月二十六日（11 月 19 日），革命党人熊成基在安庆率领新军发动武

① 许潞梅、王金科整理：《鹿传霖日记》（五），《文物春秋》1994 年第 3 期。

装起义。

十一月初七日（11 月 30 日），美日两国互换照会，确认对华侵略“机会均等”。

十一月初九日（12 月 2 日），摄政王载沣扶持溥仪在紫禁城太和殿正式登基即位，诏令改元，以明年为宣统元年。

鹿传霖在当天的日记中记载：“六钟入直，午初今上登极，暂易朝服，赴太和殿朝贺，摄政王扶持幼主升殿。是日畅晴，青天无片云，吉兆。”

同日，樊山曾自书水墨纸本行楷七言诗扇片，以纪新皇登基改元之事。其诗及题识云：“扁舟遥下武陵南，明月随人到枕函。却望粘天春水碧，行人今挂洞庭帆。地湿沙明雨后天，更逢晴日柳含烟。春风无限潇湘意，独上桃花红○然。宣统改元。增祥。”钤印“嘉”。

十一月初十日（12 月 3 日），清廷宣布：立宪预备，仍以宣统八年为限。

十一月二十日（12 月 13 日），湖北武昌新军革命党人杨王鹏等将军队同盟会改为群治学社。

同日，两江总督端方招友朋游松禅亭。陈立三作《陶斋尚书招游松禅亭时十一月二十日》《樊山叠韵论诗二律聊缀所触以报》等诗纪其事。

十一月二十二日（12 月 15 日），樊山的前辈好友、前武英殿大学士王文韶在浙江杭州老家去世。

十一月间，收到时任归化副都统的弟子三多寄赠的《边塞苦寒莳花不易偶购盆梅数株红者尤佳适读樊樊山师〈红梅七律〉八首，和而赏焉》诗。

十二月初六日（12 月 28 日），谕旨“着派张之洞兼为督办鄂境川汉铁路大臣”。前辈好友王闿运在其当天的日记中写道：“作诗四律，寄樊云门索和。”

十二月初九日（12 月 31 日），前辈好友王闿运在其当天的日记中写道：“道台送诗来，夜和二首，寄樊云门索和。”

十二月十一日（1909 年 1 月 2 日），清政府鉴于袁世凯的权势日盛，难以驾驭，乃以“患足疾，步履维艰，难胜职任”为由，罢黜其回籍养疴。

鹿传霖在当天的日记中记载：“……旨袁世凯解仕回籍养疴，复召世（续）、张（之洞）入对，遂下罢袁之旨。那桐入枢学习。”

十二月十五日（1909 年 1 月 6 日），沪宁铁路建成通车。

金陵乃六朝古都，人文荟萃，樊山一直希望自己也能有机会来江浙为官。今身处古都，公务之余，自然免不了广结友朋、探幽访古。其间曾填有《百字令·题梦湘太守〈匡山戴笠图〉》等词作。

是年，樊山的好友孙德祖在老家会稽去世。

是年，樊山选辑之历代艳词丽曲——《微云榭词选》（五卷），由诵清阁排印刊行。

同年，樊山选辑之历代艳词丽曲——《微云榭词选十卷》（六册），铅印刊行（今北京图书馆有藏）。

宣统元年己酉(1909) 六十四岁

是年，樊增祥仍在江宁布政使任上。政务之余，继续与端方、陈三立、缪荃孙、王仁东、杨钟羲、夏寿田、张彬等名流雅集，诗酒唱和。

正月初二日（1月23日）晚，两江总督端方设熊掌会宴请诸友朋。陈三立作《正月第二夕陶斋尚书设熊掌会饮》诗纪其事："梅蕊破嫩春，雪光犹媚夜。尚书摅逸抱，召客满厅榭……诗伯出所携（樊山布政），略与主人亚。唐仇六七幅，两峰不逊谢……人生贵自憙，屠门视宝华。"

正月初五日（1月26日），樊增祥在瞻园宴请端方、陈三立、缪荃孙、王瓘、杨文会等人，并观画。缪荃孙《己酉日记》记其事："（宣统元年正月）五日丙戌，樊山招饮，陪匋帅，百年、子立、阆生、孝禹、汉甫、东畲同席。"

陈三立亦写有《开岁五日集瞻园观画依韵答樊山》《酬樊山叠韵见赠》等诗。

正月十一日（2月1日），万国禁烟会议在上海召开。

正月十五日（2月5日），各省谘议局举行初选。

正月十九日（2月9日），朝廷任命原云贵总督锡良为钦差大臣，总督奉天、吉林、黑龙江东三省事务，兼任热河都统；调徐世昌回京任邮传部尚书，擢升为协办大学士；又以李经羲为云贵总督。

正月二十七日（2月17日），朝命各省于年内成立咨议局，筹办各州县自治，设立自治研究所。次年开办资政院。

二月初八日（2月27日），光绪皇帝的陵寝——崇陵，在西陵破土动工。

二月十五日（3月6日），清帝谕旨明示朝廷一定实行预备立宪、维新图治之宗旨，以回应朝野要求立宪、速开国会之请。

二月下旬，《申报》对于法部审理贻谷案的拖沓、迁延行为进行了严厉批评，并转述其他报纸所载之消息，指责法部尚书戴鸿慈因碍于情面，托病请假，又暗中受庆亲王奕劻指使，延不销假[①]。

自二月下旬起，时任江楚编译官书局总纂的好友缪荃孙与樊增祥往来、唱和比较频繁。一日，缪荃孙又差人送来和诗，随和诗一起送呈的尚有其友人李详的有关资料，并将介绍其近日前来藩署拜访，请好友今后多予关照；樊山收到和诗和李氏的相关材料后，当即给缪荃孙写了一封回函（《樊增祥致缪荃孙》）[②]差人送去：

艺风前辈同年大人道席：

辱和诗，既工且敏，兼有马、枚矣，欣荷欣荷。待致李君函件，固亦今之作手也。如来见者，定当倒屣。傅君昨已接晤，极为欣赏，前事不足挂齿颊也。李君抄示旧作，有极佳者。赠弟二律恰不满意，特较胜于今之少年，专作不可解语耳。复请筹安。

馆侍年愚弟祥顿首

二月三十（3 月 21 日）为春分日，樊增祥与陈三立等人在瞻园宴集。陈三立作《春分日瞻园雅集次和樊山》诗记其事。

闰二月初一日（3 月 22 日），好友缪荃孙招樊增祥等好友赴饮，樊山兴致颇高，即席赋《筱珊前辈招饮即席赋赠敬祈正和》一律[③]相赠：

此老风流士国初，玉堂前后接杨卢。少年冠剑同游洛，天下图书半入吴。魁陆橐材来上海，黎祁风味美西湖。康成通德门依旧，犹有随车腻恰无？

馆年侍生增祥拜稿

第二天，经好友缪荃孙的介绍，江苏兴化名秀才、学者、时任江楚编译官书局帮办总纂的李详拜访樊增祥，两人由此订交。

同日，好友缪荃孙让家人送来昨日相聚和诗二首。樊山读后甚是高兴，亦觉昨日自己所赋之诗尚未尽兴，便又写了一律差人送去：

筱珊前辈枉和二律，再赋奉酬希正

---

① 《论法部开脱贻谷参案》，载《申报》1909 年 3 月 14 日。

② 钱伯城、郭群一整理，顾廷龙校阅：《艺风堂友朋书札》（上册）之第七函，上海人民出版社 2018 年版，第 136 页。

③ 钱伯城、郭群一整理，顾廷龙校阅：《艺风堂友朋书札》（上册）之第十七函，上海人民出版社 2018 年版，第 140 页。

骊珠累百入杯初，辉映腰间玉鹿卢。收拾文鰩兼海月，翦裁紫凤及天吴。贾人万里来求稿，狂客中年早乞湖。见说昌黎能荐士，善鸣得似孟郊无。（君介绍兴化李生来见。）

增祥呈

闰二月初三日（3月24日），樊山又招李详前来详谈，颇为融洽；送走李详后，见好友缪荃孙昨天差人送来的和诗还放在书案上，遂拿起来再细细琢磨，顿生灵感，提起笔来又写了两首（《叠韵和筱翁》）相和，并立即抄录下来，差人送去缪府赏评：

三叠韵奉艺风先生：

一时人物拟黄初，同君何须办马卢。新酿迢迢来下箬，旧闻历历纪中吴。丹青妙笔归清秘，红绿妍词上石湖（谓午帅）。检校春光须痛饮，等闲花事到文无？

四叠韵示客：

雨歇梅林换叶初，薄寒留客试皋卢。花延寿命春逢闰，星告农祥岁在吴。汉室股肱长孺郡，中山汤沐莫愁湖。兴来但赋江南乐，庾信哀词一字无。

筱翁前辈同年老兄正和。弟祥拜稿。

李生顷来见，醇雅朴懿，国之宝也。又及。

闰二月初四日（3月25日），樊山闲暇之时，又拿出与好友缪荃孙的唱和诗诵读，仍觉兴犹未尽，遂再作一律差人送呈好友缪荃孙赏览：

静院茶香午睡初，任教�管长蒲卢。桃花不识今为晋，宝剑何曾夜去吴。珠玉会应归甓社，鸣珂未敢向杯湖。奇书欲共荆州借，薄酒三鸱肯换无？

己酉闰二月初四日，增祥再呈

闰二月二十七日（4月17日），樊增祥宴请熊希龄、陈三立、缪荃孙、陈庆年等人。缪荃孙《己酉日记》记其事：“（宣统元年闰二月）廿七日癸未，樊山招饮，熊秉三、陈伯严、善余同席。”

闰二月间，樊山曾应九仁先生之请，为董其昌所撰并手书之水墨纸本楷书《王（象乾）公家传》（全称为《诰赠特进上柱国太师兵部尚书王公家传》）真迹题跋。其题跋云：“余二十许时学文敏书，但趁姿媚而已。既见文敏正书学颜平原，乃知侧笔取妍非华亭真面目也。此本更是晚年极笔，兼有北海、平原之胜，可胜挚服。九仁兄大人属题，弟樊增祥。”钤印

“樊”。

案：自光绪三十三年（1907年）起，至民国十四年（1925年）止，先后为《王公家传》题跋者有夏同龢、张穆、何绍基、卫肇荣、毛树堂、敬文、赵振祚、庄受祺、王寿彭、王履谦、端方、李瑞清、樊增祥、赵熙、李植、章梫、康有为等名流，遂形成了今天所能见到的水墨纸本楷书《王象乾家传》。此真迹后为美国纽约著名古董商兼收藏家安思远（1929—2014）所收藏。

其间，樊山曾偶来兴致，填有《六丑・春闺，用梦窗韵》词一阕。

同月间，革命党人孙武、焦达峰等自东京回国后，在汉口租界设立共进会总机关，从事长江流域会党的联络活动。

三月初四日（4月23日），前辈好友王闿运在其当天的日记中写道：“得樊云门书。”

三月二十六日（5月15日），革命党人于右任等在上海创办《民呼日报》。

三月间，光绪皇帝的梓宫移至西陵梁格庄行宫，等待入土奉安。

四月初五日（5月23日），好友易顺鼎由云南临安开广道改任广东廉钦道，出都赴粤，并作有《己酉送春日出都将之官岭南感怀留别四首》以纪之。

四月上旬，政务之余，樊山亦时与端方、陈三立等人唱和。陈三立作《喜雨赋呈陶斋樊山两公》诗。

四月中，李瑞清和陈三立在两江师范学堂六朝松下宴请樊增祥。陈三立作《宴集两江师范学堂六朝松下》（五言歌行）纪其事。

不久，俞明震见到陈诗，遂自南方作《驻大庾边境万山中阅南洋报知伯严梅庵宴樊云门前辈于六朝松树下即席有诗次韵奉和》（五言歌行）一诗寄赠樊增祥。

易顺鼎收到樊山和诗后，乃作《樊山方伯自金陵寄诗宠行辄和元韵四章奉答》寄赠。

其间，好友、安徽布政使沈曾植作有《寄樊山》（二首）诗相赠。

五月初三日（6月20日），樊增祥在公园宴请端方、陈三立、缪荃孙等人。缪荃孙《己酉日记》中曾记其事：“（宣统元年五月）三日辛亥，陶斋送六件拓本来，约在公园午饭，樊山、乐庵、子岱……朴孙、伯严同席。”

五月十一日（6月28日），朝命调两江总督端方为直隶总督，调张人骏为两江总督（未到任前以布政使樊增祥护理两江总督），以袁树勋为两广总督，孙宝琦署理山东巡抚。

五月二十日（7 月 7 日），王闿运自湖北省城武昌抵达江宁，陈三立安排其居俞园；同日易顺鼎亦抵达金陵。

五月二十一日（7 月 8 日），易顺鼎偕陈三立往访王闿运，樊增祥遣车来迎，王与陈、易等同往藩署。

五月二十四日（7 月 11 日），樊增祥宴请王闿运，请端方等作陪，并作诗钟之会。

王闿运《湘绮楼日记》云："樊云门先约一聚，午帅作陪，更有李文石、陈子砺、程雒安、王、易、杨江宁、余寿平，打诗钟，无佳联。戌散"，又赴秦淮之约①。

五月下旬，王闿运游江宁，樊增祥与陈三立、缪荃孙、李瑞清、陈锐等在宁文士，迭与壬翁相唱和。缪荃孙在《己酉日记》中曾记其事："（宣统元年五月）廿六日甲戌，到胡园公请王壬秋。"

王闿运在其《湘绮楼日记》中对此次游宁情况有详细记载："（宣统元年五月）廿日，自下关入城，均行平隰，十余里不见人，又拨他车，乃渐见熟食小店。至藩署，裤袜均湿，幸云未出门，入谈。久之，陈益新、杨少麓均出见。樊招二陈来陪，仲恂先至，伯严后来……樊将馆我袁居，袁辞不可，伯严馆我俞园，遂定移居。早饭藩署，樊亦未朝食，实过午矣。""廿六日，江南文士开欢迎会，设宴胡园。发起人李世由，臣典子爵之孙；刘世瑗，芝田巡抚之子。代表为缪小山，昨于云门处见，不识之矣……"

五月二十七日（7 月 14 日）晚，府、县官员在藩署公饯端方，邀樊增祥、王闿运、易顺鼎、王以慜、陈伯陶、余诚格及王代功（王闿运之子）等相陪。

王闿运在《湘绮楼日记》中云："夕至藩署饯端，王仲孺儿在坐。福建陈子砺伯陶，安徽余寿平，王、易均集。出署，云舁夫被打，宾主皆惊，坐客俱立待。余去唤轿竟不至，樊命己车送归，已子正矣。今日府、县公饯督帅，请余为客，至火车站，久待不至，将夕乃还；夜又无轿，殊可笑也。易云退车之报。"

"廿八日，江西公饯制台，以我为客，设帐下关三宿岩，云虞允文采石战处也。期二点钟，未初驰往，过师范学堂，车马拥挤，车夫呼让，余告以

① 王闿运：《湘绮楼日记》第 5 卷，岳麓书社 1997 年版，第 2981—2982 页。

稍待，诸车感而开，我乃得径过。……至学堂，监督未还，功儿先在庶长张通模处，伯严、云门踵至。过六朝松院小饮，设坐露庭，遣招伯弢、仲驯来坐，三儿亦与谈。端、樊遣人馈贶，辞受之。宜由甫兄弟并在。夜凉人爽，宴会第一。”

“廿九日，朱乔孙设饯扫叶楼，在旱西门旁，即随园南角，小车驰往，久待芃渊，本约摸牌，已无日矣。瞿海渔先至后散，余又东驰，赴半山寺之饯，道遇伯臧，云樊山已至。伯严遣舁迎于山径，易、陈、王、李先在，子靖、功儿亦与，将夕乃散。”（以上所引未注者均见《湘绮楼日记》第五卷）

同日，老友、署理安徽布政使沈曾植派石生抵达江宁，前来迎接王闿运赴皖，并给樊增祥带来七律《寄樊山》二首①。

其间，好友易顺鼎已由云南临安开广道改任广东廉钦道，正在赴任途中，写有《樊山和余所刻琼琚集中韵见贻索和走笔次韵并寄集中诸友人》诗寄赠樊增祥（易顺鼎《广州集》，宣统元年刻本）。

五六月间，湖北暴雨不断，洪水泛滥，灾区广达 30 余县，灾民近 300 万人。樊山遂作《劝募鄂省水灾振款公启》②，号召旅宁鄂籍人士募捐，为救灾尽一份力量：

> 窃以越禽虽北，仍恋南枝；天马虽东，不忘西极。物各返其本根，人各爱其故乡。其在平时，姻旧尚分河润；矧逢灾殄，孑遗忍听流亡。今年吾鄂武、汉、黄、德、安、襄、荆州七郡二十四厅州县同时被水，蛟鼍游于屋上，鸡犬入于河中；田宅波平，苍黎水葬，死亡之惨，漂溺之哀，屡见报章，无烦缕觎。鄂中自程大公祖以下，莫不乃心民瘼，急筹振需。虽鱼龙寂寞以归洪，奈鸿雁哀鸣而载路。言念乡邦之众，鬻其儿女，救其爹娘；转徙沟壑之民，非其父兄，即其子弟。天灾代有，恻隐谁无？吾乡旅宁诸君，阴德耳鸣，捐章手写，以祥忝居左辖，俾作先河。伏念自冬徂春，来日有大难之势；以吴济楚，同心筹小补之方。明知官况艰难，旅囊羞涩，然虽云诗瘦，或肥于桑下之饿人；虽曰官贫，究富于雪中之流丐。减官厨一筵之费，不止活十人；停画船两日之游，可以救十户。夫伶人且以歌舞助振，而况士夫？妇女或

① 许全胜：《沈曾植年谱长编》，中华书局 2007 年版，第 334—335 页。

② 此文见于湖北人民政府文史研究馆/湖北省博物馆编辑整理的《湖北文征》（第一卷至第十三卷）之第十一卷，湖北人民出版社 2000 年版，第 589 页。

撤环填济贫，而况男子？今由鄙人捐廉三千金，为同乡诸公之倡。伏望关怀井里，广募泉刀，慨轮刘宠之钱。伏乞平原之米，荆国人人尚义，故有取于众擎。梓乡户户皆饥，复何心于独饱！三楚古来贵仕，凡荐绅敢不争先。四民今日重商，即阛阓何能自外。嗟乎，罗雀掘鼠，感台司竭蹶以施仁；救蚁埋蛇，识荆鄂从来之好善。义取官绅之共济，情同昆弟之相关。天有报施，本公修而公得；事无勉强，期我尽夫我心。源源而来，多多益善！谨启。

六月初一日（7 月 17 日），湘绮老人乘船离开江宁，应邀前往安徽安庆。

六月初七日（7 月 23 日），前辈友人王闿运回湘后曾致函沈曾植和樊增祥致谢。

六月十六日（8 月 1 日），前辈友人王闿运回湘后作有《东游宴集诗》十首，并寄给沈曾植和樊增祥等友朋阅览。

六月十九日（8 月 4 日），缪荃孙前往拜会樊增祥、李瑞清、宗子威等人（见《艺风老人日记》第六册）。

缪氏在护理两江总督督署拜访樊增祥时，曾出示其所绘之《垂虹感旧图》请题；樊山认真观赏画幅，忆及谭春霖之不幸遭遇，感慨良多，乃欣然填《忆旧游》二阕相赠。

六月二十一日（8 月 6 日），上海勤昌丝厂女工因反对延长工时举行同盟罢工。

六月下旬，易顺鼎偕陈三立往游莫愁湖，樊山过访而不遇。陈三立作《同实甫游莫愁湖樊山过访不遇次答见贻韵》诗纪其事（《散原精舍诗续集》）。

七月初三日（8 月 18 日），王仁东招樊增祥、陈三立、易实甫、缪荃孙、张彬、杨钟羲、陆声甫等宴集。缪荃孙《己酉日记》中记其事：“（宣统元年七月）三日庚戌，拜易石甫、陈百年、陆声甫。王旭庄招饮，樊山、声甫、石甫、百年、子姓、篁楼同席。”

七月初六日（8 月 21 日），樊山邀缪荃孙、易顺鼎等友朋作诗钟之会。

缪荃孙在《艺风老人日记》中云：“赴樊山诗钟会。……石甫送《函楼诗钞》（该集十六卷，为石甫之父易佩绅的诗集）来，劣甚，置之。”[①]

① 缪荃孙：《艺风老人日记》第 6 册，北京大学出版社 1986 年版，第 2197—2198 页。

七月上旬，易顺鼎告别诸友朋，前往广东赴广肇罗道任。陈三立曾作有《园厅与实甫话别用樊山韵》纪其事。

七月二十日（9月4日），经过半年的艰辛谈判，清政府外务部会办大臣梁敦彦与日本驻华公使伊集院彦吉在北京订立《图们江中韩界务条款》（亦称《间岛协约》）。

七月二十五日（9月9日），学部奏准建立京师图书馆，以编修缪荃孙充监督。

八月初八日（9月21日），旅美华工冯如在旅美华侨的资助下，驾驶着自制的飞机飞上天空，成为中国第一个飞行家。

八月十二日（9月25日），由中国工程师詹天佑自行勘测、自行设计建设的京张铁路建成。

八月二十一日（10月4日），樊增祥的恩师、体仁阁大学士、军机大臣张之洞在京城府邸去世，年七十三。赠太保，谥“文襄”。樊山闻知消息，遂作一联挽恩师：

取海内六大邦政艺，豁中华二千载颛蒙，懦者使强，愚者使智；

有晏婴三十年狐裘，无孔明八百株桑树，公尔忘私，国尔忘家。

八月下旬，为在金陵举行恩师张之洞追悼会之事，樊山给好友缪荃孙致函（《樊增祥致缪荃孙》）①，通知他届时出席。

艺风前辈同年大人阁下：

星海已入都矣，勿庸招致。文襄师追悼会拟九月十一日设奠，地尚未定。挽联、祭文自应汇送京师。是日与会，似勿庸摘缨，心丧不在行迹也。复请道安。弟祥顿首。

九月里，樊增祥频繁与陈三立、缪荃孙、陈伯陶、王仁东、杨钟羲、夏寿田、顾瑗等友人宴集酬唱。

九月初一日（10月14日），各省谘议局（除新疆外）宣告成立，并召集议员开会。

九月初八日（10月21日），樊山作诗钟，招陈三立、缪荃孙、王仁东、杨钟羲、朱祖谋、陈毓华、陈伯陶等人宴集；同时，邀请时为江苏巡抚陈启泰幕府幕客的湖北词人、同年张仲炘赴宴，为其接风。

---

① 钱伯城、郭群一整理，顾廷龙校阅：《艺风堂友朋书札》（上册）之第八函，上海人民出版社2018年版，第136页。

缪荃孙在《己酉日记》中记其事："（宣统元年九月）八日甲寅，樊山约诗钟，朱古微、张次山、陈子砺、陈仲恂、陈伯严、杨子姓、王旭庄同集。"

九月初九日（10月22日），易顺鼎自广东肇庆电示一诗索和——《己酉重阳端州官署作》。其次联云："南食岂知螯少味，北书犹感雁多情。"

九月初十日（10月23日），樊山同乡好友张仲炘回请朱祖谋、陈三立、缪荃孙等各位友朋。

缪荃孙在《己酉日记》中曾记其事："（宣统元年九月）十日丙辰，张次山招饮，朱古微、陈百年、朱竹君（逢咸）……王旭庄同席。"

九月上旬，朝廷部分正直的言官见贻谷案已经拖了一年多时间，至今没有什么进展，故对法部处理贻谷案的效率颇为不满，拟上书奏劾法部的不作为："法部审讯贻谷一案经年累月，尚无端倪，传闻有某侍御颇不满意，以该案赃证确凿，乃竟不能迅速办结，其中显有情弊，拟即具折严参，以儆效尤而重法典。"①

九月十一日（10月24日），樊增祥、缪荃孙等数十名张之洞生前的门生弟子、故旧友朋在金陵为其举行了追悼会，以表达缅怀、悼念之情。

同日，樊山复电易顺鼎云："别易会难江上酒，情多味少岭南诗。"

九月十三日（10月26日），朝鲜爱国志士安重根在哈尔滨将前日本内阁总理大臣、公爵、朝鲜第一任统监、"太子太师"伊藤博文击毙。

九月十八日（10月31日），陈伯陶招顾瑗、樊增祥、陈三立、缪荃孙、王孝禹、王仁东、杨钟羲等人宴集。缪荃孙在《己酉日记》中曾记其事："（宣统元年九月）十八日甲子，陈子砺招饮，顾亚蘧、云门、百严、孝禹、旭庄、子姓同席。"

九月十九日（11月1日），樊山又招陈三立、缪荃孙、王仁东、杨钟羲、王孝禹、顾瑗等人宴集。陈三立写有《依韵和樊山瞻园秋集》《九日公园宴集次和樊山》《初度日次韵樊山见贶》《瞻园食蟹樊山三叠坡公韵次和一首并示午彝》等诗作。

十月初一日（11月13日），陈去病、高旭、柳亚子等17人在苏州虎丘的张国维祠举行雅集，成立南社。

十月初五日（11月17日），前几日，易顺鼎接樊山来电，谓在江宁作诗钟，以"渡""周"嵌第三字，可有好联；今日方想到一联："琼崖渡海吟

① 《某侍御拟参法部之传闻》，载《大公报》1909年10月24日。

坡老，玉树周阿赋孟坚。”立即电示。

十月十一日（11 月 23 日），朝命调陈夔龙为直隶总督兼北洋大臣，以瑞澂署理湖广总督，以孙宝琦为山东巡抚，以丁宝铨为山西巡抚。

十月中旬，新闻媒体见贻谷案的审理还没有结果，故报纸上遂有颇多传闻：“贻谷罪案曾经某大老代为转圜，法部已有减轻议拟之说。近闻枢老召见时，窥探监国意旨，以此案久悬未结，其中不无可疑，似不以减轻为然，且鹿相国以原查不虚坚持甚力，故此案拟结之期殊难预定矣”①。

十月十七日（11 月 29 日），胡式嘉作诗钟之会，邀樊增祥、陈三立、缪荃孙、王仁东、杨钟羲、张彬等人宴集。缪荃孙在《己酉日记》中曾记其事：“（宣统元年十月）十七日癸巳，胡式嘉约樊山、旭庄、伯严、子姓、篁楼会诗钟。”

十月二十九日（12 月 11 日），朝命立张之洞祠于京城。

十月三十日（12 月 12 日），樊山与友朋在瞻园宴集。陈三立写有《十月晦雪后瞻园夜集依韵答樊山》诗纪其事。

十月间，朝命调任樊增祥为宪政编查馆一等咨议官，时因樊增祥还在护理两江总督，一时无法走开，故仍留原任，未赴新职。

同月里，樊山曾应友人之请，为浙江宁波的都神殿戏台撰写对联一副：“信耶非耶，传非真耶；春欤汉欤，将近代欤。”

案：这是一副集句联：上联集自唐代韩愈《祭十二郎文》之“呜呼！其信然耶？其梦耶？其传之非其真耶”句；下联集自唐代李华《吊古战场文》之“伤心哉！秦欤汉欤？将近代欤”句，用其概括戏台的高台教化，甚得其神髓。

十一月初，江苏谘议局议长张謇召集十六省谘议局代表在上海开会，决定成立国会请愿同志会。

十一月上旬，湖北谘议局议员及数十名绅商发起组织了湖北铁路协会，举刘心源为会长，刘人祥、万昭度为副会长，反对借债修路，要求集股筹资，铁路自办，并派代表赴京请愿。樊山闻信，立即电函湖北当局，表示支持，并出面帮助谋划筹款等相关事宜。

十一月二十日（1910 年 1 月 1 日），朝廷授协办大学士、吏部尚书陆润庠为大学士，授法部尚书戴鸿慈为协办大学士。

十一月二十三日（1910 年 1 月 4 日），樊山约朱祖谋、陈三立、朱竹

① 《贻谷罪案之难定》，载《大公报》1909 年 11 月 27 日。

君、张彬、夏寿田、杨仲羲、缪荃孙等人作诗钟。

缪荃孙曾在日记中记载其事："（宣统元年十一月二十三日）樊山约诗钟，朱古微、陈伯严、朱竹君、张篁楼、夏午怡、杨子琴同集。回寓已子夜矣。"（见《艺风老人日记》第六册）

十一月二十五日（1910 年 1 月 6 日），美国国务卿诺克斯（Knox）照会中、日、英、法、俄、德各国，提出东北诸铁路中立案。

同日，前辈好友王闿运在其日记中写道："得云门十日书，寄示诗词。"（见《越缦堂日记》）

十一月下旬，郑孝胥自沪来宁，樊山在政务之余，多次与陈三立、缪荃孙、李瑞清、杨钟羲、夏寿田、郑孝胥等人交游宴集。

十一月二十六日（1910 年 1 月 7 日），郑孝胥先后拜访陈三立、樊增祥、吴学廉等人。郑孝胥在《郑孝胥日记》曾记其事："（宣统元年十一月）廿六日，饭毕，余借马车访陈伯严，遂同过樊云门，于座晤其门生夏君午怡，出诗看之。云门赠诗一部。出过吴鉴泉，于座遇夏彝恂，壬午同年。复至东西旅馆，伯严先去。"[①]

陈三立曾写有《太夷自沪至遂偕过瞻园读樊夏今句用前韵》诗纪其事（《散原精舍诗续集》卷上）。

十一月二十九日（1910 年 1 月 10 日），樊增祥作诗钟之会，招陈三立、陈毓华、缪荃孙、李瑞清、杨钟羲、夏寿田、张彬等人宴集。缪荃孙在《己酉日记》中曾记其事："（宣统元年十一月）廿九日乙亥，樊山约诗钟，陈百年、仲恂、李梅庵、张篁楼、夏午怡、杨子琴同集。"

十一月间，樊增祥与湖南桂阳贵胄子弟陈毓华[②]结识，并成为忘年之交。

同月里，江苏部分官员、缙绅、名流建议将原"江阴南菁书院"改名为"存古学堂"，好友缪荃孙在来信中亦提及此事；樊山经过一番考虑，便给好友写了一封回函（《樊增祥致缪荃孙》）[③]：

① 郑孝胥：《郑孝胥日记》第三册，中华书局 1993 年版，第 1221 页。

② 陈毓华（1883—1945），字仲恂，号石船。湖南桂阳人。出身名门，系山东巡抚陈士杰之孙。光绪三十二年（1906 年）赴日游学，归国后与政界多有交往，以诗名重海内。晚年自重庆归里，卒于家乡。著有《东游鳞爪录》《石船诗文存》等。

③ 钱伯城、郭群一整理，顾廷龙校阅：《艺风堂友朋书札》（上册）之第五函，上海人民出版社 2018 年版，第 135 页。

筱珊前辈同年大人阁下：

昨书来，适赴谘议局，旋在节楼夜坐，致稽答复，歉歉。细读清折所开，拟改“南菁”为“存古学堂”，适与侍心相印。在都时早蓄此志，到宁未暇及此。一日午帅忽言，我决不效冰相开存古学堂，侍遂嘿然。此事稍缓，必力图之。此为中学专科，不当羼入西文、西语。既费重金以聘西师，又与本旨相戾，断不必也。

通州一案，侍就事论事，实无刻则之意。炯之自是吾楚佳士，心焉赏之。此时虽调省，然仍留收冬漕，足见侍无他意矣。某君之横，侍早知之。傅令听断稍偏，侍为上司，索视属僚如弟子，故教诲之。

至官报月费多金，其报章实不可看，不可看而强令人出钱买看，岂不可耻。初亦不知何人主笔，要之体例淆杂，收罗不广，拣择不精，是以为人掷弃。然皆初基不善，整顿无人，不能怪今之纂刻者也。明年必另为厘定，以期振兴。世间报纸，惟《新民丛报》最易行销，言无文则不远，谁谓笔墨无用耶？贵门生不知何姓，渠来必见。复请著安。年侍增祥顿首。某君信附缴。

十二月初三日（1910 年 1 月 13 日），陈三立作诗钟会，邀樊增祥、缪荃孙、陈毓华、夏午诒、杨钟羲、张彬、俞明震宴集。缪荃孙在《己酉日记》中曾记其事：“（宣统元年十二月）三日戊寅，赴陈百年诗钟之约，樊山、仲恂、子琴、篁楼、午诒、恪士同席，回家已三鼓。”

十二月初六日（1910 年 1 月 16 日），国会请愿同志会发动第一次请愿，上书都察院，要求速开国会，清廷不允。

十二月上旬，前两广总督张人骏抵达江宁就任两江总督，护理两江总督樊增祥仍回江宁布政使本任。

十二月十一日（1910 年 1 月 21 日），日、俄两国声明：不允许将东北铁路改为公共铁路。

十二月十四日（1910 年 1 月 24 日），各省咨议局代表在北京组织“速开国会同志会”，通告各省谘议局。

十二月十六日（1910 年 1 月 26 日），两江总督张人骏和护理江苏巡抚陆钟琦联名向朝廷递呈奏章《奏为请将江楚编译局改为江苏通志局专修志书恭折》，请准将江楚编译局改为江苏通志局。

十二月二十日（1910 年 1 月 30 日），革命党人熊成基在哈尔滨谋刺载洵，事泄被捕杀。

十二月二十六日（1910 年 2 月 5 日），张彬作诗钟之会，邀樊增祥、陈三立、缪荃孙、王仁东、杨钟羲、陈毓华、夏寿田、李瑞清等人同赴藩署雅集。缪荃孙在《己酉日记》中曾记其事："（宣统元年十二月）廿六日辛丑，篁楼约诗钟于藩署。樊山、百年、旭庄、子琴、仲恂、午诒同作，作毕梅庵来。"

同日，前辈好友王闿运作《仿樊山体赋一诗》寄赠："何用山梁咏色斯，德晖翔集及春时。舍鱼从欲真良贵，客燕浮家选一枝。七子平均能正国，三元晴旭喜薰旗。去年梅蕊今犹盛，应托东洲共酒卮。"①

十二月期间，樊山在政务之余，频繁与陈三立、缪荃孙、王仁东、杨钟羲、俞明震、夏寿田等人宴集唱和。陈三立写有《过饮瞻园次韵答樊山》《游三宿岩归饮瞻园次和樊山午诒》《小除日樊山屡示新咏叠咏遣闷》等诗。

十二月三十日（1910 年 2 月 9 日）除夕夜，前辈诗人、好友陈宝琛因请假回闽，特自上海来江宁度岁、访友。

是年，冒效鲁（1909—1988）出生于江苏如皋（今南通市如皋市）一个书香官宦家庭。

是年，樊山的挚友顾曾烜在南通老家去世。

是年，樊山的同年、好友濮子潼病逝于浙江钱塘老家。

宣统二年庚戌(1910)　六十五岁

是年，樊增祥仍在江宁布政使任上。

正月初一（2 月 10 日）凌晨，天尚未亮，樊山赶紧催促管家在府第大门上贴上金鸡，以迎接新年。

案：樊山对十二生肖中的"金鸡"情有独钟。他常谓，鸡能司晨，金鸡一唱天下白，黑夜逝去；坊间流传说，鬼怕鸡鸣，皆因鬼只能在夜间活动，鸡一啼，鬼魅就只好打道回府。故而画鸡贴在大门上，可以祈福袪灾。在护理两江总督任上时，他就曾将鸡的五德抄录于案头自赏，对幕僚也常以此为谈资。《江宁光绪朝名宦》中就记载说："荆楚樊增祥氏，尤喜金鸡，常书条幅于壁赞之，谓鸡有五德：'君不见夫鸡乎？头戴冠者文也，足搏据者武也，敌在前敢斗者勇也，见食相呼仁也，守夜不失者信也。此乃文、

① 此诗见《湘绮楼诗文集·诗》第十九卷，岳麓书院 1996 年版，第 1860 页；亦见《湘绮楼日记》宣统元年(1909)十二月廿六日。

武、勇、仁、信五德。’”

同日，樊山请徐绍桢、夏寿田、陈毓华、陈三立、王仁东、缪荃孙、张彬等友朋来府中陪陈宝琛作诗钟，并有诗（案：今樊集中不见此赠诗）相赠。

陈宝琛曾作有七言长篇歌行《次韵答樊山布政元日瞻园吟集见赠》①纪其事。

正月初三日（2 月 12 日），同盟会员倪映典等在广州发动新军起义，倪映典战死。

正月初，樊增祥与陈三立、缪荃孙、李瑞清、王仁东、徐绍桢、陈毓华、王孝禹、夏寿田、张彬等人皆尽心宴请、陪伴陈宝琛在江宁过新年。缪荃孙在《庚戌日记》中曾记其事：“（宣统二年正月）元日丙午朔，闻陈伯潜前辈，往拜未晤。樊山招诗钟，伯潜、固卿、午诒、仲恂、伯严、旭庄、篁楼同作。”“三日戊申，徐固卿公园招饮，伯潜、樊山、旭庄、孝禹、伯严、夔生、梅庵同席。”“四日甲子，（缪荃孙）约伯潜、午诒、樊山、固卿、旭庄、伯严、梅庵、仲恂赴图书馆观画并小饮。”

正月初六日（2 月 15 日），朝廷以广东新军与会党联合从事反清活动，谕令军咨处、陆军部、南北洋大臣、新旧诸军严密稽查，并严查聚众开会演说。

正月十八日（2 月 27 日），清政府颁布《中国红十字会试办章程》，命邮传部右侍郎盛宣怀为红十字会会长。

同日，孙中山在旧金山建立同盟会分会，以“废灭鞑虏清朝，创立中华民国，实行民生主义”为宗旨。

正月间，天童寺主持释敬安来南京毗卢寺小住，并由江宁提学使李瑞清介绍，与江宁布政使樊增祥结识。释敬安写有《赠樊云门方伯四绝句》纪其交往（见《八指头陀诗文集·宣统二年》。

二月初三日（3 月 13 日），樊增祥招陈三立、缪荃孙、王仁东、朱祖谋、俞明震、梅光远、吴康伯等名流至瞻园雅集。缪荃孙在《庚戌日记》中曾记其事：“（宣统二年二月）三日丁丑，樊山招饮，朱古微、王旭庄、俞恪士、梅斐猗、陈百年、吴康伯同席。”

---

① 陈宝琛：《沧趣楼诗集》卷六，《沧趣楼诗文集》（上），上海古籍出版社 2013 年，第 123 页。

二月初四日（3 月 14 日），缪荃孙、陈三立和徐乃昌宴请樊增祥、朱祖谋、王仁东、蒯光典等人。缪荃孙在《庚戌日记》中曾记其事：“（宣统二年二月）四日戊子，（缪荃孙）与积余、百年同请樊山、古微、旭庄、礼卿。”

二月十四日（3 月 24 日），清政府批准湖北设立商办粤汉川铁路公司。

二月二十一日（3 月 31 日），革命党人汪精卫、黄复生在北京谋炸摄政王载沣，事情败露，被捕入狱。

二月间，好友徐乃昌至江宁布政使衙拜访樊增祥，并出示其所藏之常熟屈宛君所绘之《薇露盥手图》请题；樊山仔细观赏此图后，欣然填《风流子》一阕相赠。（见《樊山集外》卷六，《樊樊山诗集》第 1959—1960 页）。

三月初四至初六日（4 月 13—15 日），长沙发生抢米风潮，饥民焚毁抚台衙门、长沙税关及洋行、教堂等。

三月初七日（4 月 16 日），樊山在收到好友缪荃孙的书函后，马上给他写了一封回函（即《樊增祥致缪荃孙》）①云：

> 得书知道从言旋，甚喜慰。侍日来病齿甚剧，今日强出耕籍，实未愈也。通志事亟当议行。子虞约月半来，一切章程专倚前辈矣。稍愈必趋谒。复请艺风前辈同年大人道安。年侍祥顿首。初七。
>
> 报章载什刹海炸药事，确也。

案：书函中谓“通志事亟当议行”，指江楚编译局改为江苏通志局之事。所谓“报章载什刹海炸药事，确也”，系指革命党人汪精卫、黄复生在什刹海银锭桥下安放炸弹谋炸摄政王载沣未遂之事。

三月下旬，收到好友缪荃孙的书札，樊山马上给好友写了一封回函（即《樊增祥致缪荃孙》）②，差人送去。

> 艺风前辈老兄同年大人道席：
>
> 来示读悉，为之失笑。谘议局每年六万金，则吾局寒俭极矣。附发夫子莞尔。诒书、子虞俱来，日内又拟作扫地撞钟生活，容另简奉报。复请著安。年侍弟祥顿首。

---

①　钱伯城、郭群一整理，顾廷龙校阅：《艺风堂友朋书札》（上册）之第六函，上海人民出版社 2018 年版，第 135 页。

②　钱伯城、郭群一整理，顾廷龙校阅：《艺风堂友朋书札》（上册）之第四函，上海人民出版社 2018 年版，第 134 页。

四月十三日（5 月 21 日），山东莱阳贫苦农民曲诗文率饥民 700 多人冲进县署，要求速发积谷，减免苛捐杂税。

四月十五日（5 月 23 日），清政府与英、德、法、美四国银行团在巴黎达成铁路借款协议，将湖北、湖南两省人民争回的路权以“国有”的名义收回，再出卖给帝国主义，激起全国人民的义愤。樊山亦积极支持家乡人民的保路爱国活动。

四月十九日（5 月 27 日），朝廷以长沙抢米风潮，罢免湖南巡抚岑春煊、湖南布政使赓良，惩处湖南文武官员。

四月二十三日（5 月 31 日），樊增祥作诗钟，邀陈三立、缪荃孙、张彬、蔡乃煌、周铁珊等人宴集。缪荃孙在《庚戌日记》中曾记其事：“（宣统二年四月）廿三日壬申，云门约和诗钟，蔡伯浩、周铁珊、邵安未、克齐、百年、篁楼、佑慈同席。”

四月间，为修葺江苏通志局一事，好友缪荃孙致函樊山，樊山很快就给好友回了一函（即《樊增祥致缪荃孙》）①，向好友说明情况。

艺风前辈同年函丈：

邓君昨属伯言说项，弟未诺也。来示处置妥帖，俟禀商极峰酌办。工程事，弟未甚了了，容询问财政局再复。肃此，敬请道安。弟祥顿首。

五月初六日（6 月 12 日），山东莱阳、海阳农民发动抗捐起义。

同日，朝廷实授瑞澂为湖广总督，以杨文鼎为湖南巡抚。

五月初十日（6 月 16 日），国会请愿团发动第二次请愿。

五月二十一日（6 月 27 日），南洋劝业会研究会在江宁成立，李瑞清任会长，梁祖禄、钱实书任副会长，张謇任总干事，蒋炳章任副总干事。

案：南洋劝业研究会是中国历史上耗资百万两白银、第一次举办的全国性大型博览会。展览时间为宣统二年四月十八日至十月二十八日（1910 年 5 月 26 日至 11 月 29 日），博览会地点在南京城内丁家桥至三牌楼一带。此次博览会上展出了上百万件展品，研究会对参展的展品质量、生产技术一一加以考察、鉴定，并进行研究，指出其优劣与今后改进的意见，形成了《南洋劝业会研究报告书》。经过评选，最后有 5269 件展品获奖，其中一

① 钱伯城、郭群一整理，顾廷龙校阅：《艺风堂友朋书札》（上册）之第三函，上海人民出版社 2018 年版，第 134 页。

等奖 66 件，二等奖 214 件，三等奖 426 件，四等奖 1218 件，五等奖 3345 件，并分别为它们颁发了奖牌。

五月二十七日（7 月 3 日），山东莱阳曲诗文正式宣布起义，队伍发展至十几万人。

五月三十日（7 月 6 日），曲诗文率农民起义军攻打县城数日不下，只好放弃县城。

五月间，易顺鼎在广肇罗道任上，写有《樊山和余所刻琼琚集中韵见贻索和走笔次韵并寄集中诸友人》寄赠樊山（见《琴志楼诗集》）。

其间，樊山亦写有《石甫诗专用巧对文襄师屡诫不悛今觅工对赠之勿耳挦扯义山也》诗赠石甫。（见《樊山集外》卷三，《樊樊山诗集》第 1814 页）。

六月上旬，经过十几天的血战，起义军伤亡惨重，起义被镇压。曲诗文在当地农民的掩护下，逃到外地，隐姓埋名才幸存下来。

六月二十五日（7 月 31 日），因各地民变迭起，朝廷命各省督抚慎选牧令。

六月底至七月上旬，好友陈三立之子陈方恪自上海复旦公学毕业，回家看望父亲和家人，并时常将自己所写的诗词拿来向沈曾植、樊增祥、朱古微、郑文焯等长辈请教。

七月初四日（8 月 8 日），前辈好友王闿运在日记中写道："得樊山及陈仲恂寄诗。"

七月初五日（8 月 9 日），前辈好友王闿运作七律（《复樊诗》）一首寄赠樊增祥："老懒还山百不如，转因逃暑得闲居。芰荷早已传秋信，鱼鸟真疑畏简书。直恐西尘劳庾扇，敢开三径引陶车。侯门近日存仁义，且觅蘧庐作寓庐。"①

七月二十二日（8 月 26 日），对樊增祥仕途发展给予很多支持、帮助、关心的老上司、师友、东阁大学士鹿传霖在京城去世。

案：鹿传霖是钦命查处贻谷案的全权大臣，又是朝中坚决主张严惩贻谷的重臣，有学者认为：鹿氏在世时，能与奕劻相抗衡；而这两种力量的角力却让法部无所适从，不得不慎重从事，执中用法，久拖不能定。而鹿

① 此诗见《湘绮楼诗文集·诗》第十九卷，岳麓书社 1996 年版，第 1866 页。

传霖的去世，终于使得“贻谷案角力格局被打破，为结案创造了条件”①。

七月二十五日（8 月 29 日），日本宣布合并韩国。

七月二十八日（9 月 1 日），老友沈曾植因身体久病不愈，遂辞职离安庆至上海休养。

七月下旬，樊山听从友朋的建议，汇集陈臬以后之公牍，自辛丑（1901）迄庚戌（1910），凡十年；集成，厘为二十卷，名曰《樊山政书》付排，并作《樊山政书自序》②，交代编辑、出版此书的缘由：

> 昔余宰渭南六年，尝裒其公牍批判付诸剞劂，已数千部流布人间矣。光绪己亥春，开缺以道府用。辛丑夏，遂擢秦臬；秋，摄秦藩事。其自治文牍一如为令长时，每一批词挂发，吏民传写殆遍。癸卯以后，秦中官报即以吾公牍为资料。积久，手稿多至盈尺。戊申秋，莅江藩任时，新政繁兴，公私困匮，事冗于秦者数倍，然亦时有批答为人传颂。吾乡李茹真大令劝付排印，以供众览。乃发陈臬以后之公牍，自辛丑迄庚戌，凡十年，厘为二十卷，名曰《樊山政书》，属夏午贻编修校雠删订，而付李君督匠排印。
>
> 曩张文襄师最爱鄙文，每秦报至鄂，欣然披览，时对僚属诵之，且曰：“云门下笔有神，每言出若口，必与人异。”已而曰：“藩司官不为小，而好作谐语，是其一病。”感念斯言，为之泣下。今汰其甚游戏者，而仍间存谐语，聊志余过，且实师言也。宣统二年七月二十五日恩施樊增祥书。

八月十五日（9 月 18 日），湖北革命党人杨王鹏、李六如等在武昌将群治学社改组，成立振武学社。

八月间，释敬安再至南京小住，与陈三立、俞明震等人交游。适南洋劝业会正在南京举行，蒯光典为提调。释敬安前往观赏，并作有《庚戌八月，南洋劝业会场湖北馆观樊山布政督乡人摩构黄冈竹楼，因题》《又观所状赤壁、卧龙冈、黄鹤楼诸古迹，再题二绝句》《又观菊花会一首》等诗赠樊山（见《八指头陀诗文集》）。

---

① 张世明：《清末贻谷参案研究》，《中国人民大学学报》2014 年第 4 期；荣孟源、张伯锋主编：《近代稗海》第一辑，四川人民出版社 1985 年版，第 303 页

② 该序保存于樊增祥《樊山政书》卷首，宣统庚戌（1910）金陵聚珍书局排印本；《樊山政书》二十卷（10 册），苏州大学图书馆有藏。

九月初一日（10 月 3 日），清政府资政院行开院礼，监国摄政王载沣临院训词。

九月初八日（10 月 10 日）下午，老友沈曾植自上海乘车赴江宁访友。

九月初九日（10 月 11 日），樊增祥的老上司、诗人、好友曹鸿勋在京师府宅去世。

同日，革命党人于右任在上海创办《民立报》。

九月十五日至二十日（10 月 17—22 日），全国第一次运动会在上海举行，参加比赛的运动员 140 人，上海获第一名，华北获第二名。

九月十七日（10 月 19 日），陈三立和徐绍桢邀樊增祥、缪荃孙、沈曾植、朱祖谋、俞明震、林开謩等人至三醉楼雅集。缪荃孙在《庚戌日记》中曾记其事："（宣统二年九月）十七日乙巳，八点钟到三醉楼，伯严、固卿主人，子培、古微、恪士、贻书、樊山同席。"

九月二十日（10 月 22 日），第三次国会请愿代表团向载沣和资政院上书。

九月中旬，释敬安应邀作《夜读〈樊山集〉奉题》赠樊山。

九月二十三日（10 月 25 日），东三省总督锡良、湖广总督瑞澂、两广总督袁树勋、云贵总督李经羲等省督抚联名上书请组织内阁，定明年开国会。

九月中下旬，沈曾植至宁游览期间，曾过瞻园看望好友樊增祥。樊山则留好友小聚，并有词相赠。乙庵告辞后填有《戚氏·月华清》长调和之。

几天后，樊山又在鸡鸣寺设宴招待沈曾植等友朋，只是当天曾植因偶感风寒而未至，乃于次日填《前调（〈戚氏·月华清〉）·桂华秋》赠谢。

案：沈曾植的此次游金陵，于九月八日（10 月 10 日）抵宁，至九月下旬离宁回嘉兴。其在《戚氏·月华清》词前小序中说："月夜瞻园小集，樊山有词，依韵和之。"又在《前调·桂华秋》词前小序中说："樊山招饮鸡鸣寺，感寒未赴。越日复送一章，邀与彊村同和。"由此可见，樊增祥亦应写有《戚氏》词。但今查《樊山集外》卷六，不见收录有《戚氏》词。

九月二十七日（10 月 29 日），朝命以张鸣岐署理两广总督，以沈秉堃为广西巡抚。

九月（10 月）间，国际飞行协会在美国旧金山举行飞行比赛，冯如驾驶其自制飞机参加比赛，获得第一名。

十月初三日（11 月 4 日），清政府宣布将九年预备立宪期限缩改为五年，并预行组织内阁；令民政部及各省督抚解散请开国会之代表。

十月十二日（11 月 13 日），孙中山在槟榔屿召开同盟会秘密会议，决定在广州再次发动武装起义。

十一月初一日（12 月 2 日），沙皇政府召开内阁特别会议，专门讨论了吞并中国东北北部的问题。

十一月二十二日（12 月 23 日），朝廷下旨，任命吴禄贞为陆军第六镇统制①。

十一月间，樊山的同乡、好友、原陕西的上司黄嗣东在武昌寓所病逝，陈三立应黄氏后人之邀作《清故陕西候补道署陕安兵备道黄君墓志铭》。

十二月初九日（1911 年 1 月 9 日），樊山的好友、文学家、学者蒯光典在江宁寓所去世。

十二月二十三日（1911 年 1 月 23 日），武汉各界数万人集会抗议英租界枪杀人力车工人的暴行。

十二月间，樊山的好友张预②在江苏候补道任上去世。

樊山曾写有《止庵止止庵辨》一文，其中说："吾平生结交多浙人，蓝洲陈君，子虞张君，皆四十年兄事者也。蓝洲晚号止庵，诗札往还，悉以此称之。去年得子虞诗，亦自署止庵，余戏谓两止庵皆杭人，皆吾兄，又皆入吾集，传之后世，卤莽者必峫讹，考据家必聚讼矣。"

同月里，在收到好友缪荃孙为其友人谋职说情的书函后，樊山很快就给他回了一封书函（《樊增祥致缪荃孙》）③。

艺风前辈同年赐鉴：

子虞竟尔长逝，老泪同倾，可胜怆恨。

昨奉手教，为仲武说项，侍为此老求差三年矣，同心之言，亟应赞成。顷上院言之，帅意注在诒书，侍遂未便争执，缘诒书亦吾党也。

---

① 中国第一历史档案馆：《光绪宣统两朝上谕档》第 36 册，广西师范大学出版社 1996 年版，第 58 页。

② 张预(1840—1911)，字子虞，号虞庐、虞庵、腹庐，室名止庵、崇兰堂。浙江杭州人。光绪九年(1883 年)进士，选庶吉士。散馆授翰林院编修，充会试同考官，历任湖南学政、松江知府、江苏候补道。著有《崇兰堂诗存・遗稿》，另有《北行纪程》《赴津日识》等。

③ 钱伯城、郭群一整理，顾廷龙校阅：《艺风堂友朋书札》(上册)之第九函，上海人民出版社 2018 年版，第 136 页。

仲武老运邅迍，为之太息。复请道安。年侍生增祥顿首。十六。

是年，樊山的挚友、书画家、文学家陈豪在杭州老家去世。

是年，樊增祥恩师张之洞的诗集刊行，由直隶总督端方作序。樊山亦应邀为其作《张文襄公诗集跋》：

公自光绪丙子冬由蜀返京，作诗甚少。自己卯至壬午，殚心国事，有封奏四十余件，更无余力为诗。壬午秋出抚晋疆，明年夏移督两广，荏苒八年，吟事都废。在粤时，仅有贺子青宫相子入学诗二首。督鄂十八年，自庚寅至癸巳，中间惟赠俄太子及希腊世子二律。然系幕僚拟作，公稍润饰之。直至乙未自两江还鄂，始一意为诗，如《忆蜀游十首》《忆岭南草木诗十四首》，皆督楚时作；即《挽彭刚直》诗，亦在鄂补作也。

盖公于词章之学最深。四十以后，内赞訏谟，外修新政，公忠体国，不遑暇食，诗学捐弃，几二十年。六十以后，吏民相安，新政毕举，乃复以理咏自娱；而识益练，气益苍，力益厚，境地亦愈高愈深。以五北将诗与四生哀较，以连珠诗与学署草木诗较，划然如出两手。至光绪癸卯朝天以后诸作，则杜陵徙夔，坡仙渡海，有神无迹，纯任自然，技也神乎，叹观止矣。弟子增祥敬跋。①

是年，樊山的同年、同乡好友胡孚宸病逝于山西按察使兼署绥远将军任上。

宣统三年辛亥(1911)　六十六岁

是年，樊增祥仍在江宁布政使任上。因时局颇紧张，与友朋诗酒唱和渐少。

正月初一日（1 月 30 日），湖北革命党人蒋翊武、詹大悲、刘复基等在武昌成立文学社，蒋翊武被推为会长。

正月初十日（2 月 8 日），上海协和丝厂女工举行反对减发工资的同盟罢工。

正月二十六日（2 月 24 日），历经近三年时间，经法部认定：原查、覆

---

① 此文今保存于《张之洞诗文集》的“附录二”——《相国序跋资料辑录》，上海古籍出版社 2008 年版，第 438 页；又收入《湖北文征》第十一卷，湖北人民出版社 2000 年版，第 580 页。

查各节，条分缕析，证据确凿；虽然贻谷拒不承认，亦可定案[1]；摄政王载沣发出上谕，确定将贻谷发配新疆。于是，贻谷案至此终于画上了句号。

案："贻谷案"是当时震动朝野、且广为社会民众关注的大案、要案。当时朝中重臣对贻谷的处理有两派意见：一派以军机大臣、协办大学士鹿传霖为代表，主张严惩，以激浊扬清，力除官场恶习；一派以首辅军机大臣、总理外务部大臣、庆亲王奕劻为代表（奕劻与贻谷有姻亲关系），极力为其辩解，意图转圜。贻谷又出重资在京中收买大臣、言官，致使此案久拖不能决，直至鹿传霖去世、法部尚书换人后，此案才有让朝野正直官吏和广大民众大失所望的结果。时任都察院监察御史的胡思敬就曾说："传霖力矫时弊，不肯假借一词，凡贻谷任内劣迹，虽原参所未及者，悉以上闻，据称贪赃至二百余万，遂下刑（法）部治罪。论者料其必诛。而贻谷出荣禄门，素通声气，京内要人多为之缓颊。其子侄布在朝列，代撰冤词，四出布散。法司遂为所动，欲轻减其罪；而传霖方在军机，乃借咨查款目为名，悬案至三年不结，监国亦勿问也。或嘱予具疏言之。予曰：'贻谷案必俟鹿中堂出军机方可议结，言之何益。'"[2]

然法部最后给贻谷厘定追缴的侵吞公款的数额却只有41930两。贻谷的最终被判刑，主要不是侵吞公款，而是误杀台吉丕尔丹；其后又"依故入人死罪，增轻作重，以死罪减一等，酌减为杖一百，流三千里，系官犯，照章免杖从重发往新疆效力赎罪"。"贻谷案至此在法律意义上的审判成为定谳，但在道德层面的舆论审判尚众声喧哗"（见张世明《清末贻谷参案研究》，《中国人民大学学报》2014年第4期）。

正月间，好友徐绍桢之弟徐绍桀来到金陵，徐绍桢在后湖寓楼设宴为其弟接风洗尘；樊山应邀与友朋至后湖寓楼作陪宴集。徐绍桢作有五言长篇歌行《辛亥正月后湖寓楼宴集三十四韵，同宴者樊樊山方伯、陈伯严吏部、夏午怡编修、林贻书学使、孙少江协统、吴鉴泉、陈仲恂、张篁楼、吴康伯、王孝宇诸观察，杨子琴、虞和甫两太守，黄筠绾明经，舍弟公倩（绍桀）》一诗纪其事："诸公忘轩冕，肯赴野人期。入门各大笑，履险真如夷。樊山老诗伯，文采堪吾师。吏部才如海，气盛言独奇。自余皆文豪，

① 《贻谷赃案竟就此了结矣》，《申报》1911年3月8日。

② 章伯峰、庄建平编：《晚清民初政坛百态》，四川人民出版社1999年版，第107页。

诗坛盛鼓旗。相将斗长句，文藻纷离披。夺标非吾事，百罚亦不辞。既醉倚栏啸，红日在水涯。钟山与台城，隐约烟海帏。怀古型无暇，感今还参巇。明日阅兵去，再作从军诗。”①陈三立作《徐固卿统制兄弟饮集玄武湖别墅》一诗纪其事。

二月间，天气颇不好，樊山甚是想念好友梁鼎芬和沈曾植，乃填《六丑·待铜街试马》词一阕寄赠，以抒其思念之情。其词前小序就说：“上春多雨，霡霂如墨，园梅五株，开已烂漫。赋此寄节庵、子培。”（见《樊山集外》卷六，《樊樊山诗集》第 1926 页）

三月初十日（4 月 8 日），同盟会员温生才在广州刺死署理广州将军、副都统孚琦，温氏亦随即被捕遇害。

三月十六日（4 月 14 日），朝廷实授张鸣岐为两广总督，并兼署广州将军。

三月十七日（4 月 15 日），清政府与英、美、德、法四国银行团订立一千万英镑币制改革和东三省实业振兴借款合同。

三月二十九日（4 月 27 日），黄兴、赵声、朱执信等同盟会员在广州发动武装起义（史称辛亥广州起义、辛亥广州三月二十九日之役或黄花岗之役），攻占两广总督府，随即被清军镇压。此役牺牲革命党人 86 人，后由善堂收殓烈士遗骸七十二具，合葬于城郊的红花岗（后改名黄花岗）。

三月间，樊山应邀为挚友王懿荣遗集作序，成《王文敏公遗集·序》②：

> 自汉以来，“儒林”“文苑”兼者盖鲜。若“儒林”“文苑”而兼“忠义”，则惟吾文敏公独有千古也。公殉庚子之难，遗文大半散轶。孤子崇烈，苦心搜辑，得奏疏二十二篇，经进稿十一篇，问序于余。公少承家学，受业于周梦白先生，笃嗜金石，精于考订，三代而后，彝器泉币铜玉陶瓦碑刻之属，广搜博识，于其真赝灼然也。自汉及今之学派，洞澈源流；汉学师承、宋学渊源二记，并能提其要而补其不及。宏总万流，贯穿百家，言之凿然也。宋元以来迄于本朝之精钞旧椠，目览手觏，靡所不窥。凡板本之佳恶，点画音训之淆讹，钩考详

① 陈正卿、徐家阜编校：《徐绍桢集》，四川师范大学出版社 1991 年版，第 73 页。

② 此文见于《王文敏公奏疏》；又收入《湖北文征》第十一卷，湖北人民出版社 2000 年版，第 577—578 页。

密，洞若观火；厂肆诸估人，奉若严师，勿敢欺也。作院体书而有金石气，尝云作一字须含十二意，一笺一扇，世人得之以为奇宝。自入翰林值南斋，尚方贴络所需，其章幅较大者，孝钦皇太后必降口敕曰：“令王懿荣书。”醇贤亲王秉主，特旨命公缮写供奉。盖稽古之荣，久邀天鉴，庶几不负所学也。居常自谢曰：“文笔非吾所长。”然所韫既厚，信笔抒写，皆翔实典雅，坚重密栗，专家或有不逮，诚不愿世俗知也。此集特公之绪余，大半脱稿时即已见示。公之殁也，仅十一年，而世事日新月异。昔所论奏，今视之如隔年百叶矣。读公前后奏疏，如请复古本《尚书》，胪陈本朝儒臣十三经疏义；想见先朝修文偃武，海内承平，有孙通绵蕝、陈农求书之遗风。以故文学侍从之臣，得以称述老先，阐彰儒效，以视今日何如也。虽然，使公至今犹存，其出入讽议，辅导冲皇，必更有障遏横流；扶翼圣教者，惜乎天不憖遗也。综公生平，见得思义，见危授命，久要不忘平生之言，而又能文之以礼乐，殆不愧为孔门之成人。呜呼！今岂可复得哉。公别有四家馆课之刻，印于京师，板藏余家。其他论著，当次第搜刻之。宣统三年岁在辛亥三月，同学弟樊增祥顿首拜序。

四月初九日（5 月 7 日），应儿子樊瑞之请，樊山为其制作水墨纸本行楷七言对联立轴：“摩挲绕屋扶疏树，爱玩清池活泼鱼。”其题识云：“此渭南旧句也，为瑞儿书之。作此诗时，儿才五岁，今吾将抱孙矣。辛亥立夏日，东溪居士书。”

四月初十日（5 月 8 日），清政府成立责任内阁，奕劻为总理大臣，裁撤军机处；在十三名成员中，满洲贵族九人，贵族中皇族又占七人，史称皇族内阁或亲贵内阁。

四月十一日（5 月 9 日），清政府取消粤汉、川汉铁路民办的成案，宣布铁路干线国有政策。广东、湖南、四川相继掀起保路风潮。

四月十六日（5 月 14 日），湖南长沙举行万人大会，决议拒外债，保路权。

四月十八日（5 月 16 日），长沙、株洲一万多名筑路工人举行游行示威，提出了罢市、罢课、全省抗缴租税的号召。

四月二十日（5 月 18 日），清政府任命端方为督办铁路大臣，前往接收四省商民集股的铁路公司。

四月二十二日（5 月 20 日），清政府派邮传部大臣盛宣怀与英、法、德、美四国银行团代表签订《粤汉川汉铁路借款合同》。

好友易顺鼎自去年底调任高雷阳道以来，相继写有《闻天琴与伯严贻书倩卿诸君有游览湖山之盛赋此却寄》《天琴先生叠韵索和辄依韵和寄》《再寄樊山叠前韵》《樊山先生谓余善愁赋诗寄慰勉和四首奉答》《天琴先生有诗见调次韵奉答》《奉和天琴先生〈初夏即事〉元韵》《再和》《答天琴叠韵》《再叠》《一再叠侯韵奉和天琴老》《和天琴三四叠韵》《天琴赐诗屡及姬人因五山韵以答》《和答天琴先生三叠尤字韵》《天琴诗来和韵赋赠》《又和天琴先生见寄韵博粲》《天琴韵再叠》等诗作寄赠樊山。

五月初四日（5月31日），王闿运在其日记中写道："得樊云门诗。"

五月初十日（6月6日），广东粤路股东千余人开会，决议保路，并通电湘、鄂、川，呼吁相互支持。

五月二十一日（6月17日），川汉铁路股东在四川成都召开会议，反对铁路国有，组成保路同志会。

五月二十六日（6月22日），樊山为其子璘儿书水墨纸本行楷七言联（142×35cm×2）："横笛牛羊归晚径，卷帘瓜芋熟西畴"。其题识云："辛亥夏至，为璘儿书，居士。"

六月二十四日（7月19日），是传统的"荷花生日"，樊山与友朋曾至鉴园宴集。陈三立作有《荷花生日鉴园集》一诗纪其事。

闰六月初六日（7月31日），宋教仁、陈其美、谭人凤等人在上海北四川路湖北小学校成立中国同盟会中部总会。

闰六月十一日（8月5日），上海晋昌、长纶、锦华、协和四丝厂工人为反对减工举行联合罢工。

闰六月十四日（8月8日），朝命陕西巡抚余诚格与湖南巡抚杨文鼎对调。

闰六月十九日（8月13日），革命党人林冠慈、陈敬岳在广州炸伤广东水师提督李准。

闰六月二十一日（8月15日），沙皇政府召开内阁特别会议，专门讨论了吞并外蒙的问题。

七月初一日（8月24日），四川成都举行万人保路大会，决定全省罢市、罢课，抗纳捐税，不认外债。

七月初九日（9月1日），四川川路股东大会决定实行抗粮抗捐。

七月十五日（9月7日），四川总督赵尔丰在成都逮捕谘议局、保路同志会、铁路公司及股东会负责人。

七月十六日（9月8日），四川保路同志会举行武装起义，包围成都，全省响应。

七月二十二日（9月14日），武昌文学社、共进会组成统一的起义领导机构，决定总动员计划。

七月间，樊山曾为瑞儿作纸本楷书五言联立轴（87×25.3cm×2）：“奇鹰皆戴角，御马尽飞龙”。其题识云：“瑞儿为我买旧纸，数番试之，果佳，即以此联界之。联语奇丽，元人诗也。辛亥七月书。”钤印“樊嘉五十万”“此家将有名于楚”。

八月初四日（9月25日），四川同盟会起义军占领荣县，宣布独立，建立革命政权。

八月十七日（10月8日），孙武在汉口俄国租界宝善里二十二号赶制炸药引起爆炸，起义机关遭破坏。当晚，俄国租界当局将逮捕的革命党人和武器、旗帜、名册、文告等转交湖广总督瑞澂。

同日，樊山的好友、佛教研究会会长杨文会①在江宁府宅去世。

八月十八日（10月9日），蒋翊武等在武昌小朝街总部讨论形势，于下午五时发出起义的紧急命令，决定当晚十二时以中和门（今起义门）的炮声为号举义。

是夜十一时半，武昌小朝街起义总部被清朝军警破坏，刘复基、彭楚藩等人被捕。

八月十九日（10月10日），革命党人领导的武昌起义（即辛亥革命）爆发。

八月二十日（10月11日），革命军攻克湖广总督衙门，武昌城光复，瑞澂乘军舰逃走。旋推举第二十一混成协协统黎元洪为中华民国军政府鄂军都督。

八月二十一日（10月12日），汉阳、汉口相继光复。此后，各地起义

---

① 杨文会(1837—1911)，字仁山，号深柳堂主人，自号仁山居士。安徽石埭县(今石台县)人。早年习儒学，并学天文、地理、历数、音韵等。曾任曾国藩部谷米局、江宁筹防局差事。同治五年(1866年)移居江宁，潜心佛学。光绪四年(1878年)，曾随曾纪泽游伦敦、巴黎等地。回国后，创设金陵刻经处。宣统二年(1910年)，创办佛学研究会，举为会长。被美、日学者称为现代中国佛教复兴之父、中国佛教的中兴之祖。三年(1911年)秋，在金陵病逝。著有《大宗地玄文本论略注》《等不等观杂录》《佛教初学课》《十宗略说》等。

风起云涌，相继宣布独立。

八月二十三日（10月14日），清政府重新起用袁世凯，任命其为湖广总督（袁此时则以“足疾”尚未大愈，既不坚辞，亦不请赏假，故意拖延）；又任命岑春煊为四川总督，对抗起义军。

八月二十六日（10月17日），湖北军政府公布《中华民国军政府条例》。

八月二十七日（10月18日），沙俄指使外蒙叛乱集团宣布“独立”。

八月二十八日（10月19日），革命军大败清军于汉口刘家庙（今黄埔路到丹水池一带）。

八月间，为好友郑业敩[①]的七十华诞，樊山撰贺联一副为其祝寿：“借筹公佐中兴业，进酒儿探上苑花。”

九月初一日（10月22日），湖南革命党人焦达峰、陈作新率领新军、会党起义，占领长沙，被推为正、副都督。

九月初二日（10月23日），江西九江的新军发动起义，成立九江军政分府。

九月初三日（10月24日），黄兴接湖北党人电报，自香港抵达上海。

九月初四日（10月25日），黄兴在红十字会女医师张竹君率领的战地救伤队的掩护下，自上海赶赴武汉。

同日，革命党人李沛基炸死刚抵广州赴任的广州将军凤山。

九月初五日（10月26日），接前辈好友王闿运来书（《与樊樊山》）：

> 樊山仁兄道席：前者方言进退之难，未一月而生变矣。归迹纵横，无可究诘。寿平儒缓，绝少风闻，有一范增而不能用，自娱以娱其师，虽说天意，实人事也。遥想瞻园，未知经画。朝服微服，均未所安。贤孙飘萍，未能留隐，兹已附舟东下，暂令还乡，福门无灾，当可团聚。
>
> 闿运到城之日，即闻鄂事，曾未十日，已作羝羊，且复归山，以待其定。欲附一诗相质，自嫌太迂，唯得一联云：“阴谋坠文武，邦谍

---

① 郑业敩（1842—1919），字君觉，号幼惺。湖南长沙人。早年博览群书，然累试不举；遂弃文从军，先后入左宗棠、彭玉麟、魏光熙、李鸿章幕，并因军功累官至道员。卒于南京。平生致力于考据之学。著有《独笑斋金石考略》五卷、《独笑斋金石文考》二集九卷、《独笑斋金石古文考》四卷等。

满东南。”当满城风雨之时，作考兴而止之句，犹可笑也。专此敬问起居，无忧为幸。①

同日，王闿运随来信写有一联（《寄赠樊山》）赠樊增祥：“阴谋坠文武；邦谍满东南。”②

九月初六日（10 月 27 日），清政府任命袁世凯为钦差大臣，节制湖北水陆各军，进攻革命军；袁世凯自彰德（今河南安阳市）出发，抵达孝感督师。

九月初八日（10 月 29 日），山西革命军起义，杀死巡抚陆钟琦，宣告山西独立，“山西军政府”成立，推举阎锡山任都督。

同日，第二十镇统制张绍曾联合第二混成协统领蓝天蔚、第三镇协统卢永祥、第三十九协统领伍祥祯、第四十协统领潘炬楹等联名上《奏请立宪折及拟定政纲十二条》奏折，要求改革政治，召开国会，实行宪政。

九月初九日（10 月 30 日），云南同盟会联合新军起义，次日成立云南军政府，推蔡锷为都督。

九月初十日（10 月 31 日），清廷颁发停战文告，但整个南京城仍然在张勋等旧军的控制之下。

此期间，南京城内一片混乱，人心惶惶，沈曾植、陈三立、赵熙、梁鼎芬、沈瑜庆、诸宗元、杨增荦等两江显宦及社会名流，皆先后逃至上海租界隐居。苏昌辽在《清末四公子之一陈散原》一文中记载说：“武昌首义，各省响应。清廷为加强南京的防守，城内改由张勋辫子兵接防。张勋借口搜捕革命党人，逐日闯入民家，翻箱倒箧，掠夺财物。凡见有剪去辫发之青年以及着学生制服之少年，皆指为革命党，加以逮捕杀害。南京城内，人心惶惶，不可终日。”

九月十一日（11 月 1 日），皇族内阁辞职，清政府任命袁世凯为内阁总理大臣。

九月十二日（11 月 2 日），江南新军第九镇统制徐绍桢与协统沈同午等在南京城外发动起义，被推为江浙联军总司令。徐氏率军进攻雨花台，被江南提督张勋击退。

---

① 此文见王闿运《湘绮楼诗文集·笺启》，岳麓书社 1996 年版，第 1130—1131 页。

② 此联见《湘绮楼诗文集·联语》卷五，岳麓书社 1996 年版，第 2088 页。

同日，北洋军攻陷汉口，民军退守汉阳。黄兴被委任为战时总司令。

也是在这一天里，江宁布政使樊增祥见国事日益不可为，遂前往拜见两江总督张人骏，劝说他顺应形势，宣布江宁独立，不许。

九月十三日（11月3日），上海革命党人占领县城，起义胜利。三天后成立沪军都督府，陈其美任都督。

同日，为对抗武昌起义和应付滦州兵谏，清政府颁布了《宪法重大信条十九条》，宣布实行责任内阁制。

九月十四日（11月4日），浙江杭州新军起义，次日成立浙江军政府。

同日，贵州新军发动起义，次日成立贵州军政府。

同日，清廷命陆军第六镇统制吴禄贞为署理山西巡抚，并命其速赴晋就任，加紧对山西革命军的进剿。

九月十五日（11月5日），江苏巡抚程德全在苏州起义，宣布江苏独立，军政府成立，程德全任都督。

九月十七日（11月7日）凌晨，樊增祥的弟子、年轻的民主革命家吴禄贞，因秘密组织清军倒戈反清，被袁世凯派人暗杀。

同日，广西独立，成立军政府，举沈秉堃为都督，随后改举陆廷荣为都督。

九月十八日（11月8日），安徽独立，成立军政府，举朱家宝为都督。

同日，江宁新、旧军交讧，樊增祥见大势已去，再谒两江总督张人骏，并向他交印求去。张总督却对其云："尔奉政府命，承宣于兹，请向政府辞职。"然樊山"不安于位，又虑张勋将不利于己，于是昌言同官以去为计，径率各官员出城，乘火车逃往上海"①。自此，樊增祥在上海租界，闭户著述，不问世事，日与瞿鸿机、沈曾植等游宴、享乐。

同日，两江总督张人骏见樊增祥等官员已离宁，乃电奏朝廷，授李瑞清为江宁布政使。

九月十九日（11月9日），福建新军起义，成立军政府，举孙道仁为都督。

同日，广东独立，成立军政府，举胡汉民为都督。

广东光复后，冯如带着自制的两架飞机参加革命，被广东革命政府任命

① 扬州师范学院历史系编《辛亥革命江苏地区史料》，江苏人民出版社1961年版，第511页。

为飞机队飞机长。

九月二十一日（11 月 11 日），好友易顺鼎奉命交卸高雷阳道篆务来督署办理文案，然抵广州时省城已为革命军占领，只得由广州奔赴香港暂时栖身。自六月以来，易顺鼎相继写有《天琴先生叠韵索和，辄依韵和寄二首》《樊山先生宠赋四律题余五十三岁所画珠帘争看图依韵自题兼以答谢》《和答天琴先生，三叠“尤”字韵》《天琴诗来，和韵赋赠》《戏答天琴和屈翁山》《四五六叠屈翁山韵答樊山》《天琴有诗谢余寄高州荔支即和答》《樊山和余〈感事〉四首二不和韵即和其韵答之》等诗作寄赠樊山。

同日，汤寿潜、陈其美、程德全三都督通电，倡议在上海召开各省代表会议。

自八月十九日武昌起义爆发，至九月二十三日，湖北、湖南、陕西、山西、云南、江西、上海、贵州、浙江、江苏、广西、安徽、福建、广东、山东等省先后发动起义，宣布独立。

九月二十五日（11 月 15 日），已光复各省代表会议在上海召开，定名为各省都督府代表联合会。

九月二十六日（11 月 16 日），内阁大臣袁世凯组成责任内阁。

十月初一日（11 月 21 日），各省都督府代表联合会议定，公认湖北军政府为民国中央军政府。

十月初四日（11 月 24 日），上海各省都督府代表联合会决定赴武昌开会。

十月初七日（11 月 27 日），时任清政府川汉、粤汉铁路督办大臣的端方，奉朝命率湖北新军第八镇第十六协第三十一标及三十二标一部，经宜昌入川，前往镇压保路运动。

十月初十日（11 月 30 日），各省都督府代表联合会代表抵达汉口开会，讨论组织临时中央军政府问题。

十月十二日（12 月 2 日），江浙联军攻克江宁，南京光复，张勋败走徐州；两江总督张人骏和江宁将军铁良登上日本军舰逃往沪上，革命中心乃由湖北转移到长江下游。

案：南京的顺利光复，樊增祥实际上是有贡献的。樊增祥在离开江宁之前，对权势煊赫的满洲亲贵既不满，又失望，知道国事不可为，故对新军颇为同情，且多方斡旋，在客观上保存了新军的实力。时任第九镇三十三标军官的程家模后来追忆这段历史时曾感叹道：“当日保全九镇新军，即保全革命元气，伍兰荪、樊增祥、马相伯三公之功不可没也，光复南京三公实与有力焉。”

十月十四日（12 月 4 日），“各省都督府代表联合会”决定以南京为临时政府所在地；并推举黄兴、黎元洪为正、副元帅。

十月十六日（12 月 6 日），隆裕太后懿旨，准监国摄政王载沣引咎辞职。

十月十八日（12 月 8 日），内阁总理大臣袁世凯派代表与民军议和。

岑春煊在其《乐斋漫笔》中说：“是时袁世凯出任组阁，发起和议，南北代表群集于沪上。实则世凯手握强兵，直压武汉，外挟民意，以制朝廷，使双方皆受其指挥，而坐收渔人之利，计诚狡矣”①！

十月十九日（12 月 9 日），各省军政府亦派代表与清方代表议和。

十月二十二日（12 月 12 日），十四省军政府的代表齐集南京继续开会。

十月二十七日（12 月 17 日），各省都督府代表联合会推举黎元洪为大元帅，黄兴为副元帅。

十月二十八日（12 月 18 日），南方十一省代表伍廷芳与清廷代表唐绍仪在上海商议南北停战。

十一月初六日（12 月 25 日），同盟会总理孙中山从海外回国，抵达上海。

十一月初十日（12 月 29 日），十七省代表会于南京，选举孙中山为中华民国临时大总统，并决议改用阳历。

十一月十二日（12 月 31 日），各省都督府代表联合会决定修改临时政府组织大纲，实行内阁制，增设副总统。并决定采用阳历。

十一月十三日（1912 年 1 月 1 日），中华民国临时大总统孙中山自沪抵宁，于当晚 10 时宣誓就职，宣布中华民国成立。

十一月十五日（1912 年 1 月 3 日），中华民国南京临时政府成立，各省代表推举黎元洪为副总统。

十一月十六日（1912 年 1 月 4 日），章太炎与张謇等人在上海成立中华民国联合会，嗣发刊《大共和日报》。

---

① 岑春煊：《乐斋漫笔》，荣孟源、张伯锋主编之《近代稗海》（第一辑），四川人民出版社 1985 年版，第 107 页。

十一月二十三日（1912 年 1 月 11 日），中华民国临时大总统孙中山宣布自任北伐军总指挥，派黄兴为北伐军陆军参谋长，制定六路北伐计划。

十一月二十六日（1912 年 1 月 14 日）凌晨，浙江临时参议会议长陶成章，被刺死于上海广慈医院。

十一月二十七日（1912 年 1 月 15 日），当川汉、粤汉铁路督办大臣端方一行抵达资州（今内江市资中县）时，新军突然哗变。端方与其弟端锦遂为起义新军军官刘怡凤所杀。

《清史稿·端方列传》记载："三年，命以侍郎督办川汉、粤汉铁路。时部议路归国有，而收路章条湘、川不一致，川人大哗。川、鄂为党人所萃，乘机窃发。……至资州，所部鄂军皆变，军官刘怡凤率众入室，语不逊，端方以不屈遇害。"

自九月中下旬逃至上海租界后，樊增祥便在静安寺附近从洋人手中买下一幢庄园居住。此庄园面积甚大，有一二十亩。樊山曾在《别静安寺故居》诗后的自注说："赁此宅者为一西妇，贤明能华语，内子与订餐桂之约。"

樊增祥在租界的日子过得十分安逸、悠闲。樊山曾填过一首《清波引》的词，其序言就说："每日平明，娇鸟弄晴，千啁百啭，绿烟始泮，天宇空濛，正于此时得乾坤清气，特尘梦中人不知耳。余自居海滨，夜常不寐，目娱晁景，耳熟好音，在官时无此乐也。赋此质乙庵、汐庵、古微。"

樊山的这种安逸、闲适生活，从他自己为庄园所题写的对联也可见出："只如此已是过分，要怎么方才称心。"

此外，从樊山老人此期间所写的几副品茶对联亦可见出其安逸、闲适的生活：

诗心马上和床上，茶品明前又火前。——《品茶感题》(1)

半格小诗酬白菊，一瓯新茗对西山。——《品茶感题》(2)

茶香味得甘中苦，诗律研教熟处生。——《品茶感题》(3)

其间，樊山写有《早梅和午诒》(二首)、《月夜至舍北草坪》、《移居》、《楼居》、《月下》、《暖阁》、《俳体诗》、《园居即事》、《花鸟一首效唐子畏》、《遣兴》、《和瓶水斋咏物四首》(帘波、烛泪、酒花、香字)、《和瓶水斋咏物再赋》(帘波、烛泪、酒花、香字)等诗作。

也正是此期间，李瑞清与樊增祥这对江宁时期的同僚、好友正在闹矛盾，不相往来：李瑞清鄙视樊增祥弃职潜逃的行为，樊增祥则指责李瑞清私吞藩库巨款。幸亏有好友陈三立出面调停，才平息了这桩公案，使二人的矛盾得以化解，和好如初。

刘禺生曾在《逋臣争印》一文中记载有此事："辛亥革命，张勋守南京，樊樊山为江宁布政使，携印渡江潜逃。李梅庵时为提学使，奉张命署理藩司，盖张勋与梅庵为江西同乡，梅庵且曾誓死不走也。但布政使铜质关防已被樊山携走，不得已，刻一木印，执行司职权。会张勋败走，江宁入民军手，梅庵乃将藩库存余二百余万现款点交南京绅士保管，只身来上海，易名'清道人'，鬻画自活。樊山亦避地上海，两人以前后藩司之故，铜印、木印之嫌，各避不见面，两方从者，不免互为诮让之词。樊方谓李携藩库巨款来沪，李方谓樊携印逃走，且有向樊索取原有关防之说。时湖北军政府派代表来沪，公请樊山回鄂，主持民政省长，樊山辞之（其时禺亦为军政府邀请樊山代表之一）。李方扬言，如樊山回鄂，宜先将江苏藩司印交出。散原老人闻之曰：清廷逊位，屋已焚折，各房犹争管家帐目耶？乃公断曰：'铜印如存，留在樊家，作一古董；木印已灰，事过境迁，何必争论。'闻者咸谓散原老人可谓片言折狱。"①

十一、十二月间，好友沈曾植先后作有《冬晴和樊山》、《长至节和樊山韵》、《和韵答樊山》（七首）、《贻樊山四首》②等诗相赠。

樊山则作《逊翁见余〈清波引〉以五律六篇见贻即次来韵》诗和之。

其间，樊山收到好友易顺鼎所寄其和明末清初屈大均(1629—1696)五十四岁的自寿诗，樊山乃作《石甫和屈翁山五十四岁自寿诗戏叠其韵》四律寄赠。

十二月初四日（1912年1月22日），孙中山发表声明，如清帝退位，袁世凯宣布赞成共和，就马上辞职，推袁为总统。

同日，朱志尧、徐企文等在上海成立中华民国工党。

十二月初五日（1912年1月23日），清政府免去张人骏两江总督职务，以江南提督接任两江总督。

十二月初十日（1912年1月28日），南京临时参议院成立，林森当选议长。

---

① 刘禺生：《逋臣争印》，见《世载堂杂忆》，中华书局1960年版，第145—146页。

② 沈曾植《诒樊山》诗本应有六首，今集中仅存四首。据钱仲联说："今公集只四首，五六两首已佚矣。"钱仲联《沈曾植集校注》（上），中华书局2001年版，第462页。

十二月十六日（1912年2月3日），清隆裕太后命内阁总理大臣袁世凯与民军磋商退位优待条件。

十二月二十三日（1912年2月10日），南京临时参议院通过优待清室条件八款。

十二月二十五日（1912年2月12日），宣统皇帝奉隆裕太后懿旨，颁发退位诏书，授权内阁总理大臣袁世凯组织临时共和政府，存在二百六十八年的清朝暨华夏二千余年的帝制时代正式终结，中华民国肇兴。

岑春煊在其《乐斋漫笔》中说："以数千年专制政体，一变而为共和之国，犹复优待清室，不失尊荣，以视前朝易姓诛夷之惨，相去何止天渊。昔日委质为臣者，今且与故君同为国之公民，而区区效忠一姓之狭义，皆当随潮流以俱去，抑世界大势之所趋耶。于是共和告成，改用阳历纪岁，以明年为中华民国元年云。"①

十二月二十六日（1912年2月13），内阁总理大臣袁世凯通电赞成共和。孙中山向参议院辞职，荐举袁世凯为临时大总统。

十二月二十八日（1912年2月15日），南京临时参议院选举袁世凯为临时大总统。

年底，好友易顺鼎自香港辗转回到上海与家人团聚。

是年，樊山尚写有七言长篇歌行《朋友投诗者略第其高下以三品差次之因系以诗》等诗作（见《樊山集外》卷二，《樊樊山诗集》第1771页）。

是年，樊增祥的《樊山诗钞》六卷《文钞》四卷，由上海广益书局石印刊行。

是年，虫天子选辑之《香艳丛书》由上海国学扶轮社排印出版，其中的第六集卷一二一册收入樊增祥撰写的《彩云曲（并序）》一卷。

案：虫天子即张廷华，字萼荪，浙江吴兴人。所辑之《香艳丛书》，全书二十集八十卷，收书335种。宣统元年至三年（1909—1911）由上海国学扶轮社分三次排印出版。1992年8月，人民文学出版社曾据此分五册影印出版；后请专家、学者对其进行标点、整理，出版有横排简体版。2014年5月，上海书店亦曾据国学扶轮社本分10册影印出版。

---

① 岑春煊：《乐斋漫笔》，荣孟源、张伯锋主编之《近代稗海》（第一辑），四川人民出版社1985年版，第107页。

民国元年壬子(1912)　六十七岁

正月初一日（2 月 18 日），南京临时参议院派蔡元培、宋教仁等人为专使，前往北京，迎接袁世凯南下就职。

正月初三日（2 月 20 日），南京临时参议院选举黎元洪为副总统，同时又兼任湖北军政府都督。

正月十二日（2 月 29 日），袁世凯指使曹锟的第三镇制造“北京兵变”，次日波及天津、保定等地，并以此作为拒绝南下就职的借口。

正月十五日（3 月 3 日），英军一千多人，美、法、德、日军各二百多人抵京“保卫”其使馆。

正月十八日（3 月 6 日），南京临时参议院允准袁世凯在北京就任临时大总统之职。

正月二十日（3 月 8 日），南京临时参议院通过民国临时约法。

正月二十二日（3 月 10 日），袁世凯在北京宣誓就任临时大总统，北洋军阀统治开始。

正月二十三日（3 月 11 日），南京临时政府在南京宣布《中华民国临时约法》。

正月二十五日（3 月 13 日），临时大总统袁世凯提名唐绍仪为国务总理。

同日，雪后云开日出，樊山偕易顺鼎、陈三立等友朋赴徐园探梅。易顺鼎作有《雪后徐园探梅》，陈三立作有《雪后游徐园》，樊山亦作有七言长篇歌行《雪后与同社过徐园访梅，遇王都拔茶话》一首纪其事。（见《樊山集外》卷二，《樊樊山诗集》第 1770—1771 页）。

正月二十七日（3 月 15 日），《中华民国暂行新刑律》公布。

正月间，樊山较悠闲，加之春上多雨，故相继填有《六丑・海上楼居晴望》《满庭芳・上春楼望》《西江月慢・春书有寄》《荔子香近・雨夜书感》《梦玉人引・楼望》《兰陵王・午诒赋此调寄宝生奉和一首后阕为薛四发也》《前调》《前调・赠轻轻》《前调・代轻轻答》《春宵吟・本意即白石自制曲》《宴情都・连理海棠用梦窗韵》等词作。

其间，樊山还写有《节庵笑余宴起戏以诗答》《陈二名其妾曰轻轻或戏之曰轻轻即卿卿也书此以代笺注》《赋得轻轻得轻字七言六韵》等诗作。

同月里，樊山曾将易顺鼎及梁鼎芬、沈曾植、杨钟羲、沈瑜庆、陈籀园等人所投之诗，次为三品，赋诗论列，并慨世事。梁鼎芬作诗答之，并召易顺鼎、沈曾植、陈籀园、杨钟羲等友朋同赋。

樊山作有七言长篇歌行《朋友投诗者，略第其高下，以三品差次之，因系以诗》一首论列之；梁鼎芬则作有五言长篇歌行《樊山以三品次所投诗，答一首，招乙庵、籀园、实甫、留垞同赋（壬子正月）》一首和答之。

二月初九日（3 月 27 日），樊山闲来无事，在家翻阅《人境庐诗草》，再次赏玩黄遵宪的《今别离》（四首），不禁勾起往事和兴致，乃作《读黄公度〈今别离〉诗戏反其意（有序）》（四首）以自赏。

樊山在《读黄公度〈今别离〉诗戏反其意（有序）》（四首）诗后的跋语中说："曩在关中，每举公度此诗，以为佳构。蔡师愚曰：'使公自为之，固当胜彼。'余笑谢之。顷翻《人境庐诗》，偶然兴发，为此狡狯，惜不获起公度于九原互相欣赏也。二月初九日自记"。

二月十二日（3 月 30 日），唐绍仪的新一届内阁组成。

二月十三日（3 月 31 日），临时大总统袁世凯任命黄兴为南京留守。

二月十四日（4 月 1 日），孙中山正式向南京临时参议院提出辞职。

二月十五日（4 月 2 日），南京临时参议院议决中华民国临时政府迁往北京。

二月十八日（4 月 5 日），南京临时参议院议决该院迁往北京。

二月二十一日（4 月 8 日），女子参政同盟会在江苏南京成立。

二月二十二日（4 月 9 日），偕易顺鼎、龚心铭等友朋作诗钟之会。《郑孝胥日记》中云："龚景张来，言樊山、实甫方作诗钟，实甫有江夏六七句：'东望武昌西夏口，朝辞白帝暮江陵。'"①

二月二十四日（4 月 11 日），由共和统一会、国民共进会、政治谈话会等联合而成的统一共和党在南京成立。

二月间，樊山与湖北老乡、年前已来上海居住的陈曾寿时有往来，并作有五言长篇歌行《槟榔和仁仙》诗纪其交往。（见《樊山集外》卷一，《樊樊山诗集》第 1768—1769 页）。

好友金蓉镜亦客居沪上，且时有诗文作品寄赠。樊山乃作《阇公屡寄近作篇篇佳也，奉答一首》赠谢。（见《樊山集外》卷一，《樊樊山诗集》第 1874 页）。

---

① 郑孝胥：《郑孝胥日记》第 3 册，中华书局 1993 年版，第 1411 页。

樊山还常与释敬安、易顺鼎、夏寿田等友朋往来宴集。释敬安作有《春夜与樊云门、夏武夷集哭庵联句》纪其事。

闲暇时，樊山还曾作水墨纸本《歪鼻子歌》镜片。

案：此镜片是樊山写示易顺鼎的戏曲排演取词的部分，上有好友龚心铭的题识："樊山示易，歪鼻子讥陈仲恂也。五嫂者，花翠琴也。景张志，壬子二月。"（见上海敬华拍卖有限公司"上海敬华2006年秋季艺术品拍卖会"——"古籍善本"专场拍卖品，编号：1117）

三月初二日（4月18日），应好友易顺鼎之请，樊山为其制作水墨纸本行书《释迦牟尼佛会图歌》横披。其歌与题识云："诸天龙象失护持……眉山令玉香山诗。右《释迦牟尼佛会图歌》，仲硕五兄诗家属题。壬子上巳前一日，樊山樊增祥题于沪上，时年六十有七。"钤印"壶公"。

三月二十三日（5月9日），由统一党、民社联合国民协进会、民国公会、国民党（非同盟会系统）等在上海合并组成共和党，推黎元洪为理事长。

同日，樊山应好友徐绍桢之邀，与缪荃孙、杨士燮、吴伯康、李瑞清、杨钟羲、龚心铭、易实甫、陈三立等人宴集。缪荃孙《壬子日记》记载："（民国元年三月）廿三日乙酉，徐固卿招饮，杨味春、杨信臣、吴康伯、李枚庵、樊云门、杨子勤、龚锦章、陈西、易石甫、陈百年同席，回家已三鼓。"

陈三立写有《寻春张园偕樊山景张鸥客实甫用前游韵》诗："掉头同作乱离人，强逐游车领好春。出屋柳梢晴雨换，饤盘莲实笑谈亲。偷闲扑蝶娱垂老，照影惊鸿忆未真。"

其间，樊山写有七言长篇歌行《再与石甫论诗并呈伯严》《石甫所藏唐人画释迦牟尼佛会图歌》等诗作赠易顺鼎。（见《樊山集外》卷二，《樊樊山诗集》第1772—1773页）。

三月二十四日（5月10日），英国侵略军再次侵占西藏的亚东、江孜。

三月二十六日（5月12日），五族合进会在北京成立，推举姚锡光为会长。

三月间，樊山在与友朋往来唱和之余，填有《浪淘沙慢·春暮次山》《前调·留垞见和前词》《花犯·徐园兰花会》《满江红·薄暮碧桃花下》《清波引·每日平明》《金缕曲·和石甫咏七娘子》《前调·再和石甫咏阿七》《前调·今疋和七娘子词再赋二解调石甫》《又·盼断银河渡》《花犯·与石甫联步过浦西》《满庭芳·春夜与少聚卿子岱饮花下》等词作。(见《樊山集外》卷六,《樊樊山诗集》第1935—1959页)。

四月初二日(5月18日),是樊山夫人祝氏的生日,好友易顺鼎不仅写有贺诗,还让琴夫人前来祝贺。樊山乃作《内子生日石甫赋诗遣琴夫人来祝亦赋一首》赠谢。

四月十一日(5月27日),由黄兴、程德全、黎元洪、唐绍仪、伍廷芳等党团领袖发起的政见商榷会,在上海成立。

四月中旬,胡思敬自江西南昌来游沪上。陈三立偕李瑞清于十六日(6月1日)招梁鼎芬、秦树声、左绍佐、麦孟华、沈曾植、郑孝胥、沈瑜庆、樊增祥、吴缪、陈衍、杨钟羲、李岳瑞、林开謩、何擎一、梅光迪、陈曾寿、吴庆坻、赵熙、朱祖谋、杨昀荦、胡铁华、胡孝先、熊亦园等27人,至愚园雅集,极一时之观。

胡思敬在其《吴中访旧录》中有详细记载:“四月八日遂与之偕行……十二日抵上海,寓裕丰厚客店。……既莅沪,则从考功伯严访故人居址,伯严一一为予述之,曰:‘梁按察节庵、秦学使右衡、左兵备笏卿、麦孝廉蜕庵,皆至自广州。李藩司梅庵、樊藩司云门、吴学使康伯、杨太守子勤皆至自江宁。赵侍御尧生、陈侍御仁先、吴学使子修,皆至自北京。朱古微侍郎,新自苏州至。陈叔伊部郎,新自福州至。郑苏庵藩司、李孟符部郎、沈子培巡抚,皆旧寓于此。’……于是,伯严与梅庵订期,招以上所举十六人,益以四川胡铁华、胡孝先,广东何擎一,福建林贻书、沈爱苍,同乡梅斐漪及昀谷、亦园八人,共二十七人,于四月十六日大会于愚园。……晚归,宴六合春,约各赋一诗,未成而散。”(见《退庐文集》卷二,民国十三年南昌刻本)

四月二十三日(6月8日),临时参议院决议国旗为五色旗。

四月二十六日(6月11日),缪荃孙给好友樊增祥寄去一函,想在后天请几位友朋燕集小饮,望其届时光临。

四月二十七日(6月12日),樊山收到好友缪荃孙的书函,立即写了一封短简(即《樊增祥致缪荃孙》)①差人送去。

艺风老兄前辈大人侍者:

① 钱伯城、郭群一整理,顾廷龙校阅:《艺风堂友朋书札》(上册)之第十二函,上海人民出版社2018年版,第137—138页。

昨蒙招陪文宴，极惬鄙忱。惟明日别有期会（顷始得知），可否将尊局挪后一日，以期尽欢之处。伏候裁酌，敬请道安。年侍增祥顿首。廿七。

四月二十八日（6月13日），樊山与瞿鸿禨、陈三立、周馥、沈曾植、杨钟羲、李瑞清等人应邀陪同胡思敬游小万柳堂，观赏廉泉所收藏之书画并饮酒，李瑞清当日乃大醉而归。胡思敬作有《四月二十八日陪瞿相国、陈考功、周抚军、沈、樊二方伯、杨太守、李道士游小万柳堂，观廉氏所藏书画，尽醉而归》一诗纪其事。

四月二十九日（6月14日），临时大总统袁世凯下令撤销南京留守府，解除黄兴的职务。

四月间，樊山尚写有《与仲恂池上看月用荆公步月韵》《四月十四日夜月下》《十六夜月戏柬石甫》《次韵答苏龛见赠三首》《赠文房四友》《寓园碧桃花歌》《老妪行》等诗作。

同月里，易顺鼎告别众友朋离沪赴京，仍留其妾琴姬居沪，樊山作《送石甫北行》《代琴夫人变前韵寄石甫》等以纪之。

五月初，王仁东举家迁居上海，与樊山往来频繁，樊山写有《次刚侯移居韵》《次刚侯韵三首》《刚侯云拟学五言诗戏赠一律仍贺新居》《简旭庄》等诗纪其事。

五月初一日（6月15日），胡思敬离沪返赣，樊山与陈三立、陈曾寿、赵熙、吴庆坻、李瑞清、杨钟羲、梁鼎芬等好友为其饯别。胡思敬曾记其事："遂于五月朔日离沪，临时伯平、云门、子勤、仁先、尧生各赠以诗，梅庵赠以书，节庵赠以影像，贻重置酒饯别，座客有子修、梅庵、潜楼、鼎丞六人者……予留沪凡十六日，遇旧交二十四人，得新交六人。"（见《退庵文集》卷二，民国十三年南昌刻本）

五月初二日（6月16日），唐绍仪辞去国务总理之职；十几天后，以陆徵祥为国务总理。

五月初五日（6月19日），樊山与好友王仁东往访沈曾植，留食粽，剧谈。樊山作七言长篇歌行《端午与旭庄同车访子培久谈作歌贻两君》《叠韵答子培病夫一章并柬伯严》等诗相赠。

沈曾植亦作《病夫一章和云门韵》诗相赠（见钱仲联《沈曾植集校注》）。

五月初六日（6月20日），樊山抄录上月自己所作之《艺风前辈枉和前韵，叠韵奉酬》三律[①]送呈好友缪荃孙赏览：

又似乾宁景福年，老怀羞学柘枝颠。春秋谁复分华实，清浊犹能辨圣贤。皂帽今思辽海榻，红裙昔醉曲江筵。不周山触共工怒，朝右何人手捧天。

高名饱学冠江东，合是当年吕本中。老鬓都缘铅椠白，童颜不借酒杯红。即今世法皆平等，满地江湖署长翁。我亦思鲈归未得，虚叨祠禄洞霄宫。

画缣偶赏陆探微，蜡屐慵偕宗道晖。使馆骑驴同辈少，大通泛鹢昔游非。过人筋力登高见，行世文章著翅飞。京洛去来五十载，杜鹃休道不如归。

筱珊五兄大人莞政。弟增祥。

此诗上月廿八日作，以移居鹿鹿，端午后一日，甫能写上。

五月上旬，樊山与好友梁鼎芬往来颇多，并写有《次节庵来韵》《节庵见示程户部遗集中有送余出宰宜川三律感叹之余次韵题后》（三首）等诗赠节庵。

其间，好友梁鼎芬曾专访樊增祥，并出示其母亲所藏之《牡丹丛桂》立轴请题，樊山欣然作《节庵属题牡丹丛桂立轴乃太夫人奁赠中物敬赋》诗相赠。

好友江孔殷曾写有咏花诗四律，好友梁鼎芬一见，便说他是中了《樊山集》的毒。樊山读到其诗后，遂作《江霞君有咏花四律节庵见之啃曰汝中樊山集之毒乃敢为此耶戏作四首示霞君并呈节庵（荻花、藕花、蘋花、菱花）》纪其事。

五月初十日（6月24日），鉴于好友张謇与杨钟羲为盛昱编纂《八旗文经》所遗留下来的藏书闹矛盾的情况，遂出面调停，才使此事逐渐平息。此日樊山曾给好友、实业家、收藏家龚景张写过一封信函——《复龚景张函》，因不见著录于樊氏各集，故全文照录如下：“来示读悉。先生义愤勃发，杨侍郎主持公道，扶弱抑强，可胜钦佩。留垞学养深粹，昨已自草一函致季直，中正和平，使人意消。若我辈再作《留都防乱揭》，恐非留垞意也。再思之。扇收到，即请景张先生台安。君号景张，而又排张邪？笑

① 录自钱伯城、郭群一整理，顾廷龙校阅：《艺风堂友朋书札》（上册），上海人民出版社2018年版，第139—140页。

笑，嘉顿首。夏至后二日。”①

案：杨钟羲曾襄助盛昱编纂此书，为编此书收集了颇多满人的文集、文献资料；盛昱去世后，所收书籍文献在辛亥之变时遗失不少；张謇怀疑剩下的文献书籍被杨钟羲私吞，遂写信索要；于是，两人为此闹得不可开交，并牵涉到不少人。

五月十三日（6 月 27 日），樊增祥应徐乃昌之邀，与陈三立、黄以霖、张元济、梁鼎芬、刘世珩、缪荃孙等人至徐延爵宅中宴集。樊山作《徐积余招饮某氏园亭邀伯严节庵同赋》诗纪其事。

缪荃孙在《壬子日记》中记载：“（民国元年五月）十三日癸酉，到徐叔屏宅内，积余约也。樊云门、陈伯严、黄伯雨、张菊生、梁节庵、刘聚卿同席，回家已三鼓矣。”

五月中旬，樊山曾与前辈好友王闿运相约，王氏游完岳麓后便一同游吴。时间已过却不见人来，乃作《和湘绮翁九日登岳麓翁约游吴不至》寄赠。

五月二十二日（7 月 6 日），根据湖北军政府的荐举，北京国民政府签发命令，任命樊增祥为湖北民政长（即后来的省长）。随后，湖北军政府派刘成禺等人为专使赴沪迎接，请樊增祥出山，回湖北履职；樊增祥则仍以对清廷的“忠贞”自居，坚辞不赴，事见刘成禺《逋臣争印》。

案：对于樊增祥坚辞湖北民政长一事，学人有不同的看法：“人咸称其高尚。然增祥已拥厚资，起华屋租界，其子若孙，亦分据要津，且是时民党方用事，议会跋扈，官吏至不易为，宜其坚辞矣。然项城每有赐予，必具文申谢，务极工丽，以称述感激。”（见王森然《近代名家评传》）

六月上旬，王仁东将其子妇金陶陶女史所画之花卉呈上，请求樊山题诗。于是，樊山遂作《旭庄以其子妇金陶陶女史所画花卉册十六页属题杂赋五六七言诗二十首》纪其事。

六月十五日（7 月 28 日）夜，樊增祥心中有事，徘徊于庭院之中，举目望月，久久不能入睡。遂作五言歌行《六月望夜对月》纪其事。

六月二十八日（8 月 10 日），临时大总统袁世凯公布参议院制定的《国会组织法》和《议员选举法》，并下令在全国进行国会议员选举。

---

① 此函见杨钟羲《雪桥自订年谱》，《近代中国史料丛刊本》，台湾文海出版社 1996 年版。

七月初七日（8 月 19 日），当日乃传统的七夕节，樊增祥填有《鹊桥仙·壬子七夕》词以纪之。填完后仍觉意犹未尽，再填《拜星月慢·前题》一首。

七月十二日（8 月 24 日），孙中山应临时大总统袁世凯的邀请抵达北京。

七月十三日（8 月 25 日），孙中山、宋教仁等人以同盟会为基础，联合统一共和党、国民共进会、共和实进会、国民公党等党派，成立国民党，公推孙中山为理事长。

同日，已是初秋时节，适是日下过雨，天气遂逐渐转凉，樊山乃作《七月十三日雨》《薄暮》等诗纪其事。

七月十五日（8 月 27 日），由共和建设讨论会、中华共和促进会、国民协会、共和统一党、共和俱进会、国民新政社等政团在北京合并组成民主党，拥梁启超为首领。

七月中旬，沈曾植自戈登路三十三号移居麦根路十一号，并作《移居》、《绸斋和诗伟丽绵密老夫读之缩手叹息三叠奉答示留垞》（此诗亦题作《樊山三和移居诗五叠韵答之》）、《涛园和余移居诗四叠前韵答之》等诗纪其事。樊增祥作七言律诗《次韵和乙庵移居四首》赠贺。

其时，沈曾植的好友陈三立、梁鼎芬、杨钟羲、吴庆坻、吴士鉴、沈瑜庆皆写有和诗祝贺。

七月二十二日（9 月 3 日），教育部公布新订学制《学教系统表》（即壬子学制）。

七月下旬，樊增祥与杨钟羲往来酬和颇多，相继写有《得留垞诗奉简一首》《再简留垞》《三简留垞》《酬留垞》《叠韵简留垞并呈节庵子培伯严石甫》《再叠医字韵遣兴》等诗相赠。

其间，杨钟羲奉母从法租界的升平里一号迁居茄勒路顺元里北弄。樊山遂作《叠韵贺新居》（四首）贺其乔迁。此诗不见著录于樊山诗集，照录如下：

机杼欣逢仉母迁，幽居亦是襄西堧。车尘谁逐康成后，鞭影仍输士稚先（君移居，后子培十日）。古寺漫寻开士往，今王反受疠人怜。丛兰新植陔南草，得受金风玉露偏。

楼前水落见鱼标，怅望吴天昼泬寥。流转王尼叹沧海，舒卷陶亮自云霄。陈书竹屋新糊纸，揭榜茅庵旧听潮。纵〇山资盈十万，肯騕风节为郗超。

栖栖赁屋转蓬身，一亩儒宫安梦魂。可有青山与排闼，料无香草正当门。管龙谊不三公就，袁豹书犹一半存。七夕晒衣仍故事，金陵余泪满衫痕（君以初七日迁）。

举角牛车几笨车，谷莺乔木意何如？信天且自亲鱼鸟，练日何心较建除。白鹤新居依海市，觚棱旧梦绕虹枢。秋凉如水房须暖，携酒同过爱日庐。①

杨钟羲、樊增祥的好友梁鼎芬以"茄勒路顺元里北弄"每字冠首索诗，樊山乃又作《髯翁征诗戏赋·时留垞徙茄勒路顺元里北弄，髯以每字冠首索诗》、《再用茄勒体呈髯翁》（进退格）诗相赠。

七月二十八日（9月9日），临时大总统袁世凯授孙中山以筹划全国铁路全权，督办全国铁路。

八月十五日（9月25日）中秋节，樊山作《沪上中秋》《中秋对月》等诗作纪之。

随后，樊山读到好友易顺鼎咏中秋的诗，遂作七言长篇歌行《阅石甫中秋诗戏书其后》相赠。

同日，临时大总统袁世凯任命赵秉钧为国务总理。

八月十八日（9月28日），临时参议院决议10月10日为中华民国国庆纪念日。

八月下旬，易顺鼎离京返沪，与友朋们相聚。易顺鼎未返沪之前，便极其喜欢红极一时的贾碧云，尤赞赏其傲视权贵的事迹，见好友罗惇曧写有《寄贾郎诗》（其时贾碧云正在沪上演出），遂写了七言长篇歌行《贾郎曲》数百言（见《壬子诗存》，民国初年铅印本）；来沪后，又常邀樊山一起去观贾郎的演出。樊山感其盛情，乃作七言长篇歌行《碧云辞和石甫》以和之。

九月初九日（10月18日），为传统的重阳节，应释敬安之邀，樊增祥与陈三立、易顺鼎、熊希龄等人至静安寺作重阳会并观第六泉，食素餐，沈曾植因病未至。樊山还作有《九日八指头陀招同伯言秉三石甫素食静安寺乙庵以病不至（二首）》、《次伯严重阳集静安寺韵》（五言歌行）等诗纪

① 上引诗均见杨钟羲《雪桥自订年谱》，《近代中国史料丛刊本》，台湾文海出版社1996年版。

其事。

九月中旬，樊山招好友至寓斋宴集、观赏书画、摄影照像。沈曾植作《樊山招同伯严节庵完巢子勤小集寓园阅所藏书画婆娑竟日摄影而散次日以长歌写示次韵奉和》诗纪其事。

九月廿一日（10 月 30 日），为陈三立的六十寿诞，沈曾植作《散原六十寿诗四首》祝贺（见《海日楼诗注》）。樊山与实甫后此几日亦有寿序及诗见贶。

樊增祥作《陈考功六十寿序》一文，其中说："姜夔之论书也，以偶然欲书为一合，作文亦然。余不乐为古文，有以寿言请者，尤坚拒之。比日金风戒寒，意常不适，忽乙庵枉书曰：'散原六旬正庆，有诗否？'余始恍然。九月二十二日为君揆辰，余为失晨之鸡，已五日矣。石甫补作一诗，余偶然兴至，以文寿之。"

除寿文外，樊山又另写有《寿伯严》《伯严答诗语特深妙再赋》等诗作相赠。

易顺鼎则作五言古体长诗《壬子九月二十二日为散原六十初度赋贺一首》相赠。

案：陈三立的生日为九月二十一日，樊山与石甫在其寿序和寿诗中均误作二十二日。详见刘纳编著之《陈三立评传·作品选》。

九月二十四日（11 月 2 日），樊山的好友、著名诗僧释敬安在北京法源寺圆寂。

九月二十五日（11 月 3 日），沙俄强迫外蒙库伦傀儡当局签订《俄蒙协定》，规定俄国帮助外蒙"自治"。

九月二十七日（11 月 5 日），沈曾植致函来说陈三立六十正寿之事。

九月二十九日（11 月 7 日），中国政府严正声明，不承认《俄蒙协定》。

九月间，一日易顺鼎往访樊增祥，适杨钟羲至，既而吴庆坻、陈三立亦至；樊增祥乃邀诸友至酒楼宴饮，并召朱素云来叙说京华旧事[1]。

十月初一日（11 月 9 日），天大雪剧寒，樊山得知实甫病痔困卧在家，遂相继写了《十月朔雪》《鰕公以咏雪押秋字为难叠韵一首》《再叠秋韵赋雪

① 陈松青：《易佩绅易顺鼎父子年谱合编》（下），湖南师范大学出版社 2018 年版，第 689 页。

调石甫》《以雪诗致节庵立和二首雪晴奉读三叠韵酬之》等诗作差人送去。

易顺鼎读到樊氏之诗，当即作《十月朔日病痔困卧忽大雪骤寒适天琴来诗遂和其韵二首》回赠。

十月初三日（11 月 11 日），樊增祥招梁鼎芬、陈三立、易顺鼎、杨士琦、杨士晟、张彬、杨钟羲等友朋集茶仙楼作诗钟，并写有《十月初三日柬招杏城节庵伯严石甫蔚霞黄楼子琴和甫綗公汉章集茶仙楼为诗钟之戏客散有作》诗纪其事。

是日，易顺鼎亦作《十月初三日樊山招饮和韵赋谢一首》纪其事。

十月初四日（11 月 12 日），上海首家营业性游乐场新新舞台屋顶的“楼外楼”开张；士女游观者极盛，樊山偕石甫亦往游。

十月上旬，名伶贾碧云宴请樊增祥和易顺鼎等名流，樊山作《贾郎肃余与石甫会饮即席赋谢索同座诸君和》诗纪其事。

是日，易顺鼎亦作有《贾郎为余与樊山置酒即席和樊山韵》诗纪其事（见易顺鼎《壬子诗存》，民国初年铅印本）。

十月十二日（11 月 20 日）晚，樊山偕易顺鼎、梁鼎芬、于式棱在沧州别墅宴集后，见月明如洗，遂相偕步月而归。易顺鼎作有《孟冬十二夜偕天琴、节庵、渊若自沧州别墅步月归，得诗二首，索诸君和》以纪之（见《壬子诗存》卷下）。樊山则写有《和石甫孟冬十二夜步月韵》（二首）和之。

十月十三日（11 月 21 日）晚，樊山与易顺鼎、陈三立等名流相约前往上海颇享盛名的剧场——天仙园观看王客琴、林鞶、王宝宝三位名伶演剧。观剧结束出场后，樊山见皓月当空，有如昨日，颇为兴奋，当即作《十二（三）夜与石甫伯严诣天仙部顾曲，归时月明如昨，再叠前韵，索两君和》（二首）以纪之，归家后又作《天仙部三女伶诗三首（有序）》纪其事。

樊山诗后的跋语说：“近来曲中人，识字者少，游其间者，又乏南都四公子之流，以致命名多不可解。若王客琴三字，岂能入诗题耶？甚至冒古美人名，如卓文君、柳如是之类，即林鞶亦以林黛玉著称。吁，可异已。今改字王伶曰‘琴客’，林伶则用其本名。吾自作诗遣闲，促石甫和，非欲渠侬放拨灯前谢改名也。壬子十月十三日自识。”

是日，易顺鼎亦作《和樊山〈十三夜看月〉元韵》《和樊山天仙三女伶诗原韵》等诗纪其事（见易顺鼎《壬子诗存》卷下，民国初年铅印本）。

十月十六日（11 月 24 日）晚，偕易顺鼎又至天仙园听王客琴歌曲，樊山作五言长篇歌行《十六夜月戏柬石甫》纪其事。

易顺鼎亦作五言长篇歌行《十六日乘汽车至吴淞观飞艇归，复偕天琴先生诣天仙园听王客琴歌曲，天琴月中乘小车返，有诗柬余，依韵答和之》一首以和之。

十月下旬，易顺鼎流连剧场，写了不少捧伶诗。樊山作《石甫日日顾曲有诗纪事戏同其韵》诗纪其事。

十一月初一日（12 月 9 日），为樊增祥的六十七岁生日，沈曾植、梁鼎芬、陈三立、王仁东、林开謩等好友请樊山到茶楼喝茶、赏画，并请日本画家为其画像。樊山相继作七言绝句《乙庵节庵散原旭庄诒书同过茶仙亭略观书画遂至徐园涛园亦至旭庄引一东洋画师为余画像薄具茶粥酒果抵暮而散杂记以诗》（十首）、七言绝句《自题六十七年画像四首》、七言长篇歌行《赠日本画师光永眠雷》等纪其事。

易顺鼎则以橙柚为好友寿，并作《仲冬朔日天琴初度余以橙柚为寿并媵以诗》相赠。

是日，好友沈曾植亦作七律《寿樊山六首》相赠。

十一月初四日（12 月 12 日）晚，樊增祥漫步庭院中，只见梅花初放，雪月交辉，令人心旷神怡。樊山思泉涌动，当即回书房填《沁园春·仲冬初四夜，小园梅始著花，雪月交映，效稼轩体》一词以纪之。

十一月二十日（12 月 28 日），天大雪，好友、广东顺德收藏家辛孝康来访，并出示其友高珩（念东）所藏文征明之《齐河晚济图》请题。樊山见到此图，不禁回忆起四十多年前的往事，乃作《仿苏以〈齐河晚济图〉乞题》相贻。

适好友易顺鼎亦在坐，遂共赏，并作《十一月廿日仿苏携高念东所藏文衡山〈溪山雪霁图〉访樊山，共观，适大雪，遂登楼外楼烹茗赏之，复过虹口大桥，访伯严，还听剧，赋诗二首，即题图中》相赠。

几天后，好友辛孝康[1]再次前来拜访，并出其刚刚得到的、知不足斋钞本《兰雪集》请题。樊山颇为感动，慨然作七言长篇歌行《玉娘曲》（并序）相赠。

好友易顺鼎在读到樊山这首七言长篇歌行后，亦抑制不住内心的感动，

① 辛孝康，生卒年不详，字仿苏，广东顺德人。家富有，嗜书画，喜收藏，尤好交名士。早年寓沪上，眷姚佩兰，掷资巨万。中岁境稍窘，至都门，视佩兰如旧。未几病逝。

欣然作七言长篇歌行《读樊山先生为辛仿苏题宋元间闺媛张玉娘〈兰雪集〉精钞本诗题后》相赠。

十一月二十九日（1913 年 1 月 6 日），孙中山、黄兴、宋教仁等赞同筹建民国国史馆，撰修《中华民国史》。

十一月间，沈曾植作《入冬以来久废吟事樊山写示近作两首依韵漫和》、《再次前韵》（二首）等诗作赠樊山。

十二月初二日（1913 年 1 月 8 日），好友易顺鼎过访，并一起前往拜访沈曾植。

十二月初八日（1913 年 1 月 14 日），樊山依旧俗，做了腊八粥，并给好友易顺鼎送了一些。易顺鼎颇感动，且是日适逢其先君初度，遂写了七律《腊八日感赋》一首以纪之。

十二月十一日（1913 年 1 月 17 日），宋教仁抵达湖南进行竞选活动，随后经武汉前往上海。

十二月中下旬，樊山开始与自天津来沪的陈夔龙结识交往。陈夔龙作《湘绮先生莅沪余既赋短章奉迓矣日间走访得读樊山方伯赠诗暨止庵协揆和诗依韵再赋四律》纪其事。

十二月十七日（1913 年 1 月 23 日），湖南名士王闿运由湖南长沙经汉口抵达上海，当晚就宿于船上。其子王代功对湘绮老人此次游沪的缘由有详细的说明：“十二月，茙妹自去岁来湘，即遇铁路国有之议，全蜀震动。争路之风遍于全国，致成革命。妹婿丁体晋前守龙安，其生母及两女避乱江油，消息久断。府君闻其从子在沪，遂定计送茙妹至上海，以便转往江油。十日由长沙启行。十三日至汉口，十四日乘江轮。十七日至上海。樊云门闻府君至，即来轮船夜谈。”①

樊增祥一得到消息，当晚即赶往船上与湘绮老人畅谈；随后几天则与陈三立、沈曾植、易顺鼎、瞿鸿禨、吴庆坻、曾广钧、李瑞清等人，频繁与湘绮老人宴集唱和，并相继写有《喜湘绮至沪》（四首）、《除日简壬丈石甫伯严子培》等诗相赠。是日，沈曾植、吴庆坻、吴士鉴等人均有和诗。

湘绮老人在其《湘绮楼日记》中则详细记载了这次游沪的情况：“（民国元年十二月）十七日，巳正至上海……樊山坐小艇上船，庶长导之，谈至

① 王代功：《湘绮府君年谱》，《湖南人物年谱》第 4 册，湖南人民出版社 2013 年版，第 582—583 页。

夜半，云已丑初，乃寝，实未丑也。”“十八日，樊山早去，约我一饭。因商令知会诸亲友酒楼话别……樊山及硕甫、伯严来。溯根及一少年来，以为丁氏子也，貌甚相似，从人云陈少爷，乃知小石子。均请登岸，余固辞之。与樊、易、陈同登岸，访亨社，裴回往来，行数里未得，后乃得之。小食粥酪，同至酌雅楼，请子玖、子培、子修、小石，小石不至，便约重伯、李梅痴九人同集。皆言宜留此度岁，遂定起行李。硕甫往来奔驰，竟未遑食。余与子玖同车，宿其寓。”“十九日，寿苏、子培来，同丞相车至静安寺，子修、易、陈、李、樊同集。仙童急欲联句，竟无人附和。”

十二月二十日（1913 年 1 月 26 日）上午，樊增祥偕丁溯根、程颂芳、杨度、易顺鼎、李瑞清等人至瞿府与湘绮老人久谈。

十二月二十二日（1913 年 1 月 28 日），王闿运自瞿府迁居辛园，与樊山所居同巷（在静安寺路）。曾偕易顺鼎前往湘绮老人新寓访谈。王闿运当天日记中记载：“云门、硕甫来，同坐谈。”①樊山作《湘绮老人移寓辛园，喜赋 辘轳格》一诗以纪之。

王闿运在日记中记载：“廿三日（瞿鸿禨招饮），……子培来，乃出谈。健之、诗孙、硕甫、伯严、重伯、子修、海（梅）庵继至，云门最后，酉正入坐，亥散。”“廿五日，健之（刘体乾）遣车来迎，往则诸客未至。看蜀石经四册，并为题字。瞿、吴、何、陈、李、樊、易续至，子培不来，此来正为问金寓，殊失所望。”

十二月二十七日（1913 年 2 月 2 日）上午，王闿运来访，樊增祥尚未起床；待起来相见，因湘绮老人尚要拜访其他数人，故少坐即去。

王闿运在日记中记载：“廿八日，小石来，袁（树勋）车待客，乃同出，驰至马场，海观一人独坐，密谈一时。瞿、李同来，易、何、陈、樊继至，戌散。”

“廿九日，云门来，留吃饼。石甫、伯严继至，谈至日夕乃去。”

王闿运游沪期间，曾为樊增祥的新居题名“樊园”。樊山作五言长篇歌行《偶阅宋人刘跂诗云所到园林即为主若须吾有定何年真达人语也感赋一诗》纪其事。

樊增祥《去年乙庵有移居四律余八叠韵和之顷于五月二十六日移寓宝昌路新宅亦赋四诗索同社和》（四首之三）中亦有“园以樊名湘绮翁，以樊名

① 王闿运：《湘绮楼日记》第 5 卷，岳麓书社 1997 年版，第 3218 页。

寺记清容”(诗的下句是指樊山以前曾居万寿寺，袁昶将其叫作“樊名寺”)的诗句。其间，沈曾植曾写有《娱园之集止》一诗纪宴集之事。

对湘绮老人的此次游沪活动，上海《申报》亦有报道：“王湘绮先生日前偕其第八女往沪，将有将有济南之行。总统府得此消息，欲拣派一妥当大员往迎之……昨日总统已有电谕俞（明震）君，嘱其就近招待，偕其北征。惟据又一访友报告谓，陈伯严、樊樊山有电来京言：湘绮莅沪，朋辈强留数日，即日回湘。果尔，则此次招待王湘绮大使或又成一段空话矣。”①

十二月二十九日（1913 年 2 月 4 日），北京参、众两院复选，宋教仁主持的国民党获 392 席，占压倒性多数，拥护袁世凯的共和党、统一党、民主党仅获 223 席。

十二月三十日（1913 年 2 月 5 日），为传统的除夕，樊增祥有诗赠王闿运、易顺鼎等好友。不久，易顺鼎遂偕夫人过樊园来与樊山共度除夕良宵。樊山写有《除日简壬丈、石甫、伯严、子培》一首；易顺鼎则作《除夕偕玉颀过樊园夜景清绝纪之以诗》纪其事。

是月，樊山在《庸言》杂志“诗文录”栏目第一卷第一（12 月 1 号）、二号（12 月 16 号）上发表诗作 6 首②。

是年，樊山作《夏日园居杂诗》(十章)、《晚菊一首索伯严午诒和》、《午诒和晚菊诗即次其韵》、《别故居二首》、《后园居诗九首》、《石甫作剪发诗又作不剪发诗见者不解吾以诗解之》、《秋夕与子修伯严石甫子琴诣莱香居共饭石甫招朱郎至自庚子后不相见者十三年矣既归作长句纪之》等诗作。又填有《采绿吟·曲水流觞日》《大酺·又石泉清》《莺啼序·匆匆褉兰过了》《鹊桥仙·绛河如故》《庆宫春·霜鹤惊寒》等词。

是年，好友易顺鼎与樊增祥交往甚密，酬和颇多，相继写有《环沪日偕玉颀天琴老人蒙赠佳诗即和元韵》《由京还沪天琴邀访散原贳酒听歌因和天琴韵》《雨夜和天琴见柬元韵》《天琴赠琴姬小字玉颀并媵以诗因和元韵代琴姬赋谢》《和天琴秋晴与鄙人同访酒家作》《和天琴与鄙人共话有述韵即赠》《寄禅上人招集静安寺作重九并观第六泉即席和散原天琴韵》《前题和天琴

① 《招待王湘绮大使之谈片》,《申报》1913 年 1 月 31 日。

② 杨萌芽《古典诗歌的最后守望——清末民初宋诗派文人群体研究》,武汉出版社 2011 年版,第 238 页。

韵》《和天琴展重阳日作》《连日与天琴补松散原留垞今雅招朱贾两酒纠小饮因和天琴三叠前韵》《和天琴赠别韵》《和天琴再赠韵》《秋日诣天琴适留垞先至既而补松散原亦至天琴邀饮酒楼招素云说京华旧事因作长歌一首留垞先和余继和之》《偕樊山观小达子小金娃演回荆州小如意演锁云囊因分咏二首》《朱郎曲和樊山韵赠歌郎朱幼芬即送其归北》《孟冬十二夜偕天琴节庵渊若自沧州别墅步月归得诗二首索张君和》《和樊山十三夜看月元韵》《十六日乘汽车至吴淞观飞艇归复偕天琴先生诣天仙园听王客琴歌曲天琴月中乘小车返有诗柬余依韵答和之》《樊山小女阿璘生日赋赠》《再呈湘绮老人四首和止庵相国樊山先生元韵》《十一月廿日仿苏携高念东所藏文衡山溪山雪霁图访樊山共观适大雪遂登楼外楼烹茗赏之复过虹口大桥访伯严还听剧赋诗二首即题图中》《天琴见示乙庵和天琴韵近作二首又谢余相招观剧病不能初五首因和近作二首韵答之》《十二月二日同天琴再过乙庵仍和前韵二首》《和天琴同过乙庵韵一首》《和天琴见调韵一首》《和天琴再观琴客演剧韵二首》《东坡生日陪湘绮年丈止庵相国及樊山乙庵子修伯严重伯梅庵诸公集愚园作》《和樊山移居静安寺路》等和诗赠樊山。

是年，通过安徽合肥好友龚心铭，樊山与其亦寓居上海的弟弟、收藏家龚心钊结识，并应龚心钊之请，为其收藏的纸本《蘧庄图卷》题跋。樊增祥的题跋因未见《蘧庄图卷》本品、而网上图片太小，辨识不清，难知其具体内容。然其题跋的款识尚可知：“馆愚弟樊增祥，拜题时同客沪上。”钤印“武威樊嘉”“鲽翁”。

案：说到《蘧庄图卷》的绘制和保存及题跋，可谓安徽合肥民初文化史上的一件佳话。逍遥津在合肥东北，上接淝水，下连巢湖，是古代庐州水陆的重要通道之一；三国时，曹魏在此大败东吴，使得逍遥津名满天下。光绪二十一年（1895年），龚心钊继其兄心铭之后考取进士，并被选为庶吉士，轰动一时，故贺客盈门。他见时任四川布政使的父亲龚照瑗（1835—1897）年岁已大，便用所收礼金收购合肥逍遥津一带的土地与水面，并着手兴建龚氏花园，命名蘧庄，作为父亲辞官后的归养之所。二十九年（1903年）春，蘧庄基本建成。龚心钊遂请好友、书画家、时任礼部主事的姜筠为其画图。姜筠参观完蘧庄后，自当年夏天开始，直到当年的冬天，历经大半年时间，相继完成了《池滨花园》《稻田菜畦、茅亭古迹》《湖中列岛》《豆池戏舟》四幅图卷。

第二年春，龚氏邀请同治状元、宣统皇帝的老师陆润庠为花园书写匾额。陆氏书写云："古逍遥津。光绪甲辰春日，陆润庠。"光绪三十一年(1905 年)，龚氏又请书画、篆刻大师吴昌硕为其引首。吴昌硕乃以石鼓文为之引首云："逍遥津。光绪乙巳，客沪上严氏四间楼，俊卿。"钤印"仓硕"。随后，龚氏遍请名流为《蘧庄图卷》题跋。至民国二十四年（1935 年）止，相继有康有为、郑孝胥、樊增祥、高振霄、冯煦、陈三立、钱崇威、冒广生、梁鼎芬、王尚辰、曾广钧、梁鸿志、陈夔龙、宋育德、左桢、吴荫培、杨钟羲、易顺鼎、恽毓嘉、杨士琦、张文运、李经畬、孙宝琦、刘钊、张志潜、林开謩、张丹斧、叶开圻、沈思孚、宣龚、冯汝玠、张玮、张启后、袁励准、李国杰、吴用威、朱元树等五十多人为其题跋。后龚心钊又请李经畬为其题签。李氏的题签云："蘧庄图卷，姜颖生画，诸家题咏。滈洲署签。"钤印"新吾"。于是，遂形成了今天所见到的珍贵的《蘧庄图卷》手卷。1949 年，安徽合肥解放，人民政府将龚家后院的逍遥津辟为公园，供人们游览。

是年，樊增祥的上司、好友张汝梅在河南密县老家去世。

是年，樊山的好友何乃莹在山西灵石老家去世。

是年，樊增祥的《〈赏心集〉〈闲乐集〉合刊》，由上海广益书局石印刊行。

民国二年癸丑(1913)　六十八岁

正月上中旬，湖南名士王闿运在沪上过年，至二十日离开上海，樊增祥与陈三立、沈曾植、吴庆坻、吴士鉴、李梅庵、易实甫、瞿鸿禨、俞恪士等名流相陪，诗酒唱和不断。此期间，樊山写有《湘绮先生胁痛奉讯是日美士李君请先生讲学》《春初呈湘绮丈》《即席叠芹字韵》《即席再叠芹韵》《感旧三叠芹韵》《湘绮老人移寓辛园戏赋》《送湘绮丈》《石甫屡拈巧对上湘绮丈亦赋一律博笑浑不似也》《壬丈登舟后同人复觞于醉沤馆即席赠别》《送湘绮归赋呈止庵》等诗作。

正月初一日（2 月 6 日），樊增祥偕易顺鼎、袁树勋、宝巽、丁道津、瞿鸿禨等友朋前往辛园给王闿运贺岁，畅谈竟日，并与友朋相唱和，作《癸丑元旦》《石甫和元旦韵戏答》《止庵和元旦韵见赠敬答》等诗作。

正月初五日（2 月 10 日），樊山招湘绮老人及众友朋先游哈园，随后至樊园摄影、宴集，各赋诗限五言三江韵。沈曾植作《同人集樊园》诗、瞿鸿禨作《开岁五日樊园宴集各赋五言限三江韵呈湘绮丈》诗、陈三立作《五日樊园宴集限三江韵》（“樊园”为樊山新迁宅，湘绮老人于酒坐以“樊园”名之，其实本名“絜园”也）诗、吴庆坻作《五日樊园宴集限三江韵》诗、吴士鉴作《正月五日樊山丈招陪湘绮老人樊园雅集限三江韵》诗。

正月初六日（2 月 11 日），樊增祥偕易顺鼎至新新舞台登临楼外楼品茗，听说书。

易顺鼎作七律《六日楼外楼即事》一首，樊山作《同石甫楼外楼茶话》《同石甫听楼外楼说书》等诗纪其事。

正月初七日（2 月 12 日），陈三立招友朋至樊园与湘绮先生宴集、探梅，各赋诗限七言三肴韵。陈三立作《人日樊园探梅限三肴韵》、沈曾植作《和天琴梅花韵》、瞿鸿禨作《七日伯严招集樊园探梅七言肴韵》、吴庆坻作《人日陈伯严同年招集絜园探梅限三肴韵》、吴士鉴作《人日樊园探梅限三肴韵》、易顺鼎作《人日伯严招集樊园探梅，限“三肴”韵一首》诗纪其事。

是日，樊山作《人日纪事》（二首）抒其感慨。

王闿运在《湘绮楼日记》中亦对当时情况作了详细记载：“（民国二年癸丑正月）七日，往樊园一集，申正往，戌正还。伯严为主人，客皆前人也。中坐吴骗闯席，云门径入，乃失意而去。”

“十一日，云门、伯严来，小坐去。”

“十二日，往云门处，赴吴（庆坻）招，亥散。”

“十三日（梁鼎芬招饮），宝子申、樊、陈、易、一汪聋，未接谈，并梁父子、周庶长十人，照一相片。酉坐戌散。”

“十五日（刘世珩招饮），借子玖车同至戈登路刘家，子玖未入，葱石为主人，客则樊、易、李、陈、吴（絅斋）、沈（爱苍）、傅（苕生）七人。苕生邀赵伯藏，亦来相见；正待伯藏，喜其已至。亥初散，仍坐瞿车还寓。”

“十八日，夏彝恂父子、李世由、赵伯藏父子、李梅庵偕二陈生、傅苕生、陈伯严、云门、实甫、子申、小石、子玖均来，定饯局。”

“廿日，菽还，与同车上船……李世由、夏生父子、樊、易、陈（伯严）、袁、赵、吴建华、郭意孙、乾子、杨贤子来。六休为余办饭，李佳白、长尾、日本副领事、村山、节南来同饭。云门驱车来迎，云醉沤饯不可罢。驰往，王元常、宝子申、易、陈、袁、赵都在，李梅庵、俞恪士亦预，待傅苕生，戌正入座，寻齐七不得，以周绍逸代之。亥散上船。”

正月十二日（2 月 17 日），吴庆坻招友朋至樊园宴集。陈三立作有

《十二日补松邀集樊园观北周大都督写经是日闻湘鄂都督戒严感事限九佳韵》纪其事。

正月十三日（2月18日），为溥仪的生日，梁鼎芬招王闿运、樊增祥、陈三立、易顺鼎等十余人至葵霜阁宴集，为溥仪贺寿。易顺鼎作有五言长篇歌行《十三日葵霜阁招集，感令节，因敬赋一诗，限东韵》一首以纪之。

正月十五日（2月20日）夜，刘世珩招王闿运、樊增祥、易顺鼎、李世由、陈三立、吴士鉴、沈瑜庆、傅春官、赵于密等友朋至戈登路府宅宴集。《湘绮楼日记》中云："借子玖车同至戈登路刘家。子玖未入。葱石为主人，客则樊、易、李、陈、吴䌹斋、沈爱苍、傅苕生七人。苕生邀赵伯藏，亦来相见。正待伯藏，喜其已至。亥初散，仍坐瞿车还寓。"①

宴集结束后，樊山与易顺鼎结伴赏月而归，樊山还作有七言长篇歌行《元夜与石甫踏月归寓》纪其事。

正月十六日（2月21日），陈夔龙拜访樊山不遇，作《十六日午后步至张园便访樊樊山之不遇》一诗寄赠，很快就接到樊山的和诗《和庸翁过访不值原韵》。陈夔龙遂再作《樊山以诗答和叠韵酬之》纪其事（见《花近楼诗存·癸丑集》卷二）。

正月十七日（2月22日），隆裕太后去世，樊山闻讯，颇为悲痛，作《隆裕皇太后挽诗二首》以悼之。

同日，樊增祥与沈曾植相商，赠送王闿运二百元程仪。王闿运《湘绮楼日记》当日记载："云门、子培送二百元。讶其无因，又自送来，留受其半，且宜诘问子培。"

正月十八日（2月23日）晚，樊山与夏时济、陈三立、易顺鼎、瞿鸿禨、李瑞清、宝巽、陈夔龙、傅春官等好友前往拜访王闿运，商定饯局时间。王闿运兴致仍高，作五言歌行《上元夜归和樊山步月一首》赠樊增祥②：

> 繁灯远近光，广场夜逾空。虽非九衢游，嘉此清境同。良宴盛文娱，归途骋华骢。平逵散马蹄，毂击迅飞鸿。列树未垂阴，交枝月明中。流云影霭霭，引望春胧胧。幽人喜宵步，地寂意弥冲。迎门儿女喜，始悟佳节逢。

① 王闿运:《湘绮楼日记》第5卷,岳麓书社1997年版,第3225页。

② 王闿运:《湘绮楼诗文集·诗》第18卷,岳麓书社1996年版,第1803页。

正月二十日（2月25日），王闿运离沪，樊增祥偕易顺鼎、王元常、宝巽、陈三立、赵于密、李瑞清、俞明震、傅春官等众友朋在醉沤楼为其设宴饯别，沈曾植以病未至。

王闿运当天《日记》载："……云门遣车同迎，云醉沤楼饯不可罢。驰往，王元常、宝子申、易、陈、袁、赵皆在，李梅广（庵）、俞恪士亦预，待傅苕生，戌正入座，寻齐七不得，以周绍逸代之。亥散上船。二丁、小石子、宋芸子、六休、松崎均坐待，梅广（庵）亦上船送。"①

正月二十二日（2月27日），好友易顺鼎离沪乘汽车入京。樊增祥作《送石甫》《送石甫玉颀入都》《石甫云携家北行计尚未定再赠一首》等诗为其赠行。

其时，沈曾植病刚好，写有《赠实甫》绝句五首赠樊山。

樊山见到子培赠诗后，激发起诗兴，作《乙庵以五绝句赠石甫仆继作》《再赋五绝句慰子培病起》相赠。

沈曾植阅览樊山诗后，又作《绝句和樊山》（十一首）回赠。

易顺鼎刚走不久，樊增祥甚是怀念，乃作七律《夜归，过新马路，有怀石甫》一首寄赠。

正月下旬，易顺鼎抵京后，居于东城关庙，乃与樊山邮诗唱和，作《僦居东城关庙作》《和樊山"玄"字韵》《和樊山"华"字韵》等诗寄赠。

收到石甫的寄诗后，樊山相继作《次石甫到京见寄韵》《又次石甫僦居东城萧寺韵》《次石甫韵，寄杏城》《次石甫夜坐韵》等诗寄赠。

易顺鼎本年在沪期间，常与樊增祥等友朋宴集唱和，相继写有《和樊山元日试笔韵》《五日樊园宴集限三江韵五言一首》《樊园溪上梅花》《人日伯严招集樊园探梅限三肴韵一首》《人日夜集即事和樊山韵》《十二日吴补松招集樊园观北周都督写经是日闻湘鄂都督戒严感事撫赋限九佳韵》《送湘绮丈回长沙和樊山韵》《樊山有诗送余北行和韵奉答一首》等诗作赠樊山。

正月三十日（3月7日），天下大雪，甚是寒冷，樊山乃作七言长篇歌行《正月晦雪》纪其事。

二月初一日（3月8日），天仍下雪，樊山乃作《二月朔雪》《叠韵酬朴翁》（二首）等诗纪其事。

二月初二日（3月9日），应友朋之邀，樊山曾为梅庵尚书的水墨纸本

① 王闿运：《湘绮楼日记》第5卷，岳麓书社1997年版，第3226页。

行书千字文手卷（32×190cm；36×208cm）题跋。其题识云："冶亭尚书书似小诸城而流动，余在关中得其精楷一册，自书冰壶先生传，视此为工。癸丑小花朝日，樊山樊增祥识。"钤印"今是先生"。

案：张祖翼曾为此手卷题签："梅庵尚书墨宝。光绪乙巳首夏，桐城张祖翼题。"钤印"张祖翼印"。先后为此手卷题跋的尚有汪洵、杨钟羲、王秉恩、李瑞清、缪荃孙、杨守敬、郑孝胥、陈树屏、冯煦等人。

同日，宋教仁在南京发表演说，抨击时政，主张责任内阁、省长民选，国务总理由众议院推选，中央与地方分权等。

二月初八日（3月15日），沈瑜庆、林开謩等好友前来樊园访谈、赏梅、咏诗，樊山作七言长篇歌行《二月八日涛园贻书肖匹见过坐梅花下作歌再叠前韵》纪其事。

二月初十日（3月17日），樊山与缪荃孙、王仁东前往拜访沈曾植。《艺风老人日记》当日记载："诣沈子培谈，遇樊山、旭庄，借抄本《游宦纪闻》，刻本《东京梦华录》。"

二月上旬，沈曾植相继写有《简天琴》《和天琴》等诗赠樊山。樊山则写有《再次乙庵来韵》《叠韵简乙庵》等诗回赠。

其间，樊增祥应好友徐乃昌之请，与友朋们一道为其所绘之水墨纸本《定林访碑图》题签并题跋。樊山的题签并题识云："补绘定林访碑图，随厂仁兄属增祥题签，时癸丑中春上浣。"樊山的题跋云："十六年前萧子游，钟山寒翠雨鸣秋。图书已付昆明劫，一霞烟气乞老鸥。剑南残石旧题名，嘉东苔痕绿到今。今日纷瞑甚南宋，能无龛定九州心。癸丑二月，积余仁兄属题，晚晴樊增祥。"

案：同时应邀为《定林访碑图》题跋者尚有张謇、梁鼎芬、冯煦、俞明震、沈曾植、余诚格、缪荃孙、郑孝胥、陈三立、吴庆坻、吴士鉴、杨钟羲等三十人（题跋之文略）。又邀张謇"引首"。其题识云："定林访碑后图，随第主人属謇题。"钤印"张謇季直甫印"。于是，便形成了今天所能见到的、珍贵的《定林访碑图并三十家题跋》手卷。

二月十二日（3月19日），为传统的花朝日，同人初拟在樊园为超社第一集，因追悼隆裕皇太后，延期十日。当天晚上，夜月清亮，樊山邀好友沈曾植一起赏月，作《花朝夜月色甚佳邀子培同赋》一诗相赠。

二月十三日（3月20日），大总统袁世凯指使凶徒枪击国民党代理理事长宋教仁于上海车站，两天后宋教仁在上海铁道医院去世。

二月十九日（3月26日），江苏都督程德全通电公布袁世凯刺杀宋教仁案主要证据，使真相大白于天下，袁世凯的阴谋败露。

二月二十二日（3月29日），超社（原名超然吟社）在上海成立，瞿鸿禨、陈三立、沈瑜庆、沈曾植、樊增祥、缪荃孙、左绍佐、吴庆坻、王仁东、周树模、吴士鉴、林开謩为其主要成员，活动频繁。樊山作《三月三日樊园修禊序》一文，其中有言："超社之人，最多尊宿：相国英绝领袖，为今晋公。乙庵体包汉唐，义兼经子。艺风抗声于白傅，散原振采于西江。琅琊兄弟，憖遗一个；延陵父子，奕叶重光。京兆翰林，标八闽之俊；中丞给谏，翘三楚之英。"可见参加者多为清遗民中的德高望重者，而以曾任大清协办大学士、军机大臣、外务部尚书的瞿鸿禨为魁首，以樊增祥、陈三立、沈曾植和缪荃孙为骨干。

陈三立曾叙述超社成立的缘由："迨国骤变，大乱环起，四方人士及生平相识亲旧，类辟地羁集沪上，三立与公（案：指瞿鸿禨）亦先后俱至。居久之，无以遣烦忧，始纠邀辈十许人，时时联为诗社。"①

案：由此可见，"超社"是寓居沪上遗老们的一个排遣愁闷烦忧、寻找旧时感觉的以娱乐为导向的文学社团。

樊增祥在上海所居之樊园的风景秀丽，为诗社雅集的重要场所。是日，各位同人齐集樊园探杏，并作超社第一集，限东韵相酬唱。樊山写有长篇七言古诗《展花朝超社第一集樊园看杏花歌限东韵》纪其活动。

同日，沈曾植作《超社春集看杏花和云门韵》、缪荃孙作《癸丑二月樊园探杏限东韵》、瞿鸿禨作《展花朝日超社第一集樊园看杏花歌限东韵》、陈三立作《展花朝超社第一集樊园看杏花限东韵》、吴士鉴作《花朝后十日樊山丈招集樊园看杏花限一东韵超社第一集》等诗纪其事。

此前，樊山曾作《超然吟社第一集致同人启》说："孙卿氏曰：'其为人也多暇日者，其出人不远矣。'吾属海上寓公，殷墟黎老，因蹉跎而得寿，求自在以偷闲，本乏出人头地之思，而惟废我啸歌是惧。此超然吟社所由立也。先是，止庵相公致政归田，筑超览楼于长沙。今者公为晋公，客皆刘白，超然之义，取诸超览。人生多事则思闲暇，无事又苦于岑寥。闭户著书者，少朋簪之乐；征逐酒食者，罕风雅之致。惟兹吟社，略仿月泉，友

① 陈三立：《书善化瞿文慎公手写书卷后》，《散原精舍诗文集》，上海古籍出版社2003年版，第949页。

有十人，月凡再举。昼夜兼卜，宾主尽欢。或纵清谈，或观书画，或作打钟之戏，或为击钵之吟。即席分题，下期纳卷。视真率之一蔬一肉，适口有余；若《礼经》之五饮五羹，取足而止。今卜于二月十二日小花朝日在樊园为第一集，加位必来，抵亥始散。春在剪刀风里，柳色初黄；雪消熨斗坪心，草痕微绿。金鲫群游，聊堪养目；芳梅半落，犹可点心。天厨兰橘之味，昨梦迷离；小斋柽柏之华，一时新净。深衣入画，翛然十竹之清风；一醉无名，特借百花之生日。先期柬约，单到书知。"

案："超然吟社"原拟于二月十二日（小花朝日）开第一集，因隆裕太后之薨未期月，遂延期十日，至二十二日举行。樊山《展花朝超社第一集樊园看杏花歌限东韵》中就有"二月十二哀中宫，更展十日携吟筇"的诗句，并在诗后自注说："初拟小花朝日宴集，因追悼隆裕太后展期。"

二月二十七日（4月3日），隆裕皇太后的灵柩移至西陵梁格庄暂安殿，好友梁鼎芬、沈瑜庆专程北上参加了丧礼。

三月初二日（4月8日），中华民国第一次国会开会。

三月初三日（4月9日），适值晋永和九年（353年）兰亭修禊以后的第二十六癸丑日。樊增祥与左绍佐、沈曾植、周树模、王仁东、吴士鉴、林开謩、吴庆坻、缪荃孙等同人应瞿鸿禨之邀，齐集樊园禊饮，并作超社第二集，分韵赋诗。

缪荃孙曾在当天日记中记载："子玖招饮樊园，樊山、笏卿、子玖、子培、少璞、旭庄、絅斋、贻书、子修同席。"

樊山作七言长篇古诗《癸丑三月三日樊园社集用杜诗丽人行韵》纪之。樊山又仿《兰亭集序》作《三月三日樊园修禊序》一文纪其事，以今之遗老比喻东晋南渡之诸公。

是日，沈曾植作《超社第二集癸丑修禊于樊园用杜诗丽人行韵》、瞿鸿禨作《癸丑三日樊园社集同用杜诗丽人行韵》、沈瑜庆作《樊园修禊同人赋诗用少陵丽人行韵》、王仁东作《癸丑三月三日樊园雅集用杜诗丽人行韵》、吴士鉴作《三月三日止庵师相招集樊园用杜诗丽人行韵超社第二集》等诗纪其事。

此外，沈曾植作《三日再赋五言分韵得天字》、吴庆坻作《三月三口集樊园止公节取暮春之初天朗气清群贤毕至十二字序齿分韵各为五言古一章余得之字》、瞿鸿禨作《三日再赋五言分韵予得朗字》、陈三立作《超社第二集为三月三日于樊园禊饮分韵得清字未及与会补赋此诗》（陈三立因赴江宁未归，故未能参与此次修禊活动；所作之诗，乃回沪后所补）、沈瑜庆作《樊园修禊分韵得群字》、吴士鉴作《是日即席以暮春之初天朗气清群贤毕至十二字分韵余得至字》等诗纪其事。

同日，结束流亡生活回到北京不久的梁启超，亦召集在京名士数十人至万牲园（万生园）举行了规模盛大的修禊活动。所作诗此后陆续在《庸言》的“诗录”栏目刊登。

三月上旬，樊增祥与缪荃孙这对同年好友往来唱和特别频繁。樊山曾写有一律赠缪荃孙（惜今樊集中查不到此诗），缪荃孙亦写有一诗相和。樊山在读了好友的和诗后，感觉诗兴未尽，遂又就原韵写了一首（《樊增祥致缪荃孙》）[①]，并抄录下来，差人送呈好友评鉴。

艺风前辈和疏字韵再叠奉酬：

花枝繁密叶犹疏，旧燕新来睇我庐。纸人胶砚艰作画，笔经副切始中书。鼎瓯雅洁无腥腻，枕被精新洗刷梳。好向秦淮租画舸，与君祓禊暮春初。

馆侍增祥具稿请正。

此事刚过，樊山在家闲居无事，因事触发灵感，亦感前诗意兴未尽，又叠韵二首（《樊增祥致缪荃孙》）[②]，并当即抄录下来送呈好友评鉴。

《小园》一首三叠韵简筱翁：

交翠轩开户屡疏，吾庐应亦号匏庐。绯桃树下行欹帽，黄鸟声中卧挟书。毯路锦堪囊眼镜，藕心钱好坠须梳。六时最数黄昏好，小园花香月上初。

《即事》四叠韵：

一水周堂竹树疏，卧游满壁画嵩庐。频来邮电询新政，常有奴星索报书。酒盏美于持相印，杖藜闲似置僧梳。园梅品地如高士，生子焉知有本初。

艺风老兄年老前辈正和。增祥。

---

① 钱伯城、郭群一整理，顾廷龙校阅：《艺风堂友朋书札》（上册）之第十四函，上海人民出版社2018年版，第138页。

② 钱伯城、郭群一整理，顾廷龙校阅：《艺风堂友朋书札》（上册）之第十五函，上海人民出版社2018年版，第139页。

三月初十日（4 月 16 日），樊山致函老友梁鼎芬（即《致梁鼎芬》）[1]，督促其尽快回来参加超社组织的活动。“葵霜老弟：前月结一诗社曰超然吟社，亟待把臂入林，天佑诗人，公必速占无药也……增祥顿首，初十四更。”

三月上中旬，天气晴朗暖和，樊山作《六丑·海上楼居晴望》词纪其心情。好友沈曾植见到此词，亦作《六丑·和天琴》相赠。

三月中下旬，好友易顺鼎自京师将其在京城参加上巳日修禊所作之《癸丑三月三日修禊万生园作歌》《癸丑上巳饮冰招集万牲园之鬯观楼修禊赋诗，余拈韵得十五咸，因用全韵依次押并禁重字》等诗寄赠给樊山。

樊山收到易顺鼎的寄诗后，乃作七言排律《石甫寄示三月三日集畅观楼用十五咸全韵五言排律一首戏以七言报之并索和》一首相赠。

三月十八日（4 月 24 日），超社第三集，同人赴周树模泊园咏兰，樊山以病未至。

三月二十日（4 月 26 日），民国大总统袁世凯与英、法、德、日、俄五国银行团签订《善后借款合同》，借二千五百万英镑，以盐务收入为担保。

三月二十二日（4 月 28 日），樊山与缪荃孙相继前往拜访沈曾植。《艺风老人日记》载：“雨。……到图书馆，诣子培谈，并晤樊山。”

三月二十七日（5 月 3 日），应好友方守彝和廉泉之邀，樊山与陈三立、沈曾植、瞿鸿禨、李瑞清等集饮于廉泉之小万柳堂，观赏书画竟日。樊山作《伦叔惠卿招同乙庵散原诸君集小万柳堂纵观书画杂记以诗（二十四首）》以纪之。

是日，沈曾植作《方伦叔廉惠卿招饮小万柳堂纵观书画竟日归后默记赋呈两君》（十二首）、方守彝作《三月二十七日小万柳堂宴集呈座上诸老并简廉南湖》（二首）、陈三立作《方伦叔廉惠卿招集小万柳堂》等诗作纪其事。

三月间，樊山撰写完成小说《琴楼梦》，铺陈敷演湖南神童才子易顺鼎痴迷戏曲名伶王琴客以致梦寐颠倒的风流韵事。

四月初四日（5 月 9 日），缪荃孙前几天收到好友樊山的赠诗，阅后回函表达自己的看法。樊山收到缪荃孙的来函后，见好友梁鼎芬已回上海、

① 樊增祥：《致梁鼎芬》，载《香书轩秘藏名人书翰》一书。

亦为自己刻书之事，乃致书缪荃孙（即《樊增祥只是缪荃孙》）①。

艺风老兄前辈大人如面：

得手柬及书，欣荷欣荷。小诗但道其意所欲言耳，过奖愧甚。前荐刻工，因刻资未议定，积余又招南京手民来此，因先以词稿付渠写刻。弟待刊者尚多，吴姓亦不令寂寞也。

社集又当举行，容商定奉约。梁髯已归，初七日约观御书，公能到否？复请颐安。

弟祥顿首。初四。

四月初七日（5月12日），梁鼎芬刚自京城南归，乃邀樊增祥等好友至府中观御书。

四月初八日（5月13日），陈三立主超社第五集，邀朱祖谋、瞿鸿禨、樊增祥、沈曾植、吴庆坻、沈瑜庆、梁鼎芬、缪荃孙、王仁东、林开謩、周树模、吴䌹斋等在樊园宴集，并为林绍年往游泰山饯行。樊山写有《四月八日超社第五集伯严假樊园治具即席送健斋参政为岱岳之游》《次韵和方伦叔小万柳堂宴集诗》等诗纪其事。

缪荃孙在其日记中亦记其事："（民国二年四月八日）游樊园，陈伯严作主人。林赞虞、朱古微、瞿止庵、樊樊山、梁心海、吴子修、沈艾沧、周少朴、林贻书、王旭庄同席。诗题送赞虞前辈游泰山。"

是日，沈曾植作《浴佛日超社第五集伯严为主即席送健斋枢相游泰山》、陈三立作《浴佛日超社第四集酒坐送林健斋枢相游泰山》、瞿鸿禨作《浴佛日散原集饮超社即送健斋游泰山》、沈瑜庆作《送林健斋枢相游泰山诗》、梁鼎芬作《癸丑浴佛日伯严于樊园招饯林侍郎游泰山题诗何诗孙图上》、吴庆坻作《赠别林侍郎东游登岱》、吴士鉴作《林赞虞前辈薄游海上将有登岱之行赋此赠别超社第四集》等诗纪其事。

案：此次超社之集应为第四集，沈曾植、樊山均误为第五集。陈三立写有《浴佛日超社第四集酒坐送林健斋枢相游泰山》诗。

四月十五日（5月20日），樊增祥与陈三立、沈曾植、瞿鸿禨、梁鼎芬、吴庆坻、吴士鉴、王仁东等同人至沈瑜庆寓所宴集，作超社第五集，以题陈宝琛《听水斋图》为题，不限韵。樊山作《题弢庵听水斋照片十幅》纪

① 钱伯城、郭群一整理，顾廷龙校阅：《艺风堂友朋书札》（上册）之第十函，上海人民出版社2018年版，第137页。

其事。

是日，沈曾植作《陈弢庵侍郎听泉图》（四首）、沈瑜庆作《超社第六集梁节庵属题听水第二斋图寄怀陈弢庵师傅京师》（八首）、梁鼎芬作《题陈师傅听水斋图十首》、瞿鸿禨作《涛园作社集题听水斋图即怀陈弢庵师傅》、陈三立作《涛园宅超社第六集题听水斋图寄怀弢庵师》、王仁东作《题陈师傅听水斋第二斋图》、吴庆坻作《题陈弢庵师傅听水斋图》（三首）、吴士鉴作《题陈弢老听水斋图即以寄怀超社第五集》等诗作纪其事。

四月十六日（5 月 21 日），樊山与陈三立、周树模、吴庆坻、沈曾植再集于樊园，公宴林绍年，并观赏郑思肖所画兰及倪元璐所画精忠柏。时瞿鸿禨、沈瑜庆、梁鼎芬、王仁东、林开謩等同人亦在座。樊山写有《四月既望沈观补松乙庵伯严及余公宴健斋参政于樊园止庵涛园节庵旭庄诒书俱来会园中芍药玫瑰盛开辅以西洋杂花烂如云锦酒罢作歌》《郑兰倪柏歌》等诗纪其事。

是日，沈曾植作《郑所南画兰卷樊山所藏元明题者三十余人末有张文襄题诗樊山自题七言长篇一绝句八皆丁未都中作也》、沈瑜庆作《超社第六集为樊山社长题郑所南露根兰、倪鸿宝南枝柏横幅》、瞿鸿禨作《观樊山所藏郑思肖倪鸿宝二公画同作郑兰倪柏歌》等诗纪其事。

四月中旬，樊山与沈曾植、瞿鸿禨往来甚多，时有酬和。其间相继写有《初夏》《即事》《叠即事韵简子培》《止庵赐和留韵再叠奉答》《四叠韵呈止庵》等诗作纪其交往。

四月二十四日（5 月 29 日），统一、共和、民主三党合并，组成“进步党”，推举黎元洪为理事长，梁启超、汤化龙、张謇等为理事。

四月二十五日（5 月 30 日），北京著名京剧老生——人称“凤二爷”的王凤卿和梅兰芳接受上海丹桂第一台老板许少卿的邀请，正式签订赴上海演出的合同。

四月二十七日（6 月 1 日），樊增祥、沈曾植与瞿鸿禨等友朋再至廉府之小万柳堂小聚、观画。樊山作有七言长篇歌行《四月二十七日集帆影楼看荆浩山水障歌》诗纪其事。

是日，沈曾植作《廉家荆浩画松峦山水障子樊山作长歌余亦继和》、瞿鸿禨作《樊山乙庵招集小万柳堂观荆浩山水障》诗纪其事。

四月下旬，好友易顺鼎给樊山寄示其所作之七言长篇歌行《数斗血歌为祝女伶作》（见易顺鼎《癸丑诗存》，民国初年铅印本）。樊山阅后乃作七言长篇歌行《后数斗血歌（并序）》回赠。

四月间，后辈好友杨钟羲的《雪桥诗话》（初集）完成，即将付梓（收入《求恕斋丛书》中），特呈樊山老人审读。樊山感其美意，不仅在其《初集》封面题识道：“《雪桥诗话》，癸丑四月，樊山书面。”又在其扉页上题识云：“《雪桥诗话》，增祥题”；且对杨氏诗话的内容亦进行了认真审读，并偶有批注。

五月初三日（6 月 7 日），缪荃孙相继拜访了李瑞清、张元济、沈曾植、樊增祥、孙莘如、胡瘦篁、方硕辅等人，并还沈曾植《国史唯疑》四册。

端午（6 月 9 日）前后，樊增祥心情甚好，相继写有《节近端午红蔷薇一棚全放宠之以诗》《午寂》《风香》《端午》《海上》等诗作。

五月初五日（6 月 9 日），大总统袁世凯免去江西都督、原同盟会会员李烈钧之职。

五月初十日（6 月 14 日），大总统袁世凯调广东都督、原同盟会会员胡汉民为西藏宣抚使。

五月十五日（6 月 19 日），缪荃孙主超社第六集，樊山与叶德辉、瞿鸿禨、沈曾植、吴庆坻、沈瑜庆、周树模、吴士鉴、林开謩等同人皆赴会，以瞿鸿禨为其兄鸿锡七十寿诞征诗为题。缪荃孙《癸丑日记》纪其事：“（民国二年五月）十五日辛未，赴超社第六集，荃孙主社，叶焕彬、樊云门、沈子培、吴子修、瞿中堂、沈艾玱、周少朴、林贻书、吴䌹斋同席。”

樊增祥在《缪艺风前辈七旬寿宴诗序》中亦记载：“艺风老人者，吾超社中之社长也。揽屈子庚寅之揆，长我二龄；溯尧年丙子之科，迟君一载。癸丑大端午日，君假小园置酒，为超社第六集，即席拟题。余以君今年七十生日，请同社为诗寿君，君亦为诗自寿，众佥曰善。”

五月二十日（6 月 24 日），名妓赛金花过访樊增祥。樊山曾写信将此事告诉好友易顺鼎。石甫乃作《赛金花以五月二十日过访樊山谈数刻去樊山来书相告戏咏一首》诗以纪其事。

五月二十六日（6 月 30 日），大总统袁世凯调安徽都督、原同盟会会员柏文蔚为陕甘筹边使。

同日，樊增祥全家人正式搬进新居樊园居住。新宅在虹口宝昌路，是在周树模的建议下购买的，面积虽没有静安寺那边的大，但装修得十分精美。

樊增祥曾在《去年乙庵有移居四律余八叠韵和之顷于五月二十六日移寓

宝昌路新宅亦赋四诗索同社和》之第一首"门户谨严庭榭美，高华不似腐儒家"诗句后自注云："旧居计地二十余亩，颇劳警备，此宅仅三亩，而精严过之。"

搬进新居后，樊山抑制不住内心的喜悦，曾写了四律，并将其抄录下来，加上几句话，成为一封书简[①]，差人送给同社好友缪荃孙等人评赏求和：

> 去年乙庵有《移居》四律，余八叠韵和之。顷于五月廿六日移寓宝昌路新宅，亦赋四诗索同社和：
>
> 精庐亦与人相似，太傅曾言小者佳……人间佳境何穷已，已上琼楼更上楼。（旧居向称沪上第一，此宅自谓过之。）
>
> 艺风年老前辈大人正和。年愚弟增祥初稿。

案：樊山抄录给好友缪荃孙的此诗的"初稿"与其收入《樊山集外》卷四的"定稿"《去年乙庵有移居四律余八叠韵和之顷于五月二十六日移寓宝昌路新宅亦赋四诗索同社和》相比，还是有一些不同：其一，"定稿"在第一、四首诗后增加了小注，第三首诗后的小注比原来增加了。其二，四首诗中除第四首诗句完全相同外，其他三首的诗句皆略有差异（第一首第四句有一字不同，第二首第六、七句各有一字不同，第三首第二、四、八句各有一字不同）。

樊增祥在搬迁新居期间，相继写有《新居与沈观比邻喜赋》《止庵用添字韵贺余移居次答》《叠韵答沈观》《别静安寺故居》《去年乙庵有移居四律余八叠韵和之顷于五月二十六日移寓宝昌路新宅亦赋四诗索同社和》《止庵见和移居四律语特名隽叠韵奉酬》《沈观枉和移居四律再叠前韵奉酬》《三叠韵酬子培》《天觊日与耆生前辈笏卿观察过泊园晚饭四叠前韵奉呈》《五叠移居韵答仁先侍御》等诗作。

其间，沈曾植写有《樊山录示移居诗依韵奉和》（四首）赠樊山。

五月二十九日（7 月 3 日）晚，同乡好友左绍佐偕耆生前辈来访，樊山作《五月晦夜耆生前辈偕笏卿过访再叠疏字韵》一诗相赠。

六月初九日（7 月 12 日），原江西都督李烈钧在江西湖口宣布独立，被推举为江西讨袁军总司令，二次革命爆发。

---

① 此书简见于钱伯城、郭群一整理，顾廷龙校阅：《艺风堂友朋书札》（上册）之第二十三函，上海人民出版社 2018 年版，第 142—143 页。

六月十二日（7 月 15 日），川汉铁路督办黄兴潜入南京，与江苏都督程德全秘密会见，随后宣布江苏独立，并被推举为江苏讨袁军总司令。

同日，沈曾植主超社第七集，樊山与陈三立、沈瑜庆、瞿鸿禨、吴庆坻、王仁东、吴士鉴、周树模、缪荃孙等同人皆至泊园雅集。因是日为黄庭坚生辰，遂观赏沈曾植所藏宋刻本任渊注《山谷内集》，并各以集中七古为韵赋诗。樊山写有七言长篇歌行《六月十二日山谷生日超社第七集乙庵治具会于泊园观宋刻任天社内集诗解用集中演雅诗韵》纪其事。

是日，沈曾植作《六月十二日山谷生日超社第七集会于泊园观余所藏宋本山谷内集任注各和集中七古韵一首用浯溪诗韵》《和止庵相国用山谷韵社作》，陈三立作《六月十二日山谷生日乙庵作社集于泊园观宋刻任天社山谷内集诗解用集中观刘永年团练画角鹰韵》、吴士鉴作《六月十二日山谷生日乙庵丈招集泊园观所藏宋刻任子渊内集诗解用外集次韵坦夫见惠长句韵超社第七集》、瞿鸿禨作《六月十二日山谷生日乙庵作社集于泊园观宋刻任天社山谷内集诗解予用集中对酒歌答谢公静韵》等诗纪其事。

缪荃孙在《癸丑日记》中亦曾记其事："（民国二年六月）十二日丙申，超社第七集，沈子培主会，樊山、子修、止庵、旭庄、艾玱、伯年、贻书、少朴、絧斋同集。以六月十二日山谷生日，超社第七集会于泊园，观宋刻山谷编年诗用诗中七古韵。"

六月十四日（7 月 17 日），安徽宣布独立，柏文蔚任安徽讨袁军总司令。

六月十五日（7 月 18 日），陈炯明在广东宣布独立讨袁。

同日，陈其美率领上海讨袁军开始攻击制造局，居正率部占领吴淞口炮台。

六月十七日（7 月 20 日），福建宣布独立讨袁。

六月十九日（7 月 22 日），大总统袁世凯发布讨伐令。

同日，上海战事异常紧张，炮弹横飞，樊山不以为意，仍然与友朋往还吟咏。

瞿鸿禨曾作有《沪上乱作，炮弹横飞，樊山高歌不辍，犹和予及乙庵山谷生日二诗。乙庵以其诗见示，且谓镇定不可及，良然。予即用浯溪碑韵和乙庵兼酬樊山》一诗以纪之。

六月二十日（7 月 23 日），大总统袁世凯下令撤销孙中山筹办全国铁路全权。

六月二十二日（7 月 25 日），江西讨袁军战败，湖口易帜。

六月二十六日（7 月 29 日），黄兴被迫自南京出走，江苏都督程德全宣布取消独立。

是日，乃是江南民间所谓的“荷花生日”（又称采莲节）①。樊增祥有感于战事又起，路少行人，遂作《荷花生日戏赋》（四首）诗以抒其慨。

六月二十八日（7 月 31 日），大总统袁世凯任命熊希龄为国务总理。

六月二十九日（8 月 1 日），袁军张勋所部在攻陷徐州、清江后，进抵江北重镇扬州。

七月初七日（8 月 8 日），乃民间所谓的“乞巧日”。是日，樊增祥和杨钟羲前去拜访沈曾植。樊山作有《乞巧日同子琴过乙庵》诗纪其事。沈曾植则作七言绝句《又和樊山》（四首）回赠樊增祥。

七月十五至十九日（8 月 16—20 日），梁鼎芬、陈三立、蔡乃煌相约前往宝昌路（今淮海东路西段和淮海中路东段）的樊园寓所举行诗钟聚会。樊增祥在《樊园五日战诗记》序言中详细地记载此次做诗钟的情形：“癸丑七月望，余方起盥栉，节庵持伞徒步而来，曰：‘伯浩昨夕至，约吾两人战诗。’余曰：‘不可无伯严。’节庵折简招之。饭毕而伯严至。伯浩居提篮桥，距宝昌路约十里。三人乘小车往。清风满衣，虽烈日在上，不畏也。”②此次诗钟的作品结集为《樊园五日战诗记》。

七月十七日（8 月 18 日），袁军攻陷南昌，占领江西。

七月中旬，樊山曾应邀到好友周树模家观赏千叶莲花，并作七言长篇歌行《泊园观千叶莲》见示乙庵。

沈曾植阅诗后遂作《樊山以千叶莲诗见示和答一首》赠樊山。

七月下旬，沈曾植相继作有五言律诗《晚望》《秋郊》等诗作。樊山则作《野望和乙庵》《秋郊和乙庵》等诗赠和。

七月二十七日（8 月 28 日），袁军倪嗣冲所部攻占安徽安庆。

七月三十日（8 月 31 日），民间谓此日为地藏王的生日。沈曾植作五律《七月晦日俗称地藏生日》一诗。樊山则作《地藏生日和乙庵》一诗

---

① 荷花生日又称采莲节，是江南地区汉族民间传统节日之一。嘉兴旧俗以六月二十六日为荷花生日，又称雷祖（嫘祖）生日，盛行于清乾隆及民国时期。是日，市民倾城而出，乘船游南湖、赏景，可不付摆渡钱。后苏浙地区皆延袭此风俗。

② 樊增祥：《樊园五日战诗记》，《古今文艺丛书》，广益书局 1913 年版。

赠和。

七月间，樊山在与友朋诗酒唱和之余，尚填有《斗婵娟·秋怀》《醉春风·秋思》《虞美人·题余秋室〈美人临镜图〉》《十二时·秋夜有寄》等词作。

八月初一日（9月1日），袁军张勋所部攻陷江苏南京，孙中山偕胡汉民再次逃亡日本。

同日，樊山前往拜访瞿鸿禨不遇；回家后则收到瞿鸿禨赠诗，樊山乃作七言长篇歌行《八月朔诣止庵不遇归读赐和诗三叠韵奉酬》相赠。

八月初三日（9月3日）晚，樊增祥偶读白居易诗有感，因作五言排律《偶读白诗，有八月三日夜作一首，适当是夕，因次其韵》一首纪其事并示乙庵。

沈曾植阅诗后乃作《八月初三日樊山和白韵见示，余亦和一首》回赠（见钱仲联《沈曾植集校注》（上），第642—643页）。

八月初五日（9月5日），樊山为好友缪荃孙的七十寿诞之事，曾给他写去一封函札（即《樊增祥致缪荃孙》）[①]，并呈上二十五元礼金，以表敬意。

> 筱兄大人：
>
> 前得手书，敬知一切。日内本思走访，因新居诸未妥帖，暂不能出。老兄七旬不可无寿言，遂破戒为四六一篇，登之报纸。迁居时，报章散佚，无从摘索矣，容另钞呈。尊刻丛书待印，诚乐赞成，奉上廿五元，即祈检收。《移居》四律呈鉴，即望报章。
>
> 肃请著安。弟祥顿首。
>
> 初五。

八月初七日（9月7日），樊增祥与沈瑜庆、瞿鸿禨、周树模、吴庆坻、吴士鉴、王仁东、林开謩等同人公请杨钟羲，陈三立和梁鼎芬亦来，遂同席。缪荃孙《癸丑日记》曾记其事：“（民国二年八月）七日辛卯，瞿中堂、樊云门、周少朴、吴子修、絅斋、王旭庄、沈艾玱、林贻书公请杨子，梁心海、陈伯年作陪。”

八月初九日（9月9日），为挚友缪荃孙的七十寿诞，樊增祥等友朋皆

① 钱伯城、郭群一整理，顾廷龙校阅：《艺风堂友朋书札》（上册）之第十一函，上海人民出版社2018年版，第137页。

以诗文贺之。缪荃孙《癸丑日记》记载说：“（民国二年八月）九日癸巳，余七十生辰，亲友祝嘏者甚多。”

樊增祥写有寿诗《艺风七十寿诗仿香山九老诗体七言六韵》和寿文《缪艺风前辈七旬寿宴诗序》相赠，以示祝贺。陈三立亦作有《寿缪艺风京卿七十》一诗纪其事。沈曾植则作有《寿缪艺风七十》（三首）纪其事。

八月初十日（9月10日），好友王闿运填《拜星月慢·和樊山七夕词》寄赠樊增祥：“绮思年年，离情处处，惯别浑成闲事。海上风波，惹新亭悲泪。料今岁，不如唐宫露盘花水，只是爆声传喜。那用乞灵，看群儿自贵。　　叹山中，自有悲秋意。被词人，拉入愁城底。一曲新吟，在啼螿声里。如今好久住神仙地。岂不肯，挽尽银河水。且付与，织剩余丝，织人间锦字。”①

八月十一日（9月11日），进步党名誉理事熊希龄的“第一流人才内阁”组成。

八月十二日（9月12日），四川讨袁军总司令熊克武放弃重庆，二次革命失败。

八月十五日（9月15日），大总统袁世凯下令通缉孙中山、黄兴、李烈钧、柏文蔚、廖仲恺、朱执信等人。

同日，樊增祥收到好友易顺鼎寄自北京的书函，对月有感，乃戏代琴夫人填《水龙吟·中秋得石甫京邸书，对月有怀，代琴夫人倚声寄之》一阕寄赠。樊山填完词后，若有所思，又挥毫填《踏莎行·代石甫寄琴客》（四阕）附邮。

八月十六日（9月16日），樊山在家翻检自己所藏之书画，发现一幅马湘兰题写王百穀画兰的卷子，遂将其检出，稍作思考，便挥毫写了《题马湘兰为王百穀画兰卷子（并序）》（四首）纪其事。

八月十八日（9月18日），大总统袁世凯授意成立公民党，以梁士诒为党魁，叶恭绰为副，收罗北洋官僚、政客加入。

八月中旬，樊增祥与沈曾植、陈三立等人往来唱和较多。其间，樊山作有《秋夜用山谷答黄冕仲索煎双井韵柬乙庵散原山谷次韵凡数叠惟宗韵椀韵不拘》（二首），因集中未见，故从钱仲联《沈曾植集校注·海日楼诗注》

① 此词见《湘绮楼诗文集·词》，岳麓书社1996年版，第1945页；亦见《湘绮楼日记》民国二年（1913）八月十日。

卷五抄录如下：

米价陡逐江水落，在家早起愿年丰。群盗走死兵未戢，忧国君即花溪翁。近词高格发奇采，笔如五剑常在空。作为歌行具史法，今视安史孰异同？秦淮绿波泪染红，远闻巷哭悲回风。将军头踏半街笼。即今所忧在微管，搏大谁能握九本。（右柬乙庵）

飚车载诗还自东，湖亭饱饭莲芡丰。扁舟错认鸱夷子，却是陆家桑苧翁。去时沪南如花锦，归日广路三条空。到家明灯照素壁，云环细雨鄜州同。呼儿钞诗字字工，坐听茶笼吟松风。科头无取纱帽笼。朝饥煮饼揉麦粉，八月韭花擢丰本。（右柬散原）

沈曾植则作《和天琴韵》、《天琴用山谷从黄冕仲索双井茶韵见贻和答》、《和天琴斋中遣怀》（四首）、《云门携子勤过谈归后贻诗次答》、《次韵云门斋中杂诗四首》、《次蓁字韵答云门》等诗赠和樊山。

八月二十八日（9 月 28 日），为王士祯（1634—1711 年）生辰。吴庆坻、吴士鉴父子作东，招樊增祥与陈三立、沈曾植、沈瑜庆、瞿鸿禨、缪荃孙等友朋饮于樊园，并作超社第九集，分韵赋诗。樊山写有七言长篇歌行《八月二十八日为渔洋山人生辰补松乔梓在樊园举超社第九集即席以尚书天北斗司寇鲁东家分韵余得书字》：

吾年十九二十余，雅爱新城王尚书。读书稍多诗亦进，明贤复爱何李徐。三十以后觉杜好，不敢希圣学白苏。回视新城善修饰，譬之诗国女相如。晚年兼爱何分别，家家皆璞人人珠。文简实清朝第一，瓣香亦可跻钱吴。小山丛桂花未落，一星照世明南弧。生后宣圣才一日，特豚不食侪于朱。延陵父子为公寿，小园竹里携行厨。俎豆强继宋涪叟，问答遥忆古于夫。公昔说诗主神韵，羚羊挂角沧浪徒。山蚕秋柳诸少作，传之今日半谤誉。南海祭告骇鲸鳄，西川持节探鱼凫。江山万里入行卷，骨气始与扬州殊。摈之太甚厌忠雅，谀之太过嫌归愚。秋谷微讥钝翁怒，蛾眉众忌何伤乎！袁赵一长吾犹取，况公坛坫雄国初。轻缣素练边幅窘，新妆袨服颜色姝。拟之于味特甘淡，方椒青子公则无。同社十人馂其余，宣州栗子松江鱼。

缪荃孙《癸丑日记》中亦记其事："（民国二年八月）廿八日壬子，超社第九集，子修主会，借樊园饮，以渔洋先生生日为题，分得书字。"

案：樊山所写之《八月二十八日为渔洋山人生辰补松乔梓在樊园举超社第九集即席以尚书天北斗司寇鲁东家分韵余得书字》诗，见于钱仲联

《沈曾植集校注·海日楼诗注》卷五；许全胜《沈曾植年谱长编》中则云收于《樊山集外》卷二，但涂晓马、陈宇俊校点本却未见收录有此诗，故特将其全诗录出。

是日，沈曾植作《八月廿八日渔洋生日子修招同人集于樊园分韵得斗字》、吴庆坻作《八月二十八日渔洋生日招同社诸子集樊园各赋七言古一章分韵得北字》、陈三立作《八月廿八日为渔洋生辰补松主社集樊园分韵得鲁字》、缪荃孙作《渔洋生日分韵得尚字》、瞿鸿禨作《八月二十八日渔洋生日补松作社集于樊园分韵各为七古予得司字》、沈瑜庆作《超社分韵渔洋生日得东字》、吴士鉴作《八月二十八日渔洋山人生日家大人招同社诸公宴于樊园分韵得洋字超社第九集》等诗纪其事。

八月间，好友吴庆坻曾过访樊增祥，并出示其祖父、曾出任过四川、云贵总督的吴振棫（1792—1870）先生的《花宜馆辑诗图》请题。樊山颇感其孝心，欣然作《题吴仲云先生花宜馆辑诗图为哲孙子修学使属赋》（四首）相赠。

九月初五日（10 月 4 日），宪法会议通过并公布《大总统选举法》。

九月初七日（10 月 6 日），临时大总统袁世凯派军警包围国会，强迫国会开会，选其为正式总统。

九月初八日（10 月 7 日），国会选举黎元洪为副总统。

同日，英、俄、法、日等十三国以袁世凯公开承认一切不平等条约为条件，承认袁记“民国”。

九月初九日（10 月 8 日），超社第十集，林开謩招众友朋至云起楼登高，樊山因事未至。

九月十一日（10 月 10 日），袁世凯在紫禁城太和殿正式就任大总统；副总统黎元洪本应此日前往北京就职，然其仅遥领副总统身份，在湖北都督府就职，坐镇武昌不动。

九月十六日（10 月 15 日），《庸言》第一卷第 20 号出刊，登有梁鼎芬《题陈师傅〈听水斋图〉》十首和樊增祥的《弢庵前辈照象十幅署曰〈听泉图〉，节庵携至上海属题十诗，并以奉复》。

九月二十八至十月初七日（10 月 27—11 月 4 日），樊山邀陈三立、沈瑜庆、蔡乃煌、郑孝胥、吴士鉴、张黄楼、沈曾植等同人至樊园作诗钟之会，沈曾植因病未至。此次诗钟的作品结集为《樊园战诗续记》。

樊山在《樊园战诗续记》中云：“九月二十五日，伯浩过访，入门即谓余曰：‘梁髯北去，钟社少一人矣。’余曰：‘止乙两公皆有意打钟，伯严新归，涛园病起，正金声玉振之时，何谓无人？’遂于二十八日招集小园，惟止相病齿，乙庵暴下不至。”①（亦见许全胜《沈曾植年谱长编·年谱》卷五）

易顺鼎在京城见到发表在报刊上的这次诗钟的作品，评价道：“樊山、节庵、涛园、伯严、絅斋、诒书、子琴、黄楼、伯浩诸君，在沪上亦有诗钟之集，但人数太少耳。樊山有《樊园战诗记》《续记》，共万余言，各报已排日登载，不胫而走矣。其中名作如林，录不胜录。”②

十月初三日（10 月 31 日），梅兰芳随王凤卿应许少卿邀请，抵达上海演出。

上海《申报》在 10 月 16 日（为农历九月十七日）就登载消息云：“第一台特聘天下无双著名优等艺员、著名老生王凤卿，第一青衣梅兰芳今已到申（实际上还未到沪），静养数日，即行登台。”

十月初七日（11 月 4 日），大总统袁世凯下令解散国民党，并取消国民党籍国会议员资格，命军警追缴议员证书、徽章。

同日，王凤卿、梅兰芳正式在上海丹桂第一台演出。

十月初八日（11 月 5 日），大总统袁世凯另组行政会议（后改名政治会议），行使议会职权。

同日，袁世凯政府同沙俄签订《中俄声明》，承认外蒙自治权及沙俄在外蒙的一切侵略特权。

十月十五日（11 月 12 日），王仁东在樊园招集超社第十一集，樊山因事未参加。

十月二十日（11 月 17 日），瞿鸿禨在桃源隐酒楼招集超社第十二集，樊山因事未参加。

十月中旬，好友梁鼎芬自崇陵有诗函寄赠，樊山乃作《节庵自梁格庄寄书题后》《答节庵见赠》等诗相赠。

十月间，樊楚才出其所藏樊山先生晚年手书《赏心集》稿刊行，以惠读者。据汪锡纯《赏心集》跋语说：“右樊樊山先生手钞宋人四六数十篇，乃先生闭户读书之时，遇有惬心意者随手钞录，故自题曰《赏心集》。书法神妙，选择精严，诚不可多见之秘本也。首附先生楷书《闲乐集》诗稿，亦晚

---

① 樊增祥：《樊园战诗续记》，《古今文艺丛书》，广益书局 1914 年版。

② 易顺鼎：《诗钟说梦》，王鹤龄《风雅的诗钟》，台海出版社 2003 年版，第 220 页。

年得意之手笔。先生为人书诗册极多，而楷书则甚少，以上两种皆为樊楚才君所藏，轻易不肯示人。今承其以原本假印，合装成册，特赘数言以志颠末云耳。民国二年十月，休宁汪锡纯。”

其间，樊增祥的挚友陶在铭七十大寿，樊山为其作《陶仲彝七十寿序》。

十一月上旬，廉泉、吴芝瑛夫妇将出卖小万柳堂，苦于难找买主，遂致书沈曾植帮忙。沈曾植则告诉樊增祥，希望他能买下。樊增祥此时亦无财力购买，乃作《南湖芝瑛贤伉俪将以小万柳堂乞人而苛于择主致书子培谓余能受者当以廉价见让心感之而力不赡也为诗谢之》（五首）致谢并纪其事。

十一月十二日（12 月 9 日）晚，副总统黎元洪及其亲信数十人在袁世凯心腹、参谋部次长陈宧的“陪同”下，自汉口大智门车站乘专列入京——黎元洪的湖北时代宣告结束。

同日，缪荃孙招樊山与陈三立、瞿鸿禨、周树模、吴庆坻、吴士鉴、王仁东、林开謩雅集于小有天酒楼，作超社第十三集。缪荃孙《癸丑日记》曾记其事：“（民国二年十一月）十二日甲子，超社十三集，荃孙约止相、樊山、少朴、子修、絅斋、旭庄、伯年、贻书于小有天，菜极佳。”

十一月十六日（12 月 13 日），光绪皇帝和隆裕太后的灵柩落葬崇陵，好友梁鼎芬、沈瑜庆再次北上，参加了奉安大典。

十一月十八日（12 月 15 日），大总统袁世凯御用的“政治会议”开会，篡夺国会职权。

同日，上海《申报》刊登有广益书局介绍樊增祥的文章，称其为“近代文学大家，人皆钦仰”；又称其“法书尤为世所宝贵。近居沪上，索书者户限几穿”，而其“懈于酬应，应者甚鲜”①。

十一月十九日（12 月 16 日），大总统袁世凯调张勋为长江巡阅使，冯国璋为江苏都督。

十一月二十日（12 月 17 日），樊山的前辈好友、陕西同僚周铭旗在即墨老家去世。

十一月二十一日（12 月 18 日），为王凤卿、梅兰芳在上海丹桂第一台演出的最后一天。

十月上旬至十一月下旬，王凤卿、梅兰芳率团赴沪演出期间，经由易顺

① 上海《申报》，民国二年十一月十八日（1913 年 12 月 15 日）。

鼎的介绍，樊增祥与二人结识，从此成为朋友。樊增祥在《题翁覃溪先生墨迹卷子》中记载："会沪上舞台延王凤卿、梅兰芳至，都门老友易石甫以诗介绍，属其来谒。时方冬仲，夷叔翰林携兰芳及凤卿之子，过访草堂。是夕，刚侯（即王仁东）同社招饮旗亭。至则素云、兰芳、凤卿皆在，欢然道故，如四十年前长安过夏，身在歌云酒雨间也。"

在王、梅赴沪演出之前，易顺鼎就写有《以梅伶兰芳小影寄樊山石遗滕诗索和》诗向樊山等人介绍相关情况。当王、梅正式赴沪演出之时，易顺鼎又写有《送兰芳偕凤卿赴春申即为介绍天琴居士》诗，托好友们代为照应。

樊增祥与王凤卿、梅兰芳一见倾心，立即招引二人参与上海文人的宴集活动。之后，樊山又应王凤卿之邀，为其题写了《题翁覃溪先生墨迹卷子》（王凤卿索题）和《题成亲王致茅耕亭手札卷》（王凤卿索题）两文；并作七言古体长诗《梅郎曲》，运用其生花妙笔，既略叙了梅氏的梨园家世，又盛赞了梅兰芳的扮相和演技，还叙写了观众的热烈反响；临别之时，又写了《饯别梅郎兰芳》一诗为其赠行①。

易顺鼎在读到樊山诗作之后，又相继写有《樊山寄示饯别梅兰芳诗索和元韵一首》、《兰芳已至再和前韵示之并寄樊山》等诗作，可谓对王、梅此次沪上演出关心备至（前面所引易顺鼎诗见其《癸丑诗存》卷下，民国初年铅印本）。

十一月二十三日（12 月 20 日），北京政府正式任命陆军总长段祺瑞兼任湖北都督。

十二月初一日（12 月 27 日），应好友缪荃孙之请，樊山为《广雅书局图》题诗四首②：

艺风老人属题《广雅书局图》：

渌水朱桥尚俨然，相公缃素委寒烟。州门老泪多于海，回首珠江廿五年。（余己丑冬值宿书局。）

汉劫秦灰一再经，朔南牙玉总飘零。白头征人图书府，臣向如今

① 陈松青：《易佩绅易顺鼎父子年谱合编》（下），湖南师范大学出版社 2018 年版，第 715 页。

② 录自钱伯城、郭群一整理，顾廷龙校阅：《艺风堂友朋书札》（上册）之第二十一函，上海人民出版社 2018 年版，第 141—142 页。

是更生。（宣统初，京师起图书馆，以君领其事，未逾年而变作。）

太平兴国太平时，御览才搜十国遗。倘得南皮存古意，早征桓伏入京师。（尝与艺风言图书馆必当保存。）

广雅门中四十春，眼看桃李百般新。晚年似有临川悔，独许樊山是旧人。（“旧人只有樊山老”，广雅癸卯年诗也。）

癸丑嘉平朔。增祥拜题。

十二月上旬，樊山曾与同社友朋至徐园访梅，并作七言古体《雪后与同社过徐园访梅遇王拔都茶话》诗纪其事。

十二月十四日（1914 年 1 月 9 日），樊增祥招陈三立、沈曾植、缪荃孙、瞿鸿禨、梁鼎芬、吴庆坻、吴士鉴、周树模、王仁东、林开謩等同人至樊园雅集，作超社第十四集，即席送梁鼎芬赴崇陵种树，并以此为题赋诗。

缪荃孙《癸丑日记》曾记其事：“（民国二年十二月）十四日乙未，再过樊园超社第十五集，止相、止修、子培、旭庄、伯严、少朴、贻书、絅斋同集。又有心海，以送心海之西陵种树为题。”

案：关于超社同人饯别梁鼎芬雅集之时间，缪荃孙作为参与者，在当天的日记中记有其事；而钱仲联《沈曾植集校注》则系于十二月八日（见《海日楼诗注》卷五之《超社第十五集樊园为节庵饯行》题注）。钱先生应是误记，此处自应该以缪荃孙日记中所记时间为准。

十二月十五日（1914 年 1 月 10 日），袁世凯为进一步扫清复辟帝制的障碍，下令解散国会，停止参、众两院现有议员的职务——作为资产阶级民主政治制度标志之一的民国议会，至此消亡。

十二月十九日（1914 年 1 月 14 日），为苏东坡（1036—1101）的诞辰，沈曾植招陈三立、樊增祥、瞿鸿禨、沈瑜庆、吴庆坻、吴士鉴、周树模等同人至樊园雅集，观赏翁方纲摹明人朱完者所绘东坡画像，并各赋诗。沈曾植写有《东坡生日超社第十七集重会樊园题苏斋所摹朱完者本东坡幅巾像和樊山韵》（四首）诗纪其事。

是日，陈三立则写有《东坡生日乙庵招集樊园观朱完者所绘东坡画像》一诗纪其事。

十二月下旬，沈曾植尚写有《樊山叠前韵见赠和答》（四首）、《次樊山小除夕韵》（小题作《小除夕次樊山韵》）等诗作赠樊山。

其间，梁鼎芬自崇陵梁格庄有诗寄赠樊增祥；樊山则作有《答节庵在北见寄》《再答节庵并怀袁忠节》等诗寄赠。

十二月间，樊山曾自制水墨纸本行书四屏立轴（168×46cm×4）。题识一云："右移寓宝昌路新宅一首（略）。南郡樊山樊增祥，书于海上。"钤印"武威樊嘉""天琴居士"。题识二云："右叠韵和沈观一首（略）。天琴老人增祥，书于弄珠庐。"钤印"武威樊嘉"。题识三云："右与清道人饮酒楼一首（略）。鹅溪老渔樊增祥书。"钤印"天琴居士"。题识四云："次石甫夜坐韵一首（略）。癸丑嘉平月，樊山老人增祥。"钤印"天琴居士""武威樊嘉"。

同月里，樊增祥的《苏门游记》（一卷），由上海广益书局铅印刊行（今河南大学图书馆有藏）。

是年，樊山在《庸言》杂志"诗文录"栏目第一卷第三、九、十六、二十、二十一号上发表诗作17首①。

是年，樊增祥尚写有《松桃行》（有序）、《谢诒书惠武夷茶》、《谢贻书惠闽荔》、《秋日止庵见过索观近作用前韵奉呈》、《久不诣乙庵病齿尼之也四叠韵奉寄》、《朴翁斋头建兰始开招同耆生前辈笏卿子琴共饭五叠观莲韵索诸公和》、《笏卿三叠韵赋千叶莲六叠韵调之》、《玉娘曲》（并序）、《雨中次朴翁见赠韵》、《入此月来作诗甚少改诗间之也偶叠前韵呈朴翁》、《送石甫北行》、《石甫行后意常悒悒再叠前韵奉寄》、《次答石甫青岛见寄之作》（二首）、《次韵答石甫见寄》、《石甫书云见水龙吟不得不归五日内必出京喜赋》、《代琴夫人变前韵寄石甫》、《再调石甫》（二首）、《石甫还沪即日偕玉颀夫人见过赋赠一首》、《石甫为琴夫人乞字爰以玉颀二字赠之并调石甫》、《艳体四首叠前韵调石甫》、《实甫代琴姬答和五叠前韵赠之》（二首）、《论诗质石甫》、《与石甫同车过伯严相与东出勸酒听歌夜分始散》（二首）、《雨夜柬石甫》、《石甫玉颀双和前韵再叠奉酬》、《石甫书来钞示近作二首依韵奉和》、《得石甫京邸书却寄》、《与子培伯严子琴酒楼宴集》、《题胡漱堂匡山归隐图》（二首）、《写怀呈伯严子培子勤石甫节庵》、《同石甫楼外楼茶话》、《同石甫听楼外楼说书》、《叠韵嘲石甫》（二首）、《次石甫到京见寄韵》、《又次石甫僦居东城萧寺韵》、《次石甫韵寄杏城》、《次石甫夜坐韵》、《止庵再叠花朝韵见示次答》、《夏日留垞见过》、《夏日过子培楼居遇李道士》、《与李道士饮酒楼》、《叠韵答沈观》、《重有感》（五首）、《闻竹延纳姬戏赠》（四首）、《兰叟录示绝句七篇因遍和之》（次对月韵四解、次观剧夜归韵、次过

① 杨萌芽：《古典诗歌的最后守望》，武汉出版社2011年版，第238—239页。

故居云、次月夜闻笛韵）等诗作。

是年，沈曾植尚填有《戚氏·月华清，隙光琐碎上轩櫺》《前调·桂华秋，仙人散诞狎沙鸥》《六丑·倚银屏数梦》等词赠樊山。

樊山的好友易顺鼎虽然人在北京，但与樊山的诗书唱和却不断。本年内，除前面已经提到的诗作之外，易顺鼎还相继写有《和樊山华字韵》《和樊山玄字韵》《和樊山骆字韵》《樊山见示代琴姬寄外诗因自答琴姬和元韵二首》《再和玄字韵》《和答樊山见寄韵》《和樊山见寄诗韵二首》《樊山作十五咸全韵七言排律报余因亦仿作一首寄之仍禁重字》《樊山戏作琴楼梦小说讽余赋谢一首》《读樊山后数斗血歌作后歌》《偶对樊山句》《秋兴八首和樊山韵》《樊山九叠山谷韵见赠因戏和一首兼寄琴姬》等诗作寄赠樊山。

是年，好友吴庆坻为已去世的杭州著名诗人、藏书家丁丙收辑遗稿，整理订正成集，随后求序于樊增祥。樊山同丁丙本来就是好友，又感于吴庆坻之举动，乃欣然作《丁修府诗序》相赠。

是年，贺翘华（1913—2008）出生于北京一个书香绘画世家。

是年，樊山的朋友杨士燮在浙江巡警道任上去世。

是年，《樊山全书》石印本发行，收入樊增祥的《樊山全集》二十八卷、《樊山续集》三十二卷、《二家试帖》《二家咏古诗》《二家词钞》五卷和《樊山公牍》三卷。

民国三年甲寅(1914)　六十九岁

年初，樊增祥仍居上海樊园。平时多与陈三立、沈曾植、沈瑜庆、缪荃孙、王仁东、吴庆坻、吴士鉴、周树模、瞿鸿禨、梁鼎芬等超社成员宴集唱和。

新年期间，沈曾植曾填有《阳春·新年和天琴，用梅溪韵》词和赠樊山。

陈三立作《次和樊山见贻》诗和赠樊山。

案：樊增祥的《樊山集外》载诗截至1914年初，此后所作之大量的诗、词、文作品，皆散见于友朋的诗文集中和报刊杂志上，至今尚未有人进行收集整理。故自此之后，樊山友朋写给他很多和诗、和词，却见不到樊山的原作，实在太遗憾了。这种状况也给进一步深入熟悉樊增祥的诗（词）文作品，全面研究樊增祥文学创作，带来了很多的困难。

正月初十日（2月4日），是日立春，沈瑜庆在涛园主超社第十九集，樊山与陈三立、沈曾植、吴庆坻、吴士鉴、王仁东、周树模、林开謩、缪荃孙皆赴约，以和元稹“何处生春早”诗为题。缪荃孙在《甲寅日记》中曾记其事：“（民国三年正月）十日辛酉，超社第十九集，沈爱玱主会，樊山、止修、子培、旭庄、少朴、伯年、贻书、絅斋同席，以拟香山何处生春早五律诗为题。”

是日宴集，陈三立作有《立春日超社第十九集宴涛园宅》诗纪其事。

沈曾植尚作《立春日超社第十八集会于涛园斋中赋何处生春早诗》（十首）、沈瑜庆作《甲寅立春超社第十九集赋得何处春生早用元微之韵赠同社诸公以止相冠首余以齿为序后八首自述》（二十首）、吴庆坻作《甲寅立春社集涛园拈元微之何处生春早句》（二十首）等诗纪其事。

案：此次社集，诸社友的说法不一：陈三立、沈瑜庆、缪荃孙等人作第十九集，沈曾植作第十八集，吴士鉴则作第十六集。因每次参与社集之人并不固定，而资料又匮乏不全，孰是孰非，故很难准确界定。其事待今后详考。

正月十五日（2月9日），樊增祥偕同乡好友周树模、左绍佐先后拜访瞿鸿禨和沈曾植。樊山作七言古体《上元日同泊园连过止相乙庵久谈竹勿来会》一章纪其事：“小车曳轮衔尾鸦，今朝风日殊清佳。重翻扶辇上元稿，未了和羹车阁花。往事大江流汉水，近词小海唱吴娃。端明教进云龙盏，犹是当年内赐茶。乙庵闭门索新句，点缀几格犹风华。北市一打旋锣鼓，南海几串悬钟花。老恋朋欢忘客里，闲征灯事在天涯。油锤粉荔关朝会，细问春明掌故家。”①

是日，沈曾植写有《上元日樊山泊园竹勿过谈泊园赋五言长篇余亦以五言答之》一诗纪其事。

正月十八日（2月12日），大总统袁世凯解除熊希龄本兼各职，以孙宝琦代理国务总理，“名流内阁”倒台。

正月间，樊山病齿仍未好，作《齿痛》诗纪其事。

沈曾植尚写有《樊山病齿而诗益多和答一首》《闻樊山病再用前韵》《偕樊周游徐园看梅》《东坡墨竹卷蔡伯浩观察所藏真迹之精者樊山持来属题》等诗作赠樊山。

---

① 樊增祥《樊樊山诗集》（上、中、下）中无此诗。此诗引自钱仲联《沈曾植集校注·海日楼诗注》（下）卷六所附抄录。

案：据钱仲联先生在《海日楼诗注》卷六之《樊山病齿而诗益多和答一首》一诗的按语说："瞿鸿禨亦有《樊山齿痛戏简》诗。盖樊山病齿，起于癸丑秋，迄未痊愈也。"由于牙疼的时间较长，故自去年秋至今年正月间，超社和友朋的不少宴集活动，樊增祥都未能参与，亦未有诗作。

二月初三日（2月27日），樊山与缪荃孙、朱祖谋、沈曾植、林开謩、张彬等友朋应请赴徐乃昌的招饮。缪荃孙《甲寅日记》载："……积余请醉沤、樊山、沤尹、乙庵、贻书、息厂、篁楼同集，菜甚佳。"

二月初四日（2月28日），大总统袁世凯宣布解散各省议会。

二月上旬，应沈曾植之请，樊山曾作有《赋得悬钟花子培属作》（二首）①：

铃儿鼓子皆花草，不及悬钟可意红。弄色景阳朝日里，得名山寺晓霜中。生如莲子非余苦，褪似桃花笑彼秾。无限东朝长乐意，丹跗掩映一林枫。

罗浮晓梦蝶飞回，正待同音羯鼓催。依倚笛椽数茎竹，结交磬石几枝梅。倒垂汝亦堪么凤，翻转吾将酌玉杯。乞与姑苏城外寺，寒山雪海一时开。

沈曾植阅诗后，亦作有《钓钟花或云出罗浮或云出顶湖樊山赋二诗易以雅语曰悬钟和韵》相赠。

二月十二日（3月8日），花朝日，王秉恩招同人举行超社社集，樊山偕瞿鸿禨、左绍佐等友朋参加，有诗；沈曾植途中伤足，乃返回未至。

沈曾植在其《与瞿鸿禨书》中云："手教祗悉，跌伤逐渐就痊，藉可仰慰垂廑。伯严钟局，节厂、诒叔议令改期十八九，恭迓钧坐。至期，植伤处亦可全愈，追陪杖履矣。樊山昨日复发齿痛，花朝社作，闻公先成，尚未得读也。肃请止庵相国大人钧席。曾植敏上。"②

二月十九日（3月15日），全国商会联合会在上海召开。

二月中旬，沈曾植作《和天琴新居诗》（二首）、吴士鉴作《和樊山丈移居韵》等诗赠樊山。

其间，好友陈三立自南京归沪，并将在南京所作之诗出示樊增祥。樊

① 樊增祥《樊樊山诗集》（上、中、下）中无此诗。此诗引自钱仲联《沈曾植集校注·海日楼诗注》（下）卷六所附抄录。

② 许全胜：《沈曾植年谱长编》，中华书局2007年版，第396页。

山阅后乃作《伯严归自金陵示我近作二十二篇咏叹之余杂书其后》（六首）诗相赠。

二月二十一日至二十三日（3月17—3月19日），好友沈曾植亦病齿，遂致书樊山（即《与樊增祥书》①）云："一星期未奉诗札，殆真欲赢鄙人东道耶？前日遣人至新居探视，云驺从尚未迁居，不知今日已入舍否？齿痛谅不发。弟廿一、二、三日剧痛，得一药能立止痛，或谓中有吗啡，然自适用，不问所来已。东道作上已局何如？此请天琴先生道安。植。"

二月三十日（3月26日），樊山已接北京政府通知，邀请其赴京出任总统府顾问和参政院参政。樊山颇矛盾，举棋不定。适陈三立将归南昌谒墓，缪荃孙遂设宴为他们饯别。沈曾植、瞿鸿禨、周树模、张彬、林开謩、吴庆坻、吴士鉴等同席。缪荃孙《甲寅日记》中曾记其事："（民国三年二月）卅日辛亥，饯樊山、伯严，篁楼、伯严、贻叔、子培、少朴、子修、絅斋、止相同席。"

案：是年1月10日，袁世凯为复辟帝制作准备，在宣布解散国会后，要求御用的"政治会议"修改约法，并于5月1日正式公布《中华民国约法》，废除国务院，而设政事堂，任徐世昌为国务卿；又规定设立参政院。参政院参政由73人组成，名单皆由袁世凯亲自圈定，都是前清遗老，或海内名流，樊增祥为73名参政之一。5月26日，参政院正式成立，黎元洪出任第一任院长。1915年12月16日起，则由溥伦继任院长。黎元洪接任总统后，遂撤销参政院。

二月间，曾应好友许幻园之邀，为其以故夫人宋贞的遗墨——设色纸本立轴《倚阑图》（又称作《倚阑听风图》）题跋。樊山的题跋云："蓝桥五赋见云英，断楮零缣眼尚明。甲帐彩鸾收影去，红栏垂柳不胜情。甲寅二月，樊嘉题。"同时应邀为其题跋者有陆润庠、李叔同、吴昌硕、李瑞清、郑孝胥、叶昌炽、郑文焯、盛宣怀、梁鼎芬、陈曾寿、陈三立、蒋智由、朱祖谋、陈夔龙、刘世珩、冯煦等四十余位社会名流。

三月初三日（3月29日），樊山与陈三立、瞿鸿禨、沈曾植、缪荃孙等超社同人修禊于徐园，摄影并分韵赋诗，随后一起至樊园赴吴庆坻之招饮。缪荃孙的《甲寅日记》曾记其事："（民国三年三月）三日甲寅，九老修禊于徐园，照像，分韵得清字……吴子修招饮于樊山宅内，同人咸集。"

---

① 此函札乃乙庵手书真迹，今存上海博物馆。

同日，号称“当代昭明”的袁克定，亦邀集梁启超、罗惇曧等名流在京城的南海子（别称南苑、海子里）举行上巳修禊活动。

三月初八日（4月3日），樊山应好友沈瑜庆之请，为其作纸本行书《赋得何处生春早用元微之韵十二首》镜心。其题识云：“甲寅正月初十日立春，涛园中丞简招同人为超社第十九集，即席以‘何处生春早’命题，余得诗十二首。继思微之、牧斋皆二十首，不当令古人笑我才尽。因再赋十二篇，较元、钱尚赢其四矣。中丞属余手写，久未抱命。三月八日，偶开画箧，捡得旧纸一幅，为书十二首于右，即祈正之。樊山弟樊增祥。”

三月初十日（4月5日），乃传统的清明节，樊增祥与周树模前往沈曾植府中拜访。沈曾植作《清明日云门泊园过谈泊园言今碧桃即唐人所谓绯桃也》诗纪其事。

三月二十九日（4月24日），易顺鼎与罗惇曧、王闿运、陈衍、严复、恽毓鼎、姜筠等在京名士一百余人至法源寺赏丁香，为送春之会。

四月初七日（5月1日），袁世凯颁布《中华民国约法》，废除《临时约法》；又撤销国务院，设立政事堂，任命徐世昌为国务卿。

四月初十日（5月4日），政事堂正式成立，裁撤总统副秘书长，以杨士琦、钱能训为左、右丞；又任命袁思亮为政事堂印铸局局长。

四月十六日（5月10日），樊增祥偕陶在铭、陈三立、易顺鼎、梁鼎芬、杨钟羲等好友至徐园、茶仙亭等处宴集，将自己的挚友陶仲彝介绍给生活在上海的前朝遗老。樊山作有《四月既望偕仲彝散原石甫节庵留垞至徐园久坐晚归茶仙亭饮酒征诗欣然有作》（三章）纪其事。

四月中旬，沈曾植写有《和樊山佛字韵诗》《和答樊山二首》，沈瑜庆作有《步樊山和乙庵佛字三十四韵》等诗作赠樊山。

四月二十三日（5月17日），由林开謩主超社宴集，樊山与陈三立、沈曾植、瞿鸿禨、缪荃孙、沈瑜庆、王仁东、吴庆坻、吴士鉴等同人应邀至别有天酒楼雅集。缪荃孙《甲寅日记》中曾记其事：“（民国三年四月）廿三日壬寅，林贻书举行超社二十三次于别有天，止相、樊山、子修、子培、旭庄、艾玱、絅斋、百年同席。”

同月，樊增祥的《樊山集外》（诗、词、文）八卷，由上海广益书局刊行，起宣统三年辛亥，迄于民国三年四月。其“身世遇合，朝局沧桑，略可靠见。徒以心能超览，文无苦语，虽感深苍凉，而辞归绮丽”①。

樊增祥收入《樊山集外》(八卷)中的诗、词、文作品，大多数都归入其具体写作年月，但仍有一些作品不好确定其具体写作时间，因而也不好编年，在此一并列出。

《樊山集外》卷三有:《奉和湘徐先生重游泮水后四年再至长沙府学原韵二首》、《石甫和诗危苦三叠韵调之》、《柬梁髯》、《漫兴》、《暑窗》、《纳凉作》、《和茧叟无题韵》(三首)、《古意四首书茧叟诗后》、《为仲恂赠姬人》、《忆江宁后湖》、《夜吟至五更遂坐楼廊待晓漫赋》、《和明人绣鞋诗》(有序)、《前题再赋》、《前题三赋》、《前题四赋》、《野步》、《和宝生青楼纪异四首》、《宝生眷一妓女伪称实丈夫而钗泽者拒其嬲也宝生遂以纪异诗属和久乃知其诈也再赋一律调之》、《再调宝生兼恼石甫》、《赋得中年妾似方张寇·石甫惠诗》(四首)、《代琴夫人答》(四首)、《石甫书中述其佳句》、《赋得飞艇》(八首)、《即事写怀用双声体葫芦格简伯严》、《再效双声体简伯严》、《三效双声体简伯严》、《约客会食即席四效双声体博粲》、《寄赠石甫效叠韵体索和》(二首)等。

《樊山集外》卷四有:《石甫以马湘兰画兰柳如是画柳两扇叶合装一帧属题次其自题原韵》、《无题八首》、《四叠芹韵赠石甫》、《止庵用辘轳格见赠叠韵奉呈》、《戏效石甫体作索和》、《调石甫》、《酬石甫题惆怅词并柬寿平》、《送石甫》、《夜归过新马路有怀石甫》、《笏卿答诗自甘避舍何其谦也奉柬一首》、《和白梅影女史帘钩四首》、《茧叟用渔洋秋柳韵赋春柳索和》(四首)、《花事》、《楼居看雨》、《叠韵调石甫》、《余戏为虞初之言石甫以诗见奖戏答》、《雨夜作》、《叠韵遣怀》、《得竹楼书却寄》、《题潘莲巢焦山图》、《和人四首》(晓妆、午绣、晚食、夜香)等。

《樊山集外》卷五有:《乙庵以扇还泊园媵以六言小诗戏和四解》、《费丹旭为汤贞愍画东坡教琴操参禅图》(三首)、《石甫为蝴蝶照相索题》(二首)、《书茧叟寒香集后》(四首)、《梳头口号》、《雨》(二首)、《雨夜再赋》(四首)、《赋得秋海棠下嫁于水仙》(四首)、《前题再赋》(四首)、《惆怅词六解》、《书惆怅词后》、《寿平招饮琴楼即前赋惆怅词处再纪以诗》(五首)、《乙庵属题朱阳馆图(有序)》(七首)、《题金冬心红梅障子》、《题程白葭居士芦花诗梦图》、《题程白葭居士精忠柏断片图》、《耆生前辈言笏卿诗笔高

---

① 钱基博:《现代中国文学史》,岳麓书社 1986 年 5 月版,第 208 页。

一世独不与樊山战戏成四绝句调之》、《清宫词题词》（四首）、《杜鹃》、《虞美人》、《落花和醴芝》（四首）、《早睡节庵见过留诗次答一首》、《次韵酬节庵见简》、《又次春晓韵》、《午睡》、《检旧衣》、《对月》、《寄石甫》（四首）等。

《樊山集外》卷六有：《浣溪沙·效南唐后主》（二首）、《南歌子·效石孝友》、《菩萨鬘·梁髯属题叶南雪所摹李香君小像》（四首）、《前调·昔王文敏扇上画李香君像》、《虞美人·题二十四番花信风笺纸》、《又·十三行写真珠字》、《又·群花若仿云台例》、《又·年年岁岁修花史》、《又·相思债负知多少》、《又·水仙六出梅花五》、《又·鬖䯰十二双红豆》、《又·锦鳞六六瑶函寄》、《虞美人·回文》、《又·龙团小瀹香瓯白》、《高阳台·奂庭偶得仕女图一帧》、《金缕曲·弃妇词纪冶城近事并邀午诒同作》、《前调·午诒代某君答〈弃妇词〉亦赋一解》、《解连环·咏牵牛》、《沁园春》（蚕、萤、蜂、蝶、蝉、蟀、蚓、蛙、蚁、蛛、蝇、蚊）、《浣溪沙·和重审六解》、《八六子·梦兰校书过访萧斋，感而有述》、《满庭芳·刘郎为秋娘制曲，余亦继声》、《虞美人·回文咏溪上人家》、《浣溪沙·杏子深黄压软枝》（二首）、《步蟾宫·佳期数遍银筝柱》等词作。

《樊山集外》卷七有：《谢石甫琴夫人惠食物启》《谢梁髯惠食物启》《谢周中丞惠貂檐暖帽启》《古今文艺丛书题词》《爱看他人妾贪吟自己诗制艺》等文。

五月初一日（5 月 25 日），国史馆在北京成立。

同日，樊山兴致甚高，乃自作水墨纸本行书词（略）镜心（82×34cm）。其题识云："甲寅五月朔日，偶然兴到，书此词。东溪居士增祥。"钤印"增祥长寿"。

五月初二日（5 月 26 日），参政院在北京正式成立，黎元洪出任第一任院长；樊增祥与汪大燮、李家驹、张国淦等七十余人被聘为参政。

五月上旬，樊山与张彬往来颇多，并写有《连日与黄楼共饭戏赠一首》诗纪其事。

其间，以好友、政事堂印铸局局长袁思亮之荐，易顺鼎出任印铸局参事。

五月中下旬，樊山在沪频繁与瞿鸿禨、沈瑜庆、陈三立、沈曾植、梁鼎芬、缪荃孙、林开謩、周树模、杨钟羲、吴庆坻、吴士鉴、张彬等超社同人宴集唱和。缪荃孙《甲寅日记》记载颇详细："（民国三年五月）十三日辛西，赴周少朴之约，止相、樊山、伯年、艾玱、子培、心海、贻书、子修同席。”（此处“十三日辛酉”，应为“十二日壬戌”之误；且“辛酉”亦不是十三日，而是“十一日”。）

“十五日甲子，赴沈艾玱钟局，止相、樊山、子修父子、少朴、百年同座。”

“十八日丁卯，公饯樊山，少朴与止相、子修、百年、旭庄、贻叔、艾玱作主人。”

“二十七日丙子，又诣樊山诗钟会，百年、子姓、止相、少璞、子培、艾玱、功千、篁楼、絅斋均在。”

五月二十四日（6 月 17 日），国史馆正式开馆，王闿运任馆长。

五月二十七日（6 月 20 日），樊山招缪荃孙、陈三立、杨钟羲、瞿鸿禨、周树模、沈曾植、沈瑜庆、张彬、吴士鉴等友朋至寓斋作诗钟之会。

五月二十九日（6 月 22 日），沈曾植邀缪荃孙至樊山斋中作诗钟。《甲寅日记》载：“（民国三年五月）廿九日己卯，小雨……午后晴。……到樊山寓，子培约诗钟。”

闰五月初，樊增祥经过几个月的考虑，已决定不再作清朝的“忠臣”，准备北上，为新政府效力，并作诗四首与友朋告别。

闻知消息，沈曾植相继作有《樊山写示留别诗和韵》（四首）、《再和韵送樊山》（四首）、《三和韵》（四首）、《答樊山和韵》（四首）、《和天琴韵》（二首）。瞿鸿禨亦作有《樊山有诗留别同社索和与乙庵同次原韵》（四首）、吴庆坻作有《次樊山韵》（四首）、吴庆坻作有《读乙庵和樊山之作语语深至因仿其体倒押前韵》（四首）、杨钟羲作有《身云出示留别诗倒次原韵》（四首）等诗为其赠行。

闰五月初三日（6 月 25 日），樊增祥曾致函同乡晚辈陈曾寿（即《致陈曾寿》）①云：

> 仁先仁兄如面：前作《读简学斋诗书后》，第六首“庆乃贻后昆”误作“贻子孙”，则是一篇两押“孙”字矣（今日审稿本始看出），祈代改正。前日诗钟送谁阅看，就枕后又得一联云：“庾园客愧征西父，郑小同夸北海孙。”不识可补入否？若请子琴与笏卿作主考最佳……祥

① 樊增祥：《致陈曾寿》，《香书轩秘藏名人书翰》（上、中、下），浙江古籍出版社 2005 年版。

顿首，闰五月初三。

闰五月初七日（6月29日），袁世凯命由参政院代行立法院职权。

闰五月初八日（6月30日），袁世凯废除各省都督，在北京设立将军府，立将军名号。

闰五月上中旬，樊增祥有北京之行。先于樊山进京的王闿运在日记中记载："（甲寅年闰五月）十四日（7月6日），云门北来有日，彼已辞聂馆矣。至打磨厂看云门，寓居门外，以示不久留也。问来意，云：'就乾馆'。"

樊增祥的友人、后清史馆的同事叶昌炽在闰五月初六日（6月28日）的日记中亦记载说："闻樊山已应聘，旧人新官，从此一钱不值矣。"几天后的闰五月十四日（7月6日）又记载说："闻云门北来有日，已辞聂馆矣。至打磨厂看云门，寓居门外，以示不久留也。问来意，云：'就乾馆。'"（见叶昌炽《缘督庐日记抄》）

案：根据此年最近几个月的整体情况来看，樊氏此次来京的时间应该不是太长，大约三个多月（即闰五月上中旬至八月中旬），且中间有往返，主要是来京了解相关情况、解决住所等问题，为就聘总统府顾问和参政院参政、举家移居京师打前站、作准备。

闰五月十六日（7月8日），孙中山在日本东京召开中华革命党成立大会，就任总理；并于七月十二日（9月1日）公布《中华革命党总章》。

六月初十至十三日（8月1日—4日），德国对俄、法、英国宣战，第一次世界大战爆发。

六月十三日（8月4日），樊山应邀与瞿鸿禨、沈曾植、周树模作诗钟。

此前，沈曾植曾修有一札（即《沈曾植致瞿鸿禨札》）给瞿鸿禨，邀其作诗钟之会："樊山、洎园钟兴方浓，而曾植十四将回禾一转。十三日作一局，恭迓钧从早临，各奏所长，以呈藻鉴。专泐敬请中堂大人道安。曾植敬上。"①

六月十五日（8月6日），袁世凯政府宣布对欧战（第一次世界大战）保持中立。

六月十六日（8月7日），袁思亮因公务离京他往，袁世凯任命易顺鼎为政事堂印铸局代理局长。

① 此函札乃乙庵手书真迹，今藏上海博物馆。

七月初三日（8月23日），日本政府正式宣布对德作战。

七月十三日（9月2日），日本派兵在中国山东半岛的龙口（今烟台市龙口市）登陆。

八月初九日（9月28日），袁世凯率领朝中百官至孔庙举行隆重的祭孔活动。

八月初十日（9月29日），易顺鼎离京赴沪，与樊增祥、陈三立、缪荃孙、朱祖谋等友朋往还。

八月十七日（10月6日），日军占领山东济南车站。

八月中旬，据张秋虫在其《梅雪争芳记》中记载说："民国三年八月十七日，熊希龄（字秉三）、梁启超（号任公）、诸宗元（字贞壮）约同观梅兰芳剧。石庵（易实甫）、雨村（樊樊山）都道好。第三天，果然一一如约而至。和罗瘿公同来的还有一个江南状元张謇先生。这年，骑驴晋京，也就吟风弄月，品花赏曲，加入名士团体……在江西会馆召集一时名伶唱堂戏。张状元也在坐，听了畹华（梅兰芳字畹华）一出《贵妃醉酒》，不觉心为之醉，从此说起畹华，便五体投地。最近由罗瘿公介绍，渐渐和畹华熟悉，又托罗瘿公转烦畹华演了一出拿手好戏《思凡》。当时作了一首新诗，并手书双行小楷折扇一柄送给畹华。"①

案：此记载在时间上明显有误。此期间易顺鼎人在上海，不在京师；樊增祥时人亦在上海，尚未赴京就职。樊增祥的入京就职，与在京名流交往，在本年的十一月下旬。或许是第二年的事，误记于此年亦未可知。

八月二十三日（10月12日），陈三立与沈曾植、张彬在樊园公请缪荃孙，樊增祥、易顺鼎、瞿鸿禨、杨钟羲等亦在坐。缪荃孙在《甲寅日记》中曾记有其事："（民国三年八月）廿三日庚午，陈百年、张篁楼、沈子培公请于樊园，樊山、止相、石甫、翁倩、子姓同席。"

九月初四日（10月22日），浙江革命党人机关被破获，二十余人被捕，均被处死。

九月初九日（10月27日），超社雅集，樊山与陈三立、缪荃孙、吴庆坻、沈曾植、瞿鸿禨、沈瑜庆、杨钟羲、张彬、林开謩等同人至惠中旅馆登高。沈曾植作有《九日惠中旅馆登高超社十九集和樊山韵》《和樊山九日

① 张秋虫：《梅雪争芳记》，世界书局民国十五年1926年版；转引自吴开英《梅兰芳若干史实考论》，辽宁大学出版社2015年版，第179页。

韵》，陈三立则作有《九日惠中番馆五层楼登高集者艺风樊山补松乙厂止庵涛园子琴黄楼移叔及余凡十人》等诗纪其事。

案："惠中旅馆"在上海三马路大新街口，修有屋顶花园，可以眺远。据沈氏诗中"重阳江楼跻崔巍"之诗句看，此处似不应是"惠中旅馆"，而应是"汇中饭店"。"汇中饭店"在上海大马路外滩，临黄浦江，故其诗中才有"江寒强复临高台""重阳江楼跻崔巍""临江下瞰风涛焰"之句。如果是"惠中旅馆"，则去江甚远，怎么可能称"江楼"且谓"临江"呢？

九月上旬，陈曾寿自杭州省母后又来到上海，与樊增祥、沈曾植、郑孝胥、陈三立等友朋往来唱和。沈曾植曾写有《仁先游西湖归以龙井水一瓻见饷赋谢此题樊山已出两章余未能尽继也》诗纪其事。

其间，易顺鼎告别众友朋，自沪上返回京城。

九月十四日（11月1日），陈曾寿在悦宾楼宴请陈三立、樊增祥和郑孝胥。郑孝胥《郑孝胥日记》中曾记其事："（民国三年九月）十四日，赴陈仁先之约于悦宾楼，晤伯严、云门。"

九月二十日（11月7日），日本侵略军占领山东青岛。

九月间，上海招商局、太古、怡和三轮船公司中国海员举行总同盟罢工。

十月十七日（12月4日），王凤卿、梅兰芳应"丹桂第一台"新老板尤鸿卿、文凤祥等人邀请，率团再次抵沪演出。

《申报》当日刊载海报云："王凤卿、梅兰芳现已到申，静养数天，择日登台，其具体戏码，梅兰芳二十一日夜《彩楼配》、二十二日夜《女起解》、二十三日夜《汾河湾》、二十四日夜《虹霓关》、二十五日夜《雁门关》。"

十月二十一日（12月8日），王凤卿、梅兰芳所率领的北方京剧团正式开始在上海丹桂第一台演出。

十月间，樊山时与陈三立、陈寿曾、郑孝胥等人游宴往来。陈三立曾写有《樊山宅诗会夜归经跑马厅垂柳交荫景物幽绝》诗（《散原精舍诗续集》卷中）。

郑孝胥作有《答樊云门踏月之作》赠樊山："楼台隐星汉，林影分路歧。夜色使人幽，幸无车马驰。"

具间，南社诗人柳亚子发表《论诗六绝句》，其中一首云："郑、陈枯寂无生趣，樊、易淫哇乱正声。一笑嗣宗广武语，而今竖子尽成名。”①对同光体、中晚唐等复古诗派提出了严厉批评，从而引发了后来所谓“唐宋诗之争”的大讨论。

十一月初七日（12月23日），为冬至日，大总统袁世凯至天坛祭天。易顺鼎作有《甲寅至日陪祀南郊，即事漫作长句一首》纪其事（见《甲寅诗存》卷下）。

十一月上中旬，沈曾植相继写有《樊园钟集止相以新橘一箪饷坐客和天琴韵》（二首）、《雪塍提刑招同天琴古微艺风完巢贻书黄楼积馀诸君饮于醉沤》（二首）等诗赠樊山。

十一月十三日（12月29日），袁世凯公布《大总统选举法》，任期十年，且得连任，继任候选人由总统提名。

十一月二十四日（1915年1月9日），樊山的同乡、著名学者杨守敬在北京寓所去世。

十一月二十六日（1915年1月11日），王凤卿、梅兰芳所率之北方京剧团结束第二次赴沪演出，返京。

十一月下旬，樊增祥应邀北上，携家人抵达北京，出任袁世凯总统府顾问、参政院参政（即议员）并兼任清史馆总纂。据叶昌炽是年十二月初一日（1915年1月15日）的日记记载：“樊山毅然入都供职，兼参议、顾问两官，又兼清史馆。其妇来尼之，绝裾而行。寐叟填《鹧鸪天》一阕嘲之。”（见叶昌炽《缘督庐日记抄》）

王真在《石遗先生年谱续编》中也说：“阏逢摄提格九月，樊樊山参政兼充政治顾问、清史馆总纂。”

王森然在《樊增祥先生评传》中亦记载有樊山进京之事：“乙卯，去之京师，充袁政府参政院参政，宠礼倍加”②。

案：王森然先生此处说樊山进京是在乙卯年，即1915年，恐有误。叶氏与樊氏既是老友，又曾为清史馆同事；樊山在受聘为总统府顾问和参政院参政、正式来京就任之前，尚在犹豫、观望，其间曾至京中打探消息、了解租赁房屋等行情，叶氏还曾去看望过他，在自己每天所写之日记中所

① 柳亚子：《磨剑室诗词集·论诗六绝句》，人民文学出版社1985年版，第215页。

② 王森然：《樊增祥评传》，《近代名家评传》，生活·读书·新知三联书店1998年版，第2页。

记的时间应该不会错。后来又有清史馆总纂之聘，才使樊山下定决心赴京就任。

据查阅有关资料可知：民国三年（1914年）春，北京政府国务院呈请设立清史馆。3月9日，大总统袁世凯发布大总统令，批准了国务院的呈请。1914年8月，清史馆正式建立，聘请前清东三省总督赵尔巽（1844—1927）为馆长（1927年赵尔巽病逝后，由柯劭忞代理馆长）。随后聘樊增祥、郭曾炘、沈曾植、宝熙、柯劭忞、吴廷燮、缪荃孙7人为总纂，于式枚为总阅。另先后聘请纂修、协修等编写、工作人员一百多人（编纂工作开始后，原聘不少编纂人员未赴职）。1926年秋，《清史稿》基本完成。经过一年多时间的编辑、修改、整理，于1927年底全部完稿并开印，至1928年5月全部刊印完成，共81册。

十一月下旬至十二月上旬，樊山进京后即加入寒山诗社，受到同人的热烈欢迎。

关赓麟《稊园吟集甲稿·编终杂述》云："辛亥之冬，始集宾客为诗钟之戏，借地'京汉（铁路）同人会'，二年末始制名。易实甫来，乃设社，呼以'寒山'。樊樊山继至，群仰为领袖，海内胜流，如水赴壑，着籍至四五百人，集必三、四筵为常。自前朝卿贰、疆吏翰詹、郎曹遗老、布衣武人，以至维新志士、革命伟人，视之等夷，无有阶级。罗瘿公、王书衡、郑叔进、顾亚蘧、沈砚农、夏蔚如，其常至者也。"①

顾亚蘧于民国四年（1915年）撰《寒山社诗钟集题词》中有"闽派徐徐贵粤党，身云后至牛耳操"之句；其诗句后自注云："樊山上年冬间始入社。"②

《寒山社诗钟选乙集·选辑大意》亦云："本集凡分十卷。百课以前为卷一至卷五；百课大会一日之集最称盛举，是为六卷；百课以后迄甲寅（指民国三年，即1914年）岁除，是为卷七、卷八；樊君樊山北来入社，同人欢

---

① 关赓麟：《稊园吟集甲稿·编终杂述》，见关赓麟编《稊园吟集甲稿》（上）卷首，1955年印，线装油印本。

② 顾亚蘧：《寒山社诗钟集题词》，见寒山社编《寒山社诗钟选乙集》，正蒙书局1914年版；又见南江涛选编《清末民国旧体诗词结社文献汇编》，国家图书出版社2013年版，第18页。

宴，迭为宾主，谈艺尤进，别为专册列之卷九集中。”①

案：寒山社亦名寒山诗社、寒山诗钟社，是由关赓麟、易顺鼎、樊增祥等人主持于北京的一个典型的诗钟社团。其雏形是以关赓麟为代表的诗坛名流于1911年至1912年间发起组织的同人诗钟之会。民国二年（1913年）初，由易顺鼎倡议，而以“寒山”名社。寒山社骨干成员王书衡曾说：“‘寒山社’者，地居京国，思寄姑苏；郊岛闻声，钟牙答响。门稀热客，室有古欢；殇咏于期，月必数举”②；由此可知社名之寓意。寒山社不仅社员人数众多，最兴盛时竟达数百人；而且集社活动从未间断。大约在民国二十年（1931年）前后，鉴于当时国难忽至以及动荡的社会环境，寒山社不得不并入稊园社。它标志着持续了近二十年的寒山钟声亦渐行渐远。

十二月初，樊山通过老友易顺鼎、罗惇曧，又与梅兰芳取得了联系，时有往来。他还经常与易顺鼎、罗惇曧等人去看梅兰芳演出，为其捧场，并成为梅兰芳的“粉丝”。

十二月初四日（1915年1月18日），日本公使日置益代表日本政府向袁世凯提出阴谋灭亡中国的“二十一条”要求。

十二月初五日（1915年1月19日），梅兰芳赴沪演出，新近返都。沈昆山（葆桢之孙，瑜庆之子）为其洗尘接风，邀易顺鼎、樊增祥、陈衍、罗惇曧、梁鸿志、黄濬、林志钧、杨毓瓒等友朋作陪。易顺鼎作《沈公子昆山十二月五日宴席，有作》纪其事。

十二月上旬，陈夔龙见樊增祥终究不耐寂寞，还是北上任职，乃作《嘲仕八登前韵》以讥之。

此期间，樊山初入京，除担任总统府顾问和参政院参政外，原本还希望兼任清史修纂的职务；但不知何故，后来竟没有他参加修纂《清史稿》的消息。

案：樊山进京后，曾就纂修《清史稿》领取任务之事找过有关人。此期间樊氏好友缪荃孙（总纂之一）在写给好友吴士鉴（总纂之一）的信中就提到：“樊山、笙叔（钟广笙）各认何门，乞先示一例。弟参集各人分门

① 关赓麟：《寒山社诗钟选乙集·选辑大意》，载寒山社编《寒山社诗钟选乙集》；亦见南江涛选编《清末民国旧体诗词结社文献汇编》，第19页。

② 王式通：《寒山社诗钟选甲集》，载寒山社编《寒山社诗钟选甲集》，正蒙书局1914年版；亦见南江涛选编《清末民国旧体诗词结社文献汇编》，第240页。

之例，定一条例，分通例、专例两目，所以不定者，恐一人之见识不到也。”

十二月中旬，樊山与湖北同乡、时在民国政府约法会任秘书、平政院任评事的范熙壬结识，并时相往还。

其间，又与多年不见的弟子侯疑始在京城相遇，时相往还。

十二月十九日（1915 年 2 月 2 日）晚，樊山与易顺鼎、罗惇曧等名流至广德楼观看鲜灵芝演出《电术奇谈》。

樊增祥进京后，常与易顺鼎，罗惇曧一起观剧，被时人称之为北京三大名士。沈宗畸曾在《便佳簃杂钞》之六的《名士闲情》中记载：“民国三年某月日，女伶鲜灵芝在广德楼演《电术奇谈》一剧，鲜伶饰凤美，作西式梳妆，艳丽异常。三大名士均在座，实甫喝彩声尤高。瘿公作诗调之曰：‘台上眼波流凤美，楼前声浪识龙阳。相逢尚在神童日，不向花轿念喜郎。’喜仲达，乃剧中林凤美之夫。以‘凤美’对‘龙阳’，可谓工巧极矣。此剧尤为樊山所赏，因填《霓裳中序》一阕，索实甫和。”

当时的报刊曾报道：“在歌台捧角队中风头最健者为遗老。此辈或为达官显宦，或为才子诗人……每月俸入既丰，而又无所事事，于是流连歌场，大作其捧角运动……而最享盛名者，厥惟樊樊山、易实甫、罗瘿公三氏。”①

王森然《樊增祥先生评传》中对其捧角儿之事亦有记载：“其晚年，专以声色寄情，樽前筵畔，绮红偎翠，京津女伶拜其门下者甚众。如新艳秋、蓉丽娟、孟丽君、刘艳琴、小兰芳及马家姊妹艳雪、艳秋，李桂芬、李慧琴等，均为入室弟子，旖旎温馨，屡见诗辞，经其一捧，立即成名。”

十二月间，樊山与已故同年吕凤岐的第三女、时在总统府担任机要秘书的吕碧城正式相识。二人以公务、亦以世交，更以兴趣爱好等原因，时常会面、往来、唱和。樊山的《金缕曲》就写于此期间：

> 姑射婵娟子。指仙家、碧城十二，是侬名字。冰雪聪明芙蓉色，不栉明经进士。算兼有、韦经曹史。玉尺家声娇女继，种鲤庭十万新桃李（君为余同年吕提学季女，十年前已为天津女学堂总教习）。男不重，重生女。江南旧识云英姊。写春风、红梅一卷，诗如花美（令姊尝为余画红梅卷子，题诗其上）。芍药清文今重见，始信花中有蕊。只

① 《记樊、易、罗》，《立言画刊》第 73 期（1940 年），载陈志明、王维贤选编《〈立言画刊〉京剧资料选编》，学苑出版社 2009 年版，第 157 页。

漱玉、风流堪拟。料得前身明月是，睹声名、碧海青天里。应买贵，薛涛纸（此词见于吕碧城《信芳集》一卷本）。

此外，樊增祥还曾写有《七绝八首》①，对年侄的过人才华和高超的创作技巧给予了高度评价：

第三娇女玉卮娘，却去瑶池到下方。紫锦函中书一卷，明明翠水白莲香。

聪明天赋与娉婷，记取前生琯朗星。炼就才人心与眼，为谁暖热为谁青？

香茗风流鲍令晖，百年人事称心稀。君看孔雀多文采，赢得东南独自飞。

侠骨柔肠只自怜，春寒写遍衍波笺。十三娘与无双女，知是诗仙是剑仙？

花帘粗浅等奴星，漱玉香毫写性灵。颇有太仓惆怅意，老人无奈牡丹亭。

耽香爱洁俭妆梳，尘拂瓶花伴读书。乞与肉身水仙号，满衣香雾女相如。

月明林下见斯人，乞取梅花作粉真。梦寐不离香雪海，谁知却是此花身。

十岳名山数往还，人从世外想烟鬟。谢家柳絮真成谶，流雪回风天壤间。

是年，好友易顺鼎的夫人何玉颀五十寿诞，樊山偕夫人为易顺鼎夫人书“寿并松贞，祥开艾庆；瑞呈桼圣，喜溢瓜绵”行书八言水墨红腊笺本联立轴志贺。其题识云：“诰封夫人易嫂玉颀何夫人五旬节寿，樊祝敏贞敛衽拜祝。时年六十有九，樊增祥书。”钤印“樊嘉私印”“天琴老人”。

是年，好友易顺鼎尚写有《和天琴见寄韵》《再叠前韵》《再叠天琴前韵》《天琴以左车痛电告总统乞假缓行电生误左车为左足戏简一首》《寄天琴沪上即和其见寄诗韵》《和天琴见调韵》等诗作赠樊山（见易顺鼎《甲寅诗存》，民国初年铅印本）。

是年，《樊山滑稽诗文初集附琴楼梦小说》（不分卷）由上海广益书局

① 这组诗原存于《吕碧城集》，今见于李保民《吕碧城诗文笺注》附录二，上海世纪出版股份有限公司/上海古籍出版社2007年版，第532页。

刊行。

是年，樊山的滑稽小说《琴楼梦》由上海广益书局铅印发行。

是年，樊山的滑稽小说《琴楼梦》又由国学书室石印发行。

民国四年乙卯(1915)　七十岁

樊增祥定居北京，结识袁克文、徐世昌等要人。王森然在《樊增先生评传》中记载："乙卯，去之京师，充袁世凯政府参政院参政，宠礼备加，日从袁克文赋诗征歌，或偕易顺鼎等观剧，放浪狭邪，不修边幅。"①

徐世昌为扩充自己的势力以图后举，曾在京组织社会、文学名流，成立晚晴簃诗社，樊增祥是其重要成员。《新语林·雅量》中就说："徐弢斋设晚晴簃诗社于公府，入社者有周沈观、樊樊山、易哭厂、傅沅叔、郑叔进、王书衡、吴士缃、郭小麓、许宝衡、傅芷芗等数十人，觞咏不绝，佳句时传，将使兰亭绝唱长在人间，柏梁聊吟重来台上，风雅道衰之际，此为最难得之韵事也。"（陈赣一《新语林》，上海书店1997年版）

正月初十日（2月23日），应好友关赓麟之请，樊山为他的设色纸本《稊园雅集图》题跋。其题跋云："颖人同社于南池子筑稊园落成绘图，征诗奉题四首（略）。颖人仁兄郢正。乙卯上元前五日，同社弟樊增祥拜草。"

案：上一年的冬暮，关赓麟于紫禁城东的南池子所建之新居——稊园落成，遂邀好友们宴集，又请好友李霈绘制了《稊园雅集图》。李霈的题识云："稊园雅集图，甲寅冬，藤龛李霈。"钤印"藤龛""李霈"。随后，关氏向好友们征诗、邀为题跋；并请徐世昌为之引首："稊园雅集图诗卷。颖人仁弟属，徐世昌。"钤印"徐世昌印""鞠人""得耕堂"。先后为该图题跋的名流有高步瀛、赵惟熙、樊增祥、金葆桢、陈振家、翁廉、杨毓瓒、郭曾炘、石德芬、刘敦谨、贺良朴、李滨、关赓麟、陈〇湖、朱绍阳、唐益公、叶恭绰、商衍鎏等十八人，于是形成了今天所见到的《稊园雅集图》手卷。

正月十二日（2月25日），樊山的朋友、维新派干将、诗人麦孟华在上海寓所病逝。

① 王森然：《樊增先生评传》，《近代名家评传》，生活·读书·新知三联书店1998年版，第2页。

正月二十五日（3 月 10 日），中华革命党通告揭露袁世凯对日本“二十一条”交涉真相，要求党员积极讨袁。

同日，超然诗社不少成员北上出任新政府官职，超社的活动受到很大影响，遂将社名改为逸社。除原社中仍留在上海的成员外，又增加了瞿鸿禨、冯煦、陈夔龙、王乃徵、朱祖谋、杨钟羲、张彬等新成员。新成立的逸社以瞿鸿禨为主导。鄂籍的樊增祥、周树模、左绍佐因已进京任职，自然未能参加。

正月二十七日（3 月 12 日），湖南乾城（今湘西土家族苗族自治州吉首市）大王岩煤矿工人举行罢工。

二月初三日（3 月 18 日），上海数万民众组织国民对日同志会，召开群众大会，决议拒用日货。

二月十二日（3 月 27 日），应友人胡璧城之请，樊山与友朋们为其新近所收藏之《傅青主先生墨迹小楷金刚经》题跋。樊山的题诗及题识云：“霜红龛即写经轩，〇沫牟尼半万言。未便名齐钟太傅，只应神似拟山图。四十二个何以故，一十三个恒河沙。钝根人不知了〇，自命〇林考据家。夔文社兄属题。乙卯花朝樊增祥合十。”钤印“壶公”“武威樊嘉”。

案：《金刚经》全称《金刚般若波罗蜜经》，是《大般若经》的一部分，为佛教禅宗的印心宝典。《傅青主先生墨迹小楷金刚经》是傅山（1606—1684）于清顺治十一年（1654 年）所书。民国初年为安徽泾县胡璧城所收藏，并请好友罗瘿公、易顺鼎、樊增祥、吴士鉴、袁励准、裴景福、萧方骏、沈云沛、宝熙、庄蕴宽、胡朝梁、关赓麟为其题识。1935 年，商务印书馆曾将其刊行。湖北省书协副主席黄亮（1903—1987）曾于 1940 年三月获得一本珍藏家中，并题云：“庚辰春三月，黄亮。”1992 年上海书店出版之《傅山小楷金刚经》则是根据商务印书馆刊本翻印的。

二月间，樊山见年侄吕碧城颇为勤奋，公务之余尚时有诗文作品见诸报端，甚感欣慰，乃成七律一首相赠，高度赞赏其聪慧和过人才华：“前身合是绛河星，锦织璇玑手不停。花在春风红间白，命如霜月素怜青。天然眉目含英气，到处湖山养性灵。自是游仙无定在，莫疑漂泊凤凰翎。”

同月，同乡好友周树模新居落成，邀樊山为其题柱。樊山遂为其作水墨纸本行楷龙门对立轴：“径移何处竹，别种几株梅，渠当无绝水，石计总生苔，院果谁先熟，林花那后开（《王无功见乡人问》）。竹从去年移，梅是今年荣，渠水经夏响，石苔终岁青，院果早晚熟，林花先后明（《朱仲晦代乡人答》)。”其题识云：“仆作楹联，取有别趣。此两诗一问一答，天然对偶，尝写饰斋壁，以寄乡思。友人见而索书，靳弗予也。今沈观社兄寓园落成，属为题柱。君与余皆欲归而不得者，因写此帖为赠，祈笑而正之。乙卯春仲，樊增详识。”钤印“武威樊嘉”“东园公”“樊嘉五十岁”。

案：后此龙门对立轴为梁劲予所收藏，上有其鉴藏印：“梁劲予所藏金石图籍印”。

樊增祥进京后，很快就与原超社成员或好友吴士鉴、周树模、左绍佐、陈衍、易顺鼎等名流保持了密切联系，经常宴集，并有联络新朋旧友重结诗社之举。“虽不如超社、逸社之兴盛，亦成为京师的文人雅事。”①

三月初一日（4 月 14 日），京师文人、社会名流的文学社团——“春社”，在陈衍的寓所成立。

陈衍在其《石遗室诗话》卷十四中就说：“今年三月一日，寓庐有春社之集，集者樊山、笏卿、沈观、叔海（江瀚）、实甫、确士、絅斋（吴士鉴）、众异（梁鸿志）、秋岳（黄濬）并余十人。人各有诗，诗长不具录。”②

吴士鉴在写给上海好友缪荃孙的书函中亦谈到北京诗人宴集、结社的情况：“此间钟局尚多，又与樊山、少璞、笏卿、叔伊、实甫诸人结一诗社，略如超社相等，月必一聚。”“超社重举，令人神往；淞社度仍赓续不辍。此间自樊山到后，钟声大作，有常会，有特会。”③

三月初三日（4 月 16 日），樊增祥偕易顺鼎、罗惇曧、恽毓鼎、姚永概、夏敬观等百余人至什刹海修禊，分韵赋诗。《恽毓鼎澄斋日记》云：“至什刹海会贤堂赴樊樊山、罗掞东、易实甫诸君修禊之约，京师知名之士大概集焉，到者约及百人，用颜延之曲水修禊四言诗分韵赋诗，余拈得泳字。”④姚永概《慎宜轩日记》云：“晴。上堂。学生作文。赴什刹海修禊之会。(樊、易、吴、罗等主人十人。)”⑤陈谊《夏敬观年谱》(民国四年)编年诗有《什刹海修禊，得“望”字》一首。⑥

① 杨萌芽：《古典诗歌的最后守望》，武汉出版社 2011 年版，第 127 页。
② 陈衍：《石遗室诗话》上册，辽宁教育出版社 1998 年版，第 200 页。
③ 顾廷龙校：《艺风堂友朋书札》上册，上海古籍出版社 1980 年版，第 453 页。
④ 恽毓鼎：《恽毓鼎澄斋日记》(下)，浙江古籍出版社 2004 年版，第 725 页。
⑤ 姚永概：《慎宜轩日记》(下)，黄山书社 2010 年版，第 1295 页。
⑥ 陈谊：《夏敬观年谱》，黄山书社 2007 年版，第 78 页。

三月初七日（4月20日），好友、原两广总督袁树勋在上海寓所去世；樊山闻讯，立即撰长联以挽之：

从科第外论功名，君友刚直其人也！起令长徙封圻，凡节钺所临，皆为国家，建远大之策，而朝右倚若长城，至五族共和，公已乞休久矣；

于师友中数知己，我视文襄何殊焉？誉词章奖政事，迨安蒲内召，独许卑末，有开济之才，而言处更无余子，如九原可作，吾将谁与归乎。

案：除上联外，网络间尚流传有樊增祥挽袁树勋的另一副长联：

共和忠仆、民党健将，豺狼当道，正待夷芟，何图鬼蜮含沙，竟坏我长城也？毒雾漫江天，听舆论童谣，共惜是任怨任劳，师出未捷身先死；

行间推心、帐幄抵掌，驰逐中原，方期提挈，谁教白龙鱼服，坐陷贼诡计乎？恶噩传领海，只生刍絮酒，最难忘同声同气，言无不听计必从。

三月初九日（4月22日），以袁树勋逝于上海，袁思亮回家奔丧，袁世凯任命易顺鼎为政事堂印铸局代理局长。

三月二十四日（5月7日），日本政府致北京政府外交部最后通牒，限48小时完全应允“二十一条”，否则“将执认为必要之手段”。

三月二十六日（5月9日），北京袁世凯政府正式承认丧权辱国的“二十一条”修正案，史称“五九国耻”。

三月下旬至五月上中旬，应沈云沛、沈淇泉之邀，樊增祥偕陈宝琛、郭曾炘、周树模等老友至浦信铁道公所观赏牡丹。

陈声聪等在《侯官陈石遗先生年谱》卷六中云：“沈雨人侍郎云沛、沈淇泉编修卫招同陈弢丈、樊山、春榆、沈观、珏生、曼仙、小麓……诸先生，宴赏牡丹于浦信铁道公所。雨人……罗致各省异种牡丹千余本，环列广庭，纵横数百步满焉。夜张数百光电灯，其中花气与酒气与灯光相荡晃，赏牡丹者殆未曾有也。”①

樊增祥在北京甚受袁世凯的青睐和礼遇。刘成禺在《樊樊山之晚年》一文中写道：“袁世凯解散国会，设参政院，搜罗清旧臣，国内名流，特聘樊樊山为参政院参政，待以殊礼。樊樊山亦刻意图报，故参政谢恩折有云：‘圣明笃念老成，谘询国政，宠锡杖履，免去仪节。赐茶，赐坐，龙团富贵

① 陈衍著、陈步编：《陈石遗集》，福建人民出版社2001年版，第2026页。

之花；有条，有梅，鹊神诗酒之宴。飞瑞雪于三海，瞻庆云于九阶。虽安车蒲轮之典，不是过也。’世凯宴樊樊山诸老辈参政于居仁堂，宴毕，游三海，手扶樊山，坐于高座团龙缕金绣牡丹花椅上，樊山视为奇荣。大雪宴集瀛台，世凯首唱，樊山继之曰：‘瀛台诏宴集’故谢恩折及之。樊山平生，酷嗜鼻烟，终日不辍。世凯赐以老金花鼻烟两大瓶，皆大内库藏，琵琶碧玉烟壶一双，樊山亦目为至宝。洪宪退位，樊山潦倒，仍把弄双玉壶不释手。”

四月初九日（5月22日），樊山自作水墨纸本行书六屏立轴（242×55cm×6）。其文曰：“如淮王鸡犬，遗响白云。韩退之如囊沙背水，惟韩信独能。李长吉如武帝食露盘，不鲍饱多欲。白香山如山东父老，话农桑言。元微之如李龟年谭天宝遗事，貌悴而神不伤。刘梦得如镂冰雕琼，流光自照。杜牧之如铜丸走阪，骏马注坡。孟浩然如洞庭始波，木叶微脱。孟东野如埋泉断剑，卧壑寒松。张文昌如优行乡饮，酬献秩如而时有诙气。李义山如百宝流苏，千丝铁网。荆公如邓艾缒兵入蜀，要以险为功。苏东坡如屈注天湟，倒流沧变眩百怪，终归雄浑。”其题识云：“乙卯小满，天琴书。”（见北京荣宝拍卖有限公司“2017秋季艺术品拍卖会”——“中国书画—近现代”专场拍卖品，编号：0253）

四月十二日（5月25日），北京政府外交总长陆徵祥与日本驻华公使日置益签订草约。

四月二十五日（6月7日），《中俄蒙协约》（又称《恰克图协约》）在恰克图签订。

五月初四日（6月16日），大总统袁世凯以“妨碍邦交”为名，再次申令禁止抵制日货。

五月间，樊山时常应邀参加寒山诗钟社的活动。社中以关赓麟、王式通、陈衍、陈三立、夏敬观、易顺鼎、罗惇曧等京中名流为主要成员。至130次诗钟聚会时，会员已达168人[①]。樊山的入社，受到社友的热烈欢迎。后来所编的《寒山社诗钟选丙集》例言中就说：“樊君樊山北来入社，同人欢宴，选为宾主，谈艺尤进，别为专册列之。”[②]

关赓麟在其《稊园吟集甲稿·编终杂述》中有更详细的记载。

---

① 关赓麟：《辑选大意》，《寒山社诗钟选乙集》，正蒙印书局1914年版。

② 《寒山社诗钟选丙集·例言》，通译书局1919年版。

六月二十五日（8 月 5 日），樊山的好友于式枚在上海寓所去世。

六月三十日（8 月 10 日），大总统袁世凯的宪法顾问、美国政客古德诺发表《共和与君主论》，极力提倡帝制。

七月初四日（8 月 14 日），杨度、孙毓筠、严复、刘师培、李燮和、胡瑛等人发表组织筹安会宣言，时称“筹安六君子”。

七月初十日（8 月 20 日），梁启超在《大中华》杂志发表《异哉所谓国体问题者》，反对变更国体，为世人所传诵。

七月十三日（8 月 23 日），杨度、孙毓筠、严复、刘师培、李燮和、胡瑛等人在北京成立筹安会，杨度和孙毓筠出任正、副会长，公开鼓吹帝制。樊增祥在京曾参与过筹安会的一些活动，成为袁世凯手中复辟帝制的棋子。

七月中旬，吕碧城因不满袁总统的倒行逆施和筹安会的助纣为虐，毅然辞去总统府机要秘书一职，移居上海，与外商合办贸易。辞职后，她曾写信告诉过樊山老人——可惜的是，这封信今天已经见不到了。樊山老人接到碧城的来信后，当即给碧城回过一函：

> 碧城贤侄如面：得手书，固知吾侄不以得失为喜愠也。巾帼英雄，如天马行空，即论十许年来，以一弱女子自立于社会，手散万金而不措意，笔扫千人而不自矜，此老人所深佩者也。余事为诗，亦壮心自耗耳。仆卜居未定，颇碌碌，暇当诣谈，复候妆安，增祥拜手。

七月二十二日（9 月 1 日），参政院开会，审查各省变更国体的请愿书。

八月初七日（9 月 15 日），陈独秀主编的《青年杂志》（次年 9 月改名为《新青年》）在上海创刊。

八月十一日（9 月 19 日），总统府秘书长、交通银行总理、财政部次长梁士诒等人成立全国请愿联合会，第二次向参政院递交请愿书，要求召开国民会议解决国体问题。

八月二十日（9 月 28 日），由袁世凯掌控的参政院开会讨论，决定召开国民代表大会，投票解决国体问题。

八月二十四日（10 月 2 日），参政院根据“民意”，制定《国民代表大会组织法》。

八月三十日（10 月 8 日），大总统袁世凯公布《国民代表大会组织法》。

九月初一日（10 月 9 日），晚上下雨，天气越来越寒冷，樊山乃作《九月朔夜雨》一诗以纪之。

九月初七日（10月15日），筹安会改组为宪政协进会。

九月十七日（10月25日），袁世凯导演的“全国国民代表”选举开始，即所谓“国体投票”。

九月二十九日（11月6日），中、俄会订《呼伦贝尔协约》签字，沙俄强行将中国黑龙江省的一部分划为特别区，实行“自治”。

十月初四日（11月10日），革命党人王明山、王晥峰等刺杀袁世凯的爪牙、上海镇守使郑汝成于外滩白渡桥。

秋冬之际，著名坤伶鲜灵芝击败著名坤伶刘喜奎，独霸北京剧场。樊山曾作《鸡鸣曲》以纪其事。

十月十三日（11月19日），蔡锷秘密离开北京，由天津乘船赴日本。

十月十四日（11月20日），袁世凯御用的各省区“国民代表大会”国体投票结束，全体代表赞成君主立宪。

十月十五日（11月21日），樊山前往在东单牌楼二条胡同举行的寒山诗钟社第一百期诗钟大会。此次诗钟大会是寒山诗钟社所举行的253次诗钟大会中最为隆重、热闹的一次大会。

十月十六日（11月22日），樊山今日校阅完成恩师遗集——此前，爱伯师之子僧喜[①]曾拜托世兄樊山代为校阅父亲遗集，并题诗二首（即《叠韵题越缦堂集》）：“尾声不返此为宝，气格犹高天宝中。册府琱镌群玉白，露川渲染万花红。”“从公久听长安雨，老我犹希正始风。伊春当年瞻紫气，如今真作霸城翁（乙卯十月既望樊增祥谨题）。”

案：《咸同间名人诗笺》中有《承侯世兄以爱伯师遗集属为校定中有贺己丑中秋夜锁闱怀云门秦中之作感怆之余敬次原韵》一诗，末署名曰：“承侯世仁弟吟正，兄增祥，时年七十。”

十月十九日（11月25日），应子复先生之请，为其作水墨纸本行书五言诗立轴（160×40cm）。其诗及题识云：“结客结英豪，羞同儿女曹。黄金裹箭镞，猛兽画旌旄。北极芒星落，中原紫气高。终令贺兰虏，不著赭黄袍。宋诗胜唐者此类是也。子复仁兄雅属。乙卯十月十九日，樊山樊增祥。”钤印“天琴居士（朱）”。

十月二十九日（12月5日），中华革命党成员陈其美受孙中山之命在上

① 僧喜即李孝璘(1875—1919)，又名孝琜，字僧喜，李慈铭继子。

海策动肇和兵舰起义，炮轰上海制造局。

十月间，曾与庄蕴宽、朱益藩、易顺鼎合作，书水墨纸本行书四屏立轴（130×30cm×4）。樊山的题识云："宣南三日桂华蒸，肤漫中单汗不胜。今夜清凉五更梦，被池偎煖独窠绫。《九月朔夜雨》。乙卯阳月，樊山樊增祥书于都门。"钤印"天琴居士""武威樊嘉"。（见广东崇正拍卖有限公司"2014年秋季拍卖会"——"庙堂气象·书法联屏"专场拍卖品，编号：0356）

十一月初一日（12月7日）上午，寒山诗社同人假江西会馆为樊山老人公祝七十寿诞。《许宝衡日记》记载："到江西馆，寒山同社为樊山公祝，十二时归。"①

樊增祥作《樊山七十自述诗》（二十首）以自寿，此诗不见著录于其各种诗集，仅有其中的第十首见于好友杨钟羲的《雪桥自订年谱》（又名《来室家乘》）②，故照录如下："诗坛旗鼓盛江南，亭榭瞻园赛石帆。往日莲花开幕府，新来红萼入官衔（伯严目余为"红梅布政"）。簪裾北郭耽风雅，句律西江费削劖。不以清吟妨政要，朝贤莫漫肆讥馋（居瞻园三年，政暇时与伯严、子砺、子琴、艺风赋诗为乐，而乙庵、节庵、石甫时一戾止。中朝遂谓瞻园诗社月耗数千金，熊秉三尝为辨之）。"

案：今年为樊增祥的七十寿诞，好友们早就在为贺其寿作准备——时在上海的缪荃孙在本年上半年写给时在北京的吴士鉴的信中就说："樊山生日何时，想有举动。弟拟填寿词写册子，乞探听示知，已过，不妨补作"（见陈东辉、程惠新《缪荃孙致吴士鉴信札考释》，《文献》2017年第一期，第117页）。但后来却不见有何消息，不知何故。

十一月初五日（12月11日），参政院举行国民代表大会解决国体总开票，全体投票赞成君主立宪，推戴袁世凯为皇帝。各省的推戴书上也一律写着："恭戴今大总统袁世凯为中华帝国皇帝，并以国家最上完全主权奉之于皇帝，承天建极，传之万世。"

十一月初六日（12月12日），袁世凯咨复参政院，宣布承受帝位，改国号为"中华帝国"，以明年为"洪宪"元年；并加紧筹备翌年的"登基大典"。袁世凯的倒行逆施行为，遭到举国上下的反对与声讨。

---

① 许宝衡：《许宝衡日记》第2册，中华书局2010年版，第559页。

② 杨钟羲：《雪桥自订年谱》，《近代中国史料丛刊本》，台湾文海出版社1996年版。

十一月初七日（12 月 13 日），袁世凯在紫禁城居仁堂接受百官的朝贺。

十一月初十日（12 月 16 日），黎元洪辞参政院院长职，由溥伦继任。

十一月十一日（12 月 17 日），李烈钧、熊克武等人抵达云南昆明，准备反袁起义。

十一月十五日（12 月 21 日），被袁世凯软禁在北京的原云南都督（现任陆军部编译处副总裁、全国经界局督办）蔡锷，在梁启超、小凤仙等人的帮助下，由北京潜往日本，再由日本经台湾，转香港，过越南，抵达云南昆明。

十一月十九日（12 月 25 日），蔡锷与已来昆明参加护国运动的原江西都督李烈钧和现任云南督军唐继尧通电全国，宣布云南独立，组织护国军讨伐袁世凯，护国运动开始。

同日，孙中山亦发表《讨袁檄文》，痛斥袁世凯的倒行逆施罪行。

十一月二十五日（12 月 31 日），袁世凯仍宣布改明年为“洪宪元年”。

十一月二十六日（1916 年 1 月 1 日），云南军政府正式成立，唐继尧任都督，并组成护国军总司令部，以蔡锷、李烈钧分别担任第一、第二军总司令。护国军在昆明校场誓师，发布讨袁檄文，历数袁氏十九大罪状，实行武力北上讨袁。

十一月二十八日（1916 年 1 月 3 日），袁世凯令各机关对外仍称民国，对外则书“洪宪”，暂不加“帝国”字样。

十二月初一日（1916 年 1 月 5 日），袁世凯下令近滇各省“严筹防剿”，并派曹锟督师进扎。

十二月十九日（1916 年 1 月 23 日）晚，樊山偕罗惇曧、易顺鼎等老友至广德楼观《电术奇谭》。灵芝饰林凤美，作西式装束，尤觉鲜艳动人。今晚演至花水桥觅死一幕为止。自灵芝出台至演出结束，观众的喝彩声如雷贯耳，其中尤以实甫之声为最高。罗掞东（瘿公）遂以诗嘲之云：“台上眼波流凤美，楼前声浪识龙阳。相逢倘在神童日，不向花桥念喜郎。”（喜仲达乃戏中林凤美之未婚夫。）实甫颇以为然①。

十二月二十日（1916 年 1 月 24 日）晚，偕罗惇曧、易顺鼎等老友至广

① 王森然：《易实甫先生评传》，《近代名家评传》（二），生活·读书·新知三联书店 1998 年版，第 131 页。

德楼继续观《电术奇谭》。今晚接昨晚演至林凤美隶籍梨园，在巴黎舞台演戏为止，合演者为菊仙、云红、紫云、紫霞诸人；仍效西装合串一出，舞衣纤丽，歌喉清婉，尤为樊山老人所欣赏，因填《霓裳中序第一词》一阕，索实甫和，嗣以实甫近年都不填词，又不能无偏爱，因代和一解云："云屏十二叠，五朵洛花红一捻……除卿外瑶台四美，合是牡丹叶。"实甫见樊山词大喜，即和词二阕："珠鬟拥秀艳，定于脸霞分几抹……侬拼向桃花浪里，化作〇〇"；"霓裳曲几叠，点罢鞋尖纤指捻……湖洲恨宫沟更恨，绿叶与红叶。(此阕专赋灵芝。)"①

十二月二十三日(1916年1月27日)，贵州省宣布独立，赞成共和。

是年，樊增祥在参加寒山诗社、稊园诗社的活动中，与后辈社友、时任教育部社会司司长的高步瀛结识，并成为好友。

据高步瀛的长女姚高淑芳后来回忆：樊增祥先生和高步瀛先生是忘年之交，樊先生常到高府同高步瀛先生谈诗论文，或一同出去吃馆子，偶尔也约集一两位朋友，到戏园里去听京剧；樊先生与高先生又是"寒山诗钟社的社友"，"他们这批文人，每月总有几晚，聚集在北平宣武门外江西会馆，为诗钟消遣"②。

是年，樊山在《东方杂志》第12卷第12号(12月10日)的"海内诗录"栏目发表诗作3首。

是年，何藻编辑的《古今文艺丛书八十种》(第一至六集)，由上海广益书局全部铅印出齐(民国二至四年)。其中的第一集收录樊增祥撰辑的《苏门游记》(一卷)和《樊园五日战诗记》(一卷)二种，第二集收录樊增祥撰辑的《樊园战诗续记》(一卷)一种。樊山作有《古今文艺丛书题词》一文。

是年，樊山的好友、文学家、书画家陶濬宣在会稽老家去世。

是年，樊增祥的滑稽小说《琴楼梦》被收入剑痕《评点"四大名家小说"》，由广益书局铅印发行。

案："四大名家小说"指的是郑孝胥的《南詧记》、康有为的《青娥血泪记》、梁启超的《世界末日记》和樊增祥的《琴楼梦》四家小说的合辑。

① 王森然：《易实甫先生评传》，《近代名家评传》(二)，生活·读书·新知三联书店1998年版，第131—132页。

② 姚高淑芳：《追念先父高步瀛先生》，《传记文学》(台北)1975年第5期。

其弁言中说："四大家小说者，郑苏盦、康南海、梁任公、樊樊山四先生也。四先生以诗文名于海内，偶然兴之所至，寄于稗官，尤为可宝。樊山之《琴楼梦》，久已脍炙人口。"并指出："郑康梁樊四先生者，海内文宗，等身著述，久已有口皆碑，无庸赘述。至于四家所著小说，事实真确，情文俱至，不但备史官之采访，亦可助酒后之清谭，惜为文名所掩，流布人间者，鸿爪依稀耳。"

民国五年丙辰(1916)　七十一岁

正月初一日（2月4日），易顺鼎偕樊山至广德楼观鲜灵芝演出。因鲜灵芝的演出鲜艳动人，故喝彩声不绝于耳。而易顺鼎的喝彩声尤高。樊山乃作诗嘲讽石甫曰："菊部都争利市钱，芝花一朵岁朝鲜。引身画雀香炉外，低首莲台玉屦边。杨柳歌翻大垂手，桃花运算小行年。状头亲为卢郎许，第一朝逢第一仙。"①

正月十六日（2月19日），中华革命党在湖北武昌举事，失败。

二月上旬，鲜灵芝因不堪忍受丈夫丁灵芝的虐待，竟有吞金求死之事，一时轰动京城。易顺鼎闻信大哭，并成《四声猿》一曲寄赠樊山与瘿公。樊山得信，亦立成《无题四律》寄赠石甫："杨妃金屑竟成真，牵衣依稀到六军。杨柳梢头歌漱玉，桃花扇底泣香君。洁清蝉腹能无痛，哽咽莺喉忍更闻。河满一声肠欲断，卧床犹着舞时裙（是儿吞金后，犹登台演剧）。""可人憎更可人怜，赋到终风一喟然。怨极吞鞋人是月（《吞鞋记》为王月英作），筲余系柱玉为烟。散来云发犹垂地，挽住风筝莫上天（唐人咏美人风筝云：'断送玉容人上天'）。身是姮娥知不死，西池灵药与近年（是儿在医院）。""邛崃九折转柔肠，悔咽彄环百炼钢。幺凤真成倒挂子，小鸾原有返生香。人于雪竹询安否（是日大雪），众指风梧说短长。往日万人齐喝彩，今谁请代吁虚皇。""亡息桃花一死难，娇狞小玉转能拚。有人益寿求芝草，愿汝还魂托牡丹。集蓼一生终是苦，食梅何客不知酸。黄金嗽出无多许，更把珍禽仔细看。"②

① 王森然：《易顺鼎先生评传》，《近代名家评传》，生活·读书·新知三联书店1998年版，第132页。

② 王森然：《易顺鼎先生评传》，《近代名家评传》，生活·读书·新知三联书店1998年版，第133—134页。

樊增祥见好友易顺鼎“对鲜灵芝钟情特重”，恐以后难以自拔，乃填《酷相思词》四阕委婉规劝之：“舟里采芝真恨晚，竹影里、花枝颤，且莫问画眉深共浅。浅画也、春山远，深画也、春山远。两两同心罗带绾，怎报答、周郎盼，是天与销魂双杏眼。临来也、秋波转，临去也、秋波转。”“十丈歌台欢喜海，个中有、美人在，算值得石榴裙底拜。高唱也、喝声采，低唱也、喝声采。宋玉愁悲无可解，解人在、东墙外，便折尽浮名都不悔。一笑也、千金买，一颦也、千金买。”“绣屧纤纤绵共软，玉梭样、千中选，似洛女凌波尘不染。诗中也、双莲瓣，梦中也、双莲瓣。郎似黄牛朝暮见，不相识、遥相羡，莫当作昭阳飞燕看，昼视也、桃花面，夜视也、桃花面。”“芳草托根无处所，席与溷、从飘堕，这方面东风偏不做。大桥也、雀台锁，小乔也、雀台锁。愿作同心兰一朵，赠珠事、奴不可，算玉在泥中浑不涴。玉人也、你和我，泥人也、你和我。”①

二月十一日（3 月 14 日），梅兰芳在文明茶园演出新排练的古装戏《黛玉葬花》，樊增祥应好友易顺鼎之邀，与诸名流一同前往观看。梅兰芳在演出《黛玉葬花》时，将电光、布景、道具融合在一起，收到了很好的效果，颇受观众喜爱和欢迎。

观剧结束后，樊增祥写了七言长篇歌行《葬花曲为梅郎兰芳作》，易顺鼎则写有《葬花曲观梅兰芳演石头记林黛玉新剧作》，以纪其事。两诗均被收入同年由北京醒中石印局出版发行的《梅兰芳黛玉葬花曲本》一书中。

案：《梅兰芳黛玉葬花曲本》一书的正文分为诗钞、曲本、戏考和剧评四个部分。其诗钞部分除收入樊、易两诗外，尚收入有关颖人的《博道人招观梅兰芳演黛玉葬花新剧》、六弢的《观梅兰芳黛玉葬花新剧》和黄山遁叟的《观梅郎葬花曲和六弢原韵》。

在收入《梅兰芳黛玉葬花曲本》的几首观剧品艺诗中，时人以樊增祥的《葬花曲为梅郎兰芳作》最为出色当行。其诗一开始就肯定地指出：《红楼梦》中的第一美女林黛玉最难扮演；随后追忆了诗人当年在京城观看兰芳的祖父、“同光十三伶”之一的梅巧玲所扮演的林黛玉，惋惜巧玲“环肥”，故而所演之“古竹潇湘微失真”。接着盛赞巧玲的孙子兰芳“天与莲花面，藕作玲珑心。将身写入葬花图，瘦于彩蝶轻于燕”，因此，由他来饰

---

①　王森然：《易顺鼎先生评传》，《近代名家评传》，生活·读书·新知三联书店 1998 年版，第 135 页。

演林黛玉，最为合适，乃不二人选。诗中极尽描摹、夸赞之能事，认为梅兰芳饰演的林黛玉，气质优雅，风姿绰约，有如天仙化人，“等是倾城倾国姿，书中犹虚眼前实”，似乎书中的林黛玉，犹逊于舞台上之梅兰芳一筹。最后，全诗以“君不见绛珠两现娉婷影，也费梅花三世修”作结，委婉得体，赞扬梅家三世修德积善，遂有巧玲、兰芳祖孙共同演绎林黛玉的佳话。

无庵居士在《梅澜传》中曾云：“（梅兰芳）喜文字，恒与当代名士游，樊山、实甫交相爱重，一新剧出，每作诗歌以张之。”①

二月十二日（3月15日），陆廷荣、梁启超等宣布广西独立，赞成共和。

同日，樊增祥应曜东先生之请，为其书水墨纸本中堂。其题识云：“白芍药清。曜东仁兄雅属。丙辰花朝日，樊山樊增祥书。”（见北京保利国际拍卖有限公司“2014秋季拍卖会”——“古籍善本-唐宋遗书-古籍文献-翰墨菁萃”专场拍卖品）

二月十九日（3月22日），袁世凯被迫宣布取消帝制，仍称大总统；准陆徵祥辞国务卿，以徐世昌继任。

二月二十日（3月23日），黎元洪、徐世昌、段祺瑞致电蔡锷等人，请求停战，商议善后。

二月二十六日（3月29日），蔡元培等人在巴黎发起成立华法教育会，蔡元培与法国人欧乐被推举为会长。

三月初四日（4月6日），广东省宣布独立，赞成共和。

三月初十日（4月12日），浙江省宣布独立，赞成共和。

三月十五日（4月17日），樊增祥原在陕西的老上司、好友魏光焘在湖南宝庆城东郊的湖山别墅去世。

三月十七日（4月19日），陆廷荣、梁启超等在广东肇庆成立护国军两广都司令部，以岑春煊为都司令，梁启超为都参谋，李根源为副参谋，开府办事。

三月十九日（4月21日），袁世凯宣布恢复内阁制。

三月二十日（4月22日），袁世凯准徐世昌辞职，特任段祺瑞为国务卿。

三月二十二日（4月24日），樊山的好友蔡乃煌在广州被反袁军所杀。

① 张斯琦：《梅兰芳沪上演出纪·梅讯》（下编），中西书局2015年版，第109页。

三月二十八日（4 月 30 日），樊增祥应许宝衡与傅岳棻之邀，偕易顺鼎、左绍佐、顾瓒等友朋至法源寺观赏丁香。《许宝衡日记》载：“与治香同约樊山、笏卿、渔溪、实甫到畿辅先哲祠看海棠、法源寺看丁香。畿辅祠适当春祭，不得游，乃至法源寺，丁香亦不盛，昨夜又有风雨，颇为减兴。”①

四月初，樊增祥不再租房居住，全家搬到城西报子街（在复兴门内大街南侧，自西单十字路口向西至闹市口附近）新购置的房屋居住。

四月初三日（5 月 4 日），居正、吴大洲等在山东起义，攻占潍县、周村，三围济南，宣布独立。

四月初七日（5 月 8 日），已宣布独立的各省在广东肇庆成立中华民国军务院，遥戴黎元洪为大总统，推唐继尧为抚军长，岑春煊为副抚军长，梁启超、蔡锷、陆廷荣、李烈钧等为抚军，与袁世凯政府形成对峙。

同日下午，樊增祥应邀偕易顺鼎、左绍佐、顾氏、许宝衡等友朋至张权府中宴集、赏花。《许宝衡日记》载：“五时赴张君立约看花，同坐有樊、左、顾（顾瓒或顾瑗）、易诸老。夜二时后归。”②

四月初八日（5 月 9 日），孙中山在上海发表“第二次讨袁宣言”。

四月上旬，为方便编纂清史馆书稿，缪荃孙亦搬到京城暂居，其间与樊增祥、吴士鉴等好友多次相聚。

案：1914 年 9 月 1 日，清史馆正式开馆，《清史稿》的编纂工作走上了正轨。缪荃孙和樊增祥、吴士鉴等好友都被聘为总纂。按照要求，总纂一般都应住在京城。而缪荃孙因年老体弱，不便长期住在京城，故经特许可住在上海撰稿，有事、开会或送稿，故时常亦来京城小住。

四月初十日（5 月 11 日），缪荃孙至京城西报子街樊增祥新居拜访老友。

缪荃孙《艺风老人日记》中云：“拜张君立、李一山、樊云门、陈伯潜、柯凤孙、庄思缄、杜子良。”③

次日，樊山老人前去回访、看望好友缪荃孙，并将昨天老友走后所写两

---

① 许宝衡：《许宝衡日记》第 2 册，中华书局 2010 年版，第 577 页。

② 许宝衡：《许宝衡日记》第 2 册，中华书局 2010 年版，第 579 页。

③ 缪荃孙：《缪荃孙全集·日记》三，江苏凤凰出版社 2013 年版，第 440 页。

首七律[①]呈上，请好友评鉴、赐和：

艺风前辈同年至京，赋诗二首，敬祈教和：

丁卯于今五十年，同年当世几华颠。玉堂故事尊前辈，沧海横流仗后贤。老健再临龙尾道，徘徊重赴鹿鸣筵。（更五年，君重逢乡举矣。）两翁心迹如鸥鸟，临水观鱼且信天。

琴舄三年歇浦东，乱离中又别离中。江南玉树歌犹艳，蓟北金仙泪尚红。党祸巨于河北贼，诗名虚负渭南翁。迩来春旱伤禾黍，更不如前过故宫。

馆侍年愚弟增祥具稿。

四月十五日（5 月 16 日），诸老友宴请新到京的缪荃孙。缪荃孙在其《艺风老人日记》中云："陈伯潜前辈、云门、茂轩、凤孙、子封、瑞丞同席。"[②]

四月十六日（5 月 17 日），张权在可园宴请前辈缪荃孙，并请陈宝琛、樊增祥、沈曾桐等前辈作陪[③]。

四月十七日（5 月 18 日），袁世凯派心腹干将在上海将陈其美杀害。

四月二十一日（5 月 22 日），袁世凯的亲信、四川将军陈宧宣布独立，改称都督。

四月二十二日（5 月 23 日），樊山偶得一诗[④]，立即录下，差人送呈为编《清史稿》刚来京城不久的好友缪荃孙赏览："星象江东寿少微，金台下马驻斜晖。桥鹊所至无南北，辽鹤何心校是非。商岭紫芝待唐隶，小山丛桂隐苏飞。白头未了青灯事，又带前朝史稿归。"

四月二十五日（5 月 26 日），陕西宣布独立。

四月二十八日（5 月 29 日），湖南宣布独立。

五月初六日（6 月 6 日），袁世凯在全国人民的一片唾骂声中惊惧而死，年五十八岁。

---

① 录自钱伯城、郭群一整理，顾廷龙校阅：《艺风堂友朋书札》（上册）之第二十四函，上海人民出版社 2018 年版，第 143 页。

② 缪荃孙：《缪荃孙全集·日记》三，江苏凤凰出版社 2013 年版，第 441 页。

③ 杨萌芽：《清末民初宋诗派文人群体活动年表》，河南大学出版社 2008 年版，第 324 页。

④ 录自钱伯城、郭群一整理，顾廷龙校阅：《艺风堂友朋书札》（上册）之二十二函，上海人民出版社 2018 年版，第 142 页。

同日，樊山带上自己新写的三首诗，前去好友缪荃孙的寓所请他评鉴；不料，好友已于昨天出京南归了（此事见樊增祥 1917 年 11 月 16 日写给缪荃孙的书函）。

五月初七日（6 月 7 日），黎元洪以副总统出任代理大总统。

五月二十八日（6 月 28 日），袁世凯的灵柩出京，归葬河南彰德（今安阳市）。

五月二十九日（6 月 29 日），黎元洪宣布遵行《临时约法》，恢复国会，裁撤参政院，任命段祺瑞为国务总理。

五月间，李详作《丙辰五月奉怀沪上诸友绝句二十七首》。其中，第四首怀陈三立，诗末自注云："乱后寓老靶子路，与子培、苏堪、樊山、仁先诸君称诗海上，又有才子师曾、彦通，如太邱之有元方、季方，羔雁相属。"

六月初七日（7 月 6 日），民国政府改各省军事长官为督军，民政长官为省长。

樊山在《东方杂志》第 13 卷第 7 号（7 月 10 日）的"文苑"栏目发表诗作 1 首（见杨萌芽《古典诗歌的最后守望》。

六月间，是其子樊贞的五十岁生日，樊山老人写了一副对联送给儿子作为贺寿之礼："我亦痴翁，愿再抚汝五十年，寿汝乎，抑自寿也；身临大邑，他独有民数万户，保民者，则天保之。"

案：此副寿联的上联由家事着笔，用长者口气，体现老人的爱子之情；下联就政事立论，以仁者胸怀，强调从政爱民之意。寿联借题发挥，勉励其子，幽默谐趣，亲切感人，意旨全在结处之"保民者，则天保之"。即使在今天，它对为官者来说，亦有启迪意义。

同月里，南社诗人柳亚子发表诗论，丑诋陈三立、郑孝胥、樊增祥和易顺鼎云："郑陈枯寂无生趣，樊易淫哇乱正声。一笑嗣宗广武语，而今竖子尽成名。"①

七月初三日（8 月 1 日），中华民国"国会"正式复会。

七月初十日—十一日（8 月 8 日—9 日），傅熊湘在《长沙日报》发表诗话说："亚子《论诗六绝句》，于湘绮、郑、陈、樊、易及当代诸人，一笔抹倒，而独推闽人林述庵。亚子倡唐诗者也，以海内竟尚陈散原，且山谷而

---

① 柳亚子：《论诗六绝句》，《磨剑室诗词集》（上），上海人民出版社 1985 年版，第 215 页。

不讲，安望少陵？亚子宗唐之说益孤掌矣！”[①]公开为同光体、中晚唐、汉魏六朝等复古诗派说话，反驳柳亚子的观点。

八月初一日（8月29日），樊山的好友徐坊在北京寓所病逝。

案：徐坊是前广西巡抚徐延旭的长子，又是东阁大学士鹿传霖的小女婿。徐坊（1864—1916），字梧生，一字士言，室名归朴草堂。山东临清（今聊城市临清市）人。光绪末年至宣统年间，曾任学部国子丞、京师图书馆副监督、赏加太子少保衔。辛亥革命后，被废帝溥仪召为毓庆宫行走。1913年废帝赏给二品衔。1916年病逝，废帝不仅追谥其“忠勤”，而且还派贝勒载润前往祭奠，追赠太子少保。

八月初四日（9月1日），偕老友易顺鼎、傅岳棻、曾维藩至南味斋聚饮。《许宝衡日记》载：“七时到劝业场，二哥先至，八时同到南味斋晚饭，遇樊山、实甫、治香、介白。饭后同治香到第一舞台听戏，十二时半散归。”[②]

同日，《青年杂志》自第二卷第一号起改名为《新青年》。

八月间，应篑基先生之请，樊山老人为其作水墨纸本行书四屏文。其题识云：“篑基世仁兄属书，丙辰八月樊山樊增祥。”钤印“樊增祥印”“东溪居士”。

九月初四日（9月30日），中、美订立《铁路借款合同》。

九月初五日（10月1日），新出版的《新青年》刊发有胡适《致陈独秀书》的一封信，其中说：“尝谓今日文学已腐败极矣。其下焉者能押韵而已矣。稍进，如南社诸人，夸而无实，滥而不精，浮夸淫琐，几无足称者（南社中间亦有佳作，此所讥评，就其大概言之耳）。更进，如樊樊山、陈伯严、郑苏龛之流，视南社为高矣。然其诗皆规摹古人，以能神似某人某人为至高目的，及其所至，亦不过为文学界添几件赝鼎耳！”

案：在此信中，胡适虽对南社与宋诗派等旧诗派都有批评，但认为宋诗派等旧诗派的水平要比南社高，更激起柳亚子等人的不满。

九月初六日（10月2日），樊山的好友林绍年在天津寓所去世，卒后归葬福州。

九月二十日（10月16日），樊山的好友王咏霓在浙江黄岩老家去世。

---

① 杨天石、王学庄：《南社史长编》，中国人民大学出版社1995年版，第426页。

② 许宝衡：《许宝衡日记》第2册，中华书局2010年版，第593页。

九月二十四日（10 月 20 日），天津人民集会反对法国侵占老西开为租界。

同日，著名学者、文学家、教育家王闿运在湖南湘潭去世，年八十五岁。世传王闿运的随身老婢周妈，与王氏的关系暧昧，樊山乃代周妈戏拟一联以挽王闿运："忽然归，忽然去，忽然向清，忽然亲袁，叹公百事无成，只有文章惊海内；是君妾，是君妻，是君义仆，是君良友，痛我一棺未盖，空留舆论待千秋。"

九月间，樊山曾自作水墨纸本行楷七言联立轴（120×20.5cm×2）："小住楼头观日出，大书轩额仿停云"。其题识云："一山仁兄守泰安时，迟楼日待云，盖待余也。逭考下相见，复以自制楹帖索书，欣然命笔，以为他日同游之券。丙辰九月，樊山樊增祥识。"钤印"樊山（朱）""嘉（白）"。（见株式会社东京中央拍卖有限公司"2012 秋季拍卖会"——"楹联"专场拍卖品，编号：0252）

十月初四日（10 月 30 日），"总统选举会"补选冯国璋为副总统。

十月初五日（10 月 31 日）凌晨，民族民主革命家黄兴因积劳成疾在上海医院病逝。

十月十三日（11 月 8 日）上午，民族民主革命家蔡锷在日本福冈医院因喉疾病逝。

十月十八日（11 月 13 日），应耕尹先生之请，樊山为其制作水墨纸本行书宋人绝句四屏立轴（81×37cm×4）。其诗及题识云："千株密炬出严闉，走马天街赐近臣。我亦茅檐自钻燧，烧针灼艾检铜人。一日君家把酒杯，六年波浪与尘坛。不知乌石山远路，到老相逢得几回。竹溪噎绝两才通，无数深红间浅红。山店落英春寂寂，青旗吹尽柳花风。右录宋人绝句三首，以应耕尹仁兄雅属。时丙辰立冬后五日，樊山樊增祥书于京寓。"（见香港淳浩拍卖有限公司"2009 夏季艺术品拍卖会"——"中国近现代书画"专场拍卖品，编号：0058）

十月二十七日（11 月 22 日），天津法租界华工团举行示威游行。

十月间，应劼贞先生之请，樊山老人为其书水墨纸本行书元人七言对联（112×30cm×2）："雪到峰顶犹是雨，云生石上半边霞"。其题识云："此为皮子陈樵诗也。元人有此等句，实亦可喜。劼贞五兄正属，丙辰孟冬，樊增祥书。"（见蓝天国际拍卖行有限责任公司"2004 春艺术品拍卖会"——"中国书画（一）"专场拍卖品）

十一月初二日（11 月 26 日），上海江南造船厂全体工人千余人因反对巡警的搜身殴辱，举行罢工。

十一月底，樊山自北京有诗赠乙庵、子琴等友朋。沈曾植则写有《樊山寄诗相讯和韵答之》（二首）、《前章二三韵误押更和二首》、《前稿几失去觅得之已醉司命日矣复题二首》；杨钟羲亦写有《樊山诗来次韵寄怀》诗和赠樊山。

十二月初二日（12 月 26 日），蔡元培被任命为国立北京大学校长。

十二月初八日（1917 年 1 月 1 日），胡适在《新青年》二卷五号上发表《文学改良刍议》一文。

十二月十六日（1917 年 1 月 9 日），安徽督军张勋及各省督军代表应安徽省长倪嗣冲之邀，赴徐州会议，提出修改约法，解散国会，改组内阁等主张。

十二月间，《樊山集七言艳诗钞》（十卷，1 函 4 册）由上海广益书局石印出版（今中国人民大学图书馆有藏）。

是年，樊增祥与高步瀛、易顺鼎、关赓麟、罗惇曧、刘杼、宋敦甫、刘春林、张郁庭、韩少衡、金子乾等人，在北京宣武门外的徽州会馆组织成立谜社，后听从韩少衡的建议，更名为射虎社。

案：射虎社成员以北京为主体，亦有少量外地谜友加入，如淮安商旧谜社的张启南、张超南兄弟。社员人数最多时，高达六七十人。该社每月开常会一次，每逢元宵、中秋则举行大型会猜；集成灯谜数万条，印成谜集 40 册。该社于 1920 年解体。后陈冕亚曾编有《北平射虎社谜集》26 集。

是年，《樊山全集》（共七十三卷，附《时文》一卷）由上海广益书局石印刊行。

民国六年丁巳（1917） 七十二岁

正月初十日（2 月 1 日），陈独秀在《新青年》二卷六号上发表《文学革命论》。

年初，樊山作有七律一诗相赠，石甫乃作七律《和樊山"华"字韵》一首以和之①。

二月十七日（3 月 10 日），上海商界联合会通电反对参加世界大战，全

① 《民国日报·艺文部·诗选》民国六年正月十一日（2 月 2 日）。

国各地商会纷纷响应。

二月十九日（3月12日），俄国二月革命爆发，推翻沙皇专制政体，建立临时政府。

二月二十一日（3月14日），北洋政府宣布与德国绝交。

二月间，应好友胡朝梁之请，樊山为其作水墨纸本楷书八言联立轴（167×38cm×2）：“春气遂为诗人所觉，夜坐能使画理自生”。其题识云：“丁巳仲春，子芳仁兄雅属，樊增祥。”钤印“武威樊嘉”“天琴居士”。

闰二月十二日（4月3日），樊山为好友易顺鼎的夫人何玉颀作水墨笺本行书七言诗立轴。其题诗及题识云：“一旦悲欢见孟光，十年辛苦伴沧浪。不知笔砚缘○事，犹问佣○日○行。舟中一雨扫飞蝇，半脱纶巾卧翠藤。殊梦未醒窗日晚，数声柔橹下巴陵。此笺不知何人所书，现由石甫五兄持来，即书赠玉颀夫人。丁巳闰花朝祥识。”钤印“武威樊嘉”“天琴居士”。

三月初三日（4月23日），樊增祥偕易顺鼎、郭曾炘、王式通、顾瑗、罗惇曧、关赓麟等寓居京城的“洪宪”旧臣聚于什刹海修禊，“所为诗歌，感慨圣世，油然有故君之思”①。郭曾炘作有五言长篇歌行《丁巳上巳樊山前辈同实甫、书衡、亚蘧、掞东、颖人重集同人什刹海修禊，分韵得“楚”字》一首以纪之②。

三月二十日（5月10日），湖北同乡、朋友、戏曲表演艺术家谭鑫培病逝于北京寓所。樊山闻信，乃为之作挽联一副：“声音具稀世之长，于今南内无人，偏又是落花时节；沧海下扬尘之泪，从此广陵绝响，再休提天宝当年。”

三月间，樊山曾自制有纸本行书七言诗立轴。其诗及题识云：“谷雨初过怯倚栏，红蔫粉褪不堪看。偶书大字填僧壁，赢得兰阁送牡丹。时丁巳孟夏，增祥。”钤印“樊嘉五十万（白）”。

四月初二日（5月22日），安徽督军张勋与安徽省长倪嗣冲等召开第四次徐州会议。

---

① 刘成禺：《洪宪纪事诗薄注》（三一）“旧臣赋诗”，宁志荣点校，山西古籍出版社1997年版，第261页。

② 郭曾炘等著，郭则沄编：《侯官郭氏家集汇刻》，《近代中国史料丛刊正编》第30辑，第299册，台湾文海出版社1966年版，第814—815页。

四月初三日（5 月 23 日），黎元洪的总统府与段祺瑞的国务院之间因对德参战问题而矛盾激化，黎元洪下令免去段祺瑞国务总理职务，而命伍廷芳暂代。

四月初八日（5 月 28 日），北洋政府任命前审计院长李经羲为国务总理兼财政总长。

同日，应好友月波先生之请，樊山为其制作水墨纸本行书七言诗立轴（129×29cm）。其诗及题识云："竹绕层楼○纲蛛，丝丝缕缕○○瞿。○来素面流轻粉，尚衣羊肝半臂无。月波仁兄属书，丁巳佛生日。樊山樊增祥，时年七十有二。"

四月初九日（5 月 29 日），安徽省长倪嗣冲等宣布与中央政府脱离关系。

四月初十日（5 月 30 日），浙江宣布独立。

四月十一日（5 月 31 日），山东、黑龙江相继宣布独立。

四月十二日（6 月 1 日），福建宣布独立。

同日，黎元洪招安徽督军张勋入京共商国事。

四月十八日（6 月 7 日），安徽督军张勋率 5000 辫子军自徐州北上。

四月二十三日（6 月 12 日），张勋强迫黎元洪解散国会。

四月二十五日（6 月 14 日），安徽督军张勋率 5000 辫子军抵达北京，准备复辟帝制。

四月二十六日（6 月 15 日），《东方杂志》第十四卷第 6 期出刊，上载有陈宝琛《叠韵答樊山腊八日见赠》《再叠答匏庵见和并柬君常熙民》二诗。

樊增祥为了家人的生计，被解职后曾以同乡老辈关系致函黎元洪，希望能在总统府谋一份差事，终未果。据刘成禺《樊樊山之晚年》中记载："洪宪推翻，黎元洪继任，樊山以同乡老辈资格，遗书元洪，求为大总统府顾问之流，呈一笺曰：'大总统大居正位，如日方中，朱户重开，黄枢再造，拨云雾而见青天，扫欃枪而来紫气，国家咸登，人民歌颂。愿效手足之劳，得荷和平之禄。如大总统顾问、谘议等职，得栖一枝，至生百感。静待青鸟之使，同膺来凤之仪。'元洪接此函，遍示在座诸人曰：樊樊山又发官瘾。咸问元洪何以处之，元洪曰：不理，不理。樊山之函，元洪久置不理。樊山每次托人进说，元洪仍严词拒之，且加以责难。樊山等恚甚，又函致元洪，大肆讪骂。函至，元洪出函示在座诸人，其警语有：'将欲责任内阁，内阁已居飘摇风雨之中；将欲召集议员，议员又在迢递云山之外。自惭无德，为众所弃，唯有束身司败，躬候判处。大可获赦罪于国人，亲可不贱辱于乡邦。药石之言，望其采纳。’函中云云，全暗指当时段内阁组织未成，府院已生意见；在京参、众两院议员，正群集在北京云山别墅，谈恢复国会、两院之条件也。或有劝元洪每月致赠若干金钱，元洪仍不允。故予《洪宪纪事诗》，有‘老成词客渭南家，赐坐龙团富贵花；青鸟不归朱户闭，茂陵春雨弄琵琶’。即咏此事。”①

五月初一日（6月19日），各省陆续通电取消脱离中央宣言。

五月初七日（6月25日），李经羲正式就任国务总理。

五月初九日（6月27日），康有为化装潜入北京，策划复辟。

五月十三日（7月1日）凌晨，张勋带领刘廷琛、康有为、沈曾植、王士珍、江朝宗、陈光远、吴炳湘等清朝旧臣，拥年仅12岁的清废帝宣统复辟。

案：樊增祥从当年湖北军政府荐举为民政长而坚辞不受，到如今上书屡求一官而不得，遗老的身价已大大贬值，投机政客的面目已被揭穿，其名声在政界已一落千丈。当溥仪复辟小朝廷大肆封官许愿的时候，遭遗老们唾弃的樊增祥也没有获得任何官职。这样一来，樊增祥就成为了一位新、旧党都不接纳的人物，处境十分尴尬。难怪王森然会在《樊增祥先生评传》中感慨地说：“民国十六年春，傅作义困守涿州，及翌年，围解，北伐军达北京，傅氏奉命召集旧部。樊翁闻之，诗兴大发，作诗与傅，文长不录，末句有‘英雄我爱傅将军’。曾几何时，人非地是，嗣响无闻，良可慨也。”

五月十四日（7月2日），大总统黎元洪避入日本驻华公使馆，任命段祺瑞为国务总理，出面处理善后事宜。

五月十五日（7月3日），浙江、江西、湖南、湖北等省通电反对复辟。段祺瑞亦在天津马厂誓师，率讨逆军入京讨伐张勋。

五月十八日（7月6日），孙中山为进行护法活动，偕廖仲恺、朱执信、章炳麟等人乘海琛号军舰，自上海启程前往广东。

五月中旬，齐白石听从前辈、好友樊增祥的劝说，辞别父母妻子，携带着简单的行李，第二次来到京城，就住在前门外西河沿排子胡同阜丰米局后院同乡好友郭葆荪的家里。此前，樊增祥听齐白石说，湘潭一带遭逢军阀混战，自己无法安心地读书、画画、刻印，不仅处境不好，而且心情也不

① 刘成禺：《樊樊山之晚年》，《世载堂杂忆》第148页，中华书局1960年版。

好，便劝他还是来北京谋生，总比在湘潭要好。

此次进京，除了原来结识的朋友外，齐白石又相继结识了易顺鼎、杨潜庵、释道阶、释瑞光、陈师曾、吴昌硕、凌植支、汪霭士、罗瘿公、罗敷庵、王梦白、萧龙友、陈半丁、姚茫父、张篁溪等一大批书画家、篆刻家、诗人和社会名流，并得到不少名家的支持和帮助，开始在琉璃厂挂牌刻字、卖画，生活境况遂逐渐有所好转，精神上亦颇为愉悦。

五月二十日（7 月 8 日），讨逆军攻进北京，副总统冯国璋自立为代理总统。

五月二十二日（7 月 10 日），应桂庭先生之请，樊山老人为其书水墨纸本行书《临江仙》词扇面（18×52cm）。其词及题识云："昨夜惊雷池上雨，惊风乱飐芙蓉。云旌翻倒忒匆匆，琐窗〇〇阿，每晴鸣红早。晴檐双〇噪晖晖，日〇〇〇大堤。儿女〇愁容，小桃人面，依旧笑春风。丁巳五月廿二日，雨后偶书，〇〇此解。桂庭仁兄雅属，樊山樊增祥。"钤印"武威樊嘉"。（见蓝天国际拍卖行有限责任公司"2005 迎春艺术品拍卖会"——"中国书画"专场拍卖品，编号：0053）

五月二十四日（7 月 12 日），段祺瑞率"讨逆军"攻入北京，张勋仓皇逃入荷兰公使馆，丁巳复辟（亦称张勋复辟）的丑剧仅上演了 12 天就破产了。

五月二十六日（7 月 14 日），黎元洪通电全国，辞去大总统职务。

六月初一日（7 月 19 日），孙中山在广州倡议召集国会，组织护法军政府。

六月初二日（7 月 20 日），樊山的同乡好友高夔曾在孝感老家病逝。

六月初（7 月中下旬），正是盛夏时节，齐白石冒着酷暑，登门拜访樊增祥，极为恭敬地将自己的诗集呈递给樊增祥，请他为自己订正、评阅。

六月初三日（7 月 21 日），樊增祥欣然应邀为后辈好友、著名画家齐白石写了一篇序言（即《题借山吟馆诗草》）：

> 濒生书画，皆力追冬心，今读其诗，远在花之寺僧之上，真寿门嫡派也。冬心自叙其诗云："所好常在玉溪、天随之间，不玉溪，不天随，即玉溪，即天随。"又曰："携僧隐流钵单瓢笠之往还，复绕苦硬清峭之思，今欲序濒生之诗，亦卒无以易此言也。"冬心自道云："只字也从辛苦得，恒河沙里觅钩金，凡此等诗看似寻常，皆从剖心救肝而生，意中有意，味外有味，断非冠进贤冠，骑金络马，食中书省，

新〇〇头者所能知。惟当与苦行头陀在长明灯下读，与贞秀佳人在梅花下读，与南宋前明诸遗老在西湖灵隐、昭发诸寺中，相与寻摘而品定之，斯为雅称耳。”今吾幸于昆明劫灰之余闭门听雨，三复是编，其视冬心先生集，自集于雍正十一年者，其感慨又何如耶？（案：王森然先生在引用此文时，尚遗漏了最后一句话，今特补于后）濒生行矣，赠人以车，不若赠人以言；若锓木入般若阁者，即以此为前引可也。

齐白石的诗都是以本色语入诗，不避俚俗，乡村感和蔬笋气颇重，质朴无华，却常常能让人从中得到一些人生的感悟，“看似寻常，皆从剖心拔肝而生”，可谓是“意中有意，味外有味”。樊增祥写完序言之后，尚觉意犹未尽，乃再作有跋诗一首云：“九借山中宅，疏松间老梅。茹蔬我佛影，得酒试仙才。夙抱嵚寄想，亲看战斗来。从兹诗境扩，得力在燕台。”①

樊增祥将写好的序言和跋诗交给齐白石时，劝他尽快将诗稿刻印出来。但由于种种原因，直至10年后，齐白石才将《借山吟馆诗草》印出，樊增祥的序言便冠于卷首。

六月初四日（7月22日），海军总长程璧光发表拥护护法的宣言，率领第一舰队南下广州护法。

六月十四日（8月1日），副总统冯国璋正式出任大总统。

六月二十七日（8月14日），段祺瑞政府对德、奥两国宣战，参加第一次世界大战。

六月间，在《东方杂志》第14卷第6号（6月15日）的“文苑”栏目，陈宝琛发表《叠韵答樊山腊八日见赠》，郭曾炘发表《雪霁叠前韵再呈樊山》等和诗。

同月里，樊山与刚从日本考察美术归来、在北京大学任教的徐悲鸿结识。

徐悲鸿在其《悲鸿自述》中曾记载：“岁丁巳，欧战未已，姬君资吾千六百金游日本。……六月而归，复辟之乱已平。吾因走北京，识诗人罗瘿公、林畏庐、樊樊山、易实甫等人。”②

---

① 王森然：《樊增祥先生评传》，《近代名家评传》（二集），生活·读书·新知三联书店出版社1998年版，第2—3页。

② 转引自吴开英：《梅兰芳若干史实考论》，辽宁大学出版社2015年版，第107页；亦见《良友》画报，1930年第46期，文字稍有出入。

七月初八日（8月25日），南下国会议员在广州召开非常会议（又称为非常国会）。

七月十五日（9月1日），非常国会第四次会议选举孙中山为中华民国军政府大元帅，唐继尧、陆廷荣为元帅。

七月十六日（9月2日），应已故同乡好友王万芳之子子摺之请，樊山老人为王万芳生前自书诗卷题跋。其题跋及题识云："昔同治庚午，张文襄师○鄂学三年，岁科两试，○毕属于选刻……（因跋文太长，且辨识不全，故略）丁巳七月既望，樊山樊增祥，拜跋时七十有二。"

案：后王子摺又请民国元勋居正为其引首："传家之宝。居正敬题。"钤印"居正"。又相继邀请左绍佐、周树模、郑烈、江庸等名流为其题跋，遂形成了今天所见之水墨纸本"王万芳自书诗卷"手卷（28×605cm）。（详见北京匡时国际拍卖有限公司"2018秋季拍卖会"——"旧香——中国近现代书画（一）"专场拍卖品，编号：1649）

七月二十四日（9月10日），孙中山就任"中华民国军政府"大元帅，宣告军政府成立。

八月二十一日（10月6日），护法军湘南总司令部成立，推举程潜为总司令；护法军与北洋军在湖南境内交战，护法战争正式爆发。

八月二十二日（10月7日），孙中山通电全国，否认冯国璋、段祺瑞政府，并下令南方革命军开始北伐。

八月二十五日（10月10日），应好友郭葆昌之请，樊山为其所藏之元代王蒙绘制的设色纸本《松鹤高士图》立轴（118×40cm）题跋。其题跋云："郭五手持山樵图，松壑高贤疑可呼。为言湘绮慎落笔，逡巡忽已归蓬壶。同光诗人惟公在，非公著句人则无。画长五尺阔尺半，宋罗纹纸内库储。浑厚一段太古色，君家摩诘远可摹。云头皴较大痴细，鼠足点笑沙弥粗。连峰积翠满空阔，墨所不到云模糊。瀑布飞流一千尺，自天属地白虹如。苍藤老木不计年，凤凰翅尾蛟龙须。虬松七八状奇古，狰深疑有千万株。仙山楼阁竦金碧，往来浮邱或肩吾。两贤对坐同鹤臞，抱琴不弹风满裾。大涤洞天君所居，院西雪案霜藤铺。五日十日渲染足，至今烟岚充我庐。疑题至正岁丁亥，承平江浙真仙者。越六百年索题画，京城犹是兵火余。洞山出云作霖雨，贤者慎勿忘此图。丁巳中秋后十日，樊山樊增祥题，时年七十有二。"钤印"武威樊嘉"。

案：此立轴有刘秉衡先生的边跋："青卞名传百代雄，高贤松壑并高风。山樵健笔涵清逸，玄宰延今景仰同。甲寅（1974年）三月，前广东省艺专香港德明书院艺术教授刘秉衡题，时年八十五。”第二年郭氏又请其题签。其题识云：“黄鹤山樵《松壑高贤图》，乙卯（1975年）仲春刘秉衡署。”钤印“刘”“晴翠阁”。此立轴后以150万元拍卖成交。（见广州华艺国际拍卖有限公司“2011年夏季拍卖会”——“中国古代书画”专场拍卖品）

自八月起，好友沈曾植因事曾至北京小住过一段时间，并与樊增祥等好友相聚。沈曾植作《天琴寄诗相唁和答》（二首）、《积雨连旬天琴写示小词复用前韵和之》（二首）等诗纪其事。

九月初五日（10月20日），为易顺鼎的六十寿诞。此前实甫曾两次致函陈三立索诗遭拒，而樊增祥、陈三立之子师曾各以诗、钞票相赠。

易顺鼎曾致书陈三立云：“散原长兄左右：弟今年六十岁矣。兄竟不作一诗以张之耶？师曾不作诗而送中钞票十元，却之不可。人之好（去）洋钱，固深于好（去）诗，师曾解人可爱之极。弟欲请之看戏，而渠向不看戏。现正无法酬情耳，一笑。樊山有诗四首，甚佳，可感之至，因其毫无轻薄语也。……弟顺鼎顿首。”①

收到易顺鼎书函后，陈三立曾回函云：“实甫五弟鉴：……昨夕始抵青溪别墅，而君之续函再见于案头，且迫我不能不作答矣。盖仆于海内外故旧，例不通问，若一破格，则于我疏懒之习性，不能成就；然而时时萦我怀抱，无异梦魂通问者，则君与樊山老人数公而已。至君已登六十，及樊老去岁登七十，皆恍惚忆世界中有此一事。樊老寿诗且不及作，君之区区六十，又何足道哉？虽然，君固好钱逾于好诗，俟仆富可敌国时，补寄一元以代诗，君或当闻而心喜，预购鲜灵芝照片以报之。……三立顿首。十月十二日。”②

九月十八日（11月2日），美日《蓝辛石井协定》订立，美国承认日本在中国有“特殊利益”，日本则不否认美国对中国的权益。

九月二十二日（11月6日），樊山的好友、学者、藏书家叶昌炽在苏州

---

① 易顺鼎：《易哭庵手札》，《国艺》，中国文艺协会月刊1942年第三卷第5—6期合刊，第26页。

② 陈三立：《与易顺鼎书》，李开军：《陈三立年谱长编》（下），中华书局2014年版，第1176页。

老家去世。

九月二十三日（11 月 7 日），俄国爆发伟大的十月社会主义革命。

九月二十七日（11 月 11 日），《申报》《时报》《晨钟报》等皆向中国民众报道了俄国十月革命的消息。

九月下旬，好友缪荃孙为编纂《清史稿》之事，曾有北京之行，并在京小住。

九月间，张謇因整顿江南盐务事，曾入京小住，受到樊山等好友的盛情款待。王森然曾有详细记载："民国六年，南通状元为整顿江淮盐务，款段北上。友朋排日观宴，盛极一时。时梅兰芳以色艺名于世，樊樊山、李释戡、易哭厂、罗瘿公辈，乃招张聆歌，张一见倾倒，为赋四律，恭书箑头贻之。一日，二三子又偕聆梅剧，季直击节摇首，有此曲天上之感，而哭厂则引吭呼好，致全场观众，为之侧目。季直不悦，因谓哭厂曰：'白发衰翁矣，何当效浮薄少年叫嚣破喉耶？'哭厂曰：'我爱梅郎，遂以此报之，不若酸状元，惯以文字媚人！'盖隐指季直赠扇事也。季直以哭厂语侵及己，因借《打樱桃》剧词讥之曰：'怎奈我爱平儿，平儿不爱我。'哭厂乃怫然，曰：'汝必欲聆《思凡》而始说好耶？'盖季直有宠姬，年老色衰，遁迹空门，自忏丝情。哭厂所谓《思凡》，实指其事。季直大愤，绝裾欲去。樊山适坐其侧，亟撩之曰：'你说石秀，石秀也说你。君二人尚复何争？《翠屏山》剧词早为排绝对矣。'阖坐轩然，僵局乃解。"①

十月初二日（11 月 16 日），樊山从好友缪荃孙寓所相聚后归家，偶然翻捡东西，竟翻检出去年写给好友的书函而忘记给他寄去，遂立即在原书函（即《樊增祥致缪荃孙》）②的后面加了一段话，便差人给好友送去。

筱珊前辈大人同年如面：

京邸匆匆才三四见，适弟移居报子街，纷纭数日，即端午后送诗，则道从行矣。野鹤闲云，去来无定，实堪歆羡。若弟为家累所绊，若笼禽之望蜚鸿，愧何如也。时事无可言，馆事亦无可言。忍饥诵经，或偶与笏卿、石甫顾曲，生逢斯世，只可如此，笑笑。叠韵三诗（案：

---

① 王森然：《易顺鼎先生评传》，《近代名家评传》，生活・读书・新知三联书店 1998 年版，第 141 页。

② 录自钱伯城、郭群一整理，顾廷龙校阅：《艺风堂友朋书札》（上册）之第二十函，上海人民出版社 2018 年版，第 141 页。

惜此三诗今已无法见到）赋呈。敬请道安，不庄。五月六日。弟增祥顿首。

此信亦去年五月所书，置之屉中，久而忘之。杖履隔岁来游，正拟另笺写上。今日自尊寓归，忽然检得原函，即以呈教。丁巳十月二日，增祥再识。

十月初六日（11月20日），段祺瑞辞去国务总理职务。

十月十七日（12月1日），冯国璋任命王士珍为内阁总理兼陆军总长。

十月间，樊增祥与国画大师吴昌硕交往较多。吴昌硕还特地制作了水墨纸本行草七言诗立轴（34×146cm）赠送樊增祥。其诗及题识云："九天风露九秋华，老眼模视○隔纱。绝似凭崖龙翠墨，夕阳影里拓褒斜。画秋华。云门仁兄雅正，丁巳十月吴昌硕。"钤印"俊卿之印""仓硕"。

其间，逢好友沈瑜庆和夫人郑氏六十双寿，樊山遂与陈宝琛、沈曾植、严复合作洒金纸本行楷四屏志贺。陈宝琛的贺屏及题识云："爱苍表姑丈大人六十双寿。丁巳十月，姻愚侄陈宝琛顿首拜祝。"樊山的贺屏及题识云："涛园老兄中丞暨德配郑夫人六旬双寿。弟樊增祥顿首拜祝。"

十二月二十日（1918年2月1日），中日合办的中华汇业银行成立。在北京设立总行，旋在北京、天津、上海、奉天设立分行。该银行是日本对华进行经济侵略的金融机构。

十二月二十三日（1918年2月4日），樊山的好友徐定超偕夫人胡氏及家人乘坐的上海至温州的轮船，在吴淞口外失事，一家人罹难。同时罹难者二三百人。

十二月间，樊山与陈宝琛往来唱和较多（惜今见不到樊山所写之赠诗）。

陈宝琛曾作有七言长篇歌行《次韵樊山喜雪诗》《叠前韵和樊山腊八日见赠》等回赠樊山。

是年，樊增祥曾应弟子三多之请，为其作纸本楷书七言联"挽得雕弓射飞虎，赐来宫锦绣盘螭"立轴（132×31cm×2）。其题识云："六桥仁弟都护雅属，兄增祥，时年七十有二。"钤印"天琴居士""武威樊嘉"。

是年，樊山的好友、清末权臣荣庆在天津寓所病逝。

是年，樊增祥的《樊山文钞四卷诗钞六卷》由上海广益书局石印刊行。

民国七年戊午(1918) 七十三岁

正月上中旬，樊增祥与周树模、沈曾植等友朋时有往来。沈曾植作《泊园携示天琴诗怅然增感漫和》(八首)、《樊山得前诗即夕和答三日达沪再叠前韵》(八首)、《和天琴》等诗纪其交往。

正月二十八日(3月10日)，皖系段祺瑞、徐树铮、王揖唐、王印川等人在北京安福胡同成立俱乐部，极力推行“武力统一”政策。

正月间，吕碧城自沪上来京客居。在京期间，她曾给樊山老人写过信，表示问候和感谢。樊山老人收信后，则及时给碧城写了回信：

碧城贤侄文几：晚诵手书，知舞衣事已得前途答复。吾侄感时惜别，发函怅然，仆一生为人所忌，是以爱才弥切。七十以后，忽见清文丽藻不属冠带而属钗笄，而又孤凤高骞，沧溟万里，此亦往古才人所未闻也。拙句有云：“天人交忌是才名。”昔以自伤，今复为吾侄咏矣。书中齿及江宁之事，此年家应有之义，不援则豺矣。述之滋愧，稍暇当过谈，复候文安，增祥拜手。

二月初三日(3月15日)，《新青年》第4卷3号上出现了一场新旧文学之争的论战，即刘半农与钱玄同这两位新文化运动的干将所策划的著名的“双簧戏”。钱玄同(化名迂腐守旧的“王敬轩”)在《给新青年编者的一封信》中极力抵制新文学，而刘半农则以编辑的身份在同期发表《复王敬轩》予以反驳。文中不仅批判了旧文学的代表“桐城谬种”“选学妖孽”，而且将樊增祥和易顺鼎的诗文斥之为“烂污笔墨”，批得“半钱不值”，并将其二人斥之为丧却人格的“淫棍”①。

案：《给新青年编者的一封信》中曾谈到“《新青年》诸君子”对易顺鼎、樊增祥等人诗文的批评：“贵报对于中国文豪，专事丑诋，其尤可骇怪者。……于今人，则崇拜李伯元、吴趼人，而排斥林琴南、陈伯严。甚至用一网打尽之计，目桐城为谬种，称选学为妖孽；对于易哭庵、樊云门诸公之诗文，竟曰烂污笔墨，曰斯文扫地，曰丧却人格，半钱不值。呜呼！如贵报者虽欲不谓之小人而无忌惮，盖不可得矣。”

在这里，我们无法去评介这场“双簧信”论战的功过是非。仅就其效果来说，“双簧戏”作为五四新文化运动时期一场标志性的事件，在当时产

① 鲍晶编：《刘半农研究资料》，知识产权出版社2011年版，第119、130页。

生了广泛而深远的影响。因此，它无论是对樊增祥和易顺鼎的人品，还是对他们二人诗文的传播，抑或是对樊增祥《琴楼梦》小说的流传，都带来了极大的负面影响。自此之后，樊增祥的《琴楼梦》便少有人出版，就是明证。而此前，樊山所作之《琴楼梦》颇受读者欢迎，多家出版社曾以附录、单行、合订、丛书本等形式，予以刊刻印行。

二月十一日（3 月 23 日），段祺瑞再任国务总理，主张“武力统一”。

二月十三日（3 月 25 日），日本政府为反对新生的苏维埃政权，与段祺瑞政府互换《中日共同防敌军事协定》公文。

二月二十六日（4 月 7 日），樊山的好友郑文焯在苏州寓所去世，不久葬于邓尉。

二月二十九日（4 月 10 日），非常国会改组军政府，将大元帅制改为总裁合议制，排挤孙中山。

三月初三日（4 月 13 日），京城名流“大会于陶然亭，洪宪旧臣，莅者大半”；而“樊山（樊增祥）、实父（易顺鼎）、掞东（罗惇曧）、叔海（江瀚）、书衡（王式通）诸人，有挥泪而纵谈往事者”①。

三月十五日（4 月 25 日），樊山的好友瞿鸿禨在上海府宅去世。

三月二十日（4 月 30 日），中和园台柱、著名女伶金玉兰因患猩红热恶疾，在北京逝世。石甫时正在印铸局办公，闻知噩耗，惊痛晕倒，经抢救方始苏醒，随即和泪成七律一首，送樊山索和。樊山乃云：“‘余于玉兰毫无情感，文生于情，即无情焉有文’意盖提醒实甫，而实甫强嬲不已。樊山不得已，乃曰：‘不必和，我自作四首，以塞君悲可也。’遂为之作七律四首，起曰：‘多少流莺哭暮春，哭厂眼泪未全贫’；结句曰：‘记否绿杨晓莺语，相思无路莫想思’。结语警撕深切，可谓灌顶醍醐。”而实甫大不谓然，云：“我欲瞻依玉兰，乃以文襄相待，岂可以贱玉颀相比，罪过罪过。”因又作一律，且前有小序述其染疾致死情由②。

三月二十一日（5 月 1 日），上海英美烟公司烟厂工人罢工。

三月二十二日（5 月 2 日），上海英商祥生船厂工人罢工。

---

① 刘成禺：《洪宪纪事诗薄注》（三一），宁志荣点校，山西古籍出版社 1997 年版，第 261 页。

② 王森然：《易顺鼎先生评传》，《近代名家评传》，生活·读书·新知三联书店 1998 年版，第 137 页。

三月二十四日（5月4日），因受西南军阀排挤，孙中山向广东非常国会请辞大元帅职。

三月二十五日（5月5日），北京戏剧界同人举行金玉兰追悼会，樊山与石甫等名流前往吊念，并扶棺痛哭。当时某报登有小诗一首以纪其事："如此兰花竟委地，满座来宾皆掩泣；座中泣声谁最高，樊山实甫两名士。"①

三月二十八日（5月8日），应京剧新秀尚小云之请，樊山为其作水墨纸本行书六屏立轴。屏文云："李文叔尝有杂书，论左马班范韩之才云：'司马迁之视左丘明，如丽倡黠妇，长歌缓舞间以谐笑。倾盖立至，亦可喜矣。然而不如绝代之女，方且却铅黛，御缕谷微吟于高堂之上，使人穴隙窥之，终不敢视其启，皆一笑也。班固之视马迁，如韩魏之壮马，服千钧之重，鞭策随之，日夜不休，则亦无所不至矣。而曾不若骋里之马，方且脱骧逸驾，骄嘶顾影，放辔一骋千里。蔚宗之视孟坚，如勤师劳政，手胝薄版，口倦呼叱，毫举缕诘，自以为不可复加。而仅足为治，曾不若武健之吏，不动声色，提一二纲目，群吏为之趋走，而境内晏然也。韩愈之视范晔，如千室之邑、百家之聚，有儒生崛起蓬荜之下，《诗》《书》传记。常锵然欲鸣于齿颊间，忽遇夫奕世公卿不学无术之子弟，乘高车从虎士而至，虽顾其左右，偃蹇侮笑。无少敬其主之容，虽鄙恶，而体已下之矣。'"其题识云："绮霞词友耽风雅者书画，索书屏幅，欣能洒墨，不值一粲也。戊午三月廿八日，灯下并识，时年七十有三。"钤印"锡余嘉名"。

三月间，樊增祥与沈曾植、杨钟羲等友朋时有唱和。沈曾植作《雪桥用天琴韵赋赠余适旋里车中三叠前韵和之》八首（此题亦作《留垞用天琴韵赋诗八首见遗依韵吟和于车中成之》）纪其交往。

四月初二日（5月11日），后辈好友黄濬得到一本章履平所著之《冲冠怒》传奇残本，遂呈给樊山老人阅览，并请其题写封面和题跋。樊山老人在《冲冠怒》传奇的封面题写道："《冲冠怒》传奇残稿，樊山书面。"随后，樊山老人应邀撰写了一首《圆圆曲》，置于卷首，又题跋云："中年始〇翚衣贵，垂老翻为〇幕愁。惟有两朝兴替事，功臣第一出青楼。戊午四月初二日，樊山樊增祥题。"钤印"武威樊嘉""壶公"。

---

① 王森然：《易顺鼎先生评传》，《近代名家评传》，生活·读书·新知三联书店1998年版，第136页。

四月初三日（5 月 12 日），留日学生罢学回国，反对中、日“共同防敌”军事协定。

四月初四日（5 月 13 日），应好友黄濬之邀，樊山老人再次为《冲冠怒》传奇题跋。其题识云：“梅村先生《圆圆曲》千古绝唱，然仅得半而止，厥后邢娘入道，三藩谋逆，先生不及见矣。尝思补制一曲，因循未果。曩在江宁，吾友丁阍公以沧桑○剧本见示，怦然意动，○○○缘，而○未○也。今秋岳以章君所作《冲冠怒残稿》索题，因制《圆圆曲》一篇冠诸卷首。老年才退，不欢适游，骏公并不及沧桑○《冲冠怒》两传奇之哀感顽艳也。四月四日，樊山再识，时年七十有三。”钤印“壶公”。

案：章鸿宾所著之《冲冠怒传奇残稿》，今南开大学图书馆藏有 1920 年铅印本，1 函 1 册。章鸿宾，生卒年不详，字履平，号荔屏，江苏无锡梁溪人。诸生。曾入浙江省立法政学校学习，毕业于北京警察高等学校。1930 年任宁波公安局科长兼秘书。1939 年任鄞县县政府秘书。1943 年任鄞县县政府秘书主任。1946 年任慈溪县代理县长。1948 年任经济部全国花纱布管理委员会鄞县办事处秘书，此后即无其信息。著有《冲冠怒传奇》《梁溪诗钞》《续梁溪诗钞》等。

除黄濬、樊增祥之外，应邀在卷前题跋的尚有周树模、王蕴登、庄蕴宽、王式通、黄福颐、梅光远、严复、符璋、符鼎升等社会名流。

四月初六日（5 月 15 日），鲁迅在《新青年》四卷五号上发表小说《狂人日记》。

四月初七日（5 月 16 日），《中日陆军共同防敌军事协定》订立。

四月初十日（5 月 19 日），《中日海军共同防敌军事协定》订立。

四月十一日（5 月 20 日），非常国会选举孙中山、唐绍仪、伍廷芳、岑春煊、陆廷荣、唐继尧、林葆怿七人为军政府总裁，并推岑春煊为主席总裁。

四月十二日（5 月 21 日），孙中山离粤赴沪，护法运动失败。

同日，北京大学、北京高等师范学校等校学生二千余人赴总统府前请愿，要求废除中、日“共同防敌”军事协定。

四月中旬，北京《顺天时报》评选京剧新秀的活动结束：梅兰芳得票 232865 张，被评为“男伶大王”，刘喜奎得票 228606 张，被评为“坤伶大王”，尚小云得票 152525 张，被评为“童伶大王”。

四月间，樊山曾应同乡、后辈好友陈曾寿之请，为其作纸本行楷七言对联:“阁下亦自有二骥,车前岂可少八驹”。其题识云:“仁先仁兄雅属。戊午孟夏,樊增祥书。”钤印“樊嘉私印(白)”“姜畦(朱)”。

五月十五日(6月23日),樊增祥应邀偕易顺鼎、汪颂年、林开謩、沈曾桐、顾璜、顾瑗、张权、宝熙、王式通、杨熊祥、许宝衡等老友至傅岳棻府宅宴集。

《许宝衡日记》载:“七时到治芗寓,同宴汪颂年、林贻书、樊樊山、沈子封、顾渔溪、亚蘧、张君立、易石甫、宝瑞丞、王书衡、杨祇庵,谈至二时方散,归已三时。”①

五月十七日(6月25日),樊山的好友王仁东在上海寓所去世。

五月二十三日(7月1日),李大钊在《言志季刊》第三册发表《法俄革命之比较观》。

五月间,梅社印行的《梅兰芳》一书面世,其中收有樊增祥所写之七言长篇歌行《天女散花曲为梅郎作》(见吴开英《梅兰芳若干史实考论》)。

六月间,樊山与湖南湘潭著名书法、篆刻家杨潜庵时相往来,并曾应邀为其制作水墨纸本楷书十一言联:“陆法如不希释梵天王坐处,孔文举自命伯阳老子通家。”其题识云:“潜庵仁兄觅得旧纸,属写长联,自谓集句不恶,但拙书不称耳。戊午六月,樊增祥识。”钤印“锡余嘉名”。

七月初六日(8月12日),由皖系军阀操纵的“安福国会”在北京开会。

七月初七日(8月13日),冯国璋因其代理总统任期届满,通电表示无意恋栈及竞选。

同日,上海日商日华纺织公司千名女工发动罢工,要求改善待遇。

七月十五日(8月21日),直系军阀吴佩孚等通电反对段祺瑞的“武力统一”,南方军政府复电赞成和平,段祺瑞被迫命前线各军暂时保持守势。

七月二十六日(9月1日),“北京国会”选举徐世昌为大总统。樊增祥便凭借诗友关系给徐世昌致贺函,并很快得到徐世昌的回复和礼遇。

刘成禺在《樊樊山之晚年》一文中记载有樊、徐之间的交往情况:“民国七年徐世昌任总统,樊山等又为贺表,以媚水竹村人,徐乃按月致送薪水。京师遍诵其贺函,且目为三朝元老。予友陈颂洛,搜集北京旧物之有关掌故者,曾在徐家获得樊山亲笔贺文,并媵以诗云:‘明良元首焕文阶,

① 许宝衡:《许宝衡日记》第2册,中华书局2010年版,第639页。

会见兵戈底定来。四百余人齐署诺（两院议员四百余人），争扶赤日上金台。’‘南北车书要混同，泱泱东海表雄风。七年九月初三夜，露浥盘珠月韔弓。’曲尽颂扬之能事。”

王森然《樊增祥先生评传》云：“京中贩夫、走卒、妇人、稚子，类能道其名字，是以一稿初就，争相颂，或记事，或状物，无不哀艳澈骨，动人心肺，说者谓其能以词笔写诗情，盖的论焉。”

八月二十一日（9月25日），系恩师张之洞祭日，梁鼎芬率湖北在京学人赴积水潭高庙祭奠，并商议募资修建张之洞专祠之事。

八月间，樊山的好友、民国政要杨士琦在上海寓所病逝。

八月二十四日（9月28日），中日签订满蒙、山东铁路借款各二千万元合同。北京陆军部与日本银行团订立二千万元参战借款合同。

九月初二日（10月6日），樊山的好友沈瑜庆在上海虹口沈家湾寓所去世。

九月初六日（10月10日），徐世昌宣布正式就任中华民国大总统。

九月十一日（10月15日），李大钊在《新青年》五卷第五号上发表《庶民的胜利》和《布尔什维主义的胜利》两篇文章。

九月间，时在湘潭乡下躲避匪乱的齐白石（齐白石于上一年的九月底离京返乡，至民国八年的三月初才重来北京并定居京城），精心地创作了一帧《闭门听雨图》画幅和一把《双碟图》的扇面，寄赠给远在京城的樊增祥，同时寄来的还有《题画寄樊樊山先生京师并序》，表达了自己对师长、好友的感激之情：

> 壬寅冬，樊樊山先生增祥，与余相见于长安。癸卯春，余游京师，樊君约以后至，至则余返湘矣。丁巳夏，余重到京师，适有战事；朋旧多散亡，独樊君闭门听雨。君为余叙诗草云：“今吾幸于昆明劫灰之余，闭门听雨。”感念今昔，往往见于言笑之间。是年秋，余归，樊君相赠以言。戊午秋，余画《闭门听雨图》奉寄，图成心有所感，因题短歌：“十五年前喜远游，关中款段过卢沟。京华文酒相征逐，布衣尊贵参诸侯。陶然亭上饯春早，明镜初动夕阳收。挥毫无计留春住，落霞横抹胭脂愁。（癸卯三月三十日夏寿田、杨度、陈兆圭在陶然亭饯春，求余为画《饯春图》以记其事。）琉璃厂肆投吾好，铁道飞轮喜重到；旧时相识寂无闻，只有樊嘉酒相劳。酒酣袖手起徘徊，听雨关门半截碑；尘世最难逢此老，读吾诗句笑颜开。笑翻陈案聊复尔，鼓手

歌喉入旧史。佳话千秋真戏场，伶人身重并天子。（京师谚云：戏子天子，前朝慈禧太后喜小叫天王、瑶卿演剧，君王必登场打鼓，孝钦训政，叫天、瑶卿皆赐六品俳衣，供奉内廷。）不独今无听戏人，瑶卿沦落叫天死。近来争战遍人寰，刀枪不毁旧河山。满地黄沙城郭在，四围红叶风雨还。颐和园里昔人去，凌霄阁上功臣闲；芙蓉集裳真堪著，秋菊落英殊可餐。我闻寒蛩秋唧唧，复触此言长太息。我本天涯坎壈身，离乱重逢合沾臆。燕城旧约一相违，销尽轮蹄汗总挥。春草伤情南浦别，好山看厌桂林归。庾岭有梅车屡倦，虎丘无月马非肥。（己酉八月十五夜携儿辈同游虎丘，是夜无月，借人瘦马几惊危险）细雨横风宾客老，轻裘缓带故人非。可怜身世寒蛩似，号向人前听者稀。何若老樊闭门居，春风不得入罗帏。欲查日记翻诗卷（樊君有"将诗为日记"之句），因避时贤隐画妃（"画妃"亭名，余曾为刻"画妃亭"小印）。五车书存课孙读，一项田芜应鹤饥。我欲借公门下住，秋雨打门红叶飞。"①

收到好友齐白石寄自湖南湘潭的画、扇和诗，樊增祥颇为感动，当即赋诗为谢："一双蝴蝶蘧蘧至，犹恐相逢是梦中。知我平生非酷吏，故乡相赠只清风。慈禧供奉红颜老，湘绮门墙白发新。珍重前朝双画手，齐山人与缪夫人。"②

十月初八日（11 月 11 日），协约国与德国签订《停战协定》，第一次世界大战结束。

十月十三日（11 月 16 日），大总统徐世昌发布停战令。

十月十九日（11 月 22 日），广州军政府亦下令停战；双方商定在上海举行南北和议谈判。

十一月十二日（12 月 14 日），樊山为儿辈作水墨纸本七言行楷单联"帘影清波发砚光"立轴。款识云："此联亦不恶，付瑞儿藏之。冬月十二日。樊嘉。"

十一月二十日（12 月 22 日），陈独秀、胡适等人主编的《每周评论》在北京创刊。

① 王森然：《齐璜先生评传》，《近代名家评传》，生活·读书·新知三联书店 1998 年版，第 172—173 页。

② 周迅：《齐白石全传》，湖南人民出版社，2010 年，第 215 页。

十一月二十二日（12 月 24 日），樊山的好友俞明震在杭州西湖寓所去世。

十二月初八日（1919 年 1 月 9 日），为儿辈作水墨纸本七言行楷单联“雪水宵煎橄榄茶”立轴。款识云：“今日写楷书联数副，付儿辈藏之。戊午腊八，天琴识。”钤印“武威樊嘉”“天琴居士”。

十二月十七日（1919 年 1 月 18 日），帝国主义分赃的巴黎和会开幕。

十二月二十日（1919 年 1 月 21 日），北洋政府派陆徵祥等五人为参加巴黎和会全权代表。

十二月二十七日（1919 年 1 月 28 日），中国代表在巴黎和会上要求取消“二十一条”，归还山东、取消列强在华特权等。

十二月间，樊山为艾孙制作水墨花笺行楷五言屏轴：“文章金孔雀，行止玉麒麟。”其题识云：“戊午嘉平，书付艾孙，嘉书。”钤印“武威樊嘉”“姜畦”。

是年，好友、清末大臣徐琪在浙江仁和（今杭州市）老家病逝。

是年，樊山的师弟徐珂在其编纂的《清稗类钞》中，对以樊增祥和易顺鼎为代表的“中晚唐诗派”有明确的评价：“华亭姚鹓雏尝曰，近来诗派，大别为三宗……樊山早岁为袁子才、赵瓯北，自识文襄，乃悉弃去。从李莼客游，颇究心于中晚唐。吐语新颖，则其独善。龙阳易实甫固能为元、白、温、李者，于是中晚唐诗，流传颇盛。”①

是年，樊山曾自制有水墨纸本行书效放翁七言诗立轴。其诗及题识云：“连雨才晴罢晚衙，一旬丛桂两番花。闲房幽草盆盆蟀，别院斜阳树树鸦。眼暗求明○白菊，胃○○暖啖香砂。只陈睡○○拘检，梦蝶依依到谢家。　右效放翁一首。七十三翁樊山樊增祥，书于城西寓庐。”钤印“武威樊嘉。”

是年，当吕碧城正准备出国之际，突然得了一场大病，只得到香港、上海等地修养治病，其间整理刊行了自己的第一部诗词选集《信芳集》，并送了一本给年伯樊增祥，请其批评。樊山老人收到后，曾逐首进行评点，给

① 徐珂：《清稗类钞》（文学类，第 29 册），商务印书馆民国七年（1918 年）刊行本，第 142—143 页。

予其诗词充分的肯定和大力的推崇，“一时中外名流投诗词鸣钦佩者，纷纷不绝”①。

民国八年己未(1919)　七十四岁

正月初八日（2 月 8 日），上海日商日华纺织公司工人罢工；上海美商美孚油洋行工人罢工。

同日，樊山的后辈好友丁宝铨在上海寓所被人暗杀。

正月十二日（2 月 12 日），中国赴巴黎和会代表公布中日各项密约。

正月二十日（2 月 20 日），广州军政府与北京政府“和平会议”代表唐绍仪和朱启钤在上海举行谈判。

二月初七日（3 月 8 日），好友裴景福新近购得北宋大画家王诜（1048—1104，字晋卿，山西太原人）的设色绢本《金谷园图》手卷，分外高兴，特请樊增祥、胡璧城、李品仙等好友到其家中去观赏，观赏结束后又请他们在卷末题留观款。

案：王诜的《金谷园图》设色绢本手卷，为历代藏家所宝。原画上有北宋赵佶，南宋贾似道，元代赵孟頫、李祁、史秉直，明代黄琳、韩逢禧，近代裴景福（1854—1926），现当代李品仙（1890—1987）、黄君璧（1898—1991）等人的鉴藏印。樊山的题识云：“己未花朝前五日，南郡樊增祥敬观。”胡璧城亦有题识（略）。此手卷 2007 年以 429 万元被拍卖。

二月十四日（3 月 15 日），上海印刷工人二千余人发动罢工。

二月二十九日（3 月 30 日），乃好友沈曾植的 70 寿诞，樊山曾作《乙庵先生七十寿序》寄赠，为其祝寿（见上海图书馆藏《樊山老人文录》，民国 1912—1949 年抄本）。因其文不见樊山他集收录，故全文录如下：

> 余生二十二年，始与计偕。又十年后通籍。又八年而后出仕。此十余年中，往来京师，得遍识咸同以来钜公长德、与夫英奇魁硕之士。顾虽交满海内，而待之在师友之间者，则惟谭复堂、袁忠节与乙庵先生也。余识先生，在庚辰榜后，至庚寅而交愈笃。尔时越缦堂中，恒有袁、沈、樊三人綦迹。三家之诗，时以为江左、岭南不啻也。今又

① 英敛之：《吕氏三姐妹集序》，李保民《吕碧城集笺注》，上海古籍出版社 2001 年版，第 524 页。

阅数十年，谭、袁往矣。先生与余萍合蓬转，如霜鸿云鹤，偶相遇于寥廓之间。寻复星离雨散，至光绪季年，江皖千里，雄藩对开，故业签商，新吟简走，不三年而国变。乃得卜邻于春申林下，同为超社中人。盖至是而孤嫠之纬，商女之歌，无诗不酬，无言不畅，亦无日不相从于寂寞之滨。而野王二客俱老矣。余居京五年，中间与先生一观修罗之战。虽使草木之兵，鸢鹅之檄，云鸟之阵，霹雳之车，日震撼于琴砚之侧。而吾两人和诗谈艺，一如在海上时。先生少余四岁，以今年二月，开七十之觞，默计四十余年，文字性情之契，十数人中，独存先生一人，不能不破例为文以寿之。

昔有相者，谓余有寿骨。又赋性坦率，七情之感，一不动心，必致松乔之寿。循是以言。先生事事胜我，其算宁有纪极耶？

余生自将门，家无藏籍。少婴荼苦，越在穷乡。似眇马之失途；如醯鸡之在瓮。先生则生于烟水之乡，长于图书之府。上衍金风亭之绪，下接交翠舫之传。二七之年，浮大江，溯巫峡，迤逦至于滇池，就甥馆焉。江山万里，有助于龙门；嫏嬛诸福，毕钟于壮武。以言乎始基，吾不如也。余年廿五以来，略知读书识字，微之有惭于才子，伊川雅薄夫文人。先生则勉就枝官，潜研朴学，考秀水之经义，搜横云之史稿。其为学也，精于卢抱经，博于钱晓徵，密于孙季逑，深于洪稚存。书翰之妙，超于包安吴，纵横之气，醇于魏默深。以言乎学问，吾不如也。今学林凋也！当世言诗文者，必曰：沈、樊。此亦如王僧虔云：推排人世数十年，故是一旧物。世遂以韩、孟、苏、梅相况耳。余有隐侯之三易，乏居巢之三长。或以广大目香山，或以诙谐尤玉局。先生则宁朴勿华，宁深勿浅，宁奇勿常，宁富勿俭。其为文也，上规晋宋，则潘、陆、任、沈之伦，近数乾嘉，在胡、洪、汪、孔之上。其为诗也，如灵验访梅，香雪成海。又如神龙行雨，布濩大千。盖得景文之雅，而去其绮；得双井之奥，而去其晦；得学易之淡，而去其率；得后山之朴，而去其僿。自浣花以来，别开一天地。以言乎辞章，吾不如也。余牵丝三辅，二十余年。丸泥之智，自画于关中。通天之台，〇睹于域外。袁忠节尝谓余曰："子如早宦东南，建明当不止此。"先生则以刑曹迁译部，以汉学测夷情。黑河、红海之图，一一识其道理；笛卡、卢梭诸论，篇篇加以丹黄。长官戏言，部中得大进士。夷使佥曰：门下见一神人。定筹边之策，画壁可以尽诸藩；草吓蛮之书，悬金不能易一字。以言乎远略，吾不如也。余在官是非太明，出言务尽。始而贤者感之，不肖者撼之。继而小人谗之，虽君子亦忌之矣。先生则皎皎虚堂之镜，汪汪千顷之陂，常度外以置人，无忙中之坏事。其为提学也，温焊旧学，启迪新知。正欧风东渐以难回，保吾道南行而不废。熙宁变法，惟大程之言议持平；钩党相倾，知小范之调停独苦。是以斯文未坠，而士望咸归。其为布政也，以公忠体国，以儒术用事。待僚属略同师弟，筦金谷如理家财。疆帅告殂，不作盖延之哀涕；牙兵谋变，治以温造之长绳。声色不惊，大事立断。以言乎官绩，吾不如也。辛亥武昌之变，浸及皖苏，余方佐丰润督部，固结军心，力支危局。其时官僚多蓄二心，肘腋实繁间谍。忽一日揭榜于市曰："立樊某为江宁都督。"余不及与丰润辞，仓皇如沪。而金陵寻亦瓦解。先生则于是年春，抗章乞骸。枢府疆吏，交相慰留，而卒不可夺。扁舟而汎五湖，角巾而归东第。洛下拾广南之落叶，早烛先机；津桥闻蜀国之啼鹃，默知乱象。及长江不守，皖事濒危，而先生已于数月前，采药山中，看桑海上矣。以言乎先见，吾不如也。孝定皇太后还政于民，而数千年君臣之局一变。于是处为高士，出为贰臣。嗟乎嗟乎，苟有二顷之田，大清臣庶，谁不当种薇蕨以长终乎！余以黄金散尽，白屋长贫，聘书交错于衡庐，祠禄遂叨于宫观。先生则领温公之书局，主汐社之诗盟。抱顾亭林之高节，而不求王山史之田；有张苍水之孤忠，而不预郑成功之事。焚香五夜，心可告天；所居一楼，足不履地。以言乎遗逸，吾不如也。余与先生，如赐之视回，韩之视老，育之视可，秀之视能。对镜而自别妍媸，饮水而心知冷暖。虽曰齐名，而管、邴稍殊，王、卢有间矣。

夫吾有七不如，而犹当得上寿。则事事胜我者，寿当数倍于我可知也。先生得余文，莞然曰："有是哉？子诚滑稽之雄，我亦善寐之叟。惟当诵子文十遍，饮中山酒十觞，假寐三十年，开眼而见太平，复为坠驴之一笑。则吾与子休乎？优乎？共诸洪崖浮邱之俦乎？"余笑应之曰："诺。"遂书于清防，以告世之知沈、樊者。

同日里，应好友李宣倜之请，樊增祥与众友朋为梅兰芳的设色纸本成扇《雅集图》题识。 李宣倜题识云："己未春夜，乞群公为畹华书此箑，亦他年长安一故实也。释戡记。”樊山的题识云：“破山年纪老，作事多颠倒；忽闻老鸦叫，声声唤大嫂。破山和尚以此诗书条幅。张文襄师极爱之，昔在势家不可得，曾命余仿之。畹华友雅属。己未二月二十九日，樊山樊嘉书。”

案：此扇为湘妃竹骨，梅兰芳先生曾专门定制过一批。大骨端部镶嵌骨质材料，染成翠绿，与湘妃主骨相映成趣。小骨也十分讲究，为二片对拼而成，足见梅先生对细节的完美追求。《雅集图》亦称《赏月图》，由金城、徐操和胡佩衡合作绘制，邀李宣倜、罗瘿公、林纾、樊增祥等人为之题跋。1921 年正月，梅兰芳再邀在京诸大家为其题跋。画面题跋者有徐宗浩、金城、师虎、秦仲文、李上达、徐操、胡佩衡、俞明震、易君左、李端龄等人；背面题跋者有李宣倜、罗瘿公、王式通、王允皙、易顺鼎、林纾、樊增祥等人。一扇之中而集十数家名流题跋，亦可谓风雅咸集，俊彦毕至。徐宗浩曾题识云：“王城触目成桑海，客馆开怀有管弦。潇洒心情犹少日，爱花长好月长圆。辛酉正月，拱北、师虎、仲文、达之、燕荪、佩蘅、镜人、敬斋、鹤筹应畹华之属，合笔作此，亦风埃澒洞中亦韵事也。石雪题记。”

二月间，中国第一批勤工俭学留学生启程赴法国。

三月初一日（4 月 1 日），中国代表抗议巴黎和会三国会议解决山东问题的办法。

三月初三日（4 月 3 日），为梅兰芳的祖母陈太夫人的八十寿诞。梅兰芳曾广征社会名流、文学名士的诗文、书画、词联四百余件，翌年辑为《梅母陈太君八十寿言》一书。樊山亦应邀为之题诗（略），并收入是集。

三月初四日（4 月 4 日），齐白石听从樊山等好友的劝告，自长沙乘坐火车，第三次来到京城，从此定居北京，与同乡好友杨潜庵为邻，就租住在宣武门外西砖胡同法源寺的羯磨寮房。

三月十一日（4 月 11 日），驻日公使章宗祥启程回国，留日学生持“卖国贼”旗痛斥之。

三月中旬，友朋们为梅兰芳即将访日演出饯行，并绘有《缀玉轩话别图》相赠。

《梅兰芳沪上演出纪 · 梅讯》（下编）载：“畹华出洋游历时，林畏老尝绘一卷子，为之送行，林宗孟（即林长民）引首曰‘缀玉轩话别图’。……原画长二尺，高一尺四寸，有畏庐自谱《南浦》一阕，题跋第一即樊山老人赠诗，瘿公所书者。去年《东方杂志》中已曾缩付铜板，此后又添跋数则矣。”①

三月二十日（4 月 20 日）那天，整个法源寺被浸泡在浓郁的丁香花的花香之中。这一天，北京地区的“丁香会”在法源寺隆重举行。今年的“丁香会”与会者达数十人，极一时风流。齐白石自然被好友邀请参加。

案：法源寺位于北京宣武门外教子胡同南端东侧，建成于唐武则天万岁通天元年（696 年），初名悯忠寺，后几经增、重修，有顺天寺、大悯忠寺、崇福寺等名称，清雍正十二年（1734 年）正式改名法源寺。它不仅是北京城内历史悠久的古刹，也是中国佛学院、中国佛教图书文物馆所在地，是培养青年僧侣和研究佛教文化的重要场所。

周迅《人民艺术家齐白石》记载：“丁香会是 20 年代北京部分文化界人士的雅集形式，由王式通、樊增祥、易顺鼎、董康、罗惇曧、高步瀛等 8 人发起，每逢丁香花开，文人雅士、书画名流聚集一堂，谈诗论画。三月二十日，丁香会在法源寺隆重举行。与会者达数十人，极一时风流。”②

三月二十一日（4 月 21 日），应日本帝国剧场邀请，梅兰芳率团离京赴日本访问演出。

三月二十九日（4 月 29 日），巴黎和会英法美三国首脑会议决定，将德国在山东的权利让予日本。

四月初四日（5 月 3 日），北京各大专学校代表在北大开会，决定于 5 月 7 日在中央公园召开国民大会；当晚七时，又在法科礼堂开会，决定提前在明日举行爱国示威游行。

四月初五日（5 月 4 日），北京学生三千余人举行爱国示威游行，火烧赵家楼外交次长曹汝霖的住宅，痛殴驻日公使章宗祥。五四运动爆发。

四月二十九日（5 月 28 日），孙中山在上海发表《护法宣言》。

五月初一日（5 月 29 日），为了让好友齐白石能在北京安定下来，并有一个稳定的收入渠道，樊增祥再次挥毫，又为他书写了一份水墨纸本《濒生润格》：

齐山人璜，字濒生，湘绮门下士也。工诗善画，兼精篆刻，顾不

---

① 张斯琦编著：《梅兰芳沪上演出纪·梅讯》下编，上海世纪出版集团/中西书局 2015 年版，第 7 页。

② 周迅：《人民艺术家齐白石》（中），中国文联出版社 2015 年版，第 345 页。

轻为人作。顷来京师，同人劝君以美术公诸同好，久而始允，今为商定润格如左：石印每字一元。字小过二分者另议，字大过六分者倍之。牙骨铜玉水晶不刻，加边框者倍之。画幅，四尺条幅不拘纸绢，每幅五元。五尺陆元。六尺捌元。八尺拾元。过八尺者另议。凡索画者，请用汪六吉纸，陈纸减十分之三。山水加倍。梅花加倍。工致者另议。册页，每开三元；八开至十六开，每开二元。手卷面议。团扇、折扇，每柄二元。小折扇不画。所有润资均系现洋。

己未五月朔，樊山樊增祥书于都门，时年七十有四。①

齐白石在南纸店挂出了好友樊增祥为他新写的这份润格，开始在京城以卖画、刻印和授徒为生。

五月十三日（6月10日），北京政府被迫免去曹汝霖、章宗祥、陆宗舆的职务。

五月间，应好友寿樨先生之请，樊山为其作水墨纸本行楷唐寅七言绝句立轴（83.3×40.1cm）：“直插渔竿斜系艇，夜深月上当竿顶。老渔烂醉呼不醒，满船霜印蓑衣影。”其题识云：“寿樨先生雅属，己未夏日，增祥。”钤印“樊嘉五十万”。（见纽约苏富比有限公司“2016纽约亚洲艺术周”——“中国古代书画”专场拍卖品，编号：1042）

同月，汉口新市场（后改名民众乐园）的主体建筑建成并正式对外营业。汉口新市场的大舞台与天津的劝业场、上海的大世界并称为全国“三大娱乐场”。此前，主事人慕同乡樊增祥大名，曾托人请樊山老人为新市场大舞台撰写了一副对联：“底事干卿，风吹皱一池春水；多情笑我，浪淘尽千古英雄。”

案：这是一副集句联：上联用典出自五代南唐冯延巳《谒金门》“风乍起，吹皱一池春水”之句；中宗李璟尝戏谓延巳曰：“吹皱一池春水，干卿底事?”延巳曰：“未如陛下‘小楼吹彻玉笙寒’。”下联出自北宋苏轼的《念奴娇·赤壁怀古》，为求工整，联语稍有改动。

六月初一日（6月28日），中国代表在举国人民的严厉督责和中国旅欧学生、工人的强烈要求下，拒绝在《凡尔赛和约》上签字。

七月间，李宣倜、梅兰芳、陈师曾相聚，至缀玉轩赏花。赏花归后，陈

① 马明宸：《借山煮画——齐白石的人生与艺术》，广西美术出版社2013年版，第78页。

师曾取出设色纸本成扇一把，以特写构图，画灼灼盛开的五朵奇大牵牛花——《五色牵牛》(19.4×54.4cm)，色泽如五色霞般各不相同，又题绝句二首（诗略）其上，并在正面题识云："李十三少将宅蓄日本牵牛花甚富，一日凌晨往观，君犹高卧，排闼直入，徘徊良久。又同至缀玉轩茗坐看花，归述其事，成两绝句，并书于此，以博粲笑。己未初秋，陈衡恪记。"钤印"师曾小诗""朽"。一日，友朋再聚，樊山老人见师曾的画扇和题诗后，颇有跃跃欲试之态。宣倜见之，立即邀请其题跋。樊山老人当即挥毫在成扇的背面题写了三首诗（诗略），并题识曰："释戡仁兄属书近作，即录三律奉粲。己未七月，樊山樊增祥。"钤印"壶公"。（见北京诚轩拍卖有限公司"2012年春季拍卖会"——"中国书画（二）"专场拍卖品，编号：705）

案：此拍卖品在此次拍卖会（北京诚轩拍卖有限公司"2012年春季拍卖会"）上以41.4万元成交。

闰七月初三日（8月27日），樊山老人为其曾孙小元作水墨纸本楷书七言联一副（129×30cm×2）："蕉叶雨斜侵砚席，藤萝风细落书床"。其题识云："己未闰七月三日，秋暑犹盛，书付曾孙小元。"钤印"姜畦"。（见北京保利国际拍卖有限公司"第19期精品拍卖会"——"风骚—三百年翰墨"专场拍卖品）

闰七月初十日（9月3日），樊山老人接到孙子珩孙来信，报告他添了孙子的喜讯，并请祖父为玄孙取名。老人非常高兴，不仅为玄孙取了名，还作了四首七绝志贺，并将其书成条幅（26×15.6cm×2）："吾三十五而珩孙生，五十四而珩孙生子，七十四而珩孙生孙，吾家五世同堂矣。闰七月十日，宝珩书来为元孙乞名，是儿生于石头城，名之曰虎儿，赋诗志喜（即《自作七绝四首诗札》)："喜鹊今秋两度桥，洗车雨里发灵苗。银州织女仙軿降，绣褓儿生第二朝。门左桑弧楼上鍼，充闾喜气石城阴。米家儿但传书画，莫起孙郎虎踞心。虎步名场数十秋，一堂五世足优游。老来镜镊浑无用，手抱元孙尚黑头。月月年年说弄璋，问安点颔只寻常。陶陶五岁才离乳，已是吾家大父行。"①

闰七月间，樊山时与罗瘿公、易顺鼎等好友诗酒唱和。罗瘿公曾用樊

① 这幅行书作品今存北京故宫博物院，亦见《中国美术全集——清代书法》书法篆刻编6。

山诗韵为易顺鼎制作设色纸本行书七言诗立轴（91×31cm）。其诗及题识云："每随庄叟喻天虫，凝式从人说病风。老去逞淫仍绝代，奇思着句耻雷同。小儿学语甘轻诋，白发相饶尚至公。便采玄芝原戏耳，金鎞宁用刮双瞳。次樊山均，赠石甫先生即请教正，己未闰七月，惇曧。"钤印"瘿庵四十后座（朱）"。

八月十七日（10月10日），孙中山在上海宣布将中华革命党改组为中国国民党。

八月间，樊增祥应好友齐白石之请，为其撰写水墨纸本九言对联一副（130.5×31.5cm）："手笔点裁，为当时所重；图画贤哲，托异代之交。"樊山老人的题识云："南史王俭传，南史萧允传，濒生先生雅属。己未八月，寒溪老渔樊增祥。"①

九月十三日（11月5日），北洋军阀政府以靳云鹏为总理组织内阁，总统仍为徐世昌。

九月间，应好友胡璧城的一再请求，樊山为其已去世之乡绅王德煜（1829—1905，字爱轩）撰写墓表——《独山王处士爱轩墓表》②。

十一月初一日（12月22日），好友邓镕请樊山老人至府中，为其祝寿，并写有《十一月朔置酒礼塔园为天琴老人做生日即用老人和陈衍石遗块字韵奉祝一首》纪其事（见邓镕《荃察余斋诗续存》，民国十六年刊本）。

同日，樊山的好友、著名学者、藏书家、出版家缪荃孙在上海寓所去世。

十一月上旬，易顺鼎自本年春夏间生病，时愈时发，眼下则愈来愈严重，樊山曾前往看望并作《禳天诗》一首相赠安慰；易顺鼎则作有《病榻借樊山先生为余禳天诗韵，自述生平，成长句一篇，呈樊山先生，示由甫六弟，兼谂亲友及海内知我者》③一首致谢。

十一月十四日（1920年1月4日），樊增祥、郭则沄、郭曾炘、王式通、张元奇等人相约至总统府集灵囿（晚晴簃诗社集会之所）为击钵吟。

① 此联手迹见马明宸《借山煮画——齐白石的人生与艺术》，广西美术出版社2013年版，第97页。

② 樊增祥此文，不见于其各种诗文集中。今安徽省委办公厅机关党委王纪波先生从墓碑上抄录、整理有此文，只有介绍，未见发表。笔者亦未见其文，不能移录于此，详见其《〈独山王处士爱轩墓表〉原碑发现记》，《江淮文史》2020年第2期。

③ 黄濬：《花随人圣庵摭忆》，上海古籍出版社1983年版，第437—439页。

十一月十九日（1920 年 1 月 9 日），樊山的好友、诗人梁鼎芬在北京寓所去世。

十一月二十四日（1920 年 1 月 14 日），沈曾植招同人、好友至清凉下院为梁鼎芬举行公祭。

据《郑孝胥日记》记载：“（民国八年十一月）十九日，梁星海卒，约以廿四日公祭于清凉下院”（见《郑孝胥日记》第四册）。

十一月间某夜，奇寒，樊增祥应邀偕易顺鼎、傅岳棻至沸南春聚饮，随后至第一舞台观演剧《虎坊》，归作《紫萸香慢》一词示实甫，实甫依韵和之。

《东方杂志·文苑》1920 年 1 月 10 日第 17 卷第 1 号载有二诗。樊山《紫萸香慢》序云：“仲冬奇寒，治芗、实甫以酒歌见邀，归已夜半矣。”实甫《紫萸香慢》序云：“寒夜与天琴、治芗饮沸南春，复观第一舞台演剧虎坊。……因和天琴韵写之，不自觉其凄抑也。”

十二月间，樊增祥偕易顺鼎与粤汉铁路局的黄徵时相往还唱和。黄慕兰记其先父黄徵云：“父亲工余嗜好吟咏，与当时名儒樊樊山、易实甫、袁炼人等时有唱和，发表在交通部主办的《扶轮》月刊上。”①

是年，曾应好友曹汝霖之请，樊山为其作水墨笺本行书十言对联（154×21cm×2）：“资放但使我不作三公耳，郡县更令依复诵五教耶。”其题识云：“集句写付润田先生仁兄尚书一笑。樊山樊增祥书，时年七十有四。”钤印“武威樊嘉”。

是年，樊山的好友、清末民初政要朱福诜在天津寓所去世。

是年，樊山的好友、考据家郑业敩在南京寓所去世。

是年，樊山的好友、书画家姜筠在北京寓所去世。

是年，樊山的同乡、同年好友、著名词家张仲炘在武昌府宅去世。

是年，樊山的好友、制造家陶在宽在杭州寓所去世。

是年，上海广益书局曾石印刊行樊增祥的《樊山集外》（八卷）。

民国九年庚申(1920)　七十五岁

正月间，列宁领导的共产国际派维金斯基（伍廷康）来华，与李大钊、陈独秀等人联系，帮助建立中国共产党。

---

① 黄慕兰：《黄慕兰自传》，中国大百科全书出版社 2011 年版，第 16 页。

二月十九日（4 月 7 日），陈夔龙招沈曾植、王秉恩、邹嘉来、余肇康、朱祖谋、王乃徵、杨钟羲、章梫、胡嗣瑗、陈曾寿、陈夔麟等友朋至花近楼宴集，举行逸社第一集。

邹嘉来《遗庵日记》中记载："筱石约续逸社，到者子培、尧衢、雪丞、古微、病山、子勤、陈仁先、胡愔仲及其兄小石，由渠首唱征和。"①

二月二十一日（4 月 9 日），曹锟在保定召集直系五督（直督曹锟、苏督李纯、赣督陈光远、鄂督王占元、豫督赵调）和奉系三督（奉督张作霖、吉督包贵卿、黑督孙烈臣）组成"反皖八省联盟"。

二月二十三日（4 月 11 日），应挚友易顺鼎之请，樊山为其早年的诗稿本《雪鸿小草》（两卷，收录诗人乙亥、丙子两年所作诗七十九首、词七首）的封面题词。其题识云："乙亥丙子石甫少作，郭芸老（即郭嵩焘）阅。樊山题。"

三月初三日（4 月 21 日），应好友曹秉章②、郭则沄、许宝蘅之邀，樊山参加在北海举行的修禊活动。活动结束后，曾作有《北海修禊记》纪其事。

四月十六日（6 月 2 日），樊山曾自制水墨纸本行楷《调寄采桑子》词立轴（129×32cm）。题识云："调寄采桑子，庚申四月既望。鹅溪老渔，樊山樊增祥书。"钤印"武威樊嘉"。（见苏州市吴门拍卖有限公司"2015 年春季艺术品拍卖会"——"艺海集珍"专场拍卖品）

四月二十六、四月二十七日（6 月 12—13 日），应鹰儿之请，樊山将《北海修禊记》书成二横幅（106×30cm）付鹰儿。其文（因其文太长，字又小，辨认不全，故略）及题识写道："庚申三月，鹰儿以高丽发笺乞书。适此记甫成，遂书数行于上。余素不喜作楷，情怠手阑，搁置案头两月矣。四月廿六日偶然欲书，遂于灯下写数十行，至廿七日全功始竟。年少在学堂时即不难于作而难于写。老年手硬，弥不能耐，鹰儿好藏之。樊山识。"（见中国嘉德国际拍卖有限公司"2016 年秋季拍卖会"——"笔墨文章—信札写本"专场拍卖品——《庚申三月三日北海修禊记》，编号：2298）

---

① 转引自许全胜：《沈曾植年谱长编》，中华书局 2007 年版，第 489 页。

② 曹秉章（1864—1937），字理斋，室名"玉研堂"。浙江嘉善人。徐世昌受业弟子，长期居其幕府，协助其编纂《晚晴簃诗汇》和《清儒学案》。入民国，曾出任国务院印铸局局长；也是民初史志专家。喜诗文，善书法篆刻，富收藏。曾辑有《东甫遗稿》四卷。

五月初一日（6月16日），吕碧城偕好友缦华女士自北京赴苏州访问好友费树蔚。

五月初五日（6月20日）端午节那天，在好友费树蔚等人的陪同下，吕碧城一行游览了虎丘、灵岩、天平、石湖等名胜。

游览结束后，吕碧城填有《满江红》一阕，并将此词寄赠前辈大诗人樊增祥："旧苑寻芳，尚断碣、蝌文未灭。石湖外、一帆风软，碧烟如抹。菰叶正鸣湘云怨，葭花犹梦西溪雪。又红罗、金缕黯前尘，儿时节。　　人天事，凭谁说。征衫试，荷衣脱。算相逢草草，只赢伤别。汉月有情来海峤，铜仙无泪辞瑶阙。待重拈、彩笔共题襟，何年月？"在此词的前面还有一则小序，对此次游览苏州及写作此词的前后情况交代得十分清楚："庚申端午，偕缦华女士、迂琐词人泛舟吴会石湖，用梦窗苏州《过重五》词韵，时予将有美洲之行。"

樊山老人收到吕碧城寄示的新词后，当即和填二阕寄赠——《碧城以端午日石湖泛舟词见寄赋答二首》：

双桨吴波，正老去、江郎惜别。金翡翠、南来传语，自书花叶。沧海泣乾鲛帕雨，碧湖唤起蛾眉月。又山塘、七里试龙舟，天中节。

青雀舫，歌三叠。红鸾扇，词一阕。算菱讴越女，万金须值。雪藕丝牵长命缕，绿荷风绉留仙褶。只天西、遥望美人云，长相忆。

玉水东流，淘不尽，昆明灰劫。惊宇宙、将军之号，文雄飞檄。河朔鸱张节度九，门墙狗共孩儿十。叹魔王、五百扰人间，天为赤。

天津树，多鹃血。长安市，多虎迹。有朱阳新馆，通明徒宅。杨柳门阑人不到，桃花源水谁相觅。只北楼、重过万枝灯，钗声寂。（见李保民《笺注》）

五月十一日（6月26日），闲居无事，翻检书箧，樊山偶然发现几十年前好友们为自己绘制的填词图册和题跋，感触颇多，乃题跋云："《浣溪沙》，余少赋此调，有'茗花春雨坐填词'之句，为时传诵。仲彝陶兄呼余曰'茗楼刊稿'，时早已佚去。顷见填词图，不禁振触，补成四阕，书于左方……庚申五月十一日，樊山樊增祥书于京寓，时年七十有五。"

五月中旬，樊增祥应邀为安徽贵池王世鼐的诗集《兰楼余》题辞[1]：

[1] 樊增祥：《〈兰楼余〉题辞》，钟祥王世鼐《兰楼余》，又收入《湖北文征》第十一卷，湖北人民出版社2000年版，第581—583页。

曩于报纸中见君诗，诧为奇绝。问之周生王受，知为石城王氏子，年犹未弱冠也，则益以为奇。其诗境凄艳明丽，中含古愁，唐则长吉、飞卿，明则卓蕊渊，清则汤卿谋。之数子者，才则茂矣、美矣，而皆歉于年与福。故吾与王受言，愿君极其才之所至，衷于理而辅以学，勿徒为宝闺之一体。岂唯雄长词坛，抑亦望其大器晚成，为终童、贾生一辈人补恨也。五月七日，君果以书抵余，并诗四十余首求定。读之觉奇艳在骨，骫骳从心，生翠刻肌，冷红沁髓，食烟火人一字不能道，亦一字不能解也。文字之道，今几乎熄矣。仆少本不学，老益无闻，蛰户自封，鹰鞲敛手，杜门谢客，毁誉两忘。然遇有异才美质、佳语名篇，又未尝不含漱芳腴，徘徊光景。诚以天下最难得者才也，不可知者遇也，不可不定者志也。自少而壮而老，无一日而可废者学也，不可不永者年也。定志以向学，积学以成才，储才以待遇。而识鉴、器量、阅历，非至其时，不可剽而取也。年何以能永，亦唯守身以事亲，居易以俟命，勿使幽忧伤人而已。故长吉、飞卿、蕊渊、卿谋诸人，其才诚可爱，其诗不足效也。士欲学成名立，惟在上有解惑之师，中有严事之友；而又虚心求益，济之以天纵之才，未有不成者矣。庚申五月十一日灯下。樊山老人樊增祥读竟书后。

先师李爱伯先生曰："诗家须能八面受敌。"今世能此者，为吾与子耳。先师张文襄公亦曰："诗可多作，词不必多作。词以绮丽为正宗，日日为回肠荡气语，恐器量日趋卑狭。试看周美成、柳耆卿，毕竟有何事业。"两先生之言，皆欲学者致广大而尽精微，勿以一得自封也。抑少年有才气人，当先以韬敛芒刃，读书养气为主。若以神剑截端午巨粽，岂不可惜。心戒其妄动，气戒其清发，子房得力于一忍字，孔明得力在一静字。愿足下采及蒭荛，勿使人诮吾为失言则幸矣。十二日早起又书。

古人云："才可及，年不可及。"童年而有异才，万人中未易一二觏也。易石甫十五六时，斐然成章，朝野交誉之。既负盛名，日与不若己者相处，青楼薄幸，画饼无成，年逾六十，仕不进而才亦退，岂不可惜。丈夫不受人怜，然所谓不受者，仅自己不受，而其可怜者自在也。谨之于始，勿为末路之悔。成之于终，勿辜长老之望。少年秉君才者，所宜三思。樊山再识。

日来三接手书，盛意冲襟，见于言表。天下唯糊涂人则自是，真聪明人未有不虚心者，此未足为君奇也。自入新世界以来，正如博者日胜日贫，病在爱国强种之谈，仅借作门面语。而人人思逞其攫金清昼之心，而天下事不可问矣。中国维新数十年，若矿政、铁路、武备、译学、禁烟之举，莫非当务之急，乃以贤智之过，并其道德文章而尽废之。以便其私而掩其陋，非不自知其不可，而悍然言之行之。若曰纵后有议之者，我固已取便于一时矣。足下将游美洲，此男儿四方之志，甚善甚善。唯迪其新知，万勿忘其旧德。词章虽小道，然言无文则行不远。古来著作家、制诰家、专对家，未有不从词章入者。特不可专作闺帏语，如疑云疑雨集耳。此一册诗，时于幽秀中露苍劲之气。从此多读多做多商量，未有不日新月异者。总之，立身求其有本，立言求其有用，兴到之作，则聊以自娱而已。少年人诗文，当如火如荼，吉祥富丽。亲在不言老，道在不忧贫。君年未二十，而前一卷诗两白头字，甚不可也。偶论及之，勿怪。五月既望樊山又识。

案：《湖北文征》第十一卷在收入樊增祥《〈兰楼余〉题辞》一文的后面，注明该文选自“钟祥王世鼐《兰楼余》”。这里将王世鼐的籍贯说成是湖北钟祥，实误。

五月二十五日（7月10日），段祺瑞对直奉联军下达总攻击令。

五月二十七日（7月12日），曹锟、张作霖联名通电讨段，直皖战争正式爆发。

是年夏，好友易顺鼎因病在家休养，遂将以前所作之诗进行整理，编为《琴志楼游山诗集》八卷、《琴志楼编年诗录》十九卷；随后将整理、编辑好的《琴志楼游山诗集》和《琴志楼编年诗录》呈送给好友樊山老人为之批阅①。

好友陶祖光深感“一代才人，病废至此，心为恻然，慷慨愿出赀为刻诗”；而好友程淯见其“支离憔悴，神情沮丧欲死，然犹据案钞旧诗，谓有少年之乐，字迹端好，如时花美女”，亦深受感动，乃“筹垫用直，雠校督刊”（见程淯《（琴志楼）编年诗集序》）。

樊增祥曾云：“（实甫）死前数日，新集排印成，或谓错字尚多，请其改正；渠卧而叹曰：‘错讹由他，谁来看我诗也。’”（此处“新集”可能指《琴

① 据韦力编著之《芷兰斋书跋续集》（国家图书馆出版社2013年版）载，易氏之《琴志楼游山诗集》八卷和《琴志楼编年诗录》十九卷稿本的樊氏批阅本，今藏韦力先生处。

志楼编年诗集》，或亦兼指《琴志楼游山诗集》）

郑逸梅《文苑花絮》中有记《琴志楼编年诗集》手稿去向之事：“他手写的原稿，都已散失了，七十年代，我在苏继卿老人处，获睹易实甫手写的《琴志楼诗录》两巨册，青缣护帜，非常精雅。诗写在特制绿色行格的琴志楼稿纸上，间亦杂以晚晴簃稿纸，两者完全相同，大约琴志楼稿纸，是仿晚晴簃的。字迹秀媚，有如时花倩女，行格间且加密圈，樊山写有附识：‘示诗敬读一道，其最赏心者，加以墨圈。若遴其佳语，书之扇头，题之壁间，鲜不惊为仙作。’可知密圈出于樊山之手。”①

六月初四日（7月19日），皖军被直奉联军击败，段祺瑞被迫通电辞职，北京政权遂为直、奉军阀主要是直系军阀所支配。

六月下旬，樊山曾自作水墨纸本行书七言诗立轴（88×50cm）。其题识云：“庚申六月下浣，南郡樊增祥，书于牟珠簃。”钤印“武威樊嘉”“天琴居士”。（见江苏嘉恒国际拍卖有限公司“2010年常州首届艺术品拍卖会”——“中国书画（一）”专场拍卖品）

六月间，因直皖战争爆发，时局较乱。樊山作《感事叠前韵》二律，好友邓镕②见之，则作《和樊山感事二律》相赠。

七月十九日（9月1日），樊山老人应邀为好友易顺鼎作《书广州诗后》：

> 世竞言权矣。以君相之权，而不能造命；以宣圣之权，而曰下愚不移。一若人权天执，天下万事万物，所恪共而听命者，惟一天而已。天生圣主、贤臣、名儒、硕彦、美人、才子，所以陶铸而玉成者，必使其盛德、大业、高文、艳色，播之管弦，垂之史牒，俾千秋万世，皆震其名而考其实，永永称道于勿衰。信乎天之有权也！主如尧舜，臣如伊周，师如孔孟，尚矣。以才人论，上下数百年，林总亿万众，世不乏名士，代必有传人。而于人才中求所谓奇人奇才者，恒不数数

① 郑逸梅：《文苑花絮》，中华书局2005年版，第152页。

② 邓镕（1872—1932），原名代钊，字寿瑕；后改名镕，字守瑕；号忍堪、忍堪居士，又号拙园；别署荃察余斋主人、西刘郇人；室名荃察、荃察余斋。四川成都人。光绪二十三年（1897年）优贡，三十二年（1906年）赴日本明治大学法律科留学。三十四年（1908年）归国后获法政科举人，曾官京师内城巡警总厅司法科科长。民国后历任众议院议员、政治会议议员、约法会议议员、参政院参政等职。工诗文，著有《荃察余斋诗存》《荃察余斋诗续存》《荃察余斋诗存再续》《荃察余斋骈体文存》及自编《忍堪居士年谱》等。

靓。盖扶舆灵秀之气，天亦甚珍之，靳之，不轻以钟赋于人。其纯全赋于人者，在女子为国色，在男子为奇才。顾号称奇才，其性灵若神珠，其光气若龙剑，其英华若琼树之花，若天机之锦，若日，若星，若霞，若雪。而其性情，又必怪僻傲诡；其嗜欲亦必百倍于恒人。育长之痴，海岳之巅，陈黄奴、杨阿麽之无道，南唐后主、宋祐陵之不能为人君，皆其类也。

天生石甫，奇才也。五岁而知书，十七八而刻行稿。诗词骈散文，皆于三十六体为进近，先师张文襄奇赏之。中年以后，庐山诸作，骎骎入杜韩之室矣。顾天之生人，既畀以纯全秀灵之气，则天事终而人事伊始。其才之偏全，名之大小，遇之丰啬，则仍视乎其人之自为，而天之权亦退处于若有若无间。石甫既负盛名，率其坚僻自是之性，骋其纵横万里之才，意在凌驾古人，于艺苑中别竖麾纛。于是益新，益奇，益工，益不复蕲合于古之法度，亦不恤师友之箴言。庐山以后之诗，大抵才过其情，藻丰于意，而古人之格律、之意境、之神味，举不屑于规步而绳趋而名亦因是而减。文襄深惜之，又力诫之，君方自谓杆头日进，弗能改也。国变后，君益不得志，乃益任诞不羁。上可以陪玉皇，下亦不薄卑田院乞儿。于是轻薄后生讥骂侮笑，又时时摹效其体，睢盱恣肆，麤糟鄙俚，搬添椀于行间，撒园荽于纸上，人人以为才过石甫。而世上之论石甫者，亦皆忘其天之独绝，但摘其颓唐胆大之作，以供笑乐。而石甫悠然弗顾，不怒，亦不改也。吾夙不善石甫之变而为此，既屡谏而弗听，则庐陵虽不喜刘几之文，而老坡仍恐伤晁生之气。要其才之洸洋澥泖，则左氏传云："革车四千乘，虽以无道行之，必可惧也。"至于半豹未窥，一脚指犹作不得，而亦凌侮老成，掎摭瑕类，虽石甫不校，吾意殊不能平。以故君之近作不加雌黄，诚如王文宪所言："邱公任宦，不进才亦退矣。"

己未七月，秋暑方盛，君以广州旧稿数册，属为评点。展读再过，加以圈识。君自以《四魂》名集，而诗境日变。此为五十以后诗，吾与文襄师所弗善者也。然反复吟玩，究非明之唐伯虎、冯犹龙，清之舒铁云、王仲瞿所能为。譬如旧家园林，楼台金碧，不自修营，而其中幽花怪石，美竹长松，虽三径就荒，而其秀不掩。甚至壁衣无非文锦，瓦当犹中砚材，彼瓮牖窥天之子，土硃点句之儒，终身固未尝见，见亦弗能识也。又如大官宴客，二十四味，肥鱼大脔，陈陈相因，人以为无含咀之余味矣；及至别具果筵，美眷滴酥，侍儿温酒，一茶一粥，一蔬一笋，悉从内出，不假官庖，甚至盏叠皆属名瓷，盐酱悉经玉戥；彼虾蟆请客，客请虾蟆者，能如是乎？又如中朝达官，退闲绿野，口不谈朝政，座不接宾僚，入市而看盘铃，乞食而携拍板，人以为王公愦愦，无可与言矣；及国有大事，朝廷郑重而访老成，安车就征而商至计，于是片言扼要，硕画济时，所见必高人数筹，计事必先人一着。彼尸素庸臣，少年新进，有此胆识耶？又如施嫱丽质，许董仙姿，咳唾九天，徘徊五里，中年以后，渐洗铅华，屑金泥而写经，曳黄絁而入道，人以为蓁首蓬飞，蛾眉憔悴矣；及其饰翠羽，佩明珰，出紫兰之室，入芝田之馆，流波一盼，却扇一顾，犹足以迷阳城而惑下蔡也。彼东村丑颦，邻妇青唇，何足拟其万一哉！吾评石甫之诗，亦若是焉已矣。知我罪我，德我怨我，皆非所恤，是则吾之权也。

庚申七月十九日樊山樊增祥书。①

七月间，易顺鼎的新编诗集即将刊刻面世，应老友之邀，樊山老人欣然为其题诗云："万千活字排铅铜，掷地金声摩太空。少作啼残杜鹃血，老年时发风。珠光照海夺明月，玉气上天为白虹。一世好名复好色，可怜生死穷愁中。"②

八月初一日（9 月 12 日），樊山的好友、诗人、书画家李瑞清在上海虹口寓所去世。

八月三十日（10 月 11 日），樊山的挚友、著名诗人、内政部印铸局参事兼帮办易顺鼎在北京寓所病逝。

梅兰芳得知易顺鼎去世消息，哭奠极哀，并赠巨金为其办理丧事。

奭良曾云："梅伶名未盛时，君赋《万古愁》诗张之，名遂鹊起。梅深感之，病中馈珍药。既殁，致重赙，哭奠极哀。以是为君之晚遇可也。"③

张斯琦在《梅兰芳沪上演出纪·梅讯》（下编）中云："实甫客死都下，赙以巨金。樊山谓其有祖风，演剧助赈百余次，捐金万计，旁及日本震

① 易顺鼎：《琴志楼诗集》（第四册）附录二·序跋题辞，上海古籍出版社 2012 年版，第 1500—1502 页。

② 徐一士：《一士谭荟》，中华书局 2007 年版，第 353—362 页；又见陈松青：《易佩绅易顺鼎父子年谱合编》附录二，第 803 页。

③ 奭良：《野棠轩文集》卷二，《近代中国史料丛刊正编》第 17 辑第 166 册，台湾文海出版社 1966 年版，第 41 页。

灾，好施不惜。”

樊增祥在叹惜易顺鼎才华和早逝的同时，亦写信给并称“寒庐七子”之一的黄濬说：“弟于此子意极轻之，而又怜之。轻之者，恶其无形也。怜之者，惜其有丽才而潦倒一生也。至其临殁一年，所受之苦，有较刀山剑树为烈者，亦足为淫人殷鉴矣。死前数日，新集排印成，或谓错字尚多，请其改正，渠卧而叹曰：‘错讹由他，谁来看我诗也。’亦可悲也。”①

易顺鼎生前极喜欢同樊山等人观剧、唱和，其未编年的写给樊山的和诗尚有《广德观戏和樊山》《四声猿刘无双曲赠女伶刘菊仙同樊山瘿公作》《书樊山湘筠曲后》等数首。

八月间，吕碧城经过长时间的准备，终于前往美国就读哥伦比亚大学，攻读文学与美术，兼为上海《时报》特约记者。临行前曾给年伯樊山老人告别，樊增祥则填有《鹧鸪天》一词为之赠行：“缥缈飞楼现碧城，又玄集比极玄清。盘中珠转光难定，卷里香多蠹不成。　　丝宛转，玉玲珑，紫箫能学凤凰鸣。只怜蕙子英灵手，独抱璇玑海外行。”②

九月上中旬，易顺鼎的去世，让樊增祥这位古稀老人悲痛不已，并含泪写了七言长篇歌行《挽易顺鼎诗》一首以悼之：“孟痴卢獭事难论，床箦呻吟阅旦昏。经国文章馀谏草，美人眼泪葬诗魂。蚕丝吐尽天机锦，獭髓难销粉颊痕。抑郁一生珠剑气，化为兰芷满湘沅。灭须端木擅风流，顾曲寻花老未休。再世崔张等胶漆，六旬王马讲衾裯。浙儿扑镜面如此，犬子援琴愿竟酬。花案至今才揭破，私书缠叠力宏兜。等身书胜等身金，病榻弥留尚苦吟。春比英华秋比实，玉为肌骨锦为心。泌观棋局成名早，愈服硫磺蕴毒深。从此江南少颜色，文星陨又将星沉（君与江南督军同日告逝）。陆四王三各性情，廿年交谊协琴笙。前身子晋归仙籍，后事荀郎托老成。门下多才私拟谥，孀闺号泣欲崩城。衰年两眼凄惶泪，直共潇湘夜雨倾。”③

九月二十二日（11 月 2 日），应好友林风贤之请，樊山为其制作水墨纸本行书《中秋词四首》四屏立轴。其词及题识云：“山河金铸费功夫，山河影也无待看。浚夜玉蟾蜍，清光满帝都。如此乾坤终扫荡，未妨云雾暂模

① 陈松青：《易顺鼎研究》，湖南人民出版社 2011 年版，第 217 页。

② 秦燕春：《文人“情色”——“丽才”易顺鼎与“吏才”樊增祥》，《书屋》2013 年第 2 期。

③ 徐一士：《一士谭荟》，中华书局 2007 年版，第 353—362 页；又见陈松青：《易佩绅易顺鼎父子年谱合编》附录二，第 803 页。

糊，改作今宵赏。两买春提玉壶。烧香举酒问姮娥，今宵得见么，中秋无定笑，东坡好月宫春。中秋夜，待月不出夜半两。寒篁居处碧云隈，司空见惯来今宵。水墨染楼台，轻阴拨不开。天上何曾金鉴改，人间犹唱紫云回。总把明星替月，万灯朱雀街。天良夜两。坡云好天良夜即时中秋。狡兔自寻香窟躲，乖龙其奈晚晴何整顿，楼台七宝是谁柯。女儿拜月借青毯，今年异去年，不逢佳节也，无眠烟花到晓妍，暗牖玉声鸣竹雨，中庭空翠湿茶烟，总有阴晴圆缺，何分悲与欢。庚申九月廿二日，林风贤友书来，以素屏属书近作，为写中秋词四首，希为审定。天琴老人增祥。是夜灯下书屏联十余幅，此为最后书，意怠手阑，不足观也。又识。”钤印“武威樊嘉（白）”“天琴居士（朱）”。

九月二十六日（11月6日），樊山闲来无事，再细细品味《茗花春雨填词图》，尚觉不尽意，又题诗及题识云：“看君灯下染吴笺，弹指西窗二十年。渭北江东人不见，只余春雨似从前。九月廿六日，壶公再题。”钤印“樊嘉五十万”。

案：同治十三年（1874年）四月，好友陈豪为樊山绘制设色绢本行书《茗花春雨填词图》，并题识云：“《茗花春雨填词图》，云门仁兄有道属绘。甲戌四月初，陈豪。”两年以后，戴氏题识云：“光绪二年十二月奉云门仁兄年大人教正。泉唐弟戴以恒用柏并记。”又两年，前辈好友倪文蔚题识云：“《茗花春雨填词图》，用蔡苍霖法，为云门仁兄大雅正。戊寅（1878年）重九，倪文蔚。”再加上樊山本人的题识，便形成了今天的《填词图册》（八开选四）册页。

九月间，孙中山指示闽、粤军回师广东，驱逐桂系军阀，并自上海启程赴广州。

同月里，吕碧城赴美途经檀香山时，恰逢日出，颇为兴奋，乃作《秋渡太平洋观太阳升自朝霞映海水成五色矞皇矜丽不可名状诗以志之》一绝寄赠樊山老人：“霞彩缤纷遍海天，尽回秋气作春妍。娲皇破晓严妆出，特展翚衣照大千。”

收到吕碧城寄自大洋彼岸的赠诗后，樊山老人当即写了《圣因寄示檀香山舟次观日出诗漫和三解》回赠：

万里沧溟一鑑开，红云捧日照蓬莱。灵娲晓御銮舆出，端坐金银百尺台。

惊倒人间赵马儿，扶轮碧眼赤须眉。宁知天际乘鸾女，独立苍茫自咏诗（成句）。

海心山色浴红檀，争拜中原女坫坛。莫把惊鸿轻照影，须从麟阁上头看（女士舟抵埠时，美国商会以香花一巨束献之）。

十月初一日（11 月 11 日），孙中山委任陈炯明为广东省省长兼粤军总司令。

十月上中旬，吕碧城在到达美国后，曾给樊山老人写过信，报告过相关情况，只是我们今天已经看不到此信了。樊山老人在收信后，曾写有《寄酬圣因美洲》一诗寄赠："海西真现美人云，也似昆仑访道勤。杏子眼空天下士，樱桃口熟六朝文。搜求异国新知见，根柢中华旧典坟。何限须眉守妻子，乘风万里孰如君。"

十月二十日（11 月 30 日），孙中山抵达广州，重组护法军政府。

十月间，应右箴先生之请，为其作水墨纸本七言绝句行书镜片。其诗及题识云："两住名山一老禅，目光如镜照人天。行妆不用占蓍草，卦气全来二十年。庚申十月，书放翁诗淳山主像赞，为右箴世讲雅属。樊山樊增祥书于京寓，时年七十有五。"钤印"樊嘉五十万（白）""天琴居士（朱）"。（见北京东方艺都拍卖有限公司（北京盘古）"2011 年秋季艺术品拍卖会"——"百年辛亥—辛亥名人墨迹暨名家书法"专场拍卖品，编号：0454）

是年，蛰园吟社在北京成立，樊山应邀入社，并成为社中主要成员。

案：蛰园吟社又称蛰园诗社、蛰园钵社，于 1920 年由郭曾炘、郭则沄父子主持成立，以其北京所建蛰园为社址。而蛰园原是乾隆朝福康安故宅的一部分，内有牡丹数十株，皆老本，每当花开，冠绝京城。"啸麓公在《年谱》中记：'蛰园牡丹，有名藕丝囊者，花大如盘，实冠群艳。'还有绿牡丹、墨牡丹、桂华等。"① 每当花开时节，郭氏父子就会邀请好友前来赏花吟诗。"春榆公与啸麓公在蛰园的结霞阁成立蛰园吟社，作'击钵吟'。参加者有易顺鼎、林纾等八十多人。……啸麓公《旧德述闻》中说：'月一集，集必二题，岁首亦张灯结彩，或放烟火助兴。凡九十六集。'1928 年春

① 北京市政协文史资料委员会编：《名人与老房子》，北京出版社 2004 年版，第 232 页

榆公仙逝，不再举行，将所作诗刊印为《蛰园击钵吟》。”① 蛰园吟社自1920年起，至1928年底，前后持续八、九年，社友包括郭曾炘、郭则沄、樊增祥、易顺鼎、孙雄、傅增湘、靳志、关赓麟、黄懋谦、黄君坦、黄孝纾、杨寿枏等数十人，对北京的诗坛产生了很大的影响。

是年，樊山的朋友曹福元在苏州老家去世。

民国十年辛酉(1921)　七十六岁

正月初二日（2月9日），樊山的好友张曾扬在天津寓所去世。

正月初七日（2月14日），樊山闲居无事，曾制作楷书洒金笺十二言联立轴：“履虎尾，践春冰，画于宾客之馆；披鹤氅，乘高舆，望若神仙中人”（171×38.5cm×2）。其题识云：“辛酉人日，樊山樊增祥。”钤印“武威樊嘉”“天琴居士”。

案：此立轴为湖北荆门王文心（1888—1974）所收藏，立轴上有其鉴藏印：“三祥斋藏金石书画”“蒙泉书屋书画审定印”“荆门王氏珍藏金石书画之章”。

正月下旬，樊山曾制作水墨纸本行书十三言联立轴：“天禄秘书，未必胜河间王家图籍；元嘉宰相，才足当南阳汉代功曹。”其题识云：“太岁在重光作，噩陬月下旬，鹅溪老渔樊增祥。”钤印“樊嘉五十万”“增祥长寿（白）”。

二月二十八日（4月6日），国会参、众两院联合在广州举行非常会议，制定《政府组织大纲》，并推孙中山为非常大总统。

三月初三日（4月10日），国会非常会议发表宣言，并敦请孙中山就职，建立正式政府。

三月十三日（4月20日），为农历的谷雨。此日，樊山得到好友郭人漳的山水画数幅，并为其题识：“宝生近作六幅，少卿夫人持赠吾女若文，为识其端。嘉父再识。”“本拟南田稿，依稀戴鹿床。湖北风景地，终是爱杭州。辛酉谷雨，鲽舫题。”“足当幽丽奇三字，知是浯溪以下山。我欲买山种梅树，香南雪北屋三间。樊山。”“元人用墨于浑厚中见大意，用笔于大意中见浑厚。旨在几微之先，精神眼光兴会须有独到处。大凡笔墨烦

① 北京市政协文史资料委员会编：《名人与老房子》，北京出版社2004年版，第236页。

简，非因丘壑多寡，篇幅短长，若庸絮懈蔓一笔亦谓之烦。切到精详，连篇亦谓之简。庶几可为知者道耳。南郡樊廌并记。”①

三月二十日（4月27日），陈宝琛招樊增祥、周树模、裴维安、陈衡恪、黄秋岳等一百余人同游钓鱼台，宴集赋诗。

此次宴集，陈宝琛作有七律《里中及门百三十二人燕集钓鱼台》《次韵答周沈观》，周树模作有七律《钓鱼台招饮诗》，裴维安填有《望海潮（有序）》一词，陈衡恪填有《望海潮（并序）》一词，黄秋岳作有七律《三十日钓鱼台禊集赋呈弢庵太保》等②；樊山老人则写有七言长篇歌行《钓鱼台歌并序》③一篇，最为壮观：

钓鱼台者，先朝之离宫别馆也。出阜成门三里西近，有台翼然，临高梁河，下辟三门。高宗时，于御宿之区，寓疏凿之意，开河引水，达于城壕。亭榭十余所，一如内苑之式，曰养源堂，曰潇碧斋，曰澄漪亭。奎藻标题，号为奇胜。〇至高下，松柏茂密，大皆合抱。垂虹交映，玉水周环，山戴亭而水绕阁，石当衔而松鸣屋也。道咸以后，金舆稀幸，年久失修。光绪庚辰夏，余与黄再同侍张文襄师来游，则玉殿苔荒，金铺草蔓。宫监导引至养源堂小憩，师戏曰：此在朝廷为闲废之所，何不以赐小臣乎？近者宣统帝以其地赐闽县太保。公乃经之营之，扫除而补苴之。屋宇之缺者完，水泉之塞者通，风景不殊，池台如故。昔文襄师之戏言阅四十年余，而公独承恩于社稷变置之后，亦可谓异数矣。辛酉三月二十日，公招客同游，增祥与焉，既尽一日之欢，作此歌以志其事，不敢上拟《连昌宫词》，或亦俳体《雪香亭》之变体云尔。

十全天子临高台，御宿逶迤辇路开。赏花钓鱼承平事，宸游亦见疏凿开。西引璇源入壕堑，东兴银闸相萦回。周陆缭垣象龙月，紫房青琐规蓬莱。御园芳涧在得水，乳泉雪窦差相似。几道飞桥落彩虹，一湾春涨娇罗绮。宫监拿船采菱荇，侍亚赐宴多鲂鲤。俯仰冰壶虞鉴中，徘徊云影天光里。水泉灵气萃于松，筋角鳞鬣无非龙。琴床子落催诗雨，书殿涛喧解愠风。月照虬枝金锁碎，云停鹤盖翠蓬松。餐花

① 这几幅山水画由中国嘉德国际拍卖有限公司于2016年秋季(11月14日)拍卖会拍卖。

② 张煦、车树昇、龚任界编著:《陈宝琛年谱》,福建人民出版社2017年版,第404、406—407页。

③ 树军:《钓鱼台备忘录》,北京西苑出版社2005年版,第106—109页。

食叶神仙药，一本双身造化功。圣寿愿齐松与柏，佛心常印水与月。自从嘉道至咸同，铜辇秋衾主恩歇。圆明一炬又颐和，万寿山前驻跸多。别宫离馆三十六，金扉处处锁烟萝。钓台满地莓苔绿，卫士阍儿守门屋。游人渼陂看网鱼，敕使连昌教斫竹。清流领袖南皮老，佳日春秋事幽讨。中车同出国西门，五月新荷发灵沼。监奴争乞看花铸，掷与沈郎钱十千。白藕无花池水涸，惟余松柏摩高天。夕殿星萤流暗火，玉华苍鼠窜尘烟。萝曼垂檐穿玉牖，土花缘砌蚀雕栏。先师临流三叹息，架漏支倾要人力。盍将鉴业赐知章，犹为池台保金碧。此语依稀四十年，涌从沧海问桑田。园池未暇论兴废，朝市分明有贸迁。熙朝十叶神灵祚，龙楼凤寝还如故。冲圣丝纶见日钞，本朝思体隆师傅。衣冠甚伟紫芝瓮，十载经筵效朴忠。四海鸿蜚资羽翼，卷阿凤翙在梧桐。高斋罢听螺江水，故国园林付妻子。旧学甘盘纳诲勤，白头郁郁黄尘底。君王特敕赐林邱，禁地教骑款段游。西塞坐温垂钓石，中山博得胜棋楼。丹青美奂荣君赐，妙得晋贤松石意。藻绘城南尺五天，疏通水业三分地。铁画楹联少帝书，金泥禁扁高黄宇。红桃绿柳尽新栽，水碓鱼池仍旧制。国家养士三百年，运移乱贼群欺天。瓮玉热河偷内库，松楸普峪盗陵田。去年忽肇团河祸，行宫玉器如烟过。书画今经大内收，鼎彝移榜前清座。与其鼠窃听宵人，沁水毋宁乞老臣。已赐相如仙掌露，更贻明逸豹林云。绸缪牖户粗完好，西国盛集金骡袅。相逢俱是玉堂仙，杖履追陪周太保。十人七百三十年，年硕都似香山老。古锦诗囊得几何，幅巾酒量差多少。潇碧轩中坐养和，玻璃面面俯清波。紫禁力扶僵仆柳，青墩多种报恩荷。南皮畏友惟闽县，师昔戏言公实跨。陈傅拜得岳莲归，文襄地下应歆羡。莫谓姬宗郏鼎迁，如今省国开生面。禅后郊园赐近臣，六朝五代谁曾见。举目山河事可伤，且凭杯酒话存亡。郊居旧赋寻雌霓，亭榜新石换夕阳。先生雅擅林泉福，眼明身健今生足。云鹏离鹍永有程，我亦西街新买屋。

三月二十八日（5月5日），孙中山在广州就任“中华民国非常大总统”，反对南北军阀统治。

四月十六日（5 月 23 日），樊山的好友沈曾桐①在北京寓邸去世。

六月十九日至二十七日（7 月 23—31 日），中国共产党第一次全国代表大会在上海举行。全国各地共产主义小组选派的代表毛泽东、何叔衡、董必武、陈潭秋、王烬美、邓恩铭、李达、李汉俊、张国焘、刘仁静、陈公博、周佛海以及陈独秀指派的代表包惠僧、共产国际的代表马林、赤色职工国际代表尼科尔斯基出席了会议。

七月初七日（8 月 10 日），国会非常会议通过出师北伐的决定，并咨请孙中山宣布徐世昌罪状，明令出师讨伐，以谋求国家的统一。

七月十六日（8 月 19 日），樊山曾自作纸本行书七言诗（略）立轴（64×31cm）。其题识云："李方叔寒食诗。辛酉七月既望，樊山樊增祥书于京寓牟珠簃。"（见中国嘉德国际拍卖有限公司"嘉德四季第二十一期拍卖会"——"中国书画（四）"专场拍卖品）

七月间，中国劳动组合书记部在上海成立。

八月初八日（9 月 9 日），广州国会发出通电，反对吴佩孚倡议的庐山国是会议。

八月二十一日（9 月 22 日），樊山的好友周馥在天津府邸去世。

大约在八月间，梅兰芳的好友许伯明即将过生日，他一连好几天都没有想好送什么礼物，甚是发愁；许伯明听说此事后，便告诉梅兰芳说："你就为我画一张佛像吧。"梅兰芳遂尊重好友意愿，画佛像以赠。佛像画好后，樊山与金拱北、陈师曾等名家一起为梅兰芳所画之罗汉题赠。梅兰芳后来回忆这件事说：

> 我学画佛兴趣最浓的时候，老友许伯明要我画一张佛像送他做生日礼，这是一九二一年（辛酉）的秋天，那时我的佛像画得并不太好。一天下午，我把家藏明代以画佛著名的丁南羽（云鹏）的一幅罗汉像作为参考。这张画上画着罗汉依松，坐在石上，刚画了一半，陈师曾、罗瘿公、姚茫父、金拱北……都来了，我说："诸位来得正好，请来指点指点。"我凝神敛气的画完了这张佛像，几位老师都说我画佛有进

① 沈曾桐（1853—1921），字子封，号同叔，沈曾植弟，光绪十二年（1886 年）进士，选庶吉士。散馆后授翰林院编修。曾任湖北乡试考官。甲午后忧愤国事，常与同僚议论朝政，主张变法维新，提倡西学，支持康有为组织强学会，并列名为发起人。清末曾任广东提学使。辛亥革命后，以遗老自居。

步。金拱北说："我要挑一个眼，这张画上的罗汉，应该穿草鞋。"我说："您挑得对，但是罗汉已经画成，无法修改了，那可怎么办？"金先生说："我来替你补上草鞋。"他拿起笔来，在罗汉身后添了一根禅杖，一双草鞋挂在禅杖上，还补了一束经卷。大家都说补得好，金先生画完了还在画上写了几句跋语："畹华画佛，忘却草鞋，余为补之，并添经杖，免得方外诸公饶舌。"

许伯明那天也在我家，看我画完就（将画）拿走了，裱好后，还请大家题咏一番，师曾先生题曰："挂却草鞋，游行自在。不听筝琶，但听松籁。朽者说偈，诸君莫怪。"

茫父先生题了一首五言绝句："芒鞋何处去，踏破只寻常。此心如此脚，本来两光光。"

樊山老人的题跋，最有意思，假这张罗汉讽刺当时的议员，他说："今参众两院议郎凡八百，人遂目为罗汉，兰芳此画，四方之罗汉欤？中国之罗汉欤？脑满肠肥，其酒肉和尚欤？面目狞恶，其地狱变相欤？北楼添画草鞋，岂欲促其行欤？耳大如此，作偈者谓其不听筝琶，彼将何以娱情欤？罗汉日如有筝琶可听，即永废议事日程，如促吾行，则二十元之出席费谁肯牺牲？纵使詈我有民，殴我有兵，我神圣不可侵犯之罗汉，但觉宠辱不惊，并不觉坐卧不宁。兰芳此画诚所谓画鸡画毛难画鸡内金，画人画面难画不可测度之人心者也。"①

此事虽然过去三十多年，梅兰芳还念念不忘、记忆犹新：

樊山题跋里连当时所谓欧洲文明国家的议员，也借题发挥，一起骂了个淋漓尽致，可谓大快人心。事隔三十余年，一九五八年的岁暮，我应外文出版社的邀请，在国会街二十六号为他们演出《宇宙锋》，我知道这个礼堂，当年就是国会议场，当我在台上大骂秦二世的时候，忽然想起议员们曾在这坐表演过墨匣横飞、老拳奉敬的丑剧，又想到了我画的这张罗汉和樊山的跋语，真是感慨系之。

由此可见梅兰芳对此事的看重和对樊增祥的尊重，亦可见出两人之间关系的密切。

同月里，应后辈好友梅兰芳之请，樊山和罗瘿公曾为其祖父、同光名伶

① 梅兰芳：《舞台生活四十年（梅兰芳回忆录）》下，团结出版社 2006 年版，第 463—465 页。

梅巧玲的遗墨“前身应是明月，诗酒共安乐”题跋。樊山的题跋云：“慧仙聪明绝世，饮酒百榼不醉，此十二字，不啻自道生平也。”

案：罗瘿公的题跋是一首绝句：“承平声艺世方暄，菊部人才半及门。缀玉轩中书画课，尚留隽笔与文孙。”

九月二十七日（10月27日），著名文学家、翻译家严复在福州郎官巷寓所去世。

九月间，好友贺良朴[1]的山水长卷（案：长6.67米，高0.4米）《千岩万壑图》完成，樊山应邀为其题签，其题款云：“辛酉九月，增祥署。”同时，樊山还与周树模、罗瘿公、关赓麟、闵尔昌、赵熙等十余人应邀为画题诗。樊山所题系绝句一首：“范山模水岁月深，千皴百染自沉吟。春明画社连诗社，可有争流竞秀心。”

十月十三日（11月12日），美、英、日、法、意、中、荷、葡、比等九国召开了华盛顿会议。这是帝国主义国家在第一次世界大战结束后，重新划分远东及太平洋区域势力范围的一次会议（会议于1922年2月6日，即正月初十结束）。

十月二十五日（11月24日），广州国会宣布徐世昌、吴佩孚祸国殃民罪状。

十二月十五日（1922年1月12日），香港海员在中国共产党的影响和推动下，为反对港英当局的压迫，争取改善待遇，举行了大罢工，史称香港海员大罢工。

十二月间，同门孙师郑收集慈铭师未刻之诗，成《杏花香雪斋诗》十卷，并求序于师兄。樊山嘉其精神，乃欣然作《杏花香雪斋诗序》一文[2]：

> 光绪癸巳（1893年），余宰渭南，初刻《樊山集》。以书抵李会稽师求序，先生诺之。二年未下笔，遽于甲午冬归道山矣。人情于所厚善，每思为垂世之文以传之，视之愈重，则出之愈艰。余生平师友若

---

① 贺良朴（1861—1937），字履之，号篑公，晚号篑庐，别号南荃居士，别署梅雨吟榭。湖北蒲圻人。少从堂伯父贺寿慈学画十年，终于自成一家。曾为拔贡。光绪六年（1880年）入李勉林幕府，后官至邮传部员外郎。曾加入同盟会。入民国，曾任北京美专教授、北京大学画法研究会导师、上海广方言馆监督。李苦禅、王雪涛、胡佩衡皆其弟子。与樊增祥、陈师曾等人交谊深厚。工诗词文，精书画，还善杂剧。著有《篑庐全集》等。

② 李慈铭：《越缦堂诗文集》之《附录二·相关序跋资料辑录》，上海古籍出版社2012年版，第1542—1544页。

张文襄、鹿文端、李会稽、黄醴陵四公，皆欲列其行状以待后之史官。若廉生、伯熙两祭酒，又生前以志铭相属者，而至今犹负诺。责诚重之，诚难之也。

《越缦堂诗文集》凡一再刻，而《日记》数十册直至庚申岁（1920年）甫经蔡鹤庼太史集资付印，起同治癸亥（1863年）四月，迄光绪己丑（1889年）七月，凡廿七年，得书五十一本，分为八函。劬学之士，几欲家置一编矣。先生诗集刊至甲戌（1874年）冬而止，后此所作，皆在《日记》中。同门孙君师郑晚隶门墙，笃于风谊，举先生未刻稿手自编录，都七百六十一篇，厘为十卷，将以付诸剞劂，以余与先生积数十年性情文字之契，属为弁言。

夫先生之诗，自为之而自道之，已屡见于《日记》中矣。世以其言近夸大，不无后言，其实先生之学原本经术，而于"三通""廿四史"致力犹〇且深，又天资高亮，记诵精博，故其为诗也，无一语不鲜明，无一字不典核。其朝庙诸作，如国有大事，王臣蹇蹇廷立而议；山林诸作，如吴越湖山，烟水云岚，鲜翠夺目；其忧愤诸作，如寒熊吼林，怒马突阵，而语无偏宕，少陵稷离之心也；其闲适诸作，如幽谷鸣禽，烟畦采玉，又如老坡瓢笠，飘然与神仙游，华阳真逸之侣也。至于悼念弟妹，哀挽友朋，语挚情深，泪长心远，如玄鹤唳夜，青鹃挂枝，使读者如辞汉铜仙，汍澜无已。若夫寄耳琴笙，游目衫扇，题红笺于北里，貌翠饰于西园，莫不百琲成文，十香在抱，是又极闲情之致，拾香草之遗焉。盖先生于词，无所不有，而剔其纤者，琐者，妖者，亵者；于体无所不工，而去其僿者，僻者，晦者，犷者。盖不知几经简斥，几经烹锻，而始成此金昭玉粹、天高日晶之至文也。

犹忆癸未（1883）冬谒选入都，别三年矣。相见出别后《日记》示余曰："此中有《包英姑歌》《题北齐校书图》二篇，乃晚年最经意之作。"余读竟叹曰："《校书图》诗，金风亭长容能为之，然考据略同，赡丽必逊。至《英姑歌》，则竹垞不能为，西河或能为之，然有此古音，无此奇采。至《题校书图》，则西河又不能为。国朝二百年诗家坛席，先生专之矣。"先生莞尔曰："吾门有赐，可与言诗。"又尝语增祥曰："今作者虽多，皆仅有其一体。倘杂试十题，鲜不缩手噤口者。若夫精深华妙，八面受敌，而为大家，则吾与子不敢多让。"言既，相视而笑。呜呼！"生存华屋处，零落归山丘。"古人且不欲过西州门，吾忍复读先生之诗哉？自光绪己丑（1889 年）后迄甲午（1894 年）六月，尚有《日记》八本，存敝箧中，其中约有诗文百余篇，会当检出付师郑续钞，以成全璧。

辛酉腊日受业樊增祥谨序。

案：李慈铭的《杏花香雪斋诗》，由其弟子孙雄编辑，吴道晋校，于民国二十八年（1939 年）中华书局铅印刊行。

是年，樊山曾应后辈友人朱汝珍之请，为其作水墨纸本行书扇面（18×51cm）。其题诗及题识云："冬春之时○素○，绿潭回清倒影绝。巘石生怪柏○泉，瀑布飞漱○间清。荣峻茂良多○味，每至晴初露旦林。涧前常有，高猿长啸。玉堂先生雅属，七十六翁增祥。"钤印"嘉"。（见广东精诚所至艺术品拍卖有限公司"2015 年迎春拍卖会"——"吉祥如意迎春禧"专场拍卖品，编号：0375）

又曾应叔彝先生之请，为其作水墨纸本行楷八言联镜心："枯柏豫章有栋梁气，芝兰玉树生阶庭间"。其题识云："集六朝人语。叔彝先生雅属，七十六翁增祥书。"钤印"武威樊嘉（白）""天琴居士（朱）"。

又曾自制水墨纸本楷书七言联立轴："将暖湖烟多晚碧，未花桃李有春红"。其题识云："天琴老人增祥，时年七十有六。"钤印"增祥长寿""天琴居士"。

是年，吕碧城寓居纽约世界最大之潘斯乐维尼旅馆，游学哥伦比亚大学，研习美术，进修英语。其间，曾给樊山老人写过信，报告其在纽约的情况——可惜的是，我们今天已无法见到此信了。樊山老人收信后曾作有《得圣因纽约书却寄》一诗寄赠："久无破浪乘风志，输与蛾眉作国宾。鷃鸠舌灵音变夏，榛苓诗就物同春。波潮不避贪新学，骨肉无多念老人。他日米珠随鸟爪，归来东海罢扬尘。"

是年，樊山的前辈、好友陆廷黻在浙江鄞县老家去世。

是年，樊山的好友、史学家屠寄①在江苏武进老家去世。

是年，樊山的好友胡朝梁在江西铅山老家病逝。

---

① 屠寄(1856—1921)，原名庚，字敬山，一字景山，号结一宧主人。江苏武进人。光绪十一年(1885 年)举人。十四年(1888 年)入两广总督张之洞幕，任广东舆图局总纂，主修《广东舆图》。十八年(1892 年)进士，选庶吉士。散馆授工部主事，不久因事被贬为浙江淳安县令。后曾任黑龙江舆图局总办、京师大学堂教习、奉天大学堂教习等。袁世凯当政后，辞职归乡，以著述自娱。平生淡泊仕进，而热衷于史地之学。著有《蒙兀儿史记》。

民国十一年壬戌(1922)　七十七岁

正月十六至二十四日(2月12—20日),张作霖、段祺瑞先后派代表到粤,与孙中山商议合作讨伐直系事宜。

二月初十日(3月8日),樊山应同乡好友周树模之请,为其作《泊园中丞遗怀诗序》[①]:

盖闻无情者天,有情者月,忘情者佛,多情者仙。惟天无情,故佳人不寿;惟月有情,故皓魄常亏;惟佛忘情,故旷观宇内,靡色非空;惟仙多情,故小谪人间,有恩无怨。朱恭人者,泊园中丞之侧室也。令仪淑德,秀外慧中,外家高络秀之门楣,小字同考亭之家讳。却扇于汉皋,侍巾于京洛,为之嫡者见而犹怜,非所生者事之如母。生男曰叔通,余赏识士也。事中丞夫妇三十余年,淑慎温恭,常如一日。遭离国难,恒有遗荣偕隐之谈;荏苒衰年,恃为惜暖禁寒之伴。方谓佳儿授室,淑女来嫔,举室同欢,抱孙有喜。药蠲疗妒,仓庚犹且衔恩;金尽分人,婴武亦为念佛。夫人以女弟畜,直可让紫泥封;夫子得耐久朋,何必侈黄金屋。占一半春风之宠,正三五月满之时。何期盈与亏乘,乐为哀间。属疾五日,遽厌尘寰。春秋才五十也,儿女呼天。仆御陨涕,中丞载瞻遗挂;悼念亡簪,甚东坡之痛朝云,匪下贤之哀弄玉。花朝月夜,翻成离恨之天;玉槛瑶房,悉是伤心之地。眼看花而泪满,奁余药而神悽。朝雉写忧,哀蝉制曲。遗怀诗八章,真如蓝田之掇皮,报以微之之开眼。孙子荆之增重,情深于文;潘骑省之强宽,命无可奈。九原获此,虽死犹生。妾侍君者卅年,君报妾者千古。逝者而能语,悲怀其少纾乎?昔王衍之言曰:"太上忘情,最下不及情。"郭文之言曰:"情由忆生,不忆故无情。"二者相参,酌中为贵。若此诗者,可谓得性情之正。剂哀怨之平矣,仆与君皆当暮齿,不耐○○。明知造物忌名,故夺其所爱;须念国风好色,在哀而不伤。今渠已升仙,仙者再生有望。君当学佛,佛者一切皆空。有缺有圆,有情之月,如彼是也。无想无梦,无情之天,如君何哉。壬戌花朝前二日南郡樊增祥序。

---

① 此文见《泊园居士遗怀诗》卷首;又收入《湖北文征》第十一卷,湖北人民出版社2000年版,第578—579页。

二月十三日（3月11日），应南孙先生之请，樊山为其作行楷水墨纸本十言联立轴（150×30cm×2）：“非为我需尚书，尚书需我；不喜君得谏议，谏议得君。”其题识云：“南孙仁兄以佳楮索书近句。此乾隆时宣城云头笺也。壬戌花朝后一日。增祥书。”钤印“武威樊嘉”“天琴居士”。

二月二十三日（3月21日），樊山曾以张文潜七言绝句自书纸本行书立轴（129×32cm）。张诗云：“曾作东南汗漫游，北归尘土变征裘。芰荷声里孤舟雨，卧入江南第一洲。”樊山题识云：“壬戌春分日，书张文潜诗，樊山樊增祥。”钤印“武威樊嘉”。

三月间，应志恢先生之请，樊山与萧俊贤①携手作水墨纸本山水行书成扇。萧氏正面的题识云：“志恢先生雅鉴，弟萧俊贤写，壬戌春仲。”钤印“铁夫（白）”。樊山背面的题诗及题识云：“老妻书至劝归家，为数乡园乐事赊。彭泽鲤鱼无锡酒，宣州栗子霍山茶。牵萝已补床○漏，扁豆犹开屋后花。旧布衣裳新米粥，为谁留○在天涯。壬戌三月，志恢先生雅属，樊山樊增祥。”钤印“嘉（朱）”。

四月初三日（4月29日），“第一次直奉战争”爆发，奉军大败。战后，张作霖退往关外，宣布东北三省自治；从此，北京政府完全由直系军阀控制。

四月初五至初十日（5月1—6日），中国劳动书记组合部在广州主持召开了第一次全国性的工会代表大会，史称“第一次全国劳动大会”。

四月初九日（5月5日），中国社会主义青年团第一次全国代表大会在广州召开。

四月三十日（5月26日），樊山的好友、著名学者、文学家胡思敬在南昌去世。

四月间，胡适《五十年来中国之文学》的论文发表，影响很大，其中说：“樊增祥的诗，比较的最聪明，最清切，可惜没有内容，也算不得大

---

① 萧俊贤（1865—1949），字厔泉，号铁夫，别署天和逸人，斋名“净念楼”。湖南衡阳人。幼习诗文书画，早年从苍崖法师、沈咏荪学画十数年。后曾应李瑞清之聘，任教于南京两江优级师范学堂图画手工科。入民国，居北平，任教于国立北平艺术专门学校、南京美专国画系。晚年居沪，鬻画为生。长于山水，兼工花卉，与萧愻合称北京二萧。著有《萧厔泉山水画册》《萧厔泉画册》等。

家。”①很显然，胡适对樊增祥的批评大于对他的肯定。

五月十一日（6 月 6 日），孙中山就徐世昌退职发表对外宣言，警告帝国主义不得干涉中国内政。

五月十三日（6 月 8 日），广州非常国会通电，反对黎元洪复任总统职位。

五月十六日（6 月 11 日），黎元洪就任北洋军阀政府大总统职务，特任颜惠庆署理国务总理。

五月中旬（6 月上中旬），黎元洪第二次被推举为大总统后，手下人免不了要拍马屁、大肆庆贺一番，遂点名要红遍海内外的梅兰芳前往唱堂会，且强调《贵妃醉酒》是必上剧目。梅兰芳自然不敢马虎而认真对待。《贵妃醉酒》虽然自己演过很多场，但他总觉得文辞不够满意。于是，他请来好友、誉满文坛的大诗人樊增祥为之修改润色。经过樊山的修改润色，梅兰芳阅后甚为满意，并将此作为定本。

案：据时人说，除《贵妃醉酒》之外，梅兰芳的代表剧目《霸王别姬》《洛神》等都曾经樊增祥修改润色过，使其增色不少，这既是樊、梅间友谊的体现，也可说是樊增祥对京剧发展所作的一份贡献。

五月二十一日（6 月 16 日），陈炯明叛变革命，所部四千多人围攻孙中山的总统府，孙中山登上楚豫舰避难；次日，转登永丰舰，亲率海军各舰讨伐叛军。

五月间，应无怀先生之请，樊山和萧愻合作为其作设色纸本行楷《山居图》成扇（18×47cm×2）。萧氏绘图并题识云：“无怀先生雅鉴。壬戌夏日，萧愻。”钤印“谦中所作”。樊山在背面作七言诗一首并题识云：“竹坞无尘水槛清，相思迢递隔层城。秋阴不散飞霜晚，留得枯荷听雨声。初〇征雁已无蝉，百尺楼高水接天。青女素娥俱耐冷，月中霜里斗婵娟。无怀先生属，增祥。”钤印“嘉”。（见北京保利国际拍卖有限公司“5 周年春季拍卖会”——“中国近现代书画”专场拍卖品，编号：2507）

又曾应秀山先生之请，樊山为其制作水墨纸本行书七言诗句立轴（14×64cm）。其诗句及题识云：“细看浮花归别浦，新云含雨入孤〇。吾乡刘孝长先生尝书此二诗语。秀山先生雅鉴。壬戌仲夏，樊增祥。”钤印

① 胡适：《五十年来中国之文学》，见《论中国近世文学》，海南出版社 1994 年版，第 54 页。

"嘉"。（见江苏真德拍卖有限公司"2016 春季艺术品拍卖会"——"中国书画"专场拍卖品，编号：1074）

同月，樊山自制水墨纸本行书七言诗立轴一帧。其诗及题识云："紫坛曾从奠琳瑯，亲被天人玉冕光。今日黄州山下寺，五更闻雁满林霜。张文潜谪黄州冬至夜作。壬戌仲夏，鹅溪七七翁增祥书。"钤印"武威樊嘉"。

案：樊氏此轴，曾被著名收藏家、湖北荆门王文心（1888—1974，字保授）的蒙泉书屋所收藏，立轴右下方钤有"曾藏荆门王文心处"鉴藏印。王文心是中国的第一批留法学生。1928 年定居上海，曾任上海屈臣氏汽水公司董事长。

闰五月二十二至二十九日（7 月 16—23 日），中国共产党第二次全国代表大会在上海举行。陈独秀、蔡和森、李达、邓中夏、张国焘、张太雷、向警予等十二名代表出席了会议。会议的中心任务是制定党的革命纲领。

闰五月间，仲甫先生请金城为其绘设色纸本山水。金城的题识云："壬戌闰五月，拟停云馆法。仲甫先生雅正，金城。"随后，仲甫先生又请樊山老人为之题跋。樊山遂为其题宋人诗（略），并题识云："仲甫先生雅属，樊山樊增祥书于侨鶊鹈巢。"不久，仲甫先生便将二人所作制作成设色纸本山水双挖立轴（20×55cm×2）。（见北京保利国际拍卖有限公司"第十二期中国书画精品拍卖会"——"名家小品"专场拍卖品，编号：0381）

六月十三日（8 月 5 日），应好友辰庐先生之请，樊山为其制作纸本行书七言诗立轴（88×40cm）。其诗及题识云："霡霂七日地生霉，羲驭将临又却回。人事天心无急转，徐徐始扑乱云开。年年旱潦困三农，浣羽清朝转向东。鸠鹊岂能知许事，调人终始仗西风。六月二日无晴，辰庐先生雅属，壬戌立秋前三日，增祥。"钤印"樊嘉私印""天墨老人"。

六月间，《樊樊山尺牍》一册由上海文明书局出版刊行。

七月初八日（8 月 30 日），应好友听花居士之邀，樊山为其制作水墨纸本十七言联立轴（241×60cm×2）："清风徐来水波不兴，少焉月出于东山之上；霜露既降木叶尽脱，适有鹤鸣掠余舟而西。"其题识云："今年春间偶集前后赤壁赋为长联，同人索书者屡矣。会汉上东瀛友人以重逢，壬戌七月既望拟续赤壁之游。听花居士代征诗文，因写此联寄之。坡仙文字流披扶桑，亦吾中国之光也。七夕后一日，东溪老渔樊增祥书。"（见盛世东方拍卖有限公司"2017 年北京春季艺术品拍卖会"——"中国书画珍品"专场

拍卖品，编号：57）

七月二十三至二十七日（9 月 14—18 日），江西安源煤矿和株萍铁路工人一万七千多人，发表罢工宣言，高呼“从前是牛马，现在要做人”的口号，提出保障政治权利、改善待遇和增加工资等十七项要求，举行了大罢工。罢工取得重大胜利。

七月间，应好友胡璧城之请，樊山为其制作水墨纸本十七言联立轴（135×25cm×2）：“清风徐来水波不兴，少焉月出于东山之上；霜露既降木叶尽脱，适有鹤鸣掠余舟而西。”其题识云：“壬戌七月，集前后赤壁赋。夔文社兄雅正。增祥，时年七十有七。”钤印“天琴老人”。（见香港永德拍卖有限公司“2016 年秋季拍卖会”——“书画艺术品（一）”专场拍卖品）

樊增祥又应陶一先生之请，为其作纸本行书七言对联：“清磬一声松子落，白云万顷太湖来。”其题识云：“邵青门诗。壬戌七月，为陶一兄雅属。樊山樊增祥。”钤印“茶仙亭长”“樊嘉五十万”。

同月里，樊增祥应可仁先生之请，为其所持之纸本设色立轴《陈定生小像》（91.5×39cm）题诗一首：“名冠南都四公子，风中雪筱气横秋。亦如汉季珪登贵，父子名高湖海楼。”其题识云：“壬戌孟秋，时可仁兄属题陈定生小像。樊山樊增祥，时年七十有七。”

案：樊山的题跋在画轴的左上角，为行书。画轴的右上角则有陈贞慧（1604—1656）遗像的作者王时敏（1592—1680）的行书题款：“壬辰（1652 年）夏日，为定生词兄写照，王时敏。”

八月中旬，樊增祥曾给病中的沈曾植寄赠诗五首，乙庵则作有《壬戌七月薄感时行三日而心志身力尽失几庄子之所谓吾丧我者然起坐故犹如常八月初二便皆闭腹涨欲死……病中得樊山老人寄诗五首虽呻楚不忘在口时和一二韵积日成此》（五首）回赠樊山。

八月二十五日（10 月 15 日），樊山的同年、好友杨晨在家乡黄岩去世。

九月初四日（10 月 23 日），开滦五矿（唐山、赵各庄、林西、马家沟和唐家庄）约三万工人举行大罢工，要求增加工资、改善待遇、建立工人俱乐部，遭到英帝国主义和中国军阀政府的联合镇压。

九月十三日（11 月 1 日），粤汉铁路总工会在长沙新河成立。

九月二十九日（11 月 17 日），樊山的好友郭人漳在北京寓所去世。

十月初三日（11月21日）凌晨三时，樊山的好友、著名文学家、学者沈曾植①在上海府宅去世。

十月十二日（11月30日），紫禁城里举行了盛大的册封候补道、世袭六世贵族荣源之女婉容为皇后的册封礼；同时册封端公女文绣为淑妃。

十月十三日（12月1日），溥仪在紫禁城乾清宫举行隆重的大婚典礼。

十月间，樊山应好友巨川先生之请，为其书水墨洒金笺行书七言立轴（126.3×25.5cm×2）："琉璃水浅盛新月，玛瑙天空映拒霜。"其题识云："巨川先生雅属。壬戌冬孟，樊山樊增祥书樊榭句。"钤印为"茶仙长寿""樊嘉五十万"。

十一月初十日（12月27日），江苏著名学者、诗人、小说家金松岑自苏州给樊增祥寄来他新刊印的《天放楼集》二轶。樊山"读之惊喜出于意外"，乃作《天放楼诗续集书后》②寄赠：

余年近八十，负虚名于当世垂六十年，道咸同光四朝魁儒硕德、劬学能文之士，皆得与之酬唱游处，借资开益，所识以江浙人为多。今虽有传有不传，而在当时莫不有所述作以名于世。至光绪中叶，新学日昌，士以词章为无用，而古所谓道性情、体物象、致讽谕、纪治乱之作，见亦罕矣。余既丁兹奇变，又迫衰年，懒见一客，懒举一步，日惟以歌咏自娱。近人之以诗鸣者，排印虽多，皆不愿耗吾目力，非敢薄视时贤，诚以彼所言者，皆非吾意中语，读之多所不解，不如勿读也。或又谓诗为古人说尽，不必复作，此又无知妄论也。

世代递嬗，光景日新而日奇，诗境即因之而生。今吾所读之书，多古人所未读；所见之事，皆古人所未见。但有古人之才之笔，而以

① 沈曾植(1850—1922)，一作增植，字子培，号乙庵，又号巽斋，晚号寐叟，别署乙公、巽斋老人、东轩居士、逊斋居士等。浙江嘉兴人。同治十二年(1873年)举人。光绪六年(1880年)进士，历官刑部主事、员外郎、郎中，兼充总理衙门章京。中法战争后，支持康有为上书言事；甲午战争爆发，赞成康梁变法，参与强学会。以安徽提学使署理布政使，随又护理巡抚，触怒权贵，以病乞归，隐居上海。张勋复辟，被任为学部尚书。复辟失败，仍侨居上海。学识渊博，精研西北史地，精佛典，富藏书，亦工诗文；书法尤享盛名，各体均善，尤擅草书。著有《海日楼文集》《海日楼诗集》《乙庵诗存》《海日楼诗补编》等。

② 此文是反映樊山诗学主张的重要文章，原存于金天羽《天放楼诗续集》中；现收入周录祥校点、金天羽著《天放楼诗文集·附录三·金天羽传记序跋资料摘要》(上、中、下)，第1418—1419页，上海古籍出版社2007年版。

彼未读未见之书与事，一一撷其英而纪其实，吾未见今不逮于古所云也。向来诗家率墨守一先生之集，其他皆束阁不观，如学杜、韩者，必轻长庆；学黄、陈者，即屏西昆；讲性灵者，则明以前之事不知；尊选体者，则唐以后之书不读。不知诗至能传，无论何家，必皆有独到之处。少陵所谓"转益多师是汝师"也。人所处之景有台阁，有山林，有愉乐，有忧愤，古人千百家之作，浓淡平奇，洪纤华朴，庄谐敛肆，夷险巧拙，一一兼收并蓄，以待天地人物形形色色之相需相感，吾即因以付之。此所谓八面受敌，人不足而我有余也。所蓄既富，加以虚衷求益，旬煅季炼，而又行路多更事，多见名人长德，多经历世变，多合千百古人之诗，以成吾一家之诗。此则樊山诗法也。大抵诗贵有品，无名利心，则诗境必超；无媢嫉心，则诗界必广；无取悦流俗心，则诗格必高；无自欺欺人心，则诗语必人人能解。有性情则诗必真，有才力则诗必健，有福泽则诗必腴，有风趣则诗必隽。此皆余自道所得而未尝轻以示人者。

壬戌冬月十日，金君松岑自吴下寄新印《天放楼集》二帙，读之惊喜出于意外，不图永嘉之末，复闻正始之音。其诗才、诗学、诗意、诗味，一一与吾夙论相合，因举向来自叙之语，还以质之于君，似未见君诗，先以为君作序也。是夕樊山老人樊增祥书后。案此文系跋《天放楼诗前集》者，不及登，故补于此。

十一月间，曾应文笙先生之请，樊山为其书水墨纸本行楷八言对联（162.5×34cm×2）："至理早融绛名晚立，琳腴乍采瑶草时逢。"其题识云："壬戌十一月书，石笋山房语，为文笙先生雅属。寒溪老渔樊增祥，时年七十有七。"钤印"武威樊嘉（白）""天琴居士（朱）"。（见上海信仁拍卖有限公司"首届大型艺术品拍卖会"——"小品扇面楹联"专场拍卖品）

十二月初一日（1923年1月17日），樊增祥应邀为原参政院秘书长、湖北蒲圻（今赤壁市）张国淦所辑之《湖北书征》作序，成《湖北书征·叙》①：

《史记》成于迁而昉于谈，《汉书》成于固而始于彪。《湖北书征》，张君潜若继其太翁无倦先生之志而作者也。君自序太翁官皖时，从政之暇，惟事著录，手写鄂中先贤诗文集百数十种，《书征》亦其豹班之

① 张国淦：《湖北书征》；又收入《湖北文征》第十一卷，湖北人民出版社2000年版。

一。辛亥国变，楹书手泽，悉委兵火；此书亦付焚如。潜若少尝亲侍丹铅，犹可忆其大略。今兹赓续成编，其不甚省记者，亦间参以己意。草创粗就，不以余为不学，属以订讹补漏。余藏书百数十簏，尚在关中；京寓所存，才十之一二耳。目录之学既荒，翻篑之书又缺，仅流览一过。吾楚先贤遗著略具于此。观其《例言》曰："不敢以未见之本，即断为已佚之本。"此真辛苦有得之言也。持此意以网罗放失，则君之继志述事复何所歉乎？壬戌嘉平月朔樊增祥

十二月初十日（1923 年 1 月 26 日），孙中山与苏联代表联合发表宣言，史称孙文越飞宣言。

十二月十六日（1923 年 2 月 1 日），京汉铁路工人在郑州举行京汉铁路总工会成立大会，遭到北洋军阀吴佩孚的武力阻挠。

十二月十九日（1923 年 2 月 4 日），京汉铁路全体工人开始总罢工。

十二月二十二日（1923 年 2 月 7 日），吴佩孚在帝国主义的支持下，命令其部下肖耀南等，在江岸、郑州、长辛店及其他各站对工人进行残酷镇压。工人领袖、江岸分会委员长、共产党员林祥谦，湖北工团联合会和京汉铁路总工会法律顾问、共产党员施洋与其他四十余名工人惨遭杀害，史称"二七惨案"。

是年，樊山的好友陈锐在武陵老家去世。

是年，樊山的同年、好友翁斌孙在天津寓所去世。

是年，樊山的好友张元奇[①]在福州老家去世。

是年，樊增祥的《樊山集七言艳诗钞》（十卷，1 函 4 册），由上海广益书局铅印刊行（今中国人民大学图书馆有藏）。

民国十二年癸亥（1923） 七十八岁

正月初二日（2 月 17 日），新年无事，樊山曾自制纸本行书七言诗立

---

① 张元奇（1860—1922），字贞午、珍午，一字君常，号姜斋。福建侯官人。光绪十二年（1886 年）进士。历官翰林院编修、监察御史、湖南岳州知府、奉天锦州知府等职。在京任职期间，因上奏弹劾军机大臣奕劻之子、农工商部尚书载振而名闻朝野。入民国，历任内务部次长、福建民政长、政事堂铨叙局局长、奉天巡阅使、内务部次长兼参政院参政、肃政厅肃政使、经济调查局总裁等职。晚年辞归，为福州鳌峰书院山长。工诗。著有《知稼轩诗稿》（含《远东集》《兰台集》《洞庭集》）、《知稼轩诗》（六卷本、十一卷本）等，另与人合纂有《邵武县志》三十一卷。

轴。其诗（略）及题识云："癸亥开岁二日，次渔溪韵一首。樊山老人增祥，书于城西寓庐。"钤印"天琴居士"。

正月十二日（2月27日），应友人邓哲熙之请，樊山为其作水墨纸本七言绝句行书立轴（130×31cm）："砌虫唧唧万蝉催，忽有千车捆载来。听到松风并涧水，急呼缥色绿瓷杯。"其题识云："李南金煮茶诗。癸亥上元前三日，仲芝先生雅属。七十八翁樊增祥，属于京寓。"钤印"茶仙亭长""樊嘉五十万"。

正月中下旬至二月上中旬（3月），陈衍选编的《近代诗钞》由上海商务印书馆出版，其中收有樊增祥诗数十首。

二月初十日（3月26日），全国各地人民举行反日集会游行，要求取消"二十一条"及收回旅顺、大连租借地。

二月二十六日（4月11日），北洋政府派王宠惠等抵沪，与孙中山的驻沪代表胡汉民等洽谈统一问题。

二月间，孙中山在广州成立大元帅府。

三月二十日（5月5日），樊山曾自制水墨纸本行书七言诗立轴（134.5×32cm）。其诗及题识云："柳含烟翠碧于苔，几度莺声唤梦回。小院寂寥春渐晚，焚香静待玉人来。癸亥立夏前一日，鹅溪老渔，樊山樊增祥书。"钤印"武威樊嘉"。此立轴有伊时戡的题签："樊樊山行书条幅，伊时戡藏。"其鉴藏印为"暂得于已快然自足""华夫鉴藏""时戡所有"。

三月间，曾应幼三先生之请，为其制作纸本行书中堂立轴（130×59cm）。其诗及题识云："古木险森白玉堂，老年来此试文章。日斜○○长杨罢，闲拂○○看画墙。白马津○驿路边，平冈古木带漪涟。科场一马匆匆过，梦寝于今十五年。幼三先生属书。癸亥暮春，樊增祥。"钤印"武威樊嘉"。

四月初二日（5月17日），为夫人祝氏生日，樊山作有《内子生日》诗相赠。

四月初十日（5月25日），应好友汤涤之请，樊山为其作水墨纸本行书《答汤涤书》（诗文略）镜心（46×122cm）。其题识云："定之以画松折扇见贻，作歌报之。……癸亥佛生后二日，写付定之世仁兄一粲。樊山老人樊增祥，书于都门寓庐之牟珠簃。"钤印"茶仙亭长""樊嘉五十万"。（见北京城轩拍卖有限公司"2016年秋季拍卖会"——"中国书画（一）"专场拍卖品，编号：0223）

案：此前，汤涤曾有画松折扇赠樊山老人。为答谢好友的馈赠之谊，樊山老人特写了这首长篇歌行，并和其函札一起制作成镜心回赠汤氏。诗文中追述了汤氏的家世，其曾祖父汤贻汾死于“洪杨之役”。汤贻汾(1778—1853)的诗、书、画，为嘉道时三绝，其妻董婉贞亦为当时名家，一门皆能书善画。汤涤在清末民初因家世渊源，亦颇受时人推重。樊山老人在诗文中盛赞其画艺，颇多溢美之词。

四月中旬，樊山应邀为梅兰芳所绘之《竹枝双雀》檀香木刻扇骨（正面）题识：“余尝得骆佩香女士山茶小幅，王梦楼为之题款，并赋一诗。余既为兰芳署款，亦系一诗于后：‘小小珍禽配作双，碧琅玕上话潇湘。合教比翼成三鸟，莫忘聪梧旧凤凰。’樊山题。”钤印“武威樊嘉”。梅兰芳原来的款识云：“癸亥四月，畹华梅澜学画。”钤印“红蕚楼”“兰芳”。

四月二十八至五月初七日（6月12—20日），中国共产党第三次全国代表大会在广州举行。陈独秀、李大钊、毛泽东、瞿秋白、陈潭秋、蔡和森、张太雷、张国焘、谭平山、向警予等三十多位代表出席了会议。大会着重讨论了与孙中山领导的国民党建立革命统一战线的问题。

四月间，樊增祥应邀为湖北云梦许道培作家传，成《清故吉安守许君家传》①：

> 国家以科举取士，礼闱贡士，每届率三百余人，外用三之一，内用三之二。其京曹资较深、誉望较隆者，必为旅京乡人所倚托。同、光以来，吾鄂京秩中厥有二人：一恩施尹翰楼，一云梦许清臣。两君者，壬戌、乙丑乡、会同年也。翰楼余与同县，最稔；清臣仅一再见，固已心知其贤矣。君学有本原，宗族称其孝，乡党称其义；在京信于友，守郡勤于民。综其生平行事，庶几不愧为完人。君殁十余年，其令嗣以家传相属，为纪其实如左。
>
> 君讳道培，字笃生，号清臣，湖北云梦县人。八世皆绩学成名，科第相望。胞叔祖兆椿，以翰林起家，洊陟封圻，事在国史；兆棠，翰林院编修。父煌，由优贡生署郧阳府学训导。虽世称甲族，而子弟皆恂恂孝谨，无吹楼赌墅之习，盖其家范然也。君少有令誉，文行式于乡里。未弱冠，训导公卒，君方就学蕲春，号踊无及。迨通籍，以

① 此文为樊增祥友人张国淦所收藏，后被选入《湖北文征》第十一卷，湖北人民出版社2000年版，第592—594页。

母老不欲仕，迫于慈训赴京，又不获视含殓，引为终天之恨。故年逾八秩，未尝称一日之觞，盖其纯孝出于天性。五岁时，父外出而母病，医云得暹罗燕可愈。君饮泣不食，走告于从母，得燕归，服之立愈。人以为非燕之力，乃奇童孝感所致也。成进士后，签分礼部，辰入酉出，暑寒无间者几二十年，历任六堂长官莫不器异。凡仪制、祠祭、学校、科举事宜，交礼官议奏，据以准驳者，皆取决于君。君既邃于三礼之学，又习知掌故。持正议，屏私谒，每一奏稿出，堂宪不易一字，人皆知为云梦笔也。光绪元年，充毅皇帝实录馆详校官，尝于一卷中签出谬误三百余条，总校传示同馆以为程式。人虽忌之，弗顾也。重修学政全书，礼部则例，皆由君董其成。稿凡数易而后颁行，人皆服其精核。凡堂宪奉旨查办事件，恒奏请以君随行，倚之如左右手。光绪四年，有滇蜀之役。十年，又有奉天之役。君遇事不持苟论，出使不受馈遗。泯恩怨之见，而一秉公廉；持情法之平，而无伤忠厚。故长官信之，深宫鉴之。自沈阳归，不数月而出守吉安之恩命下矣。君既履任，上官重其宿望，皆优加眄睐，稍得自行其志。居尝辨色即起，朝理案牍，昼接宾客，严约吏役，扶持善类，狱无冤滥，市无奸侩，荐绅僚属，罔敢干以私。又能饮人以和，不为矫激，故自君至赣，而江西吏治为之一振。君故长于文学，郡有书院曰“白鹭”，士但习时墨而已。君倡复“阳明书院”，增置经史、天算诸科，多购西书，藉开风气。诸生科艺，皆手自校阅；口讲指画，与塾师教弟子无异。先后掇巍科登显仕者，不乏其人。闻风兴起者，旁及他郡，故自君至赣而江西文风为之一变。君为政以仁民为本，念非禁暴无以安民。吉安地当孔道，会匪出没无常。下车之初，即创设保甲局，费由己出。购线穷搜，悬金名捕，以故盗风衰息。匪首吴金镕瞰君试士，计图窃发，君设计擒斩之。湘中悍匪，窜入赣境，攻永宁县城，君飞檄严捕，立擒其渠赵飞龙等四人置诸法，余悉宽贷。论功以道员在任候升。自此吉安十属，销烽灌燧，民皆安堵。郡有落地税，为郡守入款之一。有小贩漏税者，其科罚什伯于税则，商旅嗟怨。君汰奸胥，惩蠹役，漏者补完，永除罚款，商情大悦，百货辐辏。己亥水灾，既尽力振，抚郡无流亡。又捐金倡建仓廒十七座，积谷万余石以备荒歉。至于设幼婴局以诫溺女，设蚕桑局以课妇功，阖郡讴思，至今罔替。君在任两膺卓荐。庚子岁，诏中外大臣保荐人才，江西抚臣松寿以君应诏，请破格擢用。寻调守徽州，赣抚奏请开缺，以道员仍留原省补用。时君年已七十，素少宦情，遂请假归。自是皆里居之日矣。君兄弟四人而君为季，伯兄早世，寡嫂胡，为姑所怜。君始仕，即貤封兄嫂以慰母心。仲兄尝病，君躬侍医药，积三月乃瘳。后卒不起，生时与邑子同莞宾兴，至是讦其亏短，事无左验，君竟出馆谷偿之。叔兄一早殁，孤寡婚丧之事，皆身任之而无德色。洎归里，乃出俸金买田分给之。其平生周恤宗党，扶助友朋，义薄云天，事难枚举，而君未尝自言。其在官尝廉于取，及其予人也，尝奢于用，故仕宦垂四十年，而皓首归田，依然儒素，是诚难能而可贵矣。君无他嗜好，惟嗜读书。其为学，汉三而宋七，顾以庄敬持己，而未尝以骄伪待人。故后进服其方严，而又乐其和易。赋遂初后，杜门十二年，未尝问地方事。孳孳向学，如诸生时。四部之书，手自批校，朱墨灿然，累千余卷。著有《醉六山房文集》、《退庵随笔》各如干卷，藏于家。辛亥逊国之明年，年八十二而卒。子镐，优廪生，前江苏候补道。孙昶，邑庠生。

论曰：名者实之宾也，人有虚名炫世者，能作伪于生前，必不能欺人于身后。太史公所谓要之死日而后是非乃定也。芸芸济济者众矣，若邑人请祀乡贤，部民请祀名宦，大吏请宣付史馆，非懿德美政有以深入乎人人之心，徒以财贿党援相要，无当也。以上三者，君身后，两省绅民同辞呼吁，悉如所请。栾公齐社，朱邑桐乡，遗爱在人，英光照世，此犹见三代直道之公。而君之立身行事，如王蓝田之掇皮皆真，岂虚语哉，岂幸致哉！癸亥四月乡愚弟樊增祥顿首拜撰。

同月里，樊山又曾应君赞世侄之请，为其书设色纸本成扇（20×54cm）。其题诗及题识云："落日闲骑款段游，倦依松石弄清流。蓬莱汉殿春分手，一笑相逢太华秋。薄领○○士，清谈信古风。吾观苏○绰，硃墨一何工。癸亥四月，君赞世讲，樊山老人祥。"钤印"嘉"。

案：两个月后，好友金城又应邀为此扇绘制山水，并题识云："癸亥六月，吴兴金城画于墨楼阁。"钤印"北楼"。（见北京明珠双龙拍卖有限公司2010第五期大众典藏拍卖会——中国书画专场拍卖品，编号0105）

五月初五日（6月18日），应好友堪仁之请，樊山又用行书为梅兰芳所画之设色纸本《竹枝双禽》成扇（背面）题诗一首："风里杨花雨鸦沉，凉肌起粟书多阴。因思五月披裘客，草阁奇寒江水深。葡萄叶大绿云屯，长日西街深闭门。楝子风香吹细雨，夹罗衫袖怯黄昏。"其款识云："初夏寒甚，四首之二。 癸亥端午，堪仁兄雅属。 增祥。”钤印“嘉”。

五月间，曾自书水墨纸本行书七言对联（130×30cm×2）：“飞来彩蝶大于燕，开后碧桃红胜霞”。 其题识云：“癸亥五月，樊山樊增祥书。”钤印“茶仙亭长”“樊嘉五十万”。

六月二十四日（8月6日），樊山曾自作水墨描纹笺本行书八言联立轴（165×28cm×2）：“水绕一湾幽居是适，花为四壁小住为佳。”其题识云：“癸亥荷花生日，天琴老人增祥。”钤印“武威樊嘉”“天琴老人”。

六月间，好友贺良朴的山水长卷（案：长 15.6m）《江山秋霁图》完成，陈宝琛为其题签；樊山则与左绍佐、周树模、郭曾炘、冒广生、闵尔昌、郭则沄、赵熙等十数人应邀为其题诗；所题大多为古风长诗，故不录。

七月十六日（8月27日），接到后辈诗人、著名小说家徐枕亚和其女友刘芷云的来函及赠诗，樊山遂作诗回函相谢。

七月二十一日（9月1日），日本爆发了7.9级（一说为8.1级）的“关东大地震”，袭击了日本的东京及其周边地区，并殃及全国。 大地震又引起火灾、海啸和泥石流，日本全国陷入巨大灾难之中。 这是日本明治时代以来伤亡最惨重的一次地震，也是世界历史上伤亡最大的十次地震之一。 中国文学艺术界人士皆慷慨解囊，纷纷捐钱捐物，赈济日本人民。 年近八旬的樊增祥和年逾花甲的齐白石携手作有国画《夹竹桃》立轴一幅，捐赠给中国红十字会。

七月间，曾应珣若先生之请，樊山同林纾、傅增湘、宝熙、吴用威、袁励准、郑家溉、郑沅一起，为其书设色纸本册页（八开）。 樊山所书为：“隐隐江城玉露催，劝君且尽掌中杯。 高楼明月清歌狂，此是人间第几回。”其题识云：“明人张梦晋绝句。 癸丑七月，为珣若先生雅属，增祥。”钤印“茶仙亭长”。

樊山又曾应彦文先生之请，以钝翁语为其书水墨纸本行楷七言对联（125×20.5cm×2）：“飞来彩蝶大于燕，开后碧桃红胜霞。”其题识云：“癸亥秋，书钝翁语为彦文先生正属，樊山樊增祥。”钤印“武威樊嘉”“天琴居士”。

樊山曾书清人七言诗行书红漆匾（110×40cm）。 其诗及题识云：“李杜文章万口传，至今已觉不新鲜。 江山代有人才出，各领风骚数百年。 清人赵翼诗一首。 癸亥秋○，樊增祥。”钤印“樊增祥章”“雪门”。

樊山曾自制水墨纸本行书论文立轴（64×26cm）。 其文及题识云：“魏武帝如幽燕老将，气慨沉雄；曹子建如三和少年，风流自赏；鲍明远如饥鹰独出，奇矫无前；谢康乐如东海扬帆，风日流丽；陶彭泽如绛云在霄，舒卷自如；王摩诘如秋水芙蓉，倚风自笑；韦苏州如园客独○，暗合音○。 癸亥秋，七十八翁增祥。”钤印“茶仙亭长”。

八月初二日（9月12日），樊山的同僚、朋友张勋在天津寓所去世。

八月初七日（9月17日），樊山的好友、亦是好友陈三立之子陈师曾[①]在南京寓所病逝。

八月十五日（9月25日），樊增祥应协园先生之请，为其作水墨纸本行书十三言联立轴（198×33cm×2）：“味卿此言，有若水精戎盐醥醪酒；慕君高节，特赐竹根如意笋箨冠”。 其题识云：“集北史崔浩、南史明僧绍传，为协园先生雅属。 癸亥中秋，鹅溪老渔樊增祥。”钤印“武威樊嘉”“天琴居士”。（见广东崇正拍卖有限公司“2016年秋季拍卖会”——“翰墨流芳-中国近代名家书法”专场拍卖品，编号：0362）

八月十六日（9月26日），樊山应邀为好友齐白石的设色纸本立轴《夹竹桃》（129×37cm）题跋。 其款识云：“昔南宋时有义试，诗考列前茅者各有赠彩，尝以夹竹桃命题。 其首（诗）选诗云：‘清姿劲节本来同，绿荫红妆一样浓。 我若化龙君作浪，信知何处不相逢。’余尝为张文襄师诵之，师击节叹赏不置。 今齐璜贤友作此图助东邻灾振，为录宋人诗于上，有能蠲银五两者，以画与之。 癸亥中秋后一日，鹅溪老渔增祥题于都下。”钤印“樊嘉五十万”。（见北京东方晟宬拍卖有限公司“2011金秋艺术品拍卖会”——“中国书画（三）”专场拍卖品，编号：0483号）

八月二十五日（10月5日），直系军阀首领曹锟逼迫总统黎元洪辞职下台，以五千银元一张选票贿赂国会议员，当选为总统，世称“贿选总统”。

八月二十九日（10月9日），孙中山下令讨伐曹锟，通缉贿选议员。

九月初八日（10月17日），北京文艺界三百余人集会于江西会馆，举行隆重的陈师曾追悼会，梁启超、周印昆、姚华等作演讲。

九月初九日（10月18日），樊山出席稊园诗钟社第200次诗钟大会，

---

① 陈师曾（1876—1923），原名衡恪，字师曾，号槐堂，别号朽道人，以字行；室名“染仓”。江西义宁人。陈三立长子。幼聪慧，毕业于日本高等师范学校。回国后曾南通、长沙等地任教。后曾出任江西省教育司司长、教育部教育编审等职。晚年曾担任北京高师、北京美专教授。工诗词文，擅书画，精篆刻。著有《槐堂诗钞》《不朽录》《染仓室印存》《中国文人画研究》《中国绘画史》《陈师曾先生遗墨》等。

与会者以分咏和嵌字两种体格作诗，其所作诗歌作品被收入《稊园二百次大会诗选》中。樊山在《稊园诗钟社二百次大会招客启》一文中曾叙述了稊园诗钟社与寒山诗钟社的渊源关系："稊园与寒山，同源而异流者也。寒山今年五百会，稊园亦二百会矣。论封则薛先于滕，争霸则楚后于晋。譬诸一家而分爨者，人皆两利而俱存之。"此次诗钟会的特点是"分题务僻，赌韵须强，钵不辍音，烛羞见跋"①，其中的分咏体将两个相差甚远的事物组合起来吟唱，以显示社员敏捷的诗才。

九月十九日（10月28日），孙中山在广州召开国民党临时中央执行委员会议，讨论国民党改组事宜。

十月间，梅兰芳的挚友、剧本编剧之一李释戡撰写了《梅兰芳小传》一文，最早将梅兰芳的表演艺术概括为梅派。其中写道："（兰芳）喜文字，恒与当代名士游，樊山、实甫交相爱重，一新剧出，每作诗歌以张之。"②

十二月上旬，病愈后的罗瘿公作《和樊山诗》寄赠在上海演出的梅兰芳："狂来世网难羁泄，才到冥幽又脱逃。穷骨练他三月苦，余年补足一生劳。自憎蟠腹肥终减，起看亭稍日每高。载酒琴歌留名在，也应还我续风骚。"

张斯琦《梅兰芳沪上演出纪·梅讯》（下编）载："昨高梧轩得罗瘿公病后手笺，并和樊山一诗寄畹华，即以转交。诗尾并系以词曰：'畹华，我的病当真好了，死不了，又来做诗，写给你看，你临走时，到医院瞧我这狼狈的样子，你也很担心，如今看见我能做诗了，也可以放心了。'"

十二月十五至二十五日（1924年1月20—30日），中国国民党第一次全国代表大会在广州举行，李大钊、毛泽东、林祖涵（林伯渠）、瞿秋白等共产党人作为正式代表出席了会议。李大钊还被孙中山指定为大会主席团五个委员之一。大会重新解释了三民主义，制定了"联俄、联共、扶助农工"的三大政策。

是年，曾应查林先生之请，为其作水墨纸本行书七言联立轴（125×28cm×2）："风回微雪瓜皮艇，云破平林板凳桥。"其题识云："樊榭语。茂亭先生雅属，鹅溪老渔樊增祥，时年七十有八。"钤印"人初永好""武威

① 樊增祥等：《稊园二百次大会诗选》，1923年铅印本。

② 李释戡：《梅兰芳小传》，民国十五年（1926年）刊印；又见吴开英《梅兰芳若干史实考论》附录七，辽宁大学出版社2015年版，第307页。

樊嘉”“天琴居士”。（见北京翰海拍卖有限公司“瀚海四季（第 81 期）拍卖会”——“近现代书画”专场拍卖品，编号：0241）

樊增祥又应采孺先生之请，为其作水墨纸本行书七言对联（127.5×20cm×2）：“矮纸斜行闲作草，晴窗细乳戏分茶。”其题识云：“书放翁句。采孺先生雅属，樊山樊增祥，时年七十有八。”钤印“武威樊嘉”“天琴居士”。此联后为丁福保（1874—1952）所收藏。联上有其鉴藏印：“梅轩鉴赏”“书法九重天”。（见上海道明拍卖有限公司“2013 秋季艺术品拍卖会”——“近现代书画”专场拍卖品，编号：0376）

樊增祥又应治约先生之请，为其制作水墨纸本行书论诗立轴（130×32cm）。其文及题识云：“梅花诗之可诵者，如梁元帝：钗临曲池影，扇拂玉堂梅。阴铿：砌石披新锦，梁阴画早梅。徐君倩：草短犹通，梅香渐着人。治约先生雅属，七十八翁樊增祥。”钤印“茶仙亭长”“樊嘉五十万”。

樊增祥又自作纸本行楷七言联立轴（173×42cm×2）：“五色云开仁寿镜，十分春护吉祥花。”其款识云：“樊增祥，时年七十有八。”钤印“武威樊嘉”“天琴居士”。

是年，已亡故好友胡朝梁的《诗庐诗文钞》铅印刊行，樊山应其家人之邀，为其卷首题诗云：“西江人似西江山，石骨刻露坚且苍。西江诗似西江人，瘦健少肉丰于筋……君师我友陈伯严，晁洪而后此一个。君诗幽奥酷似之，天机清妙自是师。”①

民国十三年甲子(1924)　七十九岁

正月初三日（2 月 7 日），全国铁路总工会在北京成立。

正月十二日（2 月 16 日），应好友陆宗舆之请，樊山为其书水墨纸本杨炯五言诗行书立轴（131.5×31.5cm）。其诗及题识云：“天将下三宫，星门列五戎。坐谋〇庙略，飞檄伫文雒。赤兔流星剑，乌号明月弓。〇〇不可望，〇〇〇西东。唐杨炯诗一首。甲子上元前二日，为闰生先生雅属。鹅溪老渔增祥，书于都门。”钤印“武威樊嘉”“天琴居士”。

是年春，北京戏剧界同仁发起演剧筹资，设立公会，并以 9000 金购得

① 贺国强：《以诗为命 徘徊中西——论同光体诗人胡朝梁》，《九江学院学报》2008 年第 2 期，第 18—21 页。

原王慧芳所有之樱桃斜街中间路西旧宅一所，改建成梨园新馆。馆额为与王凤卿、余叔岩并称“青年老生三杰”的时慧宝所书。该馆前后有两重院落：前院为议事厅，悬挂梨园各行人名匾；后院为九皇堂，檐下悬挂梨园馆旧匾，堂内祀九皇塑像。厅事布置，极为幽雅。主事人乃请大诗人樊山老人为梨园新馆题写了一副对联：“梦中七日闻钧乐，飞上九天歌一声（花厅楹）。”

三月初三日（4 月 6 日），曹秉章、王式通、郭则沄、黄濬邀赴三贝子花园修禊，樊山老人与朱益藩、陈宝琛、郑孝胥、郭曾炘、林开謩、傅增湘、关赓麟、庄蕴宽、罗惇曧、高步瀛、周树模、曹经沅、李宣倜、夏仁虎、许宝衡等三十人出席。樊山当天有诗。

同日，又应寿宸先生之请，樊山为其作水墨纸本七言诗行书立轴（132×32cm）。其诗及题识云：“渺渺孤城白水环，舳舻人语夕阳间。林梢一抹青如画，知是淮流转〇山。寿宸先生雅属。甲子上巳，樊增祥。”钤印“武威樊嘉”。

三月二十四日（4 月 27 日），北京各学校及民众团体联合发表宣言，反对日本对中国的文化侵略。

三月（4 月）间，樊增祥应邀为浙江杭州西湖九溪烟树（九溪十八涧风景区）的林海亭写了一副对联“小住为佳，且吃了赵州茶去；曰归可缓，试同歌陌上花来”，因此联文字工整，用典巧妙，意境优美，回味无穷，成为广为流传的名联。

四月（5 月）间，在苏联和中国共产党的帮助下，国民党在广州黄埔创办陆军军官学校，任命蒋介石为黄埔军校校长。

同月，应梦园先生之请，樊增祥与林纾合作为其作行书七言诗《杨柳书屋》设色纸本扇片（20×54cm）。林纾在扇片正面的题诗及题识云：“有斜阳处怕登楼，词客深担六代愁。我亦伤心如夜月，无穷思在柳梢头。甲子四月，梦园仁兄大人雅属，畏庐林纾并识。”钤印“闽县林纾（白）。”樊山在扇片背面的题诗及题识云：“楚峡云娇宋玉愁，月明溪静印银钩。襄王定自思前梦，又抱霞衾上玉楼。篱鷃云鹏各有程，匆匆相别未忘情。恨君不在蓬笼底，共听萧萧夜雨声。梦园先生雅属，七十九翁增祥。”钤印“嘉（朱）”。（见北京东方大观国际拍卖有限公司“2015 年秋季拍卖会”——“中国近现代书画”专场拍卖品，编号：0032）

五月初五日（6 月 6 日），应翔霄先生之请，樊山与褚德彝、朱士林、冯煦为其作纸本《书法》四屏（134×36cm×4）。樊山的诗即题识云：“舟中一两扫飞蝇，半脱纶巾卧○○。睡梦未醒窗日晚，数教○橹下巴陵。翔霄先生雅属。甲子午日，增祥书。”钤印“武威樊嘉”。（见北京长风拍卖有限公司“北京长风春季拍卖会”——“海外还珠—北美回流—中国书画”专场拍卖品，编号：410）

四月下旬至五月中旬，樊山自书水墨纸本行书诗文四屏（102×26cm×4）。题识一云：“雪拥○南街，酒阑中夜行。千里不见○，怒须如立钉。出门气吹雾，南山鸡东鸣。腰间朝下○，政刀袖中掷。○亥推冷笑，邯郸乳口兴。地○○尘一囊香，雪似杨花落○穷。乞得苧麻缝败衲，不必身在寂寞中。甲子四月下浣，鹅溪老渔书于西城新屋之牟珠簃。”钤印“武威樊嘉”。题识二云：“内修己性当如纪消之养鸡，外顺物性当如顽阖之养虎。甲子午日，嘉父樊嘉。”钤印“嘉”。题识三云：“安桃诸院接行廊，水槛周回十里长。青绿地衣红绣毯，冬铺○脑○金香。甲子大午日，樊山樊增祥。”钤印“武威樊嘉”。题识四云：“阵前仙婢○○愧，鼓下蟹奴也合羞。三尺○缢暗○○，○○雪鹤○横秋。右宋人题刘仁瞻画像诗，霜○作雪，漱云生。”钤印“武威樊嘉”。（见深圳市诚信德拍卖行有限公司“2006年夏季拍卖会”——“中国书画”专场拍卖品，编号：0550）

五月十五日（6月16日），黄埔军校举行开学典礼，孙中山亲临讲话。

五月三十日（7月1日），樊山自作纸本行书七言对联（129.5×30cm×2）：“到公输送奇礓石，庾令求索好烛盘。”其题识云：“甲子入伏第二日，增祥。”钤印“武威樊嘉”“天琴居士”。（见上海驰翰拍卖有限公司“2015年春季艺术品拍卖会”——“翰林遗墨”专场拍卖品，编号：357）

五月间，应孟一先生之请，樊增祥与林纾合作为其作设色水墨纸本行书《青山隐居》图成扇（20×53cm；长34cm）。林纾在正面的跋文（略）及题识云：“孟一仁兄大人属，畏庐林纾识。”钤印“闽县林纾”。樊增祥在背面的题诗（略）及题识云：“甲子夏，书为孟一先生雅属，增祥。”钤印“嘉。”（见《名家扇集》，上海人民美术出版社2005年，第130页）

案：林纾、樊增祥同为徐世昌成立的晚晴簃诗社成员，常以诗会友。此扇画如其文，善于造景：近处屋舍数间，树林葱郁；远山峰峦迭嶂，此起彼伏。先经干笔皴擦，后以淡墨晕染，独以一山石绿淡赋，清秀雅逸。观其画，好像徜徉于山色美景之中，给人心旷神怡的美好享受。

樊增祥又自制水墨纸本行书七言联立轴（116×24.8cm×2）：“晴日暖风

生麦气，绿阴幽草胜花时。”其题识云：“甲子季夏，增祥。”钤印“茶仙高寿”。（见荣宝斋（上海）拍卖有限公司“2013年大众收藏拍卖会（第一期）”——“中国书画（一）”专场拍卖品，编号：0354）

樊增祥又应瑞人先生之请，为其制作水墨笺本行书八言联立轴（158×34cm×2）：“里忭涂欢朝熙门穆，珠摇珮動云舞天歌。”其题识云：“瑞人先生雅属。甲子五月，樊山樊增祥。”钤印“武威樊嘉”“天琴居士”。此联轴后为南阳小庐主人所收藏，联轴上其题签云：“樊增祥先生珊瑚笺八言对联，南阳小庐主人珍藏。”（见福建省拍卖行“2008秋季拍卖会”——“中国书画”专场拍卖品，编号：0260）

六月初二日（7月3日），由国民党中央农民部创办、共产党人澎湃主持的第一届农民运动讲习所在广州开学。

六月初六日（7月7日），应翔霄先生之请，樊山为其制作水墨纸本行书七言诗立轴（135×35cm）。其诗及题识云：“璧月姮娥镜殿光，六宫学士女儿妆。南朝才子都无福，不作词称作帝王。赵秋舲诗，翔霄先生雅属。甲子小暑，樊山樊增祥。”钤印“武威樊嘉”。（见北京保利国际拍卖有限公司“北京保利十周年秋季拍卖会”——“中国近现代书画（二）”专场拍卖品，编号：1882）

六月十四日（7月15日），广州沙面工人为反对英、法帝国主义的新警律，举行罢工。

六月十九日（7月20日），樊山自书水墨纸本行书七言联（1295×30cm×2）：“到公输送奇礓石，庾令求索好烛盘。”其题识云：“甲子入伏弟二日，增祥。”钤印“武威樊嘉”“天琴居士”。（见上海驰翰拍卖有限公司“2015年春季拍卖会”——“翰林遗墨”专场拍卖品，编号：0357）

六月二十二日（7月23日），樊山自制水墨纸本行书张先诗立轴（128×29cm）。其题识云：“张子野在滕子京席上（识）小妓儿娘者，子京赏其色。后十年再见于京口，非复当时容态。感之，作诗云：‘十载芳洲采白苹，移舟弄色赏青春。当时自倚青春力，不以东风解误人。’甲子大暑，鹅溪老渔增祥书。”钤印“武威樊嘉”“天琴居士”。（见上海天衡拍卖有限公司“2007秋季拍卖会”——“中国近现代书画”专场拍卖品）

同日，樊山又以蔡天○《题龙眠画》诗自书有设色纸本行书立轴（94×32.5cm）。其诗及题识云：“鸿雁归时水拍天，平岗古木尚依然。借君余地安渔艇，著○西窗听雨眠。蔡天○题龙眠画。甲子大暑，樊山居士。”钤

印“茶仙亭长”。（见上海新华拍卖有限公司“2010首届艺术品拍卖会”——“中国书画”专场拍卖品，编号：0038）

六月（7月）间，应少兰先生之请，樊山为其作七言绝句行书立轴（116×30cm）：“藤茶青衰称体长，菊花新酒满杯香。时人看访庭居士，万树云萝护草堂。”其题识云：“宝幢居士诗。甲子夏六月，少兰先生雅属。七十九翁增祥。”钤印“茶仙亭长”“姜畦”。（见福建省顶信拍卖有限公司“2007迎春艺术品拍卖会”——“中国书画”专场拍卖品）

同月，樊山又自作水墨纸本行书七言联立轴（116×24.8cm×2）：“晴日暖风生麦气，绿阴出竹胜华时。”其题识云：“甲子季夏，增祥。”钤印“茶仙高寿”。（见荣宝斋（上海）拍卖有限公司“2013年大众收藏拍卖会（第一期）”——“中国书画（一）”专场拍卖品）

同月，樊增祥又应灿星先生之请，为其书设色纸本李商隐《武侯庙古柏》诗成扇（195×54cm）。其诗及题识云：“蜀相阶前柏，龙蛇捧閟宫。阴成外江畔，老傍惠陵东。大树思冯异，甘棠忆召公。叶凋湘燕雨，枝折海鸡风。玉垒经纶远，金刀历数终。谁将《出师表》，一为问昭融。李义山《武侯庙古柏》诗。甲子六月，灿星先生正属，增祥书。”钤印“嘉”。

案：次年七月，应灿星先生之请，金城又为该扇绘《竹溪对酌》图（195×54cm），并题识云：“灿星宗四兄先生大雅正之。乙丑七月，北楼城。”钤印“金城”“巩伯”。于是，此成扇金城所绘《竹溪对酌》图便成了正面，樊增祥的题识便成了背面。而此扇系湘妃竹扇骨，搭配古雅，包浆润泽。（见北京诚轩拍卖有限公司“2009秋季拍卖会”——“中国书画（一）”专场拍卖品，编号：0253）

同月，樊增祥还应维周先生之请，为其制作水墨纸本行书七言诗立轴（164.5×36cm）。其诗及题识云：“潦倒家园四十秋，亲炊藜藿慰余愁。绝无暇日临青镜，频过荒年到白头。海气苍凉门○○，溪光浮荡屋如舟。不能沽酒持相祝，依旧归来向尔谋。吴○人寿内诗一首。甲子六月，樊山樊增祥书。”钤印“武威樊嘉”“天琴居士”。（见苏州东方艺术品拍卖有限公司“2014秋季艺术品拍卖会”——“中国书画”专场拍卖品，编号：0098）

七月初三日（8月3日），天下雨，樊增祥遂在家自作纸本行楷苏轼《江行见月》（诗略）镜片（159×84cm）。其题识云：“甲子七月三日雨中，樊山樊增祥。”钤印“武威樊嘉”“天琴居士”。（见上海朵云轩拍卖有限公司“朵云四季十二期拍卖会”——“中国书画（二）”专场拍卖品）

七月十一日（8月11日），为好友杨钟羲的六十岁寿诞。樊增祥为其作《杨子琴六十寿言》。因此文不见收录于樊山各集，故全文照录如下：

世之称寿者多矣，然不欲称寿者亦不少。以余之癯老迂僻，即深以生日为苦，客来必拒之。有乞吾撰寿言者，亦拒之。良以世俗华罽，每一揽揆，千联百序，布满堂室，笺绢之费，不知纪极。事过则金蜡稠迭，无足存者，委诸尘土而已。岂非大惑也哉！顾于平生故人，与吾同调，坚不称寿者，又往往不能已于言。壬子岁，陈考功六十，不求吾文，而制序寿之。今甲子岁，翰林供奉留坨杨君亦六十，不求吾文，而亦制序寿之。我自道其所欲言，不关人之求索也。君以名翰林分校顺天乡试，为亡儿庶之荐卷师，得附通家之谊，又与吾同年盛王孙为中表兄弟。

余光绪丁酉荐入都，始相识于日下，见其愔愔琴德，穆然静深，心知为有道之士，不仅为文苑中人也。王孙选《八旗文经》，君实始终其事，一切序例，皆出其手。剞劂既竣，风行海内，而君口不言劳，归美伯熙而已。又著《雪桥诗话》，为《文经》羽翼，八旗之幽光潜德，为阐彰者不知凡几。九渊之下，拜君所赐者，犹生死人而肉白骨也。既而以知府需次吾鄂，鄂之缙绅士民，敬之如良师友焉，爱之如慈父母焉。盖君之应事接物，无论秀颓，能人人饮之以龢，如公瑾醇醪，使人自醉。而孝弟忠信，清廉正直，人皆钦其长德，而服其无私。“何武不赫赫，遗爱长在世”，君之谓也。

及光绪丙午，端忠敏督两江，君奉调入幕府，掌一切机要文字。阅二年，余开藩江宁，同舟欢甚，从政之暇，文燕无虚日。一日谒忠敏，待于客次，闻隔屋伯珪声大，若盛怒然，盖忠敏之声也。已而出见谓余曰：“一老妪地为人占，讼诸江宁县，某令竟夺妪地予人。吾适言于子勤，子勤反与吾争，袒其属吏，世尚有公道邪？吾将亲提，平反此谳。”余曰：“公何以知其详？”曰：“妪乃吾戈什之母也。”余曰：“此小事，无大府亲提理。且知县听讼，两造封质，中证具在，似不能枉然断。公所闻特戈什一面之词耳，况子勤素无所争，今敢与公争，子勤之美也。公奈何不成其美？”忠敏遂一笑而罢。即此一端，而君之伉直不阿可见矣。辛亥国变，与余避地海上，患难相依者又三四年。及余来京，而君留沪，相别垂十年。

而君奉冲圣特诏，入值南斋。昔韩致尧不扈天复之行，汪水云乃受合尊之饯。易代之事，从古难言。凡属孤臣遗老，迥非前代所及者，是亦不幸中之幸矣。余长君十九年，君六十而余亦八十，何思何虑，无病无愁。不惟论文论政，针芥相投，其所以康强逢吉者，则皆得力于淡静二字。盖声色富贵之场，以平淡视之，故无欲，无欲故寿；殷忧烦乱之顷，以镇静处之，故无忧，无忧故寿。散原与君，不乞余文，而必寿之以文者，喜其淡静与我同，匪特寿君，世皆诧吾文博丽，今以淡文写淡人，并以寿吾文也。①

七月十二日（8月12日），樊增祥应仲采先生之请，为其制作水墨纸本行书七言诗立轴（131.5×31.5cm）。其诗及题识云："北山松粉未飘花，白下轻风麦脚斜。身似旧时王谢燕，一年一度到君家。宋丹易陈辅访○，建康杨骥题壁诗。甲子七夕后五日，写应仲采先生雅属。鹅溪老渔樊增祥，时年七十有九。"钤印"武威樊嘉"。（见中国书画艺术品拍卖有限公司"2006春季拍卖会（一）"——"中国书画"专场拍卖品，编号：0209）

七月二十九日（8月29日），在英国总领事的支持下，广州商团发动叛乱。

七月间，樊山曾应好友钱灏②之请，为其所持之设色纸本洒金笺行书七言诗刻骨成扇（18.7×49cm）题跋。其题诗及题识云："相拥蒲团睡味长，主人与客两相忘；须臾客去主人觉，一半西窗无夕阳。老读文书兴易阑，须知养病不如闲；竹床瓦枕庐堂上，卧看江南雨后山。浩斋先生雅属，时甲子七月，樊增祥。"钤印"嘉"。

案：两年后的丙寅年（1926年），钱灏不仅请好友李苦李（即李桢）为该扇绘《达摩面壁图》并题识，而且还请国画大师吴昌硕为其题识。李桢系吴昌硕弟子。李桢（1877—1929）的题识云："浩斋先生属画，丙寅夏五，李桢。"钤印"李""四十九年穷不死"。吴昌硕（1844—1927）的题识云："十年面壁壁留影，要知妄动不如静。参书画禅视此境。浩斋先生正属，丙寅八月既望，吴昌硕，年八十三。"钤印"缶"。于是，李苦李所画之《禅》和他与吴昌硕的题识，就成为了成扇的正面，樊增祥的题诗及题识则变成为成扇的背面。（见北京城轩拍卖有限公司"2016年春季拍卖

① 杨钟羲：《雪桥自订年谱》，《近代中国史料丛刊本》，台湾文海出版社1996年版。

② 钱灏（1884—1963），字浩哉，一作浩斋。江苏南通人。早年在南通从事教育建设，亦兼襄地方政事；后任职上海海关。抗战后，弃官隐居。通文墨，喜与当时文人交往。

会”——“中国书画（二）”专场拍卖品，编号：0400）

八月初五日（9 月 3 日），江浙军阀战争爆发。

八月二十一至九月二十五日（9 月 19—10 月 23 日），第二次直奉战争爆发。由于直系热河前线总司令冯玉祥回师北京，发动政变，囚禁贿选总统曹锟，致使直系全线溃败，总司令吴佩孚率领残部退往武汉。冯与奉系军阀共推段祺瑞为中华民国临时政府执政。旋张、段勾结，排斥冯玉祥，北京政权实际被亲日派所控制。

八月二十五日（9 月 23 日），樊山的好友罗惇曧[①]在北京寓所去世。

八月间，樊山曾应芹生先生之请，为其作纸本行楷杂言立轴（177.5×46.5cm）。其题识云：“是则，苏武生别离之世，屈原有烦乱之心，犹得音○易春调，传家看性灵，含吐尤在，○人×剑○，征弹琴有寄。芹生先生雅属。甲子秋八月，增祥。”钤印“武威樊嘉（白）”。（见吉林市房政拍卖有限责任公司“2011 首届书画精品拍卖会”——“艺海拾贝-书画”专场拍卖品，编号：0468）

樊增祥又应雨生先生之请，和萧愻携手，为其作设色纸本成扇。萧愻为其绘画并题识云：“甲子秋日写，为雨生四兄正之，弟萧愻。”钤印“龙樵”。樊山在背面题诗并题识云：“南荆西蜀大行○，幕府旌门相○开。名重司○平○○，○○八阵○风雷。彩露朝望青城○，锦浪秋经白○回。不是郢中清唱○，谁○丞相掞天才。雨生先生雅属。甲子秋八月，增祥。”钤印“嘉”。（见青岛天麒阁拍卖有限公司“2012 青岛之秋艺术品拍卖会”——“旧梦遗痕—近现代书画”专场拍卖品，编号：0527）

同月，北京戏剧公会梨园新馆修葺一新，应好友梅兰芳之邀，樊山老人又为“梨园新馆”撰写了多副楹联：

梦中七日闻钧乐，

① 罗惇曧(1872—1924)，一作惇融，字掞东，又字孝遹，号瘿庵，又号退宾，晚号瘿公。广东顺德人，生于北京。早年入广雅书院，为康有为弟子。后又游张百熙门下。光绪二十六年(1900 年)入京。废科举，报捐主事，官至邮传部郎中。入民国，历任总统府秘书、参议、顾问、国务秘书、礼制馆编纂等职，并为袁克定师。袁世凯称帝，拒不受禄，退出政界，纵情诗酒，流连剧场。与王瑶卿、梅兰芳交往甚密，与程砚秋交往尤密；曾为程砚秋、梅兰芳等编写过不少剧本。晚年贫病交迫，困窘而死。诗文书法，海内驰名。著有《瘿庵诗集》《瘿公词》《鞠部丛谭》及史著《太平天国战纪》《戊戌德宗之密诏》《庚子国变记》《中俄伊犁交涉始末》《中日兵事本末》《拳匪余闻》等。

飞上九天歌一声。

——题北京戏剧公会梨园新馆

渭城一歌，看处处青回杨柳；

斜街小筑，记年年红了樱桃。

——题北京戏剧公会梨园新馆（花厅楹-2）

一艺成名，黄米饭曾入欧史；

此中人语，红梨花发即秦桃。

——题北京戏剧公会梨园新馆（花厅楹-3）

游侠出伶工，待补伶工游侠传；

美人厉男子，莫轻男子美人妆。

——题北京戏剧公会梨园新馆（花厅楹-4）

夏屋此权舆，待扩充广厦庇寒之愿；

春明传乐府，试比较旗亭画壁何如？

——题北京戏剧公会梨园新馆（花厅楹）

大厦初成，瓴甓水石，从平地筑起；

众仙同咏，衣裳霓羽，自开天得来。

——题北京戏剧公会梨园新馆九黄堂（神堂楹）

副末打参军，一样坐堂皇，理民事；

元音通正术，不外舞韶乐，放郑声。

——题北京戏剧公会梨园新馆（正厅楹-1）

人各有能有不能，以能问不能，美术之研求靡尽；

性本有善有不善，劝善惩不善，前贤之用意如斯。

——题北京戏剧公会梨园新馆（正厅楹-2）

同业尽同胞，中养不中，才养不才，生涯彼此关休戚；

选声如选色，美者自美，丑者自丑，外论何尝无是非。

——题北京戏剧公会梨园新馆（正厅楹-3）

举世祀老郎神，佥曰似张道陵，似张元杲；

其徒受帝王教，不知是唐明皇，是唐庄宗。

——题北京戏剧公会梨园新馆（大门楹）

九月初一日（9 月 29 日），樊山自作纸本行书五言诗立轴（122×50cm）。其题识云："甲子九月朔，樊山樊增祥书于京邸。"钤印"五世同堂""天琴老人"。（见青岛中艺拍卖有限公司"2011 首届书画精品拍卖

会”——“中国古近代书画”专场拍卖品）

九月初八日（10月6日），樊山应邀参加好友李释戡①为梅兰芳赴日演出举行的饯行宴集活动。

案：应日本东京帝国剧场之邀，梅兰芳将于是年的10月9日至11月22日，率团第二次赴日演出。在梅兰芳临行的前一天，李宣倜设宴招集友朋为其饯行。颜世清还专门为此次宴集饯别绘制了一幅《秋槎图》。当时与宴的政界、文化界、文学界名流李宣倜、颜世清、樊增祥、梅兰芳、王式通、董卿、邓镕、黄浚、郑孝胥等人为其题名、题签或题跋。此图的题识曰：“浣华以甲子九日再游日本前一夕，释戡饯之。至者樊山、书衡、董卿、韵伯、守瑕、秋岳、苏戡。酒既行，韵伯作图，苏戡题之。”

九月十一日（10月9日），樊山的好友、著名文学家、翻译家林纾在北京寓所去世。

九月间，吴待秋和樊增祥合作设色纸本《书画合璧》镜心。吴徵的题识云：“远岫云封。甲子秋九月，抱鋗居士吴徵，画于春谷堂。”钤印“待秋。”樊山的题识云：“甲子季秋，象贤先生正属，增祥。”钤印“嘉”。

案：次年五月，黄逸儒在该镜心上绘设色纸本镜心——《苍松》。黄逸儒的题识云：“我爱长松君子树，终年苍翠在深山。重他身份缘何事，为磨风雷不改颜。临李复堂册本。乙丑五月，逸儒叟写并题。”钤印“待秋”“嘉”“黄”“逸儒”。

十月初六日（11月2日），曹锟宣告下台，由黄郛摄政。

十月初九日（11月5日），根据黄郛摄政内阁的决定，冯玉祥将军派京畿卫戍总司令鹿钟麟、警察总监张璧和国民代表李煜瀛等进宫，迫令清废帝溥仪在《修正清室优待条件》上签字，并于当天将溥仪（包括婉容和文绣等眷属）驱逐出紫禁城；溥仪只得携家眷暂时搬进北府（其父载沣的醇王府）居住。

十月十四日（11月10日），孙中山应冯玉祥等人电邀，启程北上，并

---

① 李释戡（1876—1961），原名汰书，字蔬畦，号宣倜，亦号散释，别署无边华庵居士，室名“苏堂”。福建闽县（今福州市）人。早年毕业于福州英华书院，经同乡萨镇冰推荐，赴日留学。回国后居京师。曾任广西后路统领、署理龙州镇提督。辛亥革命后，入将军府为将军。精通戏曲音律，曾为梅兰芳编剧。梅派名剧《天女散花》《嫦娥奔月》《黛玉葬花》等，便出自他和齐如山手笔。1961年7月20日卒于上海。工诗文，精戏曲音律，擅书画，著有《苏堂诗拾》《苏堂诗续》《鞠部丛谈校补》等。

发表北上宣言。

十月二十八日（11 月 24 日），所谓中华民国临时执政府成立，段祺瑞就任临时总执政。

十月间，樊山的同乡、好友李绍棻在汉口寓所去世。

十一月初八日（12 月 4 日），樊山的好友方守彝在安庆小南门贲巢病逝。

十一月二十八日（12 月 24 日），段祺瑞执政府公布《善后会议条例》。

十一月间，樊山曾自作水墨纸本行书八言对联："风流见称才华反隐，文章易作庸峭难为。"其题识云："甲子季冬，增祥书。"钤印"五世同堂""天庵老人"。

晚年逐渐淡出政界的樊增祥，常与超社旧友、春社诗人、鄂籍同人左绍佐、周树模诗酒唱和，被时人称为"楚中三老"；又时与鄂籍学者、诗人、民国官员傅岳棻往来唱和。

王揖唐《今传是楼诗话》记载："楚中有三老之称，谓樊樊山、左笏卿、周少朴也。三老均为退宦诗人，入民国后，又均寓都下，文酒过从，一时称盛。吾友傅治芗（岳棻）《和樊山少朴冬日杂咏诗八首》之一云：'城西别有楚人邨，祭酒常推二老尊。剪水方瞳朝对雪，递诗长鬣夜敲门。名园每共深衣乐，好语多如挟纩温。晚岁词情终不退，香山务观漫同论。'其时樊山、少朴均买宅西城，笏卿则寓南城外丞相胡同。笏卿有《和樊山少朴治芗夏日杂兴八首》之一云：'宣南老屋伏魔东，虾菜随时小市通。僧磬屡催归树鸟，书釭时引打窗虫。电飞遥识前山雨，月晕先知翌日风。世事茫茫都不问，此生真作信天翁。'伏魔谓伏魔寺也。樊山有《同朴公过笏卿共饭》诗云：'闲策羸骖过左家，满窗晴日绿阴斜。写诗纸已盈书箧，沽酒钱仍费画叉。陈毅饭增荒后量，（洪江北有'尝笑陈古渔，偏到荒年饭量加'之句。）刘賨菜现榜头花。（菜榜刘賨姓倪。）盘餐总有江乡意，溉釜烹鱼椀覆虾。'少朴有《次答樊山暮春杂兴五首》之一云：'弄翰观书未是慵，案头稿帙积重重。看山螺子盾新画，泻酒鹅儿色未浓。脚力过人能不杖，语音到老尚如钟。檐花细雨宜春帖，近局嫌无二客从（自注：二客谓樊、左二老）。'又樊山《丁巳除夕杂诗》之一云：'坚坐梅边左笏卿，杜门惟我共茶笙。仆夫与我两相语，今日过午犹出城。'读之均可想见道从酬唱之乐。不图今日，尚有老成典型也。樊、周两公，名位较著。笏卿一字竹勿，应山人。清季官粤东南韶连道，有政声。丁卯秋逝世，卒年八十一。诗词均戛戛独造。所为日记，密行精楷，数十年如一日。与樊山交期尤笃，并时楚人中，及与樊山辈行相埒者，只笏卿一人而已。”

十二月初六日（12 月 31 日），孙中山扶病由津入京，受到十万民众的热烈欢迎，并发表《入京宣言》，重申救国主张。

十二月初八日（1925 年 1 月 2 日），应洪砚珠[1]女士之请，樊山为其制作水墨纸本行楷七言对联（82×37cm×2）：“戏放兰花烧榄核，巧排梅瓣斗瓜仁。”其题识云：“瓶隐词句，书为琼华女士玉粲。甲子腊八日，天琴老人增祥。”钤印“天銮老人（朱）”。

十二月十七至二十八日（1925 年 1 月 11—22 日），中国共产党第四次全国代表大会在上海举行。会议除讨论通过了一系列决议案之外，还着重讨论了党如何加强对民族民主革命运动的领导以及党在组织上和群众工作方面如何准备的问题。

是年，好友王修的藏书楼诒庄楼修建完成，特请樊增祥为其题写楼匾，樊山老人欣然挥毫题写道：“诒庄楼　杨弇先生雅属，七十九翁增祥。”

王修曾在《诒庄楼书目·自序》中自述过诒庄楼的来历：“楼名‘诒庄’，壬戌（1922 年）六月，厂贾以明刻《古蒙庄子》来，索重价。余绎览竟，见为先七世祖笠云公知蒙城时所刻，以初未知有此刻本，惊喜欲狂，视同鼎彝，如其值偿留之。……乃意构‘诒庄’，二字乞樊山老人樊增祥作擘窠书，授彝窑韫藏，他日于泉园起书楼，用此署榜，所以追怀祖德，而仍本先大夫述庐之命意也夫”。

是年，曾应景澄先生之请，樊山为其作水墨纸本行书七言镜心（106.5×36.5cm）。其诗与题识云：“老妻书来劝归家，为数乡园乐事赊。彭泽鲤鱼无锡酒，宣州栗子霍山茶。牵萝已补床头漏，扁豆犹开屋后花。旧布衣裳新米粥，为谁留○在天涯。潦倒家园四十秋，亲炊藜藿慰余愁。绝无暇日临青镜，频过荒年到白海。气芳凉门有莺燕，溪光浮荡屋如舟。不能沽酒持相祝，依旧归来向尔谋。景澄先生雅属，七十九翁樊增祥。”钤印“茶仙高寿（白）”。

又应好友胡时愿之请，樊山为其作纸本楷书八言对联：“甘露飞甍庆云承掖，平琮镇瑞方鼎升庖。”其题识云：“晴溪先生雅属。樊增祥书，时年七十九。”钤印“武威樊嘉（白）”“天琴居士（朱）”。

---

① 洪砚珠，字琼华，湖南衡阳人夏绍笙（1875—1939）之妾，著有诗词集四种二十四卷。

又应淦卿先生之请，樊山为其制作水墨纸本行书八言联立轴：“才轶黄初名高白下，香欣意可花恙文无。”其题识云：“淦卿先生雅属，七十九翁增祥。”钤印“武威樊嘉”“天琴居士”。

又应好友顾钰泉之请，樊山为其作有行书七言联：“雪白醅醾红宝相，水精如意玉连环。”题识云：“钰泉先生雅属，七十九翁增祥。”钤印“武威樊嘉”“天琴居士”。

又遵菊斋先生之嘱，樊山为其作水墨纸本行书“荇叶制羹借清牢醴，松花作饭不饱猕猴”条幅（135.5×31.5cm×2）。其题识云：“集北江诗评，菊斋先生雅嘱。樊山樊增祥，时年七十有九。”钤印“五世同堂”“天琴老人”。

又曾应友人崔永安之请，为其制作水墨纸本行书宋诗三首立轴（147×38cm）。其诗及题识云：“乌塘渺渺看平堤，堤上行人各有携。试问春风何处好，辛夷如雪柘冈西。去年此日泊瓜州，衰柳萧萧客系舟。白〇天涯叹沦落，青烟〇〇故宣州。录宋诗三首（案：实际上只有二首），盘石仁兄大雅之属，七十九翁樊山樊增祥。”钤印“武威樊嘉”。又应友人轶陶先生之请，樊山为其制作水墨纸本行书七言诗立轴（134×32cm）。其题诗及题识云：“无事经年别〇公，京城钟晓忆西峰。〇烟销〇寒〇晦，童子开门雪满松。轶陶先生雅属，七十九翁增祥。”钤印“武威樊嘉”。

又曾应心佩先生之请，樊山为其作水墨纸本行书七律诗成扇。其诗及题识云：“王叡祠神歌云：蓪草头花椰叶裙，蒲葵树下舞蛮云。引领望江遥滴酒，白蘋风起水生纹。杈杈山响答琵琶，酒湿青莎肉饲鸦。树叶无声神去后，寓钱飞上木棉花。书为心佩先生雅属，七十九翁增祥。”钤印“嘉”（朱文）①。

又自作有水墨纸本行书八言联立轴（168×26cm×2）：“槛曲萦红檐牙飞翠，莼边檥棹橘后思书。”其题识云：“七十九翁增祥。”钤印“五世同堂”“天銮老人”。（见北京雍和嘉诚拍卖有限公司“2013春季艺术品拍卖会”——“中国书画”专场拍卖品，编号4539）

又自作有纸本行书米元章七言题画诗（略）立轴（93×31cm）。其题识云：“樊山书，时年七十有九。”钤印“武威樊嘉”。（见云南典藏拍卖集团有限公司“2013‘川文藏珍’拍卖会”——“中国书画”专场拍卖品）

① 此成扇为费稳山（1944— ）先生所藏。见其《静斋藏扇》（三），《收藏》2019年第7期。

还自作有水墨纸本楷书八言联立轴（149×37cm×2）：“文梓青牛贞松白鹿，春窗朱鸟雕栏辮虬。”其题识云：“樊增祥，时年七十有九。”钤印“武威樊嘉（白）”“天琴居士（朱）”。

又自制有水墨纸本行书七言诗立轴（87×45.6cm）。其诗及题识云：“松篁台殿蕙香帏，龙护瑶窗凤掩扉。无质易迷三里雾，不寒长着五铢衣。人间定有崔罗什，天上应无刘武威。寄问钗头双白燕，每朝珠馆几时归。樊南诗，阏逢困敦且月，鹅溪老渔增祥。”钤印“武威樊嘉”“天琴居士”。

是年，樊山的好友、文学家、书法家吴庆坻在上海寓所去世。

民国十四年乙丑(1925)　八十岁

正月初九日（2月1日），广州革命政府开始第一次东征，讨伐军阀陈炯明。

正月十三日（2月5日），樊山的好友、书法家、收藏家胡璧城在京城寓所病逝。

二月十二日（3月6日），溥仪在天津设立行在办事处，下设总务、收支、交涉、庶务四处。

二月十八日（3月12日），伟大的民主主义革命先行者孙中山（1869—1925）因患肝癌在北京逝世。

三月初三日（3月26日），樊山与友朋们一起至京师宣南之江亭（今陶然亭）参加稊园诗社举行的修禊诗会，并写有《乙丑上巳约客陶然亭修禊分韵得欲字》（五首）、《治芗江亭修禊拈得爱花字其情文斐迭奉同二首》以纪其事（见《樊山诗词文稿》卷一，上海广益书局1926年版）。

案：此次修禊诗会是近代京城文人最大的一次修禊雅集，实到参加雅集者76人，因故未到但却写了诗交来的有33人，总共109人。会后，与会者所作之诗汇集成《乙丑江亭修禊分韵诗存》（版心题“江亭修禊诗”），不分卷，1册，于当年线装铅印。该诗册由樊增祥为封面题签，首列珂罗版合影一幅；次贺良朴、林彦博、李霈《江亭修禊图》各一幅；再次为丁传靖、李绮青序各一篇；其后录与会者诗词。其前言说：“乙丑上巳日恩施樊增祥樊山、侯官郭曾炘匏庵、山阴王式通书衡、武进庄赟宽思缄、无锡杨寿枏味云……邀客修禊于京师宣南陶然亭，宾主莅止者七十六人，以白乐天洛滨修禊五言一首分韵赋诗……是日邀客一百九人，有未至而补赋者得诗词共九十九首。”①

三月下旬，樊山的好友绍英在北京寓所去世。

三月间，应好友郑世彬之请，樊山与萧俊贤联手作行楷七言诗设色纸本《春江孤帆》成扇（19×53.5cm）。萧氏绘画并题识云：“宜亭先生雅正。天和逸人萧俊贤写，时乙丑三月。”钤印“稚泉”。樊山在背面题诗并题识云：“不觉宫城曙鼓催，卖花声自巷西回。杏烟锁梦寒犹重，柳雪欺春冻始开。晓睇乙禽迟厦贺，朝饥寅蛤○虀材。东园未解丁香结，已有南枝换叶梅。春晓近作，为宜亭先生雅属。八十翁增祥。”钤印“嘉”。（见中国嘉德国际拍卖有限公司“2015 春季拍卖会”——“一角小楼画语温-常任侠藏珍”专场拍卖品，编号：0482）

四月下旬至闰四月上旬（5 月），在中国共产党的领导下，爆发了“五卅运动”，全国掀起了反帝高潮。

闰四月十一日（6 月 1 日），上海实行罢工、罢市、罢课（即总同盟罢工），抗议帝国主义制造的五卅惨案。

闰四月二十九日（6 月 19 日），广东、香港十余万工人为支持、声援五卅运动，反对帝国主义，举行了政治大罢工。此次大罢工（即省港大罢工），坚持了一年零四个月，沉重地打击了英帝国主义，对巩固广东革命根据地、推动北伐战争，起了巨大作用。

五月初四日（6 月 24 日），广东军政府照会各国，要求以废除不平等条约为解决“五卅”惨案的基础。

五月初五日（6 月 25 日），应好友曹汝霖之请，樊山为其制作水墨纸本行楷四言诗立轴（134×32cm）。其诗及题识云：“江郊璁珑，云三倩绚；埼岸斗入，洄潭轮转；初日下照，潜鳞俯见；意钓忘鱼，乐此竿线。润田先生雅属，增祥。乙丑五月五日。”钤印“茶仙亭长。”（见历博国际拍卖（北京）有限公司“2006 金秋艺术精品拍卖会”——“中国书画”专场拍卖品）

五月初九日（6 月 29 日），全世界被压迫民族国民大会在北京召开。

五月十一日（7 月 1 日），广东军政府改组为国民政府，汪精卫任主席。

五月下旬，樊山曾自制水墨纸本楷书七言联（131×30cm×2）：“宫衣

① 樊增祥等撰：《江亭修禊诗一卷》，1925 年；樊山所作之诗，又见《乙丑江亭修禊分韵诗存》第 9、37 页。

蛱蝶晨风举，画帐梅花夜月停。”其题识云：“乙丑五月下浣，八十翁增祥。”钤印“天琴老人”“五世同堂”。（见浙江长乐拍卖有限公司“2017年春季艺术品拍卖会”——“中国书法对联”专场拍卖品，编号：0143）

五月间，樊山曾与萧愻合作设色纸本《清溪闲钓》扇轴（19.5×55cm×2）。扇轴的正面是萧愻所绘之《清溪闲钓》图，其题识云：“奉皆仁兄正之，弟萧愻，乙丑五月写。”钤印“龙樵（朱）”。樊山在背面以行书题诗及题识云：“小结尧夫安乐窝，未须贡父笑田螺。玉晶何者非如意，松柳天然作养和。东阁寒香归砚井，西山晴翠入茶锅。明年甲子从头起，满种园花命郭驼。八旬翁樊增祥书旧句。”钤印“琴心（朱）”。（见北京传世国际拍卖有限责任公司“2005秋季拍卖会”——“中国书画（二）”专场拍卖品，编号：0329）

六月间，经友人的介绍，樊增祥与著名小说家徐枕亚结识，并收徐枕亚为徒学习书法，还亲笔写有《枕亚贤友鬻书润格》，盛赞徐枕亚青出于蓝胜于蓝，为徐枕亚在京城鬻书广作宣传；随即由樊增祥出面，为门生向清末状元刘春霖之女刘沅颖[1]求婚；由于有樊增祥的出面，很快得到刘春霖的同意，樊山为徐枕亚和刘沅颖办理了订婚仪式。

案：关于樊增祥收徐枕亚为门生，并作伐成就了徐、刘才子佳人的一段姻缘，一时被传为艺林佳话之事，详见李海珉的《徐枕亚，鲜为人知的鸳鸯蝴蝶泪》一文（见《档案春秋》2013年第3期）。

七月初二日（8月20日），国民党左派领袖廖仲恺在广州被反动派暗杀。

八月十一日（9月28日），楚中三老之一的周树模在北京寓所去世。

八月十四日（10月1日），广东革命军进行第二次东征，讨伐军阀陈炯明。

九月间，叶挺独立团在广东肇庆成立，隶属于国民革命第四军。

十月初八日（11月23日），国民党右派在北京召开西山会议，参加会议的有叶楚伧、邵元冲、石瑛、张继、谢持、邹鲁、居正、林森等十余人，史称西山会议派。他们策划另立国民党中央，反对孙中山的三大主张。

十月十五日（11月30日），樊山的好友安维峻在秦安老家的柏崖山庄

① 刘沅颖（1904—1936），字芷云，直隶河间府肃宁县人。清末状元刘春霖之女。工诗词歌赋。

去世。

十一月初一日（12 月 16 日），为樊山的八十寿诞。好友郭则沄特作水墨纸本楷书贺帖（131.5×68cm）五言诗六首为其祝寿。其诗及题识云："世望湖阳贵，高名冠阆蓬。好春留渭北，少日拟巴东。怀憓民情厚，翘才国论公。镜烟吟卷在，披室想清风。恻怛兴元诏，儒臣载笔随。宣风三辅肃，浴日两宫知。大计资周舍，高文属庾持。依依温室树，回忆是明时。再起收时望，南征鬓未斑。官如三事衲，宅傍六朝山。雪竹寻诗健，红梅写梦闲。节楼宾从盛，文彩动江关。频岁王城隐，林居绝众嚣。得天征乐易，忧国讬风谣。选鞠饶新赏，峨松共后凋。倏然丹顶鹤，逸翮迥云霄。齐眉兼贵寿，绕膝逮曾元。自昔推全福，于公见达尊。娱闲开栎社，投老胜柯村。晚健关天意，横流待手援。父执公尤契，儒宗世所型。十科论后辈，四社数修龄（寒山、晚晴、稊园、蛰园四社咸推公为祭酒）。纪庆仍虞腊，司文是楚星。相从浮菊醉，待叩摄生经。樊山老伯大人八秩双庆，馆世愚侄郭则沄拜祝。"钤印"郭则沄""啸麓"。（见中国嘉德国际拍卖有限公司"中国嘉德 2017 秋季拍卖会"——"笔墨文章-信札写本"专场拍卖品，编号：2643）

十一月间，后辈友人、时任北京临时政府秘书的曹经沅在广和居宴请前辈樊增祥和陈宝琛等人。樊山感其盛情，作《纕蘅招饮广和居即席有作》七律一首相赠："闲里堂堂白日过，与君对酒复高歌。都京御气横江尽，金铁秋声出塞多。未信鱼羹输宋嫂，漫将肉饼问曹婆。百年掌故城南市，莫学桓伊唤奈何。"

陈宝琛阅读了樊山的即席之作，亦即席作《次韵和樊山广和居即席作》一诗相赠（见《沧趣楼诗集补遗》,《沧趣楼诗文集》第 270 页）。

同月里，好友、时任民国国会参议员、财政部次长的杨寿枏，个人出资在家乡无锡惠山头茅峰张家坞山腰忍草庵（又名香界庵）贯华阁原址，将已毁于战乱的忍草庵贯华阁重建。竣工后，他不仅自己写了一篇《重修贯华阁记》，而且还邀请樊山老人为之作记。樊山老人乃欣然命笔，为之作《重修贯华阁记》相赠：

> 侧望第一山，俯临第二泉。杰阁三重，飞翠流丹。其始也，俊及厨顾，方袍幅巾之所，游息其继也。蔓草荒烟漠然，徒见山高而水寒。盖盛于国初诸老，而陵替于嘉道之间。自咸同霜燹之余，夷为瓦砾，废为樵苏，又百许年矣。

味云杨子，振奇之士，骨相嵚崎，词章清绮。披仙雾而豹泽，凌青霞而鹄举。迁续谈书，固承彪旨。盖先德用舟公景，昔贤循故址，欲复还旧观而志未逮也。乙丑之冬，吴越弥兵，君还乡里，将试绣凤之手，先成画象之记。盖地以人重，名从实起。梁汾之客以纳兰侍中为上宾，而斯阁之传以踏月去梯为韵事也。

先是梁汾北征，名满艺林。相公设礼，公子盍簪。忘年结云霞之契，倚声同笙磬之音。人之相知，贵相知心。此也，以吴季子之难而不嫌于屈膝；彼也，赎宁古塔之罪而罔吝乎千金。是则元献之于君玉其谊之笃，令狐之于玉溪不如其交之深。今试观《楚颂亭》诸集，宁有舵公不慎之谑，与贵官行马之吟哉。既而梁汾归田，容若扈跸，驻辇金陵，挂帆无锡。嘉宾鳞萃，胜流云集。如侍中者系出曼殊，温同荆玉，风貌似吴人，交游半江浙。含冰雪之聪明，带烟波之气息。簪花落笔、斜行之玉版十三，饮水能歌、垂发之女郎十七。固自以为生公侯之家，不若入苏杭之籍也。于斯时也，风清月白，林密花稀。话今情与昔欵，商酒约与诗题。虑杂宾之久座，爰登高而去梯。大夫何需乎便了，涪皤安事乎跛奚。烂糜防太邱之儿，窥墉阻山公之妻。有琴以代枕、有月以代烛、有茶以代酒、有果以当粥。缥烟缶乏，助一夕之清谈；青素婵娟，媚两贤之幽独。今宵灯下、听残邻寺之钟声，明日城中、写遍草堂之诗幅。此高阁之所以不朽，而胜游之难于再续也。

味云风雅，主盟乡邦，怀古低徊忍草之庵，出入松苓之鸥。手栽拱把之树，已随松盖摛云。雏年洒扫之僧，或共梅花下火叶。于是有志竟成，程功以序。筑之登登，于时处处。三层峭业、依然宏景之松风，七宝玲珑，深费吴刚之玉斧。所惜者，榜书金字、早化池灰，玉貌兰缣、并沦黄土。或者九里之碑尚待重书，而双笠之图犹烦再补乎。登阁望其南，则太湖层峦叠嶂，左右映带，若箕张而翼舒。有时烟雨空濛，不知山色有无也。其北则九峰如屏如瓯、如狮如龙。白云涌出，釜气蓬蓬，不知其几千万重也。冷泉刁坎流其西，戛云宝铎鸣其东。泉之外皆石。石之外皆松。泉洗中流月，松鸣日夜风。风潴月波，与三百年前梁汾、容若登高去梯时无异同也。风月常新，湖山故在，何必古人？正赖我辈。昔者来践书岩之约，何取昙华一现之孙。今也重搴侧帽词人，定烦香茗多才之妹。（谓令苐女士）八十叟樊增祥撰[①]。

十一月十七至十二月初六日（1926 年 1 月 1—19 日），中国国民党第二次全国代表大会在广州召开。

年底，樊山已是八十老人，自制水墨纸本行书七言诗立轴（93×41cm）以自贺。其诗及题识云："不见双连冷玉波，鲜鲜霜叶比花多。紫澜补士东西海，绿浪横分大小峨。菱女歌随晚露动，枫人○为夕阳○。放船红树青山底，错认君为张志和。鹅溪老渔樊山樊增祥，书于天琴琴天阁。"钤印"樊山八十后作"。（见上海鸿海商品拍卖有限公司"壬辰年秋季艺术品拍卖会"——"古调今韵—中国书画"专场拍卖品，编号：0808）

又请好友郑孝胥为自己作水墨纸本行书四屏轴（135×32cm×4）。郑氏书文及题识云："乐毅报书辩以义，范雎上疏密而至，苏秦历说壮而中，李斯自奏丽而动。若在文世，则杨、班俦矣。荀况学宗，而象物名赋，文质相称。汉室陆贾，首发奇采，赋孟春而选典诰，辨之富矣。贾谊才颖，陵轶飞兔，议惬而赋清，岂虚至哉！增祥仁兄雅属，孝胥。"钤印"郑孝胥印（白文）""太夷（朱文）"。（见江苏聚德拍卖有限公司"2017 春季艺术品拍卖会（宜兴专场）"——"书画夜场"专场拍卖品，编号：0075）

十二月间，弟子徐枕亚携未婚妻刘芷云出京回常熟，临行前曾来函及赠诗，樊增祥遂作诗回赠相谢（见上海工美拍卖有限公司"2009 春季拍卖会"——"中国书画"专场拍卖品——《樊增祥致徐枕亚、刘芷云信札、诗稿九通》，编号：0723）。

是年，应好友王正廷之请，樊山为其作水墨纸本行书七言联立轴（125×27cm×2）："榄子烧香云母火，樱桃行酒水精盘。"其题识云："子白先生雅属，八十翁祥。"钤印"武威樊嘉（白）""天琴居士（朱）"。（见宝港国际拍卖有限公司"2016 春季拍卖会"——"明道若昧—皇宫藏珍及中国古代书画"专场拍卖品）

樊山又自作水墨纸本行书十七言联屏轴（130×14cm×2）："金管纪德，银管纪功，斑竹管纪文，隆吾门望；奇花在庭，奇书在手，奇山水在目，适我性情。"其题识云："抱冰师尝书此联，仿之。八旬翁樊山樊增祥。"钤印"武威樊嘉（白）"。（见上海大众拍卖有限公司"2005 春季艺术

① 此文见之于剑锋冷然的"新浪博客"博文——《"忍草庵"诗文辑录》，因不见存于他处，故全文逐录。

品拍卖会”——“中国名家书画（二）”专场拍卖品，编号：0409）

樊山另作有“两笔画兰三笔画大士，左手取印右手取干戈”条幅。此条幅于2014年在北京某拍卖公司秋拍，以17.2万元之高价成交。（见薛翔《先有樊增祥后有齐白石另有梵高》，《收藏与投资》2014年第7期）

是年，樊山的好友崔永安在杭州寓所去世。

是年，樊增祥的《樊山戏著滑稽诗文集（初编）》一书，由上海广益书局铃印发行，后附其滑稽小说《琴楼梦》。

民国十五年丙寅(1926)　八十一岁

正月二十五日（3月9日），长沙召开市民大会，成立湖南人民临时委员会。

二月初五日（3月18日），北京发生帝国主义勾结军阀破坏中国革命而制造的屠杀中国军民的事件，史称“三一八”惨案。

二月初七日（3月20日），广州发生反共阴谋的中山舰事件（亦称“三二〇”事件）。

同日，中国共产党发表反对段祺瑞屠杀民众的《告全国民众书》。

三月二十八日（4月17日），第一次全国农民代表大会在广州召开。

三月间，国民军驱逐段祺瑞下台，临时执政府在全国人民的声讨中倒台。

四月二十六日（6月6日），蒋介石出任北伐军总司令。

四月间，叶挺独立团作为国民革命军北伐军的先遣队，奉命出师湖南。

五月二十二日（7月1日），广东革命政府发布《北伐宣言》。

五月间，应公达先生之请，樊山为其作七言绝句行书纸本立轴（130×31cm）：“日日经雷送雨声，小窗历乱竹枝横。乡痕时落还时涨，枕上看山秋欲生。”其题识云：“夏夜纳凉一首，书为公达先生两政。天琴老人增祥，时年八十有一。”铃印“增祥长寿”。（见北京泰和嘉诚拍卖有限公司“2011年3月书画·古籀拍卖会”——“中国书画（一）”专场拍卖品）

五月三十日（7月9日），国民革命军在广州举行北伐誓师大会。

同月里，樊山的好友、金石、碑帖、书画收藏、鉴赏家裴景福在霍邱老家去世。

六月初三日（7月12日），叶挺率领的北伐军先遣队攻占长沙等地。

六月二十三日（8月1日），汉阳兵工厂工人举行总罢工。

六月间，应好友叔达先生之请，樊山为其书设色纸本行书《安居乐业》成扇（18×44cm）。其题诗及题识云："小扇〇风细，生衣觉露侵。星河少灾象，晴雨付闲吟。蝶宿衔花隐，稳萤入竹林。深〇然得佳，语即是纱明。右纳凉一首。丙寅夏，书于天琴琴天阁。叔达先生雅属，增祥。"钤印"嘉（朱）"。

案：四个月前，叔达先生曾请齐白石先生为他绘有设色纸本《安居乐业》成扇。白石先生的题识云："叔达三先生之雅，丙寅二月，齐璜。"钤印"老白（白）"。四个月后，再请樊山为其扇题识。于是，便成为今天所能见到的齐、樊携手完成的《安居乐业》成扇珍品。（见上海铭广拍卖有限公司"2015年秋季艺术品拍卖会"——"中国书画"专场拍卖品，编号：26）

七月初四日（8月11日），得知弟子徐枕亚和未婚妻刘芷云由家乡返京，乃作诗（略）相赠（见上海工美拍卖有限公司"2009春季拍卖会"——"中国书画"专场拍卖品——《樊增祥致徐枕亚、刘芷云信札、诗稿九通》，编号：0723）。

七月十七日（8月24日），樊山的好友张謇在南通老家病逝。

七月二十至二十三日（8月27—30日），国民革命军北伐军先遣队攻占湖北的汀泗桥、贺胜桥。

七月二十九日（9月5日），英国军舰炮轰四川万县，死四千余人，造成"万县惨案"。

七月三十日（9月6日），樊山的好友、著名画家金城在上海寓所病逝。

七月间，樊山曾自作水墨纸本行书《冬兴咏怀八首之一》立轴（131×22cm）。其诗及题识云："白家暖阁新糊煮，饼煎茶就地〇冬。〇风〇春夜逊老，年怀抱少年无鸡。〇羹本烹〇〇梅，占花头美在〇著。我〇般香窟里有，谁能写草〇〇纸。《冬兴咏怀八首之一》，丙寅孟秋，天琴老人增祥书。"钤印"增祥长寿""百壶居士"。（见中国嘉德国际拍卖有限公司"嘉德四季第二十七期拍卖会"——"中国书画（十三）"专场拍卖品，编号：1569）

又曾应楷南先生之请，樊山为其制作水墨纸本行书《梅花盛开》诗立轴。其诗及题识云："暖透孤根雪乍消，冰花万点缀寒条。寻幽欲寄山中客，忘却西湖有断桥。丙寅秋日，楷南太史正。樊山樊增祥。"钤印"武威樊嘉（白）”“天琴居士（朱）”。（见上海鸿盛拍卖有限公司“2016秋季拍卖会”——“中国书画（二）-书法墨迹暨古代绘画”专场拍卖品，编号：5690）

八月初一日（9月7日），国民革命军北伐军相继占领汉阳、汉口。

八月初九日（9月15日），樊增祥为好友姚孟起[①]制作水墨纸本行书七律诗（略）扇面（18×57cm）。其题识云：“丙寅八月九日，偶遇凤荪同年闲话，书赠一律，希正之。九九翁祥草书。”（见保利香港拍卖有限公司“保利香港笔墨芳华—中国书画拍卖会（3期）”专场拍卖品，编号：101）

八月十一日（9月17日），冯玉祥在绥远五原（今属内蒙古自治区）誓师，就任国民联军总司令，加入国民革命军，并向甘肃、陕西进军，与北伐军南北呼应。

八月间，应振樑先生之请，樊山曾为其制作水墨纸本七言诗行楷立轴。其诗及题识云：“凌〇翠〇三千丈……十里林峦香雾中。振樑先生雅属，丙寅壮月，八十一翁增祥。”（见中国嘉德国际拍卖有限公司“嘉德四季52期秋季拍卖会”——“古籍善本，笔墨文章”专场拍卖品，编号：2529）

是年秋，樊山老人与自青岛进京的后辈好友冒鹤亭及京中友朋多次往来相聚、宴集唱和。《冒鹤亭先生年谱》中记载说：“是秋，先生又与樊山唱和数次，作《宏光三宫诗和樊山》《再和樊山宏光三宫诗》《三和樊山宏光三宫诗》《同樊山若木阘公彤士登市楼茗话便共晚饭和樊山韵》《樊山以诗贺余生孙即次元韵祝其八十一大寿》《樊山再以诗贺余得第二孙次韵奉谢》《贺樊山先生重宴鹿鸣》多首。”[②]

九月初四日（10月10日），国民革命军北伐军攻占武昌，吴佩孚兵败，二万余人被歼灭。

九月初九日（10月15日）重阳节，樊山老人应邀与郭曾炘、王式通、联魁、丁传靖、黄维翰、张悦龄、关赓麟、周贞亮、孙雄、邓北堂等友朋一起外出登高。

九月间，日本学者波多野乾所著之《京剧二百年历史》一书，由上海启智印务公司出版发行，其中记载说：“樊增祥、易实甫、奭召南、罗瘿公、冯

① 姚孟起，生卒年不详，字凤生，一作凤笙。江苏吴县（今苏州市）人。贡生。工书法，善篆刻，亦作画。

② 冒怀苏：《冒鹤亭先生年谱》，学林出版社1998年版，第246页。

耿光诸氏，谓兰芳为巧玲之孙，极力捧场。”①

十月初四日（11 月 8 日），国民革命军北伐军进入南昌，歼灭了孙传芳的主力。

十月十八日（11 月 22 日），应同庵先生之请，樊山与萧俊贤合作山水成扇一把。萧氏正面的题识云：“同庵先生雅正。天和逸人萧俊贤写，时丙寅小雪前一日。”钤印“稚泉”。樊山在背面的题诗（略）并题款云：“同庵先生雅属，增祥。”钤印“嘉”。（云南典藏拍卖集团有限公司“全国文物商店文物艺术精品联合拍卖会”——“中国书画”专场拍卖品）

十月二十七日（12 月 1 日），张作霖在天津就任“安国军总司令”，并发表长篇的《反赤宣言》。

十月间，兄长徐天啸专程赴京，为徐枕亚和刘沅颖举行了隆重的结婚仪式——这对才子佳人在樊山老人的作伐下，终结秦晋之好。

十一月二十八日（1927 年 1 月 1 日），国民党中央政治会议决定将国民政府从广州迁往武昌。

十一月下旬，樊山曾与冒鹤亭等友朋在银锭桥西（今北京市西城区什刹海地区）相聚，煮茗论字，并作有水墨纸本七言诗立轴一幅（2019 年 2 月首都博物馆展品）。其诗云：“银锭桥西欲暮天，东来佳客与流连。风襟淡远京尘外，天地萧寥小雪前。论字颇含钗角意，煮茶徐散竹垆烟。兵争未息犹行乐，兵弭何妨更放颠。”其题识云：“冬初鹤亭见过。丙寅冬月下浣，八十一翁樊增祥。”钤印“茶仙亭长”“樊山八十后作”②。

十二月十八日（1927 年 1 月 21 日），樊山的友人、原参政院院长溥伦在天津府邸去世。

是年，曾应友人唐尔炽之请，樊山为其作水墨纸本行楷八言联（150×40cm×2）：“栝柏豫章蔚为梁栋，芝兰玉树生于庭阶”。其题识云：“汝楣先生雅属。樊山樊增祥，时年八十有一。”钤印“武威樊嘉”“天琴居士”。（见中国嘉德国际拍卖有限公司“中国嘉德 2017 秋季拍卖会”——“笔墨文章-信札写本”专场拍卖品，编号：2634）

又应锡余先生之请，樊山为其制作水墨纸本楷书九言联立轴：“孟长史

① 转引自吴开英：《梅兰芳若干史实考论》，辽宁大学出版社 2015 年版，第 169 页。

② 此立轴今藏首都博物馆，详见王迎新《浅析民国时期晚清遗民在京社交活动——从樊增祥晚年的一件书法作品说起》，《博物院》2019 年第 2 期。

府中有三素望，元领军门下见一神人。”其题识云：“锡余仁兄雅属，九九翁樊增祥。”钤印“武威樊嘉”“天琴居士”。（见北京翰海拍卖有限公司“瀚海·晋宝 2009 艺术品拍卖会”——“中国书画（一）”专场拍卖品，编号：0483）

又曾应麟书先生之请，樊山为其制作水墨纸本行楷九言联立轴：“天爵自尊何簪缨足慕，佛像非瘦乃臂胛太肥。”其题识云：“麟书先生雅嘱，天琴居士增祥，时年八十有一。”钤印“武威樊嘉”“天琴居士”。（见北京保利国际拍卖有限公司“北京保利 2014 春季拍卖会”——“古籍文献，名家翰墨”专场拍卖品，编号：4046）

又曾应稚芗先生之请，樊山为其制作水墨纸本行楷七言联立轴：“宫衣蛱蝶晨风举，画帐梅花夜月停”。其题识云：“钱牧翁语。稚芗先生雅属，九九翁增祥。”钤印“樊嘉私印”“天蜜老人”“五世同堂”。（见北京雍和嘉诚拍卖有限公司“2013 年秋季艺术品拍卖会”——“中国书画”专场拍卖品，编号：5028）

又曾应仲实先生之请，樊山为其制作水墨纸本行楷七言联立轴：“楸枰敲落水仙花，琴几研光麋绿竹。”其题识云：“仲实先生雅属，九九翁樊增祥。”（见中国嘉德国际拍卖有限公司“嘉德四季 51 期拍卖会”——“古籍善本，笔墨文章”专场拍卖品，编号：3498）

又应表侄孙于士俊之请，樊山为其制作描金山水腊笺行书七言诗立轴（104×51cm）。其诗及题识云：“吾考一姊晚适杨，历今四世始炽昌。黄童江夏称无双，最工筹策能文章。吾姑仙去六十载，见君宜如何宝爱。老我常念旧家山，喜君扬名新世界。赋赠子安贤表侄孙，聊老家姻谊云尔。增祥。”钤印“樊山八十后作（白）”。（见西泠印社拍卖有限公司“2012 秋季拍卖会”——“近现代名人手迹暨纪念对日抗战七十五周年”专场拍卖品，编号：2970）

是年，樊山的旧友、同僚、清末权臣贻谷在直隶易州（今河北省保定市易县）病逝。

案：樊山与贻谷于 1899 年相识于恩主荣禄的幕府，朝夕相处一年多；后慈禧太后与光绪西狩，两人又在西安行在相处一年多，可谓老友。贻谷（1856—1926），原名晋昌，字蔼人，乌雅氏，满洲镶黄旗人。光绪元年（1875 年）举人，以主事分兵部，晋员外郎。十八年（1892 年）成进士，并由翰林院编修累官至内阁学士。两宫西狩，随扈西安，授兵部左侍郎。

1902年任为督办蒙旗垦务大臣，赴绥远督办西蒙垦务；同年加授理藩院尚书衔，1903年又授绥远将军。1908年遭弹劾被革职。1911年被发派新疆效力赎罪，后改判至川边。因武昌起义爆发，他被安置在直隶易州。1921年，北洋政府下令为其平反，又予以褒奖。1926年病逝。遗著有《绥远奏议》《垦务奏议》《蒙垦续供》等。

是年，上海广益书局刊印《樊山诗词文稿》十二卷。

是年，上海文明书局刊印《樊樊山诗抄》一卷（《现代十大家诗钞》本）。

是年，樊山弟子、挚友余诚格在安庆天台里寓所去世。

是年，樊山的好友秦树声在北京寓所去世。

是年，在好友郭兆霖为表彰其曾祖母廖太夫人懿德淑行所建“天褒节孝”牌坊落成之时，樊山应邀制作了一帧水墨纸本行书七言诗立轴相赠。其诗及题识云：“节著松筠冰雪姿，家风纯孝见明规。崇严壶训真师表，芬郁人间有母仪。凤诰九重褒懋德，熊丸千载念仁慈。等伦荣迈长余庆，嘉荫留芳碧玉枝。郭母廖太夫人蒙恩旌表节孝建坊成立，敬赋一诗。樊增祥。”

民国十六年丁卯(1927)　八十二岁

正月初七日（2月8日），樊山的原上司、朋友张人骏在天津寓所去世。

正月十八日（2月19日），国民革命军北伐军攻入浙江杭州。

正月间，应好友谢天锡之请，樊山为其作水墨纸本行楷七言诗立轴（102×51.5cm）。其诗与题识云：“落星江水接天流，花絮飞时暮雨收。波底鲤鱼东去否，尺书烦汝寄扬州。柳絮飞时话离别，梅花开后待郎归。梅花开后无消息，更待明年柳絮飞。丁卯端正月，蘅窗先生正属。樊山樊增祥，时年八十有二。”钤印“五世同堂”“天琴老人”。（见上海国际商品拍卖有限公司“2003秋季艺术品拍卖会”——“中国书画（二）”专场拍卖品）

二月初三日（3月6日），蒋介石制造了赣州惨案，杀害赣州总工会委员长、共产党员陈赞贤。

二月初五日（3月8日），应岑寂先生之请，樊山为其作水墨纸本行楷四条屏（128×30cm×4）。其诗（略）及题识云：“赠致仕藤庶子先辈。丁卯小花朝后三日，雪不寒。端居多暇，因录刘梦得古今体诗各一首，以遣岑寂。八十二翁樊山樊增祥，书于伽楠馆。”钤印“天琴老人”“五世同堂”。（见北京九歌国际拍卖股份有限公司“2006 春季大型书画艺术品拍卖会”——“‘凝翠轩’中国书画”专场拍卖品）

二月初七至十四日（3 月 10—17 日），中国国民党二届三中全会在汉口召开，会议通过了维护孙中山三大政策、提高党权，反对蒋介石军事独裁等项决议。

二月十三日（3 月 16 日），蒋介石以武力解散拥护孙中山三大政策的国民党南昌市党部，解散江西省学联，封闭国民党左派的《贯彻日报》。

二月十四日（3 月 17 日），蒋介石又捣毁国民党左派的九江市党部和总工会，并组织反共游行。

二月十七日（3 月 20 日），蒋介石抵达安徽安庆，收买暴徒杀害革命群众。

二月十八日（3 月 21 日），在共产党人周恩来、罗亦农、赵世炎、汪寿华等领导下，上海八十余万工人进行总罢工，随即举行武装起义——上海工人第三次武装起义；两天后，起义工人武装占领全上海，并建立了上海特别市临时政府。

二月二十一日（3 月 24 日），当北伐军攻占南京时，美、英、法、意等帝国主义借口保护侨民和领事馆，命令其停泊在下关江面的军舰炮击南京，打死打伤中国军民二千余人，房屋财产损失无数，史称南京惨案。

二月二十三日（3 月 26 日），蒋介石秘密抵达上海，与帝国主义者、上海买办资产阶级筹划反革命大屠杀。

三月初五日（4 月 6 日），奉系军阀搜查苏联驻华使馆，逮捕苏联外交人员和在使馆中避难的李大钊等六十余人。

三月初十日（4 月 11 日），樊山的好友叶德辉因反对国民政府和国民革命军领导的北伐战争，破坏工农运动，在长沙被农民所杀。

三月十一日（4 月 12 日），以蒋介石为代表的国民党新右派集团在上海发动了反革命政变，残酷捕杀共产党员、革命群众和镇压革命运动，史称“四一二”反革命政变。

三月十四日（4 月 15 日），国民党反动派在广州发动反革命政变，捕杀共产党人、工人积极分子二千人，史称“四一五”惨案。

三月十七日（4 月 18 日），蒋介石在南京成立代表帝国主义和地主买办阶级利益的国民政府，并通过清党决议。

三月（4月）间，樊山作有水墨纸本行书书论一则：“魏武帝如幽燕老将，气慨沉雄；曹子建如三河年少，风流自赏；陶渊明如绛云在霄，舒卷自如；谢康乐如东海扬帆，风日流丽；鲍明远如饥鹰独出，奇矫无前”立轴（128×61cm）。其题识云：“丁卯三月，八十二翁樊增祥。”钤印“天琴老人”“五世同堂”。（见北京东方大观国际拍卖有限公司“2015春季拍卖会”——“中国近现代书画”专场拍卖品，编号：0241）

四月十五日（5月15日），因生活困难，樊山曾托好友傅增湘致函商务印书馆张元济云：“樊山托售四库底本宋元人集五十余部，其中未刻者占八九成。言售五千元，不知馆中可留否（有数部非馆抄）？”（见韦力《樊增祥：生平恩怨两文襄》，《收藏》2011年第10期）后因商务印书馆经费紧张，此事未成。

四月二十一日（5月21日），湖南反动军官许克祥受何键的指使，在长沙发动了反革命的叛变，袭击革命组织，捕杀共产党员和革命群众；随后在全省开始了反革命的大屠杀。因此日的电报代日韵目是“马”字，故史称马日事变。

五月上旬，武汉政府北伐军与冯玉祥所部在郑州会师。

五月十一日（6月10日），汪精卫和冯玉祥在郑州举行会议，密谋反共事宜。

五月十六日（6月15日），应好友晓楼先生之请，樊山为其制作水墨纸本行书七言诗立轴（130×64.5cm）。其诗及题识云：“地僻西城似远村，萧萧槐柳荫间门。去来○篆云无○，活泼诗心水有源。新○写○生○性，旧衣叠皱○罗痕。静中偶觉瓶笙闹，消受溪茶半盏温。《夏日偶书》，晓楼仁兄雅属。丁卯五月既望，增祥书。”（见中国嘉德国际拍卖有限公司“嘉德四季51期拍卖会”——“古籍善本，笔墨文章”专场拍卖品，编号：3495）

五月十九日（6月18日），张作霖在北京就任“中华民国陆海军大元帅”。任命潘复为内阁总理，发表了九个部的总长名单和军政府组织令，组成了安国军政府——这是北洋军阀最后的小朝廷。

五月二十一日（6月20日），冯玉祥在徐州与蒋介石举行徐州会议，决定实行“宁汉合作”，共同反共。

五月间，樊山曾自制有水墨洒金笺七言诗行书立轴（125.5×41cm）。其诗及题识云：“不作人间考据诗，误书年老怕沉思。商量旧学兼华实，吾爱吾乡卢脊之。丁卯五月，八十一翁增祥。”钤印“增祥长寿”“天琴老人”。（见中国嘉德国际拍卖有限公司“中国嘉德香港 2018 春季拍卖会”——“观想——中国书画—四海集珍”专场拍卖品，编号：1271）

同月里，北京《顺天时报》刊登通知：“为鼓吹新剧，奖励艺员，现举行征集‘五大名伶’新剧夺魁投票活动。”①

六月初六日（7 月 4 日），樊增祥应鲁声先生之请，为其书水墨纸本行书王仲初《宅词》（略）立轴。其题识云：“王仲初宅词。丁卯天贶日，鲁声先生雅属。八十二岁老人，增祥。”钤印“天琴老人（朱）”“五世同堂（白）”。（见广东融德国际拍卖有限公司 2007 拍卖会融德国际书画家具精品专场拍卖品）

六月十七日（7 月 15 日），汪精卫集团在武汉发动反革命政变，公开宣布与共产党决裂，随即大批屠杀共产党人和革命群众，第一次国内革命战争失败，史称“七一五”反革命政变。

六月二十五日（7 月 23 日），由北京《顺天时报》举办的“五大名伶新剧夺魁”评选活动，历时一个月的投票，终于有了结果：梅兰芳以《太真外传》荣登榜首，其余依次是尚小云的《摩登伽女》、程砚秋的《红拂传》、荀慧生的《丹青引》、徐碧云的《绿珠坠楼》。这五出戏被称为五大名剧。而五人中，因徐碧云离开舞台较早，故观众多只称四大名旦的名字。

评选结果出来后，樊山为后辈好友荀慧生入选四大名旦感到高兴，乃撰“用百倍功，身成名立；退一步想，心平气和”的八言对联一副相赠，表示祝贺。

案：荀慧生平生尊奉的信条是：“本人向来不跟官府来往。”对于那些不讲理法和人性的政府，他采取的办法就是一个字——“避”；万一不行便“拼”，表现出一个中国人的正义之气。

台湾著名剧评家丁秉鐩曾说：“四大名旦的成名次序，是梅、尚、程、荀。所谓‘四大名旦’这个头衔，就是捧荀的人创造出来的，把荀慧生归入名旦之林，想与梅、尚、程三人居于同等地位……”。（见丁秉鐩《菊坛旧闻录》，中国戏剧出版社 1995 年版，第 259 页）

七月初四日（8 月 1 日），在周恩来、贺龙、朱德、叶挺、刘伯承等人的领导下，爆发了南昌起义，打响了武装反抗国民党反动派的第一枪，成为中

① 见北京《顺天时报》1927 年 6 月 29 日第五版。

国共产党独立地领导革命武装斗争的开端。

七月初六日（8 月 3 日），樊山的好友冯煦在上海寓所去世。

七月二十二日（8 月 19 日），南昌起义军攻占江西瑞金。

八月初四日（8 月 30 日），湖南省委成立以毛泽东为书记的前敌委员会，作为秋收起义的最高指挥机关。

八月初六日（9 月 1 日），得知好友徐枕亚已由家乡返回京城（徐氏于去年九月南下回乡，夫人刘氏则留京），樊山有诗（略）相赠（见上海工美拍卖有限公司“2009 春季拍卖会”——“中国书画”专场拍卖品——《樊增祥致徐枕亚、刘芷云信札、诗稿九通》，编号：0723）。

八月初八日（9 月 3 日），樊山参政院的同事、友人赵尔巽在北京寓所去世。

八月十四日（9 月 9 日），毛泽东以中央特派员的身份和湖南省委在湘赣边界领导了著名的秋收起义。同年九月底，起义部队到达井冈山，创建了中国共产党领导下的第一个农村革命根据地。

八月十八日（9 月 13 日），樊山自制水墨纸本行书七言诗立轴（130×31cm）。其诗及题识云：“暮春才得峭寒轻，晓过东园觉眼明。此是花朝前后景，淡黄柳色嫩黄莺。○过清明燕始飞，娇蝉秀黛倚金○。春人妙得桃柯衬，深色花前浅色衣。丁卯中秋后三日，天琴老人樊增祥书，时年八十有二。”钤印“天銮老人”“五世同堂”。（见青岛天麟阁拍卖有限公司“2012 青岛之秋艺术品拍卖会”——“翰墨风华-书法”专场拍卖品，编号：0116）

八月二十日（9 月 15 日），樊山自作水墨纸本行楷七言诗《咏泰州》立轴（133.5×32cm）。其诗与题识云：“璧门金阙倚天开，五见宫花落井槐。明日为舟沧海去，却从云里望蓬莱。刘贡父以馆职出守兰州，赋此诗留别。前改云里为云气胜原作多矣。丁卯中秋后五日，八十二翁樊山樊增祥。”钤印“天琴老人”“五世同堂”。（见北京百衲国际艺术品拍卖有限公司“北京百衲 2014 秋季拍卖会”——“文人学者书画”专场拍卖品，编号：1748）

八月间，新的学期即将开学。一天，国立北京艺术专科学校校长林风眠专程来到齐白石的家里——北京西城跨车胡同 15 号，聘请齐白石为学校的教习（即教员），专门讲授中国画。齐白石听后，心里颇为紧张，害怕要是自己教不好闹笑话，那多丢人。于是，他极力推辞说：“林校长，我是个乡巴佬出身，从小就是一个农家砍柴放牛的娃子、耕田的农民、雕花的木匠，只读过《四言杂字》《千家诗》《唐诗三百首》一类的书，你却要我到洋学堂去教中国画，恐怕搞不好，我是不敢应允的，你还是另请高明吧！”

樊增祥听说这件事情后，当即登门恳切地劝说齐白石：“林校长聘请你去艺专当‘教习’是件好事情，应该答应。乡巴佬、木匠有什么关系，你的同门好友张登寿不也是一个乡巴佬、铁匠吗？他曾出任过几年湖南高等学堂的教务长，还不是照样当得好好的！”

由于林风眠校长的一再诚恳邀请，又加上樊增祥、齐如山等好友的再三劝驾，齐白石终于答应去艺专做教习。事实证明，齐白石很快就成为国立艺专里极受学生尊敬和喜爱的教习。

邹禹在其《齐白石的乡土与烂漫》中亦记载说：“齐如山、樊樊山等朋友们先后来到白石家里当说客，动员他去。在几位朋友的轮番狂轰滥炸之下，白石沉默了。……他的心有些活络了。”①

是年秋，被时人称为“楚中三老”之一的左绍佐在北京寓所去世。

九月十五日（10月10日），樊增祥应表侄冯康侯之请，为其作楷书龙门对联水墨纸本立轴（73.5×42cm×2）：“曼陀雨散天花落，薰陆烟生石乳香”。其题识云：“此纸乃梅兰芳自日本归，以数十杳见贻，即写赠康侯七侄清玩。丁卯九月望，姑婿樊增祥书于都下，时年八十有二。”钤印“天琴老人（朱）”“五世同堂（白）”。（见北京东方大观国际拍卖有限公司“2014春季艺术品拍卖会”——“民国风”专场拍卖品，编号：0190）

九月间，樊山曾与好友齐白石携手为君赞贤侄作设色纸本《雏趣图》成扇（21×54cm）。正面有齐白石所画的六只小鸡，其题识为：“齐璜，丁卯秋。”钤印“白石翁”“木人”。背面则有樊增祥的题诗及题识：“新竹○栏软玉鞭，细如葱指拨○弦。葛陂总有成龙望，好得风烟养十年。《咏庭前小竹》一首。君赞贤侄属书，八十二翁增祥。”钤印“嘉”。（见苏州市吴门拍卖有限公司“2011春季艺术品大型拍卖会”——“扇逸清风—成扇扇片”专场拍卖品，编号：0632）

十月二十九日（11月22日），樊山老人宴请陈宝琛、郭曾炘、林开謩、傅增湘、丁传靖、傅治芗等友朋。

郭曾炘《邴庐日记》记载：“午后赴彦强灵清宫之约，同席有弢老、郎

① 邹禹：《齐白石的乡土与烂漫》，东方出版社2009年版，第87页。

溪、稚辛诸君。……赴樊山之约，有弢老、贻书、沅叔、阇公、治芗，甚快。”①

十一月初二日（11月25日）晚，陈宝琛招樊增祥、柯劭忞、孙雄、王式通、丁传靖等友弟至府邸宴集。

郭曾炘《邴庐日记》中记载：“赴弢老之约，同席为樊山、凤孙、叔澥、师郑、竹山、书衡、阇公、移疏。席罢，樊山与弢老纵谈三十年前旧事，滔滔不竭。至一时许，座客皆有倦容，始散。”②

十一月初六日（11月29日），樊山的好友、杰出艺术家吴昌硕在上海寓所去世。

十一月初九日（12月2日），樊山的好友、藏书家、戏曲出版家刘世珩在上海寓所病逝。

十一月十八日（12月11日），张太雷、叶挺、恽代英、叶剑英、杨殷、周文雍、聂荣臻等人在广州领导国民革命军第四军教导团和广州工人举行武装起义，建立了广州苏维埃政府。由于帝国主义和国民党反动派的联合镇压，起义最后失败；所剩部分武装，分别转移至海陆丰和广西左、右江等地农村，与当地农民起义武装会合，继续坚持革命斗争。

十二月十四日（1928年1月6日），樊山的老部下、好友张瑞玑在陕西西安病逝。

是年，应廷辉先生之请，樊山为其作纸本行楷七言联（131×32.5cm×2）：“藏经纸色辨宣炉，蟹爪树枝看郭画。”其题识云：“廷辉先生雅属，八十二翁增祥。”钤印“增祥印章”“东湖寄公”。

又应育青先生之请，樊山为其制作水墨纸本行书九言立轴（168×42cm×2）：“天爵自尊何簪缨足慕，佛像非瘦乃臀胛太肥。”其题识云：“育青先生雅属。樊山樊增祥，时年八十有二。”钤印“五世同堂（白）”“天琴老人（朱）”。

樊增祥又应邀与张元济、黄宾虹、谭泽闿、曾熙、朱祖谋、叶尔恺、金梁、诸宗元、杨了公等友朋为郭起焜的遗墨《机丝夜月图》题跋。樊山的

① 郭曾炘：《邴庐日记》，刘家平等主编：《中华历史人物别传集》，线装书局2003年版，第792页。

② 郭曾炘：《邴庐日记》，刘家平等主编：《中华历史人物别传集》，线装书局2003年版，第792页。

题跋云："人面花枝各呈妍，轻绡织出合欢莲。度梭钏动珠鸣处，总伴嫦娥玉镜前。奉题挹珊先生《机丝夜月图》，八十二翁增祥。"钤印"嘉"。

案：其时为此图题跋者共十九人。谭泽闿还为其题签："机丝夜月图题咏集"。故形成了珍贵的十九幅纸本书法册页。（见北京华夏珍藏国际拍卖有限公司"2011 秋季拍卖会"——"中国尽显当代名人墨迹"专场拍卖品，编号：3311）

樊增祥又自制水墨纸本行书立轴（145×37cm）。其诗及题识云："○冰别有五寒时，十二年来悯乱离。羖○治棼当用斩，乌熊无辅即成○。崇凭岂少能弓石，局败犹争不定棋。天地泬寥谁与语，悠悠长抱古人思。八十二翁樊增祥。"钤印"武威樊嘉""天琴居士"。

是年，樊山的原同僚、友人陈邦瑞在上海霞飞路寓所去世。

是年，樊山的友人李岳瑞在西安任上去世。

民国十七年戊辰(1928)　八十三岁

正月初五日（1 月 27 日），应止士先生之请，樊山为其作水墨纸本行书七言诗立轴（168×43cm）。其诗及题识云："小说：从来稗野善漫欺，唐宗藂编杂似疑。涪水前身黄是女，义山后嗣白为儿。玉和尚是逃刑盗，林道人逢奏事奎。小说家玄非似史，且拈新事入新诗。寒甚戏作：早知酷暑必严寒，晏迟红炉火尚燃。帘押催兮关内外，粥锅暖透蜜中边。鸡豚汁煮瓢儿菜，龙麝香烧把子莲。老我贪偕孙辈戏，梅花任压帽檐偏。丁卯冬月，止士世三兄属写近作。年内寒甚，开岁五日始果此缘，即博一粲。八十三翁樊增祥手书。"钤印"东湖寄公"。（见中国嘉德国际拍卖有限公司"中国嘉德 2017 春季拍卖会"——"笔墨文章—信札写本"专场拍卖品，编号：2631）

正月上旬，朱德、陈毅等率领南昌起义保存下来的一部分部队，由广东北江地区进入湖南南部，在当地党组织的配合下，发动和领导了宜章年关暴动，揭开了湘南起义的序幕。

正月中旬，郴州、永兴、资兴、耒阳等十余县农民纷纷起义，部分县还建立了革命政权。

正月二十五日（2 月 16 日），蒋介石和冯玉祥、阎锡山、李宗仁相会于河南开封，商定：蒋任国民革命军总司令兼第一集团军总司令，冯任第二集团军总司令，阎任第三集团军总司令，李任第四集团军总司令，四方联合向奉军和直鲁军进攻。

二月初二日（2 月 22 日），应元柏先生之请，樊山为其作水墨纸本楷书八言联（1815×48cm×2）：“雕琢琼瑶刻画杞人皋，皋牢寰宇弹压山川”。其题识云：“戊辰小花朝，集南北史为元柏先生雅属。八十三翁，樊增祥书。”钤印“增祥印章”“东湖寄公”。（见中国嘉德国际拍卖有限公司“中国嘉德 2017 春季拍卖会”——“笔墨文章—信札写本”专场拍卖品，编号：2630）

二月十六日（3 月 7 日），国民党中央政治会议改推蒋介石为主席，李济深、李宗仁、冯玉祥、阎锡山分别为广州、武汉、开封、太原政治分会主席。

二月间，樊山曾自制水墨纸本行楷五言联屏轴（82×16cm×2）。其联语及题识云：“洗砚鱼吞墨，烹茶鹤避烟。戊辰仲春之月，鹅溪老渔增祥。”钤印“樊嘉私印（白）”。（见浙江南北拍卖有限公司“2011 夏季艺术品拍卖会”——“中国书法”专场拍卖品，编号：0348）

闰二月初一日（3 月 22 日），应好友赵录绩[①]之请，樊增祥同好友们一起，给林纾为赵氏所绘之设色纸本《夜纺授经图》题跋。樊山的题跋云：“慈孝家风近代无，灯机声影北汉如。绩成爱国千寻布，手转缫车授父书。戊辰闰二月朔，孝陆仁兄雅属，八十三翁樊增祥。”钤印“樊嘉五十万”。

案：除了林纾为赵氏绘图（此图系 1923 年绘）并题跋（诗与跋文较长，略）之外，又有罗振玉为之引首：“《夜纺授经图》，孝陆仁兄属。”钤印“振玉印信”“老于忧患”。此外，尚有陈宝琛、郑沅、丁传靖、田步蟾、宝熙、廉泉、郑孝胥、柯劭忞、华世奎、赵元礼、黄孝纾、黄孝平、邹允中、唐仰杜等社会、文学名流相继为其题跋（诗及跋文太长，略）。于是，便形成了今天的《夜纺授经图》手卷（34×127cm×2）。（见保利［厦门］国际拍卖有限公司“保利厦门 2015 秋季拍卖会”——“中国书画”专场拍卖品，编号：0028）

闰二月初七日（3 月 28 日），樊山老人在春华楼宴请陈宝琛、郭曾炘、

① 赵录绩（1875—1939），字孝陆，山东安丘县景芝镇人。光绪三十年（1904 年）进士，历官内阁中书、钦加员外郎衔、民政部警政司主事、宗人府主事等职。入民国，寓居济南，被选为山东省议员。博通经史，工诗词，擅书法，富藏书。著有《丁丑秋词》《清宫词》《西湖凉吹诗词》《行世绝笔》等。

林开謩、丁传靖、冒鹤亭等友朋。

郭曾炘《邴庐日记》记载："顺道访弢老，来客甚多，未久坐。……一时许，至春华楼樊山所约，为弢老、贻书、守瑕、阍公、鹤亭父子，谈极畅。弢老约同席诸人明午至宅早饭。"①

闰二月初八日（3 月 29 日），陈宝琛因下午要赴天津，故于昨晚约众友朋于今日上午在家宴聚。

郭曾炘《邴庐日记》记载："午前赴弢老之约。昨同席诸人外，惟添熙民、默园。……弢老今日下午旋津，托带诗集一部致苏堪。"②

闰二月十九日（4 月 9 日），蒋（介石）、冯（玉祥）、阎（锡山）、桂（李宗仁）四个集团军"北伐"进军开始。

三月初九日（4 月 28 日），朱德、陈毅等率领南昌起义保存下来的一部分部队和湘南起义的农军到达井冈山，在宁冈砻市与毛泽东领导的部队会师，并于三月中旬成立了中国工农革命军第四军（四月中旬，根据中共中央的指示，改称中国工农红军第四军）。

三月十四日（5 月 3 日），日本帝国主义在山东济南制造了屠杀中国军民和外交人员的惨案。日军攻占城区，奸淫掳掠，残杀中国军民及外交人员六千余人，伤一千七百余人，毁坏财产价值数千万元。史称"五三"惨案或"济南惨案"。

四月初八日（5 月 26 日），樊山应邀为梅兰芳所绘之《洛神》题跋。上月末，梅兰芳曾绘有设色绢本《洛神》立轴（112×34cm）。其款识曰："戊辰春三月暮，丁云鹏本，梅兰芳写。"画完成后，请樊山老人题跋。樊山题跋云："玉水瑶池了不见，嫣紫姹红波如镜。洛妃微步，罗袜凌空，獭髓补完花缺处，鹭丝难辨月明中。又晓凉亭榭悄无人，清露浓珠，盘净妆粉，融雅宜称水精宫记。藐姑冰雪，曾几相逢，西子那因朱得姓，虢姨道玉为容羡，素娘兼有美人名，君子风。戊辰佛生日，八十三翁，增祥。"

案：梅氏画中的洛神，貌清骨秀，明眸善睐，肩如削成，腰若约素；衣纹劲健，用笔流畅，轻灵洒脱，线条谨劲连绵；使烟波浩渺、浪花翻涌

① 郭曾炘：《邴庐日记》，刘家平等主编：《中华历史人物别传集》（第 72 册），线装书局 2003 年版，第 814 页。

② 郭曾炘：《邴庐日记》，刘家平等主编：《中华历史人物别传集》（第 72 册），线装书局 2003 年版，第 814 页。

的大海，与娴静优雅、裙带飘扬的人物完美结合，充分展现了洛神的翩如惊鸿、宛若游龙之态。樊氏的跋文则描绘具体形象，比喻生动贴切，用语华美古朴，行文简洁工整。画与题跋可谓珠联璧合，它们既是梅、樊友谊的见证，亦是二人艺术切磋的硕果。

四月十六日（6 月 3 日），樊山的同乡黎元洪在天津寓所去世。

四月十七日（6 月 4 日），奉系军阀张作霖被日本关东军炸死于沈阳西北的皇姑屯车站，史称皇姑屯事件。

五月初一日（6 月 18 日），樊山在家无事，自作有水墨纸本《小隐自题》行书立轴（33×133cm）。其诗及题识云："竹树〇吾〇清深……图画多半写樵渔。戊辰五月朔，书林君复《春日杂兴》诗一首，为〇〇先生雅属。八十三翁增祥，书于身云阁。"

五月十九日（7 月 6 日），蒋、冯、阎、李四个国民党集团军总司令在北京集会，商讨"善后"事务。

五月下旬，遗民特质较为突出的词社须社在天津郭则沄的栩楼成立，并举行第一次社集。

案：须社社友有郭宗熙、郭则沄、查尔崇、李孺、章钰、周登皞、白廷夔、杨寿枬、林葆恒、王承垣、徐沅、陈实铭、周学渊、许钟璐、胡嗣瑗、李书勋、唐兰、陈曾寿、陈恩澍、周伟等二十人。陈宝琛、樊增祥、夏荪桐、陈懋鼎、陈毅、高德馨、邵章、夏敬观、姚亶素、万承栻、袁思亮、钟刚中、黄孝纾等人亦间与之。月凡三集，限调与题。

五月间，北伐军打到北京，北洋政府垮台，因国都定在南京，遂改北京为北平，国立北京艺术专科学校更名为北平大学艺术学院，严智开、赵琦相继任院长，原校长林风眠则调任杭州艺专校长，齐白石继续留任，并已经由教习改称为教授了；尤其是徐悲鸿接替赵琦任院长后，曾三顾齐宅，诚挚聘请樊山的好友齐白石继续担任教授。

案：一个乡巴佬、木匠也当上了高等学府的教授，这不能不说是中国绘画史上的一个佳话。后来白石老人曾回忆说："木匠当上了大学教授，跟十九年以前，铁匠张仲飏当上了湖南高等学堂的教务长，总算都是我们手艺人出身的一种佳话了。"（见《白石老人自述》）

六月初六日（7 月 22 日），彭德怀、滕代远、黄公略等共产党人在湖南平江领导所部革命士兵和当地农民举行武装起义，成立了中国工农红军第五军和平江工农兵苏维埃政府，开辟了湘鄂赣革命根据地。

六月二十日（8 月 5 日），报人李乐天在北平创办《北平画报》（周刊），并自任主笔、自任编辑、自行出版、自办发行。樊山老人不仅应邀欣然为之题写刊名，而且时常为其提供书画和诗文作品。

七月初七日（8 月 21 日），樊山有诗（略）赠弟子徐枕亚、刘芷云夫妇（见上海工美拍卖有限公司“2009 春季拍卖会”——“中国书画”专场拍卖品——《樊增祥致徐枕亚、刘芷云信札、诗稿九通》，编号：0723）。

七月上旬，樊山自制水墨纸本行书七言诗立轴（126×59cm）。其诗及题识云：“六铢衣薄耐春寒，九影娇就〇看风，裹持裙性燕月中。倚扇女，乘鸾舞余莲。袜凌波泾歌，罢林擒系带，乾消得唐官。娘子凭愿为，亭北玉阑干。戊辰伏末，樊山老人。”钤印“樊山八十后作”“增祥长寿”。（江苏真德拍卖有限公司“江苏真德 2016 冬季大型文物艺术品拍卖会”——“中国书画”专场拍卖品，编号：1120）

七月三十日（9 月 13 日），应好友志庵之请，樊山为其制作水墨纸本行书七言诗立轴（132×34cm）。其诗及题识云：“越中朋旧已无多，賸遣湖山入醉哦。互写欠伸驹子貌，同〇笼燃管儿歌。夜唫老屋煎茶鼎，风味斜街炒栗锅。一〇骑鲸人去后（谓李爱伯师），唯君佳语侣阴何。三叠前韵酬志庵，先生雅属，戊辰七月地藏生日，八十三翁樊增祥。”（见中国嘉德国际拍卖有限公司“嘉德四季 51 期拍卖会”——“古籍善本，笔墨文章”专场拍卖品，编号：3501）

七八月间，樊山与陈宝琛、夏孙桐、夏敬观、袁思亮等名流间或参与天津词社——“冰社”的社集活动①。

八月二十五日（10 月 8 日），国民党中常委会通过蒋介石为国民政府主席兼陆海空军总司令。

九月十四日（10 月 26 日）晚，樊山老人在春华楼宴请陈宝琛、郭曾炘、王式通、朱文熤、谭国恩等友朋。

郭曾炘《邴庐日记》记载：“闻弢老前日到京，昨接请客柬，似系耆年会也。……樊山约春华楼晚饭，陪弢老，同席有书衡、阆仙、彤士、孟纯、君

① 关于冰社（1930 年秋改名须社）的情况，详见杨传庆《清遗民词社——须社》一文，《北京社会科学》2015 年第 2 期。

坦，谈甚畅。归途月色尤佳，此境不可多得也。”①

九月间，由樊山删定的齐白石《白石诗草》刊行。书前有白石老人自叙曰：“余年四十至五十多感伤，故喜放翁诗，所作之诗感伤而已。虽嬉笑怒骂，幸未伤风雅。……计诗四百二十余首，亲手写为四本。以二本寄湘绮师删改，不数日师殁。……求樊鲽翁删定，赐以誉言，归之。束之高阁，又十年矣，今衰老多病，怜余苦吟者，促余付石印。……姑印之，戊辰明日重阳。”②

其间，樊山曾应同乡好友邓振瀛之请，为其作水墨纸本行书《立冬后晚眺一首》立轴（132×32cm）。其题识云：“立冬后晚眺一首，诗庵先生两政。戊辰九月，八十三翁樊山樊增祥，书于身云阁。”钤印“武威樊嘉”。

十月中旬，樊山的弟子、好友、著名诗人、书法家成多禄在吉林老家病逝。

十一月初一日（12月12日），彭德怀、滕代远等率领平江起义建立的红五军主力，转战到达井冈山，与红四军会合。

十一月初三日（12月14日）晚，樊山老人在泰丰楼宴请陈宝琛、郭曾炘、丁传靖、王式通、杨钟羲、林开謩等老友。

郭曾炘《邴庐日记》记载：“樊山电约泰丰楼，有弢老、阇公、书衡、子琴、贻书，晤谈甚畅。弢老、阇公皆昨自津来。”③

十一月初五日（12月16日）下午，郭曾炘等友朋赴灵清宫陈宝琛之邀吟集。

郭曾炘《邴庐日记》记载：“午后赴灵清宫弢老约，吟集，作三唱，散。”④

十一月十一日（12月22日），樊增祥邀请陈宝琛为自己书写水墨纸本行书七言联立轴（144×38cm×2）：“贪广异蔬行迳窄，多栽红药待春还”。

---

① 郭曾炘：《邴庐日记》，刘家平等主编：《中华历史人物别传集》（第72册），线装书局2003年版，第854页。

② 王森然：《齐璜先生评传》，《近代名家评传》，生活·读书·新知三联书店1998年版，第171页。

③ 郭曾炘：《邴庐日记》，刘家平等主编：《中华历史人物别传集》（第72册），线装书局2003年版，第862页。

④ 郭曾炘：《邴庐日记》，刘家平等主编：《中华历史人物别传集》（第72册），线装书局2003年版，第862页。

其题识云："增祥仁兄雅属，戊辰冬至，陈宝琛。"钤印"太傅之章（白）""弢滃八十后作（白）"。

十一月十八日（12 月 29 日），奉系军阀张学良通电全国，宣布：从即日起遵守三民主义，服从国民政府，改变旗帜（将北洋政府的五色旗改换成国民政府的青天白日满地红旗）。此举标志着北伐的结束、国民政府形式上完成全国的统一以及北洋政府的正式结束。

大约也是在此期间，樊山有诗赠傅作义。据王森然《樊增祥先生评传》："民国十六年春，傅作义困守涿州。及翌年，围解，北伐军达北京，傅氏奉命召集旧部。樊氏闻之，诗兴大发，作诗与傅，文长不录，末句有'英雄我爱傅将军'。"

十一月二十四日（1929 年 1 月 4 日），樊山的好友郭曾炘在北京寓所去世。

十二月初四日（1929 年 1 月 14 日），为打破湘赣敌军对井冈山根据地的"会剿"，毛泽东、朱德、陈毅率红四军主力挺进赣南、闽西。

十二月初九日（1929 年 1 月 19 日），著名文学家、学者梁启超在北京协和医院病逝。

十二月十五日（1929 年 1 月 25 日）晚，天下雪，冒广生宴请陈宝琛、樊增祥、贺良朴等老友，樊山老人有诗。冒广生亦作有《腊月十五日雪中招弢庵、樊山诸公夜宴，次樊山韵》一诗纪其事①。

十二月底（1929 年 1 月底），樊山在《北平画报》的第 26 期上发表七言长篇歌行《樊山老人谢齐白石先生赠鹅绒被歌》一诗，对好友给予的照顾、关怀表示了由衷的欣喜和深切的谢意："狂飙吹沙白鹅鸣，雪毛忽〇弋人矰；舍身已入头鹅宴，颈绒腹毛柔不胜。天地生材必有用，食肉寝皮人所能；毡毛付予弹花手，长弓椎做霹雳声。净拣欲过杨花白，厚积乃如灯草轻；短发四从赛龙女，布衫七斤美衲僧。长可八尺宽五尺，六十四铢犹未盈；踏里不裂棋子布，作面须用独窠绫。白石山人怜我老，珍重卷赠如瑶琼；固南一生好独睐，非人不暖徒虚名。得此便抵热玉暖，貂狐宁识有霜冰；雪夜乌薪万钱值，亦如白衣送酒倾。今夕奇温胜缯絮，如兰中蛹绷中婴；体着林敷柔若面，卧闻哈呓甜甚饧。绳床纸帐拜君赐，更胜笼鹅道士情；梦到借山梅花下，直待八甎红日醒。"

① 冒怀苏编著：《冒鹤亭先生年谱》，学林出版社 1998 年版，第 272 页。

案：樊山与齐白石自1903年1月底在陕西西安结识，迄今已二十六年，两人一直保持着密切的来往关系。早年，樊山以地方大员、名诗人对名不见经传的齐白石颇为赏识，呵护有加，多方为之宣扬，使他逐渐成长为一名艺术大师；齐白石对此一直心存感激，当自己成名以后，对樊山老人时有照顾和书画相赠。尤其是在樊山老人的晚年，对其在经济上多有接济馈赠。因此，樊山才有此诗的发表。

是年，樊山的第三子樊季瑞病逝北京。《北平画报》曾出了“追悼已故名艺术家KD先生专号”，介绍其生平，刊载其遗墨；樊山老人则写有《哭瑞儿》一文，用八首诗串联全文，写得情深意笃，感人至深，催人泪下。

是年，樊山和李宣倜等好友与书画家溥心畬交往颇多，经常至恭王府萃锦园做客。溥心畬的拜门弟子林熙回忆说：“从1927年到1937年这11年中，萃锦园的宾客甚盛，来访者都是当代的诗人、书画家，偶尔也有慕名而来的外国人。来的最勤的有李宣倜、曹经沅、樊增祥、冒广生、贺良朴、瞿宣颖、杨宗义、周学渊、黄濬等人，陈宝琛、陈三立、林开謩、傅增湘、袁励准等，遇有佳期才到。”①

是年，樊山曾自书水墨纸本楷书十言对联：“度形衣薜萝量腹进松术，逸响振金石奇采缛云霞”（139×26cm×2）。其题识云：“八十三翁樊增祥。”钤印“五世同堂”“天琴老人”。（见上海工美拍卖有限公司“20周年庆典拍卖会”——“绣波湖馆藏品”专场拍卖品）

樊增祥又曾应劼民先生之请，为其作水墨纸本七言对联（32×131cm×2）：“左史右图真学士，傍水临山半仙家”。其题识云：“劼民先生雅属，八十三叟樊增祥。”钤印“武威樊嘉”“天琴居士”。（见上海崇源艺术品拍卖有限公司“2004秋季艺术品拍卖会中国书画精品第一场”——“名家书法”专场拍卖品，编号：0599）

樊增祥又自制水墨纸本行楷十七言联立轴（141.3×17.2cm×2）：“金管纪德，银管纪功，斑竹管纪文，隆吾门望；奇花在庭，奇书在手，奇山水在目，适我性情。”其题识云：“樊山撰书，时年八十有三。”钤印“武威樊嘉”“天琴居士”。

又自制水墨纸本行书《咏什刹海人家》诗立轴（130×39cm）。其诗及

① 林熙：《画坛大师——溥心畬先生》，浪涛出版社编《旧王孙溥心畬》，台湾浪涛出版社1974年版。

题识云："泥墙瓦屋整还斜，银锭桥南数十家。每拄杖头西堍月，别开门对北埼花。糕粢压担群呼卖，鲫雁无钱亦可赊。一种耕烟青绿画，薄施浅绛鬲林霞。咏什刹海人家，八十三叟樊增祥书。"钤印"增祥长寿""天琴居士"。

又自书有水墨纸本行书八言联："坠絮孳萍狂鞭孕竹，铜彝养菊铁瓮栽荷。"其题识云："八十三翁樊增祥。"钤印"天銮老人""五世同堂"。

是年，北平京城印书局刊印京剧艺术家荀慧生演出的《盘丝洞》剧照四幅，樊山曾应邀为其题辞；宗子威、傅惜华、寿鉨等名家则题有赠诗。

是年，樊山的弟子、好友程崇信在衡阳老家去世。

是年，樊山的同门师弟、出版家徐珂在上海寓所去世。

民国十八年己巳(1929)　八十四岁

人日（正月初七；亦农历 2 月 16 日），樊山作《题文虎卿旧藏施寿伯画竹》："此五十年前，余寓汉上陈氏水阁，为南海文虎卿题也。画者施寿伯，治刑名学，以诗鸣鄂中，兼工墨竹，与余交最笃。己巳人日，同社宗君子威持此画来问余真赝，此固灼然不谬也。枨触前尘，不胜怅惘，因再题其端，以谂来者。"（见《今传是楼诗话》，《樊樊山诗集》附录三，第 2087 页）

正月十六日（2 月 25 日），后辈好友、时任内务部参事的曹经沅有乔迁之喜，并在其新居大宴友朋。

《冒鹤亭先生年谱》记载："曹纕蘅招饮，邀之陈弢庵、樊樊山以及先生等人。宗子威作《纕蘅同年元宵后一日邀陪陈弢庵太傅、樊山老人、夷俶、鹤亭、剑秋、默园》。曹纕蘅、宗子威皆为己酉会试同年，同考官为陈弢庵。"①

王揖唐在《今传是楼诗话》五四三"即席赋诗贺乔迁"中亦记有此事："纕蘅觞客新居，坐皆耆硕，弢庵老人诗即席先成，云：'论都喋喋任西东，人海犹藏一粟中。倦圃宦游真意在，山姜诗韵胜流同。冷摊居近书常足，彦会身闲酒不空。铜狄摩挲还醉此，梦余如对霸城翁。坐有樊山。'……忍堪和诗中有'游龙老子都还健'之句，自注：'谓软脚之陈、樊诸

① 冒怀苏编著：《冒鹤亭先生年谱》，学林出版社 1998 年版，第 273 页。

老也。’”①

同日宴集，曹经沅作有七律《叠韵呈听水师并柬樊山丈》，黄濬作有《纕蘅招陪听水、樊山两老人于广和居，余以事未至，和韵奉呈》等。

正月下旬，樊山应邀与萧逊、陈半丁、汤涤、陈蕃浩、齐白石等几位好友合作设色纸本成扇——《四君子图》。樊山的题识云：“老眼觅花，误为花蝶。叶儿视花，花又视叶。画理诗心，两不可说。己巳正月下浣，八十四叟樊山戏笔。樊增祥题。”钤印“嘉”。另几位好友的题识依次是：“龙樵”“半丁”“定之”“少鹿”“白石画梅丑绝”。钤印依次是：“龙樵”“半丁”“涤”“陈蕃浩”“老白”。

案：此成扇不仅尺幅大、品相完好，而且是由樊增祥和齐白石、陈半丁、萧愻、汤涤、陈蕃诰等民国京派绘画大家合作完成，更显示出此扇的珍贵和价值。（苏州无门拍卖有限公司“2015 年秋季艺术品拍卖会”——“吴风盛祺—文人情怀”专场拍卖品，编号：275）

二月初八日（3 月 18 日），国民党召开第三次全国代表大会，通过《确定训政时期党政府人民行使政权治权之分际及方略案》，进一步剥夺了全国人民的民主权利。

二月下旬，应友人常立教之请，樊山书旧诗（略）作水墨纸本行书立轴（98×31.5cm）相赠。其题识云：“夏日阴晴无定，多卧少起。偶见瓶荷半开，有怀北池旧居，漫赋此解，敷五先生两政。己巳二月下浣，八十四叟樊山樊增祥，书旧稿。”钤印“樊嘉私印（白）”“茶仙亭长（白）”。（见北京宝瑞盈国际拍卖有限公司“2012 秋季艺术品拍卖会”——“中国近现代书画”专场拍卖品）

闲来无事，樊山曾自书水墨纸本行楷七言绝句六首四屏立轴（130.5×28.2cm×4）。其诗及题识云：“槐柳萧疏日半斜，曲墙雕砌是吾家。竹添新翠三冬叶，菊有娇黄十月花。守石乌龙原是犬，盘空仙鹤莫非鸦。小斋缩昼瑯環地，万卷堆中眠食佳。〇成无意返江关，老傍春明〇暑寒。药物纵灵无病好，诗才虽富得题难。暮陵女伎同花赏，蚁穴侯王作梦看。带甲横戈满天地，洞天福地是长安。青煌无恙儿时味，布被多情老至年。花乳清冷金屑水，酸膻品第玉壶烟。鱼更跃跃初长夜，麝火温温欲曙天。自诧吾庐冬最暖，夜耽吟事晓耽眠。己巳二月下浣，八十四翁樊增祥。”钤印

① 王揖唐：《今传是楼诗话》，辽宁教育出版社 2003 年版，第 385 页。

“樊嘉五十万”“增祥长寿”。（见香港苏富比拍卖有限公司“2015春季拍卖会”——“中国书画”专场拍卖品，编号：1403）此四屏立轴由民国著名实业家、收藏家朱心佩先生收藏，每幅立轴皆有其“冰庵”（心佩之号）的签署落款，并云：“樊增祥先生书屏真迹。”

四月上旬，樊山曾自书水墨纸本楷书九言联立轴（179×45cm×2）：“两笔画兰三笔画大士，左手取印右手取干戈”。其题识云：“己巳佛生（案：一般指四月初八日）后，八十四翁增祥。”钤印“樊嘉五十万”“增祥长寿”。（见中国嘉德国际拍卖有限公司“中国嘉德2013年秋季拍卖会”——“吉金乐石—中国书法的别样逸趣”专场拍卖品，编号：1707）

四月间，陈子展《中国近代文学之变迁》一书出版，对中晚唐诗派进行了严厉批评。书中指出：“与陈三立、郑孝胥一派诗人同时，而且同在旧诗坛占得一个相当的地位的，尚有易顺鼎、樊增祥。易、樊同客京师，诗酒唱和，并称两雄。他们虽然与江西派诗人一样模仿古人，但他们不及江西派诗人的刻苦吟咏。他们的长处在才气奔溢，他们的短处也就在欢喜卖弄他们的天才。”不过，“作诗而至于仅仅在隶事裁对上用功夫，想要因难见巧，这种技巧的可贵，也不过像能够由钱孔倒油，像用一个核桃刻东坡游赤壁一样”①。

五月下旬，樊山曾作有水墨纸本行书七言联（129.5×31cm×2）：“行住坐皆便稳睡，鸡猪鱼不减常餐”。其题识云：“己巳五月下浣，樊山书旧句。”钤印“武威樊嘉（白）”“天琴居士（朱）”。（见上海离原拍卖有限公司“2011秋季艺术品拍卖会”——“名人墨迹暨古代书画”专场拍卖品）

五月间，曾应好友党积龄之请，樊山与顾颐联手为其作设色纸本行书《江村归樵图》成扇。周氏的题识云：“山路只通樵客，江村半失渔家。春水矶边落雁，夕阳影里飞鸦。岁在己巳夏五月，偶忆及曾临退思斋沈氏藏《耕烟散人》长卷，剪取一角拟之，以奉松年先生鉴家正之。古吴六十二叟乐之顾颐，时客海上松筠草堂。”钤印“乐之”。樊山的题识云：“剪秋纱傍小栏栽，数日红英倏已胎。不觉萤木庭有月，尽驱蚊去国无雷。衣沾冷露山花润，户纳清风对竹开。一晌○云含薄电，万荷齐待雨风来。夏夜露坐，四更大雨达旦。松年先生雅属，八十三翁增祥。”钤印“嘉”。（见无锡文苑艺术品拍卖有限公司“2006年秋季艺术品拍卖会”——“中国扇画”专

① 陈子展：《中国近代文学之变迁》，上海中华书局1931年版，第42—44页。

场拍卖品，编号：0151）

六月初六日（7月12日），樊山的好友、文学家、收藏家陈庆年在家乡丹徒去世。

六月间，应友人张厚璋[①]之请，樊山为其制作水墨纸本七言律诗行书立轴（131×30cm）。其诗及题识云："足迹平生满天下，肩舆秋孟出长安。万钟未抵为官乐，千里何嗟行路难。行住坐皆便稳睡，鸡猪鱼不减常餐。赵州八十吾犹少，且可随缘挂钵单。己巳六月书旧作，为德孙先生雅属。八十四翁樊山樊增祥。"钤印"武威樊嘉""天琴居士"。此立轴为张氏家藏，上有张氏鉴藏印："阳夏张氏传文鉴藏古今书画之印。"（见河南鸿远拍卖有限公司"2011年首届艺术品拍卖会"——"文盛轩藏中国书画著录"专场拍卖品，编号：0028）

七月十六日（8月20日），应友人、四大名旦之一的荀慧生之请，樊山为其作水墨纸本行书镜心（31×38cm）。其诗（略）及题识云："己巳七月既望，慧生词友一粲。八十四翁樊山剪烛书。"钤印"茶仙长寿"。（北京保利国际拍卖有限公司"2007年夏季拍卖会"——"中国书画"专场拍卖品）

八月上旬，彭德怀、滕代远率领红五军的五、六纵队回师湘鄂赣边界，与黄公略率领的湘鄂赣边支队会师合编，统称"红五军"；彭德怀任军长，滕代远任政委，黄公略任副军长，邓萍任参谋长，吴溉之任政治部主任。

九月初八日（10月10日），西北军将领宋哲元等通电反蒋，并进军河南，开始了蒋介石与冯部西北军之间的战争。

十月十一日（11月11日），樊山的好友曾广钧在家乡去世。

十月十五日（11月15日），中共中央政治局通过开除陈独秀党籍的决定。

十一月十一日（12月11日），共产党人邓小平、张云逸、韦拔群、雷经天等领导广西右江地区的部分革命士兵和当地农民游击队约五千人在百色举行武装起义，成立了红七军和右江工农民主政府。

十一月二十五日（12月25日），好友李释戡设宴为即将赴美访问演出的梅兰芳饯行，樊增祥、王式通、黄秋岳、邵伯纲、寿石工等文学界名流出席宴会（见谢思进、孙利华编著《梅兰芳艺术年谱》，文化艺术出版社，

---

① 张厚璋，生卒年月不详，字德孙，号鑫源。原籍直隶南皮，久寓津。1945年曾在天津崇化学会讲《礼记》。擅书画。与其兄厚璜合著有《纵横线图案》。

2010 年，第 154 页）。

十一月二十八日（12 月 28 日），梅兰芳率团自北京启程赴上海，然后再由上海乘海轮赴美国。

十一月间，樊山曾自制水墨纸本行书五、七言诗立轴（48.5×30cm）。其诗及题识云："淡浓晴雨许多般，柳色苏堤〇可攀。翠夺两眉如屯树，青余一〇是何山。〇鱼东磵南屏外，帆楫柔蓝浅黛间。我趁雪中题秀句，春风吹绿几烟鬟（《为人题西湖障子》）。茂树坐终日，好花香四时。睹棋输却鹤，舍马〇来姬。饮〇从年少，湖山绕梦思。诸孙〇〇〇，早莫共儿嬉（《戏赠贻书》）。己巳冬月，樊山老人手书近作。"钤印"嘉"。

十二月间，樊山曾自作水墨纸本行楷《唐诗》七言绝句立轴（65×31cm）。其诗及题识云："如今七十自忘机，贪爱都忘筋力微。莫向东轩春野望，花开日出雉皆飞。己巳嘉平，樊增祥呵冻。"钤印"天琴居士"。

又应友人谷岱峰[①]之请，樊山为其作水墨纸本行书七言诗镜心（62×29cm）。其题诗及题识云："盈天宣笺着手摹，画工〇抵绣工夫。高林似送金风景，大叶如擎〇露珠。宫柳于人尚青眼，渚莲半老〇黄须。女儿〇得江南侣，可有潦天雁过〇。一女生乞题《液池秋景画幅》。振东先生雅属，八十四翁祥。"钤印"天銮老人"。

又曾自作纸本行楷七言联立轴（130×30.5cm×2）："小建櫜牙临趋部，平分旌节上骚坛"。其题识云："八十四翁樊增祥。"钤印"樊嘉长寿""天琴老人"。（见北京保利国际拍卖有限公司"八周年春季拍卖会"——"古籍文献一名家翰墨"专场拍卖品）

又曾自制水墨纸本行书七言律诗《冬兴》（一首）立轴（99.5×30cm）。其诗及题识云："自家暖阁纸新糊，煎饼煮茶就地垆。冬夜风光春夜逊，老年怀抱少年无。鸡称美本烹宜醒，梅占花头美在〇。着我五般香窟里，有谁能写草堂图。冬兴一首，增祥。"钤印"百壶居士"。此立轴有日本香泉贞光的鉴藏题签："樊增祥书，清末民初书家。昭和四年（1929 年）于北京清秘阁求之。于长付自裱装之。"钤印"香泉贞光"。

---

① 谷岱峰（1884—1970），字振东。山东淄博人。辛亥革命时，加入同盟会。1918 年选为山东省议会议员。1829 年起，历任潍县税务局长、博山硝磺分局局长、山东省税务局督导等职。中华人民共和国成立后，从事著述。1962 年聘为山东省文史馆馆员。著有《保健按摩》《农村常见病例》《饮食疗法》等。

又自制水墨纸本行书《咏什刹海人家》诗立轴（130×39cm）。其诗及题识云："泥墙瓦屋整还斜，银锭桥南数十家。每拄杖头西垸月，别开门对北碕花。糕楽压担群呼卖，鲫雁无钱亦可赊。一种耕烟青绿画，薄施浅绛鬲林霞。咏什刹海人家，八十三叟樊增祥书。"钤印"增祥长寿""天琴居士"。

是年，樊山的好友、书画家、藏书家金蓉镜在上海寓所去世。

是年，樊山的友人常立教在山西老家去世。

是年，樊山的友人许幻园在上海寓所去世。

民国十九年庚午(1930)　八十五岁

正月初三日（2月1日），共产党人邓小平、李明瑞、俞作豫等领导由中国共产党掌握的一部分国民党军队，在广西的龙州举行武装起义，成立了红八军和左江苏维埃政府。

正月十四日（2月12日），鲁迅、柔石、郁达夫、田汉、夏衍、冯雪峰等人在上海发起成立了中国自由运动大同盟，简称"自由大同盟"。

正月十六日（2月14日），应焕廷三先生之请，樊山为其作水墨纸本行书《题何大京兆三峰草堂情话图》四屏立轴（130×32cm×4）。其题诗及题识云："泰州有园园有竹，荡节巡蓝此马宿。孔雀屏风叠叠金，蓝田别业双双玉。太尉桥公两鬓霜，亲将粉汗拭何郎。招来国士秦淮海，妻以女孙王玳梁。白头夫妇同游憩，紫鹣一双左右侍。草堂宜画亦宜诗，祖砚传孙复传婿。拓地十笏水百弓，当轩三朵青芙蓉。青言催过邻墙酒，宴坐时闻远寺钟，后来娇女乘龙去。作得门楣衣玉署，回首春风廿四桥。七年草绿桥公墓，花已平生最感恩。马挝宛转避州门，披图休认卢鸿宅。乞墅能传谢傅真，吴缣三尺春波色。旧事红闺相响说，水部扬州十度花。夫人柳絮当年雪，走马章台岁又更。惠文冠底见义型，只今京兆传眉妩。画里三峰一样青。右题何大京兆三峰草堂情话图，庚午正月既望灯下写。应焕廷三先生雅属。南郡樊山老人增祥，书于绿伽楠馆。"钤印"天香庭院""樊山手书"。（见广东崇正拍卖有限公司"2014年秋季拍卖会"——"庙堂气象·书法联屏"专场拍卖品，编号：0425）

正月间，同乡好友、京剧艺术家余叔岩曾前来拜访，并拿出1925年陈曾寿为其绘制的水墨纸本《为余叔岩绘传钵图》成扇请题；樊山仔细观赏一番成扇所绘及题识后，乃欣然在成扇的背面题识云："叔岩供奉属题《传钵图》，谓传叫天之衣钵也。吕天歌，罢怆池灰，菊部飘灵楚有材，非树非台空色相，天教法嗣嗣黄梅。再世青城女转男，曹溪一夕最清甘，伶伦公论朱渐紫，屈宋乡评青胜蓝。叔岩与叫天皆鄂人，其祖三胜供奉余未之见，缺考。紫云供奉则余之故人也，祖孙父子三世名伶。余昔最赏紫云，其同门朱霭云亦与余善，李爱师○有紫夺朱之谑。君虽师法叫天，然叫天晚年似忧未及今之。叔岩附跋一笑。庚午正月，八十五翁樊山识。”钤印“嘉”。

案：此成扇的正面为樊山的同乡、后辈好友陈曾寿所绘之水墨纸本《为余叔岩绘传钵图》，其题识云：“《传钵图》，叔岩老友一笑。乙丑闰四月十三夜灯下作，时晨秋阁主人来玩，下榻苍虬阁中，剪烛剧谈，甚乐也。苍虬。”钤印“陈曾寿印”。而在陈曾寿所绘之《传钵图》的左右边，尚有当时名流仲英、杨坚芳、鉏叟、老铁、老蛰、莲幢居士、栗斋等七家的题跋赞咏。于是，此扇面不仅被喜国剧者奉为至宝之物，而且被收藏家视为收藏珍品。（详见上海崇源艺术品拍卖有限公司“2004春季大型艺术品拍卖会”——“中国近现代书画”专场拍卖品，编号：1789）

二月初三日（3月2日），中国共产党在上海领导创建了文学组织中国左翼作家联盟，简称“左联”。

二月十九日（3月18日），阎锡山前往五台县建安村迎接冯玉祥到太原，商议共同反蒋事宜。

二月间，樊山曾自制水墨纸本行书《望江南》词立轴（64×31cm）。其词即题识云：“心上事，无故到眉间。二九花交三九雪，一重帘抵万重山。不见转心安。调望江南寄社友。庚午仲春，八五翁祥。”钤印“樊山手书”。（见上海道明拍卖有限公司“2012秋季艺术品拍卖会”——“近现代书画（二）”专场拍卖品，编号：0247）

三月十六日（4月14日），樊山曾自作水墨纸本行书七言诗四屏镜心（132×30.5cm×4）。其诗及题识云：“女儿浦口佩珊珊，仿佛都亭见玉颜。幸自接连芳菊后，岂宜屈置蓼花间。物情喜躁香偏静，花性通灵质岂顽。昨夜东皇下褒诏，黄中一语是双关。鲛宫肥婢亦仙乎，趁逐西施泛五湖。薤本圆如螺带甲，花胎清似蚌含珠。春风倍长金膏价，岁兆应传玉殿鲈。莫是骑鲸人醉倒，莲灯双照小胥扶。娟娟静女伴幽窗，依约前身近钓矼。倚石数丛勤换水，出门一笑欲横江。持来宁止金杯一，拥处都成玉剑双。汝作花身花有语，载花汝即木兰艭，莫漫汀洲采白苹，莲杯麝火暖围春。流苏帐里佳公子，玳瑁斋期善女人。借汝秋波贻水母，笑他团体结花神。由来色味江南胜，不分衡行直到秦。庚午三月既望，八十五翁樊增祥。”钤印“增祥长寿（白）”“天琴居士（朱）”。

四月初五日（5月3日），经过几个月的合纵连横，冯玉祥与阎锡山相会于河南郑州，揭开了联合反蒋的中原大战的序幕。

四月中旬，应友人黄灼臣[①]之请，樊山为其制作纸本楷书七言联立轴（131×30.5cm×2）：“赤牛当后青牛起，黄师不及白师超”。其题识云：“灼臣先生雅属。庚午四月中，八十五翁增祥。”钤印“增祥长寿”“天琴居士”。

四月中旬至十月上旬（5月至11月），爆发了国民党新军阀蒋介石与冯玉祥、阎锡山、李宗仁等地方军阀之间的战争，史称中原大战，又称蒋冯阎战争，或称蒋冯阎李战争。这场战争主要在河南、山东、安徽三省间进行，历时七个月，双方投入兵力一百多万，战线绵延数十里，死伤数十万人。中原大战是中国现代史上规模最大、耗时最长的军阀混战，以蒋获胜而结束。

四月间，曾应词友、四大名旦之一的荀慧生之请，樊山为其作水墨纸本行书《遣闲》（四首）四屏镜心（130×30cm×4）。其诗及题识云：“量柴数米苦生涯，尤有余才出看花。脾土为雷销食易，眼光如月读书佳。石田可种唯端砚，痟渴能医是井茶。一别故山三十载，牵船上岸即为家。天遣斯人一世贫，高名上寿又闲身。气腥肯以鳗为命，骨傲堪同鹤写真。退院如僧偷食肉，鳏衾无妇强伤春。百年游戏长安市，饱餐红黄十丈尘。坛庙深幽花木妍，茶饼〇肆仲春天。松为何代真名士，柳是谁家美少年。桃叶歌题桃叶扇，木兰花映木兰船。风流总被江南占，今日杭州要北迁。帝所仙宸说上京，居高临下九州平。麝香北地胭脂水，龙月西昆果子城。官至翰林知吃著，人如夷甫太鲜明。如今此个人世间，浑沌蛾眉画不成。遣闲四首，慧生词友雅属。庚午孟夏，八十五翁樊嘉手书。”钤印“武威樊嘉”“天琴居士”。鉴藏印“荀氏小留香馆珍藏印”。此镜心原为荀氏所藏，镜心上有荀氏的鉴藏印“荀氏小留香馆珍藏印”。

---

① 黄灼臣，香港著名收藏家，民国时曾在香港创办金陵酒家，成为文人、名流的雅集之所。

同月里，著名文家家、学者、江苏兴化人李详，作《书樊云门方伯事》①一文，述一二十年前两人之间所发生的不愉快的事情。

五月初八日（6 月 4 日），樊山的好友姚华在北京寓所病逝。

同日，闲暇无事，樊山乃自制水墨纸本楷书判词四屏立轴（128×29.6cm×4）。其屏文题识云："江西翰林院沈仲仁，户科都给事沈仲义为争家产，具控蒙南直余总宪。硃批贴出辕门，兄弟二人痛哭而回，自此不复争矣。至今江西传为美谈。对此而犹不知手足之情者，真禽兽不如也。批词云：'鹁鸽呼雏，乌鸦反哺，仁也；鹿得草而鸣其群，蜂见花而聚其众，义也；羊羔跪乳，马不欺母，礼也；蜘蛛网罗以为食，蝼蚁塞穴而避水，智也；鸡非晓而不鸣，燕非社而不至，信也。禽兽尚有五常，人为万物之灵，岂无一得？以祖宗遗业之小争而伤手足之至情，兄通万卷全无教弟之才，弟掌六科岂有伤兄之理？沈仲仁仁而不仁，沈仲义义而不义，有过必改，再思可也。'诗云：'兄弟同胞一母生，祖宗遗业何须争。一番相见一番老，能得几时为兄弟。'庚午端阳节后三日，晚晴居士。"钤印"樊增祥印""晚晴甲子后所作"。

五月间，樊山作有七言律诗《夏日杂兴》（四首）。又应邀同于右任、谭延闿、朱祖谋合书有设色纸本行书四锦屏（140×39cm×4）。樊山遂录《夏日杂兴》中一首书成锦屏。其诗及题识云："浅水西涯碧映空，小荷浮翠○渔筒。杏天雨续梅天雨，麦浪风交柳浪风。每乞禅僧杯茗绿，惯逢浣女鬓花红。溪居忘是京城里，人在耕烟画境中。右《夏日杂兴》四首之一。八十五翁，樊山樊增祥。"钤印"武威樊嘉""天琴居士"。

六月初三日（6 月 28 日），樊山的好友、清末民初学者黄维翰在哈尔滨纂志任上病逝。

六月十五日（7 月 10 日），樊增祥戏曲界的朋友、著名小生朱素云在北京棉花上四条寓所病逝。

六月二十日（7 月 15 日），陈宝琛招樊增祥、冒广生、王晋卿等友朋至府邸宴饮②。

冒广生作有七律《六月二十日夜，听水老人招饮》一首纪其事："暑消

---

① 李详：《学制斋文钞》卷二，《李审言文集》，江苏古籍出版社 1989 年版。此文亦收入《樊樊山诗集》附录三，第 2082—2083 页。

② 冒怀苏编著：《冒鹤亭先生年谱》，学林出版社 1998 年版，第 286 页。

东阁夜留宾，履道今仍暂住身。……待与荷花作生日，了知投辖恕陈遵。公将以二十三日归天津，为余留一日集什刹海作荷花生日。”①

六月二十四日（7 月 19 日），乃传统的“荷花生日”（又称莲花节、观莲节），适时在南京国民政府考试院任职的冒广生因公至北平，遂请前辈好友樊增祥、陈宝琛等人至什刹海宴集。樊山今日甚是高兴，且诗兴大发，即席作七律《荷花生日》八首。

《冒鹤亭先生年谱》记载：“陈弢庵将返天津，先生为之挽留，作荷花生日招饮，作《荷花生日觞客于什刹海酒楼，到者二十五人，赋呈诸公》。……陈弢庵作《鹤亭招饮什刹海作荷花生日，有诗次和》。……时座者还有柯凤孙、王晋卿，与陈、樊皆年逾八十，堪为豪举。”②

同日，樊山曾自制水墨纸本行书八言联立轴（127×20cm×2）：“鹿锦安花龙编绣质，虹桥渡幔鹊镜临妆”。其题识云：“庚午荷花生日，樊山樊增祥。”钤印“天琴居士”。（见佳士得香港有限公司“2014 年秋季拍卖会”——“中国近现代书画”专场拍卖品，编号：1254）

六月间，樊山曾自作水墨纸本楷书八言联（131.2×31.4cm×2）：“玉律调钟金錞应节，天桃敷水落杏飞花”。其题识云：“吾书联不甚作行草，而曾孙辈酷嗜之，贵其少耳。庚午六月，电灯下偶书此联，惟下联误写背面，老眼昏花，殊可一笑。樊山樊增祥识，时年八十五矣。”钤印“武威樊嘉”“天琴居士”。

闰六月初二日（7 月 27 日），友人、著名旦角表演艺术家陈德霖在北京百顺胡同寓所病逝。北京梨园同人为其举行了隆重的公祭活动，樊山为其作七律一首以悼之：“人生七十古来稀，犹效天魔著羽衣。英武不殊萧太后，凄冷恰似李皇妃。上将乍惊枯井跳，痴郎增共断桥归。于今菊部推前辈，模范伶员评是非。”

闰六月初三日（7 月 28 日），红三军团攻占湖南长沙（8 月 5 日被迫退出）。红军第二军与红军第六军在湖北公安会师，成立红军第二军团，贺龙任总指挥，周逸群（后为邓中夏）任政治委员。

闰六月初七日（8 月 1 日），中国左翼戏剧家联盟在上海成立。

闰六月二十四日（8 月 18 日），乃闰“荷花生日”，陈宝琛填有《齐天

① 《国闻周报》1930 年第七卷第 29 期。

② 冒怀苏编著：《冒鹤亭先生年谱》，学林出版社 1998 年版，第 286—287 页。

乐》一词。其题识云："观莲节鹤亭集什刹海，樊山成《荷花生日》七律八首，瞬已经月。忆辛亥六月遇闰，再闰则须辛巳矣，戏作闰荷花生日。"[①]

闰六月二十九日（8 月 23 日），红三军团退出长沙后，与红一军团在湖南浏阳的永和市会师，组成中国工农红军第一方面军（即中央红军），朱德任总司令，毛泽东任总政委、总前委书记，彭德怀任副总司令，朱云卿任参谋长，杨岳斌任总政治部主任。

闰六月间，陈宝琛自上月什刹海宴集阅樊山诗后，一直想有所回应，遂填《齐天乐"观莲节"鹤亭集饮什刹海，樊山成〈荷花生日〉七律八首，瞬已经月。忆辛亥六月遇闰，再闰则须辛巳矣，戏作〈闰荷花生日〉》一词相赠（见《听水斋词》）。

七月初九日（9 月 1 日），樊增祥与友朋们一起在春华楼宴请陈宝琛。归家后，应友人张重威[②]之请，为其作纸本行书七言诗（略）立轴（65×30cm）。其题识云："庚午七月初九日，宴陈太傅于春华楼。太傅云作诗钟誓霜七唱颇难，因即席赋诗，呈太傅及同社诸君和。重威先生雅属，八十五翁增祥。"钤印"樊嘉五十万"。

七月间，闲居无事，樊山自作水墨纸本行书七言诗立轴（130×32cm）。其诗及题识云："〇〇从来接应疏，闭门扫地足闲居。荆妻试砚磨新毫，弱女持笺索楷书。柿叶微霜千点赤，纱橱斜日半窗虚。江南大好秋蔬菜，紫笋红薑煮鲫鱼。庚午仲秋，南郡天琴老人樊增祥书于旧都。"钤印"天琴老人（朱）"。（见北京中博国际拍卖有限公司"2010 年春季拍卖会"——"中国书画（一）—清代科举书法"专场拍卖品，编号：0085）

同月，《樊樊山尺牍》一册由上海文明书局刊行第七版。

案：《樊樊山尺牍》一册，自民国十一年（1922 年）六月出版发行以来，至本年的七月，仅八年时间，就出版发行至第七版，可见其骈散相间之文，颇受社会民众之喜爱。

八月初一日（9 月 22 日），樊山的后辈友人、好友谭延闿在南京任上

① 陈宝琛：《沧趣楼诗文集》，上海古籍出版社 2013 年版，第 288 页。

② 张重威（1901—1975），原名垕昌，字重威，号潜园、默然。扬州仪征人。少即随沈夔梅、刘师培等名师学古文辞。1921 年任扬州美汉中学和崇德女子中学教员。1927 年进入中南银行北京分行，曾任天津分行经理，并创设外汇部，以业绩突出，提升为上海总行副总经理。解放后，回天津任恒源纱厂常务董事。晚年潜心研究古籍，研究心得皆收入其《默然日记》（共 33 册）中。

病逝。

八月初七日（9 月 28 日），著名京剧表演艺术家王瑶卿与夫人五十寿诞，樊山撰赠一联以贺寿："桃李蔚门墙，审六律，正五音，可无大过；松筠贞节操，旧宫廷，老供奉，剩几同人。"

八月初十日（10 月 1 日），被英国人强行租借的威海卫，终于回归中国。

八月十三日（10 月 4 日），红军第一军团攻占江西吉安。

八月二十四日（10 月 15 日），樊山的好友陈伯陶在九龙寓所去世。

九月初十日（10 月 31 日）午时，樊山的后辈友人丁传靖在天津寓所去世。

九月中下旬，周庆云、夏敬观、黄孝纾等人在上海发起成立词社沤社。月凡一会，以二人主之；题各写意，调则同一。社中词人有朱祖谋、潘飞声、周庆云、程颂万、洪汝闿、林鹍翔、谢抡元、林葆恒、杨铁夫、姚景之、许崇熙、冒广生、刘肇隅、夏敬观、高毓浵、袁思亮、叶恭绰、郭则沄、梁鸿志、王蕴章、徐祯立、陈祖壬、吴湖帆、陈方恪、彭醇士、赵尊岳、黄孝纾、龙榆生、袁荣法等二十九人。前后社集二十次，填词二百八十四首。和作同人则有陈曾寿、汪兆镛、赵熙、陈洵、张茂炯、邵章、路朝銮、张尔田、胡嗣瑗、包安保、黄孝平、陈文中等人。

九月间，应好友琪祥之请，樊山与陈宝琛、章太炎、郑孝胥为其作纸本杂书四屏立轴（133×33cm×4）。樊山的诗及题识云："灵阁深旺里，微吟属暮天。清茶逢淡友，凉雨得佳眠。渐顾黄淮橘，将○损楚绵。焦心与人意，岁晏两欣然。雨夕偶成一首。庚午九月，为琪祥先生属书。八十五翁樊山樊增祥。"钤印"武威樊嘉""天琴居士"。（见北京匡时国际拍卖有限公司"2014 春季拍卖会"——"百年遗墨·二十世纪名家书法"专场拍卖品，编号：0510）

同月，应好友眉叔先生之请，樊山为其制作水墨纸本七言诗行书立轴（128×29cm）。其诗及题识云："又听西风入暮砧，髹衣脂烛在帘阴。沾泥已叹身如絮，消渴何尝意在○。锦帐○○前日事，丹房药镜一生心。谁能更学春蚕○，自缚柔丝身不禁。秋盛一首，庚午九月为眉叔先生属书。八十五翁樊山樊增祥。"钤印"武威樊嘉""天琴居士"。（北京翰海拍卖有限公司"2018 年冬季拍卖会"——"民国法书"专场拍卖品，编号：853）

同月，樊山又自制纸本行书七言诗立轴（130×32cm）。其诗及题识云："槐柳萧疏日半斜，曲墙雕砌是吾家。竹漆○翠三冬叶，菊有娇黄十月花。守户乌龙原是犬，盘空位鹤莫非鸦。小斋缩尽娜环地，万卷堆中眠食佳。庚午九月，八十五翁增祥。”钤印“樊嘉五十万（白）”“增祥长寿（白）”。（见河南原田拍卖有限公司“2014 春季艺术品拍卖会”——“中国书画（二）”专场拍卖品，编号：0214）

十月上旬，樊山摘瓯北诗自行制作水墨纸本行书《峨眉山歌》四屏立轴（135.3×33.5cm×4）。其诗及题识云：“峨嵋山下月半轮，秋萤平羌江水流。夜发清溪向三峡，思君不见下渝州。蟭螟杀敌蚊眉上，蛮触（交）争蜗角中。何异诸天观下界，一微尘里斗英雄。林（疑）中散地，人似上皇时。芳杜湘君曲，幽兰楚客思。丁卯冬初结意，樊山拙，尚不足以拟诗，摘《瓯北诗话》句。八十五翁觉非，樊山樊增祥。”钤印“武威樊嘉”“天琴居士”。

十月二十七日（12 月 16 日），蒋介石调动十一个师和三个旅共十万人，开始对中央革命根据地进行第一次“围剿”。

十月下旬，樊山遵好友仲鹤先生嘱托，书有“奇花在庭，奇书在手；金管纪德，银管纪功”条幅。（见韦力《樊增祥：生平恩怨两文襄》，《收藏》2011 年第 10 期）

樊山又自书行楷水墨纸本七言联立轴（127×29cm×2）：“将暖湖烟多晚碧，未花桃李有春红”。其题识云：“八十五翁增祥。”钤印“武威樊嘉（白）”“天琴居士（朱）”。（北京万隆拍卖有限公司“2009 秋季艺术品拍卖会”——“中国书画（二）”专场拍卖品，编号：0152）

十月间，曾应松云先生之请，樊山为其书水墨纸本行书七言诗镜片（29.5×33.5cm）。其诗及题识云：“种蕉为纸砚为田，不○书云但○天。暖窖蔬香冬有畜，砂锅饭熟午犹眠。炼诗即是长生药，卖字差非造业钱。多少故人抛我去，岂真才鬼胜顽仙。右冬兴一首。庚午十月，为松云先生属书。八十五翁增祥。”钤印“嘉（朱）”“古弥心赏（白）”。

十一月初一日（12 月 20 日），为樊山老人的八十六岁寿诞之日，乃自作水墨纸本行书七言诗立轴（133×66cm）以自寿。其诗及题识云：“阅历名场六十年，声华今愧在○前。名章寿我胜檀佛，才笔如君亦剑仙。茗事夜商琼岛雪，屭裘朝染御炉烟。鸡鸣子和多新语，○甚南华第二篇。右生日叠韵一首。庚午冬十一月，八十六翁增祥。”钤印“武威樊嘉（白）”“天琴居士（朱）”。（见北京泰和嘉诚拍卖有限公司“2011 春季艺术品拍卖会”——“历代书法”专场拍卖品，编号：0735）

十一月上旬（12 月下旬），中国工农红军第一方面军在江西南部歼灭张辉瓒的两个主力旅和一个师部，俘获前敌总指挥、第十八师师长张辉瓒，粉碎了国民党军的第一次反革命“围剿”。

十一月十九日（1931 年 1 月 7 日），中共中央在上海召开六届四中全会，虽然结束了李立三的冒险主义，但王明（即陈绍禹）的“左”倾主义思想开始在党中央占统治地位。

十一月间，樊山又自制有水墨纸本行书《雪夜叠韵》（一首）立轴（131×32cm）。其诗及题识云：“浓睡惊回晓树鸦，拥炉无意炼河车。苦留葶苈连年草，喜见菖蒲一瞥花。粉署玉堂皆昨梦，竹篱茆舍是谁家。披裘为买梅椿出，尽有余钱落画义。　《雪夜叠韵》一首，庚午冬十一月，八十六翁樊增祥，书于牟珠簃。”钤印“樊山手书”。

同月里，樊山的好友凌福彭[1]在广州病逝。

十二月间，樊增祥应好友曾道之请，为其作水墨纸本行书七言诗《冬日遣怀》（一首）立轴（129×30cm）。其诗及题识云：“猿鹤东溪〇约乖，老犹〇水〇搬柴。瘦吟恐被梅花笑，渴饮方〇乔叶佳。未变〇田三海水，几多裘马五陵街。瓶花移就南窗日，时有冻蜂飞上阶。《冬日遣怀》一首，庚午嘉平生为通一先生雅属。八六翁樊山樊增祥，书于绿伽楠馆。”钤印“武威樊嘉（白）”“天琴居士（朱）”。（见上海驰翰拍卖有限公司“第六届书画文玩”专场拍卖品，编号：1165）

年底，好友冒鹤亭的第三子冒孝鲁[2]与贺良朴的三女儿贺翘华喜结良缘，樊增祥应邀为他们主婚。

---

① 凌福彭（1856—1930），字仲桓，号润台，广东番禺（今广州市）人。家巨富。光绪十一年（1885 年）拔贡。曾入张之洞幕府。十九年（1893 年）举人。二十一年（1895 年）进士。历官户部主事、军机章京、天津知府、保定知府、天津道、顺天府府尹、直隶布政使等职。辛亥革命后曾任北洋政府约法会议议员、参政院参政等职。后退出政坛，隐居北京。晚年迁居广州。工诗词，擅绘画。

② 冒效鲁（1909—1988），又名孝鲁，字景璠，别号叔子。江苏如皋人。冒鹤亭第三子。少习经史，喜诗文，有才子之名。后时与叶恭绰、胡汉民、章士钊等名士唱和。1925 年如北京俄文专修馆学习，五年后入哈尔滨法政大学俄文系。1933 年任中国驻俄使馆秘书。次年，徐悲鸿赴俄办画展，为其当翻译。1935 年，梅兰芳应邀仿苏，全程陪同并任翻译。曾参加高尔基主持的“全苏作家大会”。1938 年奉调回国。1942 年曾出任南京汪伪政府参事、行政督察专员。中华人民共和国成立后，被聘为复旦大学、安徽大学教授，曾任中华诗词学会顾问等职。精通英、法、俄语，俄语水平尤高；又工诗词。著有《叔子诗稿》，校译有《顿巴斯》《成吉思汗》《屠格涅夫评传》等。

樊山又自作水墨纸本行书诗立轴（136×33cm）。其题识云："偶然作一首。八六翁樊山樊增祥，书于绿伽楠馆。"钤印"天香庭院""樊山手书"。（见香港淳浩拍卖有限公司"2008春季艺术品拍卖会"——"中国近现代书画"专场拍卖品）

是年，樊山老人曾参加稊园鉢社的社集活动，并作有《稊园鉢社以赤壁前游命题归作长歌一篇》纪其事。后又将其书成水墨纸本四条屏（130×30cm×4）。其诗及题识云："长公嘉祐举进士，又入三等○制科。至今四海争俎豆，何止泛颍诧百波。人中神龙名不没，身宫磨蝎谤亦多。三苏高文满天下，眉山玉树交枝柯。升沉元祐有何党，众生南海○传讹。今年壬戌举故事，小舟赤壁飞如梭。稊园吟○斗险韵，○忆黄州栖鹘窠。苕溪渔隐曳白出，归兴看月相荡摩。平生雅重樊川笔，以百钧弩喻一戈。我出视坡重○耳，骎骎乃谓骅骝过。君采月旦素谨重，斯言失之汉与河。山有石○攻错砻，过生宽母○宁苛。沉括挑字黄描字，惟苏犹沿东海波。不为新句为长句，龙伯似厌僬侥麽。我已拙书○羊婢，君犹软舞思耆婆。京城新秋好风日，衫裳倜傥更夹罗。特赖润笔买歌酒，○羊不得况换鹤。右稊园鉢社以赤壁前游命题归作长歌一篇，樊山樊增祥，时年八十有五。"钤印"天香庭院""樊山手书"。（见蓝天国际拍卖行有限责任公司"2005秋季艺术品拍卖会"——"中国书画（二）"拍卖品，编号：0443）

是年，樊山老人曾应友人顾汝磊之请，为其家乡江苏省阜宁县的大户梅士斌及其妾张氏、曹氏墓园中所建之荷叶亭撰写了千余言的碑文（后由好友曾熙书碑，左光涵刻石），以表彰张、曹二氏的节烈（殉夫）事迹（事见戴文葆《射水纪闻·双烈墓》）。樊山的好友曾熙、朱祖谋、康有为、谈泽刲等人亦应邀为墓园的碑亭、景观题联或题额。

是年，樊山曾为其孙存夏《时装图》题识。据王森然《樊增祥先生评传》说："其孙存夏善画仕女，庚申七夕拒霜馆主嘱其绘时装图，题云：'伍乃真神童，无师浅学工；画来天女样，疑似广寒宫。'庚午，樊山先生见之，为之题云：'时世妆梳粉黛香，美人真态出苏杭。岂惟推到元宋书，光绪中年无此襄。'又云：'三十年前说良心，近看粉本久沉吟；凌烟本无人间贵，一写蛾眉值万金。'"①

是年，弟子三多之妾玉并病故，三多异常悲伤，遍邀师友题跋，樊山亦

① 王森然：《近代名家评传》，生活·读书·新知三联书店1998年版，第13—14页。

应邀写有诗作悼念，被收入《香珊瑚馆悼词》之中。

是年，应好友贺良朴之邀，樊山为其所绘之《楚峰清晓图》题诗；又制纸本行书七言诗立轴（130×62cm）相赠。其诗及题识云：“樊口鳊鱼上网多，何时归去理烟蓑。山前白鹭低飞处，著我扁舟张志和。贺履之画《楚峰清晓图》属题，为赋二绝句，今录其一。八十五翁樊山樊增祥。”钤印“天香庭院（白）”“樊山手书（朱）”。（见荣宝斋（上海）拍卖有限公司“荣宝斋（上海）2014秋季拍卖会”——“近现代名人手迹”专场拍卖品，编号：1763）

又应南华先生之请，樊山为其书水墨纸本行书七言联立轴（135×30cm）：“数椽潇洒临溪屋，十亩膏腴负郭田”。其题识云：“南华先生雅属，八十五翁增祥。”钤印“樊嘉五十万”“增祥长寿”。

又应涛泉先生之请，樊山为其制作水墨纸本行书立轴（132×26cm）。其诗及题识云：“蛰后明前雾雨多，晓来四野布干戈。旃〇莫〇匈奴血，留与人间战睡魔。《采茶》，南宋义试诗。涛泉先生雅属，八十五翁樊增祥。”钤印“武威樊嘉”“天琴居士”。

又应广东友人、国画家邓芬之请，樊山为其制作水墨纸本行书十一言联立轴（100×20.8cm×2）：“蜡屐来时托兴在山花山鸟，画船归去余情付湖水湖烟。”。其题识云：“昙殊居士雅属。八十五翁，樊山樊增祥书。”钤印“武威樊嘉”“天琴居士”。

又应好友子云先生之请，樊山为其制作水墨纸本行楷七言对联立轴（131×32.5cm×2）：“蟹爪树枝看郭画，藏经纸色辨宣炉。”其题识云：“子云先生雅属，八十五翁增祥。”钤印“武威樊嘉”“天琴居士”。

又自书水墨纸本行楷七言联立轴（130×30cm×2）：“养成大拙方为巧，学到如愚才是贤”。其题识为：“八十五翁樊增祥。”钤印“武威樊嘉”“天琴居士”。（见广东崇正拍卖有限公司“2017年秋季拍卖会”——“润德堂藏名家书画（三）”专场拍卖品）

又自书水墨纸本行书八言联立轴（127×25cm×2）：“清露晨流新桐初引，太华夜碧大河前横”。其题识云：“鹅溪老渔樊增祥，时年八十有五。”钤印“樊山八十后作”“五世同堂”。（见上海博古斋拍卖有限公司“2007年首场大型艺术品拍卖会”—“中国书画”专场拍卖品，编号：0857）

又自书水墨纸本行书七言联立轴（178.5×43cm×2）：“前身应是梁江总，百岁须齐卫武公”。其题识云：“八十五翁樊增祥。”钤印“增祥”“樊山手书”。（见北京文津阁国际拍卖有限责任公司“2017 春季拍卖会”——“中国书画与文房雅玩”专场拍卖品，编号：0174）

又自书水墨纸本行书七言对联（135×32cm×2）：“诗情软草双眠犊，画景平林数点鸦”。其题识云：“八十五翁增祥。”钤印“武威樊嘉”“天琴居士”。（见上海天衡拍卖有限公司“2012 秋季艺术品拍卖会”——“中国书画（一）”专场拍卖品，编号：0089）

又自书水墨纸本行楷七言对联（129×27cm×2）：“束薪山客招烹石，渡海番僧乞制碑”。其题识云：“八十五翁樊增祥。”钤印“武威樊嘉”“天琴居士”。（见上海朵云轩拍卖有限公司“‘朵云四季’十五期拍卖会”——“中国书画（一）”专场拍卖品，编号：0049）

又自书水墨纸本行楷七言联立轴（128×30cm×2）：“将暖湖烟多晚碧，未花桃李有春红”。其题识云：“八十五翁增祥。”钤印“武威樊嘉”“天琴居士”。（见北京东方艺都拍卖有限公司（北京盘古）“2008 秋季艺术品拍卖会”——“书画、古籍、文玩雅集”专场拍卖品，编号：0063）

是年，樊山的后辈友人、著名画家顾颐在上海寓庐病逝。

是年，樊山的后辈友人杨逢辰在上海寓所去世。

民国二十年辛未(1931)　八十六岁

年初，好友齐白石的画集——《齐白石画集》将由上海中华书局玻璃版部印制出版，樊山应邀以行书为该集题签，而由吴昌硕以篆书题扉页。

案：《齐白石画集》高 40 厘米，宽 26 厘米，共收入齐白石的《万竹山居图》等九幅作品。其《万竹山居图》（原作 154×58cm）在北京匡时国际拍卖有限公司 2012 年 6 月举行的“天生意趣—齐白石作品”专场拍卖会上，以 2127 万元高价拍卖售出。

樊山自书水墨纸本行书五言对联（176×44.5cm×2）：“虚白道所集，静专神自归”。其题识云：“八六翁樊增祥。”钤印“武威樊嘉”“天琴居士”。

樊山又自书水墨纸本行书七言联（130.5×33.5cm×2）：“人无画里无人画，我有诗中有我诗”。其题识云：“八六翁樊增祥。”钤印“武威樊嘉”“天琴居士”。（见上海元贞拍卖有限公司“2017 秋季艺术品拍卖会”——“掇英—中国书画（二）”专场拍卖品，编号：0286）

樊山又自书水墨纸本行书七言联立轴（129×30cm×2）：“宋稗旧钞藤

角纸，唐花新入海棠天。”其题识云：“八六翁增祥。”钤印“天香庭院”“樊山手书”。（见北京传世国际拍卖有限责任公司“2012春季拍卖会”——“文心雕龙-近现代文化名人墨迹”专场拍卖品，编号：0022）

正月上旬，樊山老人闲来无事，乃作水墨纸本行书七言联《自况感题》一副：“诗国芳情花作骨，儒门淡味水回甘”。钤印“武威樊嘉”（白文）、“天琴居士”（白文）。

书完此联后，乃觉不太尽兴，樊山又连作数幅，其《九叠前韵书感题》云：“经史外添无限学，欧罗所作是何诗”。

正月十六日（3月4日），应振华先生之请，樊山为其制作水墨纸本行书《题何大京兆三峰草堂情话图》四屏（135×33cm×4）。其题诗（此题诗上一年的同日已出现过，此处略）及题识云：“右题何大京兆三峰草堂情话图，辛未正月既望灯下写。为振华先生大雅属。南郡樊山老人增祥，书于绿伽楠馆。”钤印“武威樊嘉”“天琴老人”。（上海嘉泰拍卖有限公司“2013金秋艺术品拍卖会”——“中国书画·油画与水彩”专场拍卖品，编号：0891）

正月二十六日（3月14日），晚上九点半钟，樊山老人因中风，卒于北平家中，享寿八十有六。其“身后均为挚友李释勘（应为“戡”）等，摒挡一切，遗族仅一孀媳及二孙耳”①。

闻知老友去世消息，陈宝琛甚是悲痛，乃作长联一副相赠以挽之：“与湘绮、约缦相颉颃，著述等身，吏干不为文字掩；有石庵、苏斋之老寿，承平和梦，京居犹及见闻征。”

噩耗传出，后辈友人金梁甚感痛惜，乃撰挽联一副以悼之，可谓盖棺定论矣：

有诗得三万余篇，比陆放翁更富；遗世于八十六岁，与贺秀真同仙。

① 王森然：《樊增祥先生评传》，《近代名家评传》（二集），生活·读书·新知三联书店1998年版，第11页。

谱　　后

得知师长、好友樊山仙逝的消息，此时已名播海内外的大艺术家齐白石悲痛万分，立即专门篆刻了一枚“老年流涕哭樊山”的印章，以寄予其感怀之情。（见薛翔《先有樊增祥后有齐白石另有梵高》，《收藏与投资》2014 年第 7 期）其后，他又亲自前往樊家吊唁，并写了两首七绝以表达自己对好友的追忆之情：“御风乍到大乘坳，坐上少文诗兴豪。鸡唱月斜人战栗，一丛庭竹冷萧萧。”“似余孤僻独垂直，童仆都能辨足音。怕读赠言三百字，教人一字一伤心。”诗的前面还有一段小序这样写道：“读樊山老人诗，甚感佩，是夜梦见樊君，醒后得二绝句哭之。”①

案：从齐白石对樊增祥去世的反应可以看出二人感情之深厚。这也不难理解：自古以来，知音难寻；而齐白石又是一个知恩图报，极重感情的人。正如年近古稀的齐白石（此年白石老人已 69 岁）所说：“樊樊山逝世于北平，我又少了一位谈诗的知己，悲悼之怀，也是难以形容。”②

二月间，京、津地区的政府官员、社会贤达、文坛耆宿、书画大家、艺界名伶徐世昌、于右任、李元鼎、陈登山、叶恭绰、曹汝霖、何成俊、汤芗铭、夏仁虎、张鸣岐、傅岳棻、江瀚、黄浚、王揖唐、吴敬修、李宣倜、徐绪通、宝熙、陈宝琛、柯劭忞、朱益藩、陈衍、陈曾寿、夏寿田、程崇信、杨钟羲、冒鹤亭、夏荪桐、许宝衡、郭则沄、王式通、黄孝平、杨圻、郑沅、孙师郑、周贞亮、张九维、曹经沅、钱葆青、李定球、吕美荪、袁克定、齐白石、张伯英、贺良朴、三多、新艳秋、雪艳琴等 140 余人，为樊增祥举行了隆重的祭奠仪式，并写了挽联、挽诗、挽词，以哀悼一代文学大家的谢世；事后，又由其孙宝莲、宝珩将这些挽联、挽诗、挽词汇集成册，编

---

① 周迅：《齐白石全传》，长沙：湖南人民出版社，2010 年，第 309 页。

② 齐白石口述，张次溪笔录：《白石老人自述》，长沙：岳麓书社，1986 年，第 83 页。

成一本（32 开 60 页）《樊山老人哀挽录》（蛰道人封面题签，李定球作序，仇继恒扉页题签）。

闻知樊增祥去世消息，同乡后辈学者、时任南京中央大学教授的黄侃，曾作七律一首（即《挽樊君》①）以悼之："位置云林东涧间，陆沉避世老犹顽。谷陵恨为嫦娥减，香火情终古佛关。得句浑如风过水，看花直到日依山。春来樊子偏归去，辜负燕池草色闲。"

民国二十三年（1934 年）4 月，樊增祥的《樊山判牍》由大达图书供应社出版。

民国二十四年（1935 年）七月，樊增祥的《樊樊山戏著滑稽诗文集》（全一册，后附有滑稽小说《琴楼梦》一篇），由上海大达图书供应社再版。

同年，樊增祥的《樊山戏著滑稽诗文集》（不分卷）由上海大达印书局刊行。

同年，樊增祥的《樊樊山判牍》由中央书店出版发行。

同年，樊增祥的《樊山公牍》由大达图书供应社出版发行。

民国二十五年（1936 年），樊增祥的《樊山诗集》由上海广益书局出版发行。

民国二十五年（1936 年），樊增祥的《樊山戏著滑稽诗文集》（后附《琴楼梦》）由上海广益书局再版发行。

一九五九年，曾朴所撰之《孽海花》（增订本）由中华书局上海编辑所出版，其中的第三十二回、第三十五回都提到易顺鼎的风流韵事和樊增祥撰写《琴楼梦》以讽之的人物情节等等，可见《琴楼梦》小说对曾朴创作《孽海花》的影响。

一九六四年十月，于莲客选辑樊增祥光绪三十二年（1906 年）至民国十九年（1930 年）去世前未及正式刊刻或仅刻于坊间的诗文作品，精钞成册（上下）收藏，取名《樊樊山未刻诗稿选钞》。此选钞本于 2009 年被公开拍卖。

一九六六年十月起，沈云龙先生主编之《近代中国史料丛刊》（三编）陆续由台湾文海出版社影印出版，其《近代中国史料丛刊初编》中收入樊增

① 黄侃：《挽樊君》，湖北省人民政府文史研究馆校订《黄季刚诗文钞》，湖北人民出版社 1985 年版，第 230 页。

祥的《樊山政书》(编号：0646)；其《近代中国史料丛刊续编》中收入樊增祥的《樊山集》二十八卷、《樊山续集》二十八卷、《樊山公牍》三卷、《樊山批判》十四卷、《二家咏古诗》一卷、《二家试帖》、《二家词钞》五卷及《时文》。

一九八一年七月，一粟编著之《红楼梦书录》一书由上海古籍出版社出版，其中将樊增祥的滑稽小说《琴楼梦》归入《红楼梦》的“仿作”一类。

一九八四年七月，由蒋瑞藻编、江竹虚标校的《小说考证》一书，由上海古籍出版社出版，其中给予樊增祥的滑稽小说《琴楼梦》极高的评价：“方伯有《琴楼梦》小说，亦演此事，调侃神童，穷极形相，用笔之灵动跳脱，乃如活龙，如生虎，不可捉摸，洵说部中之别开生面者，哲人之余技，足了千人也”。

一九八八年六月，李慈铭的晚年日记《郇学斋日记》(一函九册)，在樊增祥去世半个多世纪后，失而复得，由北京燕山出版社影印出版，终于使长期扣在樊增祥头上的“帽子”(有的谓《日记》已被樊氏有意“毁掉”，有的谓已经“亡佚”)得以摘掉。

二〇〇〇年十月，湖北省人民政府文史研究馆和湖北省博物馆主持编辑之《湖北文征》(第1—13卷)由湖北人民出版社出版发行；其中的第十一卷中，收入樊增祥各个不同时期的骈文、古文、公牍等24篇，有半数不见于《樊山集》《樊山续集》《樊山集外》中。

二〇〇二年四月，由上海古籍出版社影印出版的《续修四库全书》收入樊增祥的《樊山集》和《樊山续集》各二十八卷。

二〇〇四年四月，由涂晓马、陈宇俊校点之《樊樊山诗集》(上中下)，由上海古籍出版社出版。

主要参考文献

一、文献、著作类

卞孝萱，唐文权.民国人物碑传集［M］.北京：团结出版社，1995.

蔡冠洛.清代七百名人传［M］.北京：北京图书馆出版社，2008.

陈宝琛.沧趣楼诗文集［M］.刘永祥、许全胜校点.上海：上海世纪出版有限公司/上海古籍出版社，2014.

陈夔龙.陈夔龙全集［M］.贵阳：贵州民族出版社，2013.

陈旭麓，方诗铭，魏建猷.中国近代史词典［M］.上海：上海辞书出版社，1982.

陈玉堂.中国近现代人物名号大词典［M］.杭州：浙江古籍出版社，2005.

陈曾寿.苍虬阁诗集［M］.上海：上海世纪出版有限公司/上海古籍出版社，2009.

程翔章，丘铸昌.中国近代文学（修订版）［M］.武汉：华中师范大学出版社，2007.

程翔章.中国近代文学作品选：第三版［M］.武汉：华中师范大学出版社，2007.

程翔章.湖北近代作家研究［M］.武汉：华中师范大学出版社，2015.

程翔章.晚清文学研究［M］.广州：世界图书出版广东有限公司，2014.

程翔章，程祖灏.樊增祥年谱［M］.武汉：华中师范大学出版社，2017.

程翔章，程祖灏.王柏心年谱［M］.武汉：华中师范大学出版社，2019.

方诗铭.中国历史纪年表［M］.上海：上海辞书出版社，1980.

樊增祥.樊山集.二十八卷［M］.光绪甲午（1894）渭南县署刻本.

樊增祥.樊山续集：一至二十二卷［M］.光绪壬寅（1902）西安臬署刻本.

樊增祥.樊山续集：二十三至二十八集［M］.光绪丙午（1906）西安藩

署刻本.

樊增祥.樊山批判［M］.光绪丁酉（1897）渭南县署刻本.

樊增祥.樊山公牍［M］.光绪甲午（1894）渭南县署刻本.

樊增祥.樊山时文［M］.光绪甲午（1894）渭南县署刻本.

樊增祥.樊山政书［M］.宣统庚戌（1910）金陵聚珍书局排印本.

樊增祥.樊山诗文集［M］.民国元年（1912）玲碧书屋刊行（广益书局代印）本.

樊增祥.樊山集外［M］.民国三年（1914）上海广益书局石印本.

樊增祥.琴楼梦［M］.民国初年上海震亚书局总发行所单行本.

樊增祥.樊山书牍［M］.民国十二年（1923）铅印本.

樊增祥.樊樊山诗集［M］.涂晓马，陈宇俊，校点.上海：上海古籍出版社，2004.

费振照.李慈铭年谱［M］.北京：中华书局，2016.

葛虚存.清代名人轶事［M］.民国笔记小说大观（第三辑），张国宁点校.太原：山西古籍出版社，1997.

郭廷以.近代中国史事日志［M］.北京：中华书局，1987.

郭廷以.中华民国史事日志［M］.台湾："中央研究院"近代史研究所，1979.

刘家平，等.中华历史人物别传集［M］.北京：线装书局，2003.

湖北省人民政府文史研究馆/湖北省博物馆.湖北文征：第十一卷［M］.武汉：湖北人民出版社，2000.

胡思敬.退庐文集［M］.南昌：民国十三年（1924）退庐刻本。

江庆柏.清朝进士题名录［M］.北京：中华书局，2007.

江庆柏.清代人物生卒年表［M］.北京：人民文学出版社，2005.

金梁.近世人物志［M］.北京：北京图书馆出版社，2007.

金天羽.天放楼诗文集［M］.上海：上海世纪出版有限公司/上海古籍出版社，2007.

吕碧城.吕碧城诗文笺注［M］.上海：上海世纪出版有限公司/上海古籍出版社，2007.

吕碧城.吕碧城词笺注［M］.上海：上海古籍出版社，2001.

李慈铭.越缦堂诗文集［M］.上海：上海世纪出版有限公司/上海古籍出版社，2012.

李慈铭.越缦堂日记［M］.扬州：广陵书社，2004.

李春光.清代名人轶事辑览［M］.北京：中国社会科学出版社，2005.

李德龙.历代日记丛钞·毗邪台山散人日记［M］.北京：学苑出版社，2006.

李伶伶.梅兰芳的艺术与情感［M］.北京：团结出版社，2008.

李伶伶.梅兰芳评传［M］.上海：上海世纪出版有限公司/上海古籍出版社，2011.

李灵年，杨忠.清人别集总目［M］.合肥：安徽教育出版社，2000.

李瑞清.清道人遗集［M］.合肥：黄山书社，2011.

李祥.李审言文集［M］.南京：江苏古籍出版社，1989.

李盛平.中国近现代人名大辞典［M］.北京：中国国际广播出版社，1989.

刘成禺.世载堂杂忆［M］.钱实甫，点校.北京：中华书局，1960.

刘人岛.走进大师齐白石［M］.北京：人民美术出版社，2002.

柳亚子.磨剑室诗词集［M］.上海：上海人民出版社，1985.

马大勇.晚清民国词史稿［M］.武汉：华中师范大学出版社，2016.

马洪林，郭绪印.中国近现代史大事记［M］.上海：知识出版社，1982.

马明宸.借山煮画：齐白石的人生与艺术［M］.南宁：广西美术出版社，2013.

马千里，陆逸志，王开济.中国铁路建筑编年简史（1881—1981）［M］.北京：中国铁道出版社，1983.

马卫中，董俊珏.陈三立年谱［M］.苏州：苏州大学出版社，2010.

冒怀苏.冒鹤亭先生年谱［M］.上海：学林出版社，1998.

梅兰芳.舞台生活四十年（《梅兰芳回忆录》）［M］.北京：团结出版社，2006.

缪荃孙.艺风老人日记［M］.北京：北京大学出版社，1986.

缪荃孙.艺风堂友朋书札：上册［M］.顾廷龙，校.上海：上海古籍出版社，1980.

皮明庥.湖北历史人物辞典［M］.武汉：湖北人民出版社，1984.

齐白石.白石老人自述［M］.长沙：岳麓书社，1986.

钱伯城，郭群一.艺风堂友朋书札［M］.上海：上海人民出版社，2018.

钱基博.现代中国文学史［M］.长沙：岳麓书社，1986.

钱基博.复堂师友手札菁华［M］.北京：人民文学出版社，2015.

钱实甫.清代职官年表［M］.北京：中华书局，1980.

钱仲联.近代诗钞［M］.南京：江苏古籍出版社，2001.

荣孟源，张伯锋.近代稗海（第一辑）［M］.成都：四川人民出版社，1985.

苏精.近代藏书三十家（增订本）［M］.北京：中华书局，2009.

释敬安.八指头陀诗文集［M］.梅季点辑.长沙：岳麓书社，1984.

沈曾植.沈曾植集校注［M］.钱仲联校注.北京：中华书局，2001.

沈曾植.恪守庐日录［M］.光绪十四年（1888年）、光绪十六年（1890年）日记残稿.上海图书馆藏.

史为乐.中国历史地名大辞典［M］.北京：中国社会科学出版社，2005.

树军.西苑备忘录［M］.北京：西苑出版社，2005.

魏绍昌，管林，刘济献，等.中国近代文学辞典［M］.郑州：河南教育出版社，1993.

王河.中国历代藏书家辞典［M］.上海：同济大学出版社，1991.

王承仁，曹木清，吴剑杰，等.中国近百年史辞典［M］.武汉：湖北人民出版社，1986.

王闿运.湘绮楼诗文集（4册）［M］.长沙：岳麓书社，1996.

王闿运.湘绮楼日记［M］.长沙：岳麓书社，1997.

王森然.近代名家评传（初集）［M］.北京：生活·读书·新知三联书店，1998.

王森然.近代名家评传（二集）［M］.北京：生活·读书·新知三联书店，1998.

王蘧常.沈寐叟年谱［M］.北京：商务印书馆，1938.

王揖唐.今传是楼诗话［M］.中华民国二十二年（1933年）七月天津大公报社刊行.

汪辟疆.汪辟疆说近代诗［M］.上海：上海古籍出版社，2001.

翁同龢.翁同龢集［M］.上海：上海世纪出版有限公司/上海古籍出版社，2012.

吴开英.梅兰芳若干史实考论［M］.沈阳：辽宁大学出版社，2015.

吴文治.中国文学史大事年表［M］.合肥：黄山书社，1996.

吴永.庚子西狩丛谈［M］.长沙：岳麓书社，1985.

小横香室主人.清朝野史大观：影印本［M］.上海：上海文艺出版社，1990.

徐珂.清稗类钞［M］.北京：中华书局，2010.

谢思进，孙利华.梅兰芳艺术年谱［M］.北京：文化艺术出版社，2010年.

许宝衡.许宝衡日记（1—5）［M］.北京：中华书局，2010.

许全胜.沈曾植年谱长编［M］.北京：中华书局，2007.

易顺鼎.琴志楼诗集（1—4）［M］.上海：上海世纪出版有限公司/上海古籍出版社，2012.

易顺鼎.易顺鼎诗文集（1—3）［M］.长沙：湖南人民出版社，2010.

俞明震.觚庵诗存［M］.上海：上海世纪出版有限公司/上海古籍出版社，2012.

叶昌炽.缘督庐日记抄（《续修四库全书》本）［M］.上海：上海古籍出版社，1995—2002.

杨萌芽.古典诗歌的最后守望：清末民初宋诗派文人群体研究［M］.武汉：武汉出版社，2011.

杨同福，杨同甫.清人室名别称字号索引（增补本）［M］.上海古籍出版社，2004.

恽毓鼎.恽毓鼎澄斋日记［M］.杭州：浙江古籍出版社，2004.

邹禹.齐白石的乡土与烂漫［M］.北京：东方出版社，2009.

朱德慈.近代词人考录［M］.北京：中国社会科学出版社，2004.

赵尔巽，等.清史稿［M］.北京：中华书局，1977.

郑孝胥.海藏楼诗集［M］.上海：上海古籍出版社，2003.

郑孝胥.郑孝胥日记［M］.北京：中华书局，1993.

中国人民大学清史研究所.清史编年［M］.北京：中国人民大学出版社，2000.

周迅.齐白石全传［M］.长沙：湖南人民出版社，2010.

周迅.人民艺术家齐白石［M］.北京：中国文联出版社，2015.

张桂丽.李慈铭年谱［M］.上海：上海古籍出版社，2016.

张謇.张謇诗集：上、下［M］.上海：上海世纪出版有限公司/上海古籍出版社，2014.

张思琦.梅兰芳沪上演出纪：上、下［M］.上海：上海世纪出版集团/中西书局，2015.

张舜徽.清人文集别录［M］.北京：中华书局，1963.

张宪文，方庆秋，黄美真.中华民国史大辞典［M］.南京：江苏古籍出版社，2001.

张之洞.张之洞诗文集（上下）［M］.上海：上海世纪出版有限公司/上海古籍出版社，2015.

二、论文类

陈东辉，程惠新.缪荃孙致吴士鉴信札考释［J］.文献（双月刊），2017（1）：102-137.

程翔章.樊增祥词简论［J］.语文教学与研究，2015（1上）：68-70.

程翔章.樊增祥与梅兰芳［J］.文学教育，2017（12下）：8-11.

程翔章.樊增祥与吕碧城［J］.文学教育，2019（2中）：81-83.

邓治凡.清末文学家樊增祥［J］.武汉教育学院学报（哲学社会科学版），1988（2）：33-45.

黄培.晚清民国时期中晚唐诗派及其诗歌史意义［J］.江西社会科学，2012（10）：107-111.

河北省博物馆（许潞梅，王金科整理）.鹿传霖日记（一）［J］.文物春秋，1992（2）：55-60.

河北省博物馆（许潞梅，王金科整理）.鹿传霖日记（二）［J］.文物春秋，1992（3）：74-79.

河北省博物馆（许潞梅，王金科整理）.鹿传霖日记（三）［J］.文物春秋，1993（1）：70-78.

河北省博物馆（许潞梅，王金科整理）.鹿传霖日记（四）［J］.文物春秋，1993（3）：50-58.

河北省博物馆（许潞梅，王金科整理）.鹿传霖日记（五）［J］.文物春秋，1994（3）：64-72.

贺国强.以诗为命 徘徊中西：论同光体诗人胡朝梁［J］.九江学院学报，2008（2）：18-21.

贾熟村.对樊燮控告左宗棠案的考察［J］.近代史研究，1986（2）：112-122.

陆胤.民国二年的“癸丑修禊”：兼论梁启超与旧文人的离合［J］.现代中文学刊，2010（4）：44-52.

雷恩海.樊增祥诗文四篇补遗［J］.青海民族大学学报，2011（1）：44-47.

李海珉，徐枕亚.鲜为人知的鸳鸯蝴蝶泪［J］.档案春秋，2013（3）：46-51.

刘厚章，郑正.鄂西籍近代文学家：樊增祥生平纪略［J］.鄂西大学学报，1986（1）：57-63.

刘江华.从清宫档案看左宗棠樊燮案真相［J］.紫禁城，2012（7）：76-85.

刘江华.樊燮案中左宗棠获救真相［J］.紫禁城，2012（11）：20-29.

刘经富.《艺风老人日记》中陈三立资料发微［J］.南昌大学学报（人文社会科学版），2012（1）：112-116.

穆冬霞.高步瀛社会交游初探［J］.廊坊师范学院学报（社会科学版），2020（1）：13-18.

马元升.甘肃布政使何福堃其人其诗［J］.档案，2017（12）：39-42.

潘宏恩.20世纪以来樊增祥研究述评［J］.黑龙江史志，2009（5）：104-105.

汤炳正.我写《彩云曲》的前后［J］.文史天地，2003（12）：44-58.

吴昌稳.清季贻谷案探论［J］.内蒙古师范大学学报（哲学社会科学版），2013（1）：125-130.

王慧敏.南社女词人吕碧城与近代名流的交往［J］.南京理工大学学报（社会科学版），2012（3）：81-85.

王纪波.《独山王处士爱轩墓表》原碑发现记［J］.江淮文史，2020（2）：161-168.

王晓兵.《周海鹤（铭旗）先生年谱》述略［J］.山东图书馆学刊，2014（2）：99-102.

王新迎.浅析民国时期晚清遗民在京社交活动：从樊增祥晚年的一件书法作品说起［J］.博物院，2019（2）：84-90.

薛翔.先有樊增祥　后有齐白石　另有梵高［J］.投资与收藏，2014（7）：10-17.

薛超睿.清末在陕名宦樊增祥仕途履历考述［J］.渭南师范学院学报，2017（15）：79-83.

薛超睿.《紫泥酬唱集》：一位考官视野下的清代乡试［J］.古典文学知

识，2017（1）：78-86.

薛超睿.“春华终不谢，一洗穷愁声”：论晚清樊增祥“娱情”诗学观［J］.滁州职业技术学院学报，2018（4）：86-89.

赵成杰.高步瀛交游新证［J］.牡丹江师范学院学报（哲社版），2013（2）：55-58.

袁子微.樊增祥参与的民国诗钟社［J］.中国韵文学刊，2015（4）：35-39.

曾伟希.鹿传霖致樊增祥函二通［J］.文物春秋，2010（4）：73-78.

曾伟希.清末吴禄贞致樊增祥信函［J］.文献，2011（3）：86-90.

曾迎三.清道人年谱（一）［J］.内江师范学院学报，2013（9）：16-24.

曾迎三.清道人年谱（二）［J］.内江师范学院学报，2013（11）：27-37.

曾迎三.清道人年谱（三）［J］.内江师范学院学报，2014（1）：14-26.

曾迎三.清道人年谱（四）［J］.内江师范学院学报，2014（5）：17-24.

曾迎三.清道人年谱（五）［J］.内江师范学院学报，2014（11）：23-38.

张世宏.樊增祥、易顺鼎与《琴楼梦》［J］.红楼梦学刊，2014（6）：104-116.

张世明.清末贻谷参案研究［J］.中国人民大学学报，2014（4）：136-147.

后　　记

早在20世纪末从事选注《中国近代文学作品选》和21世纪初撰写《中国近代文学》教材的过程中，我就发现，湖北近代不仅作家多，作品丰富多彩，是一座亟待开采和挖掘的富矿；而且此前学人们对其关注不多，研究较少，与其在清末民初的政治、经济、文化上的地位颇不相符，希望自己能有机会为改变这一局面做出一点微薄贡献。

此后的几年中，因《中国近代文学》和《中国近代文学作品选》教材出版后的社会反响不错，年年加印，故根据教学的需要和出版社的要求，相继对其进行过几次修订和改版，花费了不少时间。直到这些琐事结束后，我才逐渐有了一些闲暇，并将其用在多方搜集湖北近代作家的资料和创作研究上来。

经过几年的努力，总算有一些小小的进展。2015年6月，《湖北近代作家研究》一书的出版，可说是我近些年研究湖北近代文学的一个阶段性成果。

在研究湖北近代作家的过程中，我明确地意识到，对湖北近代作家群体作广泛的研究固然重要，而对湖北近代大家（成就突出的重要作家）个体作全面、深入、系统的研究尤为重要。对于大家，我首选了樊增祥。这是因为：其一，樊增祥是中国近代史上颇有影响的政治人物，与19世纪中、后期和20世纪初期政坛上的风云人物有着广泛的联系，且平生际遇曲折，由于历史的原因，后人对其知之不多；我们可以通过梳理、还原历史，可以展现出樊增祥漫长、丰富而又奇特的人生经历。其二，樊增祥本来就是“中晚唐诗派”的代表诗人、清末民初大文学家，由于历史的原因而不为后人重视，对其研究不多；我们可以通过对樊增祥的初步研究，来推动对樊增祥乃至对“中晚唐诗派”的全面、深入的研究。其三，樊增祥生活在19世纪中叶至20世纪中叶，这个时期正是中国社会发生剧烈变化的时期，我们希望通过对樊增祥的研究，让读者明确地看到或感受到：这里彰显的不仅是樊增祥个人的精神风貌，更为重要的是彰显中国近代的历史进程。尽管我知道要做到这些很难，也许是自讨苦吃；但我还是想试一试，哪怕是吃苦，也在所不惜。

目标确定后，我开始拟定纲目、编撰《樊增祥年谱》，并根据需要，不时让学生程祖灏、刘琛到外地去查阅、搜集相关资料。经过近两年的打磨，2016 年春，30 余万字的《樊增祥年谱》一书完成，并于 2017 年 6 月在华中师范大学出版基金的资助下顺利面世。在《樊增祥年谱》书稿完成后，笔者便立即转入对湖北其他作家年谱的编撰。没想到的是，在平时查检、阅读相关典籍、著作、文献资料的过程中，不断获得樊增祥的一些新材料；日积月累，几年下来，竟然蔚为可观。面对这么多新材料，让笔者产生了修订《樊增祥年谱》的想法。于是，笔者一边编撰其他作家的年谱，一边用新材料对《樊增祥年谱》进行补充、修订。至 2019 年的秋冬之际，新修订的《樊增祥年谱》书稿已经达到了 50 余万言。

适值湖北省启动了 2020 年度学术著作专项资金项目的申报工作，笔者便听从朋友的建议，将修订后的《樊增祥年谱》和其它几部书稿一起申报了"'湖北近代文学研究'丛书"（第一辑）这个项目。感谢各位专家的支持和信任，这个项目最终获得批准。

笔者深知，樊增祥就是一座优质的富矿，值得我们花大力气去开采、挖掘；我们也将不懈努力，再接再励，将一个全面、完整、真实的樊增祥展现在读者面前！

作者

2024 年 12 月 22 日